Gail Sheehy ist eine der bekanntesten Publizistinnen der USA. Ihr Bestseller *In der Mitte des Lebens* wurde in mehr als fünf Millionen Exemplaren verkauft. Heute gehört sie zur Chefredaktion der Zeitschrift *Vanity Fair*. Sie lebt mit ihrer Familie in New York und in Berkeley, Kalifornien.

Von Gail Sheehy sind außerdem erschienen:
In der Mitte des Lebens (Band 03964)
Wechseljahre – na und? (Band 84026)

Vollständige Taschenbuchausgabe Februar 1998
Droemersche Verlagsanstalt Th. Knaur Nachf., München
Copyright © 1996 für die deutschsprachige Ausgabe by
Paul List Verlag GmbH & Co KG, München
Titel der Originalausgabe: »New Passages. Mapping your Life across Time«
Copyright © 1995 by G. Merritt Corporation
Copyright © der Tabellen Nigel Holmes
Originalverlag: Random House, Inc., New York
Umschlaggestaltung: Agentur ZERO, München
Satz: Franzis-Druck GmbH, München
Druck und Bindung: Elsnerdruck, Berlin
Printed in Germany
ISBN 3-426-77223-X

5 4 3 2 1

Gail Sheehy

DIE NEUEN
LEBENSPHASEN

*Wie man aus jedem Alter
das Beste machen kann*

Aus dem Amerikanischen von Dirk Muelder

Für Clay, Maura und Mohm

INHALT

VORBEMERKUNG

Vor sieben Jahren begann ich mit Recherchen zum mittleren Lebensabschnitt des Menschen. Darunter verstehe ich das Alter etwa zwischen fünfundvierzig und fünfundachtzig, die unbekannteste Periode im Erwachsenenleben überhaupt. Ich wollte die vorhersehbaren Krisen dieses Abschnitts nachzeichnen, doch nachdem ich die ersten fünfundsiebzig Frauen interviewt hatte, kam ich nicht weiter: Ich war in ein »schwarzes Loch« der Ignoranz und der Verweigerung geraten – in jenes Schweigen, das man Wechseljahre nennt. Bevor ich also mein eigentliches Thema, die heutige Bedeutung des mittleren Lebensabschnitts, ergründen konnte, mußte ich mich zuvor mit dem kulturellen Tabu der Wechseljahre auseinandersetzen.

So bekam, was nur ein Kapitel in diesem Buch werden sollte, einen ganz eigenen Stellenwert.[1]

Für mich selbst, für meine eigene Bewältigung dieser Übergangsphase blieb keine Zeit. So dachte ich jedenfalls. Die Leute waren bereit, sich über das Thema Wechseljahre auszusprechen, und mein Buch *Wechseljahre – na und?* wurde salonfähig. Plötzlich lud man mich überall zu Vorträgen ein. Ich genoß das Gefühl, zur rechten Zeit am rechten Ort zu sein und engagiert an einer kulturellen Entwicklung mitarbeiten zu können. Mein Privatleben verschwand im Vollzeitjob der Werbung für mein Buch und den damit verbundenen Vorträgen.

Auf dem Höhepunkt dieser rauschhaften Erlebnisse veranstaltete mein Verleger eine Party, denn mein Buch hatte Platz eins auf der Bestsellerliste der *New York Times* erreicht. Ich kam mir fast wie eine Hochstaplerin vor, denn dieses Buch war nie geplant gewesen! (Als mein Mann, Clay Felker, mir vorgeschlagen hatte, ich solle einen Artikel für *Vanity Fair* über die Wechseljahre zu einem Buch ausweiten, hatte ich ihn angeblafft: »Ach was, wer wird denn ein ganzes Buch über Wechseljahre lesen wollen?«)

Die Dinnerparty fand im Garten eines italienischen Restaurants statt. Es war ein milder Sommerabend im Juni. New Yorker Literaten plauderten mit Experten für Gesundheitsfragen unter mit Lichterketten behangenen Bäumen, zwischen denen ein blaß lavendelfarbener Himmel zu sehen war, an dem schwach und fern die Sterne blinkten. Der Abend wollte schier kein Ende nehmen, und ich schwebte buchstäblich in den Wolken. Eine kluge Freundin jedoch flüsterte mir eine Warnung ins Ohr, denn ihr waren die kurzatmigen Begrüßungen und fahrigen narzißtischen Rituale aufgefallen.

»Sieh dich vor«, sagte Pat Allen, »du wirst allmählich süchtig nach diesem ganzen Streß.«

Sie hatte recht: Ich war das ganze Jahr über als Miss Menopause aufgetreten. So befriedigend diese Tätigkeit auch gewesen war – ich hatte mich in einer Welt der Äußerlichkeiten verfangen und das, was wirklich und wichtig war, immer mehr aus den Augen verloren.

Je höher die Erwartungen, um so größer die Sucht danach, alles richtig zu machen: um so leichter schleudert einen die geringste Kritik aus der Bahn. Alle Kraft wird darauf verwendet, die Show vierundzwanzig Stunden am Tag in Gang zu halten. Da sammelt sich Streß an, und weder Körper noch Geist oder Seele kommen zur Ruhe. Ein wunderbares Antidepressivum! Aber Hyperaktivität ist auch der typische Versuch, sich vor einer neuen Lebensphase zu drücken.

Und in meinem Umkreis gab es vieles, wovor ich mich drücken wollte: zum Beispiel davor, daß der Mann einer meiner besten Freundinnen Krebs hatte. An der Schwelle zu einem neuen Lebensabschnitt treffen uns solche Ereignisse besonders hart, und wenn man fünfzig Jahre alt wird, steht man an einer Schwelle. Trifft es dann einen Gleichaltrigen aus dem eigenen Umkreis, erhält der Tod ein menschliches Gesicht. Der Schicksalsschlag, der uns die Sterblichkeit so drastisch vor Augen führt, muß nicht Tod heißen und muß uns nicht persönlich treffen. Er kann auch in anderer Gestalt auftreten – indem das jüngste Kind sich selbständig macht, der bisher so vitale Vater, die bisher so gesunde Mutter plötzlich dahinzusiechen beginnen, indem ein Freund, der fest situiert schien, plötzlich vor dem Nichts steht.

Da der Tod als Ende jeden Lebens eine unausweichliche Tatsache ist, muß unsere Frage lauten: Wie sollen wir den Rest unseres Lebens gestalten? Vor hundert Jahren hat sich diese Frage Menschen über fünfundvierzig selten gestellt, denn deren Lebenserwartung näherte sich mit fünfzig der Zahl Null. Heute haben wir die Botschaft, daß wir mit einer höheren Lebenserwartung rechnen können, zwar vernommen, aber unsere Vorstellung von einem Leben jenseits dieser Grenze ist noch immer vom Erscheinungsbild unserer Mütter und Väter geprägt: »Meine Mutter sah mit fünfzig müde und alt aus.« Oder: »Mein Vater hatte mit fünfzig seinen ersten Herzanfall, und davon hat er sich nie erholt.«

Die ersten Gedanken, daß wir uns in unserem mittleren Lebensabschnitt befinden, stellen sich etwa mit fünfunddreißig ein: Die Zeit wird allmählich spürbar. In diesem Alter begann ich mit den Recherchen für mein Buch *In der Mitte des Lebens*[2], das vor zwanzig Jahren erschienen ist. Darin schlug ich vor, man solle die verschiedenen Altersstufen als Chancen der Weiterentwicklung begreifen und sich mit den vorsehbaren Krisen oder Übergängen zwischen den einzelnen Phasen des Erwachsenenlebens auseinandersetzen. Damals, mit fünfunddreißig, betrachtete ich dieses Alter als Mitte, als Höhepunkt des Lebens. Das Jahrzehnt zwischen fünfunddreißig und fünfundvierzig nannte ich das Torschluß-Jahrzehnt, als ob wir nur diese Jahre hätten, um die *Midlife-Krise* zu meistern.

In meinem Buch machte ich vor dem fünfzigsten Lebensjahr halt. Ich konnte mir einfach nicht vorstellen, daß ich dieses

Alter erreichen würde. Da ging es mir wie vielen anderen meiner Generation. Daß es ein Alter mit ganz besonderen Möglichkeiten sein könnte, wäre mir nicht einmal im Traum eingefallen. Unter Fünfzigerinnen und Fünfzigern hatte man sich immer Mütter mit Depressionen und Männer mit hängenden Schultern vorgestellt, an denen die Zeit vorbeiging. Es war das Alter, in dem man die Ansprüche herunterschraubte. Die Midlife-Krise war längst Vergangenheit, und wer sie noch vor sich hatte, dem konnte keiner helfen, weder seitens der Familie noch in der Gesellschaft. Beruflich war seit Jahren alles im Lot. Man bewegte sich langsam auf die Pensionierung zu, und wer es zu nichts gebracht oder seine große Zeit hinter sich hatte, fand sich allmählich damit ab. Die Kinder waren aus dem Haus, zu lernen gab es nichts mehr, der einstige Idealismus war verblaßt. Liebe hatte sich in Zuneigung zu den Enkelkindern verwandelt. Da es keine verbindlichen Regeln gab, was eine Frau in diesem Alter tun sollte, die keine Kinder mehr bekam und auf körperliche Reize nicht mehr angewiesen war, konnte sich sehr wohl eine Transformation einstellen, wie Oscar Wilde sie am Schluß seines Romans *Das Bildnis des Dorian Gray* beschreibt. Mein eigener Alptraum war, daß ich eines Morgens aufwachen und im Fernsehen die *Today Show* sehen würde, wo Willard Scott mich mit den Worten begrüßt: »Was für eine zauberhafte kleine Dame, einhundertundein Jahre jung!«

Weil die westlichen Gesellschaften mit den mittleren Lebensjahren wenig oder nichts anfangen können, stolpern wir von der Jugendkultur übergangslos an den Rand der bekannten Welt, wo man nur noch in die Tiefe stürzen kann. Was uns dort erwartet, darüber wissen wir ebensowenig, wie Christoph Kolumbus und andere frühe Seefahrer über die Neue Welt gewußt haben. Auf der anderen Seite der Schlucht ist irgend etwas, aber wir haben keine Ahnung, was. Ein Blick über den Abgrund hinweg jagt uns möglicherweise Angst ein, denn in unseren Köpfen ist die Vorstellung fest verankert, daß es jenseits der Jugend jäh bergab geht oder daß dort, schlimmer noch, ein langsamer Niedergang und Verfall stattfindet.

Das Alter würde genauso mit uns umspringen wie mit unseren Eltern. Mit solchen und ähnlichen tradierten Vorstellungen haben wir uns die Sicht auf das, was das Leben jenseits der Jugend eigentlich ausmacht, versperrt.

Während meiner Recherchen zu diesem Buch mahnte mich eine innere Stimme immer wieder: »Da gibt es noch etwas viel Tiefgründigeres, Reicheres und Gefährlicheres – sieh zu, daß du es in den Griff bekommst!« Am Rand der bekannten Erwachsenenwelt, jenseits der Wechseljahre, tat sich eine ganz neuartige, unbekannte, verlockende Dynamik auf; ich entdeckte einen Bereich, auf den die herkömmlichen Grenzziehungen zwischen Jugend und Alter nicht zutrafen. Überrascht stellte ich fest, daß die zweite Hälfte des Erwachsenenlebens keineswegs die deprimierende Rutschpartie war, die wir uns immer darunter vorgestellt haben.

Flotte Damen in den Vierzigern, Fünfzigern und Sechzigern kamen nach den Lesungen und Vorträgen zu mir, um mir von ihrem Leben zu berichten. Ob es um ein Examen ging, auf das sie sich vorbereiteten, um das Wagnis einer neuen Geschäftsgründung, das Ausgraben irgendwelcher Fossilien in China, um die Überwindung von Alkoholsucht, Zorn oder Angst oder um den Liebhaber, für den sie jedoch ihr Single-Dasein nicht aufzugeben gedachten – sie alle schienen beflügelt durch ihren Neuanfang.

Je mehr Vorträge ich über die Wechseljahre der Frau hielt, um so öfter stellte ich mir die Frage, ob es wohl auch Wechseljahre des Mannes gab. Also drehte ich den Spieß um und fragte die Frauen nach ihrer Meinung. Die meisten waren überzeugt, daß es so etwas gebe. Wenn Männer im entsprechenden Alter eine Depression bekommen oder verzweifelt hinter Frauen herzujagen anfangen, die ihre eigenen Töchter sein könnten, oder wenn sie Karrieren hinwerfen, an deren Aufbau sie ihr Leben lang gearbeitet haben, heißt es meist lapidar: »Er ist verrückt geworden«, doch was sich unter der Oberfläche abspielt, darüber wissen wir nichts.

Um das herauszufinden, mußte ich Männer zwischen vierzig und siebzig zum Reden bringen – kein leichtes Unterfangen, da die meisten Männer dieses Alters ihre Gefühle seit jeher zu unterdrücken gelernt hatten. Folglich blieben einige der Männer, die zuvor die lebhaftesten Klagen über die Wechseljahre ihrer Frauen angestimmt hatten, nun plötzlich stumm. Man konnte förmlich das Warnsignal »Betreten verboten« aufleuchten sehen.

Ich ließ mir folgende List einfallen: Jedesmal, wenn man mich zu einem Vortrag einlud, bat ich die Sponsoren der Veranstaltung, mir bei der Zusammenstellung einer Gruppe von acht bis zehn Männern behilflich zu sein, die sich aus den verschiedenartigsten Milieus und Berufen zusammensetzen sollten. Meine Detroiter Männer beispielsweise gehörten zur Industriearbeiterschicht, entstammten den verschiedensten ethnischen Gruppen und hielten sich, nicht ganz zu Unrecht, für »echt« männlich. Sie waren stur und draufgängerisch und trugen eine undurchdringliche Maske zur Schau; sie waren überzeugt, daß ihre Kraft niemals nachlassen durfte, fühlten sich als treusorgende Beschützer ihrer Familien und waren von keinerlei Zweifeln oder Ängsten angekränkelt.

Ein anderer Fall: »Für so ein Projekt kriege ich nie im Leben acht oder zehn Männer zusammen«, hatte Suzanne Schut, für die Öffentlichkeitsarbeit eines Krankenhauses in Michigan zuständig, gesagt. Trotzdem verschickte sie meinen Fragebogen zur Lebensgeschichte nebst einer Kopie meines Artikels: »Is There a Male Menopause?« Am nächsten Tag riefen die Männer bei ihr an. »Ich war total überrascht«, sagte Suzanne. »Sie wollten wirklich kommen.« Natürlich, denn schließlich handelte es sich um Fragen, die sie selbst angingen. Ray, Musiklehrer an einer High-School, äußerte glasklar: »Die Autorin kenne ich nicht, aber ich freue mich, mit anderen Männern zu reden. Vielleicht fühlen sie das gleiche wie ich, aber wir reden nicht darüber.«

Überall traf ich auf denselben Hunger, ob in Florida, New York oder Seattle – überall waren ganz normale Männer bereit, die herkömmlichen Klischees wenigstens teilweise abzuwerfen und darüber nachzudenken, wie Männlichkeit neu definiert werden könnte. Dabei ging es darum, den jugendlichen Prototyp zu überwinden und Perspektiven für kommende Lebensabschnitte zu entwickeln. Ich sah das alles als Phänomen an, mit dem niemand gerechnet hatte, doch schienen inzwischen auch die Männer ein Gefühl dafür entwickelt zu haben, was ihnen bisher im mittleren Lebensabschnitt verlorengegangen war – vielleicht eine Folge jener Beachtung, die man diesem Stadium bei der Frau geschenkt hat.

Als ich die Abschriften der Hunderte von Stunden dauernden Interviews durchsah, klang immer wieder deutlich als Thema die Überraschung über die unerwartete Wiedergeburt heraus, darüber, daß es die Möglichkeit eines neuen Lebens gab – eines Lebens, in dem man sich darauf konzentrieren konnte, besser, stärker, gründlicher, weiser, lustiger, freier, attraktiver zu werden und die geschenkten Augenblicke aufmerksamer zu genießen, während man gleichzeitig älter, schlaffer, fetter, langsamer wurde und sich dem Ende näherte.

Natürlich ist es nicht allen vergönnt, die zweite Lebenshälfte wirklich zu genießen. Niemand kann schwere Krankheiten, Unfälle oder finanzielle Probleme ausschließen. Was auch immer die Zukunft bereithalten mag, die Gegenwart erweitert ständig die Grenzen, in denen ein »vitales Leben« möglich ist – sofern wir die zweite Lebenshälfte erreichen.

Aber wie soll man darüber schreiben? Ich mußte erst einmal meine eigenen Befürchtungen und Zweifel überwinden, denn in meinem Kopf geisterte beständig das Schicksal meiner Freundin und ihres Mannes herum. Noch vor kurzem hatten Peggy und Chuck voller Enthusiasmus eine große Reise in die Provence geplant, auf die sie sich freuten, nachdem die Kinder aus dem Haus waren. Nach einer Gewebeentnahme, die nur eine Vorsorgemaßnahme zu sein schien, sah Peggy sich dann über Nacht mit dem Prostatakrebs ihres Mannes konfrontiert. Diese Geschichte beherrschte alle meine Gedanken.

Eines Nachts, nachdem ich Peggy angerufen hatte, kam mir der Verdacht, daß hinter meiner Anteilnahme mehr als nur

Mitgefühl mit einer Freundin steckte. Die meisten Menschen machen zwischen vierzig und sechzig irgendeine Krise durch, die zum Nachdenken darüber zwingt, wie man den zweiten Teil des Lebens gestalten will. Je länger dieses Nachdenken aufgeschoben wird, um so stärker erinnert einen alles, selbst das alltägliche Leben, an den Tod. Aber hinter der Angst, die mir zu schaffen machte, konnte ich vage den Schimmer einer hoffnungsvollen Phase erkennen, die ich nur erreichen mußte. Um dies zu schaffen, mußte ich mich jedoch bis an den Rand des Abgrunds vorwagen und der Realität meines Alters, meines Platzes im Leben und meiner Sterblichkeit ins Auge sehen.

Ich betete, daß Peggy und Chuck den Kampf mit der Krankheit gewinnen und mit neuer innerer Kraft daraus hervorgehen würden. Doch auch für mich war hier ein Zeichen gesetzt – das erkannte ich nun. Ich mußte den bewußten Übergang in einen neuen Lebensabschnitt vollziehen.

Ruf Peggy an, befahl ich mir.

Noch aber war ich nicht soweit, wußte nicht sicher, wie Peggys Erfahrungen in mein Gedankenkonstrukt einbezogen werden sollten. Wie die meisten Menschen im mittleren Lebensalter befand ich mich in einem Veränderungsprozeß, in dessen Verlauf man beginnt, statt der konkreten nunmehr die transzendenten Antworten zu suchen. Auch meine Definition des Wortes »Erfolg« veränderte sich gerade. Bisher hatte ich die anmaßende Vorstellung gehabt, daß man alles schaffen kann, und mich in der glühenden Begeisterung meiner zwanziger, dreißiger und auch noch frühen vierziger Jahre in einigen Goethe-Versen wiedergefunden, die ich damals über meiner Schreibmaschine an die Wand pinnte:

> Was du tun kannst oder dir erträumst, fange es an,
> Der Kühnheit wohnen Genie, Macht und Zauber inne.

Jetzt aber veränderten sich meine Ziele. Ich war nicht mehr so sehr darauf aus zu gefallen oder bereit, mein Selbstgefühl davon abhängig zu machen, wie die Welt meine Leistung bewertete. Etwas in mir sehnte sich nach einem ganz anderen Weg; es schien fast so, als ob meine persönliche Entwicklung und meine berufliche Neugier sich zu einer magischen Einheit verbanden. Mein Buch über die Wechseljahre war nur der Anfang einer Reise gewesen, deren Ziel meine innere Integration war.

Eine konzentrierte Arbeit an dem neuen Buch über die verschiedenen Lebensphasen würde einige Jahre Disziplin und Einsamkeit sowie innere Besinnung verlangen. Von meinem Leben in der Öffentlichkeit, den Vorträgen und Empfängen mußte ich mich trennen. Des weiteren würde ich gemeinsam mit meinem Mann etwa alle sechs Wochen verreisen, um irgendwo, in einem Naturschutzgebiet etwa, spazierenzugehen. Daraus würde ich nicht nur neue Energie für meine Arbeit schöpfen, sondern wir beide, er und ich, konnten in ungezwungener Atmosphäre das Spiel der nächsten Lebensphase beginnen.

Schließlich kristallisierte sich ein Plan heraus: Wir wollten, nachdem wir alle anfallenden Dinge erledigt hatten, für einen Monat einfach untertauchen. Meine Freundin Ellen McGrath lud mich zu sich ein, in eine kleine Küstenstadt im Süden Kaliforniens, die jetzt im Winter halb verlassen zu sein schien. Sie half mir dabei, nach und nach all die Masken und Rituale meines Lebens in der Öffentlichkeit fallenzulassen. Langsam wich der Druck der vielerlei Ansprüche und Termine, ich entledigte mich der alten Abwehrmechanismen und hörte auf, der Schönheitspflege übermäßige Bedeutung beizumessen. Die Zeit war gekommen, das Überflüssige abzustreifen und sich aufs Wesentliche zu konzentrieren: Ich mußte wieder Kontakt mit meiner inneren Stimme aufnehmen.

Alle Tagebücher der letzten Jahre sowie meine Aufzeichnungen zum Wochenendseminar über »Die neue ältere Frau« steckten in einem kleinen Koffer, den ich unter mein Bett geschoben hatte. In diesem verschlafenen Nest am Pazifik, wo niemand mich stören würde, konnte ich mich dem Inhalt der Tagebücher und Notizblöcke stellen – und auch der Angst in meinem Unbewußten angesichts der Nachrichten, die meine Freundin Peggy betrafen. Mal sehen, welchen Furien ich begegnen würde! Ich rechnete damit, daß all mein Mut erforderlich wäre, den unvermeidlichen Verfall und Abstieg dieser Lebensphase zu akzeptieren. Wahrscheinlich würde ich sehr viel weinen und aus diesem Prozeß am Ende als muntere, aber leidenschaftslose und gesetzte ältere Dame hervorgehen.

Morgen für Morgen rannte ich am Strand entlang, so wie ich mein Leben lang an winterlichen Stränden gerannt oder spazierengegangen war, und überlegte sogar, mich irgendwann in das kalte Wasser des Pazifiks zu stürzen. Weshalb nicht? Schließlich hatte ich seit frühester Kindheit gern getaucht. Doch angesichts der Wogen, die sich bei Hochwasser bis zu den Klippen hinter dem Sandstrand warfen, zögerte ich und kehrte lieber zum Studium meiner Tagebücher zurück.

Als die dritte Woche meines Aufenthalts am Pazifik angebrochen war, raffte ich all meinen Mut zusammen und rief Peggy an. Man hatte einen neuen Tumor entdeckt und Chuck zu einer weiteren Operation, zu einer Serie von Bestrahlungen sowie möglicherweise einer Chemotherapie geraten. Trotzdem klang Peggys Stimme beinahe fröhlich: Ihr Mann hatte beschlossen, auf die aggressive Therapie zu verzichten; sie wollten lieber das gemeinsame Leben, das ihnen noch blieb, genießen und nach Frankreich reisen.

An diesem Morgen überfiel mich wieder mein alter Angsttraum. Ich versuchte es mit meiner üblichen Methode, die Angst dadurch loszuwerden, daß ich sie aus mir hinausschrieb. Also setzte ich mich hin, um Peggys Schicksal aufzuschreiben – und erstarrte: Peggys Geschichte glich dem Seelendrama, das ich selbst durchlebte. Auch ich befand mich am Abgrund. Die Struktur meiner eigenen Welt der Immer-noch-Jugendlichkeit, in der wir unsere Gesundheit für selbstverständlich nehmen und nicht auf schmerzhafte Verluste vorbereitet sind – diese Struktur fing an auseinanderzufallen. Weil der Gedanke an den eigenen Tod viel zu schrecklich ist, um ihn direkt zuzulassen, taucht er in verschiedenen Maskierungen immer wieder auf.

Als ich das Meer mit seiner überschäumenden Kraft betrachtete, reagierte ich darauf nicht mehr wie in meiner Jugend (»Ich kann es gar nicht erwarten, durch diese Wellen zu tauchen«), sondern fürchtete mich vor dem Ertrinken. Obwohl ich mir sagte, daß ich es immer noch mit den Wellen aufnehmen konnte, hatte ich mit einem Mal sogar Angst davor, eine plötzliche Springflut könne den breiten Sandstrand verschlingen und mich an die Felsklippen schmettern.

Meine irrationale Angst könnte man mit der Tatsache erklären, daß ich mich völlig mit Peggys Qualen identifizierte, aber da war noch etwas Mythisches an meinem Kampf mit den wilden, rachsüchtigen Wellen. Sie repräsentierten etwas, das uns überwältigen und wegnehmen kann, was wir lieben. Ich dachte an mich und an meinen Mann – wir hatten Glück gehabt. Du denkst, du hast es geschafft, schienen diese Wellen zu sagen, aber wir werden dich auch verschlingen. In Anbetracht der Zufälligkeit des Lebens und des Todes konnte ich da überhaupt behaupten, daß es eine Art Wiedergeburt in der zweiten Hälfte des Lebens gab?

Eines Morgens, als ich nicht aufpaßte, erwischte mich unversehens doch eine Woge und warf mich um. Ich war verwirrt und klatschnaß – ja, aber zu meiner Überraschung fürchtete ich mich jetzt nicht mehr. Es war eher ein sanfter Schubs gewesen. Weiche, flockige Gischt umspülte mich, und plötzlich war mir wieder so wie in meinen Mädchenjahren. Ich betrachtete noch einmal die mächtigen Wogen dort draußen, die mich einzuladen schienen: Komm rein und spiel mit uns, wir tun dir nicht weh. Tauche einfach durch uns hindurch. Du wirst sehen: Du kommst auf der anderen Seite heraus.

Und jäh begriff ich: Nein, das war kein Abstieg! Unsere mittlere Lebensphase ist eine Geschichte des Fortschritts, eine Reihe von kleinen Siegen über kleine Tode. Es geht weiter; es gibt eine Wiedergeburt im Leben – und man darf es ruhig laut sagen. Solche Aha-Erfahrungen hat Virginia Woolf »moments of being« genannt – Augenblicke des Seins, wenn ein Schock den Schleier des Alltäglichen wegreißt und plötzlich, wie in Flutlicht getaucht, das eigentliche Wesen unseres Lebens erscheint. Es gibt eine andere Seite, doch muß man sich fragen, ob man noch genügend Kraft hat, dorthin zu gelangen. Wird das, was einem bevorsteht, leichter oder schwerer als das

Bisherige? Wird es vergnüglich oder nur noch ein fader Abklatsch sein? Es war an der Zeit, mich auf die Reise vorzubereiten. Aber jetzt spürte ich ein innerliches Zutrauen: Ich tauchte in die kalten Wogen und kam auf der anderen Seite lachend heraus.

Als ich mich angezogen hatte, um zu einem späten Sonntagsfrühstück zu gehen, kam mir die zentrale Idee des Buches, das ich schreiben wollte. Millionen Menschen, die heute die Vierzig oder Fünfzig überschreiten, sind in der Lage, ihr Leben und ihre Gewohnheiten auf dramatische Weise zu verändern. Sie haben noch viele Lebensjahre mit einem funktionierenden Körper und einem wachen Bewußtsein vor sich. Wichtig ist jedoch, für neue Sicht- und Denkweisen offenzubleiben und sich auf jene Erfahrungen vorzubereiten, die noch zu bewältigen und zu genießen sind.

Da war sie also, die Herausforderung für mich. Und da war auch der Anker, der mich in diesem Meer der zweiten Lebensphase halten würde – das rebellische Unterfangen, die mittleren Lebensjahre neu zu definieren und die Botschaft von allen Dächern zu verkünden: Sie sind ein Geschenk!

ERSTES BUCH
DAS ERSTE ERWACHSENENALTER

PROLOG: O PIONIERE!

Seit der Antike war die westliche Kultur bestrebt, das Leben des Menschen in Altersstufen zu unterteilen, und die Notwendigkeit, so etwas wie Ordnung in den Lebenszyklus zu bringen und Prognosen stellen zu können, hat zu allen Zeiten bis auf den heutigen Tag Philosophen, Dichter und Analytiker inspiriert.

Bis Mitte der siebziger Jahre etwa ereigneten sich die wichtigen Wendepunkte im Leben eines Menschen zumeist in einem vorgegebenen zeitlichen Rahmen: Schul- oder Universitätsabschluß, erster Job, Heirat, erstes Kind, leeres Nest, Pensionierung, ja sogar der Tod wurden einem bestimmten Lebensalter zugeordnet. Hinter diesem Denkschema stand eine ziemlich lange Tradition, denn schon in früheren Jahrhunderten waren die verschiedenen Rollen, die ein Individuum im Laufe seines Lebens zu spielen, die Pflichten, die es zu übernehmen hatte, entsprechend dem biologischen Alter festgelegt worden. Dazu gehörte auch die Festschreibung eines Einstiegsalters in die Welt der Erwachsenen (Volljährigkeit) und eines Höchstalters (Pensionierung).[1] In den letzten zwanzig Jahren aber haben sich diese Altersnormen verschoben und ihren zwingenden Charakter verloren.

Nehmen wir zur Kenntnis:

– Neunjährige Mädchen bekommen schon Busen und Schamhaar
– Neunjährige Knaben bringen Waffen in die Schule mit

- Sechzehnjährige können sich von ihren Eltern (oder einem Elternteil) »scheiden lassen«
- Dreißigjährige Männer leben immer noch zu Hause bei ihrer Mutter
- Vierzigjährige Frauen werden (zum erstenmal) schwanger
- Fünfzigjährige Männer werden (zwangsweise) »frühpensioniert«
- Fünfundfünfzigjährige Frauen können – wenn sie sich die Eizellen einer jungen Frau einpflanzen lassen – ein Kind austragen
- Fünfundsechzigjährige Frauen beginnen ein Studium, um ein Examen abzulegen und einen Beruf zu ergreifen
- Siebzigjährige Männer werden (mittels eines Wachstumshormons) um zwanzig Jahre jünger
- Achtzigjährige nehmen an Marathonläufen teil
- Neunzigjährige heiraten wieder und haben immer noch Freude am Sex
- und jeden Tag kann man Hundertjährigen zum Geburtstag gratulieren.

Was geht hier vor?

Wir haben es mit einer Revolutionierung der Lebenserwartung *und* Lebensgestaltung zu tun, denn im Laufe einer einzigen Generation hat sich die zeitliche Struktur des menschlichen Lebens grundlegend verändert. Die Pubertät beginnt einige Jahre früher als zur Jahrhundertwende, doch gleichzeitig dauert die Jugendzeit länger an, weil immer mehr junge Leute länger bei ihren Eltern leben: Je nach Schichtzugehörigkeit liegt die Grenze mittlerweile zwischen Mitte und Ende zwanzig. Viele zur Zeit des Baby-Booms Geborene (1946–1965) fühlen sich gar erst richtig erwachsen, wenn sie die Vierzig überschritten haben – wenn überhaupt. Anders als die vorangegangene Generation, die mit dem Kinderkriegen eher früh dran war, schlagen sie sich als späte Eltern immer noch mit dem rebellischen Nachwuchs herum. Während dieser am »katastrophalen Rande der Adoleszenz«[2] steht, müssen die Eltern sich mit den gewaltigen hormonellen und seelischen Veränderungen auseinandersetzen, die der Übergang in den mittleren Lebensabschnitt auslöst.

Das mittlere Alter selbst, wenn man es heute überhaupt zur Kenntnis nimmt, hat sich schon bis weit in die Fünfziger hinein verschoben, und für die Fünfziger, Sechziger wie auch die späteren Lebensdekaden eröffnen sich jetzt ganz neue Möglichkeiten, die ein Dasein verheißen, wie unsere Eltern und Großeltern es nicht gekannt haben.

Fünfzig ist heute, was früher vierzig war.

»Alles scheint sich um zehn Jahre verschoben zu haben«, stellte der Schauspieler und Regisseur David Steinberg im Interview fest. »Sechzig ist jetzt, was früher, als meine Eltern noch lebten, fünfzig war.«

»Ich weiß nicht, wie ich mit fünfzig sein soll«, gab eine Psychotherapeutin zu, die ich 1991 in Oregon befragte. »Aber eines weiß ich sehr wohl: Ich werde mit fünfzig nicht wie meine Mutter sein.« Sie wollte ihren etwa dreißigjährigen Söhnen gerade einen Vortrag darüber halten, was ihre Wäsche waschen und Essen machen an Feiertagen anging. Jetzt war für die Mutter die Zeit gekommen, ins Abenteuer des eigenen Lebens aufzubrechen. Eine Frau in Louisville, Kentucky, versuchte ihrem erwachsenen Sohn die verwirrende Tatsache klarzumachen, daß ihr Leben nicht länger synchron mit ihrem Alter verlief: »Auf dem Papier bin ich sechzig, aber in meinem Kopf fünfundvierzig. Ich weiß gar nicht, wie ich dir das beschreiben soll.«

Europäer und Amerikaner heiraten später, haben weniger Kinder und leben länger. Eine Studie der Europäischen Gemeinschaft hat ergeben, daß die Zahl der Europäer über sechzig sich während der letzten dreißig Jahre verdoppelt hat und im Laufe der nächsten dreißig Jahre noch einmal um die Hälfte anwachsen wird.[3] Viele über Fünfundvierzigjährige krempeln ihr Leben noch einmal gründlich um. Sie tun dies in der Überzeugung, daß sie wahrscheinlich viel länger leben werden als ihre Eltern, und sie haben recht. Erstmals in der Geschichte können die meisten Menschen in den fortschrittlichen Staaten damit rechnen, nicht vorzeitig zu sterben. Zwei

Alles hat sich um zehn Jahre verschoben

Lebensphasen in den 50er (▰) und in den 90er Jahren (▰)

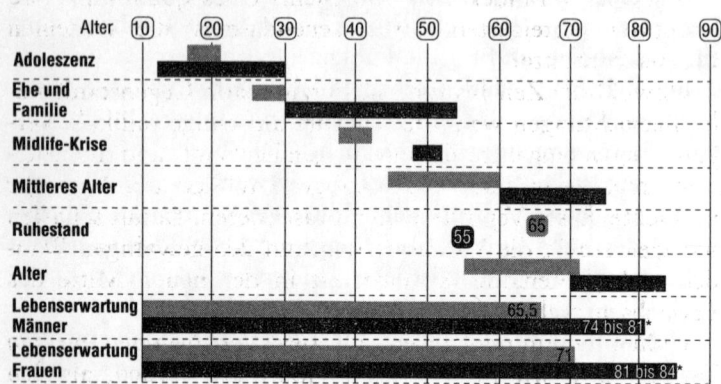

Quelle: Statistiken
des US-Wirtschaftsministeriums

* Die höhere Zahl nennt die Lebenserwartung derer,
die das 65. Lebensjahr erreicht haben.

Drittel des gesamten Zugewinns an Lebenserwartung wurden allein in diesem Jahrhundert erzielt.

Während meiner Vorträge werfe ich den Leuten gern unvermittelt eine Zahl oder ein Faktum an den Kopf: »Eine Frau, die – frei von Krebs und Herzkrankheit – heute das fünfzigste Lebensjahr erreicht, kann damit rechnen, daß sie ihren zweiundneunzigsten Geburtstag erleben wird.«

Daraufhin geht immer ein Raunen durch das Publikum. Die Nachricht zwingt die Leute zum Nachdenken. Sogar wenn man die Gesamtheit aller amerikanischen Frauen nimmt, so haben diese nach ihrem fünfzigsten Geburtstag laut Statistik durchschnittlich noch mindestens zweiunddreißig Lebensjahre vor sich, wahrscheinlich sogar noch mehr, die sie sinnvoll ausfüllen müssen.[4] Das heißt: Ein ganzes, langes zweites Erwachsenenleben liegt vor ihnen.

Auch für Männer haben sich die Prognosen deutlich verbessert. Und: Wenn sie nicht zwischen fünfunddreißig und sechzig an einer Herzkrankheit sterben, sind sie in späte-

ren Jahrzehnten sogar robuster und weniger anfällig als
Frauen.[5]

Wie aber verändern sich angesichts eines quantitativ und
qualitativ gesteigerten Erwachsenendaseins die einzelnen
Lebensabschnitte?

Obwohl die Zeit bis fünfundvierzig schon Gegenstand vieler Betrachtungen war, will ich kurz auf einige radikale Veränderungen eingehen, die mir aufgefallen sind, und die neuesten Erkenntnisse über die Zwanziger, Dreißiger und Vierziger
im Lichte dieser Veränderungen präsentieren. Damit schaffen
wir gleichzeitig die Voraussetzung, um den gewaltigen Wandel zu begreifen, der sich derzeit in der neuen Mitte des
Erwachsenenlebens abspielt.

Halten wir ein und stellen uns etwas vor: Nehmen wir den
Tag, an dem wir fünfundvierzig Jahre alt werden, als den
Geburtstag unseres zweiten, neuen Lebens. Davon erzählt dieses Buch. Es behandelt ein völlig neues Konzept der menschlichen Existenz – ein zweites Erwachsensein nach der Lebensmitte.

Weil die Menschen heute meist gesünder sind als früher,
sind sie im Alter auch besser in Form und haben demzufolge
in der Regel eine höhere Lebenserwartung. In früheren Jahrhunderten hingegen hat nur einer von zehn das fünfundsechzigste Lebensjahr erreicht. Heute jedoch haben die
meisten Menschen mittleren Alters noch Eltern. So hat die
Leiterin eines Altersheims in Milwaukee festgestellt: »Vor
zwanzig Jahren sah ich Vierzigjährige ihre sechzigjährige
Mutter oder ihren sechzigjährigen Vater zu uns bringen. Jetzt
sehe ich Sechzigjährige mit ihren neunzigjährigen Eltern
kommen.«

Und je älter ein Mensch wird, desto höher ist seine Lebenserwartung. So hat man mit Verwunderung festgestellt, daß die
Allerältesten nicht die höchste Sterberate zu verzeichnen
haben. Eine schwedische Statistik belegt diesen Trend: Bis um
das Jahr 1950 blieb die Quote bei den über Fünfundachtzig-
jährigen ungefähr konstant, doch seither ist sie ständig um

etwa zwei Prozent jährlich gefallen. Ein finnischer Demograph, der vergleichbare Daten aus siebenundzwanzig Ländern zusammentrug, stellte ebenfalls fest, daß bei den ganz Alten die Sterblichkeitsrate auch in anderen Ländern seit 1950 ständig gesunken ist.[6] Zur durchschnittlichen Lebenserwartung ist also ein neuer Abschnitt hinzugekommen, in dem die »jungen Alten« zu Hause sind. Und entsprechend der Grenzverschiebung des mittleren Alters wird man jetzt wohl erst ganz kurz vor dem Tode wirklich alt.

Diese empirischen Tatsachen allein werfen schon die altersmäßige Rolleneinteilung in unserer Gesellschaft über den Haufen. Ganz neue Phasen tun sich im Verlauf des Erwachsenenlebens auf, bieten neue Möglichkeiten und zerbrechen alte Traditionen. Die überlieferten Fixpunkte, die noch immer in unseren Köpfen herumgeistern, sind hoffnungslos veraltet. Wir brauchen neue Markierungspunkte.

Inspiriert von den Neuronen, die in unseren Gehirnen für Farben, Bewegungen, Orientierung und anderes wie Landkarten angeordnet und untereinander kombinierbar sind, kam mir die Idee, die menschliche Lebenszeit als Landkarte zu entwerfen. Sie mag dabei helfen, das eigene Leben neu zu kartographieren, Grenzlinien neu zu ziehen und den Weg durch das neue Territorium jenseits der Fünfundvierzig zu suchen.

Meiner Ansicht nach ist es mehr denn je vonnöten, daß wir die verschiedenen Phasen unseres Lebens definieren, nicht nur weil wir länger leben, sondern auch angesichts der Schnelligkeit und Komplexität der Veränderungen, mit denen wir in unserem Erwachsenenleben beständig konfrontiert werden. Alles bewegt sich heute unglaublich viel rasanter als vor noch gar nicht so langer Zeit, und durch die neuen elektronischen Kommunikationsmöglichkeiten sind wir beständig mit der wachsenden Forderung nach unmittelbarer Aktion und Reaktion konfrontiert. Wir lassen uns wenig Zeit, auch nur die allerwichtigsten, sinnvollsten Erfahrungen in unserem Leben zu verarbeiten – wir jagen nur hindurch... und weiter.

Zudem haben kürzlich durchgeführte Experimente ergeben, daß es vielleicht gar keine angeborene Grenze für das Leben des Menschen gibt. Die von James Carey an der Universität von Kalifornien in Davis und James Vaupel an der Duke University geleiteten Projekte lassen die Vermutung zu, daß, eine gesunde Lebensführung und medizinische Versorgung vorausgesetzt, die derzeitige Lebenserwartung von etwa fünfundsiebzig Jahren sich in absehbarer Zeit auf neunzig und hundert erhöhen wird.[7]

Das bedeutet, daß man mit fünfundvierzig unter Umständen noch fünfzig Jahre vor sich haben kann – eine Realität, die unsere herkömmlichen Zeitvorstellungen gehörig durcheinanderbringt. Überraschung breitet sich aus, auch eine gewisse Desorientierung und sogar Angst: Wir müssen jetzt nicht mehr mit einem einzigen, sondern mit drei verschiedenen Erwachsenen-Lebensaltern rechnen, uns auf sie vorbereiten, mit einer Planung beginnen. Damit die Konturen klar werden, habe ich diesen drei Perioden unterschiedliche Namen gegeben:

Vorläufiges Erwachsenenalter (18–30)
Erstes Erwachsenenalter (30–45)
Zweites Erwachsenenalter (45–85+)

Für jede dieser Perioden sind spezifische Probleme und Auseinandersetzungen typisch, jede verlangt einen anderen Lebensentwurf. Die altersmäßigen Abgrenzungen unterliegen individuellen Schwankungen. Wichtig ist, daß alle drei Phasen entsprechend durchlebt werden. Mag sein, daß im Verlauf dieser Zeit die Partner wechseln oder daß wir einen oder mehrere Abschnitte allein bestehen müssen. Mehrere Eheschließungen werden wahrscheinlich die Norm sein. Bei Männern kommt es immer häufiger vor, daß sie für die Zeit der Reife nach dem fünfundfünfzigsten Lebensjahr eine neue Partnerin wählen, die sie jedoch oftmals nicht heiraten. Und auf der gesamten Lebensreise bieten sich immer neue Möglichkeiten der Weiterentwicklung.

Leitmotiv all der Lebensgeschichten, die ich gehört habe, ist Überraschung, Erstaunen sogar, daß die mittleren Jahre nicht den Abstieg bedeuten. Im Gegenteil: Oft stellt diese Phase im Leben der meisten Menschen heute die Zeit des größten Wohlbefindens dar. In diesem Buch werden Sie die Lebensgeschichten lesen und anhand von Untersuchungen und Statistiken erfahren, warum das so ist. Allerdings haben meine Gespräche mir auch den Eindruck vermittelt, daß diese neue Perspektive weitgehend noch gar nicht begriffen wird.

Wie finden wir den Weg in diesen aufregenden Lebensabschnitt, wenn das erste Erwachsenenalter langsam vom zweiten abgelöst wird? Diese Übergangsphase findet etwa zwischen fünfundvierzig und fünfundfünfzig statt und stellt ein wirklich neues Territorium dar, weshalb ihr besondere Aufmerksamkeit gewidmet wird. Insgesamt läßt sich das zweite Erwachsenenalter in zwei Hauptabschnitte unterteilen – in das Alter der Überlegenheit (45–65) und das Alter der Ganzheit (65–85+).

Haben Sie sich schon mal gefragt: Was kann ich aus meinem nächsten Lebensabschnitt machen? Mit wem möchte ich ihn verbringen, wenn überhaupt mit jemandem? Welche neuen Unternehmungen oder Abenteuer kann ich jetzt wagen, welche alten Hüllen jetzt abstreifen? Gibt es irgendwelche gefährlichen Fallstricke, die ich vermeiden sollte? Zu welchen Investitionen hinsichtlich eines veränderten Lebensstils bin ich bereit, um die vor mir liegenden Jahre lebenswert zu machen? Wie lange möchte ich überhaupt leben?

NEUE LEBENSZYKLEN

Daß es nach Mitte Vierzig neuartige Lebensabschnitte und Existenzweisen gibt, stellt nur die radikalste Veränderung im menschlichen Leben dar. Alle Phasen haben sich in einem gewissen Maße verschoben. Jeder Mensch hält sich zwar gern für einzigartig, doch ist es zugleich ein beruhigender Gedanke, daß man nicht als einziger von Unsicherheit in einem Leben geplagt wird, das keine klaren Grenzen oder Leitlinien mehr bietet.

Mein 1976 erschienenes Buch *In der Mitte des Lebens* half ein völlig neues Konzept zu popularisieren – daß nämlich das Erwachsenwerden ein psychologischer und sozialer Wachstumsprozeß ist, der sich stufenweise durch das ganze menschliche Leben hinzieht. Heirat, Geburt eines Kindes, erster Job, Flüggewerden der Kinder – das sind die Markierungspunkte, die konkreten Ereignisse unseres Lebens. Aber eine Entwicklungsstufe wird nicht durch solche Markierungspunkte definiert, sondern durch innere oder äußere Impulse, die auf Veränderung drängen. Was für ein Gefühl haben wir, wenn wir an unseren Job denken, an unsere Rolle in der Familie, in der Gesellschaft? Inwiefern verstärken sich durch unsere gegenwärtige Lebensstruktur unsere Werte, Ziele und Bestrebungen, inwiefern leiden sie darunter? Welchen Teil unserer Persönlichkeit können wir ausleben, welchen vernachlässigen wir?

Eine innere Unzufriedenheit signalisiert die Notwendigkeit, eine Veränderung vorzunehmen und uns zur nächsten Entwicklungsstufe zu bewegen. Von Erik Erikson, der unsere Vorstellung von Wachstum und Entwicklung des Menschen revolutioniert hat, stammt die Theorie, daß jede Phase des Lebens, von der Kindheit bis ins Greisenalter, mit einer besonderen psychologischen Auseinandersetzung zu tun hat, die einen wichtigen Teil unserer Persönlichkeit formt.[8] Daniel Levinson hat diese Theorie speziell für die einzelnen Lebensabschnitte des Mannes ausgearbeitet.[9]

»Solche vorhersehbaren Krisen oder Wendepunkte, die eine neue Phase, einen neuen Zustand einleiten, sind Zeiten, in denen wir uns zwischen Fortschritt und Rückschritt entscheiden. In meinem damaligen Buch habe ich zur Verdeutlichung unserer Situation das Bild des Hummers gewählt. Der Hummer wächst, indem er nacheinander eine Reihe harter, schützender Schalen entwickelt und wieder abstreift. Jedesmal, wenn er sich ausdehnt, muß die alte Schale weichen: Der Hummer ist schutzlos und nackt, bis eine neue Schale wächst. Auch wir müssen bei jedem Übergang aus einer Phase zur nächsten eine schützende Struktur aufgeben, auch wir sind dann zunächst nackt und verletzbar – aber zugleich energiegeladen und quicklebendig. In solchen Augenblicken verfügen wir über ein mächtiges Potential für ein neues Wachstum. Allerdings ist es ebensogut möglich, daß wir zurückfallen, an

Neue Landkarte
des Erwachsenenalters

ERSTES ERWACHSENEN

VORLÄUFIGES ERWACHSENENALTER: 18–30

VITALE VIERZIGER

ZAGHAFTE
ZWANZIGER

DRAMATISCHE
DREISSIGER

TERRITORIUM

»kleiner Tod«
des ersten
Erwachsenen-
alters

Bestands-
aufnahme
mit 35

verlängerte Adoleszenz

ALTES

mittleres Alter

frühe
Midlife-
Krise

Übergang
zum ersten
Erwachsenen-
alter

Menopause

Übergang
zum Alter
der Über-
legenheit

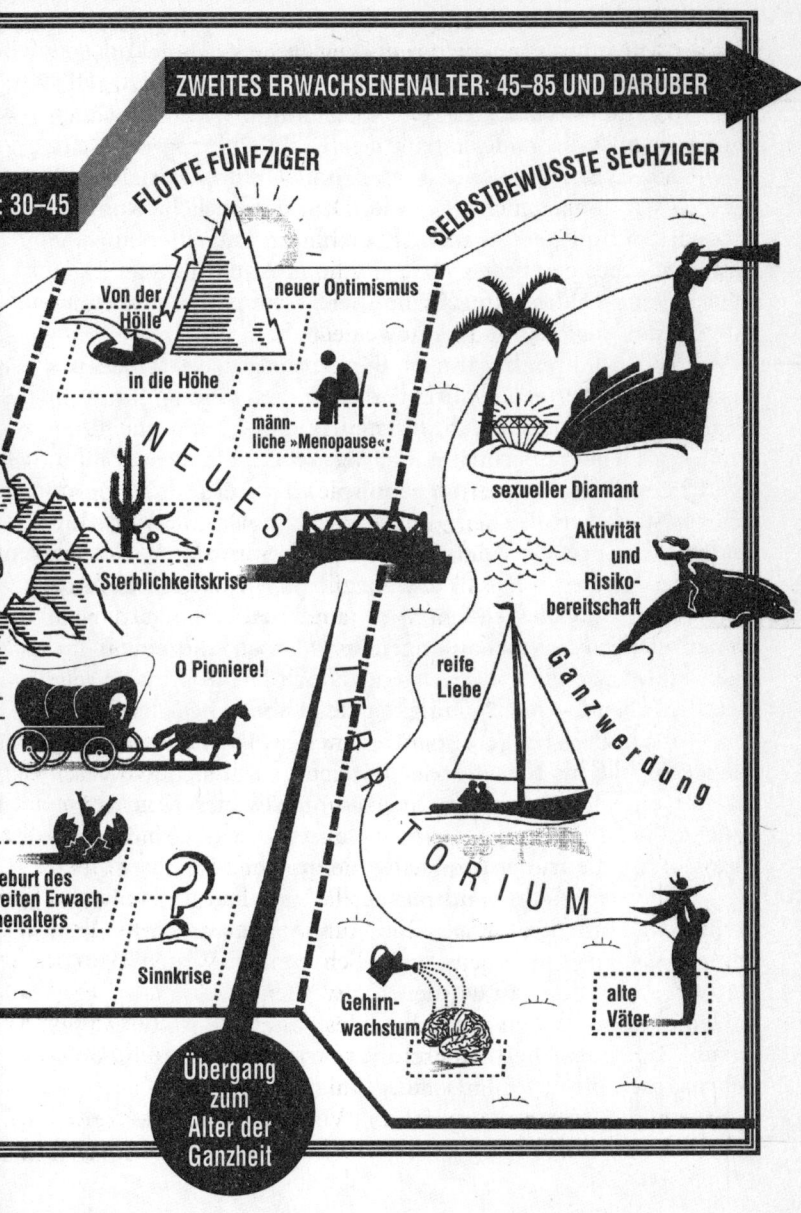

ZWEITES ERWACHSENENALTER: 45–85 UND DARÜBER

R: 30–45

FLOTTE FÜNFZIGER

SELBSTBEWUSSTE SECHZIGER

Von der Hölle

neuer Optimismus

in die Höhe

männliche »Menopause«

N E U E S

sexueller Diamant

Aktivität und Risikobereitschaft

Sterblichkeitskrise

O Pioniere!

reife Liebe

T E R R I T O R I U M

Ganzwerdung

Geburt des zweiten Erwachsenenalters

Sinnkrise

Gehirnwachstum

alte Väter

Übergang zum Alter der Ganzheit

Boden verlieren, aufgeben oder einfach den zur Veränderung drängenden Impuls ignorieren und in unserer Schale, unserer alten Struktur steckenbleiben. Ganz gleich, wie wir uns in diesem Augenblick entscheiden: Die Zukunft wird, wie auch immer sie ausfällt, anders strukturiert sein.

An der Existenz solcher Krisen und Umbruchsituationen hat sich seit damals nichts geändert, nur der zeitliche Rahmen hat sich um fünf oder zehn Jahre erweitert. Die Altersnormen sind elastischer geworden. Wie Fische im Aquarium des täglichen Lebens wild herumschwimmend, ist uns irgendwie entgangen, daß die Wände sich geweitet haben.

Vor sieben Jahren begann ich die Lebensläufe verschiedener Generationengruppen während der letzten fünfzig Jahre zu vergleichen und mußte bald feststellen, daß ich ein unendlich komplexes Thema berührt hatte. Menschen, die jetzt in ihren Zwanzigern, Dreißigern oder frühen Vierzigern sind, fühlen sich oft stark verunsichert durch drastisch veränderte Bedingungen. Ihre private Welt präsentiert sich nicht länger als ein linear geordnetes Spielfeld des Fortschritts, wie das bei ihren Eltern der Fall war. Vielmehr wird von ihnen verlangt, daß sie immer wieder von vorn anfangen. Drei Leben statt einem einzigen klingt wie ein tolles Angebot, doch hat es seinen Preis: atemberaubende Geschwindigkeit des Lebens bei gleichzeitigem Aufschub vieler Verantwortlichkeiten. Die nächste Phase wiederum, die bis fünfundsechzig reicht, kann sich nicht länger mit einem geruhsamen Auslaufenlassen des Motors begnügen. Vielmehr ist jetzt eine Vorbereitung auf Phasen des Alters nötig, die früher nur wenige Menschen erreichten. Jetzt bleiben viele auf die eine oder andere Weise aktiv und teilweise berufstätig – nicht nur, weil sie sich nach etwas Sinnvollem sehnen, sondern auch, um zusätzlich Geld für ihren verlängerten Lebensabend zu verdienen.

Gemeinsam ist den Menschen fast aller Altersstufen das Gefühl der Unsicherheit darüber, wie man einen neuen Lebensabschnitt ausfüllen wird.

– Wissen Sie, wie es ist, wenn man mit dreißig immer noch bei seiner Mutter lebt?

- Wissen Sie, wie es ist, wenn man vierzig und allein ist und immer noch seinen unerfüllten Wünschen hinterherrennt?
- Wissen Sie, wie man sich fühlt, wenn man mit fünfzig entlassen wird?
- Wissen Sie, wie es ist, wenn man eine Krebsoperation hinter sich hat und sechzig ist und Arbeit und ein neues Lebensziel sucht?
- Wissen Sie, wie es ist, heute ein Mann zu sein?

Während die meisten Frauen über dreißig sich heutzutage zunehmend in ihren verschiedenen Rollen wohl fühlen, geraten die Männer immer mehr aus dem Gleichgewicht. Sie ringen mit der Definition, was es heißt, ein Mann zu sein, und wie man sich in seiner Rolle wohl fühlt, ohne in überholte Verhaltensmuster zurückzufallen oder sich einem Prozeß auszuliefern, den sie letztlich als totale Feminisierung ansehen. Durften die Frauen sich in den vergangenen zwanzig Jahren einer kontinuierlichen Ausdehnung ihrer Möglichkeiten erfreuen, mußten die Männer den Zusammenbruch vertrauter Strukturen erleben und gleichzeitig in vielen Bereichen bei härterer Arbeit eine Stagnation oder gar ein Absinken des Nettoeinkommens hinnehmen.[10]

Solche Tatsachen lösen natürlich bei vielen Männern einen Aufschrei aus: Seht ihr, die Frauen nehmen uns unsere Jobs weg! Dabei wird übersehen, daß der statistische Einkommenszuwachs bei Frauen darauf zurückgeht, daß es heute viel mehr *voll* berufstätige Frauen gibt. Und nach wie vor ist es eine Tatsache, daß etwa ein Drittel der neuen Jobs für Frauen unterbezahlt sind und von Männern abgelehnt würden.[11]

WAS FÄNGT MAN MIT DEM RESTLICHEN LEBEN AN?

Je mehr Menschen ich befragte, je mehr Untersuchungen ich anstellte, um so deutlicher wurde, daß die jetzt stattfindende Revolution des Erwachsenenlebens sich nicht nur in dessen zweiter Hälfte abspielt, sondern daß alle Altersstufen davon betroffen sind. Einige soziale Rollen und Pflichten, die früher einer ganz bestimmten Phase zugeordnet waren, werden heute aufgeschoben oder auch gänzlich ignoriert. Andererseits können sich auch vielfältige Aufgaben in einer einzigen Phase zusammenballen und dadurch gewaltige Konflikte schaffen. Und eine Unzahl neuer Möglichkeiten hat sich durch moderne Technologien eröffnet, mit deren Hilfe sich die bisher bekannten Grenzen der Biologie verschieben lassen.

Am schwindelerregendsten sind die Veränderungen in der Reproduktionsmedizin. Dreißigtausend Generationen lang war es einer der grundlegendsten Instinkte des Menschen, so bald wie möglich Kinder zur Erhaltung der Art in die Welt zu setzen. Im Laufe einer einzigen Generation haben sich nun vor allem Angehörige der Mittel- und Oberschicht dafür entschieden, das Kinderkriegen um zehn bis zwanzig Jahre hinauszuschieben. Dies stellt vielleicht die radikalste aller planmäßigen Veränderungen des menschlichen Lebenszyklus dar.

Jetzt sehen wir im Fernsehen Frauen in den Fünfzigern und Sechzigern, die stolz verkünden, daß sie Kinder geboren haben – Babys, deren biologische Mütter sie nicht sind, denn die Eizellen wurden von jüngeren Frauen gespendet (oder verkauft). Die Schwangerschaft jenseits der Wechseljahre stellt das uralte Konzept des menschlichen Lebens gefährlich in Frage. Daß eine Frau jetzt »unbegrenzt fruchtbar« sein, sogar ihr eigenes Enkelkind gebären kann (dessen Ei die Tochter spendet), stimmt unter ethischen und rechtlichen Aspekten nachdenklich. Wir müssen unseren Lebenslauf buchstäblich neu überdenken und neu entwerfen, und während wir das tun, gilt es ein paar ernsthafte Überlegungen anzustellen, wie unsere Kultur auf diese neuen Realitäten reagieren sollte.

Aber auch die geistigen Fundamente sind ins Wanken geraten. Vaclav Havel, Philosoph und Präsident der Tschechischen Republik, sprach kürzlich vom Paradox unserer Zeit. »Experten können uns alles in der wahrnehmbaren Welt genau erklären, und trotzdem verstehen wir unser eigenes Leben immer weniger. Wir leben in der postmodernen Welt, in der alles möglich und so gut wie nichts sicher ist.«[12] Das Bewußtsein und die Anerkennung einer höheren Macht wurden in den Bereich der Magie und des Mystizismus abgedrängt. Der Glaube an einen Schöpfer oder eine Erdmutter, der uns in einer universellen Ordnung verankert, erscheint fast als Affront gegenüber Wissenschaft und Technologie und widerspricht der Selbstherrlichkeit des Menschen. Welche Perspektiven haben wir? »Die einzige reale Hoffnung der Menschen liegt heute wahrscheinlich in der Erneuerung der Gewißheit, daß wir in der Erde und gleichzeitig im Kosmos verwurzelt sind«, deutete Vaclav Havel an. »Dieses Bewußtsein gibt uns die Fähigkeit zur Selbsttranszendenz.«

Die ökonomischen Veränderungen betreffen alle Phasen des menschlichen Lebens: Junge Leute sind länger in der Ausbildung und daher länger abhängig. Die Generation in den Vierzigern, der sich immer weniger Aufstiegsmöglichkeiten bieten, wird andere Wege der persönlichen Verwirklichung finden müssen. Männer in den Fünfzigern haben sich mit der Tatsache abzufinden, daß sie beruflich ihren Höhepunkt erreicht oder überschritten haben, und sehen sich vielleicht plötzlich vor die Frage gestellt, ob sie freiwillig mit einer kleinen Abfindung ausscheiden oder einfach vor die Tür gesetzt werden wollen. Wir alle suchen präzise Instruktionen für einen neuen Lebensplan und finden nur veraltete Schemata.

Aber solange man vorausblicken kann, ist man nicht ohnmächtig. Wenn wir begreifen, wie unser Lebensweg sich verändert, können wir uns aufraffen und unsere persönlichen Kräfte und Kenntnisse mobilisieren, um das zu tun, was Überlebende zu allen Zeiten getan haben: sich einem neuen Zeitalter anpassen. Wer heute fünfzig Jahre alt ist, steht mit dem einen Fuß fest auf dem vertrauten Terrain der zweiten Hälfte des 20. Jahrhunderts, während der andere Fuß frei ist, sich auf das fremde Gebiet der nächsten fünfzig Jahre jenseits der Jahrtausendwende vorzuwagen. Die Konfrontation mit diesem zweiten Leben verlangt neue Modelle, Mythen, Heldinnen und Helden. Hoffen wir, daß Sie in diesem Buch einige finden werden, die Ihnen etwas sagen.

Ich habe in den vergangenen sieben Jahren vieles gelernt,

aber eine Schlußfolgerung übertrifft alles: Es gibt keinen standardisierten Lebenslauf mehr. Die Menschen sind zunehmend
in der Lage, ihr Leben individuell zu gestalten.

Wir stehen am Rande einer interessanten Entdeckungsreise.
Willa Cathers Ausruf »Oh, Pioneers!« galt der offenen Landschaft des amerikanischen Westens, die so vielen Menschen
Antrieb und Ziel gegeben hat. Jetzt, kurz bevor ein neues Jahrhundert heraufdämmert, ist es das Erwachsenenleben selbst,
das uns alle, Frauen und Männer, ruft. Wir sind gefordert, es
auszudehnen, zu zähmen, unter unsere Kontrolle zu bringen,
damit es uns seinen Reichtum schenkt. Das ist die neue Grenze der Menschheit.

DAS ENTDECKEN

Am Anfang meiner Recherchen stehen immer Entdeckungen,
die wirklichen Lebensgeschichten entstammen. 1989 begann
ich damit, die Lebensgeschichten von Frauen und Männern zu
sammeln, die ein Alter erreicht hatten, das jenseits der Mitte
Vierzig lag. Es sind dies Leute, die in gewisser Weise Pionier-
funktionen auf einem Gebiet ausgeübt haben, das zuvor noch
ein unbekanntes Terrain war. Dieses Buch handelt von Möglichkeiten. Es will nicht alle Leute über einen Kamm scheren.
Wenn ich die neuen Variationen im ersten Erwachsenenalter
und die Provokationen des zweiten Erwachsenenalters be-
schreibe, will ich damit gewiß nicht behaupten, daß jeder
sie wahrnimmt. Denn natürlich bestimmt die wirtschaftliche
Situation, wie frei jemand für neue Experimente ist. Die meisten Wegbereiter gehören der arrivierteren Mittelschicht an,
obwohl einige von ihnen sich von ganz unten heraufgearbei-
tet haben. In vielen Fällen befragte ich die Leute mehrmals im
Verlauf von einigen Jahren, um die persönliche Entwicklung
vom Beginn eines Umbruchs bis zu dessen Lösung verfolgen
zu können. Auch Gruppengespräche stellten eine große Erfahrung dar, vor allem solche mit Männern. Zusammengerechnet
habe ich nahezu fünfhundert Interviews mit Männern und

Frauen im Alter von zwanzig bis siebzig Jahren durchgeführt. Es waren dies überwiegend Angehörige der gebildeten Mittelschicht, die es sich leisten können, zwischen verschiedenen Möglichkeiten zu wählen, und die sich normalerweise für ziemlich einzigartig halten. Aber auch immer mehr andere Menschen begreifen, daß dieses unerforschte Territorium des Lebens in gleicher Weise für sie gilt.*

Von meiner Mentorin, der Anthropologin Margaret Mead, habe ich gelernt, die jeweilige kulturelle Prägung nicht außer acht zu lassen. In diesem Fall bedeutete es, die psychologische Entwicklung eines Individuums im Zusammenhang mit den Regeln und Ritualen seiner Kultur zu sehen, denn deren Wertmaßstäbe prägen auch das Gefühlsleben. Außerdem wollte ich Entwicklungstendenzen im Vergleich der verschiedenen, jetzt lebenden Generationen herausfinden. Es wäre, so dachte ich, von Nutzen, nachzuzeichnen, wo und wie sich die Übergänge mit jeder Generation verändert haben, damit die Jungen sich schon auf das freuen und vorbereiten können, was jenseits der Vierzig beginnt. Die statistischen Daten, auf die ich mich gestützt habe, stammen aus dem US Bureau of the Census, dem Amt für Bevölkerungsstatistik. Diese Datensammlung bietet in den Vereinigten Staaten das größte Arsenal an soziologischem Vergleichsmaterial und wird alle zehn Jahre durch neue Erhebungen ergänzt. Bei einem meiner Besuche dort fragte ich Phillip Fulton, damals einer der stellvertretenden Direktoren dieses Amtes, ob es irgendeine Methode gebe, wie wir diese Datenfundgrube für detaillierte Vergleiche über die Veränderungen im Leben der Erwachsenen von einer Generation zur nächsten nutzen könnten.

»Wenn jemand Ihnen überhaupt helfen kann«, sagte Phil, »ist es Evelyn Mann.« Evelyn Mann war nach zweiundvierzig Jahren Dienst als führende Demographin in New York gerade in Pension gegangen. Sie machte mir eines von Anfang an

---

* Das Gefühl, mit der eigenen Geschichte Teil eines größeren Ganzen zu sein, war es auch, das die meisten Befragten veranlaßte, einer Nennung ihres Namens in diesem Buch zuzustimmen.

klar: »Wir können nicht die Entwicklung von Mr. X von 1940 bis 1990 verfolgen. Aber wir können Personen *wie* Mr. X von einer Dekade zur nächsten verfolgen und uns die Veränderungen ansehen, denen Leute wie er unterworfen gewesen sind.« Das war für uns alle ein neuartiger Gedanke. Noch nie zuvor hatte man die Daten des Census Bureau in dieser Weise ausgewertet. Evelyn Mann half mir bei der Anlage meines eigenen Magnetband-Archivs, das ein halbes Jahrhundert, die Zeit von 1940 bis 1990, abdecken und uns Aufschluß darüber geben sollte, was über diesen Zeitraum hinweg aus einer bestimmten Gruppe gleichen Alters und Geschlechts geworden war.

Also extrahierten wir aus jeder Erhebung der letzten sechs Dekaden dieselben Variablen und ordneten sie dann, je nach Alter, Geschlecht und Personenstand, nebeneinander auf Tabellen an. Als das Panorama sich in Hunderten von Tabellen mit Millionen von Personen entfaltete, trat deutlich eine beschleunigte Veränderung des Lebens zutage, und zwar in seinen sämtlichen Phasen.

Nach mehrjähriger Vorbereitung war ich dann endlich soweit, einen Fragebogen zur Lebensgeschichte für Männer und Frauen des zweiten Erwachsenenalters zu entwerfen. Er wurde von insgesamt 7880 Frauen und Männern aus allen Regionen der Vereinigten Staaten beantwortet. Ein großer Teil hatte eine Collegeausbildung oder ein Hochschulexamen vorzuweisen, die meisten hatten einen Beruf, der sie ausfüllte und befriedigte, ihr Einkommen lag etwas über dem Durchschnitt.

Zum Vergleich war es wichtig, eine Kontrollgruppe aus der Mittelschicht zu finden. Ich wollte wissen, ob sie bezüglich der zweiten Lebenshälfte ähnliche Ansichten vertrat wie die besser ausgebildete, wohlhabendere und in ihrer Wahl freiere Gruppe. Bei diesem Vorhaben hat mich das Magazin *Family Circle* großzügig unterstützt, indem es mir eine ausgewählte Lesergruppe zur Verfügung stellte, die als annähernd repräsentativer Durchschnitt gilt. Diese Befragten, über tausend Personen, unterschieden sich deutlich von der ersten Gruppe: Sie waren weniger gebildet, erzielten ein wesentlich geringeres

Einkommen, gehörten zumeist abhängigen Berufsgruppen oder der Arbeiterschicht an und vertraten, was Familie und die Rollenverteilung angeht, sehr traditionelle Ansichten. Aber die Forschung hat gezeigt, daß neue Lebensweisen und Haltungen, etwa fünf Jahre nachdem sie sich in der mittleren und oberen Mittelschicht bemerkbar gemacht haben, auch bei den jungen Leuten der unteren Schicht auftauchen und von ihnen übernommen werden.[13]

Die Forschungsgruppe Yankelovich und Partner hat mir freundlicherweise dabei geholfen, ihre Datensammlung über Verhaltensveränderungen während der letzten zwanzig Jahre meinen Generationengruppen entsprechend auszuwerten. Die berühmte Harvard Business School wiederum lud mich ein, ihre vielleicht erfolgreichste Absolventengruppe, die des Jahrgangs 1949, als nunmehr über Fünfzigjährige zu befragen. Zehn Jahre später befaßte ich mich noch einmal mit diesen alten Herren, die inzwischen Mitte Sechzig waren.

Dann begann die eigentliche Arbeit – ich mußte eine Synthese aus den statistischen Daten und den individuellen Lebensgeschichten schaffen und versuchen, in diesem Flickenteppich neue Muster auszumachen. Um das zu bewältigen, malte ich mir aus, würde ich zumindest ein drittes Erwachsenenalter brauchen. Von Zeit zu Zeit halfen mir Freundinnen und Freunde bei der Einberufung von Expertenrunden, um Phänomene zu diskutieren, auf die ich im Laufe meiner Untersuchungen stieß – wie zum Beispiel die Wechseljahre des Mannes. Diese innovativen Gesprächskreise erlaubten es mir, meine Ergebnisse und Fragen mit Spezialisten all jener akademischen Fachrichtungen zu besprechen, die sich jetzt mit der Entwicklung des Erwachsenenlebens beschäftigen mußten.

Partnerschaft ist für mich ein zentrales Thema des zweiten Erwachsenenalters – nicht nur als Autorin und Forscherin, sondern auch als Person. Viele Menschen haben auf vielfältige Art zum Entstehen dieses Buches beigetragen, aber ich möchte gern einige der wichtigsten nennen.

Zunächst leisteten zwei Freundinnen Geburtshilfe: Dr. Ellen

McGrath, eine klinische Psychologin, die zu den hervorragendsten Experten auf dem Gebiet seelisch-geistiger Gesundheit in den Vereinigten Staaten gehört, sowie Dr. Patricia Allen, eine Gynäkologin, die immer die Fäden zwischen unserem physischen und unserem psychischen Ich verknüpft. Die beiden haben mich nicht nur intellektuell angeregt, sondern auch liebevoll zur Vernunft gerufen, wenn ich in meiner Arbeit zu sehr zu vereinsamen drohte. Dr. Ken Goldberg, ein visionärer Urologe, hat mit mir gemeinsam die Wechseljahre des Mannes erforscht. (Zwar ist dies kein wissenschaftlich korrekter Begriff, aber es stand uns kein anderer zur Verfügung.) Byron Dobell, ein Freund und Redaktionskollege aus unserer Zeit beim *New York*-Magazin, hat mir ebenfalls hinsichtlich der Aspekte beim Mann geholfen. Und Robert Sind, ein brillanter Unternehmensberater, dachte mit mir zusammen darüber nach, was Männer und Frauen tun können, die aufgrund der ökonomischen Veränderungen ihre Arbeitsplätze verlieren.

Sind Sie bereit, die Reise in den riesigen unerforschten Kontinent des zweiten Erwachsenenalters zu wagen? Wir werden Wanderern begegnen, die dahinstolpern, und anderen, die schon über gefährliche Klippen hinweggesprungen sind. Manche geographischen Angaben werden Ihnen bekannt vorkommen, aber meistens werden wir uns im Verlauf unserer Wanderung unsere Landkarte selbst zeichnen müssen. Und so bitte ich Sie, daß Sie sich, bevor wir aufbrechen, zu Ihrer eigenen Generation und Ihren engsten Reisegefährten begeben. Es ist natürlich, daß der Mensch wissen will, wo er hineinpaßt, in welcher Weise er sich von anderen unterscheidet und inwiefern er ihnen gleicht.

Erster Teil
Was ist mit dem Lebenszyklus los?

1. Kapitel:
Lebenszeit als Landkarte

Wenn junge Leute die Reise ins Erwachsenenalter antreten, so ist das in jeder Generation ein gänzlich anderes Unterfangen, denn der historische Zeitpunkt ist von prägender Bedeutung. Die charakteristische Einstellung einer Generation läßt sich ihr ganzes Leben hindurch verfolgen, sie bestimmt alle Lebensabschnitte und Übergänge, sie entscheidet darüber, welche Aufgaben des Erwachsenenlebens früh erfüllt, welche aufgeschoben werden und hinter welchen man herläuft und sie vielleicht nie erfüllt.

Mit welcher Generation reisen Sie?

Ich lade Sie ein, mit mir zusammen Ihren Lebenslauf durch die Zeit zu entwerfen. Fünf verschiedene Generationen befinden sich jetzt im Erwachsenenalter, nämlich die Jahrgänge zwischen 1914 und 1980. Wahrscheinlich werden Sie Ihre Reisegruppe unter einer der fünf Generationen in diesem und dem nächsten Kapitel finden.

Um jede Generation vorzustellen, habe ich fünf Jahrgänge ausgewählt, die eine definierbare Gruppe ausmachen – eine Kohorte, wie es in der Soziologie heißt. Dieser Begriff bezieht sich auf Menschen, die nicht nur im Zeitraum einiger weniger Jahre geboren wurden, sondern die auch im gleichen Alter durch bestimmte Ereignisse geprägt wurden. Die ökonomischen und sozialen Bedingungen sowie technologischer und medizinischer Fortschritt haben ihre Entwicklung entweder beschleunigt oder aufgehalten. Und daher altern die verschiedenen Kohorten zugehörigen Menschen auf unterschiedliche Art und Weise.

Wenn wir uns die Datensammlung des Bureau of the Census ansehen, die über einen Zeitraum von fünfzig Jahren Informationen über die gesamte Bevölkerung der USA enthält, können wir Vergleiche anstellen und Gegensätze zwischen den einzelnen Altersgruppen erkennen, und wir können die unterschiedlichen Entwicklungstendenzen nach Bildung und Erziehung, beruflicher Leistung und Status, Einkommenshöhe, Personenstand, Kinder und Scheidung differenzieren.

Sie, die Leser dieses Buches, werden sich selbst in einer dieser Gruppe finden. Sie können sich auch mit Menschen in den Altersgruppen Ihrer Eltern und Ihrer Kinder vergleichen. Wenn Sie zum Beispiel eine Frau Mitte Vierzig sind, werden Sie sich unter den Achtundsechzigern wiederfinden – und zwar in jeder einzelnen Phase, die Sie bisher durchlebt haben. Achten Sie einmal darauf, wie stark Bildung, Berufstätigkeit und Einkommen, aber auch Kinderlosigkeit in Ihrer Generation zugenommen haben, wenn man dies mit den Frauen der vorangegangenen Generation vergleicht. Wenn Sie ein Mann in den Sechzigern sind und den Zweiten Weltkrieg erlebt haben, können Sie Ihre Entwicklung bis ins Alter der flotten Fünfziger und selbstbewußten Sechziger verfolgen.

Um die grundlegenden Bedingungen zu beleuchten, unter denen Sie und Ihre Generation den Weg ins Erwachsenenalter angetreten haben, werden alle fünf unten beschriebenen Altersgruppen hinsichtlich ihres Übergangs aus der Jugend ins Erwachsenenalter miteinander verglichen. Mit der Ablösung von der Familie beginnt die Suche nach einer persönlichen Identität: Alles scheint möglich, alles ist fraglich.

Das Verlassen des Elternhauses verlangt von uns, daß wir uns in eine neue Gruppen- und Geschlechtsrolle einfügen, daß wir eine Berufswahl treffen und uns für eine weltanschauliche Richtung entscheiden – eine ganz schöne Zumutung.[1] Die

Der Schlüssel zu Ihrer Altersgruppe

Gesamtzahl der Geburten in den USA (in Millionen)

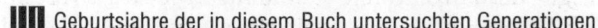 Geburtsjahre der in diesem Buch untersuchten Generationen

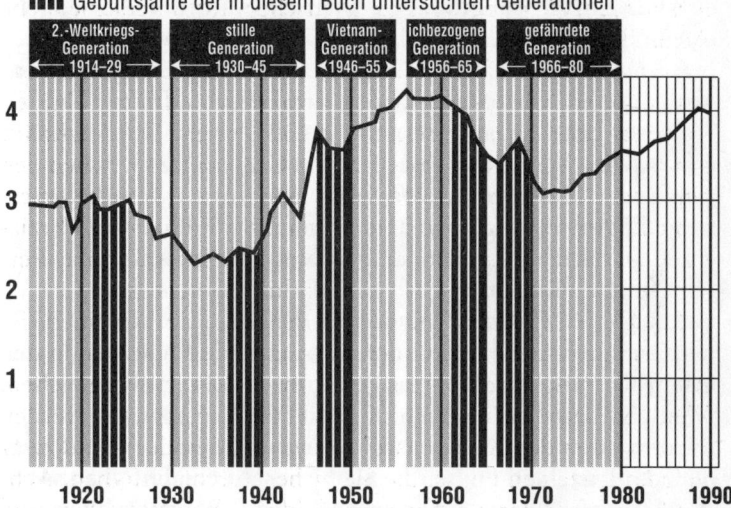

| 2.-Weltkriegs-Generation ← 1914–29 → | stille Generation ← 1930–45 → | Vietnam-Generation ◄1946–55 ► | ichbezogene Generation ◄1956–65 ► | gefährdete Generation ← 1966–80 → |

4

3

2

1

1920 1930 1940 1950 1960 1970 1980 1990

Lebensphasen der verschiedenen Gruppen

	zaghafte Zwanziger	dramatische Dreißiger	vitale Vierziger	flotte Fünfziger	selbst-bewußte Sechziger
	16–19 Jahre				
Kohorte der 2.-Weltkriegs-Generation	von 1937 bis 1944	von 1941 bis 1954	von 1951 bis 1964	von 1961 bis 1974	von 1971 bis 1984	von 1981 bis 1994
Kohorte der stillen Generation	von 1952 bis 1959	von 1956 bis 1969	von 1966 bis 1979	von 1976 bis 1989	von 1986 bis 1999	von 1996 bis 2009
Kohorte der Vietnam-Generation	von 1962 bis 1969	von 1966 bis 1979	von 1976 bis 1989	von 1986 bis 1999	von 1996 bis 2009	von 2006 bis 2019
Kohorte der ichbezogenen Generation	von 1974 bis 1984	von 1981 bis 1994	von 1991 bis 2004	von 2001 bis 2014	von 2010 bis 2024	von 2020 bis 2034
Kohorte der gefährdeten Generation	von 1982 bis 1989	von 1986 bis 1999	von 1982 bis 1989	von 2006 bis 2019	von 2016 bis 2029	von 2026 bis 2039

Beschäftigung mit diesen Aufgaben macht uns fähig, das Elternhaus nicht nur körperlich, sondern allmählich auch emotional zu verlassen. Das beginnt im allgemeinen damit, daß wir zunächst mindestens einen Aspekt unseres Lebens in eigene Regie nehmen und ihn der elterlichen Kontrolle entziehen. Damit legen wir den Grundstein für unser Erwachsenenleben; auf diese Weise gewinnen wir seelische Kraft.

Dieser Lebensabschnitt setzte normalerweise im Alter von etwa achtzehn Jahren ein und war gewöhnlich mit dem zweiundzwanzigsten Lebensjahr abgeschlossen. Militärdienst, frühe Eheschließung oder Besuch einer weiterführenden Schule bewirkten den Bruch mit dem Elternhaus. Die Männer früherer Generationen waren wie wild darauf bedacht, mit einundzwanzig ihren ersten Gehaltsscheck einstecken zu können. Daß man sich selbst ernähren konnte, bewies, daß man ein Mann geworden war. Von den jungen Frauen wiederum erwartete man, daß sie sich mit einer durch die traditionellen Geschlechterrollen definierten Identität zufriedengaben. Die Botschaft hieß: Du bist, wen du heiratest und wessen Kinder du aufziehst. Also waren die jungen Frauen oft schon mit neunzehn bereit, mit ungeeigneten Männern durchzubrennen, um dem elterlichen Gefängnis, wie sie es empfanden, zu entkommen.

Heute, da sich die Wirtschaft in einem gewaltigen Umbruch befindet, dessen Folgen niemand vorauszusehen vermag, sehen die Männer und Frauen aller Altersstufen die Selbstbestimmung über ihr Leben bedroht. Für die Generation derer, die noch nicht für das Erwachsenenleben bereit sind, ist es besonders desorientierend, daß der Boden unter ihren Füßen just in dem Augenblick wegzurutschen beginnt, in dem sie ihre ersten tastenden Schritte tun wollen. Sie haben noch keine Gelegenheit gehabt, die Abwehrmechanismen eines reifen Menschen zu entwickeln oder irgendwelche schwierigen Lebenskrisen zu bewältigen.

Jugend in der Krise: Dieses Etikett trifft auf jede Generation zu. Erkennen Sie die Generation, die in dem folgenden Kommentar beschrieben wird, der aus einer Magazinsendung des Fernsehens stammt?

»Sie fühlen Angst und Unsicherheit in sich aufsteigen ...
sinnlose, wilde Gewaltausbrüche wie Rassenunruhen, und Sie
eignen sich rasch den neuen Geist der Roheit und Rücksichts-
losigkeit an.«

Das dazugehörige Video zeigt dreizehn- bis sechzehnjährige Jugendliche, die Marihuana rauchen, Pornohefte kaufen
und »anschaffen« gehen. Wie üblich wird mit dem Finger auf
die Schuldigen an diesem allgemeinen Sittenverfall unserer
Jugend gezeigt, auf die berufstätigen Mütter nämlich.

»Heute beschäftigt die Industrie der Vereinigten Staaten
Hunderttausende von Frauen, die früher daheim ihren Haushalt versorgten und ihre ganze Zeit ihren Familien widmeten ...
Heute ist das Schlüsselkind, dessen Eltern arbeiten gehen, ein
bekanntes Phänomen. Überall bleiben Kinder sich selbst überlassen, ohne angemessene Aufsicht oder Kontrolle.«

Aber hier spricht kein Moralapostel unserer Tage, der den
Eltern vorwirft, daß sie die Werte der Familie nicht hochge-
halten haben. Hier handelt es sich um einen Dokumentarfilm
des *Time*-Magazins von 1940 zum Thema »Jugend in der Krise«, hier geht es um die Generation von Expräsident George
Bush etwa. Deren ältere männliche Mitglieder bewährten sich
schon im Krieg auf die allertraditionellste Weise als Männer,
während ihre jüngeren Brüder und Schwestern daheim als
alternative Lebensweise die Jugendkriminalität entdeckten.
Die öffentliche Meinung empörte sich: Man hatte Mütter für
die Rüstungsindustrie »dienstverpflichtet«, sie an die Maschi-
nen gestellt, die ihre zum Kriegsdienst eingezogenen Männer
verlassen hatten, und dabei übersehen, daß es nun von ihren
Müttern tagsüber verlassene Kinder und Jugendliche gab.

Also – was ist neu? Während der siebziger und achtziger
Jahre wurden Mütter angesichts eines sinkenden Realeinkom-
mens erneut »dienstverpflichtet« – diesmal, um die Wirtschaft
in Schwung zu bringen. Paul Ryscavage, Experte für Einkom-
mensfragen im Bureau of the Census, hat meine Ergebnisse
bestätigt. »Die Einkommen aller Haushalte im Lande wurden
in den achtziger Jahren dadurch gesteigert, daß die Frauen
besser ausgebildet waren und dadurch besser verdienten.«[2]

Doch wieder einmal hat die Gesellschaft nicht mit den Realitäten Schritt gehalten und es versäumt, den jüngeren Frauen angemessene Kindertagesplätze zur Verfügung zu stellen, damit sie mehr arbeiten konnten.

Kehren wir zu jener Altersgruppe zurück, die im Zweiten Weltkrieg jung war. Natürlich setzten sich ihre seelischen Probleme zumeist nicht bis ins Erwachsenenalter fort, was darauf hindeutet, daß ein gewisses Ausbrechen in dieser Phase normal ist. Jugendliche haben sich schon immer leicht von etwas anstecken lassen, und kürzere, dabei heftige depressive Episoden begleiten häufig das Heranwachsen. Hätten Sie vielleicht gedacht, daß Sie es überleben könnten, als Ihr Herz zum erstenmal gebrochen wurde? Wichtig ist nur, darauf zu achten, ob wichtige Aspekte unserer inneren Entwicklung mit dem allgemeinen Charakter der jeweiligen Phase übereinstimmen.

DIE ZWISCHENKRIEGSGENERATION
(GEBOREN ZWISCHEN 1914 UND 1929)

Diese Generation war sowohl während der Weltwirtschaftskrise als auch während des Zweiten Weltkriegs jung. Mich haben speziell die Jahrgänge interessiert, die 1945 zwischen zwanzig und vierundzwanzig Jahren alt waren. »Ich will fliegen!« so lautete ihr Motto. Ihre Abenteuerlust, die immer den Auszug aus dem Elternhaus begleitet, wurde bei vielen jungen Männern durch die Liebe zur Fliegerei befriedigt, und so drängten sie in Scharen zur US-Army. Vor allem einer aus dieser Generation sollte später Berühmtheit erlangen: John F. Kennedy.

Auf der weiblichen Seite tauchte in den vierziger Jahren das amerikanische Teenage-Girl als Konsumentengruppe besonderer Art auf. Kaufhäuser und Zeitschriften begannen die jungen Mädchen zu glorifizieren, während Drugstores sie nach Banana-Splits süchtig machten und Jitterbug-Clubs sie zum Trinken und Tanzen einluden. Ein magerer kleiner Schnulzensänger namens Frank Sinatra brachte sie um den Verstand. Aber sie wurden in ihrer Entwicklung zum Erwachsenenleben aufgehalten. Selbst wenn sie mit achtzehn oder neunzehn heirateten (was etwa 31 Prozent taten), mußten sie ihre Träume von der eigenen Familie meist auf Eis legen, solange die Männer im Krieg waren. Die Unverheirateten mußten sich der jüngeren Geschwister annehmen, damit die Mütter in der Fabrik ihren Anteil zur Kriegsanstrengung leisten konnten. Nach Beendigung der High-School war das Mädchen zufrieden, als Sekretärin oder in einer Fabrik zu arbeiten; nur selten hielten es ihre Eltern für nützlich, sie auf ein College zu schicken. Obwohl etwa 68 Prozent der Frauen jener Generation ihre High-School-Ausbildung beendeten, konnten im Alter zwischen fünfunddreißig und neununddreißig nur 6,4 Prozent von ihnen eine abgeschlossene College-Ausbildung vorweisen. Bei den gleichaltrigen Männern waren es immerhin 14 Prozent.[3]

Der große Unterschied zwischen der damaligen und der heutigen Jugend besteht darin, daß die Neunzehnjährigen in den vierziger Jahren Vertrauen in ihre Zukunft besaßen. Trotz der pessimistischen Ansichten ihrer von der Depression gebeutelten Eltern waren sie sicher, daß ihnen eine bessere Zukunft bevorstand, als das bei ihren Eltern der Fall gewesen war. Die GIs, die aus dem Krieg heimkehrten, lebten zudem in dem Hochgefühl, an einem edlen Kreuzzug teilgenommen zu haben. Sie heirateten Rosie, die Nieterin aus der Rüstungsfabrik, die beruflich etwas gelernt hatte und Opfer zu bringen wußte. Persönlich durchlittene Krisen oder historische Ereignisse, in die wir unvermittelt hineingeworfen werden, haben oft diese Wirkung, daß sie uns, ob wir's wollen oder nicht, zur nächsten Stufe unserer Entwicklung katapultieren. Und die jungen Leute damals wurden sowohl von den älteren als auch von den jüngeren Generationen geachtet.

Der Traum fast eines jeden neunzehnjährigen Mannes war es zu jener Zeit, einen Bürojob in der City zu ergattern. Da die große Mehrheit über keine höhere Bildung verfügte, vermochte nur einer von dreißig dieses Ziel zu erreichen, aber diejeni-

gen, die es schafften, konnten sich mit einem Freund ein Apartment mieten, sich schick anziehen, an zwei oder drei Abenden
in der Woche mit einem Mädchen ausgehen. Währenddessen
wuchs fast ein Viertel der ganzen Generation ohne Job auf, und
diese jungen Leute fragten sich, ob sie wohl je im Leben über
ein Einkommen verfügen würden, das eine Familiengründung
erlaubte.[4] Schließlich wurde den ehemaligen Soldaten per
Gesetz Unterstützung zuteil, damit sie die versäumte Ausbildung nachholen konnten. Das Heiratsalter bei den Männern
dieser Generation lag etwa bei Mitte Zwanzig.

Die Geschlechterrollen waren strikt differenziert. Der weibliche Part war durch Gebären und Haushaltsführung definiert.
Die Männer, von denen die meisten im Krieg gewesen waren,
sahen das Leben als Mission oder als eine Reihe von Missio-
nen an und wandten sich den Problemen des Landes mit ausgeprägt männlichen Denkmustern zu. Sie wurden Mitglieder
einer Organisation, sie schufen hierarchische Befehlsstruktu-
ren und bauten einen monumentalen militär-industriellen
Komplex auf. Angefangen mit General Eisenhower bis hin zu
Ronald Reagan und George Bush hatte diese Generation das
Amt des amerikanischen Präsidenten fast vierzig Jahre lang im
Besitz.

DIE ANGEPASSTE GENERATION
(GEBOREN ZWISCHEN 1930 UND 1945)

Die Kinder dieser Jahrgänge waren die ersten, denen in der
Grundschule nicht nur das Ducken, sondern auch das Verhalten im Fall eines nuklearen Krieges eingebleut wurde. Ich habe
eine Gruppe ausgewählt, die bereits der nächsten Generation
näher steht. Zwischen 1936 und 1940 geboren, waren sie zwischen fünf und neun, als die Vereinigten Staaten die Bombe
auf Hiroshima warfen, und als Teenager erlebten sie die fünfziger Jahre.

Geboren vor dem Fernseh- und Kreditkartenzeitalter, wuchsen sie ohne Musikkassetten, künstliche Herzen, Prozessoren

und Computer auf. Die Mädchen trugen »Letter Sweaters«, »Saddle Shoes« (weiße Halbschuhe mit kontrastierendem Streifen), »Bobby Socks« (kurze Socken) und ließen sich kleine, an Taille oder Schulter zu tragende Blumensträuße von Knaben schenken, die bei den Schulbällen Jacketts und Krawatten trugen. Die meisten hatten Mütter, die nicht berufstätig waren, und Großeltern, die im Gästezimmer lebten, denn Kindertagesplätze und Altenheime waren noch nicht an der Tagesordnung. Die jungen Leute mußten Geschirr abtrocknen, denn es gab noch keine Geschirrspülmaschinen, und sie hingen die Wäsche zum Trocknen auf die Leine, weil es auch noch keine Wäschetrockner gab. Sie wuschen das Familienauto, lange bevor man ihnen erlaubte, es zu fahren.

Sie tranken zuviel und fuhren Rennen mit Autos, die so groß wie Panzer waren und Heckflossen hatten. Der Begriff »Rhythm and Blues« tauchte 1950 auf, rasch gefolgt von anderen Richtungen, bis dann plötzlich eine musikalische Revolution ausbrach, die von einem weißen Boy aus dem Süden namens Elvis Presley angeführt wurde.[5] Die Jungen ließen sich, um Elvis nachzuahmen, Schmalztollen wachsen. Von Drogen war keine Rede: Statt »Drug raids« (Drogenrazzien) kannte man »Panty raids« (wie man den Mädchen die Höschen wegnahm). Gras wurde damals gemäht und nicht geraucht; Coke war ein Cold-Drink und kein Kokain; Pot stand nicht für Marihuana, sondern für etwas, das ein Mädchen sich zur Hochzeit schenken ließ – möglichst aus rostfreiem Stahl. Diese Teenage-Generation wies das niedrigste pathologische Verhalten bei Jugendlichen im 20. Jahrhundert auf; Verbrechen, Selbstmord, uneheliche Geburt und Jugendarbeitslosigkeit kamen relativ selten vor.

1960 war unsere Gruppe zwischen zwanzig und vierundzwanzig Jahre alt; sie gehörten zu den letzten, die noch weitgehend die Autorität respektierten und an die gesellschaftlichen Institutionen und Strukturen glaubten. In der ganzen amerikanischen Geschichte schlossen sie die frühesten Ehen und bekamen am schnellsten Kinder. Sex galt als Hauptattraktion, war aber den braven Mädchen außerhalb der Ehe nicht gestattet. Da es noch keine zuverlässige Empfängnisverhütung gab, mußten viele Mädchen ein flüchtiges Abenteuer mit einer Kurzschlußheirat bezahlen. Fast die Hälfte aller Frauen hatten mit neunzehn schon den Ehebund geschlossen – der höchste Prozentsatz aller Generationen dieses Jahrhunderts.[6] Im Alter von vierundzwanzig waren über die Hälfte der Männer und 70 Prozent der Frauen verheiratet.[7]

Die Frauen dieser Generation gehören auch zu den fruchtbarsten des 20. Jahrhunderts. Drei Viertel von ihnen hatten, bevor sie Mitte Zwanzig waren, Kinder geboren[8], und die meisten blieben daheim, um sie aufzuziehen. Letztendlich sind 93 Prozent von ihnen Mütter geworden – statistisch gesehen Mütter von im Durchschnitt 2,85 Kindern (die Jahrgänge 1936–1940) beziehungsweise 3,17 Kindern bei den zwischen 1930 und 1935 Geborenen.[9] Und hier hörte das Drehbuch dieser Frauen im Grunde auf.

Den englischen Begriff »Silent Generation« (schweigende oder angepaßte Generation) hat der Historiker William Manchester geprägt. Das Verhalten dieser jungen Männer und Frauen wurde als ein Phänomen der repressiven fünfziger Jahre beschrieben. In sich gekehrt, phantasielos, nicht zu Abenteuern aufgelegt, ohne Ideale, für die zu kämpfen sie bereit gewesen wären, wirkten sie im Vergleich mit älteren Generationen wie eine Verirrung der amerikanischen Geschichte. Aber Manchester verfolgte ihren Weg nur durch die High-School- und College-Jahre, die mit dem Höhepunkt der McCarthy-Ära zusammenfielen, als FBI-Agenten in den Colleges und Universitäten öffentlich Sicherheitsüberprüfungen vornahmen und Drehbuchautoren in Hollywood gezwungen wurden, Treueide zu schwören.[10] Den Lehrern hatte man eine paranoide Furcht vor kommunistischen Umtrieben eingepeitscht, und so paßten sie scharf auf, daß ihre Schüler und Studenten nicht Opfer roter Propaganda wurden. Das US-Außenministerium verbot Reisen in kommunistische Länder und feuerte Karrierediplomaten, nur weil sie Chinesisch konnten. Gleichzeitig belegte die katholische Kirche Bücher wie *Lady Chatterley's Lover* mit einem Bann.

So ist es kein Wunder, daß männliche College-Absolventen sich leidenschaftslos in die Schlange der Jobsucher einreihten und geduldig die Prozedur der Vorstellungsgespräche über sich ergehen ließen, um in einer der großen Firmen eine Anstellung zu finden und, mit viel Glück, am Ende als Mann im grauen Flanell und mit Wohnsitz im Grünen dazustehen.[11] Diejenigen, die die High-School nicht beendeten (33 Prozent), wurden von den Musterungskommissionen nach Korea in ein blutiges Unternehmen geschickt, von dem der Kongreß nicht zugeben wollte, daß es sich um einen Krieg handelte. Währenddessen versuchten diejenigen Frauen, die aufs College gingen (nur 5,4 Prozent, ein schockierend geringer Anteil), dort im letzten Jahr den besten Ehemann zu angeln, der zu haben war. Auch bei den männlichen Jahrgängen waren es nur 7 Prozent, die zwischen zwanzig und vierundzwanzig die zum Examen nötigen vier College-Jahre schafften.

Trotzdem war der Chancenreichtum für berufliche Karrieren groß, selbst für die nicht so hellen Köpfe. Da es sich bei den Angepaßten in Amerika um die zweitgeburtenschwächste Generation des Jahrhunderts handelte, hielt sich der Andrang der Arbeitsuchenden in Grenzen. Zudem war die Prosperität der Nachkriegszeit im vollen Schwung. Daß ein weißer Mann keinen Job hatte, kam selten vor.

Im Alter von dreißig bis vierundfünfzig waren über 90 Prozent aller Angehörigen dieser Generation berufstätig, wenngleich ihre »Karrieren« zu den farblosesten dieses Jahrhunderts zählen. Als diese Generation in ihre Dreißiger kam, hatte die amerikanische Gesellschaft inzwischen massenhaft Bürojobs geschaffen, und es fand eine Verschiebung von ungelernter zu gelernter Berufstätigkeit statt. Das Geschäftsleben entwickelte sich zum beliebtesten Spielplatz für berufliche Ambitionen, weil es unterm Strich den besten Ertrag bot. 17 Prozent der weißen Männer ergriffen einen akademischen Beruf, fast 23 Prozent erlernten ein Handwerk, und die Zahl der Geschäftsinhaber und Angestellten im mittleren Management schwoll an.[12]

Für die weiblichen Jahrgänge gab es kaum Hoffnung,

jemals für ein politisches Amt aufgestellt zu werden: nicht für den Kongreß in Washington, nicht für das Parlament des eigenen Bundesstaats, auch nicht als Bürgermeisterin geschweige denn als Gouverneurin. Ihre Lebensläufe wurden von einem ungeheuren Traditionsbruch betroffen. Die letzte Welle dieser Generation beendete ihre Ausbildung kurz vor dem wilden Aufbruch der Nachkriegskinder in den sechziger Jahren.[13] Kaum waren die Stillen im Lande erwachsen geworden, als die Welt sich zu den Prinzipien des Teenageralters bekannte. Sie verpaßten die sexuelle Revolution und hatten die Dreißig kaum überschritten, als man »keinem über dreißig mehr trauen durfte«. So probierten sie noch einmal aus, wie es war, zu den Jugendlichen zu gehören.

Wie sich am Ende herausstellte, waren die Stillen gar nicht so still. Aus ihren Reihen kamen schließlich die Wegbereiter jener Protestbewegung der Sechziger, die ein erweitertes Bewußtsein forderte, das seinen Niederschlag im kulturellen wie im politischen Bereich fand. Zu Unrecht werden die Impulse für diese Schärfung des Bewußtseins oft allein den nach dem Krieg Geborenen zugeschrieben, obwohl es die Älteren waren, die die maßgeblichen Personen der Bürgerrechts- oder auch der Frauenbewegung stellten.

Zum größten Teil wuchs diese Generation jedoch nicht als Protestler auf, sondern entwickelte statt dessen ein sehr feines soziales Empfinden. John F. Kennedy war ihr Gott. Vertreter dieser Jahrgänge sind, wie William Strauss und Neil Howe bemerkt haben, hervorragende Vermittler bei Meinungsstreitigkeiten und erreichen dabei Menschen aller Kulturen, Rassen und Altersstufen. Sie sind ungemein begabte Fragensteller und Zuhörer und haben dadurch auch die Fernsehlandschaft geprägt. In den USA haben sie vier Jahrzehnte lang die führenden Präsidentenberater gestellt: Pierre Salinger (Kennedy), Bill Moyers (Johnson), John Ehrlichman (Nixon), Stuart Eizenstat (Carter), James Baker (Reagan), John Sununu (Bush) und David Gergen für den ersten Präsidenten der Nachkriegsgeneration, Bill Clinton. Sie selbst aber haben niemals einen Präsidenten hervorgebracht.

DIE ACHTUNDSECHZIGER UND DIE VIETNAMGENERATION
(GEBOREN ZWISCHEN 1946 UND 1955)

Mr. Braddock: Was ist denn, Ben?
Ben: Ich mache mir einfach –
Mr. Braddock: Sorgen?
Ben: Tja ...
Mr. Braddock: Worum?
Ben: Ich glaube, um meine Zukunft.
Mr. Braddock: Was ist damit?
Ben: Ich weiß nicht. Ich möchte, daß sie –
Mr. Braddock: Daß sie was?
Ben (leise): Anders ist.

Der mürrische, zwanzigjährige Held in *Die Reifeprüfung*
wirft seinem Vater noch schnell ein Lächeln zu, bevor seine
Mutter hereinkommt und ihren Finger leckt, um ihm das Haar
zu glätten. Benjamin Braddock, Absolvent des Jahrgangs
1967, hat gerade das Motto seiner Generation verkündet: Ich
möchte anders sein. Und anders ist sie zu jeder Zeit gewesen.
  Der Symbolismus in diesem Film von Regisseur Mike
Nichols bezieht sich zum großen Teil auf die Ablösung von
den Eltern. Benjamin verbringt die Hälfte seiner Zeit unter
Wasser, wo er nichts hört und nichts sieht und von der Welt
abgeschnitten ist – Ausdruck für die Einsamkeit und Isolation
eines jeden jungen Menschen, der sich der elterlichen Autorität entziehen muß, bevor er Zutrauen zu sich selbst entwickeln kann. »Es ist so, als ob's keine Regeln gibt, keiner
macht welche«, beklagt er sich. »Sie machen sich selbst.«
  Mrs. Robin, eine lüsterne Alkoholikerin im Alter seiner
Mutter, verführt den Knaben, doch der gewitzte Junge heiratet die Tochter. Während der Hochzeitsfeier agiert das junge
Paar die Spannung zwischen den Generationen aus und
schlägt in einer phantastischen Szene alle bornierten Erwachsenen mit einem großen Kreuz in die Flucht. Die Hochzeiter
fliehen in einem leuchtendgelben Bus, der an das Yellow Sub-
marine der Beatles erinnert, und werfen alles über Bord, was

es im Erwachsenenleben an Lächerlichkeiten, Gemeinheiten, Schwachsinn und Hohlheiten gibt.

In den Vereinigten Staaten gehören 40 Prozent aller Erwachsenen zu dieser Generation – den offiziellen Zahlen nach 77 Millionen Frauen und Männer, die zwischen 1946 und 1964 geboren sind. In Europa setzte der »Baby-Boom« etwas später ein. Die Meinungsforscher haben allerdings längst festgestellt, daß sich die Erfahrungen am Anfang und am Ende dieser Generation radikal voneinander unterscheiden, so daß es sich empfiehlt, eine Unterteilung vorzunehmen.

Die erste Untergruppe, später geprägt durch Vietnam und die Studentenunruhen der sechziger Jahre, wuchs in einer Zeit wirtschaftlicher Prosperität auf, als sich alles um die lieben Kleinen drehte. Es schien, als würde diese schöne Zeit niemals ein Ende nehmen und als wäre alles machbar. Die Eltern, die der Zwischenkriegsgeneration entstammten, wollten sie unbedingt vor den Härten des Lebens bewahren, die sie selbst erfahren hatten, und eröffneten ihnen deshalb eine Welt der scheinbar unbegrenzten Möglichkeiten.

Als erste Generation wuchsen sie mit dem Fernsehen auf. Sie sahen Sendungen, die die Wertvorstellungen ihrer Eltern widerspiegelten und die Welt in Gut und Böse einteilten. Sie wuchsen in der Erwartung auf, daß alles immer besser werden würde, und das wurde es ja auch für sie. Die Jugend hatte sich zu einem Kult entwickelt, sie mußte verlängert, genossen und kommerziell bedient werden wie noch nie zuvor. Die natürliche Maßlosigkeit der Jugend entwickelte sich zu einer Philosophie der sofortigen Befriedigung, die sich über die gesamte Kultur hinweg ausbreitete. Als Teenager hörten diese Nachkriegskinder Musik, die ihre Eltern für subversiv hielten. Ihre Schreie waren vor dreißig Jahren weltweit zu vernehmen, als ein pilzköpfiges Quartett aus Liverpool die Musikszene eroberte und zur berühmtesten Rock-Gruppe aller Zeiten wurde. Bald drückten sie die kollektive Persönlichkeit dieser Generation aus: Sie waren idealistisch, narzißtisch, gegen das Establishment, haarig, geil und vorzugsweise »high«.

Der Geist der Sechziger formte ihr utopisches Bewußtsein.

Sie lernten in Landkommunen Brot backen, Schlupfwinkel für Wehrdienstverweigerer errichten und hatten bei ihren Sit-ins und Love-ins mächtig viel Spaß. Hillary Rodham Clinton, die gegen Ende dieses Jahrzehnts ihr politisches Bewußtsein entwickelte, sah jene Jahre beherrscht von Männern, die Träume hatten, von Männern in der Bürgerrechtsbewegung und dem Friedenskorps, im Raumfahrtprogramm. Als Vierzehnjährige hatte sie selbst an die NASA geschrieben und gefragt, was verlangt würde, wenn man Astronautin werden wolle. Man gab ihr zu verstehen, daß Mädchen sich nicht zu bewerben brauchten. »Trotzdem«, sagte sie mir in einem Interview, »als wir in den fünfziger Jahren aufwuchsen, hatten viele von uns das Gefühl, daß wir für das, was Frauen tun konnten, ganz neue Kriterien entwickeln sollten.«[14]

Und das taten sie denn auch. Frauen, die Ende der sechziger und Anfang der siebziger Jahre das College abschlossen, lebten in einer Zeit, in der Frauen sich als unabhängige Wesen behaupten konnten. Hillary Rodham Clinton war nur eine unter den vielen hochbefähigten Frauen ihrer Generation, die sich die ersten Studienplätze an den renommierten Universitäten sicherten, die maskulinen Strukturen unterwanderten und Zugang zu renommierten Firmen und Kanzleien fanden. Aber wie es so oft der Fall ist: Selbst diese Vorzeigefrauen mußten zäh um ihren neuen Status kämpfen, weil er so brüchig war. Sie mußten die Tatsache akzeptieren, daß sie kaum jemals volle politische Gleichheit erringen würden und sich zumeist der Karriere ihres Mannes unterordnen mußten – wie Hillary Clinton auch.

Die Gruppe, die ich gewählt habe, gehört zu den Geburtsjahrgängen 1946 bis 1950. Ihr Motto war: »Burn, baby, burn«. Sie erreichten die Volljährigkeit auf dem Höhepunkt der Black-Power-Bewegung, als »Black is beautiful« zum Schlachtruf wurde. Später dann wurde ihr Protest gegen die Einberufung zum Kriegsdienst in Vietnam zum Symbol eines Widerstandes, der sich gegen alle von einer älteren Generation aufgestellten Regeln und verfestigten Strukturen richtete. 1970, als die Frauenbewegung auf der Tagesordnung stand, waren sie zwanzig bis vierundzwanzig Jahre alt. Die Anti-Baby-Pille hatte ihren Siegeszug angetreten, und die jungen Mädchen waren wissende Sex-Konsumentinnen geworden.

Es war nicht mehr »in«, wie bisher mit Mitte Zwanzig zu heiraten – ein Trend, der bis in die neunziger Jahre andauert. Und falls die Frauen der Nachkriegsgeneration doch heirateten, so drückten sie zumindest die Geburtenrate jäh nach unten. Infolge des gesellschaftlichen Wandels kam es auch zur Neuformulierung der Abtreibungsparagraphen in vielen Ländern.

Das Aufschieben der Eheschließung zugunsten einer verbesserten Ausbildung hat den Frauen und Männern eine erstaunliche Leistung ermöglicht. Dreiundvierzig Prozent der vierundzwanzigjährigen Männer hatten ein College besucht, und bei den Frauen waren es beinahe doppelt so viele wie in der vorherigen Generation.[15] Noch eindrucksvoller ist, daß Frauen wie Männer ihre College-Ausbildung auch mit einem Examen beendeten.

Verpflichtungen und Zwänge suchte die Sechziger-Generation so lange wie möglich zu vermeiden, und viele zogen in Kommunen, um nach ihren eigenen Regeln zu leben. Einige suchten ihr Heil in Tibet oder Indien, wo sie sich eine Transzendierung der materiellen Welt und neue Inspirationen erhofften, oder sie zogen sich zu Meditationen zurück, um einen Zustand der Glückseligkeit zu erreichen. Andere schluckten LSD, weil sie sich nach einer religiösen Vision sehnten, und kehrten oft ausgesprochen selbstgerecht auf die Erde zurück.

Der Höhe- und Wendepunkt kam 1968: Die Tet-Offensive der Vietcong erschütterte das Selbstbewußtsein der amerikanischen Nation wie der westlichen Welt, und die Helden der jungen Generation, Robert Kennedy und Martin Luther King, wurden ermordet. Die Proteste gegen Rassendiskriminierung und den Krieg in Vietnam erweiterten sich zum Widerstand gegen jede etablierte Autorität: gegen die Polizei und die Eltern, gegen Universitätspräsidenten und gewählte Volksvertreter. Für einen Augenblick schien die Sache außer Kontrolle zu geraten, als die jungen Leute wie Riesen durch eine abgestumpfte und abgebrühte Welt stürmten, die zu verändern sie entschlossen waren. Mit ihren Demonstrationen und Sit-ins brachten sie nicht nur den Universitätsbetrieb zum Stillstand – in Amerika ebenso wie in Europa –, sie trugen auch dazu bei, daß der Vietnamkrieg beendet und ein Präsident aus dem Amt gejagt wurde. Eine tolle Leistung!

Doch in den Siebzigern setzte der mürrische Mr. Nixon den natürlichen Konservatismus des Landes wieder in seine Rechte ein, und die erste Jugend, die eine verlängerte Kindheit hatte genießen dürfen, erwachte jäh, als John Lennon erschossen wurde. Unsere Gruppe war in diesem Augenblick – 1980 – bereits zum Feind übergegangen, denn sie hatte gerade das dreißigste Lebensjahr überschritten. Nachdem sie sich mit dem Ausleben ihrer Leidenschaft verausgabt hatte, gab es für sie nun plötzlich sehr viel aufzuholen. Über Nacht, so schien es, veränderte sich ihr Motto vom erotischen »Burn, baby, burn!« zum merkantilen »Earn, baby, earn!« Dennoch ist ihr Gefühl für persönliche Macht auch die mittleren Jahre hindurch stark geblieben. Die Vertreter dieser Generation sind noch immer stolz auf ihr ausgeprägtes gesellschaftliches Bewußtsein, wobei andere sie allerdings oft intellektuell und moralisch anmaßend finden. Ein kalifornischer Managementberater hat sie als Menschen gekennzeichnet, denen ihre Führungsrolle lästig ist: Sie würden anderen nicht gern sagen, was sie tun sollen, genausowenig wie sie möchten, daß man ihnen sagt, was sie tun sollen. Sie flüchten sich in ihre Arbeit, schuften sechzig bis neunzig Stunden pro Woche, viel mehr also, als ihre Väter es je getan haben.

1995 ist unsere Gruppe Mitte bis Ende Vierzig und hat damit ein Alter erreicht, in dem die vorausgegangenen Jahrgänge ihre Midlife-Krise zum größten Teil hinter sich hatten. Aber die hier haben noch nie irgend etwas so gemacht wie andere vor ihnen. »Sie sind nicht in derselben Weise Eltern, wie ihre eigenen Eltern es waren«, erklärt uns die Sozialanalytikerin Susan Hayward. »Ich weiß gar nicht, ob sie die Midlife-Krise überhaupt schon erkennen. Für sie ist das irgend etwas in der fernen Zukunft.«[16]

DIE ICHBEZOGENE GENERATION
(GEBOREN ZWISCHEN 1956 UND 1965)

Die jüngere Hälfte der Nachkriegskinder wurde Mitte der siebziger Jahre volljährig und legte eine völlig veränderte Haltung an den Tag. Es war die Zeit, die Tom Wolfe so treffend als »Ich-Dekade« bezeichnet hat. War es der Traum der unruhigen Sechziger gewesen, die Gesellschaft zu verändern, so war es der Traum der folgenden Generation, das eigene Ich zu glätten, es zu beobachten, zu studieren und sich in dieses Ich zu vernarren – eben etwas Besonderes zu sein.[17]

Encounter-Gruppen kamen in Mode, auf denen alle Abgründe der Persönlichkeit ausgelotet wurden. Statt zu den Hippiekommunen zog es die jungen Leute jetzt hin zu mystisch-religiöser Versenkung und Meditation; sie suchten Zuflucht bei Sekten, die ihnen eine neue Lebensform verhießen.

Der ichbezogenen Generation fehlte zwar der Idealismus ihrer Vorgänger, doch dafür legte sie ein ausgeprägtes Anspruchsdenken an den Tag. Mit Erreichen der Volljährigkeit besaßen viele schon eigene Computer und gaben unanständig viel Geld für Designer-Klamotten aus. In den frühen Achtzigern schien Prosperität ihnen etwas Selbstverständliches zu sein, und viele tauchten bald als Yuppies mit phantastischen Gehältern in Investmentbanken, Anwaltskanzleien und Brokerfirmen auf. Den nötigen Auftrieb konnte man sich zur Not mit ein bißchen Kokain verschaffen. Einer ihrer Helden war Mike Milken, der kühn die Gesetze und Normen des Aktienhandels mißachtete und als mächtigster Finanzier in Amerika weltberühmt wurde. Er steckte – noch in seinen Dreißigern – das höchste Jahresgehalt ein, das je im Geschäftsleben gezahlt worden ist: 1987 über eine Milliarde Dollar![18]

Am deutlichsten aber hat Madonna dem Lebensgefühl dieser Altersgruppe Ausdruck verliehen. Während sie mit ihrem marktschreierischen Auftreten den selbstgerechten Vertretern der Sechziger-Generation eine lange Nase zeigte, traf ihr raffiniertes, narzißtisches Streben nach Anerkennung den Nerv der neuen ichbezogenen Generation. Den Kopf voll mit wichtigtuerischen Persönlichkeiten, die sich in der Öffentlichkeit spreizten, fragten sie sich: »Warum kann ich das nicht selbst?« Siebenundzwanzigjährige verdienten 250 000 Dollar im Jahr an der Wallstreet. »Warum kann ich das nicht auch?« Jugendliche Schriftsteller wurden als literarische Stars gefeiert. Niemand wollte auf den Ruhm warten. Das Gefühl dafür, daß man durch Erfahrung etwas aufbaut, war abhanden gekommen. Jetzt glaubte man, daß man nur eine Art Kostüm anzuziehen, eine Rolle zu übernehmen und schlagfertige Antworten für die Talk-Show einzustudieren brauchte – »Warum soll ich denn nicht auch über Nacht ein Star werden?«

Als typischste Vertreter dieses Lebensgefühls habe ich die zwischen 1960 und 1965 Geborenen ausgewählt. Sie wuchsen auf in dem Glauben, daß sie alles bekommen würden. Trotz der wirtschaftlichen und gesellschaftspolitischen Probleme, die mehr als ein Jahrzehnt kollektiv geleugnet worden waren, betrachtete unsere Gruppe noch in den achtziger Jahren – nunmehr selbst zwanzig bis Mitte Zwanzig – die Eltern unverändert als Versorgungsquelle und legte eine starke Vorliebe für kindisches Verhalten an den Tag. Jay McInerney, Kultautor seiner Generation, der in seinem Roman *Bright Lights, Big City* Gier, Kokain und Dekadenz zelebrierte, gibt zu, daß er sich einer der längsten in der Geschichte bekannten Kindheiten erfreut habe. Er hat seine frühen Bücher dahingehend beschrieben, daß sie von Kindern handelten, die – an der Grenze zur Erwachsenenwelt stehend – über den Rand hinwegblicken und sagen: Das sieht nicht sehr vielversprechend aus.[19]

Als ich mir vor zehn Jahren die männlichen Wegbereiter dieser Generation anschaute, fiel mir hinsichtlich ihrer Formel für Glück eine kühne Werteverschiebung auf. In ihrem jungen Erwachsenenalter wollten sie nicht hart arbeiten, verlangten statt dessen mehr Zeit für das Reifen der Persönlichkeit. Viele ließen sich von der neuen »Großzügigkeit« mitreißen, mit der die Gesellschaft jetzt die Rolle des Mannes definierte. Sie erklärten, liebevoll zu sein und Kinder zu haben, sei ihnen am wichtigsten. Ehrgeiz und Führungsqualitäten standen ganz unten auf ihrer Prioritätenliste. Sie träumten davon, ein perfekt ausbalanciertes Leben zu führen.[20]

Was die jungen Frauen angeht, so haben sie ihre Geschlechtsgenossinnen der sechziger Jahre an akademischem Fleiß in den Schatten gestellt. Zwischen Mitte bis Ende Zwanzig hatte immerhin ein Viertel von ihnen das College mit einem Examen in der Tasche verlassen – die älteren Nachkriegsgeborenen waren in dieser Hinsicht ein paar Jahre später dran.[21]

Hunderttausende von Frauen strömten Mitte der siebziger Jahre aus den Universitäten. Sie waren die Rennpferde des Feminismus und machten sich im Galopp daran, die bis dahin exklusiv männlichen Jobs zu ergattern. In ihren strengen Kostümen wollten viele sich und anderen beweisen, daß eine Heirat nicht wesentlich ist für Glücklichsein und wirtschaftliches Überleben und daß Frauen sich Männern keineswegs unterordnen müssen. Aufgewachsen in einer Zeit mit ständig zunehmender Scheidungsrate, zweifelten sie generell den Sinn der ganzen Heiraterei an. Nicht anders dachten die Männer.

Generell war bei allen Frauen, ganz gleich ob verheiratet oder ledig, ein starker Drang festzustellen, bis spätestens Ende Zwanzig eine akademische Ausbildung abgeschlossen zu haben. Und vielleicht werden sie die Demographen, die ihnen – wie allen Frauengenerationen vor ihnen – spätere Heirat und Kinder vorhersagten, an der Nase herumführen und zu einem nicht geringen Teil nie heiraten.[22] Ebenso mag es sein, daß eine überraschend große Anzahl von ihnen nie Kinder haben wird.[23] In einer Studie über ledige Karrierefrauen, die jetzt in ihren Dreißigern sind, stellte die Psychologin Florence Kaslow fest: »Sie sind stolz auf das, was sie zustande gebracht haben, und froh über ihre Selbständigkeit, Unabhängigkeit und Freiheit. Allerdings mischt sich in die Befriedigung darüber, daß sie ihr eigenes Leben im Griff haben, eine gewisse Ambivalenz hinsichtlich dessen, was ihnen fehlt – ein fester Partner, mit dem sie intime Gefühle und Gedanken teilen könnten.«[24] Und genau wie ihre männlichen Pendants empfinden sie leichtes Unbehagen angesichts der Tatsache, daß sie vielleicht nie Kinder haben werden. Gegen die Einsamkeit wehren sie sich, indem sie ständig sehr beschäftigt tun.

Die Situation drehte sich völlig um, als diese Generation dreißig wurde. Anfang der neunziger Jahre erwachten die Yuppies aus ihren Träumen einer verheißungsvollen Zukunft, denn sie mußten feststellen, daß die Durchschnittseinkommen beträchtlich gesunken waren, wenn man Vergleichszahlen von vor etwa zwanzig Jahren zugrunde legte. Dieses Versagen des Materialismus, der sie schließlich glücklich machen sollte, wirkte wie ein tiefer Schock. Aber schließlich sind sie erst zwischen zwei- und fünfunddreißig Jahre alt und verfügen noch über beträchtliche jugendliche Kraftreserven. Ihre Haltung zu Karriere, Sex, Drogen und Großstadtleben ist so anders als die ihrer Eltern, daß sie nicht zur gleichen Kultur zu gehören scheinen. Der Krieg mit den Eltern um die eigene Autonomie reicht oft zehn Jahre in das Erwachsenendasein hinein.

Der schwierige Übergang von den Zwanzigern in die dreißiger Jahre ist von Widersprüchen gekennzeichnet, aber unsere Generation erlebt ihn zwischen achtundzwanzig und zweiunddreißig in besonderer Weise.

Es ist nicht ungewöhnlich, daß man beim Herannahen des dreißigsten Geburtstages das bisherige Leben demoliert. Das ganze Netzwerk, das in beruflicher oder auch politischer Hinsicht mühevoll aufgebaut wurde, wird jetzt womöglich zerschnitten, weil man nunmehr etwas ganz anderes machen möchte. Der Übergang in die Dreißiger führt oft zur Scheidung oder zumindest zur ernsthaften Überprüfung der Partnerbeziehung. Frauen, die mit dreißig noch unverheiratet sind, wird das Korsett der Karriere mitunter plötzlich unerträglich eng. Sie stellen fest, daß sie fasziniert in Zeitschriften blättern, die sie ein Jahr zuvor noch verachtet haben und in denen von Hochzeiten die Rede ist. Das Gefühl, in einer selbstgestellten Falle zu sitzen, wird plötzlich quälend.

Dieses geheimnisvolle Gefühl des Bruchs mit unserem bisherigen Leben verlangt von uns, daß wir unser Engagement verändern oder vertiefen. Aber vielen aus dieser ichbezogenen Generation schien es immer leichter zu sein, einfach in den Tag hinein zu leben und so wenige Verpflichtungen wie möglich einzugehen. Das Gefühlsleben konnte man auf Eis legen. Und weil die Geschlechterrollen zunächst so sehr im Fluß waren, haben viele die Antwort auf die Frage, wie sie ihre sexuelle Identität fixieren wollen, aufgeschoben und jede Art von Festlegung vermieden.

»Ob Mann oder Frau, schwul oder hetero – das gesellschaftliche Leben in den Citys war ein Marktplatz«, bemerkte ein mit kulturellem Scharfsinn begabter Werbefachmann Mitte Dreißig. Dan, so wollen wir ihn nennen, war ein überzeugter Yuppie, der in New York schnellen Ruhm und Geld zu machen suchte. »Das Leben in den Achtzigern hatte viel damit zu tun, daß man sich in dem jeweiligen Augenblick so toll wie möglich amüsierte, eine Menge Geld hatte und eine Wohnung kaufte. Aber was für die meisten Leute meiner Generation wirklich ganz anders war, das war, daß man Sex haben und dann einfach gehen konnte. Es wurde nichts von einem erwartet.«[25]

Für Romantik war kein Platz in dem sexuellen Tauschhandel, der die Energien und Egos dieser Generation beschäftigte. O ja, natürlich war da irgendwo tief im Stammhirn eine Erinnerung an das, was man tun »sollte«: Man sollte eine primäre Beziehung haben, man sollte ein Gefühlsleben haben, und man sollte eine Familie wollen. Aber irgendwann später mal. »Viel aufregender war, was dir in dieser Nacht, hier und jetzt, zustoßen konnte. Wen würdest du ansprechen, oder wer würde dich wählen?« erinnerte sich Dan. Aber am Morgen danach gab es das Problem, wie man sich von einem fremden Menschen verabschieden sollte, mit dem man sich in eine falsche Intimität eingelassen hatte. Also hagelte es Ausreden und falsche Versprechungen.

Das technologische Symbol für die Aversion dieser Generation gegenüber der Intimität ist der telefonische Anrufbeantworter. Sein wichtigster Zweck besteht darin, Kontakte zu vermeiden. Es wurde entscheidend wichtig, keine Zeit mehr mit all denen zu verschwenden, die für das eigene Leben nicht von unmittelbarem Nutzen oder Interesse waren. Das erste, was man sagte, wenn man einen Freund anrief, war: »Hast du deinen Anrufbeantworter angeschaltet? Ich weiß, daß du da bist!«

»Wir sind alle so miteinander umgesprungen«, kommentierte Dan, »und wir haben uns alle deswegen gehaßt. Aber wir dachten alle immer nur: später. Später werde ich lernen, wie man eine primäre Beziehung schafft, später werde ich das herausfinden. Ich weiß, daß mein Verhalten falsch ist, aber ich werde morgen oder übermorgen darüber nachdenken. Die Jagd nach Ruhm und Geld war viel verlockender.«

Jenen, die jetzt mitten in den bewegten Jahren jenseits des dreißigsten Geburtstages sind, eine Familie und einen Beruf haben und wahrscheinlich unter Schlafmangel leiden – ihnen muß es vorkommen, als sei das Leben nie etwas anderes als ein halsbrecherisches Abenteuer gewesen, bei dem man sich von Punkt A zu Punkt B und C gehangelt hat. Aber Geduld! Dieses Alter stellt einen immer vor die höchsten Rollenerwartungen.

Romantisches Sichvergessen und müßiger, spontaner Sex – beides scheint jetzt der Vergangenheit anzugehören. Wenn Paare in den Dreißigern darüber reden, wann sie miteinander schlafen, dann hört sich das oft mehr nach einem Fitneßtraining an, bei dem man nicht aus der Übung kommen darf.

Die Zahl der verheirateten, voll berufstätigen Mütter mit einem Kind oder mehreren Kindern im Vorschulalter hat sich zwischen 1961 und 1991 verdreifacht, und dieser Trend wird sich weiter fortsetzen. Es gibt sogar Prognosen, daß junge Mütter in Zukunft froh sein können, wenn sie während ihres gesamten Arbeitslebens im ganzen zehn oder fünfzehn Wochen bei ihren Säuglingen bleiben dürfen.[26] Je hochkarätiger ihr Job ist, um so schneller kehrt die frischgebackene Mutter an ihren Arbeitsplatz zurück – aus Angst, daß sie ihn sonst verlieren könnte.

Und tatsächlich ist es so, daß ein doppeltes Einkommen pro Haushalt heutzutage praktisch unverzichtbar ist. Die nackte Realität sieht wie folgt aus: Während der letzten zwanzig Jahren konnten Ehepaare, bei denen die Frau einer bezahlten Tätigkeit nachging, einen Reallohnzuwachs in Höhe von 14 Prozent verzeichnen, während Familien, bei denen die Frau nicht berufstätig war, eine Reallohneinbuße in Höhe von 9 Prozent hinnehmen mußten.[27]

Diese ernüchternde Bilanz vermag sehr gut die enorme Zunahme solcher Ehepaare zu erklären, bei denen die Frau außer Haus arbeitet, und es werden immer mehr werden. Frauen der älteren wie der jüngeren Nachkriegsgeneration, die jetzt in den Dreißigern oder Vierzigern sind, können damit rechnen, daß sie nahezu drei Viertel ihres Erwachsenenlebens außer Haus arbeiten werden[28] – eine sich anbahnende Veränderung, die beispiellos in der Geschichte ist.

DIE GEFÄHRDETE GENERATION
(GEBOREN ZWISCHEN 1966 UND 1980)

Diese irritierten Kinder des Hiphop-Zeitalters verstecken ihr Herz hinter einem Kult der Gleichgültigkeit. »Keine Ahnung«, »Ist doch egal«, »Was soll's« – so lauten ihre Standardsprüche. Diese jungen Leute sind in gleicher Weise pragmatisch wie skeptisch; sie wollen sich nicht festnageln lassen und sehnen sich insgeheim verzweifelt nach einem Zugehörigkeitsgefühl und einem Glauben an etwas.

Viele Soziologen beschreiben sie als lustlos, gelangweilt, gleichgültig, schlaff, lasch, desinteressiert und passiv. Ich glaube aber, daß diese Haltung eine Maske, ein Verteidigungsmechanismus ist, mit dem sie sagen wollen: »Ich gebe nicht preis, was ich denke« – weil sie wahrscheinlich enttäuscht worden sind. Ihr bevorzugtes Outfit sind zerfetzte Sweater, ausgebeulte Hosen, klobige Stiefel mit Eisenbeschlägen und dazu das passende Benehmen: »Na schön, schmeiß mich raus, ist mir egal.«

Was das Heiraten angeht, sind ihre Ansichten düster. Viele leiden unter den Fehlern, die ihre Eltern begangen haben, und sind entschlossen, sie nicht zu wiederholen. Den jungen Frauen bereitet das alte und ewig neue Problem Kopfschmerzen, wie sie alles unter einen Hut bekommen sollen – Ehe, Familie, Karriere –, ohne daß zumindest ein Teil zu kurz kommt. Folglich kommt für viele eine Eheschließung frühestens mit Ende Zwanzig in Frage, wenn überhaupt. Die Zahl der Singles wächst wie nie zuvor. Oft wird die Befürchtung geäußert, dem Anspruch einer monogamen Beziehung auf Dauer nicht gerecht werden zu können, oder der Angst Ausdruck verliehen, in einer zu engen Beziehung zu ersticken oder die eigene Identität zu verlieren. Auch dadurch, daß die jungen Leute länger zu Hause bei ihren Eltern bleiben, wird verhindert, daß der kindliche Egoismus rechtzeitig durch ein Verständnis für das Prinzip von Geben und Nehmen abgelöst wird.

Damit aufgewachsen, daß ein Versprechen nach dem anderen gebrochen wurde, schrecken die verunsicherten Vertreter dieser Generation vor allen nicht sorgfältig ausgewogenen, nicht ganz realistischen Verpflichtungen zurück. Aber etwas fehlt – die Phantasie! »Ich möchte mehr Romantik und Liebe und geheimnisvolle Dinge in meinem Leben – ich merke, daß ich das brauche.«[29] Die befragten jungen Leute empfanden es auch als belastend, etwas leisten zu sollen, das sich mit dem von ihren erfolgreichen Eltern Vollbrachten vergleichen läßt. »Unsere Eltern könnten es nicht ertragen, uns scheitern zu sehen«, sagte eine junge berufstätige Frau. »Und scheitern heißt für sie: keinen finanziellen Erfolg haben.« Sie sprach das aus, was auch die anderen in der Gruppe auf dem Herzen hatten: »Wir suchen nach irgendeiner Gewißheit. Wir glauben, daß es mehr im Leben gibt als die verdrehte Welt, in der wir leben. Wir haben unsere Eltern durch den Egotrip der Siebziger gehen und sie die Yuppies der Achtziger werden sehen. Wir sind jetzt ziemlich gleichgültig.«

Weshalb bezeichne ich diese Generation als gefährdet? Weil ihnen ein wichtiges Element fehlt, um die Ablösung vom Elternhaus zu bewältigen – etwas, was die vergangenen Generationen als selbstverständlich ansahen, nämlich Sicherheit. Betroffene zwischen achtzehn und fünfundzwanzig werden jetzt wahrscheinlich murmeln: »Hör auf. Ich habe keine Angst vor dem Leben« – genau das, was man in diesem Alter denken sollte. Aber aus meinen zahlreichen Gesprächen habe ich den Eindruck gewonnen, daß diese Gruppe sicherheitsbesessen ist.

»Unsere Eltern sind in den fünfziger Jahren mit äußeren Feinden – dem Kommunismus, der Bombe – aufgewachsen«, sagte Jennifer Erwin, eine Studentin aus Tennessee. »Unsere Feinde kommen aus dem eigenen Lager: Drogen, Waffen, die größer werdende Kluft zwischen den Armen und der Elite sowie ein ungleich größerer Konkurrenzkampf auf dem Arbeitsmarkt.« Als ich eine Gruppe intelligenter Mittzwanziger aus New York fragte: »Wie sicher fühlen Sie sich im Hinblick auf Sex, Geld, Beziehungen, Ehe, Gewalt auf der Straße, Sicherheit des Arbeitsplatzes?« kam wie aus der Pistole geschossen die einmütige Antwort: »In keinerlei Weise sicher. Unsicher in jeder Beziehung – ständig.«

Sie haben allen Grund dazu, denn ihr Universum ist kein Spielplatz für Experimente, sondern eine Straße, gepflastert mit Stolpersteinen, denen sie ausweichen müssen, bevor sie überhaupt das Ziel, das Erwachsenenleben, erreichen. Es gibt das Problem des Suizids bei Jugendlichen, der stark zugenommen hat, das Problem der Teenagerschwangerschaften (die Vereinigten Staaten haben den höchsten Prozentsatz aller Länder der westlichen Welt) und die Bedrohung durch Aids, das sich auch unter den Jugendlichen ausbreitet.[30] »Die sexuelle Identität unserer Altersgruppe wurde durch das Wissen geprägt, daß wir durch das, was wir taten, sterben konnten. Keine andere Generation hat in dem Alter mit so etwas umgehen müssen«, hieß es in einem Gruppengespräch.

Normalerweise müssen sich gesunde Menschen in Friedenszeiten nicht mit dem Problem ihrer Vergänglichkeit auseinandersetzen, bevor sie etwa die Hälfte des Lebens hinter sich haben. Als die Vietnamgeneration jung war, brachte das Fernsehen Abend für Abend den Tod ins Wohnzimmer, und viele junge Männer verloren das Leben. Kam jemand, was selten geschah, bei Anti-Kriegs-Demonstrationen oder im Kampf für die Bürgerrechte ums Leben, so war das zwar ein gewaltiger Schock, wurde aber zugleich als edles Opfer betrachtet. Für diejenigen, die heute Anfang Zwanzig sind, ist die Todesart, mit der sie es zu tun haben, meistens sinnlos. In einem Teil ihrer Musik mit der verzweifelten Energie, den zerhackten Akkorden, dem hyperschnellen Tempo und den grellen, krassen Bildern wird das reflektiert.

Obwohl sich der HIV-Virus längst nicht so weit unter den Hetero- wie unter den Homosexuellen ausgebreitet hat, neigen erstere zu extremen Reaktionen. Einige bringen ihre jugendliche Rebellion dadurch zum Ausdruck, daß sie die Realität leugnen und sich weigern, »safer Sex« zu praktizieren. Andere fürchten sich dagegen so sehr, daß sie lieber vollkommen enthaltsam leben. Lisa Peluso, eine junge Schauspielerin aus einer Seifenoper, hat sich mit fünfundzwanzig für diesen Weg entschieden. Sex außerhalb einer Ehe bringe nichts als Angst und Schrecken, vertraute sie einem Magazin an.[31]

Die jungen Leute von heute sind gezwungen, auf ihre Sicherheit bedacht zu sein, weil die Welt um sie herum soviel unberechenbarer und gewalttätiger geworden ist. Jeder fünfte Schüler einer amerikanischen High-School besuchte 1993 mit einer Waffe in der Tasche den Unterricht. Im gleichen Jahr gaben 37 Prozent der unter zwanzigjährigen Leser von *USA Today* an, daß sie sich in ihrer Schule nicht sicher fühlen. Das größte Risiko für schwarze Teenager besteht in der Gefahr, erschossen zu werden. Die Spielzeugwaffen, die Erwachsene an Kinder verkaufen, lassen sich mit scharfer Munition laden. Bei weißen Teenagern sind es eher Autos als Waffen, mit denen sie ihre eigene Zerstörung oder auch die anderer betreiben.[32]

Abgesehen von gewissen Situationskomödien im Fernsehen, abgesehen von Rap-Musik, Schmuddellook und dem kollektiven Unbehagen vor der Zukunft weisen die jetzigen jungen Erwachsenen keine gemeinsamen Prägungen auf, wie das besonders bei der Jugend in den sechziger Jahren der Fall war.

Die Identität ihrer Generation ist viel unschärfer; Multikulturalismus wird weitgehend als etwas relativ Natürliches akzeptiert, was sich nicht zuletzt in der Vielfalt ihrer Musik niederschlägt: Rap, Country, Grunge, Rave, Reggae, Heavy Metal, Hip-Hop und mehr. Paradoxerweise legen in den USA gerade einige zornige Schwarze einen feindseligen Separatismus an den Tag. Anders als Martin Luther King, Held der Vietnamgeneration, der »struggle without hating« (kämpfen ohne zu hassen) lehrte, haben die Afroamerikaner jetzt ihre Demagogen, die den jungen Schwarzen einreden, daß sie hassen können, ohne zu kämpfen.

Ich habe einige College-Absolventen der späten achtziger Jahre gebeten, aus der Erinnerung die wesentlichen Ereignisse zu benennen, die in die Zeit ihres Erwachsenwerdens fielen.

»Die Challenger-Explosion«, sagte ein Student und griff damit einen Vorfall heraus, dessen Bedeutung sich mit den Auswirkungen vergleichen läßt, die die Ermordung Kennedys für eine frühere Generation hatte.

Einige erinnerten sich an das Gefühl der Demütigung, als sie auf dem Bildschirm iranische Terroristen Amerikaner mit verbundenen Augen vorführen sahen. Die Ältesten von ihnen erinnerten sich an Watergate, als ein Präsident log, erwischt wurde und alle etablierten Institutionen fortan als suspekt betrachtet wurden. Aber der entscheidende Eindruck war offenbar, daß sie Betrogene sind. Diesen Gedanken faßte eine Princeton-Absolventin folgendermaßen zusammen: »Für uns gibt es nichts mehr zu entdecken. Sex, Geld, Jobs, sogar Drogen – alles ist gelaufen. Unser großes Ereignis ist AIDS.«

»Mir fehlt ebenfalls eine gemeinsame Identität meiner Generation«, pflichtete ihr ein junger Absolvent der New York University bei. »Vorher war's so toll – und wir sind nicht einmal Yuppies.«

»Gott sei Dank!« riefen alle im Chor.

Sie wissen, daß sie permanent belogen werden. Sie lehnen Slogans ab und schätzen Geradlinigkeit, echte Werte und Humor. Aber was fehlt, ist ein großes Ereignis, das sie herausfordern oder inspirieren könnte. Die Diskussion über eine

Vergewaltigung durch den Mann, mit dem man verabredet war, ist nun einmal nicht so spannend wie Kontroversen um den Vietnamkrieg beispielsweise. Zwar sind viele dieser Generation bereit, sich für eine bessere Umwelt einzusetzen oder freiwillige Sozialdienste zu leisten, aber pragmatische Erwägungen haben Vorrang. Nirgendwo gehen linke Studenten auf die Barrikaden. In Berkeley, der berühmten Wiege der Studentenproteste, tragen die Studenten heute saubere Jeans und kurze Haare und hetzen von ihren Kursen zu ihren Teilzeitjobs. Diese Generation hat nicht viel Zeit, Träumen nachzuhängen, wie man die Welt verändern könnte. Die allgegenwärtige Sorge ist die: Lerne ich nicht vielleicht doch nur für einen Beruf, den es später, wenn ich fertig bin, nicht mehr gibt?

Wenn sie das Elternhaus verlassen, sind die jungen Leute noch nicht reif genug, eine wichtige Wahrheit zu erkennen: Rückschläge und Niederlagen sind sowohl vorhersagbar als auch nützlich, und sie dauern nicht ewig. Ewig ist nur der Wechsel. Ein falscher Umgang mit Rückschlägen kann fatale Folgen haben, denn leider sind die Jugendlichen und jungen Erwachsenen heutzutage mehr als alle anderen Altersgruppen anfällig für Depressionen.

Waren zunächst stärker die jungen Frauen betroffen, so haben die Männer inzwischen fast gleichgezogen – ein Phänomen, das weltweit zu beobachten ist. In so verschiedenen Ländern wie Taiwan, Libanon, Neuseeland und den Vereinigten Staaten ist bei den unter Vierzigjährigen die Gefahr, einmal in ihrem Leben an einer Depression zu erkranken, dreimal so hoch wie bei denen, die schon über vierzig sind.

Trotz depressiver Anfälle legen die meisten jungen Leute ein hohes Maß an Verantwortungsgefühl an den Tag. Vor allem hat diese Generation sich vehement der Weiterbildung verschrieben und übertrifft damit alles bisher Dagewesene. 1990 hatten 82 Prozent der neunzehnjährigen Mädchen einen High-School-Abschluß – viermal so viele wie in den fünfziger Jahren.[33] Und volle 58 Prozent der weißen Frauen konnten eine College-Ausbildung vorweisen, womit sie die Männer um ein paar Prozent übertrafen. Doch trotz solcher Voraussetzungen scheint diese Generation in ihrem Leben irgendwie zu stagnieren. Bereits in meinem ersten Buch habe ich dargelegt, wie wichtig die Ablösung von den Eltern für die Persönlichkeitsentwicklung ist. Heute wird diese Phase aus vielen Gründen drastisch hinausgezögert.

WILLKOMMEN IM VORLÄUFIGEN ERWACHSENENALTER

Die verwirrende zentrale Aufgabe in den Zwanzigern besteht darin, einen Lebensweg zu wählen. Entschied man sich in früheren Generationen zumeist für die Ehe und den traditionellen Einstieg ins Arbeitsleben auf der unteren Sprosse der hierarchischen Leiter, so prägten die jungen Leute der wilden sechziger Jahre einen neuen Stil: Sie betrachteten dieses Lebensalter als eine Art Durchgangsstadium, widersetzten sich den Erwartungen der Erwachsenenwelt und hielten sich alle Möglichkeiten offen. In der folgenden Generation mit dem ausgeprägten Ego erhielt die Elite die Chance, sich mit Mitte Zwanzig als grandiose Hochstapler darzustellen.

Aber heute, wo brauchbare Markierungen für die Strukturierung des Lebenswegs fehlen und zudem ein ökonomischer Schrumpfungsprozeß eingesetzt hat, haben viele junge Menschen ein neues Ziel: solange wie irgend möglich in der Schule, der Universität zu bleiben. Zwischen zwanzig und dreißig wird das Erwachsenenleben in gewisser Weise erprobt, und durch diesen Aufschub werden auch alle nachfolgenden Phasen um bis zu zehn Jahre nach hinten verschoben.

Diese Altersgruppe hat größere wirtschaftliche Einbußen hinnehmen müssen als jede andere, denn im Gegensatz zu den älteren Generationen ist es ihr nicht gelungen, mit der Inflation Schritt zu halten. Hinzu kommt, daß die Wirtschaft in den Vereinigten Staaten wie auch in Europa die Absolventen der Colleges und Universitäten nur zögernd aufnimmt. Anfang der neunziger Jahre kletterte die Arbeitslosigkeit der Sechzehn- bis Vierundzwanzigjährigen in Frankreich auf 23, in Italien auf

28, in Spanien auf 37 Prozent, und zugleich werden immer weniger Arbeitsplätze frei. In Amerika werden viele nicht einmal in der Lage sein, den Mittelschicht-Lebensstandard der Eltern zu halten, selbst wenn nur ein einziger Verdienst zugrunde gelegt wird.[34]

In Amerika wie in Europa müssen heute, verglichen mit der Situation vor zehn Jahren, mehr junge Leute wieder bei ihren Eltern unterschlüpfen, weil sie ihren Job verloren haben. In diesem Zeitraum ist der Anteil der jungen Wohnungseigentümer beinahe um die Hälfte zurückgegangen, bei Mietverhältnissen waren es 21 Prozent weniger. Diejenigen, die zu ihren Eltern zurückkehren, tun es selten aus Bequemlichkeit, sondern sie treffen eine in dieser Situation ökonomisch weise Entscheidung. Dieser Schritt fällt in der Regel nicht leicht, denn oftmals werden sie deshalb als Verlierer oder Schmarotzer angeschaut. Zudem ist es kein Vergnügen, wieder mit dem Vater das Bad zu teilen oder Hemmungen zu empfinden, wenn man einen nächtlichen Besuch mitbringen möchte. Generell ist eine solche verlängerte Abhängigkeit von den Eltern einer normalen Entwicklung hinderlich.

Der hinreißende, an David Niven erinnernde Held des britischen Films *Vier Hochzeiten und ein Todesfall* ist ständig Trauzeuge, niemals Bräutigam. Als die Frauen in seiner Umgebung die ehetauglichsten Männer einen nach dem anderen wegangeln, bleiben lockere Vögel wie er sitzen. Jetzt sind es die Männer, die sich danach sehnen, geheiratet zu werden; sie sind den Frauen auf Gnade und Ungnade ausgeliefert.

Was geht hier vor?

Die Männer sind es gewöhnt, daß Frauen sich ihrer annehmen, sich um sie kümmern. Jetzt, da die Mädchen nicht mehr so ohne weiteres bereit sind, zu heiraten und Kinder auszutragen, wenden sie sich wieder ihren Müttern zu. Der erstaunliche Wandel im männlichen Verhalten während der letzten zwanzig Jahre läßt sich auch statistisch belegen: Ein Drittel der unverheirateten Männern zwischen fünfundzwanzig und vierunddreißig lebt immer noch zu Haus bei den Eltern.

Das ist der größte je registrierte Prozentsatz. Bei den schwarzen Männern, die noch nie verheiratet waren, sind die Zahlen sogar noch überraschender. Zwei Drittel leben bis zum dreißigsten Lebensjahr immer noch bei ihren Eltern (gewöhnlich bei der Mutter), obwohl sie zum Teil ein Kind oder mehrere Kinder gezeugt haben.

Insbesondere für geschiedene Mütter über Vierzig, die es satt hatten, sich um immer neue Beziehungen zu mühen, ist es verlockend, sich als Ehemannersatz und Handwerker für allfällige Reparaturen einen erwachsenen Sohn zu halten. Und viele erwachsene Söhne wollen heute nicht mehr den Komfort aufgeben, den ihre besser betuchten Eltern ihnen bieten können, um sich draußen allein durchzuschlagen. Durchweg sehen sie keinen Grund, vor dem dreißigsten Lebensjahr auszuziehen. Die Vorteile liegen für beide Seiten auf der Hand, doch verzichtet eine Frau, die sich mit so einer Art von Sicherheit zufriedengibt, nicht nur auf ihre eigene Fortentwicklung, sondern behindert die ihres Sohnes noch mehr. Es ist ein potentiell tödlicher Gesellschaftsvertrag.

Diese neue Lebensform, die zu Zeiten der Ichbezogenen einsetzte, zeigt eine Tendenz zur Langlebigkeit, und es sieht ganz so aus, als ob sie sich mit ungewollten Folgen bis in die nächste Generation hinziehen wird. Bald dürfte es für die jungen Männer ebenso schwer sein, eine Ehefrau zu finden, wie es für ältere Frauen schwierig gewesen ist, einen Ehegatten an sich zu binden. Die Statistiken belegen einen neuen Trend zugunsten der Frauen, denn 1992 kamen 121 unverheiratete Männer auf jeweils 100 unverheiratete Frauen zwischen dreißig und vierunddreißig.

Nehmen wir einen 1967 geborenen Burschen, der jetzt an die Dreißig ist. Wartet er mit dem Heiraten fünf Jahre, sind die meisten begehrenswerten jüngeren Frauen weg. Gleichaltrige werden schon von älteren Männern weggeschnappt worden sein, da Frauen sich meist einen Mann aussuchen, der erfolgreich ist, und das heißt nun mal älter. Wen soll unser Freund heiraten? Eine der Übriggebliebenen? Vielleicht muß er lange, sehr lange allein bleiben. Junge Männer laufen heute also Gefahr, keine passende Frau mehr zu finden, wenn sie zu lange warten.

Das heißt, daß der Männermangel, unter dem jene Frauen der Vietnamgeneration gelitten haben, die die Suche bis jenseits der Dreißig aufschoben, für die nachfolgenden Frauen kein großes Problem mehr ist. Für sie wird es immer geeignete Männer geben. Die Frage ist nur, ob sie sie wollen.

DIE GUTE NACHRICHT

Das Leben der gefährdeten Generation müßte eigentlich mit der Zeit besser statt schlechter werden. Jede – im Vergleich zu der vorangegangenen – zahlenmäßig kleinere Gruppe ist auf dem Arbeitsmarkt geringerem Konkurrenzdruck ausgesetzt. Diese späten Jugendlichen werden, da sie sich für Weiterbildung und Erforschung ihrer Fähigkeiten mehr Zeit lassen, später besser auf Karrieren mit fließenden Übergängen vorbereitet sein. Wenn es darum geht, sich freiberuflich durchschlagen zu müssen, so übertreffen sie ihre Vorgängergeneration schon jetzt an Flexibilität. Wer etwas Talent hat, warum soll der oder die sich den Zwängen eines Firmenimperiums unterwerfen? Diese Kids machen ihre eigenen Filme und pressen ihre CDs selbst.

Die heute etwas über Zwanzigjährigen werden auch in rasant sich entwickelnden Gebieten wie Gehirnforschung und Biotechnologie führend sein und als erste aus den Startlöchern springen, wenn das Erdbeben der weltweiten wirtschaftlichen Umwälzungen nachläßt und die digitale Revolution zum Zuge kommt. Alles wird sich verändern.

Viele jener jungen Leute, die wegweisende Konzepte für Online-Firmen entwickelt haben, lesen zwar keine Bücher und träumen nicht davon, den großen Roman zu schreiben, aber sie stellen die Macht der Zukunft dar. Sie sprechen die neue Elektroniksprache und können Codes schreiben. Von ihnen werden die Anleitungen kommen, wie man sich in dieser Welt der Gegenkultur verständigt, die weder Tag noch Nacht kennt, sich über Zeitzonen hinwegsetzt und völlig unbehelligt staatliche Grenzen überquert, die ohne Rücksicht auf die Moralvorstellungen eines Landes oder einer Region visuelle Pornographie verbreitet und in fast jede Datenbank einzubrechen vermag, in die einzubrechen es ihr beliebt.

Aber die Popularität des Internet hat sich bereits weit über die Gruppe der wahren Computerfreaks ausgebreitet. Ganz normale Kids überall auf der Welt sind Teil dieses neuen gesellschaftlichen Raums. Sobald sich der elektronische Superhighway als neue Handelsstraße zum Kaufen und Verkaufen von Waren, Dienstleistungen und Informationen durchgesetzt hat, werden die jungen Leute der gefährdeten Generation die natürlichen Händler und Mechaniker sein. Ihnen wird die Zukunft gehören, und vielleicht wird es ihnen, eine Erholung der Wirtschaft vorausgesetzt, am Ende besser gehen als der vorangegangenen Generation.

Daß diese Altersgruppe spät und noch selektiver heiratet als die vorherigen, kann sich durchaus positiv auf ihre persönliche Sicherheit auswirken. Denn: Je älter wir sind, wenn wir zum erstenmal heiraten, um so wahrscheinlicher ist es, daß unsere Ehe nicht zum Scherbenhaufen wird. Und die statistischen Prognosen lauten dahingehend, daß die Scheidungsrate um 10 Prozent sinken wird.

Eine dramatische Veränderung, die auch die psychische Reife betrifft, scheint sich heute bei manchen jungen Leuten gegen Ende Zwanzig zu ereignen, und die neuesten psychologischen Studien bestätigen dies. Männer wie Frauen sehen sich außerstande, klare Entscheidungen zu treffen oder mit den Tücken des Lebens fertig zu werden, ohne die Hilfe ihrer Eltern in Anspruch zu nehmen. Ist diese Phase vorüber, sind sie zuversichtlich, haben Zutrauen zu ihren eigenen Wertmaßstäben und Entscheidungen und fühlen sich kompetent genug, sogar einen Kurs einzuschlagen, der den Wünschen der Eltern widerspricht.

Die verlängerte Kindheit endet schließlich, wenn wir keine Angst mehr davor haben, unsere Eltern zu enttäuschen.

Heute stellt der Übergang in die Dreißiger eine Art Initiation oder Einführung in das erste Erwachsenenalter dar. Jeder möchte etwas mehr darstellen, und so ist es nur natürlich, daß man sich für die Öffentlichkeit ein konstruiertes Ich zurechtlegt, in dem man wie in einem Schaufenster Können und Begabungen zeigt. Man hofft, daß es Beifall und Erfolg bringen wird. Indem wir Bestätigung suchen, verlassen wir uns stark auf äußerliche Maßstäbe: Welche zusätzlichen Vorteile unser Job uns einbringt, wie groß unser Büro ist, was unsere Kinder vollbracht haben, daß wir genau richtig zu dem Essen angezogen waren, das der Preisverleihung folgte – alles das dient uns dazu, zu beweisen, was wir wert sind. Die Dreißiger sind eine wichtige, erste Kostümprobe, bei der wir zeigen und feststellen können, wie wir uns aufführen werden, wenn – und falls – man uns eine Hauptrolle gibt.

Es macht nichts, daß wir während dieser mühseligen Jahre der Welt ein falsches Ich präsentieren – vorausgesetzt, es ist nicht zu weit entfernt von dem, was wir wirklich sind. Später, in den Vierzigern und Fünfzigern, wird es nämlich unumgänglich, den Weg zurückzufinden.

Jetzt, da Sie eine Vorstellung davon haben, wo Sie sich auf der Landkarte der Lebensalter befinden, ist es an der Zeit, zur Reise durch die vitalen Vierziger und zu neuen Grenzen aufzubrechen, die dahinter locken.

ZWEITER TEIL

DIE VITALEN VIERZIGER

2. Kapitel:
Die Achtundsechziger kommen in die Jahre

Viele Mitglieder dieser ewig jungen Generation finden das her-
annahende mittlere Alter besonders verwirrend. Der erste
Schub, die zwischen 1946 und 1956 Geborenen, die im entscheidenden Alter durch den Vietnamkrieg und den Aufruhr
der späten sechziger und frühen siebziger Jahre geprägt wurden, haben ihre Jugendzeit am weitesten ausgedehnt und am
gründlichsten ausgekostet. Jetzt rennen sie gegen die erste gnadenlose Realität an, die man nicht ändern kann: Sie sind keine Kids mehr.

Im Verlauf meiner Studien habe ich festgestellt, daß die
Generationen vorher sich mit vierzig älter vorkamen, als sie
tatsächlich waren – es war, als seien sie plötzlich einen Felsen
hinuntergestürzt. Mit einem Mal konnten sie keine Jeans mehr
finden, die ihnen paßten, und in der Disco sahen sie albern aus
– sie gehörten nicht mehr zur Jugendkultur. Die überlieferten
Botschaften, mit denen man sie hinsichtlich des mittleren
Lebensalters gefüttert hatte, handelten alle vom Niedergang
und Abtauchen ins Reich der künstlichen Gebisse. Kein Wunder, daß jeder, der die Vierzig überschritten hatte, überemp-
findlich auf das kleinste Fältchen und die geringste Ermü-
dungserscheinung seines Körpers reagierte. In dem Glauben,
daß es mit ihnen allmählich zu Ende ging, entdeckten sie plötzlich zitternd, daß sie noch dringend etwas zu erledigen hatten,
oder sie setzten zum langen Stoßseufzer der Resignation an.
Heute beginnt die zweite Lebenshälfte eher erst mit Fünfzig,

und überhaupt kann niemand wirklich wissen, wann dieser Wendepunkt im Leben erreicht ist. Immer mehr Menschen finden Mittel und Wege, die restriktiven Vorstellungen vom mittleren Alter nicht Teil der eigenen Identität werden zu lassen.

Was geschieht, wenn Millionen Menschen mehr oder weniger zur gleichen Zeit vierzig werden? Sie können ihre Kinder zu einem Konzert der Grateful Dead mitnehmen oder Radio hören oder in Clubs gehen, in denen nur Musik der siebziger Jahre gespielt wird. Ein Viertel unserer Generation hat diese Grenze bereits erreicht oder überschritten, und in vielfacher Hinsicht ist dieser erste Übergang ins mittlere Alter für sie ein einzigartiges Erlebnis. Ihr Leben lang haben sie überaus erfolgreich die verschiedensten Erwachsenenpflichten und -zwänge aufgeschoben, um Gitarre zu spielen, exotische Orte in der Welt zu bereisen, mit Drogen, Kommunen und unbegrenztem Sex zu experimentieren und gegen den Vietnamkrieg und das gesamte Establishment zu   protestieren. Viele waren schon über dreißig, als sie erstmals ein halbwegs normales Leben zu führen begannen.

Seitdem haben Legionen von Individuen dieser in ihrer Entwicklung stehengebliebenen Generation Diät gehalten, ihren Körper trainiert, auf ihre Figur geachtet, hier und da ein paar Pfunde heruntergehungert und sich die Haare gefärbt – mit dem Erfolg, daß die meisten von ihnen fünf bis zehn Jahre jünger aussehen und auch tatsächlich glauben, es zu sein. In vielfacher Hinsicht sind sie, legt man die herkömmlichen Maßstäbe zugrunde, wie jemand mit fünfzig ist, um mindestens ein Jahrzehnt jünger. Meinen Interviews und statistischen Untersuchungen entnehme ich, daß sie sich – mit ihrem inneren Auge betrachtet – irgendwo zwischen achtundzwanzig und fünfunddreißig ansiedeln.

WAS, ICH SOLL ERWACHSEN SEIN?

Es ist fast überall auf der Welt so, daß uns, wenn wir die Vierzig erreichen, ein Gefühl der Eile überkommt. Die ersten kleinen Risse in unserer äußeren Hülle machen sich bemerkbar. Verdammt, warum drucken sie die Schrift im Telefonbuch so klein! Junge Leute reden einen respektvoll an, und hinter dem Rücken heißt es wahrscheinlich: »Alter Knacker«. Die vierzehnjährige Tochter fragt: »Mutti, wieso trägst du denn immer noch so superkurze Röcke?« Man bietet Ihnen im Bus einen Sitzplatz an.

Unser Zeitgefühl verändert sich dramatisch. Monate vergehen so schnell wie Wochen. Wochen kommen einem wie Tage vor. Die Jahreszeiten scheinen vorbeizuwirbeln. Ein Schriftsteller sagte mir am Vorabend seines zweiundvierzigsten Geburtstags: »Ich fühle mich immer noch irgendwie jung, aber ich weiß, ich werde nie wieder so jung sein, daß ich an Zeit nicht zu denken brauche.« Die Schläge, die diese Generation im mittleren Alter besonders hart treffen, sind jene, die die Schale ihres Narzißmus durchdringen: »Du meinst, ich bin nicht mehr so jung, wie ich mich fühle?«

Auf dem Tennisplatz zerren Sie sich eine Sehne und ignorieren es: Na, hör mal, diese Generation hat Aerobic erfunden und die Muskeln gestählt. Also läufst du weiter deine fünf Meilen pro Tag und falls die Achillessehne reißt, mußt du die nächsten Monate aussetzen.

»Ein Mann kann eine Frau ansehen und sagen, ob sie an ihm als sexuellem Wesen interessiert ist«, sagte ein Arzt um die Vierzig. »Plötzlich sind Sie in einem Alter, da sehen Sie eine junge Frau an und wissen sofort: Sie kommen nicht einmal mehr in Betracht. Das schmerzt!«

Wenn es Ihnen gelingt, die Spieglein an der Wand zu meiden, wird Ihnen die Veränderung bei Ihren Altersgenossen auffallen. Ein Buchhalter, der mit seinen Grübchen wie ein irischer Chorknabe aussieht, hat diese überraschende Veränderung beschrieben: »Ich bin in den letzten Monaten wahnsinnig grantig gewesen, ich habe alle Leute angeschrien – und so bin ich gar nicht. Dann hat meine Frau mich daran erinnert, daß ich demnächst vierzig werde. Daran hatte ich überhaupt nicht gedacht! Ich bin schon früher immer der Typ gewesen, der jünger wirkte. Jetzt schaue ich mich um und die, die jünger als ich sind, sehen älter aus. Irgendwann müssen sie mich überholt haben.« Der Grund für diese ganze Nervosität und Angst ist klar: Das Ende des ersten Erwachsenenalters naht, und angesichts mangelnder Erfahrung mit der eigenen Sterblichkeit beschleicht einen vielleicht Furcht, daß es bald soweit ist.

Oft kommt es in diesem Alter zu einem erneuten Ringen um die Identität, vergleichbar mit dem in der Jugendzeit. »Wer bin ich eigentlich?« Ist man immer noch ungebunden, allein oder kinderlos, beginnt erneut, aber mit noch größerer Dringlichkeit, der Kampf zwischen Intimität und Isolation – diesmal mit weitreichenden Konsequenzen für den Rest des Lebens. Erikson hat die Theorie aufgestellt, die zentrale Entwicklungskrise eines jeden Stadiums müsse vom Individuum gelöst werden, denn nur so sei es möglich, in die nächste Phase einzutreten. Natürlich werden die jeweiligen zentralen Themen oder Aufgaben niemals völlig abgeschlossen, zu Bündeln verschnürt, beiseite geworfen. Aber wenn eine Lebensstruktur ihren Zweck erfüllt hat, sind wir bereit weiterzugehen.

Aber ich bin noch nicht soweit! Dieser Protest steht hinter so vielen Weigerungen so vieler Befragter, die in ihren Vierzigern nicht zugeben können, daß sie nicht mehr achtundzwanzig sind. »Das bin ich nicht«, ist das Motto einer Generation, die kollektiv bestreitet, in der Lebensmitte zu sein. Aber wer kann die umfassendere Bedeutung des Lebens jenseits der Jugend erfassen, wenn das Wichtigste auf der Welt immer noch das Ich ist?

»Mit vierzig ist man, ganz klar, noch nicht völlig reif und erwachsen«, bestätigte Bob Bookman, ein jungenhafter Agent in Hollywood, der immer gewöhnt war, ein Wunderkind zu sein. 1992, als wir zum erstenmal miteinander sprachen, war er vierundvierzig. Ich fragte ihn, wie er sich wohl mit fünfzig vorkommen würde. Der Gedanke allein schon brachte ihn sichtlich durcheinander, aber seine Antwort deutete darauf hin, daß er die Zeichen der Zeit ignorieren wollte. »Ich habe keine Ahnung, wie ich mich dann fühlen werde«, sagte er. »Ich nehme nicht an, daß sich etwas in meinem Leben radikal ändern wird. Und ich denke wie ein typisches Mitglied meiner Generation.«

Er saß wie ein König auf einem mit Brokat bezogenen Louis-seize-Stuhl. Seine jungenhafte Pose stand im Kontrast zu dem antiken Möbel, sein langes, graues Haar ringelte sich über den Ohren und zum Kragen seines Hemdes hinab. Wie viele seiner Altersgenossen hatte er, obgleich selbst Vater, es weitgehend vermieden, sich die Zutaten des Erwachsenenlebens anzueignen. Bookman lehnte die ganze Idee, daß wir nun ins mittlere Alter kamen, entschieden ab.

»Ich bin wahrscheinlich nie zuvor so fit gewesen wie jetzt. Geistig und seelisch bin ich immer noch sehr jung. Wenn ich einen Dokumentarfilm über die Beatles oder Bob Dylan sehe, fange ich an zu weinen.« Dann glitt er in die Welt der sechziger Jahre hinein: »Jeden Tag, wenn du aufgestanden bist, hast du dich für ein neues soziales oder politisches Thema engagiert. Diese Zeit hat uns eines mitgegeben: daß bewußtes Leben gut ist.« Er hatte mit Bill Clinton die juristische Fakultät bezogen, und Hillary Rodham war sein Jahrgang. »Ich kann es nicht fassen, daß einer aus meiner Generation jetzt Präsident ist.«

Indem Clinton einen sehr viel älteren Kontrahenten besiegte, hat er nicht nur einen Generationenkampf gewonnen, sondern zugleich seine Altersgruppe durcheinandergeschüttelt. Die Amerikaner sind es gewohnt, ihre Präsidenten als Vaterfigur zu betrachten, Clinton aber ist der ewige Jüngling – charmant, kühl, voll Idealismus und Energie, allerdings auch impulsiv, persönlich rücksichtslos und relativ unerfahren. Für Männer aus Bookmans Generation, die sich an die Illusion ihrer Jugend klammern, wirkt sein Bild wie ein unwillkommener Spiegel, den man ihnen, den Alternden, entgegenhält. Die Frage wird provoziert, was man erreicht hat und was nicht.

Bookman gab zu, daß es ihm schwergefallen war, sich einem reiferen Bild seiner selbst anzunähern. »Wenn man mich im Hotel Mr. Bookman nennt, denke ich immer, die meinen jemand anderen. Ich bin nicht Mr. Bookman, ich bin Bob.« Er fügte dann noch stolz hinzu, immerhin wäre er nicht bei »Bobby« stehengeblieben. »Wenn ich in den Spiegel blicke, sehe ich einen alten Mann mit beginnender Stirnglatze. Das bin ich nicht.«

»Wie sehen Sie sich in Ihrem Inneren?« fragte ich ihn.

»Das ist eine wirklich interessante Frage.« Er zögerte: »Ich glaube, im Geiste bin ich immer noch achtundzwanzig.«

Was an diesem Alter so großartig gewesen sei, wollte ich wissen.

»Dann glaubt man noch, daß alles möglich ist. Trau niemand über dreißig – wir haben das geglaubt, und jetzt denken wir über Leute so, die unter dreißig sind.«

Aber unter seiner Freundlichkeit und seinem Enthusiasmus kaum verborgen schimmerte noch etwas anderes hervor – eine wahnsinnige Energie, fast ein Endzeitgefühl –, und schließlich gab Bookman zu, daß das Zeitproblem ihn unaufhörlich beschäftige. Er rollte die Augen zur Decke empor und platzte mit einer verzweifelten Rechnung heraus: »Wenn ich schon zwanzig Jahre im Geschäft bin, und es kommt mir wie gestern vor, daß ich angefangen habe, dann heißt das, daß ich morgen aufwachen werde und schon seit vierzig Jahren dabei bin? Dann wär ich sechzig!« Er machte bei diesem Gedanken ein entsetztes Gesicht. Bob Bookman wird uns in einem späteren Kapitel nochmals begegnen.

Der Zwiespalt zwischen dem eigentlichen Alter und dem inneren Bild, das die Vierzig- bis Sechzigjährigen mit sich herumtragen, ist ein immer wiederkehrendes Muster. In einer repräsentativen Umfrage, die ich zusammen mit *Family Circle* veranstaltet habe, sagten Männer über fünfundvierzig mit einem mittleren Einkommen, sie fänden sich sieben Jahre jünger, als sie in Wirklichkeit wären. Akademiker knapp über fünfzig kamen sich wie vierzig vor. Bei den Frauen war der

Zwiespalt noch deutlicher. Während die jüngeren Frauen sich im Durchschnitt nur drei Jahre jünger fühlten, waren es bei Frauen über fünfundvierzig volle zehn Jahre.

Indem sie so aussehen, sich so kleiden und sich so geben, als ob sie immer noch die Kids wären, als die sie sich innerlich fühlen, können viele aus den sechziger Jahren die Tatsache ignorieren, daß es eine Übergangsphase gibt, durch die man hindurch muß. Solange wir an den kollektiven Mythos glauben, wir wären immer noch jung und hoffnungsvoll, können wir uns von der dunklen Seite fernhalten und einfach mit voller Kraft von einem Stadium ins nächste preschen. Die Potenz ist in fast allen Bereichen noch hoch – kräftigere Körper durch Fitneßtraining, besserer Sex dank Chemie, größere Taten, höhere Gehälter, spätere Babys – und ach, wie gern wir doch mit unserer Kraft angeben, wenn wir vierzig sind! Diese äußeren Beweise schützen uns vor der Notwendigkeit, uns zu ändern – und oft auch vor weiterem Wachstum.

AUSSER KONTROLLE

Schon früh im Leben haben sich die nach dem Krieg Geborenen daran gewöhnt, daß sie zweierlei hatten: die Wahl und die Macht. Sehr viele der jetzt zwischen Vierzig- und Fünfzigjährigen haben an der Illusion festzuhalten vermocht, daß ihre Wahlmöglichkeiten weiter wie bisher grenzenlos sein werden und daß sie ihr Leben voll im Griff haben. Da so vieles, was normalerweise kennzeichnend für das Erwachsenenalter ist, auf die lange Bank geschoben wird, stellt sich die Midlife-Krise, die früher auf die Jahre zwischen achtunddreißig und dreiundvierzig konzentriert war, erst nach Mitte Vierzig ein.

Aber wenn die Illusionen dann doch langsam von aufziehenden Gewitterwolken verdüstert werden, geraten die Betroffenen leichter außer Kontrolle als je zuvor. Viele Männer finden, daß man sie in ihrem Beruf übers Ohr gehauen hat, und ihre Erwartungen hinsichtlich eines fortgesetzten Aufstiegs auf der Karriereleiter erfahren oft einen frustrierenden

Bruch. Sie passieren den Engpaß der Karrierestraße in dem Moment, wo Aufstiegschancen und Gehaltszulagen sich ständig verringern. Das ökonomische System arbeitet für Männer mittleren Alters heute weniger zuverlässig als zu irgendeiner Zeit seit der Weltwirtschaftskrise.

Die Frauen dieser Generation sind im allgemeinen optimistischer als die Männer, doch auch sie geraten oft aufgrund früher getroffener Entscheidungen in Konflikte. Ursprünglich noch für traditionelle Frauenrollen erzogen, erlebten sie bei Erreichen der Volljährigkeit den Aufbruch der Frauenbewegung – nur zeigte ihnen niemand, wie sie jetzt leben sollten, denn es gab sehr wenige Rollenvorbilder. Viele opferten die weiblichen Aspekte ihrer Persönlichkeit, um in der von Männern beherrschten Berufswelt ihren Wert zu beweisen. Andere versuchten die traditionelle Rolle mit dem neuen Hunger nach größerer Unabhängigkeit zu verbinden. Ganz gleich, welchen Weg sie in ihren wilden Lebensjahren einschlugen – irgend etwas kam immer zu kurz. In den Vierzigern ist es nur natürlich, wenn die lange schlummernde Unzufriedenheit darüber an die Oberfläche kommt. Jetzt werden wir uns alle stärker dessen bewußt, was gefehlt hat. Bleibt noch genug Zeit, das Versäumte nachzuholen?

Die meisten Männer reagieren auf den plötzlichen Zeitdruck, in dem sie noch einmal kräftig Gas geben: Das ist meine letzte Chance, Karriere zu machen, die Konkurrenten abzuschütteln. Ein New Yorker Vertreter hat eine Formulierung gewählt, die ich in ähnlicher Form immer wieder gehört habe: »Fünfzig sein bedeutet: Mehr ist nicht drin. Aber mit vierzig ist man auch schon sehr nahe dran.«

Zwar kann man noch einmal eine schnellere Gangart einlegen, doch das Nahen des mittleren Alters hängt als dunkle Wolke über aller frenetischen Aktivität. Eine durch äußere Umstände verursachte Veränderung der zeitlichen Perspektive kann schließlich die Midlife-Krise auslösen, die einen vor die Richtungswahl stellt. Wer vor Risiken und Veränderungen zurückschreckt, wird sich fest in den Boden stemmen und behaupten: »Es ist zu spät«, und vielleicht in diesem Sichabfinden eine vorübergehende Erleichterung finden. Andere werden etwas Neues versuchen oder Altes über den Haufen werfen, und bei manchen wird man überhaupt keine größeren Veränderungen bemerken.

Willkommen im mittleren Alter. Es ist die zweite Jugend – nur diesmal anders herum, in entgegengesetzter Drehung. Man fühlt sich verloren in einem Gewirr von Konfusionen, unfähig, eine Entscheidung zu treffen, doch all das ist vorhersehbar und für viele eine notwendige Vorstufe, um den Übergang in einen neuen Lebensabschnitt zu finden.

»Es ist das erstemal im Leben, daß man begreift: Man hat es nicht im Griff«, sagte Wally Scott, der an einer meiner vielen Gruppendiskussionen teilgenommen hatte. »Plötzlich mußt du dir anhören, was die Stimmen in dir sagen. In was möchte ich mein Leben wirklich investieren? Was liegt mir eigentlich? Wie kann ich ein Leben gestalten, das zu meinem heutigen Ich und nicht mehr zu dem von vor fünfzehn Jahren paßt?«

Wer sich in diesem Alter von seiner Selbstzufriedenheit befreit, bei dem läuft die Sache dann auch. Er wird die Vierzig als Tor zu einem neuen Anfang jenseits der engen Rollen und Regeln der ersten Hälfte begreifen. Die Sehnsucht nach Gemeinsamkeit mit Freunden, nach Orientierung, einem breiteren gemeinsamen Ziel ist bei dieser Generation besonders ausgeprägt, denn die Gruppenerlebnisse bei Versammlungen und Protesten, bei Sit-ins und Love-ins, bei Kultveranstaltungen wie Woodstock haben ihr Bewußtsein nachhaltig bestimmt. Dieses Gemeinschaftsgefühl war es, das einen Zauber in ihr Leben brachte, bevor sie wieder in Individuen, Paare und Familienangehörige auseinanderfielen.

Als die Stimme der Sechziger, Paul Simon, 1991 fünfzig wurde, versicherte er seinem Publikum: »Die Vision, die in mein Hirn gepflanzt wurde, ist immer noch da.« Gemeinsam mit Art Garfunkel hatte er Lieder gesungen wie »The Sounds of Silence« und »Bridge Over Troubled Waters«, in denen die damalige Generation dunklen Trost und spirituelle Nahrung

fand. In den Neunzigern unternahm Paul Simon eine Welt-
tournee, bei der es ihm gelang, seine Anhänger aus jener Zeit
zu einer gemeinsamen Bestätigung ihrer ungestillten Sehnsucht
nach einer Welt zusammenzubringen, die alle Differenzen
überbrückt. Der Höhepunkt war erreicht, als sein Partner
von damals, Art Garfunkel, sich kurz mit auf die Bühne stellte,
um eine Replik der Hymne ihrer unschuldigen Sehnsucht,
»Bridge Over Troubled Waters«, vorzutragen. Für einen Augenblick war das Gemeinschaftsgefühl der sechziger Jahre wieder
lebendig.[1]

Aber die beiden ehemaligen Partner haben auf dem Weg
ins Erwachsenenalter verschiedene Richtungen eingeschlagen.
Garfunkel weigerte sich, erwachsen zu werden. Er hätte gern
bis in alle Ewigkeit die alten Lieder gesungen. Mit fünfzig hatte er immer noch dieselbe knabenhafte Aura mit den blonden
Locken unter der Baseballmütze, die mit siebzehn sein Markenzeichen war. Währenddessen hatte sich Simon persönlich
und künstlerisch weiterentwickelt und zu einer multikulturel-
len Musik gefunden, die junge Leute auf der ganzen Welt verstehen.

Es gibt eine erstaunliche Szene in Susan Laceys preisge-
kröntem Dokumentarfilm *American Masters: Paul Simon –
Born at the Right Time*, in dem der subversive politische Stil
der Sechziger-Generation seinen höchsten Zweck erreicht.
Simon trat im Oktober 1991 in China auf. Es war das erstemal seit 1945, daß die chinesische Regierung ein Konzert,
irgendein Konzert erlaubt hatte. Als Simon zu singen begann,
wandten hohe Regierungsbeamte ihre versteinerten Gesichter
der Menge zu. Wunderbarerweise sangen, nach nahezu fünfzig Jahren kommunistischer Bewußtseinskontrolle, Tausende
von Bürgern den Text der Sechziger-Hymne »Bridge Over
Troubled Waters«, auf Chinesisch mit. Indem er jungenhafte
Sehnsucht mit der Kraft eines Erwachsenen, Veränderungen
zu bewirken, kombinierte, hat Simon die unveränderte
Berechtigung der damaligen Lebenseinstellung, die einzigartig
war und ist, bestätigt.

Ann Beattie (geboren 1949) hat in ihren Kurzgeschichten

der Unvollständigkeit Ausdruck verliehen, die so viele ihrer Zeitgenossen empfanden: »Sehr viele aus meiner Generation haben schon sehr früh gemerkt, daß sie selbständig Handelnde, also freie Menschen, sind. Der Krieg in Vietnam zwang die Leute zu Entscheidungen. Was dabei herauskam, erschreckte sie zu Tode oder brachte sie in peinliche Situationen. Der politische Aufruhr sorgte dafür, daß die Leute möglichst schnell eine bestimmte Lebensweise wählen mußten. Und das hat nicht so oft geklappt. Viele der Personen in meinen Geschichten suchen ein Gefühl der Gemeinsamkeit. Sie reisen herum, oft von einer Küste zur anderen, aber sie scheinen nicht zu wissen, wo sie sind, oder es scheint sie nicht zu interessieren.« Als ihre Generation die Vierzig überschritten hatte, schrieb Ann Beattie: »Heute sind diese Leute sehr auf Sicherheit bedacht, und zwar auf allen Ebenen, mit allen Stützen des Status quo.«[2]

Die Vierziger sind eine Zeit, in der man die Gemeinsamkeit auf einer realistischeren Ebene wiederentdeckt. Wenn Sie wirklich Sie selbst werden wollen, dann finden Sie auch eine Methode, alle Teile Ihres Wesens zu einem Ganzen zusammenzufügen, bevor Sie die Fünfzig erreicht haben. Sie müssen jedoch aufhören, so zu tun, als wären Sie noch immer die Person, die Sie einmal waren. Fangen Sie lieber damit an, zu erkennen, wer Sie sein werden, und akzeptieren Sie das!

3. Kapitel:
Männer definieren den Erfolg neu

Vor einer Generation, als die Leute nur eine einzige Karriere kannten, hatten vierzigjährige Männer eine gesicherte Position erreicht. Wenn sie über eine gute Ausbildung verfügten, am richtigen Platz eingesetzt waren und firmenintern keine Probleme bereiteten, war die Sache praktisch gelaufen. Die großen Firmen tolerierten Mittelmäßigkeit, und die Bestätigung, die man bis Mitte Vierzig erhalten oder nicht erhalten hatte, bestimmte ziemlich genau, auf welcher Sprosse der Karriereleiter man am Ende des Berufslebens stehen würde. Diese Aussagen treffen übrigens auch auf Frauen zu.

Aber genau an dem Punkt, als die Vorhut der Nachkriegsgeneration die Vierzig erreichte, erlebte die amerikanische und europäische Wirtschaft umwälzende strukturelle Veränderungen. Der weltweite industrielle Wettbewerb verschärft sich von Jahr zu Jahr, und auch wenn die Wirtschaft langsam aus der tiefen Rezession herauskommt, ist doch erschreckend deutlich geworden, daß Arbeitslosigkeit und Arbeitsplatzverluste selbst in Phasen wirtschaftlicher Erholung ein Problem bleiben werden.[1]

Obwohl die meisten Achtundsechziger sich schon seit langem in das bestehende System eingefügt haben, konnten sie sich wahrscheinlich nie richtig mit ihm anfreunden. Wer über die entsprechende Ausbildung oder Begabung verfügte, um für anspruchsvolle Jobs in Frage zu kommen, machte es zudem zur Vorbedingung, daß die Arbeit in sich befriedigend, gesellschaftlich nützlich und der persönlichen Entfaltung dienlich sein sollte – sonst würde man sich an anderer Stelle zu verwirklichen suchen. Daran gewöhnt, die Bedeutung der Arbeit herunterzuspielen, mußten sie mit vierzig feststellen, daß das Rad sich gedreht hatte. Die Erwartungen, mit zunehmendem Alter mehr Muße und damit ein angenehmeres Leben zu haben, paßten nicht mehr in eine Landschaft, in der sich weltweit die Zahl der Arbeitsplätze verringert.

Vielen Leuten hat man den Boden unter den Füßen weggezogen. Riesige Konzerne schrumpften über Nacht so sehr, daß fast nur noch ein Skelett übrigblieb. Mittelgroße Firmen bildeten sich, fusionierten und paßten ihre Struktur den jeweiligen Erfordernissen des Marktes an. In den Universitäten besetzten akademische Wanderarbeiter die einst so sicheren Pfründe und boten ihre Dienste nur jeweils für ein Semester an, um dann an einen anderen Campus zu wechseln. Die Pyramide ist flacher geworden. Die Firma als Vater- und Mutterersatz ist tot. Heute sind Selbsterkenntnis und Fähigkeit zur Kommunikation wesentliche Faktoren, um beruflich zu überleben.

Weiteres Unbehagen bereitet die Tatsache, daß Männer, die aufgrund von Geschlecht und Ausbildung bislang immer bevorzugt wurden, jetzt oft Platz machen müssen für Frauen und Angehörige von Minderheiten. Das Netzwerk der Alten Herren hilft ihnen nicht mehr. Ihr Boß kann eine Frau oder ein Schwuler oder einfach ein kostenbewußter älterer Mann sein, der weiß, daß er Frauen und Minderheiten für ein geringeres Gehalt einstellen kann. Und Männer um die Vierzig sind meist wütend, wenn eine weniger qualifizierte Person ihnen – aus welchen Gründen auch immer – vorgezogen wird.

Die niederschmetterndste Veränderung stellt der Rückgang jener Männerarbeit dar, die mehr Muskeln als Grips erfordert. Die Informationstechnologie erobert die Welt – Fabriken, Transportwesen und Bauindustrie bieten nicht mehr so viele Jobs wie früher, als sie den größten Teil der Arbeiterschicht absorbiert haben. Die meisten neuen Stellen für High-School-Absolventen, die eventuell ein bis zwei Jahre das College besucht haben, werden in jenen Kategorien angeboten, die seit jeher vor allem als Frauenarbeit angesehen werden: Bürojobs, Verkaufstätigkeit und Dienstleistungsbereich (Kellnerin, Krankenschwester, Altenpflegerin oder Kindergärtnerin). Infolgedessen ist eine erschreckend hohe Zahl von Männern im besten Alter nicht nur arbeitslos, sondern auch völlig entmutigt.

In den Vereinigten Staaten hat diese Situation mit zur politischen Tendenzwende, dem erdrutschartigen Sieg der Republikaner, beigetragen. Es sind die Männer der Arbeiterklasse, vor allem Weiße, die sich betrogen fühlen, die überzeugt sind, daß Gesellschaft und Regierung ihnen nur die kalte Schulter zeigen. Sie sehen sich, verglichen mit Frauen und Angehörigen von Minderheiten, in einer Weise benachteiligt, die übertrieben ist. Wen machen sie für ihre Misere verantwortlich? Die Leute, die in Washington an der Macht sind – wer auch immer das sein mag.

Nennen wir es den Aufstieg der nichtarbeitenden Klasse.

DER AUFSTIEG DER NICHTARBEITENDEN KLASSE

Im Gegensatz zu diesen Stiefkindern der ökonomischen Revolution betrachten viele der besser Ausgebildeten die Umwälzungen als weiteren Glücksfall für ihre ohnehin begünstigte Generation. Wenn Firmen ihre Rentabilität einbüßen, wird gern das gesamte mittlere und ältere Management über Bord gekippt, wie mir Robert Sind, ein Experte auf dem Gebiet der Sanierung, erklärt hat. Man spricht im Fachjargon von »delayering« – Abtragen von Schichten. Unsere Generation nun sieht all diese Männer von fünfzig und darüber, die in der Hierarchie über ihnen stehen, von der Leiter fallen. Sie selbst wissen, daß sie bleiben werden, um die Trümmer aufzusammeln.

Und selbst wenn sie entlassen werden – Vierzigjährige mit qualifizierter Ausbildung finden meist schnell etwas Neues, denn von ihnen weiß man, daß sie sich mächtig ins Zeug legen.

Dennoch sieht es mit den Verdienst- und Aufstiegsmöglichkeiten der Sechziger-Generation nicht so rosig aus, wie sie
gehofft hatte, denn die Positionen im oberen Management
werden mit Zähnen und Klauen von gut organisierten Älteren
verteidigt.

Arbeitsplätze gingen nicht nur durch Abbau, sondern auch
durch eine Verlagerung von Unternehmensbereichen nach
Übersee verloren. Bei IBM hat sich die Zahl der Arbeitnehmer
in den USA im Laufe von fünf Jahren fast halbiert. Während
das Angebot an gut ausgebildeten Leuten wächst, schrumpft
die Nachfrage durch Zusammenstreichen auch qualifizierter
Positionen.

Durfte man früher mit fünfundvierzig daran denken, wie
man sich auf die nächste Beförderung vorbereitete, so muß
man sich jetzt mit dem Gedanken anfreunden, daß man etwas
ganz Neues in Angriff nehmen muß. Die Firmen betrachten
ihre Angestellten heute als verzichtbare Ressourcen und stellen Vertragsarbeiter ein. Peter F. Drucker, den man den Paten
des modernen Management nennt, prophezeit: »In zehn Jahren wird eine Firma alle Arbeit auslagern, die keine Karriereleiter bis hinauf zum Topmanagement aufweist.«[2]

In ihren Dreißigern, als sich die Nachkriegsgeneration bei
ihrem Marsch durchs mittlere Management zum erstenmal
Blockaden gegenübersah, reagierten viele darauf mit den Worten: »Okay, wenn mich mein Job ohnehin nicht befriedigt,
dann opfere ich mich auch nicht für die Firma auf, nur um
nach oben zu gelangen, sondern arbeite nur noch nach Vor-
schrift und sehe mir dafür das Fußballspiel meiner Kinder an
oder gehe jeden Tag segeln.«

Und jetzt? Jetzt müssen sich diese Lebenskünstler plötzlich
mächtig ins Zeug legen und ihre Arbeitsmoral einer kritischen
Revision unterziehen. »Ich mußte einen nach dem anderen
feuern, die gelernt hatten, daß man die Arbeit delegiert«,
erklärte der Aufsichtsratsvorsitzende eines Unternehmens in
einer wirtschaftlich darniederliegenden Region. »Diese Leute
haben keine Arbeitsmoral, kennen keinen Zwölfstundentag.
Sie gehen Kanu und Kajak fahren und weigern sich, auf eine

Tennisstunde zu verzichten, obwohl es einen Termin gibt, bis zu dem ein Bericht fertig sein muß. Ich frage sie: Wie wär's mit etwas Arbeit? Sie sind nicht faul. Sie haben einfach eine individuelle Lebensform entwickelt, in der die Arbeit nur eine Sache unter vielen ist, die die anderen Bereiche des Lebens nicht beeinträchtigen darf. Wir haben das hingenommen, bis vor kurzem jedenfalls.«[3]

UNTER DOPPELTEM DRUCK

Durch die Gefährdung der Arbeitsplätze sehen Männer nicht nur ihre wirtschaftliche Zukunft bedroht, sie fühlen sich auch in ihrem Ego getroffen, in ihrem Selbstwertgefühl als Mann. Eine Gruppe weißer Männer aus Louisville, Kentucky – alle im Gesundheitswesen beschäftigt – hatte sich mit mir an einem Märztag zu einem Treffen verabredet. Ein unerwarteter Schneesturm hüllte die Stadt an jenem Morgen ein, die Stromversorgung brach zusammen, und das Konferenzzentrum war stockfinster. Natürlich würden die Männer an so einem Tag nicht kommen, dachte ich. Aber als die ersten Neonlichter wieder flackerten, ging ich zu dem Raum, in dem wir verabredet waren. Alle vier erwarteten mich bereits: unruhig, mürrisch, aufsässig wie Knaben in einem Klassenzimmer ohne Lehrer, ja, aber sie waren gekommen und tauten innerhalb von Minuten auf. Sie waren begierig darauf, dem mittleren Lebensabschnitt einen Sinn zu geben. Sie wollten eine Theorie und Etiketten und Erklärungen, die etwas Ordnung in ihre diversen Erfahrungen bringen sollten. Was bedeutete es für sie, daß sie vierzig wurden? Und was sagte ihnen fünfzig?

Das Schlimmste, was ein im mittleren Bereich angesiedelter Manager tun kann, wenn ihn die Midlife-Krise überfällt, ist wahrscheinlich, das alte Lied immer wieder durchzunudeln. Man kann es vergessen, sich auf automatische Beförderungen zu verlassen und darauf, daß die Firma schon für einen sorgen wird. Jeder einzelne muß die Verantwortung für sein Leben auf die eigenen Schultern nehmen, um das richtige Gleichgewicht zwischen Leben und Arbeit zu finden. Wer klug ist, denkt schon mit Anfang Vierzig über den Abgang aus dem jüngeren Erwachsenenalter nach. Gibt es etwas, wo man richtig gut ist? Was muß man lernen, um die Reaktionsfähigkeit auf die Erfordernisse eines im Fluß befindlichen Marktes zu steigern? Man wird sich an den Umgang mit Computern gewöhnen und dabei die Schmach hinnehmen müssen, daß der zehnjährige Sprößling einem sagt, wo's langgeht. Man muß lernen, Teil eines Teams zu werden, ohne daß man jemanden kontrolliert oder von jemandem kontrolliert wird. Schließlich muß man fähig sein, die eigenen Fähigkeiten immer neu einzusetzen und den betrieblichen Erfordernissen anzupassen.

»Man muß sich selbst kennen«, sagte Peter Drucker. »Dafür ist man selbst verantwortlich. Dann kann man die richtigen Jobs finden, während man sich weiterentwickelt. Einfach nur eine gute Ausbildung zu haben, genügt heute nicht mehr. Wenn nichts rüberkommt, kommt man erst gar nicht an die Sachen, wo man gut ist.«

Eine einzige feste Identität ist heute eine Belastung. Sie macht einen bei plötzlichen Veränderungen der wirtschaftlichen oder persönlichen Situation verwundbar. Die Erfolgreichsten und Robustesten entwickeln heute eine vielschichtige Identität, die – je nach Erfordernissen – ein rasches Umstellen erlaubt. Solche Flexibilität ist in jeder Hinsicht ein Vorteil. Wenn eine Ehe in die Brüche geht oder eine Firma vor dem Ruin steht, dann können wir schnell auf andere innere Ressourcen zurückgreifen.

Doch selbst wenn man das alte Lied von einer Anstellung fürs Leben weiterspielen könnte, was dann? Ein zwanzigjähriger Mann konnte 1900 mit so gut wie gar keinem Ruhestand rechnen. 1989 dagegen durfte ein junger Mann erwarten, daß er zumindest ein Viertel seines Erwachsenenlebens im Ruhestand verbringen würde. Einer der Faktoren, der die Gesellschaft allmählich auseinanderreißt, ist, daß immer mehr Männer im besten Alter lange vor dem sechzigsten Lebensjahr in Rente gehen und daß die Zahl derer wächst, die mit Beginn der Vierziger nicht mehr Vollzeit arbeiten. Was soll ein armer Lohnsklave tun? Weitermachen und hoffen, daß man der Held sein wird, nachdem die Schwächeren aus dem Rennen ausgeschieden sind?

Es gibt bereits frappierende Anzeichen für eine Umkehrung. Statt sich mit vierzig zu fragen: »Wie entwickle ich mich zu einer möglichst perfekten Persönlichkeit?«, fragen sich inzwischen viele eher: »Wie kann ich das, was ich jetzt habe, festhalten?«

Psychologische Einflüsse wirken sich in der Lebensmitte am stärksten aus. In der Arbeiterschicht herrscht die Ansicht vor, daß die hauptsächliche Aufgabe des Mannes darin besteht, seine Arbeit zu tun und für den Unterhalt der Familie zu sorgen. Viele dieser Männer vermögen diese Rolle jetzt aber nicht mehr zu erfüllen. Und wenn es dem System nicht mehr gelingt, sie ausreichend zu entlohnen, müssen sie von dem Einkommen ihrer Ehefrauen leben – wodurch sie sich gedemütigt fühlen und mit dem Schicksal zu hadern beginnen.

DER AUTOMOBILARBEITER
»DIE VIERZIG HAT MICH HART GETROFFEN.«

Robert Baker war von seiner Nachtschicht am Fließband bei Ford direkt zu meinem Männer-Frühstücks-Treff in Detroit gekommen. Er war erpicht darauf, sich ein paar Dinge von der Seele zu reden.

»Ich habe seit endloser Zeit nicht mehr richtig ausgeschlafen«, sagte er. Obwohl er an die 70 000 Dollar im Jahr verdiente, war die finanzielle Absicherung seine größte Sorge. Nachdem seine erste Frau ihn verlassen hatte, hat er wieder geheiratet – eine neun Jahre jüngere Frau. Sie brachte ihre beiden älteren Kinder mit, einen Jungen und ein Mädchen, aber sie wollte unbedingt von ihm noch ein Kind. Folglich hat Robert inzwischen eine zweijährige Tochter. Er lebt wie im Tran. Er arbeitet nachts, damit er tagsüber babysitten kann, wenn seine Frau arbeiten geht. Ohne die beiden Gehälter kämen sie nicht zurecht. Robert kehrt früh um sieben heim, genau im richtigen Augenblick, um seine kleine Tochter zu übernehmen.

»Das Familienleben ist im Augenblick fürchterlich. Gespannt. Die beiden älteren Kinder haben keinen Respekt vor mir. Sie wissen alles besser und lassen sich nichts von mir sagen.« Seine einzige Erholung besteht darin, in den Pausen mit seinen Kollegen zu reden. Sie erzählen einander Geschichten von ihren Stiefsöhnen und machen Witze über Sex. »Sex? O ja, habe ich voriges Jahr gehabt.« Auf seinem Fragebogen gab Robert an, daß er nur ein- oder zweimal im Monat Sex hat, obwohl Sex das ist, was er von einer Ehefrau am meisten will. Er präsentierte seine starre Haltung wie ein Ehrenzeichen seiner Männlichkeit. Ihm fiel nichts ein, was gut daran sein könnte, ein Mann über fünfundvierzig zu sein.

Obwohl die Arbeiterschicht einige Werte ihrer weniger traditionell gesinnten Zeitgenossen übernommen hat, sind viele noch immer so fest in ihre Rollen eingebunden, daß ihre Weiterentwicklung behindert wird. Viele haben praktisch keine Vorstellung davon, daß eine Veränderung gut und notwendig ist, daß eine Veränderung die einzige Möglichkeit darstellt loszulassen und sich in Richtung auf ein erfüllteres Leben weiterzubewegen, das sie in ein zweites Erwachsenenalter hinüberleiten kann. Sie sind Anhänger einer Lebensanschauung, die lautet: »Das Wichtigste, was du für deine Kinder tun kannst, besteht darin, genügend Geld zu verdienen, damit deine Kinder bequem leben und ein College besuchen können.« Hinzu kommt, daß die Situation am Arbeitsplatz bei ihnen ungleich weniger flexibel ist als bei Akademikern.

DES WUNDERKINDES HANDICAP

Männer, die schon in jungen Jahren extrem erfolgreich waren, haben die größten Schwierigkeiten, ihren Glauben aufzugeben, daß die Reichtümer des Lebens nur fließen können, wenn sie an ihrem idealisierten Karriere-Ich festhalten. Manche von

ihnen werden zu kindlichen Göttern, die sich mit einem Hof-
staat von Vasallen und Schmeichlern umgeben. Allmählich
verkümmert das Gefühlsregister, und der Wunderknabe
glaubt jetzt wirklich, ein kleiner Gott zu sein, der alles haben
kann, was er will. Immer weniger ist er fähig zu lieben und
sich lieben zu lassen, denn dann wäre er ein sterblicher
Mensch. Nur Egomanie und blanke Skrupellosigkeit halten
ihn oben.

Bruce Feierstein war vor etwas mehr als zehn Jahren die literarische Sensation.[4] »Früher war es leicht, ein echter Mann zu
sein«, schrieb er mit einem Schalk im Nacken. »Man brauchte nur den Indianern das Land zu stehlen, Frauen zu mißbrauchen und einen Ort zu finden, wo man den Giftmüll abladen
konnte. Heute geht das alles nicht mehr.« Heute ist nicht die
Zeit, ein weißer Hetero zu sein, sagte Feierstein in einem Interview, und es war nur zum Teil scherzhaft gemeint. »Unter Leuten, die in den Zeitungen die Leitartikel schreiben, wäre die
Hackordnung zum Beispiel wie folgt: Ganz oben eine Frau,
darunter ein paar Schwule – und ganz weit unten noch so ein
New Yorker Jude mit beginnender Glatze.«
    Feierstein stieg aus dem Werbegeschäft aus, schrieb seinen
Bestseller und begann, Drehbücher zu verfassen. Was die Vierzig angeht, so erklärte er, »hat sich das Gleichgewicht des
Lebens für die Männer sehr geändert. Ich sehe eine Menge
Freunde in der Unterhaltungsindustrie, die an irgendeiner
schweren Form von Altersverleugnung leiden. Sie müssen einsehen, daß ihre Karrieren nicht so verlaufen sind, wie sie es
sich erträumt haben.« Er selbst gelangte zu der Entscheidung,
daß er nicht mehr vom Beifall leben will. Sein Wertesystem hat
sich verändert, und er hat angefangen, Leitartikel für Zeitungen zu schreiben. »Du siehst's dir an und sagst: Das habe ich
geschrieben. Die eigentliche Veränderung in meinem Denken
sieht so aus: Okay, ich bin vielleicht nicht Steven Spielberg.
Vielleicht genügt es, wenn ich das tue, was ich tue, und es gut
mache.«

Das Wunderkind wird erwachsen –
»Man geht in den Pflegedienst«

Erinnern Sie sich an den Hollywood-Agenten, dem wir im letzten Kapitel begegnet sind? An den, der sich im Innersten noch immer als Achtundzwanzigjährigen sah, obschon er in Wahrheit bereits vierundvierzig war? Drei Jahre später traf ich Bob Bookman in Los Angeles wieder.

Als er mir entgegenkam, staunte ich über seine Verwandlung. Das dünne, über den Ohren zurückgestriegelte Haar schimmerte silbrig. Er trug einen dunkelgrauen Anzug und eine goldgeränderte Brille. Er sah würdevoll aus und wirkte alles in allem wie ein energischer Rabbi.

»Sie scheinen sich ja heute viel wohler in Ihrer Haut zu fühlen als beim letztenmal«, sagte ich.

»Ja, finde ich auch«, sagte er lächelnd. Die Brille stammte von seinem Großvater. »Dieser Mann hat so eine wichtige Rolle in meinem Leben gespielt«, erklärte Bob. Und was war mit seinem Haar? »Der Grund für die Änderung war, daß mir die Haare ausgefallen sind. Ich wollte nicht zu denen gehören, die sich im Nacken einen Scheitel ziehen. Das schien mir ein Zeichen irgendeines gravierenden Charakterfehlers zu sein.« Er kicherte. »So oder so, das bin ich.«

Der Durchbruch zur Realität seines Alters ist ihm gelungen. »Ich glaube, ich habe wirklich eine Beziehung zur Vergangenheit wie zur Gegenwart und vielleicht zur Zukunft – mehr als fast alle anderen. Wenn ich davon ein bißchen ins Spiel bringen, weitergeben kann, ist das für die jungen Leute, glaube ich, wichtig. Und mir gibt diese Vermittlerrolle ein gutes Gefühl.«

Welche Fragen stellten sich jetzt in seinem Leben?

Er verschränkte die Arme und begann einen Monolog über die Möglichkeit radikaler Veränderungen. »Sollst du dein Haus vermieten? Verkaufen? Deine Habe irgendwo einlagern oder behalten? Möchtest du deine Beziehungen kappen? Man bleibt in seinen Überlegungen, was man wirklich im Leben will und wie man sein Leben ändern möchte oder müßte, stecken.« Aus einem jungen Mann, der mir mit vierundvierzig gesagt hatte, er verspüre eigentlich überhaupt keine radikale Veränderung in seinem Leben, war ein Wunderkind geworden, das sich genau richtig mitten in einer Übergangsphase zu einem neuen Lebensalter befand.

DER NEUE MIDLIFE-MANN

Unter den Schrittmachern der Achtundsechziger hat sich eindeutig ein neues Konzept für die mittlere Lebensphase herausgebildet. Diese Generation wird sich nie als Verlierer definieren. Statt dessen definieren sie die Parameter des persönlichen Erfolges neu und machen eine Tugend daraus, nicht so ehrgeizig zu sein. Ein guter Vater zu sein wird ebenso hoch bewertet wie eine Beförderung ins Topmanagement.

Aber es gibt ein immer größer werdendes Paradox. In meiner Gruppe in Kentucky war ein Mann, der genau diese Perspektive zur Sprache brachte. »Ich habe fünfzig immer als Lebensmitte betrachtet, weil ich annehme, daß ich hundert werde.« Die Stimme des fünfundvierzigjährigen Beamten strahlte stille Zuversicht aus. »Also, fünfzig kommt mir wie ein nettes Alter für die Abrechnung vor, bei der ich vielleicht endlich mal verstehe, was zum Teufel vor sich geht.«

Bruce Bell ist sein Name. Ich fragte ihn, ob er sich jetzt anders erlebt, da er in die Vierziger gekommen ist. »Na ja, mein Brustkorb sackt herunter und meine Taille ...« Er kniff in den minimalen Fettwulst seiner sonst schlanken Gestalt.

Ein zweiundfünfzigjähriger Vertreter spöttelte sarkastisch: »Keine Angst, es wird viel besser.«

Sobald man aber erst einmal die ärgerlichen körperlichen Anzeichen des Alterns akzeptiert habe, sagte Bell, freue man sich auf sehr viel. »Meine Familie ist jetzt die Nummer eins«, sagte er und betonte, daß seine Kinder vor allem anderen kämen, »sogar noch vor meiner Frau.«

Als Bells Behörde Stellen abbaute, erhielt er mehr Aufgaben bei gleichbleibendem Gehalt. Leute, die mit ihm arbeiten, mögen ihn gern, finden ihn ausgeglichen, positiv und dynamisch. Er nimmt sich Zeit, leistet gute Arbeit, aber um halb sechs ist er aus dem Büro und fährt los, um eines seiner Kinder abzuholen. Bell sagte: »Ich halte nichts davon, jede Woche fünfzig, sechzig Stunden zu arbeiten« – eine Lebensmaxime, die unter den erfolgreichen Vertretern der Sechziger-Generation gang und gäbe ist. »Ich arbeite hart und ich werde bezahlt – es ist ein fairer Deal –, aber das darf nicht die anderen Teile meines Lebens beeinträchtigen, die, wie ich finde, genauso wichtig, wenn nicht wichtiger sind.«

In früheren Jahren hatte er alles in seine Ehe investiert, dann hatte er versucht, gesellschaftlich etwas zu ändern. Plötzlich hatte er Kinder und merkte, daß er sich schwere finanzielle Verpflichtungen auflud. Mitte Dreißig machte Bell eine Bestandsaufnahme seines Lebens. Die Grundwerte, die noch aus seinen zwanziger Jahren stammten und die für seine idealistische Lebensstruktur prägend waren, hielten den Anforderungen, die sich aus veränderten Lebenssituationen ergaben, nicht mehr stand. Bell wechselte zum erstenmal den Beruf – er sollte dies später noch drei- oder viermal tun.

Er kehrte zurück an die Uni, um dort seinen Magister in Betriebswirtschaftslehre zu erwerben. Das verlangte Disziplin: Jeden Morgen um halb fünf aufstehen, um zu studieren, bevor er um acht Uhr zur Arbeit fuhr. Abends waren immer Kurse angesagt. Er war ständig müde, aber guter Dinge, denn er spürte: Er hatte sein künftiges Schicksal in der Hand.

Bell sprach sehnsüchtig von der Zeit, da seine drei Kinder das Elternhaus verlassen und er den größten Teil der finanziellen Bürde los sein würde. »Dann haben wir wieder Zeit für uns wie damals am Anfang, bevor die Kinder kamen«, versichert er sich selbst. »Wahrscheinlich werde ich mit sechzig, fünfundsechzig noch eine neue Karriere starten.«

Wenn diese sorgfältig geplante Zukunft etwas zu perfekt klingt, um glaubwürdig zu sein, liegt das daran, daß Bell nicht von der Schattenseite seiner Gefühle gesprochen hat, von Gefühlen, die für Männer in dieser Phase üblich sind. Normalerweise überkommen ihn solche Gedanken nur dann, wenn er fern von seinen Kindern auf einer Konferenz in einer anderen Stadt ist und in einem anonymen Hotelzimmer die Decke anstarrt. Dann blickt er in einen langen Tunnel und sieht einen jungen Mann und eine muntere junge Frau. Sie sind in ihren Zwanzigern, haben noch keine Kinder, gammeln mit Freunden herum, hören Musik, verwandeln alles in Witze. Der Mann lacht, die Frau auch. Sie lachen beide, bis ihnen die Tränen kommen. Wer könnte dieser Mann sein? Doch nicht etwa er selbst? Irgendwie war diese ganze Sorglosigkeit und Freude während der letzten Jahre verebbt und durch das zunehmende Gewicht der Verantwortung ersetzt worden. Ganz plötzlich wurde ihm klar, was in seinem Leben fehlte.

»Wir haben vergessen, wie man lacht.«

Als ich mich mit Bell zu einem Einzelgespräch traf, enthüllte er mir den graueren Hintergrund der sonnigen Selbstdarstellung, die er in der Gruppe präsentiert hatte: »Ich habe eine sehr miese, fast depressive Zeit durchgemacht, wie ich es noch nie im Leben kennengelernt hatte.« Körperlich war alles in Ordnung. Was also war mit seinem Kopf los? In letzter Zeit hatte er gemerkt, wie schwer es ihm fiel, sein Leben im Griff zu haben. »Gerade wenn du denkst, du hast alles unter Dach und Fach und alles ist in Butter, kommst du um eine Ecke – und peng! Du verlierst deinen Job oder irgendein Schicksalsschlag trifft dich, oder es fällt ein dicker Klumpen Dreck vom Himmel.«

Das sind klassische Manifestationen der frühen Midlife-Krise. Wir haben den Punkt erreicht, wo wir das Ende der grenzenlosen Verheißungen und die Tatsache erkennen, daß wir viele der bösen Dinge, die uns zustoßen, nicht abwenden können. Es gibt eine Desillusionierungsphase, während der wir jene Wahrheiten in uns aufnehmen, die uns während der Periode des Übergangs niederdrücken und vorzeitig alt machen können. Aber wir sollten auch anerkennen, daß wir die guten Dinge, die uns zustoßen, zunehmend in der Gewalt haben. Und das macht ein Aufblühen in den Vierzigern möglich.

Wir wissen jetzt, was wir brauchen und was wir mögen. Wir haben mehr Erfahrung, ein höheres Einkommen und mehr

Zeit, die wir nach Belieben investieren können. Außerdem haben wir gelernt, die richtigen Fragen zu stellen, um an die Komponenten heranzukommen, die wir brauchen.

Bell wußte, wonach er suchte, aber er war nicht sicher, daß er es in absehbarer Zeit finden würde. Nachdem er eine verlängerte Periode des Ungebundenseins durchlebt und mit dem ersten Kind bis dreißig gewartet hatte, waren fünfzehn Jahre harten Abrackerns vergangen, in denen er nur schwer vorangekommen war. Alles hatte er für seine Kinder geopfert – Sport, Stammtisch, Musik. »Es zermürbt einen wirklich«, sagte er, »wenn man es mit Jugendlichen zu tun hat, die ständig gegen Grenzen ankämpfen. Ich schätze, ich bin es müde, immer nur zu geben, zu geben und wieder zu geben. Ich habe das Gefühl, daß mein emotionales Bankkonto leer ist. Aber wenn es mal dazu kommt, daß ich irgend etwas anfangen oder Spaß haben könnte, scheint mich nichts zu interessieren. Dann setzt die Stumpfheit, die Depression ein.«

Er war es einfach müde, so ein guter Junge zu sein.

Den meisten Männern kommt ihr Leben am Rand zur Lebensmitte schal vor. Sie sind unruhig und fühlen sich wertlos. Das falsche Selbst wirkt sich besonders einengend auf Männer aus, die kein traditionelles Rollenverständnis haben. Oft sind sie zornig und defensiv und versuchen für ihre eigene, oft unerklärliche Unzufriedenheit andere verantwortlich zu machen. Viele zahlen einen hohen Preis, indem ihre seelische Gesundheit leidet.[5]

Bells natürliches Bedürfnis nach emotionaler Aufladung, wie ein Mann sie Mitte Vierzig braucht, wurde von seiner Frau in Frage gestellt, die ihrerseits ihren Frust über die von ihr verpaßten beruflichen Gelegenheiten ins Spiel brachte. Sie beklagte sich, daß sie beruflich nie mehr mit ihm würde gleichziehen können. »Es ist nicht so, daß wir über den Berg sind«, sagte Bell. »Wir haben noch zehn Jahre mit drei Kindern einschließlich aller Verpflichtungen vor uns – das ist deprimierend!« Dann, o Gott! ist er fünfundfünfzig!

Viele Männer der Nachkriegsgeneration haben das Gründen einer Familie hinausgeschoben, so daß sich für die mittlere Lebensphase ein ganz neuer Fahrplan ergibt. In einem Alter, in dem ihre Väter sich ins Privatleben zurückgezogen haben, müssen diese grauhaarigen Männer für das College ihrer Kinder Geld ansparen. Das wird sie bremsen. Achten Sie mal auf diese Väter, die bis in ihre Fünfziger oder Sechziger hinein Kinderwagen schieben und mürrische Teenager in familiengerechte Ferieneinrichtungen begleiten.

Daher ergibt sich eine weitere Herausforderung. Genau in dem Augenblick, wenn der Papa wegen seines dünner werdenden Haars und seiner spärlicher werdenden Berufsaussichten auszuflippen beginnt und sich fragt, was er überhaupt noch wert ist, wird ein gemeines kleines Biest im Haus herumschleichen und jederzeit seine Hand dafür ins Feuer legen wollen, daß der alte Herr definitiv am Arsch ist, überhaupt nichts mehr drauf hat und hoffnungslos zurückgeblieben ist.

Wohin soll der arme Mann sich wenden, um seine sonderbare Erstarrung mitten auf einer Reise zu erklären, die so gut zu verlaufen schien? Bell hat solche Probleme bei Beratungsstunden, die er abzuhalten pflegte, oft gehört. »›Wissen Sie‹, sagten sie oft, ›ich habe zwei oder drei Jahre lang Depressionen durchgemacht. Wenn ich da noch mal durch müßte, würde ich mir, glaube ich, Hilfe holen.‹«

Bell ist der typische neue Midlife-Mann, typisch in seiner Neugier, was es denn wohl für Möglichkeiten zwischen fünfzig und hundert geben mag, und typisch auch in seiner Angst davor, daß seine Ehe im nächsten Jahrzehnt kippen könnte. Aber sobald der Mann älter und weiser und, mit etwas Glück, finanziell gesicherter ist, überwiegen die Vorteile der Vaterschaft und einer Familie, die zusammenhält, wohl bei weitem die aufgeladenen Bürden.

4. Kapitel:
Faszinierende Frauen

Die Midlife-Krise war früher überwiegend ein männliches Vorrecht. Wenn sie überhaupt bei Frauen auftrat, gab es ein äußeres Ereignis als Auflösefaktor: Die Kinder gingen aus dem Haus, oder der Mann hatte eine Freundin. Inzwischen jedoch, da Frauen selbständig sind und leistungsorientiert denken, ist die Midlife-Krise sehr wohl zu einem Frauenthema geworden.

Die Protagonistinnen der Frauenbewegung der siebziger Jahre gerieten nach Beendigung des College in ein heftiges Sperrfeuer seitens einer Gesellschaft, die aufmüpfigen Frauen gegenüber feindselig eingestellt war. Viele panzerten sich mit männlichen Werten, als ob sie sich in eine Schlacht stürzen wollten. Aber unter diesem Schutzschild litten ihre weiblichen Instinkte – wenigstens während der Dauer ihres ersten Erwachsenenalters.

Viele befinden sich immer noch im Kriegszustand mit dem, was die Psychologin Ellen McGrath den »traditionellen Kern« nennt. Man unterschätze leicht die Macht dieser überlieferten Wertvorstellungen, die tief im Innern einer jeden Frau schlummern und die sowohl unser Verhalten bestimmen als auch unsere Einschätzung, welche Rollen wir als richtig oder falsch, als weiblich, männlich, angemessen oder unangemessen für uns empfinden.[1]

Während der sechziger Jahre wurden diese Vorstellungen durch eine boomende Wirtschaft erschüttert, weil man die Frauen brauchte. Stellt man sich die bislang akzeptierten Normen als auf Gesetzestafeln gemeißelte Gebote unserer Gesellschaft vor, dann sei dieses Bild erlaubt: Moses kommt von Nachverhandlungen mit dem Herrgott vom Berg herunter und sagt: »Okay, ich habe ihn soweit überreden können, das Wort gehorchen aus dem Ehegelübde herauszunehmen, aber die Frau muß noch immer versprechen, eine doppelte Schicht zu arbeiten.«

Ich habe über dieses Thema mit dem Experten für Ehe- und Familienstatistik im Bureau of the Census, Don Hernandez, diskutiert. Bei der Überprüfung alter Daten fand er heraus, daß der Langzeittrend der Ehescheidungen seit 1850 kontinuierlich aufwärts weist. Und dafür gibt es einen guten Grund: Im Laufe der Geschichte haben die Menschen drei Wege für den sozialen Aufstieg gefunden: Erstens haben sie die Farmen verlassen und sind in die Städte gezogen, wo ihnen mit einem höheren Status verbundene Tätigkeiten offenstanden, die überdies mehr Geld brachten – ein kontinuierlicher Trend seit mindestens 1870. Zweitens haben sie darauf geachtet, in den Genuß einer besseren Ausbildung zu gelangen – diese Tendenz setzte verstärkt seit dem Zweiten Weltkrieg ein. Drittens förderte man den sozialen Aufstieg, indem man weniger Kinder in die Welt setzte. Hatte vor hundert Jahren eine durchschnittliche Familie vier bis fünf Kinder – mindestens –, so sind es heute zumeist nicht mehr als zwei.

Alle drei Maßnahmen, die in den vierziger Jahren dieses Jahrhunderts bereits in weiten Kreisen praktiziert wurden, sollten verhindern, daß die Familie ökonomisch ins Hintertreffen geriet. Zusätzlich blieb jetzt nur noch ein Mittel zur Statusverbesserung übrig, das man seit der Dienstverpflichtung während des Krieges ungenutzt gelassen hatte – eine großangelegte Einbindung der Frauen in den Arbeitsprozeß. Es war nur günstig, daß die neuen ökonomischen Notwendigkeiten mit der Publikation feministischer Streitschriften zusammenfielen. So öffnete Betty Friedans Buch: *The Feminine Mystique*, 1963 Millionen Frauen die Augen, wie ihre Ehemänner sie übertölpelt und zu Dienstmädchen abgerichtet hatten.

Als die Frauen der Sechziger-Generation volljährig wurden, befanden sie sich im Krieg mit den traditionellen Werten. Sie waren soweit, die Ketten, die sie gefangenhielten, zu sprengen. Sie taten es auf unterschiedliche Weise: Entweder begannen sie in den gewohnten Bahnen und gaben später ihrem Leben abrupt eine neue Richtung, oder sie schütteten gleich am Anfang das Kind mit dem Bade aus, um es später zu bedauern und eine Kurskorrektur einzuleiten. Manche versuchten sich in einer Mischung aus bürgerlicher Sicherheit und einem hippieartigen Dissidententum. Aber ganz gleich, welcher Weg beschritten wurde – jede akademisch gebildete Frau, die heute in den Vierzigern ist und Kinder hat, fühlt sich wahrscheinlich hin- und hergerissen und wird den Eindruck nicht los, daß die Waage schief hängt.

Bei vielen Frauen dieser Generation kontrastiert der Drang nach Selbstbestätigung so scharf mit ihrer früheren Verankerung in traditionellen Geschlechtsrollen, daß daraus eine ausgewachsene Midlife-Krise entsteht. War es früher die Religion, die den Menschen viele Antworten lieferte, so wurde deren Autorität mit allen anderen während der sechziger Jahre in Frage gestellt und von der damaligen Generation auch nicht wieder revidiert. Die Notwendigkeit einer Beschäftigung mit metaphysischen Fragen ergibt sich für sie oft erst durch ihre Kinder: Wie sage ich meinen Kindern, was man hinsichtlich des Lebens und des Todes glauben soll, wenn ich selbst nicht weiß, was ich glaube? Solche Ratlosigkeit ist durchaus angetan, eine sich anbahnende Krise zu verstärken.

FRÜHE MIDLIFE-KRISE

1987 befragte ich eine Frau in Washington hinsichtlich eines Forschungsprojekts, das sie über die Vietnamgeneration plante, als sie mir plötzlich etwas sehr Privates gestand. »Ich dachte immer, nur Männer machten eine Midlife-Krise durch und das wären dann die, die mit Einundzwanzigjährigen durchbrennen«, sagte sie. »Meine Freundinnen und ich haben immer Witze darüber gerissen: Jetzt sucht er sich endlich eine, die zu seinem Intelligenzquotienten paßt. Aber mir war nie eine Frau, die vor einem neuen Anfang steht, mit vergleichbaren Ängsten begegnet. Als ich dann Ihr Buch las, habe ich mich darin nicht wiedererkannt, denn ich war noch zu jung. Aber jetzt...!« Diese hochintelligente, gut angezogene Frau, die eine Sicherheit verströmte, als wär's irgendein teures Parfum, beugte sich plötzlich vor und flüsterte verdrossen: »...aber jetzt, ich schwöre, meine Generation – all meine Freundinnen in unserer Altersgruppe von Ende Dreißig bis Mitte Vierzig –, wir gehen alle durch eine Midlife-Krise.«

Laurie – so will ich sie nennen – hat sich für die Vietnamveteranen eingesetzt und später eine Stiftung ins Leben gerufen, um den Idealismus in ihrer Generation zu erneuern. Als ich zum erstenmal mit ihr sprach, war sie achtunddreißig und, mit diesen Erfolgen hinter sich, zum erstenmal im Einklang mit sich selbst. Enthusiastisch sprach sie von einem neuen Aktivismus in ihrer Altersgruppe. »Es ist entweder ein verlorener Geist, der mal da war und den sie wieder entfachen möchten, oder einer, den sie während der sechziger Jahre zwar verspürt, aber nie ausgelebt haben«, sagte sie. »Da ist so ein Gefühl jetzt oder nie.« In dem Alter, in dem sie sich befanden – dem Übergang zwischen zwei Lebensphasen –, schien mit der Erinnerung an den Idealismus ihrer Jugend ein Widerschein ihrer Träume von damals zurückzukehren. Lauries Erfahrung war typisch.

Laurie war 1970 College-Juniorin an der Universität von Ohio. In jenem wilden Jahr, als gegen den Krieg protestierende Studenten erschossen wurden, zerbrach das Vertrauen zwischen den Generationen. Entsprechend den Maximen ihrer Generation ging Laurie mit möglichst vielen Männern ins Bett. »Es sind wahnsinnig viele, viel zu viele gewesen, aber das war's nun einmal, was wir glaubten in unseren Zwanzigern tun zu müssen.« Nach siebenjähriger Beziehung wagte sie es schließlich zu heiraten. Damals schätzte sie ihren klugen Mann. »Er war immer da, wenn ich ihn brauchte, er war für mich ein stabilisierender Faktor. Er war der Mann, mit dem ich alt werden wollte. Aber ich war damals ein anderer Mensch als heute.«

Irgendwann zwischen Mitte der siebziger und Ende der achtziger Jahre hat Laurie sich wie so viele mit rasender Geschwindigkeit entwickelt. Aus eigener Kraft hat sie sich vom Mädchen an der Rezeption bis zur Chefin emporgearbeitet und bewiesen, daß sie ihre eigene Firma führen konnte. Hinsichtlich Kindern entschied sie mit Anfang Dreißig: »Mir ist eine Identität lieber als ein Baby.« Und wirklich hat Laurie ihre Karriere immer ernsthafter betrieben und ist auch in männliche Domänen vorgestoßen. Gleichzeitig haben sich ihre kulturellen und geistigen Interessen erweitert. Als sie sich ihrem vierzigsten Geburtstag näherte, sah sie ihre Ehe in einem gänzlich neuen Licht: Sie wollte sich weiterentwickeln, ihr Ehemann nicht.

Der Augenblick der Wahrheit kam auf einer Reise durch Neufundland. Sechs Stunden am Tag saß ihr Ehemann, glücklich mit der Kunst des Fahrens beschäftigt, im Auto. Laurie hatte nichts zu tun, als zu lesen. Alle Bücher, die sie mitgenommen hatte, handelten von seelischem Wachstum und von Reisen durch das eigene Innenleben – eine für diese Phase typische Obsession. Mit ihrem Mann konnte sie über solche Themen nicht sprechen.

An jener zerklüfteten Küste gibt es eine Stelle, an der das Meer bei Flut fast mit der Wucht eines Seebebens in die Bucht hineinschießt. Laurie hatte sich schon die ganze Zeit auf dieses Naturwunder gefreut. Eine dreiviertel Stunde vor dem regelmäßig auftretenden Phänomen waren sie an Ort und Stelle.

»Wie aufregend«, sagte Laurie.

»Wir können hier nicht herumhängen und auf irgend etwas warten«, antwortete ihr Mann. »Wir müssen im Hotel sein, bevor es dunkel ist.«

Kein lauter Streit entspann sich, nur ein unüberbrückbarer Abgrund tat sich plötzlich zwischen ihnen auf. Die Zeit für eine Scheidung war gekommen.

Ehepaare in der Falle

Das Wunderbare an Lauries Geschichte ist, daß es fast Wort
für Wort dem entspricht, was früher Männer um die Dreißig
über ihre stehengebliebenen, »dämlichen« Frauen von sich
gegeben haben. Vor zwanzig Jahren habe ich dieses Phänomen
den »Haken mit Dreißig« genannt.[2]

Beide Partner fühlen sich betrogen: Einer hat sich nicht an
den bei der Eheschließung stillschweigend geschlossenen Vertrag gehalten. Kein Mensch hatte ihnen gesagt, daß die Menschen sich ganz einfach von einem Lebensabschnitt zum nächsten weiterentwickeln – verändern. Heute könnte man von
dem »Haken mit Vierzig« für Ehepaare sprechen, nur daß sich
inzwischen die Rollen umgekehrt haben: Jetzt ist sie es, die auf
Dauer einen ewig gleichen Workaholic langweilig findet. Er
wiederum ist eifersüchtig auf ihre größeren Perspektiven und
reagiert gereizt auf Heiterkeit, die sie angesichts ihres Macht-
gefühls verspürt. Bis alle Türen aufgestoßen und alle Hindernisse aus dem Weg geräumt waren, haben Laurie und andere
Frauen so viel Kraft investieren müssen, daß sie nicht nur
selbstbewußte, sondern auch erschreckend autonome Charakterzüge entwickelt haben. Derweil schritten die Männer
ihrer Generation im normalen Trott voran, aber sie fühlten
sich sexuell angezogen von diesen Frauen, die zornig alle patriarchalischen Privilegien zu zerschlagen suchten. Kein Wunder,
daß irgendwann die Gegensätze zum Ausbruch kamen und die
Zahl der Ehen zugenommen hat, die bei Annäherung an das
mittlere Alter geschieden wurden.

Laurie ist typisch für die herausragenden Frauen ihrer
Generation.

In ihrer Lebensmitte brauchte sie keinen Mann mehr, der
einen Traum für sie verkörperte. Sie hat eine eigene Identität
aufgebaut, die auf von ihr erbrachten Leistungen beruht.
Trotzdem sind da noch Reste traditionellen Rollenverständnisses, und Laurie fühlt sich bei Diskussionen darüber, ob sie
als den Männern gleichwertig zu beurteilen ist, immer noch
verwundbar. Ich fragte Laurie, ob sie wieder heiraten wolle.

»Die wirklich wundervollen Männer, die Frauen wie mir gefallen würden – und die Geld haben –, sind noch verheiratet!« sagt Laurie mit leisem Bedauern in der Stimme. »Aber die anderen – die, die zu haben sind, sind deshalb zu haben, weil sie sich nicht ändern wollen.«

Die für meine Vergleichsgruppe ausgewählten, zwischen 1945 und 1950 geborenen Frauen zeichneten sich Anfang bis Mitte Vierzig durch eine Rekordscheidungsrate von 36 Prozent aus. Doch anders als eine Generation früher wissen diese Frauen genau, wer sie sind. Sie müssen mit der Entfaltung ihrer Persönlichkeit nicht warten, bis Mann und Kinder sie nicht mehr brauchen. Sie sind so unendlich viel besser ausgebildet und berufserfahrener als die Frauen früher; sie übertreffen ihre männlichen Zeitgenossen in zunehmendem Maße durch höhere Bildung und sind auch in materieller Hinsicht häufig unabhängig genug, um im mittleren Lebensalter alle möglichen neuen Wege zu gehen.

Frauen jeden Alters und aus allen sozialen Schichten fühlen sich generell unabhängiger und selbstsicherer als vor noch gar nicht langer Zeit, doch die Sechziger-Generation hat den anderen immer noch einiges voraus. Sie hat gelernt, worum es im Leben geht, und kann sich auf ihr eigenes Urteil verlassen. Sie schreckt weder vor Fehlern zurück, noch bedeutet es ihr viel, wie andere über sie denken. Außerdem macht sie den Mund auf und sagt ihre Meinung.[3]

EINE NEUE SEINSEBENE

Den Fall Laurie verfolgte ich fünf Jahre lang, dann fand ein zweites Gespräch statt. Sie war inzwischen geschieden, Leiterin eines Seniorenpflegeprogramms und unerwartet gelassen. Laurie war jetzt vierundvierzig. Ihr Blondhaar hatte einen Grauton bekommen; zum steifen marineblauen Kostüm trug sie eine Bluse mit weißen Schleifen und eine Perlenkette. Den Schatten unter ihren Augen nach zu urteilen, sah sie über die Jahre gereift aus – so als hätte ihre Seele einen kurzen Ausflug in die Unterwelt unternommen, von dem sie gerade zurückgekehrt war. Die Enthüllung kam erst, als ich sie fragte, inwieweit sich ihre Einstellung zum Tod und zur eigenen Sterblichkeit in den letzten Jahren verändert hätten.

»Ich war schon mit dem Tod konfrontiert«, erwiderte Laurie. »Ich hatte Brustkrebs.« Sie rutschte zum erstenmal unruhig auf dem Stuhl herum. »Vor drei Jahren. Auf meiner Mammographie war ein winziger Fleck, den man noch nicht als Knoten bezeichnen konnte.« Sie spekulierte darüber, warum ihr das zugestoßen war: Ihre Ehe war beendet, kurz darauf verlor sie den Job, der ihr so viel bedeutet hatte – mit anderen Worten, sie war auf einen Schlag isoliert. In dieser Situation, glaubte sie, habe sie ihrem Immunsystem erlaubt, die Krankheit nicht abzuwehren, sondern sie zuzulassen.

Laurie akzeptierte die Sache schließlich als Aufforderung gesund zu werden. Obwohl sie sich einer Strahlenbehandlung unterziehen mußte, blieb sie keinen einzigen Tag ihrem Arbeitsplatz fern. Es gehörte zu ihrem Therapieprogramm, daß sie einen Job mit missionarischem Anspruch hatte, der über sie selbst hinausging. Sie suchte Geld für die Senioren aufzutreiben. Um sich solchen Idealismus leisten zu können, mußte sie ihren Lebensstandard reduzieren. Sie baute enge freundschaftliche Beziehungen zu den Altersheimen auf und hörte sich die Nöte der Bewohner an, die zumeist ebenfalls allein lebten. Außerdem hatte sie sich einer religiösen Gemeinschaft angeschlossen und glaubte an die Kraft des Gebetes.

Ich erinnerte sie an die leidenschaftliche Bestürzung, die sie mit achtunddreißig bei dem Gedanken an eine Midlife-Krise geäußert hatte. Wie sah sie die Dinge jetzt, wo sie den Übergang in einen neuen Lebensabschnitt geschafft hatte?

Sie kicherte. »Heute würde ich nicht von einer Krise sprechen. Gewiß will ich nicht bestreiten, daß wir die erste größere Bilanz in diesem Alter aufstellen müssen, wenn Veränderungen unumgänglich sind. Und manchmal wissen wir nicht, was wir damit anfangen sollen. Aber das Wort Krise hat für mich jetzt eine andere Bedeutung. Es gibt Wege drumherum oder drunter hinweg, aber der beste Weg geht gerade durch.

Das ist der schwerste Weg, aber wenn du es so machst, kommst du zu einer neuen Seinsebene.«

Durch diese Ehrlichkeit sich selbst gegenüber hatte Laurie Kraft gesammelt für den Augenblick, als sie sich mit einer wirklichen Krise, einer schweren Herausforderung konfrontiert sah. Solche Ereignisse, die einen unvorbereitet wie Unfälle treffen, können für eine kritische Phase im Lebenslauf positive Impulse geben, indem sie uns zwingen, uns mit den Aspekten eines größeren Übergangs effektiver auseinanderzusetzen.

Vor zehn Jahren wäre Laurie schon in Panik verfallen, wenn ihr Chef sie angeschrien hätte – aus Angst, etwas falsch gemacht zu haben. Jetzt weiß sie, daß sie nicht perfekt sein kann und muß. »Ich bin schon lange genug dabei, um zu wissen, daß das Leben nicht schwarz und weiß ist, sondern aus Grautönen besteht. Tatsächlich bin ich heute viel glücklicher als je zuvor in meinem Leben«, sagte sie. Sie ist einen weiten Weg nach innen gegangen auf das Zentrum zu, das die meisten suchen und das wir im allgemeinen innere Harmonie nennen. Dieser Zustand wird auch durch den Gedanken an den Tod nicht gestört: »Ja, ich weiß, daß ich sterben werde. Aber die andere Seite der Medaille ist, daß ich in einem Job arbeite, bei dem der Tod eine immerwährende Realität ist. Ich habe erkannt, daß der Tod ein Teil des Lebens ist und daß das Leben über mich hinweg – über uns alle hinweg – fortdauern wird.«

5. Kapitel:
Der Traum von ewiger Fruchtbarkeit

Viele Frauen der Sechziger-Generation haben sich bewußt dafür entschieden, keine Kinder in die Welt zu setzen. Oft ging der Beruf vor, oder es fehlte der richtige Partner, oder der Wunsch nach einem Kind war einfach nicht vorhanden – jedenfalls nicht bis kurz vor zwölf. Dann aber, kurz bevor die natürliche Grenze der Reproduktionsfähigkeit erreicht war, wurden oftmals die heftigsten Anstrengungen unternommen, um jetzt – zwischen vierzig und fünfzig – die früher getroffene Entscheidung gegen ein Kind zu korrigieren.

Der Mythos vom permanenten Fortschritt durch beruflichen Erfolg hat seine Entsprechung im reproduktiven Erfolg der Frauen gefunden. Ich nenne ihn den Mythos der unbegrenzten Wahlmöglichkeit. Olivia ist so ein Fall. Die dynamische Redakteurin beim Fernsehen war nicht verheiratet und hatte kein Kind, wirkte aber weder isoliert, noch paßte sie in eines der anderen Klischees der alleinstehenden Frauen über vierzig. Sie gondelte in der Welt herum, lebte an zweihundert Tagen im Jahr aus dem Koffer und machte Dokumentarfilme, die oftmals prämiert wurden. Zum Heiraten und für eine Familie war einfach keine Zeit gewesen. Den Auszug des langjährigen Lebensgefährten hatte sie zwei Jahre lang betrauert, aber sich dadurch keineswegs unter Zeitdruck gesetzt gefühlt.

Bis zu ihrem zweiundvierzigsten Geburtstag. »Ich habe hin und her überlegt, ob ich ein Kind adoptieren oder mir sogar

ein eigenes anschaffen sollte«, erklärte sie. »Okay, dachte ich
dann, fangen wir lieber mit einem Hund an.« Sie ging los und
kaufte sich einen Terrier. »Ich begriff sehr schnell, daß ich
mir eine größere Verantwortung nicht aufladen durfte.« Sie
kicherte. Olivia war als Einzelkind aufgewachsen. »Ich weiß
nicht, ob ich zu lange allein gelebt habe, aber ich brauchte einfach irgend jemanden.« Der positive Aspekt dieser Entscheidung war, daß sie ihre beruflichen Fähigkeiten noch besser einschätzen konnte – sie traute sich jetzt einfach alles zu. Doch
eines Tages überfiel sie eine neue Art von Frustration: Ihre
Kreativität wurde gar nicht gefordert. Der Wunsch erwachte
in ihr, eine eigene Sendung zu produzieren, sich selbständig zu
machen. Sie beschleunigte den Takt ihrer schon rasenden Karriere. Und dann, bevor sie sich dessen gewahr wurde, stand sie
am Abgrund: Sie war fünfundvierzig, und der Ausblick war
völlig anders.

Sobald sie sich in ihrem Prachtbett in der Luxuswohnung
in Manhattan ausstreckte, knipste sie die Lampe aus, um den
Schönheitsschlaf einer geruhsamen langen Nacht zu genießen.
Aber dann fing sie an, regelmäßig um vier Uhr in der Frühe
aufzuwachen – nicht nur, weil der Hund zu ihr aufs Bett
sprang, sondern auch, weil ihr immer wieder derselbe schreckliche Gedanke durch den Kopf schoß: Ich habe bald keine
Wohnung mehr, ich werde auf der Straße leben müssen.

Als wir uns in dieser Zeit zum Lunch trafen, wirkte Olivia
unerwartet dicklich, plump in ihrem weiten schwarzen Sweater; ihr alter Elan war verflogen. Ich fragte sie, ob sie noch
immer unter Alpträumen leide, alt und obdachlos zu sein. »O
ja«, sagte sie. »Ich habe keine Geschwister, meine Mutter ist
dreiundachtzig – da ist niemand, der mich eines Tages unterstützen oder auffangen kann. Ich habe kein Sicherheitsnetz,
und Fernsehsendungen werden tagtäglich abgesetzt. Gut möglich also, daß ich mit fünfzig rausfliege. Wie soll ich mich auf
diese Möglichkeit vorbereiten? Ich bin in Panik, weil ich in
meinem Alter nicht mehr solche Risiken wie früher eingehen
kann.«

Obwohl Olivia im Grunde mit ihrem bisherigen Lebensweg

zufrieden ist, hat sie Angst vor der Zukunft, sieht dort, wo die zweite Hälfte ihres Erwachsenenlebens liegt, nur einen Nebel. Ohne irgendwelche Orientierungspunkte für die bevorstehende Reise fühlt sie sich ausgeliefert. All ihre Erfolge vermögen sie nicht vor der Angst zu beschützen, als Obdachlose zu enden. Aber Olivia steht damit nicht allein: Ängste vor dem sozialen Abstieg kommen unter erfolgreichen alleinstehenden Frauen ab einem gewissen Alter ausgesprochen häufig vor.

Sechs Monate später rief Olivia mich an. Sie war zu den Weight Watchers gegangen, hatte die Extrapfunde abgearbeitet und durch sportliche Betätigung ihre Depressionen verscheucht. Als sie wieder positiv denken konnte, nahm sie ernsthaft ein Projekt in Angriff, das einen neuen Show-Typus kreieren sollte. »Ich glaube, es klappt«, rief sie begeistert. Die Sonne war in ihrem Leben wieder herausgekommen.

SPÄTER KINDERWUNSCH

Auf jede Frau, die wie Olivia die Konsequenzen ihrer einmal gefällten Entscheidung letztendlich akzeptiert, kommen mittlerweile mehrere, die offenbar der Ansicht sind, sie könnten die Frage grenzenlos herausschieben. Die Hochleistungsfrau um die Vierzig verhält sich ähnlich wie Scarlett O'Hara, wenn sie sich sagt: »Was soll's, überlegen wir uns das mit dem Schwangerwerden morgen.« Solche Unschlüssigkeit wird durch das Wissen unterstützt, daß zur Not – wenn die Natur nicht von allein funktioniert – die Medizin mit ihren reproduktionstechnischen Möglichkeiten schon nachhelfen wird.

Dianne McMillan gehörte zu diesen nonchalanten Frauen. Ihre Eltern stammten aus der Karibik, sie selbst besuchte eine nur Frauen vorbehaltene, berühmte Privatschule – als eine von insgesamt achtzehn schwarzen oder hispanischen Schülerinnen. Sie lernte ihre Lektionen über Selbständigkeit und Führungsrollen gut: Mitte Dreißig war sie als Unternehmerin im Export-Import-Geschäft tätig, und Zeitungen brachten sogar Berichte über diese Superfrau. Was Beziehungen anging, so zigeunerte sie viel herum. Dianne war nicht nur unabhängig, sondern wollte radikal alle Verhaltensnormen auf den Schrotthaufen werfen. Ihre Familie drängte sie: »Such dir einen Mann, komm zur Ruhe.« Aber sie dachte an die Scheidungen unter ihren Bekannten und rümpfte die Nase: »Was hat denen allen das Heiraten gebracht? Gar nichts.«

Als ich Dianne 1992 zum erstenmal interviewte, war sie sechsunddreißig und hundertprozentig sicher, daß kein Anlaß bestand, ihr Leben zu verändern. »Leute in meinem Alter reden über biologische Uhren – mag sein, daß es so etwas gibt, aber Menschen mit intellektuellen Fähigkeiten haben die Kraft, solche körperlichen Reaktionen zu beherrschen.« Dianne glaubte damals fest daran, noch immer alle Möglichkeiten offen zu haben – als wäre sie noch in den Zwanzigern.

Zwei Jahre später lachte Dianne über die vorgeblich hundertprozentige Sicherheit. Sie war verheiratet und im fünften Monat schwanger. Wieso hatte sie sich plötzlich dazu entschlossen? »Ich sah, was mit meinen Freundinnen geschah, die zehn Jahre älter waren als ich«, sagte sie. »Lange Zeit ist es ihnen nicht in den Sinn gekommen, daß ein Kind irgendwann wichtig für sie sein könnte. Jetzt fehlt ihnen diese Erfahrung, und sie sind wie besessen darauf aus, doch noch schwanger zu werden. Sie machen sich plötzlich Sorgen, daß sie im Alter niemanden haben, der sich um sie kümmern kann. Sie waren dreiundvierzig, als sie mit dem Gedanken an ein Kind zu liebäugeln begannen«, fuhr Dianne fort. »Und mit sechsundvierzig sind sie dann bereit zu akzeptieren, daß nichts daraus wird.«

Doch nicht einmal dann sind alle Frauen bereit, es hinzunehmen.

Die attraktive Achtundvierzigjährige auf dem Untersuchungsstuhl ist verlegen, als die Ärztin hereinkommt: »Ich weiß, es ist absolut albern, und Sie werden mich bestimmt gleich wegschicken, aber ich habe einen tollen neuen Liebhaber, und wir wollten keine empfängnisverhütenden Mittel nehmen, sondern den Dingen ihren Lauf lassen.«

»Das ist Ihre Sache«, versetzt die Ärztin, »solange Sie einigermaßen sicher sind, daß Sie sich nicht irgendeine schlimme Krankheit einfangen.«

»Ja, aber jetzt habe ich meine Periode nicht bekommen«, kündigt die Frau errötend an.

»Na, in Ihrem Alter ist das nicht ungewöhnlich«, sagt die Ärztin.

»Ich möchte einen Schwangerschaftstest machen«, verlangt die Frau.

»Das würde ich sowieso empfehlen, aber es ist viel wahrscheinlicher, daß es sich um ein Anzeichen beginnender Wechseljahre handelt«, erwidert die Ärztin trocken. »Es ist ausgesprochen unwahrscheinlich, daß sich jetzt noch spontan eine Schwangerschaft einstellt.«

Die Frau will den Tatsachen nicht ins Auge sehen, sondern unbedingt glauben, daß sie ein Kind bekommen kann. »Aber ich habe eine Freundin, die es gerade mit In-vitro-Fertilisation versucht«, sagt sie, »und sie ist siebenundvierzig.«

Die Ärztin schluckt ihre Zweifel herunter und fragt die Patientin: »Verwendet Ihre Freundin eigene Eizellen?«

Die Patientin ist von dieser Frage überrascht – für sie scheint es natürlich zu sein, daß man mit Ende Vierzig durchaus noch auf die eigene Fruchtbarkeit vertraut. Die Ärztin jedoch denkt bei sich: »Wieso müssen die Leute glauben, es sei dasselbe, ob man Ende Dreißig oder beinahe fünfzig ist?«

Die Gynäkologin, die mir später diese Szene beschrieb, begegnet in ihrer Praxis Scharen von irregeleiteten Frauen Mitte Vierzig, auf die eine schreckliche Enttäuschung wartet. Auch besagte Patientin blickte überrascht und verwirrt drein. Es war, als hätte sie plötzlich in einem Zerrspiegel ihr Gesicht entdeckt – das Gesicht ihrer eigenen Großmutter. Es widersprach dem Bild, das sie sich von sich selbst machte und das ihr, zusammen mit dem Wunsch nach einer Zementierung ihrer neuen Beziehung, den närrischen Gedanken eingegeben hatte, sie wäre tatsächlich immer noch eine junge, fruchtbare Frau.

DIE GROSSEN VERZÖGERER

Verwirrt durch den Lebensstil dieser frühen Sechziger-Generation, haben die Demographen bei ihren Prognosen über die weitere Entwicklung der Frauen einen Fehler gemacht. Als ich im März 1992 Martin O'Connell von der Abteilung für Geburtenstatistik im Bureau of the Census interviewte, gab dieser zu: »Als wir uns Ende der siebziger Jahre die geringe Geburtenrate bei dieser Frauengruppe ansahen, die damals in den Zwanzigern war, gingen wir davon aus, daß sie, wenn sie bis jetzt kein Kind bekommen hatten, auch später keines haben würden.« Die laufend veranstalteten Umfragen ergaben jedoch ein ganz anderes Bild: »Ja«, sagten diese Frauen. »Ja, ich will ein Kind haben. Aber später.« Das aber wollte ihnen niemand glauben, denn der Gedanke, bewußt das Kinderkriegen hinauszuschieben, war relativ neu.

Im Verlauf der achtziger Jahre dann nahm die Gebärfreudigkeit dieser Frauen kontinuierlich mit ihrem Alter zu. Dies ist eindeutig ein Phänomen der Achtundsechziger-Frauen, denn in keiner anderen Generation wurden Heirat und Kinder so lange hinausgeschoben wie in dieser – ein Trend, der sich bis zu einem Alter in den frühen Vierzigern feststellen läßt.

»Ich glaube, diese Gruppe hat den jüngeren Frauen das Muster geliefert, an dem sie sich orientieren werden«, vermutete O'Connell. In der Tat: Die Frauen der ichbezogenen Generation scheinen den etwas älteren Geschlechtsgenossinnen nachzueifern. Und auch jene, die jetzt das College beziehen, versprechen den Trend zur verlängerten Ausbildung und späten Familiengründung fortzusetzen. Welche Auswirkungen diese Zeitverschiebung für die Frauen, ihre Ehemänner und insbesondere ihre Kinder hat, ist noch nicht zu beurteilen – dazu sind die Erfahrungen noch zu kurz. Jedenfalls sind diese späten Mütter Pioniere.

In den Vierzigern noch ein kleines Kind zu haben, ist allemal eine Erfahrung besonderer Art. Susan, die 1968 in der Studentenbewegung eine führende Rolle gespielt hatte, betrachtete sich als typische Frau der sechziger Jahre. Als der

Vietnamkrieg endete, war es für sie schwierig, ihrem Leben einen Sinn jenseits des politischen Aktivismus zu geben. Mitte der Dreißiger hatte sie endlich ihren Dr. phil. gemacht und geheiratet. Nach einer Reihe von Fehlgeburten brachte sie schließlich mit zweiundvierzig ihr erstes Kind zur Welt. Jetzt war sie vierundvierzig und fix und fertig.

Um fünf Uhr früh mußte sie aufstehen, fütterte und badete das Baby, versuchte die Zeitung zu lesen, arbeitete den ganzen Tag und kam nachmittags um fünf heim, um ihre zweite Schicht zu beginnen. »Das ist es, was mein Mann und ich am meisten vermissen. Früher haben wir uns einfach entspannt oder fallen lassen, wir brauchten nicht einmal miteinander zu reden. Aber jetzt mußt du es plötzlich mit einem Zweijährigen aufnehmen, der alles verschlucken möchte, was du nicht versteckst, und der spielen will! Ich komme mir so alt vor!« klagte diese Midlife-Mutter, nur zu Hälfte selbstironisch. »Wenn mein Mann und ich fünfzig sind, wird unser Achtjähriger uns um neun ins Bett bringen. Hilfe!«

Die meisten Frauen glauben, zum Schwangerwerden hätten sie bis zur Menopause Zeit. Das stimmt aber nicht. Darauf spielt ein neuer Witz an: Du verbringst die erste Hälfte deines Erwachsenenlebens damit, Schwangerschaften zu verhüten, dann bemühst du dich während der zweiten Hälfte, dir ein Kind machen zu lassen. Ironischerweise scheinen sich gerade diejenigen Frauen am wenigsten Gedanken über ihr Alter zu machen, die den Wunsch nach einem Kind am längsten aufschieben. Selten geht eine Vierzigjährige zum Arzt und sagt: »Ich fürchte, ich bin zu alt zum Kinderkriegen.« Nur irgendwo in ihrem Hinterkopf macht sie sich Sorgen, daß es zu spät sein könnte. Unfruchtbarkeit gilt den meisten Frauen als die deprimierendste Erfahrung ihres Lebens. Selbst jüngere Frauen wollen wissen, ob mit ihnen alles in Ordnung ist.

Drei meiner Freundinnen, die es mit einem Retortenbaby versucht haben, erzählten mir alle eine ähnliche Geschichte. Als sie mit Anfang Dreißig heirateten, glaubten sie unendlich viel Zeit für eine Familiengründung zu haben. Als es mit einer

Schwangerschaft schließlich nicht klappte, fingen sie an, sich Sorgen zu machen. Nach ein oder zwei Fehlgeburten wurde die Sache zur Obsession. Schließlich begannen sie eine Sterilitätsbehandlung und waren bereit, dafür viel Geld zu opfern.

Erfolgsgarantien gibt es keine bei diesen Behandlungen, in deren Verlauf der Hormonhaushalt so stimuliert wird, daß es zur Produktion einer Vielzahl von Eizellen kommt. Ob solche Überstimulierung mit Östrogen auch andere Folgen haben könnte, darüber wird zumeist nicht nachgedacht. Eine meiner Freundinnen, Juristin in einer großen Firma, hatte mit dem zweiten Kind bis zum achtunddreißigsten Lebensjahr gewartet und wandte sich an eine New Yorker Spezialklinik. Ihre Erfahrungen sprechen für die vieler Frauen.

»Jeden Abend stach mir mein Mann eine Hormonspritze in den Hintern. Jeden Morgen vor der Arbeit ließ ich mich in der Klinik sehen und wartete mit anderen traurigen, auf eine Schwangerschaft fixierten Frauen Ende Dreißig auf Ultraschalluntersuchung und Blutentnahme. Stand der Eisprung bevor, wurden die Eizellen mit einem kleinen Eingriff entnommen. Währenddessen mußte mein Mann sich in einem anderen Raum abmühen, sein Sperma beizusteuern. Ein paar Tage später wurden die im Reagenzglas befruchteten Eier in die Gebärmutter gespritzt. Mein Mann brauchte mich während der ganzen Zeit niemals zu berühren. Unser ganzes Geschlechts- und Gefühlsleben ging ins Reagenzglas. Wir versuchten es zweimal im Bett miteinander und ließen es sein.«

Weil schon ein Kind da war, fiel es diesem Paar leichter, den Versuch aufzugeben. Aber für diejenigen Frauen, die sich jahrelang hartnäckig, aber erfolglos bemüht haben, kann das Aufgeben des Kinderwunsches eine der herzzerreißendsten Erfahrungen ihres Lebens sein.

DER PSYCHISCHE FALLOUT

Welche seelischen Folgen hat es, wenn Frauen in ihre mittleren Jahre mit der Illusion gehen, dank hochentwickelter medizinischer Technik ihre Ovarien überlisten zu können, und dann ihre Hoffnung zerplatzen sehen? Nicht selten stellen sich schwere Depressionen ein – nicht nur, weil ein Traum unerfüllt geblieben, sondern auch, weil die Illusion von der absoluten Beherrschung ihres Lebens zerstört worden ist. Plötzlich beherrscht ihr Körper sie. Zusätzlich gerät das Gefühlsleben aus der Balance, weil die verabreichten Hormone sie in der Zyklusmitte, wenn die Hoffnung auf Erfolg immer am höchsten ist, aufputschen und sie am Ende, wenn die Hoffnung den Nullpunkt erreicht, ausgepumpt zurücklassen. Die Frau beginnt zu spüren, daß ihr Körper eine Fabrik ist, die für eine experimentelle Produktion vorbereitet wird.

Oft drängt der Gedanke an die erhoffte Schwangerschaft alles andere zurück – das normale Leben wird auf Eis gelegt, man stagniert. Wiederholte Fehlschläge können das Selbstbewußtsein einer Frau zerstören und zur Verweigerung oder einer Fluchtreaktion führen. Die angesehene Autorin Susan Cheever hat einmal die Schwangerschaft als »Kapitulationsübung« bezeichnet – eine feministische Definition, die sich viele privilegierte Frauen der Sechziger-Generation zu eigen gemacht haben.[1] Aber viele, die das Kinderkriegen endlos aufgeschoben haben, müssen oft in einer späteren Phase feststellen, daß Schwangerwerden zu einer Verzweiflungsübung werden kann.

Fast regelmäßig hören Ärzte heutzutage die traurig-verzweifelte Frage: »Warum habe ich es bloß nicht früher versucht? – Warum habe ich ausschließlich an meinen Beruf gedacht?« Oft kommt es zu Schuldgefühlen, die denen vergleichbar sind, die Frauen empfinden, die abgetrieben haben und später nicht mehr schwanger werden. Aber die typischste Reaktion dieser Frauengeneration ist die, daß sie an einen Erfolg glauben, wenn sie mit vollem Einsatz dahinterstehen.

Warum sollte mein Körper zu alt sein?

Körperlich fit und jugendlich wirken die Frauen, die sich bei Dr. Richard Marrs, einem der renommiertesten Reproduktionsmediziner Kaliforniens, einfinden, wie die beneidenswertesten Exemplare ihrer Altersgruppe. Fast die Hälfte seiner Patientinnen sind zwischen vierzig und fünfzig und vorwiegend sogenannte Karrierefrauen. Sie haben alles, aber kein Kind, und sie sind verzweifelt scharf drauf.

Eine typische Szene bei Dr. Marrs: Die fünfundvierzigjährige Filmemacherin sitzt ihm in seiner Praxis in Santa Monica gegenüber. Ihr Ehemann ist ebenfalls dabei, sagt aber kaum ein Wort. Die Dame ist superschlank und einigermaßen berühmt. Ihr gebräunter Körper weist kein überflüssiges Gramm Fett auf, und ihr Gesicht ist, dank Silikonbehandlung, faltenlos. Trotzdem ist sie nicht glücklich.

»Ich habe alles versucht«, sagt sie. »Sagen Sie mir, was ich noch tun muß, um ein Baby zu bekommen.«

»Es gibt nichts, was wir noch tun können«, sagt der Arzt sanft. »Sie haben Spritzen bekommen, Sie sind zu den Blutuntersuchungen hier gewesen, Sie haben wirklich alles Menschenmögliche getan. Das ist nicht das Problem.« Dann folgt der Messerstich ins Ego. »Ihre Eizellen spielen nicht mehr mit.«

Die Frau ist niedergeschmettert. »Wie ist das möglich? Ich fühle mich wundervoll. Ich bin großartig in Form. Sehen Sie mich an – sehe ich nicht aus wie fünfunddreißig? Und genauso fühle ich mich! Meine Eierstöcke sind zu alt?«

»Das ist alles gut und schön und richtig«, besänftigt Dr. Marrs sie. »Aber wenn ich Ihre Ovarien stimuliere, dann zeigt Ihre biologische Uhr genau das an, was sie in Ihrem Alter anzeigen sollte.«

»Warum können Sie meine Eizellen nicht verändern, so daß sie wie zehn Jahre jünger sind? Sie können doch auch sonst alles mögliche: Embryos einfrieren, künstlich befruchten, warum ausgerechnet das nicht?«

»Eine gute Frage«, sagt Dr. Marrs. »Vermutlich hat jemand anderes gewollt, daß man da nicht reinfunken kann.«

Die Patientin will so etwas nicht hören, sie besteht auf einer High-Tech-Lösung. Nach drei gescheiterten Versuchen will sie eine neue Serie von Transfers, bei denen die vorher gewonnene Eizelle zusammen mit dem Sperma in den Eileiter zurückgeführt wird. Geld spielt keine Rolle. Sie will die Flinte noch nicht ins Korn werfen.

»Die Antwort ist nein«, sagt der Arzt. »Es besteht keine Aussicht, daß In-vitro-Fertilisation in Ihrem Alter noch funktioniert.«

»Okay, dann eben eine Leihmutter«, insistiert die Patientin mit Panik in der Stimme. »Sie nehmen meine Embryos und...«

»Nein«, unterbricht sie der Arzt. »Das ist nicht das Problem. Alles, was wir tun können, ist, fremde Eizellen zu verwenden.«

»Sie meinen, Sie wollen die Eier irgendeiner anderen Frau zusammen mit dem Sperma meines Mannes...?«

»Ja. Eine Eispenderin – das ist die einzige Möglichkeit, die noch bleibt.«

»Also!« Die Frau rümpft die Nase. »Ich will das doch nicht alles durchmachen für ein Kind, das nicht einmal meine Erbanlagen hat.«

»Dann müssen wir an diesem Punkt die Behandlung beenden.«

Der Ehemann, der bis jetzt kein Wort gesagt hat, schaltet sich endlich ein. »Hör mal, er hat recht.«

SUSAN SARANDON HAT ES DOCH AUCH GESCHAFFT!

Fälle wie dieser sind keine Ausnahme. Immer mehr Frauen über vierzig wollen ein Kind haben, um so den Alterungsprozeß aufzuhalten. Schließlich ist eine Schwangerschaft ein unwiderlegbarer Beweis, daß man jünger ist, als die Geburtsurkunde besagt. »Die Umgebung unterstützt diese Illusion«, sagte Dr. Marrs. »Alle meine dreiundvierzigjährigen Frauen sagen: ›Aber Susan Sarandon hat es doch auch geschafft. Warum ich nicht?‹ Es ist wie ein Wettbewerb.«

War es früher das Schlankheitsideal, bei dem man sich gegenseitig zu überbieten suchte, so gibt es jetzt unter den privilegierten Frauen eines bestimmten Alters einen neuen Wettstreit: Wer hat das jüngste Kind? Viel schicker als schlank zu sein ist es, bei einer Dinnerparty mit dickem Bauch dazusitzen.

Ältere Frauen fühlen sich öfter unter Druck – vor allem, wenn sie jüngere Ehemänner haben –, ein jugendliches Verhalten an den Tag zu legen. Aber wenn sie dann keine Kinder bekommen können, fangen sie an zu grübeln: »Was stimmt mit mir nicht?« Keine Frau ist Herrin ihrer Eierstöcke, und wer diesen falschen Anspruch nicht aufgibt, verleitet andere Frauen dazu, sich unnötigerweise als Versagerinnen zu fühlen, und macht die mittleren Lebensjahre zu einer Tortur. Aber Susan Sarandon hat es doch auch geschafft – wiederholen sie wie eine Beschwörungsformel.

Oscar-Preisträgerin Susan Sarandon bekam ihr erstes Kind mit achtunddreißig. Mit fünfundvierzig war sie mit dem dritten Kind schwanger. Ihr Lebensgefährte, der Schauspieler Tim Robbins, ist zwölf Jahre jünger als sie. Ihr Beispiel übermittelt nicht nur die Botschaft, daß eine Frau die Familiengründung hinausschieben kann, sondern auch, daß sie dauerhafte Liebe bei einem Mann finden kann, der noch im Kindergarten war, als sie ins College kam. Susan Sarandon war als fünfundvierzigjährige Schwangere gelassen und fühlte sich kräftig und gesund. »Ich empfehle dringend zu warten«, sagte sie damals. »Es ist großartig, wenn es spät im Leben geschieht, weil man ab vierzig ein anderes Bewußtsein von sich hat, man hat seinen Beruf entmystifiziert. Ich war nicht mehr verrückt danach, etwas anderes zu sein als das, was ich war.« Aber was war Susan Sarandon? Immerhin einer der fünf bis sechs zugkräftigen weiblichen Stars über vierzig in ganz Hollywood!

Die Fernsehserienheldin Murphy Brown ist eine gnadenlose Karrieristin. Als Murphy als unverheiratete berufstätige Frau in den Vierzigern schwanger wurde, schnellten die Einschaltquoten so steil nach oben, daß die Serie den Spitzenplatz erreichte. Candice Bergen, Star der Show, überredete den Produzenten, mehr Szenen über das häusliche Leben einzubauen.

Sie sagte: »Wir haben eine Botschaft für die unverheirateten Frauen: Sie sollen Babys bekommen. Die Serie muß aber zeigen, wie schwer das in Wirklichkeit ist.« Diese Film- und Fernsehstars stellen ein neues Ideal dar – aber eines, das sich nur sehr, sehr wenige leisten können. Letztlich ist es ein genauso verlogener Mythos wie das Ideal der magersüchtigen weiblichen Schönheit.

Eine New Yorker Psychiaterin hat mir berichtet, daß jetzt erstmals Frauen zu ihr kämen, die sich mit der Realität der späten Mutterschaft auseinandersetzten. Sie beschrieb eine Patientin, die ihr Dasein als Vorstadtmutter durch und durch genossen hatte. Ihre Ehe war langweilig geworden, aber solide. Mit zweiundvierzig schaffte sie sich noch ein Baby an, um ihrem Leben neuen Schwung zu geben. »Jetzt ist sie siebenundvierzig und sieht zehn Jahre jünger aus – unglaublich«, sagte die Psychiaterin. »Aber wenn sie ihren Sohn im Kindergarten abgibt, sind alle anderen Mütter soviel jünger, daß sie für die Großmutter gehalten wird.« Die Frau schämte sich und kam sich langsam wirklich wie eine Großmutter vor. Schließlich fing sie sogar an, ihren Sohn zu hassen, weil der Kleine sie ständig mit ihrem Alter konfrontierte. Dabei hält man sie eigentlich für viel jünger, als sie ist.

Unfruchtbarkeit – die Fakten

Mit der Fruchtbarkeit geht es stufenweise abwärts, wie im Alter generell. Wir leben ziemlich gleichmäßig dahin, bis plötzlich eine bedeutsame Veränderung stattfindet und der Körper eine Weile braucht, sich umzustellen. Dann geht es wieder auf einer Ebene weiter, bis wir zur nächsten abwärts führenden Stufe kommen. Dr. Marrs hat hinsichtlich weiblicher Fruchtbarkeit drei verschiedene Phasen im Leben einer Frau ausgemacht, in denen eine bedeutsame Veränderung stattfindet:

Von etwa fünfundzwanzig bis siebenunddreißig bleibt die Fähigkeit einer Frau, schwanger zu werden, ungefähr gleich.

Nach diesem Zeitpunkt sinkt sie zunächst dramatisch ab, um dann bis vierzig wieder auf einer flachen Ebene zu verlaufen. Ein weiterer bedeutsamer Abfall findet zwischen zweiundvierzig und dreiundvierzig statt, und von da an bleibt es ziemlich flach bis zum Beginn der Wechseljahre.[2]

In den medizinischen Zentren an der Ostküste ist man im allgemeinen zurückhaltender bei der Behandlung von Frauen jenseits der Vierzig. Am Zentrum für Reproduktionsmedizin des New York Hospital rät man Frauen über vierzig dringend ab. »Wir sagen ihnen: Sehen Sie her, die Erfolgsrate ist so gering, daß Sie es erst lieber gar nicht versuchen sollten«, sagte Dr. Jamie Grifo. Das Zentrum, das sich einer der höchsten Erfolgsquoten für In-vitro-Befruchtungen in den Vereinigten Staaten rühmen kann, verfügt inzwischen über Daten von insgesamt 2668 Frauen. Zwischen sieben- und neununddreißig lag die Erfolgsquote bei etwas über 30 Prozent. Mit vierzig war sie auf 22 Prozent abgesunken, und jenseits der Dreiundvierzig kamen auf vierundvierzig Versuche nur drei Geburten. »Ich wundere mich ständig, wie vielen Patientinnen man diese Statistik zeigen kann«, sagte Dr. Grifo am Telefon, »und sie sehen einem gerade in die Augen und sagen: Okay, ich werde eben eine von den drei Erfolgreichen sein.«

Ich fragte eine New Yorker Gynäkologin, die Tausende von Paaren beraten und Kinder von Frauen aller Altersstufen zur Welt gebracht hat, welches Alter sie für ideal halte, um das Kinderkriegen abzuschließen. Sie antwortete, spätestens mit fünfunddreißig. Bis dahin sei genug Zeit zum Experimentieren gewesen. Sie findet es gut, wenn ein Paar einige Jahre verheiratet war, bevor Kinder kommen. Eine Schwangerschaft jenseits der Fünfunddreißig hält sie zwar für kein körperliches Problem, aber sie meint, daß in Familien, wo sowohl der Vater als auch die Mutter zu alt sind zum Spielen, jeder eine Menge verliere.

Millionen von Frauen nehmen heute Hormone, um die Wechseljahre zu umgehen. Sie fühlen sich genauso, als funktioniere ihr Zyklus noch, und da sie nach wie vor ihre Periode bekommen, ist es nur noch ein kleiner Schritt bis zur Vorstellung, sie seien unbegrenzt fruchtbar. Solche Phantasien werden durch die High-Tech-Medizin zusätzlich angefacht.

Seit der ersten In-vitro-Befruchtung vor fast zwanzig Jahren hat nichts auf diesem Gebiet für größere Furore gesorgt als das Schauspiel von Frauen jenseits der Wechseljahre, die in ihren Fünfzigern und Sechzigern Kinder gebären. Die Medien versorgen uns mit einer sensationellen Story nach der anderen. Da hat eine neunundfünfzigjährige Britin gesunde Zwillinge zur Welt gebracht, und 1994 schaute die Welt auf eine dreiundsechzigjährige Italienerin, die als älteste Frau überhaupt ein Kind geboren hat. In all diesen Fällen waren Eizellen von jüngeren Frauen gespendet, im Reagenzglas mit dem Sperma der Ehemänner befruchtet und den hormonell stimulierten Frauen jenseits der Menopause eingesetzt worden.[3] Das Phänomen der Mutterschaft nach den Wechseljahren hat über die Geschmacksfrage hinaus weitergehendere Konsequenzen. Es besteht die Gefahr, daß es jüngere Frauen verleitet, noch länger zu warten und erst voll die Karriere zu betreiben. Doch deren Höhepunkt erreicht man selten vor dem vierzigsten Lebensjahr.

GUT, DASS ICH NICHT GEWARTET HABE!

Das Highland Park Hospital bei Chicago wird von vielen Frauen aufgesucht, deren Bemühungen um Nachwuchs anderswo erfolglos geblieben sind oder die man ihres zu hohen Alters wegen abgewiesen hat. Normalerweise werden hier Frauen bis zu fünfundvierzig Jahren akzeptiert, wenngleich der Direktor, Dr. Edward Marut, weniger optimistisch ist als zu Beginn seiner Behandlungen. »Jenseits eines Alters von dreiundvierzig sehen wir einfach keine Chancen mehr, wenn es nicht von alleine klappt.«

·Wenn die Möglichkeit einer Schwangerschaft in immer weitere Ferne rückt und zur Fata Morgana wird, entwickeln die betroffenen Frauen eine zunehmende Ungeduld, Angst und Frustration. Die Unfähigkeit, schwanger zu werden, wird zu einem globalen persönlichen Versagen hochstilisiert. Sie kommen mit Hormonen vollgestopft in die Klinik und müssen sich trotzdem beim Ultraschall eröffnen lassen, daß diesmal nur eine einzige Eizelle da ist. Dort, in der Abgeschiedenheit des Untersuchungszimmers, strömen die Tränen, und der Kummer, den sie andernorts zu verbergen gezwungen sind, wird herausgelassen.

Bevor es zur In-vitro-Befruchtung kommt, werden die gewonnenen Eizellen auf ihre Qualität hin untersucht, und dabei stellt sich meist ein drastischer Unterschied zwischen dem Ei einer Zwanzig- und einer Vierzigjährigen heraus. Bei älteren Frauen sind sie oft unregelmäßig geformt, dunkel und körnig. Die äußere Zellschicht hat sich engmaschig verdickt, so daß es den Spermien schwererfällt, sie zu durchdringen.

In einer Klinik lernte ich eine Krankenschwester kennen, deren Energie, Selbstbewußtsein und berufliche Ambitionen mich beeindruckten. Als ich sie nach ihren Kindern fragte, deutete sie auf das Foto auf ihrem Schreibtisch, und ihre Stimme wurde ganz sanft.

Als sie mit achtundzwanzig heiratete, wollte sie eigentlich fünf Jahre lang mit ihrem Mann das Leben so richtig genießen und außerdem Medizin studieren. Anschließend waren dann Kinder geplant. Aber es lief anders: Sie bekam ihr erstes Kind mit dreißig und das zweite zwei Jahre später. »Wir haben einfach nicht aufgepaßt, aber jetzt begreife ich, was für ein Glücksfall das war. Ich sehe hier all diese Frauen, die zu lange gewartet haben, und denke, wie leicht ich da auch hätte hineinrutschen können.«

Heute ist sie sechsunddreißig und wäre, hätte sie keine Kinder bekommen, an dieser Klinik vielleicht als Ärztin tätig. Jüngeren Frauen, die sich für eine medizinische Laufbahn interessieren, rät sie dringend, die gesamte Ausbildung bis Ende Zwanzig abzuschließen. »Wenn ich in die Zukunft hätte schauen können, hätte ich sofort mit dem Studium angefangen und dann eine passende Zeit während meines Praktikums als Assistenzärztin abgewartet, um meine Kinder zu bekommen. Dann stünde ich nicht so unter Druck und könnte mir meine Zeit besser einteilen.«

Als möglicherweise selbständige Ärztin wäre sie nämlich flexibler, berufliche und familiäre Pflichten in Einklang zu bringen, als ihr das als Schwester möglich ist. Sie hat Angst, daß sie sich ihren Traum, Ärztin zu werden, vielleicht niemals wird erfüllen können, weil ihr dann – wenn die Kinder aus dem Gröbsten heraus sind – das nötige Selbstvertrauen fehlt. Trotzdem glaubt sie, daß dieser Weg leichter ist, als in den Vierzigern noch Kinder in die Welt zu setzen.

DER WETTLAUF

Die Schwangerschaft nach der Menopause stellt das uralte Konzept des menschlichen Lebenslaufs auf den Kopf. Wenn eine Frau über das gebärfähige Alter hinaus war, war sie frei für neue Aufgaben und Interessen. Erikson hat die zentrale Funktion des mittleren Lebensabschnitts als »Generativität« bezeichnet. Er verstand darunter eine freiwillige Verpflichtung, sich in einem weiteren Sinne um andere zu kümmern und für sie zu sorgen. Die Fixierung auf eine Verlängerung der Periode der Gebärfähigkeit und die Fortsetzung des konkurrenzhaften jugendlichen Dranges, das perfekte Kind zu produzieren, drohen diese Generativität durch Narzißmus zu ersetzen.

Eine neue Spezies von Medizinern nährt diese Erwartungen und trägt dazu bei, der Magie in der Gesellschaft zunehmend wieder Geltung zu verschaffen. Eine enorme Industrie entsteht, um der Fruchtbarkeit den Charakter einer Ware zu verleihen, die überall erhältlich werden soll. Wir müssen uns allerdings fragen, woher der Antrieb zu alledem kommt.

Zweifellos stellt das Geschäft mit der Fruchtbarkeit für einige Kliniken eine nicht zu verachtende Geldquelle dar. Es ist mit anderen Worten eine Kuh, die man melken kann. Und es hat – wobei in dieser Hinsicht Unterschiede je nach Ländern bestehen – ein Wettbewerb um Marktanteile eingesetzt.

Auf dem neuesten Gebiet der Schwangerschaften jenseits

der Wechseljahre ist ein italienischer Arzt, Dr. Severino Antinori, der Rekordhalter. Seine Patientin, Rosanna Della Corte, war 1994 mit dreiundsechzig die älteste Frau der Welt, die je ein Kind geboren hatte, was weltweit kontroverse Diskussionen ausgelöst hat. In einer Fernsehsendung erklärte Dr. Antinori: »Ein Mann kann mit sechzig, siebzig, achtzig, vielleicht sogar mit neunzig Jahren Vater werden. Frauen ist das bisher unmöglich gewesen. Bis heute hat man die Frauen nach der Menopause zum alten Eisen geworfen. Daß sie jetzt noch später Kinder bekommen können, ist eine Rache für die Frauen.«[4]

Rache? Ist das ein hinlänglicher Beweggrund, ein Kind in die Welt zu setzen?

Dr. Mark Sauer, ein aggressiver Anbieter von Schwangerschaften in jedem Alter, hält derzeit in den Vereinigten Staaten den Rekord. Er leitet das größte Eispendeprogramm in Los Angeles, an der Universität von Südkalifornien, und ist bereit, Frauen beinahe jeden Alters – zum Beispiel Fünfzigjährige – zu behandeln. Als gehe es nur um ein Lifting, sieht er diesen Prozeß als Konsequenz davon an, daß es auch Vierzigjährigen noch möglich sei.[5] Dr. Sauer hat, was er einen »Stall« von Eizellenlieferanten nennt – junge Spenderinnen, die zur Stimulierung der Ovarien immer wieder Hormone in hohen Dosen bekommen. Irgendwelche gesetzlichen Regelungen gibt es in den USA nicht, und über die gesundheitlichen Konsequenzen, die diese stimulierenden Hormone für die Spenderinnen haben könnten, denkt offenbar niemand nach.

Die Kombination aus einer wachsenden Schar verzweifelter kinderloser Frauen und einem aufstrebenden neuen Berufsstand geschäftstüchtiger männlicher Fruchtbarkeitsexperten hat eine sinnvolle Debatte über die ethischen Aspekte bisher fast unmöglich gemacht. Wenn die Technologie es erlaubt, dann nur los, denken viele Unbekümmerte, und Feministinnen neigen gar dazu, die neuen Möglichkeiten der Reproduktionsmedizin als Befreiung zu begrüßen, weil sie das Gebären auch unfruchtbaren, älteren und lesbischen Frauen gestattet.[6]

Wir stehen heute vor der Frage, ob wir alles, was machbar ist, auch wirklich tun sollten. Verantwortlich denkende Mediziner wie Dr. Marrs halten diese Entwicklungen für einen Wettlauf, der nicht stattfinden sollte. »Wir müssen nein sagen. Weil wir eine ganze neue Generation von Kindern produzieren, die Waisen sein werden.« Dr. Grifo vom New York Hospital sieht eine grausame Ironie darin, daß diese Technologie, die etwas für die Frauen tun soll, in Wirklichkeit gegen sie arbeitet. »Die Botschaft, die von ihr ausgeht, ist eine sehr chauvinistische: Das einzig Wertvolle, das eine Frau tun könne, bestehe darin, Kinder zur Welt zu bringen. Also müsse man diese Magie, koste es, was es wolle, wahrnehmen. Man stellt unter Beweis, wozu man fähig ist. Es ist eine sehr ungesunde Entwicklung.«

Berichte über Kinder, die Frauen jenseits der Menopause zur Welt gebracht haben, verbreiten gerne Optimismus und Enthusiasmus: Das Leben der Eltern hat einen neuen Sinn bekommen, und sie wiederum können sich mit Hingabe dem Kind widmen, ohne wirtschaftliche Probleme zu haben – gewiß einer der großen Vorteile von Eltern im fortgeschrittenen Alter. Aber wer denkt dabei eigentlich an die Interessen des Kindes? Kinder sind kein Tonikum, um schwermütige Menschen im mittleren Alter aufzuheitern oder eine unkonventionelle Ehe zu festigen. Was wird es für diese Kinder bedeuten, als Teenager Eltern zu haben, die an die Siebzig sind? Wird ein junges Mädchen sich mit einer Frau identifizieren können, die alt genug ist, ihre Großmutter zu sein? Was bedeutet es für einen heranwachsenden Buben, wenn der Vater zwei Generationen von ihm entfernt ist?

Stellen Sie sich vor, Sie sind Mitte Sechzig, und Ihr fünfzehnjähriger Sprößling führt sich bockig auf, wie Jugendliche es nun einmal zu tun pflegen. Stellen Sie sich vor, Sie warten bis zwei Uhr früh auf Ihr Kind, das mit den falschen Freunden unterwegs ist. Solche Sachen verkraftet man von einem gewissen Alter an nicht mehr so leicht. Der schlimmste Fall wären natürlich eine schwere Krankheit und vorzeitiger Tod – für Jugendliche in der Pubertät ein psychologisch verheerendes Erlebnis, das nur durch den Zusammenhalt in einer Großfa-

milie gelindert werden kann. Aber Mütter in solch fortge-
schrittenem Alter haben gewöhnlich keine Eltern mehr.

Die Medien berichten von einer neuen unvorstellbaren
Methode nach der anderen. Jetzt werden schon überzählige
Embryonen eingefroren: Überall in Amerika warten Tausende
dieser kleinen, gefriergetrockneten prähumanen Wesen darauf, daß ihre Eltern sie in eine warme Gebärmutter versetzen
lassen, um möglicherweise eine Midlife-Krise zu therapieren.
Zum erstenmal in der Geschichte gibt es das Phänomen der
doppelten Mutterschaft – die Mutter, die ihre Eizelle beige-
steuert, und die andere Mutter, die ihren Schoß hergeliehen
hat. Künstliche Gebärmütter sind bereits in der Entwicklung.
Sobald man die Babyproduktion nurmehr als technologischen
und nicht mehr als biologischen Prozeß ansieht, wird jegliche
Beziehung zum ideellen Bereich gekappt.[7]

Das Aufziehen von Kindern ist wohl die wichtigste Aufgabe, die wir als Erwachsene leisten. Zeugt es wirklich von Ver-
antwortungsbewußtsein, wenn wir dann solche Risiken eingehen? Wenn die Sehnsucht nach einem Kind in den Vierzigern
oder Fünfzigern so übermächtig wird, gibt es durchaus andere Möglichkeiten. Ich selbst hatte mit Anfang Vierzig das
Gefühl, daß meine Familie nicht vollständig war, und habe ein
zwölfjähriges, elternloses Flüchtlingskind adoptiert – eine
Erfahrung, die meinen Mann, mich und meine Tochter verändert hat. Natürlich ist ein solcher Schritt nicht für jeden das
Richtige, aber es ist eine Möglichkeit. Wie aus einer kürzlich
erarbeiteten Studie hervorgeht, sind adoptierte Jugendliche im
Schnitt in einer besseren körperlichen und seelischen Verfassung als Jugendliche, die bei ihren leiblichen Eltern aufwach-
sen. Und sowohl die Adoptivkinder als auch ihre Eltern wie-
sen mit überwältigender Mehrheit den Gedanken zurück, daß
das Aufziehen eines eigenen, sprich biologischen Kindes
anders verlaufen wäre.[8]

Es gibt so viele Kinder, die Opfer unglücklicher Ereignisse
wurden, die keine Eltern mehr haben und darauf warten, daß
man sich ihrer annimmt. Auch eine teilweise Beschäftigung
mit Kindern, indem man sie in irgendeiner Weise betreut oder

anleitet, kann einem das gute Gefühl der »Generativität« geben. Auf einer höheren Ebene setzte eine kinderlose Frau ihr bedeutendes Talent für Kinder ein: Joan Ganz Cooney gründete eine Fernsehwerkstatt für Kinder und hat mit der Sesamstraße bis heute Millionen von Kindern in aller Welt tief beeindruckt.

Die Wahrheit ist, daß wir in jeder Phase unseres Lebens die Realitäten akzeptieren müssen. Es fällt sehr schwer, den magischen Gedanken der Fruchtbarkeit aufzugeben, aber wenn wir es tun, haben wir – wie bei jedem bewußt erbrachten Opfer – die Möglichkeit, das, was auch immer wir geopfert haben, durch etwas Besseres zu ersetzen.

6. Kapitel:
Späte Jugend

Nachdem sie in den Vierzigern ihre erste Krise erlebt haben, schrecken manche Leute vor jedem Hinweis zurück, daß das mittlere Alter sie nunmehr gepackt hat. Gehören Sie auch dazu? Altwerden scheint alle anderen Leute zu betreffen, aber nicht Sie selbst.

Die Alternative zu dieser Verweigerung des zweiten Erwachsenenalters besteht darin, sich am Gedanken einer späten Jugend festzuhalten, was eine Weile lang funktionieren mag – bis einen dann irgendwann schlagartig der hinausgeschobene Übergang in einen neuen Lebensabschnitt einholt. Sie werden Variationen dieses Phänomens vielleicht in der einen oder anderen der folgenden biographischen Skizzen wiedererkennen.

FESTHALTEN

»Was sind Sie? Mitte Vierzig?« schätzte ich den blendend aussehenden Unternehmer ein, den ich Charles nennen werde.

»Nein! Nein!« protestierte er. »Noch bin ich kein Mittvierziger. Ich bin vierundvierzig. Bis zur Mitte sind es noch fünfzehn Tage.«

Charles, ein großgewachsener Harvard-Absolvent, ist ein Spätentwickler wie viele Männer seiner Generation und offenbar wild entschlossen, jeden Riß in der Mauer zu stopfen, die er zum Schutz gegen das mittlere Alter errichtet hat. Natürlich hat der Putz schon zu bröckeln begonnen. Seine Silhouette erscheint nicht mehr ganz schlank, aber die feinen Linien auf seiner Stirn und die grauen Strähnen in seinem dichten schwarzen Haar sieht man erst aus der Nähe. Er jedoch empfindet aus diesem Grund zum erstenmal in seinem Leben einen Zeitdruck.

Mit der Loslösung vom Elternhaus hat Charles erst mit Anfang Dreißig begonnen. »Ich habe endlos studiert, das heißt, ich habe gefaulenzt, es war wunderbar. Vor der Verantwortung bin ich zurückgeschreckt.« Nach dem Studium begann er eine bequeme berufliche Laufbahn bei einer großen Finanzberatungsfirma und hätte auf dieser Schiene leicht weitere fünfundzwanzig Jahre fortfahren können, um sich dann in ein beneidenswertes Privatleben zurückzuziehen, wäre da nicht mit Anfang Vierzig der überwältigende innere Drang gewesen, »mein eigener Herr zu werden«. Er stieg aus der Firma aus und legte sein Geld in einem kränkelnden Marktforschungsinstitut an, das er zu einem führenden Unternehmen machen wollte.

Die ersten Monate waren großartig, Charles schwor, er werde den Laden bis ganz an die Spitze und zu nationalem Ansehen führen. Keine zwei Jahre später jedoch, als er sich seinem fünfundvierzigsten Geburtstag näherte, war der kreative Teil seiner Arbeit der Routine des alltäglichen Managements gewichen. »Ich bin müde«, erzählte er mir. Falls er zuvor irgendwelche Illusionen gehabt hatte, sinnvolle Forschung betreiben zu können, waren diese inzwischen wohl zerstoben. Auch die Sinngebung für sein Leben hat er nicht gefunden – mit dem Ergebnis, daß Charles jetzt noch ruheloser ist als je zuvor. Die Zwangsvorstellung, seine Jugend verlängern zu müssen, wird zum obersten Gebot.

Wie stellen Sie sich Ihr Leben mit fünfzig vor? fragte ich.

»Ich werde nicht fünfzig«, antwortete er mit einem schlauen Lächeln. »In diesem Alter fängt man buchstäblich an, langsam zu sterben.«

Wie will er es umgehen?

»Ich verschwinde nach Mexiko und besorge mir diese Wachstumshormone – noch bevor ich fünfzig werde und meine Gehirnzellen abzusterben beginnen.«

Die Aufregung über dieses neue Wundermittel für Männer gegen das Altern brach 1990 los. Daniel Rudman vom Medical College in Wisconsin veröffentlichte die Ergebnisse seines bahnbrechenden Experiments: Er hatte Männern, die über sechzig Jahre alt waren, Wachstumshormone injiziert. Die generelle Wirkung auf den männlichen Körper, berichtete der Forscher, war so, als ob sich dieser um zehn oder zwanzig Jahre verjüngte.[1] Diese bemerkenswerten Ergebnisse hatten einen enormen Aufschwung entsprechender Kliniken in Mexiko zur Folge, während das Medikament in den Vereinigten Staaten wegen des Verdachts verheerender Nebenwirkungen nicht zugelassen wurde – nicht zuletzt befürchtete man, daß die an Wunder grenzenden Ergebnisse bei nicht kontinuierlicher Einnahme ins krasse Gegenteil umschlagen könnten.[2]

»Ich weiß das alles«, sagte Charles, ohne mit der Wimper zu zucken. Und trotzdem: »Je länger ich jung aussehe, um so länger bin ich im Vorteil.« Charles ist fest entschlossen, eine pharmakologische Lösung seines Problems zu suchen. Wenn er seine Jugend jetzt bewahren kann, nimmt er mögliche Risiken in Kauf. Entweder werden ihn all seine Freunde bewundern, oder er wird stilvoll mit wehenden Fahnen untergehen.

ERFOLGSSÜCHTIG

Die folgende Geschichte handelt von einer weiblichen Ausgabe des Wunderkindes. Oft haben es solche Menschen in der späten Jugend besonders schwer. Süchtig nach Erfolg um des Erfolges willen, drängt sie der innere Zwang, sich selbst zu beweisen, zu immer wagemutigeren Unternehmen. Eigentlich müßten sie jetzt anfangen, den inneren Stimmen in jenen Räumen zu lauschen, die sie bis zur Lebensmitte verschlossen gehalten haben. Aber zu oft schlagen sie in dem Gefühl, daß ihnen die Zeit wegläuft, ein immer schnelleres Tempo an.

Es ist ein Wettlauf mit der Zeit. Während sie ihren Ferrari über die Rennstrecke jagt, fühlt sie, wie die Zeit verschwimmt, die Gesichter ausradiert werden. Das Brüllen des Motors hallt in ihrem Körper wider, es ist so spannend, fast wie anonymer Sex: Paß auf, hier kommt eine Lady, die nicht gern verliert.

In der Tat, die Lady unter dem Rennfahrerhelm ist es gewohnt, in ihrer Welt den Sieg davonzutragen. Jill, so will ich sie nennen, ist Modedesignerin in Dallas mit einer eigenen Kollektion mit eigenem Label. In der Welt des Rennsports jedoch ist sie jemand anders – eine bewußt anonyme Person, geheimnisvoll und sexy, die mit Männern über Autos redet.

»Ich wollte immer einer von den Jungs sein«, gab Jill zu, als ich sie zum erstenmal interviewte. Sie war sechsundvierzig und unwiderstehlich, die großen, hellen Augen schwarz umrandet und der Körper schlank und biegsam. Ihr Vorbild als Kind war der draufgängerische extrovertierte Vater. »Um im Country Club mithalten zu können, hatte mein Vater immer den schicksten Wagen, wir hatten den ersten Fernseher in unserem Block.« Ihre vorsichtige Mutter, die nur wollte, daß Jill reich heiratete, versuchte zahllose Verbote für die Tochter aufzustellen. Jill ignorierte sie.

Über eine Schlucht zu springen war ihre erste wagemutige Tat. Die Jungen trauten sich – Jill überwand ihre Angst und sprang mit ihnen hinüber. Aber sie paßte auch die ganze High-School hindurch auf, daß sie den besten Boyfriend hatte. »Ich habe sie mir ausgesucht«, sagt sie. »Ich wollte diese Männer beherrschen.« Mit zweiundfünfzig verläßt sie sich noch immer auf ihre Sexualität als primäre Quelle ihrer Macht. Sie erwirbt Männer wie Trophäen.

Mit Anfang Zwanzig, als Jill in der Modebranche arbeitete, fühlte sie, daß sie »für etwas Großes bestimmt« war. Kein klares Ziel war da, nur ein unbestimmtes Verlangen. Trotzdem heiratete sie, hauptsächlich der Mutter zuliebe. Ihr Mann war ganz nett, aber als er das Thema Kinderkriegen anschnitt, überkam sie eine sonderbare Panik. »Mutter zu werden bedeutete für mich, sexuelle Macht zu verlieren«, wurde ihr später klar. »Ich sah nichts Positives darin, eine Mutter zu sein – ich sehe es heute noch nicht, obwohl es mir wahrscheinlich eines Tages fehlen wird.« Als sie sich trennten, begriff sie mit seltsamer Benommenheit: »Ich hatte einfach sieben Jahre weggeworfen.«

Als Jill in den Dreißigern war, hatte sie es geschafft. Eine renommierte Warenhauskette bot ihr einen lukrativen Vertrag, wenn sie ihre Mode exklusiv für sie entwerfen würde. Jill verlangte eine eigene Boutique für ihre Sachen in den Kaufhäusern, bekam sie und verwandelte sie in eine Goldgrube für das Unternehmen. Ein paar Jahre später fand sie in ihrem frenetischen Arbeitsdrang gerade Zeit genug, um den Aufsichtsratsvorsitzenden während der Lunchpause in der City Hall zu ehelichen. Jill ging immer noch nach dem Motto vor, daß der Topmann die Trophäe war. »Ich heiratete ihn, weil ich ihn zu verlieren fürchtete.« Sie mußte ihn erwerben, bevor jemand anderes es tat, und dann hoffte sie, seine Macht zu erlangen. Es funktionierte eine Zeitlang: Sie waren ein enormes Machtkonglomerat.

Jill arbeitete weiter wie zuvor nonstop, bildete ihre Assistenten aus und konzentrierte sich auf ihre Kundinnen. Die Boutique im Stammhaus wurde zu ihrem Ersatz-Zuhause. Sie verbesserte jedes Detail ihres Ladens, bis er die ganze Kette in den Schatten stellte. Als das Unternehmen in wirtschaftliche Schwierigkeiten geriet, bat Jills Mann seine Frau darum, das Management für den gesamten Modebereich zu übernehmen.

»Unsere Ehe war in dem Augenblick vorbei, als ich ja sagte«, wurde ihr im Rückblick klar. »Er war eifersüchtig auf meinen Optimismus und meine Unabhängigkeit. Der Erfolg war meine Identität. Ich mußte die ganze Abteilung hochbringen, für das Unternehmen wie für mich selbst.« Als sie sich ans Werk machte, kam sie ihrem Mann ins Gehege. Wer schmiß denn nun eigentlich den Laden?

Jill ging aus diesem Duell schließlich als Siegerin hervor, doch stand sie am Ende vor der Erkenntnis: Ich habe das alles ja schon einmal getan – mich eines Lebens entledigt. Ihre Vorgehensweise wiederholte sich beim nächsten Konzern, für den sie arbeitete. Als sie ihr eigenes Label hatte, das im ganzen Land vermarktet werden sollte, stellte sie einen ehrgeizigen

Fünfjahresplan auf – bis ihr die Rezession einen bösen Strich durch die Rechnung machte. Als man ihr sagte, sie müsse ihr Programm drastisch reduzieren, hätte sie versuchen können, mit entgegenkommenden Worten noch etwas für sich herauszuholen, aber sie tat es nicht. Statt dessen ging sie auf Konfrontation, weil sie gewinnen wollte. Doch der Vorstand wollte ebensowenig nachgeben, und praktisch über Nacht war Jill aus dem Geschäft. Es war ihre erste berufliche Enttäuschung: »Ich war innerhalb einer Woche drüber weg, ich wollte einfach nur weiter.«

Mißerfolg kann eine nützliche Erfahrung im Leben eines Erwachsenen sein, aber nur, wenn man lange genug innehält, um daraus zu lernen. Jill dagegen fand es gefährlich, sich lange mit Mißerfolgen aufzuhalten; sie fuhr fort, furchtlose Risiken einzugehen und sich bürokratischen Hindernissen in den Weg zu stellen. Keine Frage, daß sie für ihr offensichtliches Talent ein neues Zuhause finden würde. Nur war diese Niederlage mit ihrem lange hinausgeschobenen Übergang ins mittlere Lebensalter zusammengefallen, und das wirkte sich aus.

Die Frau, die mich im Sommer 1993 auf einer Caféhausterrasse erwartete, hatte fünf Pfund verloren. Schick wie eh und je und immer noch überwältigend sah sie aus, aber ihre Kinnpartie war etwas schlaff geworden. Sie überlegte, ob sie sich liften lassen sollte. »Ich jage sogar noch schneller, seit sie mich abgesägt haben«, sagte sie angespannt.

Jill war zu ihrer allererersten Verkörperung – dem todesverachtenden Mädchen – zurückgekehrt. Sie hatte den alten Ferrari ihres Vaters aus der Garage geholt und wieder in Schuß bringen lassen. Dieses schnittige, frisierte Gefährt war jetzt die Kampfmaschine, in die sie – wie eine Göttin in ihrem Triumphwagen – jedes Wochenende stieg, um auf den Rennbahnen von ganz Texas um den Sieg zu kämpfen. Ihren in der Modebranche bekannten Namen verschwieg sie dort.

»Das klingt so albern, aber es gibt einen Grund dafür«, versuchte sie zu erklären. »Ich habe es sehr gebraucht, anonym mit Männern zusammenzusein. Das sind Beziehungen, bei denen mein Job und mein Leben völlig unbekannt bleiben.

Das muß nichts mit Sexualität zu tun haben. Ich mag einfach das Spiel oder den Spaß an der Sache. Das ist es, was mir das Autorennen bringt.«

Der Symbolismus ist augenfällig. Sie war eine Frau, die ihren Wert in Geld und sexuellen Eroberungen gemessen hatte, genau wie die Männer, die ihre Lehrer und Vorbilder im Geschäftsleben waren. Aber der Alterungsprozeß hatte ihre sexuelle Macht untergraben – so übernahm sie das Rollenverhalten ihres verstorbenen Vaters. Jills Traum war unverändert – sie wollte erfolgreich sein. Erkannte sie ihre Sucht nach Erfolg?

»Wegen meines Vaters? Wahrscheinlich. Ich habe immer versucht, ihn auf mich aufmerksam zu machen. Ich schätze, ich war süchtig nach Erfolg, seit ich ein kleines Mädchen war.«

Sie spielte mit dem Gedanken, ob sie nicht eine ganz neue Karriere beginnen, eine neue Hürde nehmen sollte, an der sie sich bewähren könnte. »Es hat mit der Verwirklichung von Träumen zu tun und daß man ewig jung bleiben möchte.«

Im Grunde führen wir alle einen ähnlichen Kampf in uns selbst – manche mit fünfzig, andere früher. Wie können wir unsere Grenzen und letzten Endes unsere Sterblichkeit akzeptieren? Jill war von dem Wunsch getrieben, das Unmögliche möglich zu machen – »daß man ewig jung bleiben möchte«. Statt ihre späte Jugend dafür zu nutzen, ihre Tiefen auszuloten, arbeitete sie lieber noch härter, um ihre Jugendlichkeit und sexuelle Kraft zu erhalten, und gab sich dabei mit Erfolgen zufrieden, die immer oberflächlicher wurden. »Wenn ich einfach stillstehen könnte, um zu töpfern, um Billard zu spielen – vielleicht brauche ich mich dann nicht wie eine Erwachsene aufzuführen und brauche auch keinen Job«, überlegte sie laut. »Vielleicht – ich meine, vielleicht könnte ich bequem von einem Teller Hors d'œuvres am Tag leben.«

Aber was war der Preis? Gab es überhaupt irgendeinen Menschen, mit dem sie sich über die Ängste unterhalten konnte, die uns morgens aus dem Schlaf schrecken? Jill wirkte etwas zermürbt im Augenblick der Demaskierung.

»Es gibt immer weniger.« Sie zögerte. »Nein, ich habe niemanden, dem ich diese Geschichten erzählen kann, außer meiner besten Freundin.«

Bis zum nächsten großen Karrieresprung will Jill sich damit begnügen, ihre Erfolgssucht bei Autorennen zu befriedigen, und dabei testen, wie schnell und wie weit sie den Schatten des Nachmittags ihres Lebens entkommen kann.

»Geschwindigkeit ist eine Droge. Die Raserei stimuliert mich so sehr, daß ich gar nicht mehr damit aufhören kann. So einen Kick habe ich in meinem Leben noch niemals erlebt.«

WENN DIE ZEIT STEHENBLEIBT

Sie ist eine Wortführerin der Frauenbewegung und seit fünfundzwanzig Jahren ebenso für ihren Verstand wie für ihre Schönheit bekannt. Als ich sie traf, war sie Mitte Fünfzig, was man ihr allerdings nicht ansah. Sie wirkte eher, als hätte der Lauf der Zeit sie konserviert. Unverändert war sie schlank wie eine Pappel, langbeinig, flachbäuchig und rundwangig. Nachdem sie eine Reihe von »kleinen Ehen«, wie sie es nannte, hinter sich hatte, führte sie ein Nomadenleben und war an diesem Wochenende bei einem reichen Witwer zu Besuch. Sie hatte immer darauf bestanden, daß es keine Trennung zwischen persönlichem und politischem Bereich gebe, doch jetzt schien es, als hätte sich eine Traurigkeit in ihrem Gesicht breitgemacht, als fürchte sie, die Schale zu zerbrechen, die ihr so lange und treu gedient hatte, als wüßte sie nicht, ob irgend etwas darunter lag. Und falls ja, was. Sie steckte fest, und das war ihr klar.

»Dem Altern habe ich getrotzt«, erzählte sie mir, als wir uns im Sommer 1989 miteinander unterhielten. »Ich sagte mir: Zum Teufel damit, ich tue einfach weiter genau das, was ich immer getan habe. Ich wollte die große Dirty Old Lady, die Pionierin, die Ruth Gordon meiner Generation werden.« Sie kicherte. »Eine sehr alte Dame, die sich sehr unangemessen kleidet.« Sie saß da unbeweglich im tiefen Chintzsofa mit undamenhaft kurzem Rock und dem langen, glatten Haar, wie man es in den sechziger Jahren getragen hatte, und plötzlich kam die schmerzliche Erkenntnis aus ihr heraus. »Ich habe eine Weile gebraucht, um es zu begreifen: Obwohl du die Konventionen verachtest, was ich immer getan habe, kommst du trotzdem nicht vorwärts. Du bleibst da stehen, wo du warst.«

Irgendwann holen uns alle die vorhersehbaren Krisen des Erwachsenenlebens ein – auch die Nonkonformistin Gloria Steinem macht da keine Ausnahme. Sie wollte ein Buch über Selbstachtung schreiben, und es gab einen Grund, warum sie dieses Thema gewählt hatte: Während die Öffentlichkeit sie als selbstsichere, ganz und gar originelle Denkerin sah, hatte Gloria in Wirklichkeit immer noch nicht gelernt, sich auf ihr eigenes Urteil zu verlassen.

Als Kind mit einer kranken Mutter aufgewachsen, hatte Gloria praktisch deren Rollen übernehmen müssen, während ihr selbst Pflege und Fürsorge gefehlt hatten. »Ich war schon Mitte Dreißig, als der Feminismus aufkam und mich von meiner Vorstellung befreite, daß ich eine Mutter sein mußte«, sagte sie. »Auch als ich fünfzig wurde und keine Kinder hatte, machte mir das keine Sorgen. Vieles von dem, was solche Krisen auslösen kann, gab es nicht in meinem Leben.« Gloria hatte schon wie eine Erwachsene handeln müssen, bevor sie überhaupt die Chance gehabt hatte, ein Kind zu sein, und deshalb einfach viele Phasen vertauscht oder umgangen. Der Sinn ihres Lebens war fast gänzlich nach außen gerichtet: Eine gesellschaftliche Bewegung, zusammen mit ihren Freundinnen und Liebhabern, ersetzte ihr die Familie. Irgendwann jedoch erreicht jeder den Punkt, wo er den Abschied von der Jugend nicht mehr hinausschieben oder umgehen kann. »Bei mir fand erst nach meinem fünfzigsten Geburtstag eine Veränderung statt«, sagt Gloria. »Und die, so stellte sich heraus, war ziemlich heftig. Mein Alarmzeichen war die Erschöpfung.«

Wie eine aufgetürmte Gewitterwolke, die schwarz und drohend den ganzen Himmel bedeckt, erhob sich die Erschöpfung und überwältigte sie. Als sie zermürbt dalag, standen ihre verdrängte und ungelebte Kindheit und Jugend wieder auf und durchbrachen die Oberfläche ihres Erwachsenseins. Erneut suchte Gloria bei anderen Menschen das, was sie in sich selbst finden mußte. Sie heftete sich an einen reichen, mächtigen Mann, der überhaupt keiner »Pflege« zu bedürfen schien. Und was für ein wundervolles Ablenkungsmanöver war's doch, so lange es dauerte – Spaß, Tanz und Gelächter, Kreuzfahrten und Privatflugzeuge. »Sie passen nicht zusammen«, murmelten ihre Freunde. »Arme Gloria, sie muß völlig verzweifelt sein.« Der dramatische Kontrast zwischen dem bequemen Reichtum des Mannes und Glorias täglichen politischen Anstrengungen fraß ihre Selbstachtung auf, und sie kam sich miserabel vor. Nach zwei Jahren stellte man bei ihr Brustkrebs fest.

Sie erinnerte sich ihres ersten Gedankens nach dieser Diagnose: »Ich habe ein wundervolles Leben gehabt! Dieser Gedanke stieg einfach von tief unten in mir empor und rauschte über mich weg.« Nachdem sie begriffen hatte, was sie an ihrem Leben liebte, wurde sie mit der Operation und den Bestrahlungen fertig und erholte sich rasch. Aber die Erkrankung stellte ein Alarmsignal dar: Sie war eine Frau in den Fünfzigern, und der lange verschobene Übergang ins mittlere Lebensalter konnte nicht länger warten.

»Ich versuchte bewußt zu sagen: Nun hör mal einen Augenblick zu, es ist wichtig, lerne daraus, daß du wählen mußt, was wichtig ist und was nicht!« erinnerte sie sich des Kampfes, der in ihr stattfand. »Wir haben immer ein paar kleine Krebszellen, die in uns herumwandern – die Frage ist, wie lange die Immunzellen mit ihnen fertig werden. Angesichts meines der Öffentlichkeit zugewandten Lebens hat mir meine weibliche Konditionierung – buchstäblich – einen bösen Streich gespielt.«

Es war eine postfeministische Aha-Erfahrung. Jetzt konnte Gloria nicht nur die unpassende Beziehung lösen, sondern sich auch Zeit für Reisen in ihr Inneres lassen. Sie versuchte diesen »Unfall« zu nutzen, sich ihrer Sterblichkeit gewahr zu werden, was Menschen, die keine Kinder haben, schwerer fallen kann.

»Lange Zeit fühlte sich das Altern wie ein Verlust an«, sagte sie mir damals. »Dann begriff ich allmählich, daß es kein Verlust, sondern ein anderes Land war.«

Sie schränkte ihre ständige Reisetätigkeit ein und verwandelte ihr chaotisches Apartment in ihr erstes richtiges Heim. Es gab ihr ein sehr gutes Gefühl, sich endlich einmal selbst zu bemuttern. Und schließlich wagte Gloria doch den Blick in ihr Inneres und brachte aus den Tiefen ihres Ringens um Selbstachtung einen Bestseller herauf.[3]

An ihrem Sechzigsten gab sie eine Überraschungsparty in ihrem Lieblingsrestaurant. Sie war bereits auf einer neuen Reise, erforschte das noch freiere Land jenseits der Sechzig, in dem die Frauen, so glaubt sie, endlich sie selbst werden können. »Der Trick ist, sich nicht an dem festzuklammern, was du schon allen Widrigkeiten zum Trotz errungen hast, sondern zu etwas anderem, Besserem fortzuschreiten«, erklärte sie.

ALLEINSTEHENDE MÄNNER: WAS TUN SIE IN DER FREIZEIT?

Fünfzig scheint eine Art Zollschranke zu sein, jenseits der, nachdem man Wegstrecke und Reisegefährten gewählt hat, eine lange Reise vor einem liegt. Wer sich andererseits diesem Meilenstein nähert und – aus welchem Grund auch immer – allein ist, neigt besonders dazu, die späte Jugend endlos auszudehnen.

Selbst wenn man sich bewußt gegen eine Ehe entschieden hat, reist man doch zumindest mit gemischten Gefühlen allein durch die unbekannten Zonen der zweiten Lebenshälfte. Alleinstehende Männer und Frauen suchen sich gerne, nachdem ihre verheirateten Freunde sie aus ihren Adreßbüchern gestrichen haben, ersatzweise soziale Netze und landen dann oft in isolierten Zirkeln ihres eigenen Geschlechts. Ich habe den informellen Zusammenkünften zweier solcher Kreise beigewohnt.

Jeden Freitagabend trifft sich in Seattle eine Gruppe alleinstehender Männer zwischen vierzig und fünfzig in einem Fischrestaurant am Strand. Es sind Geschäftsleute, die das *Wall Street Journal* zusammen mit einem Marmeladekrapfen verschlingen, bevor sie sich in ihre wie Phallussymbole wirkenden Wagen setzen, Anwälte, die vor einer belebten Kreuzung aufs Gaspedal drücken, um noch bei Rot hinüberzukommen, erfahrene Politiker, die den Lautsprecher ihres Autotelefons aufdrehen, damit dem Mitfahrer nicht entgeht, wie sie den schlampigen Assistenten zur Rede stellen. Tagsüber hecheln sie endlos die neuesten Sportgeräte durch, die sie zum Ski- oder Kajakfahren gekauft haben, prahlen mit dem Urlaub und den Frauen, die sie sich nehmen, oder lügen von denen, die sie nicht nehmen. Aber ab fünf Uhr erinnern sie sich schmerzhaft der einzigen Sache, die ihnen allen fehlt – des richtigen, gemütlichen Zuhauses, in das sie gern heimkehren würden. Die Abende sind zu einem Intimitätsvakuum geworden, und um diese Leere zu verdrängen, verbringen die Männer mehrere Abende in der Woche im Fitneßclub, strampeln auf Rädern, stemmen Gewichte, lümmeln sich im Whirlpool und strecken sich im obersten Stockwerk des Clubs in einem Sessel aus, um die erhabene Majestät der schneebedeckten Berge zu betrachten. Wie schlage ich die Zeit vom Feierabend bis zum Morgen tot?

Sie kommen in diesem lärmerfüllten Fischrestaurant zusammen, um mit dem Bereden von Bagatellen und angeblich erlebten Abenteuern die Zeit totzuschlagen, aber hauptsächlich, um mal für ein paar Stunden ihren Frust abzulassen. Das Gesetz, das ihnen sonst befiehlt, einander auszustechen, ist erfreulicherweise außer Dienst gestellt. Wie Simon, der achtundvierzigjährige Herausgeber eines Magazins, sagte: »Jeder von uns weiß, daß die anderen sagen werden: Du hast also deinen Fall gewonnen? Na und! Wir wissen, daß du trotzdem ein Armleuchter bist, der keine Frau abschleppen kann.«

Simon traf als erster ein. Er trug ein schwarzes Hemd mit weiten, losen Ärmeln, Designergürtel über Polohosen – ein rothaariger, mäßig hübscher Jude. Vornübergebeugt an dem langen, auf Böcken ruhenden Tisch sitzend, erzählte er mir monoton seine Geschichte.

»Kurz und knapp, was geschah, war folgendes: Meine Mutter starb an Krebs, als ich sechzehn war. Sie war sehr attraktiv. Während ihrer fünfjährigen Krankheit bat sie mich immer, ich solle sie massieren. Ich sah, wie sie immer dünner wurde. Sie starb, als sie noch eine junge, schöne Frau war. Ich habe nie irgendeine Frau getroffen, die sich mit ihr hätte vergleichen können.«

Simon äußerte sich des weiteren über seine Ehe, die mehr als zwanzig Jahre bestanden hatte. »Ich sollte der Geldverdiener sein, sie die Hausfrau, wir wollten Kinder aufziehen und im Grunde ein Leben führen, wie unsere Eltern eins gehabt hatten.« Aber am Ende erwies seine Frau sich als radikale Umweltschützerin, und Simon stellte ein tolles Filippinomädel ein, das sein asiatisches Spielzeug wurde, bis sie eines Tages abhaute. Er war damals vierzig, mit einem florierenden Job, aber ohne Frau, mit einer zerkrachten Ehe, aber ohne Einsicht. Wieso? »Ich habe einfach tagaus, tagein weitergelebt, keine Krise. Erst jetzt, wo ich mich der Fünfzig nähere, spüre ich, daß die Zeit wegläuft.«

Aber man hat es heutzutage schwer da draußen. »Du schwimmst in einem Ozean, in dem du noch nie geschwommen bist«, seufzte er. »Die Fische sind ein bißchen größer. Die Konkurrenten sind vielleicht jünger, vielleicht superreich. All diese Knaben, mit denen ich jetzt zusammenkomme – wir suchen Freundschaft, Gesellschaft, Romantik, das ganze Paket. Das ist die Generation. Aber die Frauen sind heute Persönlichkeiten. Das ist schwer zu akzeptieren.«

Bevor Simon in eine Freitagabend-Tristesse abrutschen konnte, tauchten seine Freunde im Restaurant auf. Bald sah der Tisch aus wie das Bild für eine Jeanswerbung – nur daß die Yuppies dreißig Jahre zu alt waren. Der Kellner kam wegen der Bestellungen, und die meisten bestellten nichtalkoholische Getränke. Da viele ernsthafte Probleme mit Alkohol, Tabletten oder Drogen hatten, leben sie jetzt völlig abstinent.

»Ich nehme einen Jack Daniel's Black, straight up«, sagte Bruce, der einzige Verheiratete in der Gruppe. Er hatte gerade seine dritte Frau geheiratet, die jünger war als seine Tochter.

»Bruce hat noch Neuronen zu verbrennen«, witzelten die anderen.

Sie redeten über Sport, alte Songs und alte Filme, bis sich die Gespräche wie stets den Frauen zuwandten.

»Also, wie war's denn mit deinem Filmstar?« fragte Simon den Dermatologen mit der High-Society-Praxis.

»Ich habe die Verabredung verpaßt, ich wußte es«, sagte er. »Ich habe drei Tage nichts von ihr gehört. Aber kurz bevor ich wegging, um mich mit euch Armleuchtern zu treffen, rief sie an!« Der würdevolle Dermatologe verwandelte sich in einen pickligen Teenager, der im siebten Himmel ist.

Wenn sich Leute im fortgeschrittenen Alter zu einem Rendezvous verabreden, ist es wieder genauso wie einst in der Jugendzeit. Dieselben Ängste, dasselbe Herzklopfen und Achterbahnfahrten der Gefühle – von Forschheit zu Schamhaftigkeit, von freudiger Erregung zu Erniedrigung, von Leidenschaft zu Verzweiflung.

»Ich habe Samstagnacht bei einer Party eine nette Frau kennengelernt«, warf plötzlich der Richter ein. »Ich wußte nicht, ob ich sie anrufen sollte. Schließlich habe ich es riskiert. Gott sei Dank war nur ihr Anrufbeantworter dran.« Was diese ungebundenen Männer am meisten fürchten ist, daß eine Frau ihnen einen Korb gibt – die ganze Aura des Erfolgs und der frechen Selbstsicherheit könnte zerbröckeln.

Die Männer studierten die Speisekarte, und jeder gab peinlich genau eine Bestellung auf. Sie redeten ein bißchen über ihre Beziehung zur weiten Welt, aber bald kehrte ihr Gespräch zur alten Obsession zurück: Sieht irgendwer von ihnen denn wenigstens die Möglichkeit, eine anständige Frau zu finden, die er heiraten kann?

»Sie sind alle ein bißchen blöd, diese Frauen heutzutage.« Der Politiker zuckte die Schultern. »Blöd« ist das Allzweckwort dieser Männergruppe für das, was sie an den Frauen von heute nicht ausstehen können: Sie sind aggressiv, sie haben die Macht, sie verdienen selbst ihr Geld und sie können genau solche sexuellen Raubtiere sein wie die Männer.

»Ich bin neulich mit dieser tollen Frau ausgegangen«, sagte der Geschäftsmann. »Etwas hat mich abgestoßen an ihr, als es zum Clinch kam. Sie nimmt After-shave.«

»Was soll der Quatsch?« platzte Simon heraus.»Wir brauchen sie, aber wir machen uns aus Angst vor ihnen die Hosen voll. Wenn wir an jeder von ihnen etwas auszusetzen haben, heißt das doch nur, daß wir eine Ausrede suchen, um keine Bindung einzugehen.«

Der einzige Mann, der mit einer Frau zusammenlebt, tupfte sich nach einer großen Mahlzeit die Lippen ab. »Tja, zum Teufel, ich bin zum drittenmal verheiratet, und wißt ihr was? Es ist eine verdammte Erleichterung.« Dieser Mann wirkte ekelhaft glücklich. Die anderen betrachteten ihn voller Neid.

ALLEINSTEHENDE FRAUEN: GESCHICHTEN AUS DER GROSSSTADT

Als ich eine Gruppe einstmals verheirateter Frauen in den Vierzigern besuchte, fiel mir ein verblüffender Unterschied auf. Die alten Klischees von der verheulten Frau mittleren Alters, die sich händeringend nach einem Mann und einer Ehe sehnt, und dem vergnügten Junggesellen, der sich nicht angeln läßt, haben die Seiten gewechselt. Erfolgreiche berufstätige Frauen sind heute zuversichtlich, daß das Leben auch nach der Jugend noch lebenswert ist, und verzichten aus diesem Grund häufig darauf, sich aus wirtschaftlichen Erwägungen an unglückliche Ehen zu klammern. Desgleichen ist bei ihnen die Zahl der Wiederverheiratungen nach einer Scheidung deutlich geringer als bei Männern gleichen Alters. Waren es 1970 in den USA noch 1,5 Millionen Frauen zwischen vierzig und vierundfünfzig, die sich scheiden ließen, so waren es 1991 bereits 6,1 Millionen.[4] Und immer mehr Frauen jenseits der Jahre, in denen sie Kinder zur Welt gebracht und aufgezogen haben, sehen eine Rückkehr in den Stand der Ehe als schlechtes Geschäft an, nachdem sie einmal finanziell und persönlich unabhängig gewesen sind.

Die »Girlfriends«, ein halbes Dutzend akademisch gebildeter Damen aus Chicago, treffen sich gewöhnlich zur Teezeit im

Ritz-Carlton. Ihrem beruflichen Niveau nach sind sie mit der Männergruppe in Seattle vergleichbar. Alle sind geschieden, alle zwischen vierzig und fünfzig, und alle sind das, was Simon aus Seattle »Persönlichkeiten« nennen würde.

Drei der Frauen kamen pünktlich um fünf Uhr. Alle trugen sie die Uniform der Karrierefrau von 1993: schwarze, wadenlange, endlos geschlitzte Röcke und schwarze Stretchstiefel. Sie strömten Zuversicht aus, wirkten energisch und ihrer Weiblichkeit bewußt. Alle waren seit der Frühe auf den Beinen und kamen von der Arbeit. Sie bestellten Kräutertee und Mineralwasser, keinen Alkohol. Plötzlich kam Beryl ins Restaurant gewirbelt – mit weichem Filzhut und krausem Haar und dem bombastischen Auftreten einer Bette Midler. Schon mit ihren ersten Worten riß sie die Aufmerksamkeit an sich.

»Ich seh euch auch alle eure F-M-Bs tragen.« Sie wußten, sie meinte »Fuck-me-boots«.

»Man kann nie wissen.« Laura, sexy und quicklebendig, mit großen, dunkelbraunen Augen und einem vollen Mund, harkte mit ihren langen Fingernägeln durch ihre Lockenfrisur. Sie war gerade von einer Geschäftsreise aus New York zurück. »Wollt ihr's hören?«

»Noch eine Geschichte aus der großen bösen Stadt?« drängte Beryl. »Schieß los.«

»Er war im Plaza und ich im Waldorf«, baute Laura ihr Drama auf. »Er wollte, daß ich die Nacht über blieb, aber ich hatte so ein Gefühl, daß ich lieber allein aufwachen würde. Also sauste ich morgens um drei aus dem Plaza, fühlte mich großartig: Sommernacht, prima Sex, aber das Schönste war überhaupt ...« Sie steckte einen Finger durch ihren großen runden Ohrreif – »...daß ich genau das getan habe, was ich tun wollte. Ich brauchte mich nicht in jemanden zu verlieben, nur weil ich mit ihm ins Bett gehen wollte. Ich brauchte nicht mal bis zum Morgen zu bleiben.«

Bis dahin war Laura immer verheiratet gewesen. Mit zwanzig wechselte sie aus dem Haus ihres Vaters in das ihres ersten Ehemanns, brachte zwei Kinder zur Welt und legte fast keine

Pause zwischen der Scheidung und der zweiten Eheschließung ein. Zum erstenmal stand sie mit Ende Vierzig allein da – und war begeistert. Laura sagte, sie durchlebe gerade eine Phase verbotener Freuden mit einem Sortiment zumeist jüngerer Liebhaber und entdecke zum erstenmal die Reichweite ihrer Sexualität.

Dot, eine geschiedene Anwältin, stammt aus einer irisch-katholischen Arbeiterfamilie. »Die Männer, die ich treffe, führen dich ein paar Wochen aus, und plötzlich wollen sie wissen, wann sie einziehen können«, sagte sie. »Mir kommt das vor, als wüßten sie, daß es mit ihnen bergab geht«, fuhr sie fort. »Was mich betrifft, ich fühle mich jetzt jünger als vor meiner Scheidung.«

»Es macht alt, mit jemandem verheiratet zu sein, mit dem man nicht glücklich ist«, fügte Laura hinzu. »Was macht dein Liebesleben, Beryl?«

Beryl schnippte den Schal von der Schulter ihres Kostüms und beklagte sich, daß jeder Mann, mit dem sie ausgegangen sei – ganz gleich wie glühend die Annäherung und wie romantisch das Dinner und wie stürmisch die Entkleidungsszene –, im entscheidenden Moment versagt hätte und weggerannt sei. Sie erzählte den Frauen die neueste Geschichte von dem Machotypen von Firmenchef, der ihr unentwegt im Büro nachgestellt hatte. Schließlich ließ sie sich erweichen und ging mit ihm aus. »Was passiert? Er kann nicht! Ich dachte, ich müßte sterben. Also sagte ich: Okay, ich werde dich ganz einfach massieren. Er ist so schnell er konnte aus meinem Haus gerannt. Später habe ich festgestellt, daß der Hampelmann schon verheiratet ist.«

Beryl hat sich selbst zutreffend als jemanden beschrieben, der nicht ohne Antidepressivum leben kann. Von allen Freundinnen lebt sie am längsten allein, ist inzwischen vierundvierzig und hat eine vierzehnjährige Tochter. Sie ist Börsenmaklerin, ist ständig im Fernsehen zu sehen oder hält in renommierten Clubs Vorträge über Ökonomie.

»Dieses Jahr war mein allerschlimmstes – der absolute Tiefpunkt«, sagte sie. »Äußerlich hatte ich lauter phantastische

Erfolge zu verzeichnen. Beruflich bin ich ganz obenauf. Aber innerlich frage ich mich ständig: Das kann doch nicht alles gewesen sein?« In den letzten zwölf Monaten hatte sie nur eine Handvoll Verabredungen und brachte auf ihrer Geburtstagsparty einen sarkastischen Toast aus: »Ich habe dieses Jahr mit einem Tanz im Weißen Haus begonnen und mit zwei verschiedenen Antidepressiva beendet.« Im Grunde, sagte Beryl mit dünner Stimme, sei sie schrecklich traurig, in keiner Beziehung zu leben.

Trotz zahlreicher Parallelen unterschied sich das Gespräch zwischen den Frauen dramatisch von dem der Männer. Dabei bestand der Unterschied nicht im äußeren Erfolg, sondern darin, daß aus den Ambitionen der Männer die Luft heraus zu sein schien. Mit dem Scheitern ihrer Ehren war ihnen das Leben entglitten, und sie hatten kein Rezept dagegen gefunden. Sie traten auf der Stelle und waren wirklich allein.

Im Gegensatz dazu fanden die Frauen es spannend, überhaupt noch im Spiel zu sein und ihren beruflichen Einsatz steigern zu können. Vor allem schienen sie nicht so verzweifelt darauf aus, wieder zu heiraten, sondern sahen es als Erleichterung an, einmal nicht für jemanden sorgen zu müssen. Von Beryl abgesehen, schien den anderen ihre späte Jugend als beste Zeit ihres Lebens.

»Jetzt, beim zweiten Mal, macht die Jugend viel mehr Spaß!« erklärte Laura begeistert. »Ich fühle mich viel jünger als damals.« Ihre Kinder haben ihr gesagt, sie hätte nie Zeit gehabt, sich klarzuwerden, wer sie eigentlich sei. »Vor der Scheidung von meinem zweiten Mann konnte ich mir nicht einmal vorstellen, daß ich den Rest meines Lebens allein verbringen würde«, sagte Laura. »Jetzt genieße ich es geradezu, allein zu sein. Als meine beiden Kinder das Haus verließen und gleichzeitig meine zweite Ehe in die Brüche ging, kam es mir wie eine riesige Befreiung vor. Früher habe ich mein Leben damit zugebracht, mit meinen verschiedenen Rollen als Hausfrau, Mutter, Berufstätige fertig zu werden. Möchten Sie wissen, was jetzt mein größtes häusliches Vergnügen ist?« Laura setzte ein Engelsgesicht auf. »Mir Freitagabend zwei Filme auszuleihen und im Bett zu bleiben – was für eine unglaubliche Freiheit!«

Sowohl für die Männer als auch für die Frauen ist eine gute, engagierte Ehe eine der besten Garantien fürs Wohlbefinden.[5] Aber in mittelmäßigen oder schlechten Ehen sind Frauen die hauptsächlichen Verlierer.

»Die Ehe ist eine Einrichtung, die primär den Männern zugute kommt«, meint der Psychologe Neil Jacobson von der Universität von Washington. Er gehört zu der wachsenden Zahl von Experten, die in ihren Studien zu demselben Schluß gelangt sind: Männer können selbst dann von einer Ehe profitieren, wenn die Beziehung unglücklich ist, weil sie sie immerhin vor Depressionen schützt. Dagegen geraten immer mehr Frauen ihrer Ehe wegen in Verzweiflung, weil sie mehr Arbeit hineinstecken, als sie an Gewinn herausbekommen. Kein Wunder, daß viele geschiedene Frauen im mittleren Alter erklären, sie möchten lieber tot als verheiratet sein.

Männern, die in ihrer Lebensmitte unverheiratet sind, ergeht es oft umgekehrt: Sie neigen dazu, sich abzukapseln, depressiv zu werden und gar nichts mehr zu tun. Ihre Gesundheit leidet. Unabhängig von ihrem beruflichen Erfolg stellen sie ihren Selbstwert in Frage, was vermutlich darauf zurückzuführen ist, daß das soziale Netzwerk der Männer immer von ihren Frauen geschaffen wurde.

Sogar Beryl, die andauernd über die Zukunft, die sie nicht allein zubringen will, jammert, würde sich nicht noch einmal auf eine traditionelle Ehe einlassen. Trotzdem fürchtet sie das Niemandsland, in dem sie sich gerade befindet, und sucht ihre Einsamkeit mit Arbeit zu betäuben. Aber die Leute lieben uns nicht wegen unserer Arbeit. Sie bewundern uns vielleicht, fühlen sich zu uns hingezogen, beneiden uns, doch selbst die brillanteste Leistung bringt uns die Menschen nicht nahe. Glücklicherweise jedoch ist Beryls mißliche Gefühlslage für geschiedene Frauen in mittlerem Alter immer weniger typisch.

»Ich bin sehr glücklich«, sagte Laura. »Ich habe ja so ein

Schwein im Leben gehabt, daß ich bis zu diesem Punkt gekommen bin. Eigentlich sollte ich mich ja mit fünfzig nicht so rundum zufrieden fühlen, oder?«

Doch, heutzutage sehr wohl. Das ist die Aussage der Revolution des zweiten Erwachsenenalters. Kommen Sie mit auf die Reise und sehen Sie selbst.

ZWEITES BUCH

DAS ZWEITE ERWACHSENENALTER

PROLOG:
EIN NAGELNEUER LEBENSABSCHNITT

John Guare hat genau das getan, was er seit seinem neunten Lebensjahr am liebsten tut: Er hat Theaterstücke verfaßt. Bald wurde er gut, sehr gut darin und produktiv genug, daß er davon eine Familie ernähren konnte. Aber selbst ein so glänzender und überaus erfolgreicher Autor weiß, daß er sich nicht auf seinen Lorbeeren ausruhen kann. Er war sechsundfünfzig, als ich ihm davon erzählte, daß ich gerade das zweite Erwachsenenalter erforschte.

»Ich habe soeben zu meiner Frau gesagt, daß ich mein Leben jetzt sofort noch einmal neu erfinden muß!« platzte er heraus. »Oder wir sind gestorben. Schlimmer noch: Wir sind lebende Leichname.«

Nachdem wir das erste Erwachsenenalter hinter uns gebracht haben, was nun? Seht euch an, wieviel Zeit noch übrig ist! Heute gibt es nicht nur ein Leben nach der Jugend. Es gibt ein Leben nach dem Flüggewerden der Kinder, nach Kündigung des Arbeitsplatzes und Frühpensionierung, nach der Menopause, nach dem Tod des Partners. Es gibt ein Leben nach dem Herzanfall und nach der Krebserkrankung. Immer ist es ein Leben, für das man einen neuen Traum finden, das man neu planen, für das man trainieren, in das man investieren und das man antizipieren muß, und zwar jetzt. Warum?

Weil dieses zweite Erwachsenenalter keine Verirrung, sondern eine Evolution ist, und weil wir, fast wie zu Darwins Zeiten, den evolutionären Code geknackt haben.

Den Generationen der Nachkriegszeit wird heute progno-
stiziert, daß etwa die Hälfte damit rechnen kann, achtzig bis
neunzig Jahre und mehr zu werden, und das bei guter Gesundheit.[1] Und es scheint nicht ausgeschlossen, daß ihre Kinder
eine noch höhere Lebenserwartung haben. Es handelt sich also
um eine Veränderung, die wie keine andere eine grundlegende Umwälzung unserer Lebensweise im 21. Jahrhundert zur
Folge haben wird.

Die ersten Nachkriegskinder vollenden 1996 das fünfzigste
Lebensjahr. Während sie sich diesem Meilenstein nähern, werden nur die wenigsten ohne weiteres die Vorstellungen akzeptieren, die man mit einem solchen Alter verbindet. Hillary
Rodham Clinton gab zu, daß von allen beleidigenden Presse-
meldungen, die ihr während der Präsidentschaftskampagne
von 1992 zuteil wurden, »die einzige, die mir wirklich weh
getan hat – und eine der wenigen, die wirklich stimmte –,
besagte, ich sei mittleren Alters. Ich konnte es nicht fassen, als
ich es schwarz auf weiß sah.« Sie war fünfundvierzig.
    Die Vorhut der Achtundsechziger und der Vietnamgenera-
tion, die sich eine der längsten Jugendzeiten in der Geschichte gegönnt hat, legt eine kollektive Angst und Aversion gegenüber dem Alterungsprozeß an den Tag. Bei all meinen
Untersuchungen und Interviews habe ich fast niemanden in
den Vierzigern oder Anfang der Fünfziger gefunden, der sich
mit dem Begriff mittleres Alter identifizierte. Aus der Perspektive dieser Generation scheint es dieses Alter überhaupt
nicht zu geben.
    Davon ausgehend wage ich eine Prophezeiung, die von einer
renommierten Agentur bestätigt wurde: Jene Frauen und
Männer, die uns die Revolte der achtziger Jahre beschert
haben, sind jetzt im Begriff, ein neues Erdbeben auszulösen:
Sie werden mittleres Alter neu definieren – als Revolution der
Erwachsenen.
    Sie können gar nicht anders, denn bislang haben sie noch
jeder Lebensphase ihren Stempel aufgedrückt. Und sie werden
auch diesmal neuartige Wege finden, um in dem anstehenden

Lebensabschnitt als Gewinner dazustehen. Fünfzig wird künftig in vielfacher Hinsicht nicht mehr das sein, was vierzig einmal war. Die Achtundsechziger werden sich die fünfziger Jahre zu eigen machen.

NIEDERGANG ODER FORTSCHRITT?

Alle, die sich mit der Erforschung des Lebenslaufs beschäftigt haben wie Buhler, Erikson, Jung, Levinson, Neugarten und Valliant, haben festgestellt, daß der Charakter des Erwachsenseins sich zwischen dem frühen und dem mittleren Erwachsenenalter merklich verändert. In meinen Augen beginnt der neue Abschnitt irgendwann Mitte Vierzig mit einer wichtigen Übergangsphase. Das zweite Erwachsenenalter selbst läßt sich in die mittleren Jahre zwischen fünfundvierzig und fünfundsechzig und das späte Erwachsenenalter bis fünfundachtzig oder darüber hinaus aufteilen. Nachdem der Höhepunkt, das Alter der Überlegenheit, überschritten ist, findet der Mensch am Schluß Gelegenheit, alles, was er geliebt und gelernt hat, miteinander zu verschmelzen. Aus diesem Grund nenne ich diesen letzten Lebensabschnitt das Alter der Ganzheit.

Von allen Lebensphasen wurden die Jahre zwischen Mitte Vierzig und Mitte Sechzig bislang am wenigsten ausgelotet. Lediglich negative Aspekte wie Krankheiten, Tod des Partners, Ausscheiden aus dem Beruf, Sinnentleerung des Lebens und Verarmung, die uns in diesem Alter treffen können, sind abgehandelt worden. Dabei ist es höchste Zeit, daß wir uns damit beschäftigen, was das Leben uns in diesem Alter noch zu bieten hat, und zwar in jeder Hinsicht. Endlich haben wir die Chance zu zeigen, welche Leistungen unsere Spezies zu vollbringen vermag, sobald sie von den Sorgen um den Aufbau einer Karriere und der Versorgung der Kinder ganz oder weitgehend befreit ist. Welch eine Ernte des Lebens kann dann eingebracht werden!

Zwar stimmt es, daß in den mittleren Jahren Einbußen hingenommen werden müssen, doch gewinnen wir, indem wir uns auch mit den Negativaspekten des Lebens arrangieren, ein hohes Maß an Intensität. Carl Gustav Jung hat treffend beschrieben, welche Arbeit uns jetzt erwartet: »Gänzlich unvorbereitet treten wir die zweite Lebenshälfte an... schlimmer noch, wir tun es unter der falschen Voraussetzung unserer bisherigen Wahrheiten und Ideale. Wir können den Nachmittag des Lebens nicht nach demselben Programm leben wie den Morgen, denn was am Morgen viel ist, wird am Abend wenig sein, und was am Morgen wahr ist, wird am Abend unwahr sein.«[2]

Das erste, was wir wissen wollen, ist: Geht es von jetzt an ständig bergab?

Der Tatsache zum Trotz, daß die Menschen sich verständlicherweise innerlich gegen die mittleren Jahre wehren, ist ihre Bereitschaft überraschenderweise erstaunlich hoch, diesen Lebensabschnitt für die Entfaltung ihrer Persönlichkeit zu nutzen und dabei für bedeutsame, manchmal einschneidende Veränderungen offen zu sein.

Dieses neue Leben muß durch ein Aha-Erlebnis eingeleitet werden, das uns dazu zwingt, unser bisheriges Leben mit anderen Augen zu sehen. Sogar eine spätjugendliche Rebellion kann sich positiv auswirken – vorausgesetzt, wir bleiben nicht darin stecken oder fangen an, uns im Kreis zu drehen, um die Gefahren des Vorwärtsschreitens zu meiden.

Die späte Jugend, die in das zweite Erwachsenenalter und das Alter der Überlegenheit führt, kann eine sehr aktive Übergangsphase sein. Wie wir in den Geschichten des vorangegangenen Kapitels gesehen haben, sind die Menschen in dieser Phase in ständiger Bewegung und benehmen sich oft so kapriziös wie Teenager. Immer mehr Frauen, deren familiäre Verpflichtungen sich reduziert haben, wagen den Schritt ins Unbekannte, versuchen ihre Unabhängigkeit zu erweitern, neue Kenntnisse zu erwerben, neue Vorhaben anzupacken, die schöpferische Kraft und Abenteuerlust ihrer Jugend wiederzuentdecken und sich endlich ihren eigenen Bedürfnissen zu widmen. Und irgendwann können sie darüber lachen, daß sie solche Angst davor hatten, ihr jugendliches Aussehen zu verlieren.

»Mit achtundvierzig habe ich vierzig Pfund abgenommen und jünger ausgesehen als all die Jahre zuvor. Außerdem konnte ich mich jetzt meiner lang unterdrückten Leidenschaft zur Musik widmen«, schilderte eine typische Hausfrau ihre Erfahrungen. Jeannie schrieb sich bei der Musikschule ein, lernte Elektrobaß und Schlagzeug und schloß sich einer Rockband achtzehnjähriger Knaben an, die in einer Garage spielt. Und nach ihrem Fünfundsechzigsten will sie sogar eine Heavy-Metal-Band mit dem Namen »Guns and Geezers« (Kanonen und Opas) starten.

Für Männer birgt diese Lebensphase ganz neue Erfahrungen: Viele, die emotional bankrott im mittleren Alter ankommen, lernen jetzt zum erstenmal, nicht nur ihre rationalen, sondern auch ihre intuitiven Fähigkeiten zu nutzen.

Sie erinnern sich vielleicht an Bruce Bell, dem wir in einem früheren Kapitel begegnet sind. Er sagte in unserer Gesprächsrunde: »Oft sind ältere Männer in jungen Jahren so furchtbar beschäftigt gewesen, haben den finanziellen Verpflichtungen für ihre Familie nachkommen, im Beruf reüssieren, sparen und sich einschränken müssen. Währenddessen ist die Zeit vorbeigerast, und dann überrascht sie irgendein einschneidendes Ereignis. Sie verlieren ihren Job, oder ihre Frau stirbt, und plötzlich ist das, wofür sie sich abgemüht haben, fragwürdig geworden. Sie fangen wieder von vorn an und suchen eine Antwort auf die Frage, was der Sinn des Lebens ist.«

Ein muskulös gebauter Afroamerikaner, der sich der Gruppe in Seattle zugesellte, gestand: »Ich bin in einem Farbigenghetto in Philadelphia aufgewachsen und ehrlich, ich dachte nicht, daß ich älter als fünfunddreißig werden würde. Darum habe ich nie über diesen Punkt hinausgedacht.«

Oder der nüchterne Bürokrat, der kürzlich seinen Vierundfünfzigsten feiern konnte und plötzlich vor Enthusiasmus übersprudelte: Er hatte soeben ein Patent für eine Erfindung erhalten und war sicher, daß eine »astronomische Veränderung« in seinem Leben bevorstand.

Wenn wir aufhören können, alles so verbissen anzugehen, kann vielleicht das Spielerische unserer Jugend wiedererwa-

chen. Alice Lindberg Snyder hatte als Frau eines Universitäts-
professors viele harmlose Vergnügungen aus Gründen der
Schicklichkeit aufgeben müssen. Nun war sie Witwe und mußte nicht länger bei den Teezeremonien der Fakultät präsidie-
ren. Sie entdeckte, daß ihre dem Frohsinn zugewandte Natur
ihrer Kindheit nicht tot war. Sie hatte sie nur all die Jahre ein-
sperren müssen, wie sie es in ihrem Buch über das Geschenk
des Alters beschrieben hat.[3]

In diesem Alter wächst bei fast allen Menschen die Ehrfurcht vor der Natur und vor Kunstwerken, weil man sich
öfter die Frage nach dem größeren Zusammenhang stellt. Wir
spüren, daß die Zeit knapp wird und daß es keinen Sinn hat,
darauf zu warten, daß man alte Rechnungen begleichen kann.
Es ist Zeit zu vergessen und zu vergeben, Trennendes zu überwinden und sich neue, sinnvollere Lebensweisen anzueignen.
Ungewollte Verluste können zu Katalysatoren gewollter Veränderungen in der Praxis unseres Lebens werden: Sie können
unseren Umgang mit anderen, unsere Wertmaßstäbe und die
Richtlinien unseres Handelns und unser Verantwortungsgefühl für die nächste Generation, für unser Land und den
ganzen Planeten verändern.

Sherry Lansing, die eines der erfolgreichsten Filmbüros in
Hollywood leitet, hatte eigentlich das Altern als einen natürlichen Prozeß akzeptieren wollen. Plötzlich jedoch überfiel sie
mit fünfundvierzig Panik. Sie war unverheiratet und fürchtete
sich davor, ihr hübsches Aussehen zu verlieren, bevor jemand
sich an sie binden würde. Später begriff sie dann langsam den
Unterschied zwischen Niedergang und Fortschritt: »Mit fünfzig mußt du dich fragen: Was fehlt mir? In dem Alter kannst
du nicht mehr die Umstände oder andere Leute dafür verantwortlich machen. Was auch immer unvollständig ist, du selbst
hast es ausgelassen.«

Vom Überleben zur Überlegenheit

Eine massive Veränderung findet beim Übergang in das zweite Erwachsenenalter statt: Waren die jungen Jahre stark von einem Kampf ums Überleben geprägt – davon, daß wir uns in allen möglichen Lebenssituationen beweisen mußten –, so haben wir jetzt einen relativ stabilen Zustand der Überlegenheit erreicht, in dem wir vieles beherrschen und auch auf die Welt Einfluß nehmen können, statt immer nur auf alles, mit dem die Welt uns konfrontiert, zu reagieren. Wer diese Phase erreicht, hat gute Chancen, bis ins hohe Alter geistig und seelisch in hervorragender Verfassung zu bleiben.

Aber dieser Prozeß stellt sich nicht automatisch ein. Altern ist die eine Sache, erfolgreiches Altern die andere. Wer den Bonus des zweiten Erwachsenenalters kassieren will, muß sich für den richtigen Weg entscheiden. Das verlangt neue Zielsetzungen und Strategien sowie Energie und Disziplin. Was also sollen wir tun?

Erstens müssen wir uns eine neue Identität zusammenzimmern – und zwar je früher, um so besser. Das bedeutet, daß wir all die vertrauten, aber stereotypen Verhaltensmuster ablegen und uns wirklich klarwerden, was uns für die Zukunft am wichtigsten sein wird. Gerade darauf aber sind wir von unserer Kultur schlecht vorbereitet. Ab einem gewissen Alter heißt es leicht: »Dafür bin ich jetzt zu alt.«

In einem der ersten Gruppeninterviews mit Männern in New Jersey sagte ein Arzt: »Es ist zu spät.« Dem kleinen, untersetzten Mann, Sohn von Einwanderern, merkte man an seiner Aggressivität an, daß er sich als Junge auf der Straße durchsetzen mußte. Er wußte seit der siebten Klasse, daß er Arzt werden wollte. »Und ich habe es geschafft«, sagte er mit heiserer Stimme. »Habe mich in den Billardsälen herumgetrieben. Man hat mich den Ganovendoktor genannt. Ich habe getan, was ich tun wollte.« Aber es war keine Freude und Lebendigkeit in seinen Worten. Es klang mehr wie ein Rechenschaftsbericht, der all das aufführte, was er an Anstrengungen unternommen hatte, um sich in jungen Jahren als zäher Hund zu beweisen. Jetzt war er fünfundfünfzig, finanziell gesichert und meistens sauer. Abgesehen von dem gefärbten Haar, das er über die kahle Stelle an seinem Kopf kämmte, hatte er sichtlich keinerlei Anstrengung unternommen, sich auf ein zweites Erwachsenenalter vorzubereiten. Mit zweiundfünfzig hatte er sich zur Ruhe gesetzt, um an der Aktienbörse zu spielen, da er bis dahin nur eine einzige volle Woche Urlaub gemacht hatte. Er war müde und langweilte sich, doch der frühe Ruhestand konnte sein Unbehagen nicht kurieren.

»Ich habe so ein Gefühl, als ob das Leben zu Ende gehe«, sagte er der Gruppe, »und ich habe kaum etwas von dem getan, was ich tun wollte – trotzdem finde ich immer Entschuldigungen, nichts zu tun.« Er verschränkte die Arme noch fester über der Brust. Seine Körpersprache legte Zeugnis ab von der selbstauferlegten Beschränkung eines Mannes, der sich immer noch an den alten Wegweisern orientierte. Er besaß genügend Einsicht, das einzusehen: »Als ich noch meine Praxis hatte, hatte ich immer eine gute Ausrede, nichts Neues zu probieren. Jetzt habe ich sie nicht mehr. Inzwischen entwickelt sich meine Frau in die entgegengesetzte Richtung.«

Männer und Frauen verhalten sich in dem neuen Lebensabschnitt oft asynchron.

»Mit der Zeit gerätst du unter Druck«, sagte Meredith, eine Grundstücksmaklerin, deren Leben in konventionellen Bahnen verlaufen war. »Ich habe einfach das getan, was damals alle taten: Ich bin mit sechzehn ins College gegangen, habe mit zwanzig geheiratet, bekam mit einundzwanzig ein Kind – kurzum, ich habe alles immer zum richtigen Zeitpunkt getan.« Mit achtunddreißig, als die Kinder selbständig waren und sie ihr eigenes, gutgehendes Geschäft hatte, hörte sie auf, ihre Geburtstage zu zählen und – wichtiger noch – sich zu verändern. Inzwischen hatte sie die Fünfzig überschritten, lebte seit nunmehr siebzehn Jahren im immer gleichen Trott und fühlte sich von Tag zu Tag niedergedrückter.

Was ist der Sinn dieses zweiten Aktes in unserem Leben? Gibt es etwas Besonderes, das wir tun sollten? Ohne Wegweiser zu den inneren Veränderungen, die uns vor bisher nie gekannte Anforderungen stellen, sehen wir uns in ein Spiel geworfen, dessen Regeln wir nicht kennen. Wenn wir nicht in die gängigen Muster für unsere Altersgruppe hineinpassen, werden wir unser Verhalten eher als Beweis für unsere Unzulänglichkeit ansehen, anstatt es als nötige Phase für weiteres Wachstum zu werten.

An diesem kritischen Wendepunkt im Lebenslauf melden sich in unserem Hinterkopf seltsame Stimmen zu Wort und fragen:
- Nachdem ich das jetzt getan habe, was bedeutet das alles?
- Was ist von jetzt an der Sinn meines Lebens?
- Mag ich mich so, wie ich geworden bin, wirklich?
- Nachdem ich schon so viele Veränderungen hinter mir habe, warum lohnt es sich, es weiterhin zu versuchen?
- Wie wird sich meine Art zu lieben verändern?
- Wie kann ich meinem Leben kreative Impulse geben?
- Wenn ich es in früheren Karrieren nicht geschafft habe, ist jetzt das Ende der Fahnenstange erreicht? Oder das umgekehrte Dilemma: Was tue ich, wenn ich all meine Träume übertreffe?
- Wo finde ich geistigen Trost, wenn die Religion mir nichts gibt?
- Bringt uns das mittlere Alter den Höhepunkt des Lebens, oder ist es einfach ein gegenläufiger Trend, den man ertragen muß?
- Wird die Gesellschaft uns als weise Menschen anerkennen oder als überflüssig beiseite schieben?

Da unsere kulturelle Tradition uns in dieser Hinsicht keine Hilfe ist, müssen wir selbst nach Antworten suchen und experimentieren. Das Leben, wie es bisher war, wird und kann so nicht weitergehen. Der vor uns liegende Lebensabschnitt hat seine eigenen Freuden, Aufgaben und Hindernisse sowie eine andere Prioritätenskala. Wird der Kurs erfolgreich gesteuert, verliert das Sich-beweisen-Müssen an Wichtigkeit, und ungeahnte Perspektiven tun sich auf.

Der »kleine Tod« des ersten Erwachsenenalters

Psychologisch gesprochen muß etwas sterben, bevor ein neues Ich geboren werden kann. Wir müssen durch eine Trauerphase hindurch, um am Ende sagen zu können: »Okay, das ist mein neues Leben, ein neuer Teil von mir, der jetzt wachsen darf.« Hinsichtlich des individuellen Zeitpunktes gibt es natürlich eine beträchtliche Spannbreite, doch will man eine Norm aufstellen, kann man fünfundvierzig als Seniorenalter der Jugend, fünfzig dagegen als Jugend des zweiten Erwachsenenalters bezeichnen.

Ob bewußt oder unbewußt – Mitte oder Ende der Vierziger erleben Frauen wie Männer den Tod der Jugend. All das Geltungsbedürfnis, alles Streben und Konkurrieren, das unserem Leben bisher eine wilde Intensität verliehen hat und die Grundlage unserer Identität darstellte, kommt uns jetzt eher wie eine langweilige Pflicht vor. Unvermeidbar stellen sich auch Zorn, Wut und Frust angesichts der physischen Veränderungen, die wir durchmachen, ein. Bin ich bereit, das Verebben meiner körperlichen Leistungskraft hinzunehmen, den Vorteil der jugendlichen Schönheit zu verlieren? Desillusionierung und Überdruß sind ebenso natürlich für diese Passage, wie es die Stimmungsumschwünge für die Jugend waren.

In Anbetracht der Phobie vor dem Altern, wie sie in der westlichen Gesellschaft herrscht, und in Erwartung eines allgemeinen Niedergangs geben die Menschen oft zunächst einmal auf. Sie hängen Sportarten an den Nagel, an denen sie früher viel Spaß hatten und die gut für sie waren. Statt dessen fangen sie an, zuviel zu essen und zu trinken. Sie lassen ihr Haar vielleicht in einer Weise grau werden, die ihnen nicht schmeichelt oder schneiden es radikal ab, weil sie für lange Haare vorgeblich zu alt sind. Manche entwickeln ein übermäßiges Ruhebedürfnis oder versinken in Depressionen. Andere finden sie »über Nacht gealtert«; sie selbst haben das Gefühl, daß ihre Seele aus dem Herbst in den Winter kommt.

Alles hat seine Zeit, heißt es in der Bibel. Das gilt auch für uns. Dieser kleine Tod ist – der winterlichen Ruhepause vergleichbar – die Voraussetzung für neues Leben. Jetzt, da das Ende dieses scheinbar endlosen Frühlings unseres jungen Erwachsenseins in Sicht kommt, ist Gelegenheit, uns neu zu definieren und gleichzeitig von unserem alten Ich Abstand zu gewinnen.

Ich habe dieses Konzept des kleinen Todes einem Mann geschildert, der über die Midlife-Krise geschrieben hat. Er unterstützte meine Vorstellungen: »Man stellt fest, welche Stärken man hat, dann begibt man sich in diese Rolle hinein, perfektioniert sie, schmückt sie aus und führt sie vor. Man gewöhnt sich an das Gefühl, daß man das ist. Aber die Frustration – wenn man sie überhaupt bemerkt in dem Augenblick, in dem man dem kleinen Tod begegnet –, die Frustration ist das Gefühl: Das ist nicht das Ich, das ich mag, oder das Ich, von dem ich möchte, daß andere Leute es kennenlernen.«

Die Anstrengung, die es kostet, dieses Ich zu schaffen und zu verteidigen, ist ermüdend. Sobald wir nicht mehr das Gefühl haben, daß wir uns der Welt beweisen müssen, können wir mit Erleichterung all das abstreifen, was falsch oder Nachahmung ist, und unser wirkliches Selbst entdecken.

Die Geburt des zweiten Erwachsenenalters

Sowohl bei den Männern als auch bei den Frauen sind von den über Fünfzigjährigen diejenigen psychologisch am stabilsten, deren Erwartungen und Ziele sich mit den Jahren verändert und die ein neues Ich entwickelt haben, das sich aus bislang brachliegenden Eigenschaften speist.[4] Während Männer es auch schon früher vermocht haben, immer wieder einmal neu anzufangen, ist dies bei Frauen eher eine Neuheit. Manche Frauen geben zu, daß sie sich zu intensiv mit ihren Kindern beschäftigt haben und es schwer finden, damit aufzuhören.

»Ich habe die Kinder in ihr eigenes Leben ausfliegen lassen, aber wichtiger noch: Ich habe selbst das Nest verlassen«, sagte Janet Mandaville, eine Akademikerin aus Oregon. Der

Bruch kam mit fünfzig, als sie für acht Monate nach Australien ging, um ihr bisheriges Leben einer kritischen Betrachtung zu unterziehen. Zum erstenmal hatte sie aufgehört, sich zu fragen: »Was werden die Nachbarn denken?«

Janet durchwanderte den australischen Busch, trug ihr Zelt auf dem Rücken und lernte den riesigen Unterschied kennen zwischen allein sein und einsam sein. »Zum erstenmal seit meinem zehnten Lebensjahr hatte ich Zeit, auf einem Felsen zu sitzen und mich mit mir selbst zu unterhalten.« Indem Janet sich Zeit nahm, entdeckte sie viele bislang unbekannte Stufen emotionaler Reaktionen. Als sie nach Oregon zurückkam, konnte sie die Scheidung einreichen – nicht impulsiv wie eine Jugendliche, sondern wohlüberlegt und unter Wahrung einer freundschaftlichen Beziehung zu ihrem früheren Ehemann.

Sie erinnert sich an die Zeit, als sie nur mit den Erfordernissen des Alltags beschäftigt war, und begreift jetzt, daß wenig Raum für Magie übrigblieb. »Wenn du älter wirst«, sagte sie, »findest du mehr Möglichkeiten, dir Zeit für Dinge zu nehmen, die zwar nicht notwendig, dafür aber befriedigend sind.«

Wenn wir stolpernd die ersten Schritte in das unbekannte Territorium des zweiten Erwachsenenalters tun, wissen wir nicht, ob wir uns darauf verlassen können. Wir sind nicht sicher, welcher Art dieses neue Ich sein wird, und wir bezweifeln, daß es soviel wert sein wird wie die aller Welt gefällige Person, mit der wir bis jetzt gut klargekommen sind. Je früher wir uns mit dem Gedanken anfreunden, daß das Leben sich nicht als das herausstellen wird, das wir erwartet hatten, um so leichter fällt uns der Übergang. Wir müssen uns zu dem Entschluß durchringen: »Ich gehe nicht rückwärts. Ich versuche auch nicht, mich am selben Platz zu halten – das würde Selbstquälerei und Narrheit bedeuten. Nein, ich habe den Mut vorwärtszuschreiten.«

Die Sinnkrise

Die Suche nach dem Sinn von allem, was wir tun, wird zur Hauptbeschäftigung des zweiten Erwachsenenalters. Dahinter steht der Wunsch, die disparaten Aspekte unseres Ichs zusammenzufügen, der Hunger nach Ganzheit und die Notwendigkeit, die Wahrheit zu wissen.

Frauen entdecken in dieser Phase eher ihre rationalen Möglichkeiten und bemühen sich um einen größeren Aktionsradius, während Männer sich oft aufs Fühlen zurückziehen, wobei dieser auf Veränderung gerichtete Impuls für viele Verlust, Aufgeben, Ende der Fahnenstange bedeutet. Sie widersetzen sich mit aller Kraft den Chancen, die ihre ungenutzten Gefühle und Intuitionen ihnen bieten können.

Das Kapitel in der Bibel, das am besten die Sinnkrise beschreibt, findet sich bei den Predigern. Es geht um die Phase des Lebens, in der wir zurückblicken und es uns vorkommt, als wäre es ein Haschen nach Wind gewesen.[5] Es ist gefährlich, sich weiter von Äußerlichkeiten diktieren und definieren zu lassen. Der Anfang aller Weisheit besteht in der Erkenntnis, daß äußerliche Dinge wie Titel und Rollen vergänglich sind, uns nicht mehr definieren können.

Im Übergang zum Alter der Überlegenheit geht es vermutlich nicht mehr um radikale Veränderungen in unserer Karriere und unseren persönlichen Lebensumständen. Was geschehen muß, ist innere Arbeit, die unser Einfühlungsvermögen steigert und unsere bisherigen Erfahrungen verändert.

Das zweite Erwachsenenalter führt uns über die Beschäftigung mit uns selbst hinaus. Wir sind gezwungen, für unser Engagement einen größeren Rahmen zu suchen. Ein Teilnehmer der Gesprächsrunde in Seattle stellte scharfsinnig fest: »Unser ganzes Leben lang erfinden wir Geschichten und eine Person. Ein Teil des Alterns ist es, in eine größere Geschichte hineinzuwachsen.«

Merken Sie, wie Ihre Perspektive sich verändert? Das Gefühl hinsichtlich Ihrer Lebensweise wird sich auf mindestens vier Wahrnehmungsebenen verändern, während Sie vom ersten in das zweite Erwachsenenalter übergehen. Wenn Sie bereit sind, in Ihre Zukunft zu investieren, sollten Ihnen diese Veränderungen willkommen sein. Sie sind das sicherste Zeichen dafür, daß es Zeit wird, an die Komposition eines neuen Ichs zu gehen.

ZEIT ZUM TOTSCHLAGEN?

Anfang Vierzig beschleicht die meisten Menschen so ein Gefühl, daß sie sich beeilen müssen. Das kommt daher, daß sie sich zum erstenmal mit der zeitlichen Beschränkung ihres Lebens beschäftigen. Die Zeit scheint schneller, immer schneller zu verstreichen und wird daher immer wertvoller. So wie die Jugend dahinschwindet, schwindet auch die Vorstellung, daß Zeit etwas ist, das man »totschlagen« sollte.

Es ist so, als ob wir in unserer Jugend nur den ersten Akt eines Stücks gesehen haben, dessen zweiten Akt mit dem Höhepunkt wir in den Vierzigern erleben, kurz bevor der Vorhang fällt. Erst wenn wir uns der Fünfzig nähern, werden Form und Bedeutung des ganzen Stücks klar, und wir gehen in den dritten Akt mit einer ungeheuren Neugier, was am Ende bei alledem herauskommen wird.

VORSTOSS ZUR AUTHENTIZITÄT

Die Dissonanz zwischen dem wirklichen Ich und dem Ich, das wir im Anpassungsprozeß hergestellt haben, erreicht während der späten Jugend ein Maximum an Spannung. Dann wird man sich die Frage stellen müssen: Werde ich mein echtes Ich ewig in einer dunklen Ecke verstecken?

»Männer haben nicht viel Spaß in ihrem Leben«, stellte Howell Raines von der *New York Times* fest, der sich selbst mit diesem Thema befaßt und einen eindrucksvollen Bericht über seine eigene Erfahrung geschrieben hat. Für sie sei es besonders schwer, ihre beiden Ichs zu einem Ganzen zusammenzufügen.

Raines selbst begann seine Reise aus dem ersten Erwachsenenalter mit fünfundvierzig und war erst mit fünfzig über den Berg. Fünf Jahre lang schlug er sich in tosenden Gewässern herum und suchte die Frage zu beantworten: »Was bedeutet das alles?« Eines Nachts setzte er sich hin, um eine Geschichte über das Angeln zu schreiben – ohne journalistische Kniffe, nur aus seiner eigenen Erfahrung. Aus der Tiefe kamen Gefühle herauf, und er ließ die Worte nur so heraussprudeln. Als er die letzten Klippen auf seiner langen Fahrt ins zweite Erwachsenenalter umschiffte, schrieb er in seinem Buch: »Ich begriff, daß das Akzeptieren meiner eigenen Sterblichkeit das letzte und unerläßliche Thema für mich war und daß es sich in der Tat kaum lohnte, sich den Mühen einer nennenswerten Midlife-Krise zu unterziehen, wenn man nicht auch bereit war, sich vorzustellen, wie einen die alte Hure Tod, wie Hemingway das formulierte, umfangen würde und wie man sich darauf einzurichten hatte.«[6]

Diese innere Stoßkraft in Richtung Authentizität war auch in meinen Interviews mit Frauen dieses Alters zu spüren. Viele haben es gelernt, mit komplexen Sachverhalten umzugehen, die verschiedensten Situationen zu meistern und die Verhältnisse, in denen sie leben, zu verändern. Sie entwickeln sich immer mehr zu dem, was sie sein wollen.

Permanent haben mir Frauen über fünfzig mit Überzeugung gesagt: »Ich würde nicht zurückgehen, um wieder jung zu sein.« Sie erinnern sich noch allzugenau, wie das war, aufzuwachsen und nicht genau zu wissen, wer sie waren, und zwischen den Erfordernissen von Familie und Beruf hin- und hergerissen zu werden. Sie erinnern sich noch daran, wie es war, den Kleidungsstil oder die Frisur zu wechseln, und daß man in dem verschwommenen Bild oft völlig die Orientierung zu verlieren drohte.

Frauen erleben ihr »falsches Ich« oft als böse oder schlecht. Haben sie es beispielsweise nicht geschafft, die Ehe zum Funktionieren zu bringen, war es der Fehler des schlechten Ichs. Selbst wenn eine Frau ganz bewußt nicht heiratete, blieb unterschwellig der Verdacht, daß es dafür andere Gründe gab: weil man etwa zu dick, zu schwach, zu aufbrausend, zu unliebenswürdig – eben schlecht war. Viele von uns können sich gut daran erinnern, daß wir uns abwechselnd wie eine schlechte Mutter und wie ein übles Karriererisiko vorkamen – nie waren wir uns hinsichtlich unserer Ziele und Wertvorstellungen wirklich und andauernd sicher. Selbst das Aha-Erlebnis, als wir einsahen, daß wir uns auf eigene Füße stellen, unsere Sache selbst in die Hand nehmen mußten, unterwarfen wir der Selbstzensur und rechneten es unserem schlechten Ich zu.

Die entscheidende Ausarbeitung einer authentischen Identität findet bei der Frau meist statt, nachdem ihre traditionellen Aufgaben erledigt oder nicht mehr so vorrangig sind. Sehr oft haben Frauen ihre eigentlichen Träume lange aufgeschoben, und viele der über Fünfundvierzigjährigen, mit denen ich sprach, hatten ein Ziel vor Augen, das zu erreichen sie jetzt fest entschlossen waren. Sie waren nicht bereit, ihre Träume von früher aufzugeben.

Das fünfzigste Lebensjahr birgt in dieser Hinsicht eine Wende, die einer emotionalen Befreiung gleichkommt. Die meisten Frauen gaben jetzt an, daß sie die Tatsachen des Lebens nun leichter akzeptierten, gleichzeitig jedoch mit ihrer Meinung weniger hinter dem Berg hielten und weniger befangen wären. Und die Mehrheit stimmte darin überein, daß die vielen inneren Kämpfe, die das Leben bislang in Mitleidenschaft gezogen hatten, vorüber zu sein schienen.

LEBENSLUST ODER STAGNATION?

Sie kennen vielleicht das Gefühl, daß sich vor einem Hintergrund von Wohlbefinden ein Hauch von Stagnation, Langeweile oder Stumpfsinn auszubreiten scheint. Das ist das Signal, daß ein neuer Lebensabschnitt beginnt. Ob die Welt vernebelt oder sonnig ist, ob wir ein klares Ziel zu haben glauben oder vom Wind mal hierhin, mal dorthin geworfen werden, ob wir in einem Zustand innerer Gewißheit oder stiller

Verzweiflung leben – alles hängt davon ab, wieweit wir bereit sind, die vertraute Lebensstruktur über Bord zu werfen.

In seinem Theaterstück *Broken Glass* hat Arthur Miller eine Frau beschrieben, die ihre Karriere aufgibt, einen vom Ehrgeiz getriebenen Geschäftsmann heiratet und mit ihm eine Familie gründet. In ihren Fünfzigern stellt sich plötzlich eine Lähmung in den Beinen ein. Sie ist an dem Punkt angelangt, an dem sie den kleinen Tod ihres falschen Ichs erleiden muß, das seinen Zweck mit Ablauf des ersten Erwachsenenalters erfüllt hat. Durch die Lähmung versetzt sie sich gewissermaßen in einen infantilen Zustand der Sicherheit, bringt sich damit aus der Gefahrenzone, sich verändern zu müssen – sie ist entschuldigt. Sie selbst sieht das so, daß man einfach Schritt für Schritt aufgibt, bis es sich über einem schließt wie ein Grab. Ehemann wie Ehefrau tun alles, um sich nicht der Wahrheit ihrer unzulässigen Gefühle stellen zu müssen, und sind deshalb zum Untergang verurteilt.

Aber das zweite Erwachsenenalter handelt nicht vom Aufgeben oder Laufenlassen, bis es keine Rolle mehr zu spielen scheint. Es handelt vielmehr davon, daß man im Leben einen neuen Wert findet. Das Geheimnis der Suche nach dem Sinn ist folgendes: Du mußt deine Leidenschaft entdecken und ihr folgen.

RÜCKKEHR ZUR LEIDENSCHAFT

Wie wissen Sie, wo Sie Ihre Leidenschaft suchen müssen? Denken Sie nach! Gibt es eine Tätigkeit, bei der die Zeit verstreicht, ohne daß Sie es merken? Was haben Sie mit zwölf am liebsten getan? Was ist mit dem hitzköpfigen vorpubertären Kind geschehen, das sich damals, bevor es sich in die Uniform seines Geschlechts einzupassen anfing, so hartnäckig und leidenschaftlich mit irgend etwas beschäftigen konnte? Dort irgendwo ist der Angelpunkt, an dem Sie vielleicht Ihr schlafendes Ich emporziehen können. Möglicherweise hatten Sie sogar vor, eines Tages zu dieser Passion zurückzukehren, doch die meisten von uns werden als Erwachsene überdiszipliniert und vergessen sogar, wie es ist, wenn man eine Leidenschaft hat.

Von Jugendlichen erwartet man, daß sie rebellisch sind. Aber was ist mit Menschen in ihrer späten Jugend? Müssen sie sich nicht ebenso aus den Fesseln alter Erwartungen befreien? Irgendwohin entkommen, wo sie malen oder schreiben oder träumen oder ein neues Unternehmen wagen können? Jene, die in der Vergangenheit bereits einmal oder mehrfach das Risiko der Veränderung eingegangen sind, werden leichter bereit sein, im mittleren Alter die Chance einer Erneuerung zu begrüßen. Da sie schon früher den Erfolg sinnvoller Veränderungen erlebt haben, werden sie sich freier fühlen, ein neues Ich mit Eigenschaften zu entwickeln, die zuvor brachgelegen haben. Solche Menschen neigen dazu, wenn sie an den Rand der bekannten Welt treten, auszurufen: »Da gibt es ja nichts zu überlegen!«

Ein sicheres Anzeichen dafür, daß ein neues Ich zu keimen beginnt und die Umrisse einer neuen Lebensstruktur Gestalt annehmen, ist die Rückkehr des Gefühls, lebendig zu sein.

SICHERHEIT ODER GEFAHR?

Eine eher subjektive Veränderung, die wir in jeder Übergangsphase erleben, betrifft die Relation von Sicherheit und Gefahr in unserem Leben. Junge Leute sind zumeist, was Sicherheit angeht, recht unbekümmert. Das stärkste Gefühl der Gefährdung scheint, meinen Auswertungen zufolge, in den Vierzigern aufzutreten. Warum?

Weil die Erkenntnis der Sterblichkeit in diesem Alter neu und die Furcht vor dem langsamen Niedergang allgegenwärtig ist: Jetzt werde ich mein gutes Aussehen verlieren, meine Knie werden steif werden, meine Augen und meine Ohren schlechter, mit dem Sex ist es auch nicht mehr weit her, und dann gehe ich einfach hinüber und sterbe.

Mit dem Erreichen der Fünfzig betrachtet man die eigene

Sterblichkeit mit mehr Gelassenheit. Vielleicht fühlt man sich sogar körperlich besser als zehn Jahre früher, weil man jetzt weniger Raubbau mit seinem Körper treibt. Außerdem haben fast alle inzwischen gelernt, mit persönlichen und beruflichen Niederlagen umzugehen, ohne daran zu zerbrechen, und können deshalb ihr Leben im allgemeinen effizienter und effektiver gestalten.

Die meisten hat der Hauch des Todes zumindest gestreift: Jemand aus dem Familien- oder Freundeskreis ist plötzlich gestorben oder schwer erkrankt, oder man selbst hat einen schweren gesundheitlichen Einbruch erlitten. Der Gedanke an die Sterblichkeit ist nicht mehr nur eine unbestimmte Angst, wie sie es mit Anfang Vierzig war, sondern zwingt einen jetzt zum Nachdenken, was man für die Aussicht auf ein längeres Leben zu investieren bereit ist. Solche Überlegungen mobilisieren in der Regel unsere inneren Ressourcen und tragen dazu bei, Kriegslisten zu ersinnen, um Krankheit und Tod zu entgehen.

Nicht jeder kann die Vorteile eines zweiten Erwachsenenalters nutzen, weil die meisten noch gar nicht begreifen, was für Möglichkeiten sich dort eröffnen. Es handelt sich um eine Revolution, die gerade erst begonnen hat. Da es unmöglich ist, die Menschen aller sozialen Schichten gleichermaßen zu berücksichtigen, werden uns in den folgenden Kapiteln jene begegnen, die zu den Erfolgreichen im Leben zählen und der mittleren bis oberen Mittelschicht angehören. Sie sind die Schrittmacher einer dynamischen, an Anhängern stetig wachsenden Bewegung.

Welcher Kräfte bedarf es, wenn wir in das Alter der Überlegenheit aufbrechen? Und was bekommen wir heraus? Sicher keinen Status und kein Prestige, sondern sich vertiefende Freundschaften, die Befriedigung, Jüngere etwas lehren und eine uns angeborene Schöpfergabe erkunden zu können. Zumindest in zweifacher Hinsicht verändern wir uns mit dem Älterwerden zum Besseren: Wir lernen, nicht immer andere dafür verantwortlich zu machen, wenn etwas schiefläuft, und wir haben es nicht mehr nötig, in Eskapaden zu verfallen.[7] Wir sind tatsächlich in der Lage, unseren Kopf dahingehend zu trainieren, auf solch zerstörerische Abwehrmechanismen zu verzichten.

Vielleicht erwecken wir auf diese Weise unser schlafendes Ich, das wir im Sturm und Drang unseres jungen Lebens hinter uns gelassen haben. Zu oft allerdings gestehen wir uns die Notwendigkeit einer Erneuerung erst dann ein, wenn es einen ohrenbetäubenden Knall gibt – etwa wenn wir merken, daß unsere über die Jahre hinweggerettete Ehe sich einfach nicht mehr reparieren läßt, oder wenn neue Technologien unseren alten Arbeitsplatz überflüssig gemacht haben und wir uns plötzlich wie ein Dinosaurier vorkommen. Es kann aber auch passieren, daß ein aufgestautes Bedürfnis nach Veränderung, das lange wegen noch anstehender Verpflichtungen nicht realisiert werden konnte, einen schlingernden Verlauf nimmt: Der »späte Jugendliche« nimmt eine zu abrupte Kurskorrektur vor, flüchtet vielleicht aus der Stadt aufs Land, schmeißt seinen Beruf oder seine Ehe hin, ohne daß dies wirklich nötig gewesen wäre.

Wie also können wir diesen Übergang positiv gestalten? Die zahlreichen Geschichten in den folgenden Kapiteln sollen die Vorteile einer bewußten inneren Veränderung zeigen.

DRITTER TEIL:

ÜBERGANG ZUM ALTER DER ÜBERLEGENHEIT

Definition eines erfolgreichen Lebens

Oft und viel lachen, die Achtung intelligenter Leute und die
Zuneigung von Kindern gewinnen; sich die Wertschätzung
ehrlicher Kritiker verdienen und den Verrat falscher Freunde
ertragen; den Wert der Schönheit erkennen, das Beste in
anderen sehen, die Welt ein wenig besser zurücklassen, ob in
Gestalt eines gesunden Kindes, eines Gartens oder der
Behebung eines sozialen Mißstandes; wissen, daß auch nur
ein Leben leichter hat atmen können, weil du gelebt hast.

Ralph Waldo Emerson

7. Kapitel:
Die Sterblichkeitskrise

Am Rande des Abgrunds zu leben – dieses Gefühl beschleicht uns, wenn wir den Gipfel eines Berges erreichen und erschrocken über den Abgrund hinwegblicken. Zwar bietet sich uns ein atemberaubendes Panorama, doch wir wissen nicht, was uns auf dem Weg dorthin erwartet. Gewöhnlich werden die Grenzen unseres privaten Universums allmählich von den konkreten Sorgen, die uns als junge Erwachsene bewegten, zu etwas Größerem, Überraschendem, Geheimnisvollem hin verschoben. Aber oft geschieht es auch, daß wir unversehens und unvorbereitet durch ein nicht vorhersehbares Ereignis an diesen Abgrund gestoßen werden.

Es muß sich nicht unbedingt um eine lebensbedrohliche Krise handeln. Vielleicht ist unser Arbeitsplatz in Gefahr, oder die Rollenverteilung in unserer Ehe droht zu kippen.

Schon der Autoritätsverlust beim eigenen Kind, das kein Kind mehr sein will, kann die Krise ebenso auslösen wie die wenig verlockende Aussicht, für einen greisen Elternteil die Vormundschaft übernehmen zu müssen.

Etwas in dieser Art stößt fast jedem Menschen zu, der zwischen Mitte Vierzig und Mitte Fünfzig ist, und in diesem Alter kann uns ein solcher Umstand ganz schön aus dem Gleichgewicht werfen und unsere Lebensgrundlage erschüttern. Ganz gleich, wie sorgfältig wir unser Leben geplant haben – solche Brüche kommen vor. Plötzlich sehen wir uns mit dem größten Geheimnis der Erwachsenenwelt konfrontiert und fragen uns zwangsläufig alle, wie wir reagieren werden, wenn uns selbst zum erstenmal die Faust des Schicksals trifft.

Mit einemmal stehen wir am Abgrund, durchleben eine Phase gesteigerter Verletzbarkeit und erhöhen gleichzeitig unser Potential: Was immer wir jetzt tun, es wird entscheidende und langfristige Auswirkungen haben. Aber wir sind keine Figuren auf dem Schachbrett, keine Marionetten, die von unsichtbaren Händen bewegt werden; wir können denken und handeln und die Tiefe unserer Motive ausloten. Wir können die Bilder des Lebens betrachten, um uns zu orientieren.

Leben am Abgrund

Das flammend rote Haar war das erste, was ich von Peggy sah, als sie auf dem Flughafen von San Francisco auf mich zukam. Ihr weißes, sommersprossiges Gesicht und ihr breites Lächeln schienen – obwohl wir uns noch nie begegnet waren – tiefergehendes Erkennen zu signalisieren, als das bei gesellschaftlichen Begegnungen sonst üblich ist. Peggy holte mich zu einer Konferenz über die neue ältere Frau ab.

Bereits vom ersten Augenblick an entdeckten wir viele Gemeinsamkeiten. Wir hatten beide rotes Haar und waren uns auch mit unserem aufbrausenden Temperament ähnlich. Ferner verband uns die Lust auf Lachen, Natur, Wandern und Politik, und beide waren wir glücklich verheiratet mit Männern, die älter waren als wir. Peggy hatte mit dreiundfünfzig promoviert und danach ein Jahr in Berkeley angehängt. »Chuck unterstützt mich unglaublich. Jeder Mann, der dich gleichzeitig durch die Doktorarbeit und die Wechseljahre begleiten kann...« Ihr lautes Gelächter sagte den Rest. Ich erzählte ihr, daß mein Mann mich ebenfalls in meiner Kreativität sehr unterstützt.

Peggy war vielleicht sechs oder sieben Jahre älter als ich und immer noch darauf aus, das Leben in vollen Zügen zu genießen. Wir verstanden einander so gut, daß sie mir gleich bei dieser ersten Begegnung von ihrem persönlichen Kummer berichtete. Zwei Jahre zuvor hatte man bei ihrem Mann einen Prostatakrebs festgestellt, doch sei ihm – wie sie betonte – eine optimistische Prognose gestellt worden. »Er wird an Altersschwäche sterben, bevor der Prostatakrebs ihn auch nur einholen kann«, hatte der behandelnde Arzt gesagt. Jetzt sei seit dem Ende der Bestrahlung ein Jahr vergangen, und Chuck fühle sich so gut, daß er seinen bevorstehenden Fünfundsechzigsten gar nicht wahrhaben wolle. Peggy erwähnte, daß er während ihrer Abwesenheit zu einer Nachuntersuchung ins Krankenhaus müsse.

Die Konferenz war eine Encounter-Gruppe im Stil der sechziger Jahre, die Teilnehmerinnen waren klug und spritzig, im Alter zwischen fünfzig und achtzig, und wir verstanden einander rasch. Wir redeten ein bißchen darüber, daß Frauen in dieser Phase des Lebens, wenn die Kinder aus dem Haus sind, oft Verpflichtungen einem erkrankten Familienmitglied gegenüber übernehmen müßten.

Am letzten Tag der Konferenz war Peggy schon früh abgereist und hatte sich von niemandem verabschiedet. Eine innere Stimme sagte mir, daß sie eine schlechte Nachricht erhalten haben mußte. Am Abend, nach einem fröhlichen Telefongespräch mit meinem Mann, rief ich sie zu Hause an.

»Ich bin die Küste hoch gefahren und habe geschrien und geweint – der erste Nervenzusammenbruch, den ich je hatte«, brach es aus ihr heraus. »Ich wollte über den Klippenrand fahren, weil mir eine Stimme sagte...« Sie konnte ihren Satz nicht beenden. Das Ungeheuer war wieder da. Chuck mußten fünf Organe entfernt werden. Seine ganzen Eingeweide waren befallen.

Während der Tag für mich erfreulich verlaufen war, hatte Peggy Verzweiflung übermannt. Das war der Abgrund. So winzig kam ich mir vor angesichts der Gedanken an den Tod und angesichts der verzweifelten Überlegungen, die sich in meiner Freundin abspielen mußten, daß ich zuviel redete. Als erstes, sagte ich Peggy, solle sie daran denken, daß man heute nicht mehr automatisch an Krebs sterbe. Viele würden geheilt. Sie solle sich die vielen Frauen anschauen, die einen Brustkrebs überlebt haben. Sogar mit letztlich unheilbarem Krebs hätten manche noch zehn oder fünfzehn Jahre gelebt.

Doch Statistiken dringen nicht bis ins Herz. Die Angst ist ganz individuell. Peggy fühlte sich hilflos, Chuck desgleichen. Sich hilflos zu fühlen, ist die schlechteste Medizin für das Immunsystem eines Menschen. Statt sich passiv zu ergeben, mußten sie eine andere Methode finden, um wieder Herr der Situation zu werden. »Unternehmt etwas zusammen«, drängte ich sie. »Könnt ihr an irgendeinen magischen Ort gehen, mit dem euch schöne Erinnerungen verbinden und wo ihr euch auf die Operation vorbereiten könnt?«

»O ja, in die Sierra, das ist unser Zufluchtsort«, sagte Peggy.

Ich empfahl ihr Selbsthypnose und berichtete ihr von den Erkenntnissen eines befreundeten New Yorker Psychologen.[1] Der Körper kann nicht zwischen dem heilenden Skalpell des Chirurgen und dem Messer des Raubmörders unterscheiden. Doch kann ein Patient mittels Selbsthypnose seinem Körper befehlen, einen chirurgischen Eingriff positiv zu erwarten, statt mit Streß darauf zu reagieren. Untersuchungen haben gezeigt, daß Patienten, die sich auf diese Art und Weise auf einen chirurgischen Eingriff vorbereiten, schneller gesund werden.

Peggy erzählte mir, sie führe Tagebuch, doch falle es ihr schwer, ihre Gefühle und Ängste Chuck gegenüber ehrlich zu artikulieren, weil sie das Gefühl hätte, ihn ermuntern zu müssen. Aber Heuchelei nützt sich während längerer Notsituationen rasch ab. »Versuch einen Dialog über das, was du wirklich fühlst – vielleicht könntet ihr beide ein Tagebuch führen und es euch dann gegenseitig vorlesen. Es kann euch helfen, als Team zusammenzuarbeiten.«

Chuck halte nichts davon, jemandem seine Ängste zu offenbaren, entgegnete Peggy. Aber er liebe seinen Computer. »Unsere Computer stehen im Arbeitszimmer nebeneinander. Ich werde ihm vorschlagen, daß jeder seine Gefühle in seinen Computer eingibt und wir uns dann austauschen.«

Das wurde Peggys und Chucks Waffe: Sie vertrieben die Gespenster dadurch, daß sie sich mit schonungsloser Aufrichtigkeit mitteilten, was normalerweise kein Mensch ausspricht.

Sie versuchten, eine vernichtende Wahrheit zum Verschwinden zu bringen, indem sie sie sich eingestanden.[2] Ich blieb mit Peggy während der ganzen Zeit in Kontakt, und sie schickte mir gelegentlich Eintragungen von der Entwicklung ihrer beider Leben. Aus diesen Exzerpten und meinen Gesprächen mit Peggy ist die aufschlußreiche Geschichte eines Ehepaares entstanden, das ein Leben am Abgrund führt.

KLEINE SIEGE

Peggy: Wir haben als Team gearbeitet, um Chuck für das Skalpell des Chirurgen vorzubereiten.

Chuck: Die Ärzte sollten keine Nummer, keine Fallgeschichte, keine medizinische Anomalie in die Hände kriegen. Sie sollten mich bekommen: eine Person, einen Ehemann, einen Vater, einen Großvater – jemanden mit Gefühlen, Empfindungen, Bedürfnissen. Auf keinen Fall sollten sie vergessen, wer ich war. Ich wollte meinen Körper für sie vorbereiten. Ich lag auf dem heißen Granit der Sierra und verwandelte mich in Butter, so daß das Messer keinen Widerstand treffen würde. Ich wurde zu einem Teil des chirurgischen Teams.

Als ich vor dem Eingriff mit Peggy sprach, sagte sie, Chuck wäre seltsam euphorisch. Sie hatten sich bei allen Vorbesprechungen als präsent und informiert erwiesen. Sie fragte das, was er zu fragen sich nicht traute, und umgekehrt. Chuck lernte tatsächlich die Selbsthypnose, so daß er sich, wo auch immer er war, für ein paar Sekunden in einen inneren Raum flüchten konnte, wenn die Angst ihn zu überwältigen drohte. »Aber letzten Endes«, sagte Peggy, »ist soviel da, daß wir es nicht mehr unter Kontrolle bringen.«

Peggy hatte ihren Mann zu allen Arztterminen begleitet und war mit ihm gemeinsam von Test zu Test gefahren. Sie hatten einander bei den Händen gehalten, sich Handküsse zugeworfen und überall Liebe gemacht, wo es ihnen in den Sinn kam. Ihre Liebe zog sich in ungebrochener Linie durch all die Zufallsereignisse, die das Leben für sie bereitgehalten hatte.

Wirkliche Heilung, daran erinnern die uralten Philosophen, verdankt sich nicht der Logik, sondern der Liebe.

Am Morgen nach seiner zehnstündigen Operation erwachte Chuck in einem Netz aus Schläuchen. Ominöses Flüstern drang von draußen zu ihm durch. Dann begann die Visite, und sieben Ärzte marschierten herein, um sich in einem Kreis um sein Bett aufzustellen. Peggy fühlte, wie verwundbar und exponiert ihr Mann war. Aber seine ersten Worte gaben ihr zu verstehen, daß er immer noch darum kämpfte, die Situation unter Kontrolle zu bekommen.

Chuck: »Sie müssen eines verstehen – wer auch immer an mir herumarbeitet, muß mich anfassen.« Ich streckte die Hand nach dem Chefarzt aus. Er nahm sie und hielt sie fest. Meine andere Hand hielt ich dem Assistenten hin: »Das heißt jeder.« Wie linkische Schulkinder sahen sie ihren Chef an, ob er es ihnen erlaubte. Ein Assistenzarzt trat vor, nannte seinen Namen und berührte Chuck.

Chuck: »Gut, das ist vielleicht die beste Medizin, die Sie verabreicht haben.«

Peggy war erleichtert, ihn so lebensvoll klingen zu hören. Aber wenn alle anderen weg waren, war sie immer noch da, bis sie sich schließlich ausgepumpt Abend für Abend zu dem deprimierend vertrauten Motel schleppte. Als ich sie telefonisch nicht erreichen konnte, hatte das einen guten Grund. »Wir haben etwas in unserem sorgfältig ausgetüftelten Szenario vergessen: ein Hilfsprogramm für mich«, gab sie schließlich zu. »Ich tat mir selbst leid und schämte mich dieses Gefühls. Ich habe mich einfach in dem Motel verkrochen, das Telefon nicht abgenommen und den Fernseher zur Gesellschaft eingeschaltet. Aber jede Nacht fühlte ich mich isolierter und verlassener.«

Wir sprachen darüber, wie unverzichtbar es ist, daß der Pflegende sich selbst pflegen kann. Es war im September, die meisten Leute waren wieder fleißig beim Studium, aber Peggy hatte ihre politologischen Lehrveranstaltungen am College verringert und die Arbeit an ihrem ersten Buch unterbrochen. Sie hatte nichts als den Kampf mit der Bestie. Eigentlich brauchte sie Freunde, die ständig für sie da waren und die sie anrufen konnte, um sich mit ihnen zu verabreden; sie brauchte jemanden, dem sie sagen konnte, wie hundsmiserabel sie sich fühlte. Von jetzt an würde der Sex mit Chuck nur noch eine Erinnerung sein. Sie fragte sich, ob es mit allem so sein würde. Würden sie zum Beispiel jemals die Provence wiedersehen? Peggy brauchte eine Hoffnung, an die sie sich klammern, auf die sie sich stützen konnte – irgend etwas, das niemand wegnehmen konnte.

»Vielleicht werde ich Chuck vorschlagen, daß wir – wenn möglich – nächsten Mai in die Provence reisen. Dann duftet der Lavendel so schön.«

Chuck erholte sich wunderbarerweise so gut, daß er schon drei Tage früher das Krankenhaus verlassen durfte. Die Ärzte sagten ihm, er habe alle Rekorde gebrochen. In dem winzigen, sterilen Krankenzimmer hatten er und Peggy einer unpersönlichen Maschinerie ihre eigenen Spielregeln aufgezwungen und Wärme und Liebe erzeugt. Es war ein kleiner Sieg.

Die Heimkehr – der Balsam der Seeluft, der frische Duft der Kiefern bei Monterey, der Anblick seines Hauses – wirkte auf Chuck überwältigend. Er nahm Peggys Hand. »Es wird schon werden.«

Zwei Monate später fuhr Peggy wieder jeden Tag zur Universität, um dort vier Stunden pro Tag zu unterrichten. »Das Schuldgefühl folgt mir überallhin«, sagte sie mir. »Wenn ich in meinem Büro bin, habe ich das Gefühl, daß ich bei Chuck sein sollte. Zu Haus bin ich in Sorge, daß meine Studenten zu kurz kommen.« Aber was ihr am meisten Sorgen bereitete, waren Chucks Zorn und sein Gefühl der Erniedrigung. Nach einem für ihn mißlichen Zwischenfall in einem Restaurant war er explodiert: »Ich werde das Haus nie mehr verlassen!«

Laß es mal eine Weile auf sich beruhen, schlug ich vor. Später konnte sie dann ein paar verlockende Reiseprospekte herumliegen lassen. Inzwischen klammerte ich mich ähnlich heftig wie Peggy daran, daß Chuck sich erholen würde. Ich identifizierte mich unheimlich mit ihrem Kampf.

Zwei Monate nach der Operation hatte Chuck nahezu sein normales Arbeitspensum wieder aufgenommen und flog auf Geschäftsreisen im Lande umher. Auch begann er, sich für die herumliegenden Reisebroschüren zu interessieren, und er erinnerte sich französischer Dörfer und des Dufts von frischgebackenem Brot, des Geräusches rollender Boule-Kugeln auf dem Platz und der heißen Sonne, die die Steine einer zerstörten Burg wärmte. »Wieso nicht?«

»Ich kam hundemüde von Zwischenprüfungen nach Hause«, erinnerte sich Peggy später. »Als ich zum Arbeitszimmer wollte, entdeckte ich Chuck. Da stand er und sprach langsam in seinem gebrochenen Französisch: Oui, Monsieur, une chambre pour deux avec une vue. Mich schien ein Hauch von Lavendel anzuwehen. Mit etwas Glück würden wir im Mai in der Provence sein.«

Es war Juni, als ich Peggy wieder anrief und wissen wollte, ob sie im Mai in der Provence gewesen waren. »Wir sagen gern, wir haben es wegen schlechten Wetters abgeblasen«, sagte sie vorsichtig. In Wirklichkeit war Chuck wegen weiterer Eingriffe oder wegen massiver Infektionen im Krankenhaus gewesen. Sie lebten von einem Tag zum anderen, merkten, wann sie mit ihren Energien sparsam umgehen mußten und wann sie etwas anpacken konnten. Immer noch hatten sie Pläne. Peggy hatte in San Francisco ein Apartment gefunden, das sehr französisch wirkte: Mit der richtigen Musik und den richtigen Postern würde sie in ihren eigenen vier Wänden ein französisches Ambiente schaffen.

In der folgenden Nacht hatte ich einen gräßlichen Alptraum. Früh um vier wachte ich zitternd auf, kroch vorsichtig aus dem Bett, um meinen Mann nicht zu wecken, und ging hinaus in den Garten, um den Juni mit ganzer Seele in mich aufzunehmen. Auf dem Land war es die Zeit des Jahres, in der man sich die trostlose graue Stille des Winters nicht mehr vorzustellen vermag. Das protzige Drängen des Juni erinnert einen daran, daß jeder Augenblick wie ein Schmetterling eingefangen werden muß – sonst ist er weg.

Mir wurde klar, weshalb ich Peggy nicht angerufen hatte. Das war es, was ich gefürchtet haben mußte – daß die Bestie, mit der sie rang, in meinen eigenen Bereich einbrechen, meine Sicherheit zerstören und mein Leben vergiften könnte. Aus diesem Grund wohl ziehen sich die meisten von uns so grausam von denen zurück, die an Krebs leiden. Geschäftsfreunde rufen nicht mehr an, Freunde und manchmal auch Verwandte wappnen sich mit Gleichgültigkeit, warten, daß das Opfer stirbt, und begraben damit den Kranken praktisch lebendig. Was wir statt dessen tun sollten, ist, der Bestie ins Gesicht zu blicken. Genau das tat Chuck.

In manchen Kulturen wird der Tod akzeptiert und als natürlicher Teil des Lebens farbenprächtig ritualisiert. Nicht so in der westlichen Jugendkultur, die den Tod als Bankrott betrachtet, als etwas Privates und fast Schändliches, über das man nicht laut reden sollte. Unsere generelle Haltung gegenüber dem Tod ist, daß wir ihn leugnen. Vor diesem Hintergrund kann ein Ereignis wie Chucks Erkrankung eine plötzliche Furcht vor dem Tod auslösen und alles in ein bedrohliches Licht tauchen. Trotzdem müssen wir die Realität unseres eigenen Todes irgendwie in unser Leben eingliedern und sie akzeptieren.

Einen Monat später, als ich mich zu einem neuen Anruf bei Peggy aufraffte, hatte sich die Situation erneut verändert. Man hatte wieder einen Tumor entdeckt, aber ihre Liebe hatte Chuck zu einem besonderen Mut befähigt. Er hatte es mit Peggy noch einmal durchgesprochen und dann eine Entscheidung getroffen, die seiner Meinung nach lebensbejahend war und ihm Gelegenheit bot, sich in Würde und schmerzfrei noch einiger kostbarer Augenblicke mit Peggy und seiner Familie und den engsten Freunden zu erfreuen. Er würde sich keiner aggressiven Behandlungsmethode mehr unterziehen, sondern nur noch Schmerzmittel nehmen.

Peggy klang erleichtert, fast lebhaft. »Jeder Tag, den wir zusammen haben, bringt uns etwas mehr. Wir freuen uns sogar schon darauf, im nächsten Frühling in der Provence wieder den Lavendel zu riechen.«

Es ist nur allzu offensichtlich, daß nicht jeder die Chance hat, sein zweites Erwachsenenalter zu erleben oder wirklich zu genießen. Selbst wenn wir alles richtig anpacken, kann uns eine heimtückische Krankheit einen Strich durch die Rechnung machen. Auch können wir nicht hundertprozentig sicher sein, daß wir einen Partner haben, der uns auf unserem ganzen Weg begleitet. Peggy hat die Sterblichkeitskrise durchlebt. Chuck ist den Weg gegangen, so weit er konnte, aber seine Geschichte ist keine Geschichte einer Niederlage. Obgleich er schlechte Karten erwischt hatte, lehnte er es ab, sich auf ein medizinisches Problem reduzieren zu lassen. Bis zuletzt kämpfte er darum, die Fülle seiner Menschlichkeit bewahren zu können. Das ist – für sich genommen – ein Sieg. Chuck hat uns gezeigt, wie man in Würde geht.

Wenn wir in dieser Phase eine Konfrontation mit der Sterblichkeit ehrlich und gut lösen, haben wir damit praktisch einen Befähigungsnachweis für das zweite Erwachsenenalter erworben. Ansonsten kann, wenn die See unvorhersehbar rauh wird, eine Welle über uns hinwegbrechen, und wir beginnen den Boden unter den Füßen zu verlieren. Gerade in diesem Lebensabschnitt ist es wichtig, daß man sich irgendwie verankert fühlen kann. Wir müssen in Erfahrung bringen, was an unserem Leben absolut relevant ist. Dieses Wissen wird uns Richtung und Anker sein.

DEN EIGENEN FORTSCHRITT GESTALTEN

Jeder von uns erzählt sich jeden Tag die eigene Lebensgeschichte. Dieses Geplauder, das mit zweihundert Worten pro Minute durch unser Gehirn rauscht, wenn wir uns auf nichts anderes konzentrieren, wird zu dem, was wir leben.

Das Bewußtsein formt sich in erstaunlichem Maße durch den Prozeß der Selbsterfindung und Selbstzensur. Wir schreiben uns selbst unsere Geschichte. Psychologen haben festgestellt, daß die Art, wie Menschen ihre Geschichte erzählen, derartig zur Gewohnheit wird, daß sie schließlich zum Rezept für die Strukturierung der Erfahrung selbst, für das Anlegen von Wegen in die Erinnerung und – schließlich – für die Lebensführung wird.

Bei Sören Kierkegaard heißt es: »Die Philosophie hat völlig recht, wenn sie sagt, daß man das Leben rückwärts verstehen muß. Aber dann vergißt man die andere Bedingung: Man muß es vorwärts leben.«[3] Charlotte Bühler, eine Pionierin auf dem Gebiet der Erwachsenenentwicklung, erklärte schon 1933, daß es in dem Leben der meisten Menschen einen inneren Zusammenhang oder ein einheitliches Prinzip zu geben scheine.[4] Dieses Prinzip, so schrieb sie, werde insbesondere in Gesprächen mit Menschen über fünfzig oder fünfundfünfzig sichtbar. Wenn sie ihre Lebensgeschichte erzählten, schlössen sie gewöhnlich mit einer zusammenfassenden Feststellung: »Alles in allem war es ein gutes Leben«, oder: »Es hat alles nichts gebracht.«

Die meiste Zeit leben wir von einem Tag zum anderen. Doch wenn Sie sich in der Mitte Ihres Lebens Zeit nehmen, auf die erste Hälfte zurückzublicken, werden Sie feststellen, daß eine Richtung da ist. Besonders für akademisch gebildete Männer stellt dieser Rückblick eine tiefe Befriedigung dar, empfinden sie dabei doch einen Fortschritt in wichtigen Bereichen ihres Lebens.

Vor einer Generation hätten dieselben Männer nur den Abstieg gesehen. Heute ist es ihnen möglich, den Fortschritt zu schätzen, den sie gemacht haben und immer noch machen. Viele von ihnen sagen, sie seien nicht mehr so zornig, zwang- oder triebhaft oder selbstsüchtig wie in jüngeren Jahren. Und sogar wenn sie mit diesen Dämonen ringen, werden sie besser mit ihnen fertig. Solche Aussagen stützen meine in jahrelanger Arbeit erworbenen Erkenntnisse, daß viele, die heute fünfzig sind, ihr Leben als eine Fortschrittsgeschichte sehen. Sobald wir uns dessen bewußt werden, daß es nicht abwärts geht, werden wir den Mut zum Weitergehen aufbringen.

Manche Leute scheinen eine ruhige, ereignislose Midlife-Phase zu durchqueren. Aber wenn ihnen dann in den Fünfzigern irgendein Ereignis ihre Sterblichkeit zu Bewußtsein bringt, kann sie das in eine tiefe und finstere Krise schleudern. Wurde etwas länger unterdrückt, kommt es mit um so größerer Wucht hoch. Eine sehr erfolgreiche Frau beim Fernsehen sagte mir, daß es ihr, selbst als sie mit fünfundvierzig an Krebs erkrankte, nie in den Sinn gekommen wäre, daß sie sterblich sei. »Ich wollte einfach beweisen, wie gut es mir ging, also habe ich ein Lächeln aufgesetzt und bin sofort wieder an die Arbeit gegangen.«

Was sie dann umwarf – und sie muß im nachhinein darüber lachen –, war der Tod ihres Hundes. »Barney war immer bei mir. Er hatte mich durch Trennung, Scheidung, Krebs, neue Liebe und Wiederverheiratung begleitet. Plötzlich sagte ich mir: Wenn Barney sterben kann, kann jeder sterben. Ich bin nie wieder dieselbe gewesen.«

Rational lassen sich der Tod eines Hundes und eine Krebserkrankung natürlich nicht miteinander vergleichen. Und trotzdem wurde dieser relativ kleine Auslösefaktor zum wichtigen Wendepunkt im Leben dieser Frau. Mit fünfundfünfzig konnte sie eben ihre Ängste nicht mehr mit dem Gedanken an ihre hervorragende berufliche Stellung beschwichtigen, und sie wollte es auch nicht mehr. Sie hatte durch ihren Workaholismus ihren Lebensenthusiasmus erschöpft und wollte sich von der beruflichen Last befreien. Aber wenn sie ihre alte Identität abwarf, was war sie dann? Ihre Gedanken spiegeln die verschwommenen Ängste vieler Menschen wider:

»Wenn du begreifst, daß du sterben kannst, und wenn du anfängst, es zu akzeptieren, was willst du dann mit dem Leben anfangen, das dir noch bleibt? Es ist ein schwieriger Lebensabschnitt. Manche lösen sich nie richtig von ihrer Depression und gehen völlig fertig in das neue Alter. Andere pokern einfach weiter und schauen niemals zum Ende des Tunnels. Das sind vor allem diejenigen, die an der Wallstreet Millionen verdienen. Solange sie noch einen Deal hinkriegen und einen Konkurrenten ausschalten können, glauben sie, sie könnten ewig so weitermachen. Wenn sie dann die ersten Warnsignale wahrnehmen, geraten sie in eine furchtbare Krise.«

Diese Frau hatte sich dafür entschieden, kinderlos zu bleiben, was das Akzeptieren eines neuen Lebensabschnitts erschweren kann. Kinderlose neigen dazu, die Zukunft vor allem als Zeit zu betrachten, die einem abgezogen wird. Die unvermeidlichen Wunden, die das Altern dem narzißtischen Ego schlägt, werden nicht von einem Gefühl der Kontinuität der Generationen und dadurch der Verbundenheit mit der Zukunft gelindert. Leute mit Kindern dagegen können die Zukunft durchaus positiv sehen, weil man erlebt, wie erst die Kinder und schließlich die Enkelkinder heranwachsen und einem Freude bereiten. Wie oft hören wir Menschen, die mitten im Leben stehen, sagen: »Ich tue das, weil ich meinen Kindern und Kindeskindern eine bessere Welt hinterlassen möchte.« Das eigene Leben setzt sich in dem anderer fort.

Lassen Sie mich Ihnen eine Frage stellen: Wird man Ihre persönliche Lebensgeschichte im zweiten Erwachsenenalter als eine Geschichte des Fortschritts oder des Niedergangs betrachten? Weitgehend steht es in Ihrer Macht, hierüber zu entscheiden. Ja, Sie werden im zweiten Erwachsenenalter Verluste hinnehmen müssen, und einige werden unwiderruflich sein. Aber Sie werden über einen gesteigerten Erfahrungsschatz und ein gutes Urteilsvermögen, über eine stabilere Identität und ein größeres Wissen um sich selbst als im ersten Erwachsenenalter verfügen. Außerdem ist Ihre Fähigkeit zu lieben und geliebt zu werden in einer Art und Weise gewachsen, die viel tiefer und weniger egoistisch ist als in jüngeren Jahren. Es ist an der Zeit, mit der eigentlichen Aufgabe des zweiten Erwachsenenalters, dem Nähren und Bilden der Seele, voranzukommen.

Wenn Sie Ihr Erwachsenenleben in Worte zu fassen beginnen, werden Sie wahrscheinlich feststellen, daß die Geschichte auf verschiedenartige Weise erzählt werden kann, und zwar hängt das davon ab, welches Bild man von seiner Zukunft hat. Wir sollen über unser Leben als etwas Ganzes nachdenken, es in größere historische und familiäre Zusammenhänge stellen und uns einen persönlichen Glauben schaffen, der als Leitlinie des Handelns dienen kann.[5]

Manche sehen es als Ausdruck einer egoistischen oder bestenfalls egozentrischen Einstellung an, wenn jemand davon redet, wie es ihm früher ergangen ist. Aber man entdeckt den Übergang in eine neue Phase nicht, wenn man sich keine Zeit für einen Blick zurück nimmt. Wenn wir die Reihe offenbar unzusammenhängender Ereignisse und Handlungen reflektieren, die sich zu unserer Geschichte zusammenfügen, sollten wir nach einem Muster Ausschau halten. Mit fünfzig nämlich läßt sich in unserer Lebensgeschichte durchaus ein immer wiederkehrendes Motiv entdecken. Und es ist unsere Entscheidung, nicht bloß Schicksal, ob wir die Freude oder den Schmerz als wesentlicher erkennen. Kaum ein anderes literarisches Beispiel kann dies besser veranschaulichen als die Figur des Ödipus.

Ödipus, blind und von rachgierigen Göttern verteufelt, hat trotz aller Prüfungen im fortgeschrittenen Alter erkannt, daß er seine volle Menschlichkeit ohne seine Fehler und ohne seine Leiden nicht entdeckt hätte. Der Sterbliche hat einen Eigentumsanspruch auf sein Schicksal erhoben und dessen Fortschritt proklamiert.[6]

PEGGYS GESCHICHTE

Peggy fühlte definitiv, daß ihr Leben im Niedergang begriffen war, als sie ihren Ehemann langsam sterben sah. Aber ein Jahr nach Chucks Tod erzählte sie mir davon, wie es mit ihr selbst weitergegangen war: »Ich kann immer noch nicht über Einsamkeit reden – ich vermisse Chuck schrecklich. Aber es ist komisch. Wenn einem in einem negativen Sinn nichts Größeres mehr zustoßen kann, fühlt man sich unverletzbar. Seit Chuck tot ist, bin ich mehr ich selbst als je zuvor. Ich wage mehr. Meine erste Reaktion ist jetzt immer: Warum nicht? Ich habe ein paar für mich ziemlich ungewöhnliche Dinge gemacht.« Sie lachte. »Ich nenne es meine wilde Ader. Wenn sie gerade zum Zuge kommt, bin ich euphorisch; wenn nicht, bin ich sehr traurig.«

Peggy war gerade von einem dreiwöchigen Urlaub in Kanada zurückgekehrt. Als sie dort beim Morgengrauen im Meer getaucht hatte, war ihr die Erkenntnis gekommen: »Ich kann wieder eine Frau mit Pep sein.« Beruflich voll eingespannt, bereitete sie einen Pilotkurs über die »Politik des Alterns« vor und arbeitete als Co-Autorin an einem Buch mit.

Wie Sisyphos, der seinen Stein unentwegt hinaufrollen muß, werden auch wir immer wieder unsere Bürden aufheben. Aber selbst Sisyphos ist wie der geblendete Ödipus der Überzeugung, daß alles seine Richtigkeit hat. Wer weiß? Dieser Mann, von Homer als der Weiseste der Sterblichen beschrieben, hatte vielleicht sowohl von der Welt der Sterblichen als auch der Unterwelt das Beste gehabt. Nachdem ihm die Götter die Rückkehr aus der Unterwelt gestattet hatten, damit er seine Frau bestrafen konnte, blieb er mit Vergnügen bei ihr im Angesicht der funkelnden See, überhörte die vielen Rufe der Götter, die ihn zurückschicken wollten, und kostete das vollste aller zweiten Erwachsenenalter aus. Die erzürnten Götter dachten sich für ihn als Strafe das Sinnloseste überhaupt aus, doch genau damit blieb er im Licht der Welt lebendig. Diese Herausforderung, den Stein immer aufs neue zur Bergspitze hinaufzurollen, war genug, um sein Herz zu erfüllen und ihn glücklich zu machen.

ANLEITUNG UND HILFE

Sie können sich eine Orientierung verschaffen, indem Sie sich mit Religion, Philosophie, Psychologie oder Poesie befassen. Jedes dieser Gedankensysteme bietet Ihnen für Ihren Weg wertvolle Erleuchtungen.

Die Wissenschaft sagt uns, daß die Bewältigung von Streß eine der grundlegenden Quellen der Selbstachtung und des Selbstvertrauens ist. Wenn wir einen wichtigen Übergang im Leben oder einen erlittenen Einbruch meistern, vermeiden wir damit nicht nur bleibende seelische Narben, sondern wir bewerkstelligen auch eine Veränderung in unserem Gehirn.

Das Gehirn ist nämlich fähig, die von ihm gespeicherten Bil-

der und damit seine Leistung und sogar seine Bewältigungs-
strategien durch neue Erfahrungen zu verändern – und zwar
unabhängig davon, ob es sich um eine planvolle oder eine
zufällige Erfahrung handelt. Aufgrund dieser Programmier-
barkeit des Gehirns ist es möglich, daß wir kraft unseres Denkens unsere körperliche wie auch unsere emotionale Befind-
lichkeit verändern. Wir können unser Selbstbild modifizieren,
schädigende Verhaltensweisen identifizieren und neue Bewäl-
tigungstechniken erlernen. Wir sind auch dazu fähig, eine
phantasievolle Lösung für einen wichtigen Übergang in unserem Leben zu entdecken.

Aber was tut man mit der Angst, wenn man gerade in der
Übergangsphase von einem einschneidenden Erlebnis nieder-
gedrückt wird? Stellen Sie sich vor, Sie befinden sich auf dem
Ozean. Manchmal fließt der Strom des Lebens ziemlich ruhig,
und man kann darin weiterschwimmen. Bei geringem Wellen-
gang läßt sich noch gegensteuern, vielleicht ein wenig der Kurs
korrigieren. Aber wenn ein Sturm heraufzieht, steigen die Wellen so hoch, daß sie einen zu überwältigen drohen. In diesem
Augenblick kämpfen Sie nicht gegen die Wellen an, sondern
Sie geben sich ihnen hin und versuchen dabei das Gefühl zu
bewahren, daß Sie sich trotz des Sturms über Wasser halten
werden. Die Chancen stehen gut, wenn Sie ruhig und gelassen
bleiben. Die Konfrontation mit dem Abgrund, mit der Sinnlosigkeit macht weise.

Die traditionellen Religionen gründen natürlich auf dem
Gedanken der Wiedergeburt. Einige Theologen haben mir
gesagt, daß ihnen der Übergang zu einem neuen Lebensalter
wie eine Konversion erscheint. In den uralten Lehren des tibetanischen Buddhismus gibt es ein ähnliches Prinzip – die als
Zwischenstadien oder Übergänge bekannten Bardos. Sie finden sowohl das ganze Leben hindurch als auch im Tode statt
und sind kritische Augenblicke, in denen die gesteigerte Chance einer Befreiung oder Erleuchtung besteht. Ebenso wie bei
unseren Übergängen hat alles, was man während dieser span-
nungsgeladenen Momente tut, eine dauerhafte Wirkung.
Sogyal Rinpoche, der die Lehre des *Tibetanischen Totenbuchs*

in die Welt der Lebenden getragen hat, betrachtet die Bardos als Augenblicke, in denen man an den Rand des Abgrunds tritt.[8] Am Rande des Abgrunds leben – wir sind wieder bei unserem ursprünglichen Thema, und auch hier wird es als positive Vorbereitung für eine Befreiung dargestellt.

Der größte und kritischste Übergang stellt sich bei der Konfrontation mit dem Tod ein. Aber wir müssen nicht auf einen solchen konkreten Fall warten, um uns der Sinnkrise zu stellen. Wir können hier und jetzt anfangen, einen Sinn in unserem Leben zu suchen. Die tibetanischen Lehrer sagen, die wahre Haltung gegenüber der Veränderung sähe so aus, »als ob wir der Himmel wären, der die Wolken vorbeiziehen sieht«. Das heißt: loslassen, geschehen lassen, die Vergänglichkeit des vorherigen Zustandes akzeptieren, während man sich darauf vorbereitet, das kommende Leben zu genießen, ohne mit Gewalt danach zu greifen. William Blake hat dieser Haltung poetische Gestalt verliehen:

> Wer an sich die Freude bindet,
> Lebendiges zu Tode schindet;
> Wer die Freude küßt im Flug,
> Hat in Ewigkeit genug.[9]

VIERTER TEIL:

DIE FLOTTEN FÜNFZIGER: FRAUEN

8. Kapitel:
Aus der Hölle in die Höhe

> Zweiundfünfzig. Hier ganz oben in der Mitte zu stehen,
> muß die glücklichste Zeit sein. Ich meine, es ist das einzige
> Mal, daß man einen Rundblick von 360 Grad in alle
> Himmelsrichtungen hat. Wow! Was für eine Aussicht!

Edward Albee
Three Tall Women[1]

Eine Freundin, eine attraktive Frau, gestand mir, daß sie sich,
als sie fünfzig wurde, wie eine dieser Statuen im Park gefühlt
habe, die grün anlaufen und schließlich verwittern, so daß niemand sie mehr anschaut – nicht einmal die Leute auf den Bänken davor.

Die ersten Hinweise auf unser Altern entnehmen wir den
Blicken der anderen Leute, die uns ansehen – oder nicht mehr
ansehen. Mitte oder Ende Vierzig weiß eine Frau, daß sie am
Abgrund ankommt und ihr jugendliches Aussehen einbüßt.
Dieser Vorteil, den sie früher für selbstverständlich genommen
hat, geht verloren. »Ganz plötzlich komme ich mir unsichtbar
vor«, heißt die allgegenwärtige Klage. Ja, wenn Sie gerade Ihr
Haar getönt und auf eine besonders flotte Art frisiert haben,
wenn Sie gerade in einer schlanken Phase sind und Ihr Rock
kurz ist und wippt, und wenn Sie eine Sonnenbrille tragen, ist
es, als wären Sie für einen Tag wiedergeboren. Für einen
Augenblick von Ihrer Eitelkeit aufgeputscht, kann es sein, daß

Sie sich bei der Einschätzung Ihres sexuellen Marktwerts ertappen – etwas, das Sie früher, als Sie noch jung und hübsch genug waren, um ein Objekt männlicher Begierde zu sein, verabscheut haben.

Diese Sorge über unser Aussehen mag zwar oberflächlich sein, ist aber völlig natürlich. Wir brauchen uns nicht zu schämen, daß dies von Zeit zu Zeit sogar zu einer Obsession wird. Jedoch ist der Kummer über den Verlust der Schönheit nur ein Symptom für ein viel größeres Phänomen.

Viele Frauen, die ich befragt habe, bezeichneten die zweite Hälfte ihrer Vierziger als Hölle – kompliziert durch die ersten verwirrenden Symptome der Wechseljahre. Selbst Frauen, die mit ihrem Schicksal zufrieden waren, konnten Augenblicke der Verzweiflung und Probleme nicht vermeiden. Tatsächlich hat mindestens die Hälfte von ihnen wenigstens eine schwere Depression durchgemacht. Wenn sie jedoch zurückblicken, sind sie dankbar für das, was das Leben ihnen geschenkt hat.

Mit fünfzig beginnt dann die Erholungsphase, und wirklich gewannen die Frauen, mit denen ich mich beschäftigt habe, im Verlauf der Fünfziger an innerer Harmonie und Überlegenheit hinzu und stellten zu ihrer Überraschung fest, daß sie sich noch nie zuvor so wohl gefühlt haben.

DER INITIALSCHOCK

Lauren Hutton ist keine gewöhnliche Frau, aber sie ist typisch. Als Supermodel hat sie einer ganzen Generation vor Augen gestanden. Sie hat ihre Haltung, ihr Aussehen, ihre Gesten und ihren Gesichtsausdruck sorgfältig und passend zu jeder Lebensphase erarbeitet. Als ich sie in Soho besuchte, breitete sie die Fotos ihrer dreißigjährigen Karriere vor mir aus – ein erstaunliches bildhaftes Zeugnis für die Weigerung unserer Kultur, die weibliche Schönheit mit echtem Leben, Leidenschaft, Fleisch und Blut sowie Denkvermögen gleichzusetzen.

In den sechziger Jahren versuchten die Frauen den leeren Baby-Doll-Blick der Hutton, ihre blonde Lockenpracht und die Miniröcke zu kopieren. Zehn Jahre später, als das Model jenseits der Dreißig war, kannte man sie als Revlon-»Girl«, und die Frauen bewunderten ihren schläfrigen Sex-Appeal. Mit zunehmendem Alter wurden Lauren Huttons Posen immer jugendlicher, und mit vierzig war nichts Lebendiges mehr in ihrem Gesicht. Sie ließ sich von den Visagisten drei Stunden lang Make-up auftragen und von den Stylisten die Haare richten. In den Studios, wo man ihr früher zu Füßen gelegen hatte, behandelte man sie jetzt, als ob sie Glück hätte, daß man sie überhaupt noch fotografierte. Sie verinnerlichte das Bild, das diese Leute von ihr hatten.

Ihr ganzes erstes Erwachsenenalter hindurch war nur immer eines an ihr gerühmt worden: ihre äußere Erscheinung – ihr falsches Ich. »Ich posierte und imitierte Posen, mein ganzes Berufsleben hindurch«, sagte sie. »Die Posen entfernten sich immer mehr davon, wie ich mich wirklich fühlte.« Sie versuchte sich als Filmschauspielerin, aber es waren meist nur Rollen in billigen Streifen. »Keiner kann verhindern, daß ein billiger Film auch billig aussieht. Ich hatte als Schauspielerin spät angefangen und deshalb gar nicht das Können, aus den Filmen irgend etwas Gutes herauszuholen.« Mit vierundvierzig wußte sie, daß es vorbei war. Inzwischen, so sagte sie, »hatte ich mein richtiges Ich verloren«. Dann legte sie mir als Beweisstück das letzte Foto vor, das man von ihr als Model gemacht hatte, bevor sie in der Versenkung verschwand.

»Das war die Hölle für mich«, sagte sie.

Die hagere Frau im trägerlosen Mieder mit eingeschnürter Taille und gestyltem, strähnigem Haar, mit magentaroten Lippen und eingefallenen Wangen, mit purpurrotem Lidschatten und dicker schwarzer Wimperntusche, wodurch ihre Augenhöhlen aussahen, als hätte jemand ihr einen Hieb versetzt, sah aus wie... Aber lassen wir Lauren Hutton selbst die Titelzeile darunter lesen:

»Sie ist ausgemergelt. Sie hat Angst. Sie ist verzweifelt. Sie sieht miserabel aus – wie fünfundsechzig.« Tatsächlich war sie damals vierundvierzig und spürte gerade erste Anzeichen der Wechseljahre. »Ich war inzwischen schon so verunsichert, kam mir derart ausgelaugt und hilflos vor, daß ich diese Fotografen nicht gestoppt habe. Ich dachte: Sie werden es schon hinkriegen, daß ich gut aussehe.«

Aber die Fotografen verstanden es nur, sie als Mädchen gut aussehen zu lassen, und Lauren Hutton hatte noch nicht begriffen, daß die Gesellschaft keine Bilder von Frauen wollte, sondern nur von Mädchen, die so taten, als ob sie Frauen wären. Die letzte Aufnahme von ihr als Model war für sie ein kleiner Tod. Es schien ihr, als wäre sie nun ein kompletter Mißerfolg. Die Wechseljahre verstärkten das Verlustgefühl. »Ich hatte keine Familie. Ich hatte keinen Beruf – und ich hatte keinen Frieden mit mir gemacht.«

Als sie in die Hölle hinabstieg, träumte sie schreckliche Sachen. »Ich war die Figur oben auf einem dreißig Meter hohen venezianischen Kronleuchter, der eine Hochzeitstorte zierte. In einem riesigen Reifrock. Alle steckten drin, die ganze Crew. Meine Aufgabe war es, dieses riesenhafte Gebilde durch Säle zu fliegen und einen Weg nach draußen zu finden. In den Straßen jagten uns die Menschen, und ich konnte das Ding nicht mehr in der Luft halten.«

In dieser Zeit war sie viel allein, ging in Lokale, von denen sie wußte, daß sie dort keine Bekannten treffen würde. Sie ertrug die Angst nicht, den Verfall ihres falschen Ichs in der Linse einer Kamera oder den Augen ihrer Freunde gespiegelt zu sehen. Die einzige Fluchtmöglichkeit schien das unerbittliche Hinübergleiten in ein inneres Exil à la Greta Garbo.

Lauren Hutton wurde fünfundvierzig, als der Fotograf Steven Meisel auf den Gedanken kam, sie mit einer inzwischen berühmten Anzeige der New Yorker Firma Barney's noch einmal groß herauszubringen. Zuerst lehnte sie dieses Angebot immer wieder ab. »Ich hatte mir seit fünf Jahren kein Modemagazin mehr angesehen, weil es zu schmerzhaft war«, sagte sie. »Alle anderen darin waren fünfundzwanzig Jahre jünger. Es war niemand aus meiner Generation mehr da. Ich fühlte mich immer weiter von der Schönheit entfernt. Ich kam mir alt und verhärmt vor. Aus und vorbei.« Wieder brachte sie zum Ausdruck, was viele Frauen ihrer Generation empfunden haben.

Schließlich war sie einverstanden, mit Meisel zu sprechen. »Ich kann nicht mehr posieren«, erklärte sie ihm. »Ich weiß nicht mehr, was Modellstehen ist.« Sie trug einen Overall und Boots und im Gesicht ein ironisches Lächeln.

»Na und?« fragte der Fotograf. »Genau das wollen wir ja.«

An einem Sonntagmorgen, Wochen nach der Aufnahme, hockte die Hutton wieder in ihrem Café und las die *New York Times*. Sie schlug sie auf, und ihr Blick fiel auf das Foto einer Frau, das eine ganze Seite einnahm. Nicht eines Mädchens, sondern einer Frau, die absolut schön war. »Mir stockte der Atem«, sagte sie. »Ich habe sie nicht erkannt.« Sie war es selbst.

Von dem Moment an, als sie begriffen hatte, wie entfernt sie von sich selbst gewesen war, begann Lauren Hutton sich zu verändern. Sie war jetzt die Vorzeigefrau für Glamour über fünfzig. »Auf der Straße kamen Frauen auf mich zu und sagten: Sie haben mir so ein gutes Gefühl gegeben. Zum erstenmal in meinem Leben fand ich mich nützlich – es war aufregend.« Sie hat jetzt eine Sache, für die sie sich einsetzt: Sie will mithelfen, daß ein Schwindelsystem sich verändert, daß eine Lüge entlarvt wird – die Lüge, daß Schönheit gleichbedeutend ist mit Jugend. Wichtiger noch, indem Lauren Hutton eine Mischung aus Klarheit, Neugier, Spiritualität und die Glut positiver Geschlechtlichkeit vermittelt, alles in die positive Botschaft eingepackt: »Jetzt ist unsere beste Zeit – machen wir also das Beste daraus«, ist sie zur Ikone für Millionen von Frauen geworden, die aus der Hölle kommen und zum Gipfel emporstreben.

DIE KRISE DER EITELKEIT

Lauren Huttons Geschichte ist natürlich sehr überspitzt, weil die Krise in dieser Ausprägung meist nur bei jenen Frauen vorkommt, die von ihrem guten Aussehen leben. Aber in abgeschwächter Form taucht das Problem überall auf: Schließlich ist es in vielen Bereichen – sei es an der Hotelrezeption, im Vorzimmer des Chefs oder im Verkauf – üblich, daß jungen, hübschen Mädchen der Vorzug gegeben wird. Was kann man dagegen tun? Sich im Kampf um die wenigen verbliebenen Positionen verzehren, gefährliche Hungerkuren unternehmen und das Äußere einer Rundumerneuerung einschließlich Schönheitsoperationen unterziehen? Oder sollte man lieber aufgeben und sich in eine freundliche Großmutter verwandeln? Gibt es keinen Mittelweg zwischen diesen Extremen?

In Wahrheit läßt sich das kulturelle Stereotyp der schmollmündigen Kindfrau mit schlankem, straffem Körper, dem hohen Busen und dem festen Po – gar nicht aufrechterhalten. Jene Frauen, die alles in die Instandhaltung ihrer jugendlichen Körpermaschine stecken, vernachlässigen dabei die Pflege und Reifung ihrer psychischen Kräfte, ihres Intellekts und jener Fähigkeiten, die die natürlichen Vorteile des mittleren Lebensabschnitts sind.

Das zweite Erwachsenenalter handelt nicht davon, daß wir uns wiederholen – es handelt davon, wie wir eine neue Version unserer Attraktivität finden. Wie wir aus der äußerlichen Schönheit, die wir haben, das Beste machen, aber zugleich die Quellen des inneren Werts aktivieren und dem Schönheitsmythos trotzen, der uns in unserem ersten Erwachsenenalter beschränkt hat. Sobald wir Rundlichkeit und normales Gewicht, Falten und schlaffe Haut, die sich naturgemäß mit der Reife einstellen, zu akzeptieren beginnen, bekommen wir wieder Boden unter den Füßen und können die beiden Säulen errichten, die die neue ältere Frau so wertvoll machen – ihre Komplexität und ihre Einzigartigkeit.

Manche der gefragtesten Sängerinnen haben jenseits der Fünfzig neuen Schwung entwickelt, nachdem auch sie zunächst geglaubt haben, alles wäre vorbei. Selbst diejenigen, die sich einstmals auf ihr verführerisches Image verließen, haben jetzt einen ihrem Alter entsprechenden selbstsicheren Sex-Appeal entwickelt.

Tina Turner, die mit dreiundfünfzig fürchtete: »Du kannst

keine alte Rock-Lady sein«, bewies später auf ihren Tourneen das Gegenteil. Wer sie bei ihren Konzerten live sah, hat den Unterschied zwischen dem Charme einer jungen und dem einer reifen Schönheit begriffen. Noch immer wirkte sie herausfordernd in ihrer spärlichen Bekleidung und vermochte sogar eine noch größere Körperlichkeit zu projizieren – ohne sich zu sehr anzustrengen. Die superdünnen jungen Tänzerinnen, die neben ihr herumsprangen, mögen zwar herrliche Sexobjekte sein, aber sie strahlten keine persönliche Macht aus. Sie waren im wesentlichen fleischlos und gewichtlos, ihre ganze Schönheit kam von außen.

Wenn man jung ist, kann man sich auf so wenig verlassen: Wenn du eine glatte Haut und strahlende Augen hast und hinreißend aussiehst im Minirock, reagieren die Leute automatisch auf dich – du brauchst gar nicht den Mund aufzumachen. Mit den Jahren jedoch wird es immer schwieriger, auf den Marktwert seines körperlichen Charmes zu setzen. Deshalb ist es wichtig, rechtzeitig einen tiefergehenden Kern zu entwickeln, denn ohne den kommt man später nicht sehr weit. Alles stellt eine Bedrohung dar, kann zur Falle werden.

»Aus unserem Narzißmus kommen wir nur dadurch heraus, daß wir die tödliche Wunde spüren«, hat Thomas Moore geschrieben. »Von unserem Narzißmus können wir uns nicht dadurch heilen, daß wir wortwörtlich die grandiosen Erwartungen erfüllen, die wir in der Phantasie vielleicht in uns gesetzt haben. Dieses falsche Ideal müssen wir loslassen, damit ein anderes erscheinen kann.«[2]

Aber die Phantasie selbst kann Wunder wirken.

»Ich wirke jetzt viel attraktiver auf Männer als in meinen jüngeren Jahren«, sagte Pat Pickens, eine knopfäugige Frau, die als Beraterin an einer Grundschule tätig ist. »Es muß nicht unbedingt etwas mit Hübschsein zu tun haben«, behauptete sie. »Es dreht sich alles darum, ob man seine Chemie lebendig hält.« Pat Pickens ist eine Farbige, die zwei Wochen vor ihrem fünfzigsten Geburtstag nicht daran dachte, sich als sexuell begehrenswertes Objekt oder begehrendes Subjekt aufzugeben. Ihr geheimer Sex-Appeal? »Ich sehe mir immer die Män-

ner an, um mir meine Kandidaten auszusuchen« – sie meint
Kandidaten für eine in ihrer Phantasie stattfindende Idylle.
»Wenn du durch einen Flughafen gehst, blickst du nicht
schüchtern und prüde zu Boden, sondern siehst dich um und
sagst: O mein Gott, der da ist ein Kandidat. Nur das Gefühl,
die Phantasie. Es ist wundervoll.«

Ihr Mann, ein lieber, extrovertierter Mensch, spielt mit. »Er
hat nichts gegen meine Phantasien, weil ich ihn auch immer
darauf aufmerksam mache, wenn ein tolles Mädchen die
Straße herunterkommt«, sagte Pat. »Ich muß auch mein Feuer daheim in Gang halten.«

Mit den Jahren werden Wärme und Neugier, Gelassenheit
im Umgang mit den Menschen, Intelligenz und Imagination,
Witz und Ironie allesamt wichtiger für Ihre Wertschätzung
durch andere werden. Wenn Sie diese Qualitäten mehr kulti-
vieren und anfangen, sich auf einen inneren Spiegel zu verlassen, werden Sie sich nicht so viele Gedanken und Sorgen darüber machen, was man von Ihrem Aussehen hält. Wenn Sie
offen und gutgelaunt auf jemanden zugehen, dann wird man
sich für Sie und für das, was Sie zu sagen haben, interessieren.
Die Menschen werden sich von Ihrer ruhigen Selbstsicherheit
angezogen fühlen. Wenn nicht, dann waren es nicht die Richtigen. Es gibt auch andere!

DIE NEUEN SCHRITTMACHER

Frauen, die heute in ihren Fünfzigern sind, haben viele Strö-
mungen erlebt. Sie brachen aus der Konformität der fünfziger
Jahre aus, um die Revolution der sechziger mitzugestalten. In
den siebziger Jahren engagierten sich viele in der Frauenbewegung, und in den Achtzigern wurden ehrgeizige Karriere-
pläne verfolgt. Mit allem, was sie gelernt und in sich aufgenommen hatten, drängten sie dann stürmisch in die neunziger
Jahre hinein und haben bereits alle Vorstellungen, die andere
von ihnen hatten, über den Haufen geworfen.

Der Übergang in die Fünfziger und damit ins Alter der

Überlegenheit ist gegenüber früher dramatisch verändert. Überall findet man heute in Wirtschaft und Politik Frauen in herausragenden Positionen. Sie haben dazu beigetragen, daß sich das Bild vom mittleren Alter völlig verschoben hat. Alte Stereotype wurden auf den Kopf gestellt – statt von Niedergang ist jetzt von Herrschaft die Rede.

Man fühlt sich an die Rolle der Frau in der Antike erinnert, als sie Priesterin und Heilerin war, und möchte fast die Vermutung wagen, daß die gesellschaftliche Verschiebung notwendig ist, um den kranken patriarchalischen Regierungssystemen für die ungelösten Krisen des ausgehenden 20. Jahrhunderts heilende Impulse zu geben.

Bei den Frauen selbst hat im Laufe der Jahre eine radikale Verschiebung hinsichtlich dessen stattgefunden, was für ihr Leben am bedeutsamsten ist. Waren es in ihren Zwanzigern Unabhängigkeit und Romantik, so ist – wie meine Umfragen gezeigt haben – mit fünfzig für sie von Bedeutung, inwieweit sie selbst etwas tun oder verändern können. Während »Macht« für jüngere Frauen ein belasteter Begriff ist, weil er oft mit Aggressivität und Unweiblichkeit assoziiert wird, sehen ältere Frauen Macht als Mittel zum Zweck an, um ihre Ziele, die sich häufig auf den sozialen Bereich beziehen, durchzusetzen. Die eigene Persönlichkeit ist in diesem Alter nicht mehr das allerwichtigste. Frauen, die so denken, sind Schrittmacher und werden wesentlichen Anteil daran haben, das zweite Erwachsenenalter neu zu definieren.

HERKUNFT UND SELBSTVERTRAUEN

Viele Frauen, die sich der Fünfzig nähern, haben allerdings negative Selbstbilder verinnerlicht, die sie als müde, formlose, geschlechtslose, überflüssige Wesen zeigen. Sie haben weder Geld noch Ruhm, noch die gottgegebenen Vorzüge Lauren Huttons, Tina Turners oder Barbra Streisands. Manche haben noch nicht mit Angewohnheiten Schluß gemacht, die zu einem beschleunigten körperlichen Verfall beitragen – wie Rauchen,

Trinken (mehr als fünf Gramm Schnaps oder zwei Glas Wein pro Tag) und fettreiche Nahrung – und die zudem die Symptome der Wechseljahre verstärken sowie die Gefahren einer Herz- oder Krebserkrankung erhöhen können.

Es ist eine Hölle, in die sich die Menschen gewöhnlich selbst befördern. Sie verbringen immer mehr Zeit sitzend, so daß der Körper die Kalorien weniger effizient verbrennt. Ein Erwachsener über fünfundvierzig, der vier bis fünf Stunden am Tag fernsieht, Auto fährt oder öffentliche Verkehrsmittel benutzt, statt zu Fuß zu gehen, und dabei zu viele Kalorien zu sich nimmt, darf sich nicht wundern, wenn er übergewichtig wird. Frauen aus der Arbeiterschicht sehen oft zehn Jahre älter aus als Akademikerinnen – und fühlen sich auch so. Das liegt daran, daß sie zum einen weniger auf ihre Gesundheit und ihren Körper achten und zum anderen eine geringere Selbstachtung haben und ihr sozialer und ökonomischer Status weniger gesichert ist.

Um einen soliden Anhaltspunkt zu bekommen, wie stark der Einfluß der sozialen Herkunft ist, brauchte ich zu den von mir befragten Akademikerinnen eine Kontrollgruppe. Ich bekam sie mit Hilfe des populären Magazins *Family Circle*, das meinen Fragebogen zur Lebensgeschichte an einen ausgewählten Leserkreis verschickte. Etwas mehr als tausend Antworten gingen ein.

Diese Frauen unterschieden sich deutlich von den Akademikerinnen. Die Mehrheit hatte keinen College-Abschluß und ein niedrigeres Familieneinkommen. Nahezu alle hatten Kinder, und nur relativ wenige waren geschieden. Die meisten dachten hinsichtlich der Rollenverteilung in herkömmlichen Bahnen. Zwei Drittel gingen neben ihren familiären Verpflichtungen noch einer beruflichen Tätigkeit nach – meist handelte es sich um typisch weibliche Berufe wie Sekretärin, Lehrerin, Kinderschwester oder Sozialarbeiterin. Die berufliche Tätigkeit sollte das Budget der Familie aufbessern; Gedanken an eine eigene Karriere waren nur selten im Spiel.

Es scheint eine Einkommensschwelle zu geben, unter der einfach jene Sicherheit in allen Dingen fehlt, die Voraussetzung für einen erfolgreichen Verlauf des zweiten Erwachsenenalters ist. Für Frauen, die mit einem schmalen Etat zurechtkommen müssen, ist der Gedanke, Risiken einzugehen oder gar das Leben umzukrempeln, viel abwegiger und auch beängstigender als für gut ausgebildete Geschäftsfrauen oder Akademikerinnen, die sich bereits mehr aus den Zwängen eines traditionellen Rollenverständnisses befreit haben.

Angesichts der bestehenden materiellen wie kulturellen Unterschiede war ich überrascht, daß trotzdem viele meiner Gedanken über das zweite Erwachsenenalter bei den *Family-Circle*-Lesern auf Zustimmung gestoßen sind. Das hat mich in der Hoffnung bestätigt, daß dieses neue Lebenskonzept nicht nur den Privilegierten vorbehalten bleibt.

Ann Stunden zum Beispiel stammt aus einer Arbeiterfamilie, absolvierte eine Fachhochschule, heiratete und bekam drei Kinder. Zunächst blieb sie zu Hause, spielte die Rolle der guten Ehefrau und Mutter, bis sie schließlich merkte, daß sie die Anregung einer beruflichen Tätigkeit brauchte. Mit achtunddreißig wurde sie geschieden; mit Anfang Vierzig hatte sie einen verantwortungsvollen Posten in einer Krankenhausverwaltung. Aber irgendwie wurde Ann das Gefühl nicht los, daß sie diesen Status nicht verdiente. Und es tat ihr leid, daß sie auf so viele Vergnügungen verzichtet hatte, um ihre jetzige Position zu erreichen.

Sie begann ein Doppelleben: »Während der langen Arbeitswoche war ich eine arbeitssüchtige alleinstehende Mutter – und am Wochenende betrunken.« Ihre Selbstachtung war gleich null.

»Als ich siebenundvierzig, achtundvierzig war – diese Jahre waren furchtbar«, gab Ann in einem Gruppengespräch in Rochester zu. »Ich arbeitete in einem Job, in dem sie mich jederzeit feuern konnten. Ich nahm vierzig oder fünfzig Pfund zu, fühlte mich nicht wohl in meinem Körper, und von anderen kam auch nicht gerade Aufmunterndes. Auch gesundheitlich ging es mir schlecht, weil ich trank.«

Ann stammte aus einer Familie von Alkoholikern, und ihr Standardsatz war: »Ich muß einfach etwas weniger trinken.«

Aber abends spät, allein, wenn sie die Eiscreme aus dem Gefrierfach vertilgt und die Bourbonflasche geleert hatte, schlängelte sich ein anderer Gedanke durch ihren umnebelten Geist: »Wenn ich den fünfzigsten Geburtstag hinter mir habe, werde ich sterben.«

Gerade als sie den Tiefpunkt erreichte, nahm sie eine befreundete Psychotherapeutin zu einem Frauenworkshop mit. An jenem düsteren Februartag dämmerte es Ann, wen die Rednerin meinte: »O mein Gott, sie spricht von mir. Ich bin Alkoholikerin. Jetzt weiß ich es endlich und kann etwas dagegen tun.«

Zu ihrer maßlosen Verwunderung entwickelten sich die nächsten Jahre hervorragend. Ihr fünfzigster Geburtstag war seit vielen Jahren der erste, den sie nüchtern feierte. Nachdem sie dieses Gerüst der Selbstachtung erworben hatte, konnte Ann sich auch beruflich neu orientieren. Sie hat jetzt einen gutbezahlten und interessanten Job als Leiterin eines Computerzentrums an einer großen Universität des mittleren Westens. »Rochester fehlt mir«, sagte sie ganz ehrlich. »Aber während der letzten beiden Jahre haben sich zwei jüngere Männer in mich verliebt!«

Die wirtschaftlichen Verhältnisse beeinflussen in hohem Maße die Chancen, sich aus der Hölle emporzuarbeiten. Frauen aus armen Verhältnissen können nicht so leicht ihr Leben verändern oder eine befriedigende Arbeit finden. Die meisten der von mir im Rahmen meiner Untersuchungen befragten Frauen, die auf der Skala des Wohlbefindens ganz oben rangierten, konnten einen Abschluß an einem College, einer Fachhochschule oder einer Universität vorweisen.

Ann Stunden hatte zum Beispiel, bevor sie heiratete, ihr Erspartes zusammengekratzt, um ein College zu besuchen. Nachdem sie dann von ihrer Alkoholsucht losgekommen war, konnte sie auf diese Ausbildung zurückgreifen und sich um eine qualifizierte Stelle bewerben, die zudem besser bezahlt wurde. Die längere schulische Ausbildung verschafft Frauen also eine Anzahl von Vorteilen, die zu ihrem Wohlbefinden beitragen.

Die meisten Frauen, die in meinen Befragungen auf der Skala des Wohlergehens ganz oben standen, sind nie vor Veränderungen zurückgeschreckt – ob es sich nun um ein neues Studium, einen neuen Beruf, um die Verwirklichung eines Traums oder das Ende einer Ehe, in der sie nicht wachsen konnten, oder um alles zusammen gehandelt hat. Weil diese Frauen in fast allen Bereichen ihres Lebens Risiken eingegangen sind, haben sie plötzlich gespürt, daß sie Kräfte besitzen, von denen sie nichts geahnt hatten. Ihre Arbeit macht ihnen jetzt meist wahnsinnig viel Spaß und ist nicht selten zum Ersatz für die eheliche Beziehung geworden. Nachdem sie zu Hause, im Beruf und in der Öffentlichkeit die Macht errungen haben, fühlen sie sich kompetenter, die Komplexität des Lebens zu meistern.

Frauen, die es nicht schaffen, ihrem Leben eine neue Wendung zu geben, weisen ein ganz anderes Persönlichkeitsprofil auf. Nicht, daß sie generell nicht wollen – die große Mehrheit hat das Gefühl, daß es unmöglich ist. Viele können nicht aus ihrem Hausfrauendasein heraus, andere haben einen schlechtbezahlten Job ohne Aufstiegsmöglichkeit. Alle spüren sie, daß sie in einer Falle der finanziellen Instabilität sitzen oder daß die Probleme der Familie keinen Raum für anderes lassen.

Generell zögern diese Frauen, irgend etwas für sich selbst zu tun. In der Familie wird ihre berufliche Tätigkeit – wenn sie einer nachgehen – nicht ernst genommen, sondern nur als Zusatzverdienst gewertet. Niemand ermuntert sie, sich weiterzubilden und beruflich voranzukommen. Vorsichtige Vorstöße in diese Richtung werden von den Ehemännern meist im Keim erstickt.

So kommt es, daß diese Frauen der Arbeiterklasse, wenn ihre Kinder aus dem Haus sind, sich an eine Tretmühle gefesselt finden, die sie niederdrückt. Die Hälfte von ihnen fühlt sich einsam, die meisten finden sich zu dick. Wenn sie Kummer haben, tun sie gewöhnlich so, als ob nichts wäre, sie stopfen sich mit Essen voll oder fangen an zu trinken. Sie werden von zahlreichen körperlichen und seelischen Problemen geplagt – vom raschen Ermüden und Schlaflosigkeit bis zu häufigen Kopfschmerzen und ständiger Angst.

Im Gegensatz dazu achtet die übergroße Mehrheit der befragten Akademikerinnen streng auf Gewicht und körperliche Leistungsfähigkeit. Über ein Drittel geht regelmäßig zur Massage oder entspannt sich durch Yoga. Auf all diese Arten investieren sie in ihre Gesundheit und Lebenserwartung. Zum größten Teil haben sie damit aufgehört, immer noch ihr jüngeres Ich darstellen zu wollen, und nur ein Bruchteil hat einen kosmetischen chirurgischen Eingriff vornehmen lassen.

SO EINE ÜBERRASCHUNG: NICHT ÄLTER, SONDERN GLÜCKLICHER!

Die Ergebnisse aller Umfragen scheinen zu beweisen, daß im zweiten Erwachsenenalter für das Wohlbefinden einer Frau vor allem eines entscheidend ist: das Alter. Älter sein heißt glücklicher sein.

Unter den befragten Akademikerinnen sagten fast alle, daß die fünfziger Jahre eine optimistische Phase im Leben seien, in der man schaffe, was man anpacke.

Dies scheint, zumindest teilweise, auch für Frauen aus anderen sozialen Schichten zu stimmen. Mehr als die Hälfte der über Fünfzigjährigen, die bei der *Family-Circle*-Umfrage mitmachten, gaben an, mit ihrem Leben einigermaßen zufrieden zu sein, und zwar sowohl was Arbeit und Finanzen als auch was persönliche Entwicklung und physische Attraktivität angeht.

Die heutigen Frauen sind wirklich die Pioniere in dem neuen Land des zweiten Erwachsenenalters. Sie scheinen einen anderen Fahrplan zu haben als die Männer.

Berufstätige Frauen über fünfundvierzig mit College-Bildung glauben, daß sie erst mit sechzig ins mittlere Alter kommen. Und Frauen in den Fünfzigern und Sechzigern rechnen nicht damit, daß sie sich »alt« fühlen werden, bevor sie etwa siebzig sind.

Diese sich rapide verändernden Altersnormen gehen einher mit der verblüffenden Einsicht, daß man noch ein riesiges Territorium des Lebens vor sich hat. Es ist eine Perspektive, die aber im Hinblick auf die Organisation der Zeit erst richtig klar wird, wenn die Fünfzig überschritten sind. Mit einer Schattenseite jedoch haben jene Frauen zu leben, die mit älteren Männern verheiratet sind. Wenn sie plötzlich glauben, ihnen seien Flügel gewachsen, kann der Gatte, der seine Tage dahinschwinden sieht, dieses Hochgefühl beträchtlich dämpfen.

Eine Grundstücksmaklerin in Rochester sagte: »Mein Mann ist dreiundfünfzig und überlegt, ob er nicht jetzt schon in den Ruhestand gehen soll. Das macht mir angst. Ich schätze nämlich, daß ich dann bis an mein Lebensende werde arbeiten müssen.« Sie hat die Zukunft erblickt: Da sie mit dem Geldverdienen soviel später angefangen haben als die Männer, können es sich die meisten Frauen nicht leisten, vorzeitig mit der Arbeit aufzuhören. Tatsächlich, Statistiken belegen, daß immer mehr Frauen zwischen Mitte bis Ende Fünfzig Vollzeitjobs nachgehen, während bei gleichaltrigen Männern der gegenläufige Trend zum vorzeitigen Ruhestand zu beobachten ist.

Von den berufstätigen geschiedenen Frauen zwischen vierzig und sechzig arbeiten 82 bis 86 Prozent Vollzeit. Und hier eine weitere erstaunliche Zahl: Dreiviertel der berufstätigen amerikanischen Frauen zwischen sechzig und vierundsechzig, die geschieden oder verwitwet oder alleinstehend sind, verdienen noch immer ein Vollzeitgehalt! Dieser Trend wird sich mächtig verstärken, und bis zum Jahr 2000 wird sich die Zahl der berufstätigen Frauen zwischen Mitte Vierzig und Mitte Fünfzig vervierfachen.

HISTORISCHE VERÄNDERUNGEN

Es war einmal, daß von allen Bevölkerungsgruppen die Frauen mittleren Alters am anfälligsten für Depressionen waren. Heute entdecken wir eine ganz andere Realität: Mit zunehmendem Alter wächst die seelische Stärke.

Klinische Störungen – unter ihnen Depressionen – werden bei älteren Frauen immer seltener, und das »beste« Alter für Depressionen liegt jetzt bei Mitte Dreißig. »Es findet bei den Frauen ein seelischer Reifungsprozeß statt, der sich bis in ihre Sechziger und Siebziger hinein fortsetzt«, bestätigte mir Dr. Frederick Goodwin von der George-Washington-Universität.[3]

Noch aufregender ist die Erkenntnis, daß in der zweiten Lebenshälfte bei Frauen durch die Generationen hindurch ein beständiger Fortschritt festzustellen ist. Dieses Phänomen: »Aus der Hölle in die Höhe«, gab es schon früher, wenngleich es damals zumeist auf Frauen aus gebildeten Schichten zutraf.

Die Theorie eines kontinuierlichen Fortschritts bei den Frauengenerationen in mittlerem Alter deutete sich erstmals 1974 bei einer Studie an.[4] Der inzwischen verstorbene Dr. Leo Srole hatte überrascht festgestellt, daß sich der Gesundheitszustand bei Frauen nach dem vierzigsten Lebensjahr entschieden zu bessern schien. Zwei Generationengruppen, zwischen denen ein Altersunterschied von zwanzig Jahren bestand, waren bei dieser Erhebung vergleichend getestet worden, und bei näherem Hinsehen kamen Dr. Srole und seine Mitarbeiter zu der überraschenden Erkenntnis, daß das körperliche und seelische Wohlbefinden bei Frauen von Generation zu Generation zunahm.

Als die ersten dieser Ergebnisse veröffentlicht wurden, stießen sie bei den Sozialwissenschaftlern auf eine Mauer der Ablehnung.[5] Das überlieferte Denkmodell, daß alternde Frauen depressiv werden, war sakrosankt und deckte sich überdies mit den Interessen einer etablierten Zunft.

Ich fragte einen der letzten Mitarbeiter von Dr. Srole, Joel Millman, ob wir uns noch einmal die Daten ansehen und die Geschlechterdifferenzen genauer aufschlüsseln könnten. Die

Fragen, aus denen ich meine Skala des Wohlbefindens entwickelt habe, sind denen einer Fortsetzung der Srole-Studie
ähnlich, in der ermittelt wurde, wie glücklich die Leute zu verschiedenen Zeitpunkten und in verschiedenen Phasen ihres
Lebens waren. Diese Fragen wurden von Zehntausenden in
den Vereinigten Staaten und Hunderttausenden in der ganzen
Welt beantwortet.

»Bei Männern verändert sich das Glücksverständnis in den
verschiedenen Lebensabschnitten nicht sehr«, erklärte mir Dr.
Millman. »Aber die Frauen zeigen sehr interessante Muster.«
Bei Frauen haben wir eine sehr starke Korrelation zwischen
Glück und Alter gefunden. Jene Gruppe, die 1974 zwischen
vierzig und neunundfünfzig Jahre alt war, war viel zufriedener
mit sich selbst und ihrem Leben und wies weniger seelisch
bedingte und gesundheitliche Probleme auf als Frauen, die
1954 im vergleichbaren Alter gewesen waren. Als wir beide
Geschlechter und alle Altersgruppen miteinander verglichen,
waren 1974 die glücklichsten Frauen jene zwischen fünfzig
und fünfundfünfzig. Am unglücklichsten von allen waren
nach eigener Auskunft die Männer zwischen fünfzig und
neunundfünfzig.

Seit Ende der sechziger Jahre, als die großen gesellschaftlichen Veränderungen unter dem Banner des Feminismus
begannen, sind neue wissenschaftliche Theorien entstanden,
die die komplexe Weiterentwicklung der Frauen zu erklären
versuchen.[6]

In ihrer Arbeit über die psychologisch gesündesten Frauen
und Männer von fünfzig Jahren entdeckte Florine Livson ein
faszinierendes Detail, das die Theorie »Aus der Hölle in die
Höhe« historisch bestätigt.[7] Bei einer Einteilung in traditionelle und nichttraditionelle Frauen stellte sie fest, daß letztere
als junge Mädchen lebhafte, gescheite »Macherinnen« gewesen sind, die davon träumten, etwas zu vollbringen, und sich
in Richtung auf eine feste Identität zu bewegen schienen.

Mit vierzig wirkten diese Frauen dann regressiv. Als sie ihre
Rolle der fürsorglichen Mutter ausgespielt hatten, wurden sie
aufbrausend und nervös, setzten ihre intellektuellen Fähigkei-

ten nicht mehr richtig ein und verkomplizierten einfache Situationen. Die Originalität, die sie als Mädchen an den Tag gelegt hatten, erschöpfte sich jetzt in Phantasien und Tagträumen.

Aber mit fünfzig erlebten diese nichttraditionellen Frauen ein erstaunliches Comeback. Sie öffneten sich für geistige und emotionale Anregungen. Jetzt waren sie spontaner, humorvoller und ausdrucksvoller als die traditionellen Frauen, die aber in diesem Alter ein hohes Niveau an seelischer Stabilität erreicht hatten.

Gebildete Frauen durchlaufen im allgemeinen während des zweiten Erwachsenenalters größere Persönlichkeitswandlungen als Männer. Ravenna Helson, Hauptautorin einer vielbeachteten Berkeley-Studie, hat einhundertundein Absolventinnen eines College von ihrem zweiundzwanzigsten bis zu ihrem zweiundfünfzigsten Lebensjahr verfolgt.[8] Ergebnis: Selbst diese wohlhabenden, gut ausgebildeten Frauen waren als junge Erwachsene abhängiger, unsicherer und selbstkritischer als ihre Ehemänner oder männlichen Partner, die klare Ziele vor Augen hatten.

Aber sobald die Fünfzig überschritten waren, zeigten die Frauen und nicht ihre Ehemänner das größere Selbstbewußtsein. Während jetzt die Männer abhängiger und unsicherer hinsichtlich künftiger Vorhaben wurden, nahmen Kompetenz und Selbstsicherheit bei den Frauen zu – ob sie nun Kinder hatten oder nicht. Dieser Aufbruch wies die größte Intensität bei jenen auf, die einen qualifizierten Beruf hatten, war aber unabhängig vom beruflichen Status bei allen zu beobachten.

Ich selbst hatte 1979/80 in einer Studie, die meinem Buch *Pathfinders* vorausging, festgestellt, daß die Zufriedenheit mit dem Leben bei Frauen mit Anfang Vierzig abnimmt, um dann ein Jahrzehnt später starken Aufschwung zu nehmen. Diese Beobachtung fand ich nach der Veröffentlichung meines Buchs über die Wechseljahre emphatisch bestätigt, als ich Gelegenheit hatte, im Lande umherzureisen und mit Tausenden von Frauen zu sprechen, die sich ihres neuen Lebens nach dieser Zäsur erfreuten.

So finden wir in einer Studie nach der anderen dieses Phänomen bestätigt. Deutlich wird ferner, daß Frauen den Übergang ins zweite Erwachsenenalter dadurch meistern, daß sie Rückschau halten, um dann bewußt den Schritt nach vorne zu tun.

Auf der Suche nach weiteren Frauen, die nicht aus privilegierten Kreisen stammen und auch diesen Weg in die Höhe gefunden haben, lernte ich an der Pazifikküste Oregons ein Dutzend Frauen in den Fünfzigern kennen, für die Eitelkeit und Status am allerwenigsten zählten. Ich werde nie die Geschichte von Justine Heavilon vergessen, deren Mutter Putzfrau war. Justine aber besaß genug Witz und Mut, um jenseits der Fünfzig die konventionellen Bahnen in einer Art und Weise zu verlassen, wie die Generation ihrer Mutter es sich schwerlich erträumt hätte.

WIEDERENTDECKTE PASSIONEN
»LEIDENSCHAFT IST, WENN MAN ES SICH ERLAUBT, SICH IN IRGENDWAS ZU VERLIEREN.«

Stellen Sie sich Justine mit neunzehn vor: ein bleiches, gespenstiges Gesicht, gezeichnet von den Schlägen des Ehemanns und ein Körper, der nach vier Schwangerschaften völlig aus der Form geraten war. Nachts arbeitete sie Schicht in einer düsteren, kalten, nach Schwefel riechenden Fabrik, wo sie Eier sortierte. Sie kannte nur Frauen, die mit fünfundzwanzig schlechte Zähne und geschundene Schöße hatten und alt waren. Aber Justine spürte, daß in ihrem Inneren eine Kraft war.

Mit achtundzwanzig ließ ihr dritter Ehemann sie mit fünf Kindern, ohne Auto, ohne Job und ohne Schulabschluß sitzen. Sie war fertig. Aber die folgenden zwölf Jahre sparte Justine eisern Dollar für Dollar, um die High-School beenden und mit Hilfe von Darlehen und Stipendien vier Jahre lang ein College besuchen zu können.

Mit vierunddreißig war Justine bereits Großmutter. Mit vierzig hatte sie ihren Dr. phil. in Psychologie geschafft, vier Jahre später ihr letztes Kind aufs College geschickt und eine eigene psychotherapeutische Praxis eröffnet. Aber trotz all dieser Leistungen hatte sie immer noch nicht das gefunden, wonach sie suchte. Sie fühlte sich leer. Ihre Mutter hatte immer davon geschwärmt, nach Oregon, ans Meer zu ziehen. Oregon symbolisierte den Ort, wo man sich freischwimmen konnte. Aber ihre Mutter war in dem Alter, in dem ihre Tochter Justine sich nun befand, zunehmend verbittert.

»Mir passiert das nicht!« schwor sich Justine.

Sie hatte die Ehefrauenrolle längst über Bord geworfen und auch das alte Holzhaus der Familie verkauft, weil es ihr als Symbol ihrer Mutterrolle erschienen war. Doch auch nach dem Verkauf fühlte sie sich noch immer mit einer Bürde belastet und unfähig, ihre eigene Stimme zu finden. Warum?

Sie war zusammen mit anderen Therapeuten in ein Gemeinschaftshaus gezogen, wo sie, indem sie sich um jeden kümmerte, wieder in ihr altes Muster verfiel. Sie spielte die Matriarchin, weil sie diese Rolle so gut beherrschte. Die Therapeutin in ihr mußte der rastlosen Mutter sagen: »Laß diese Rolle los! Sonst kann sich das kleine Mädchen in dir, dessen Kreativität so lange unterdrückt worden ist, nie mehr erholen.«

Also entfloh Justine mit fünfzig an die Küste von Oregon. Dort draußen, am zerklüfteten Pazifikstrand, baute sie sich ein Haus, wo sie ein Buch schreiben, die Natur anbeten und ihr Innenleben erforschen konnte. Zimmer für die erwachsenen Kinder gab es dort keine. Die Frau, die ich dort antraf, sah mit ihren riesigen feigenfarbenen Augen und der grauen Haarkrone hübscher und energiegeladener aus als das müde, gebückte Arbeitspferd, das sie mit neunzehn gewesen war. Wem mußte sie sich denn jetzt noch gefallen?

»Niemandem mehr!« rief sie. »Es ist so wundervoll. Ich habe keinen Liebhaber. Meine Kinder schicken mir Zettel, darauf steht: Du bist meine Heldin.« Justine ist wild entschlossen, ihr Buch zu schreiben. Sie hat ihre Stimme gefunden. Aber das Staunen, die Ehrfurcht in ihrer Stimme reserviert sie für die Beweise des Fortschritts, der den Frauen von einer Generation zur nächsten gelungen ist: »Ich führe das Leben, das meine Mutter gern gelebt hätte, aber zu versuchen nicht gewagt hat.«

Das Ausleben von Passionen ist etwas, wovor viele Frauen zurückschrecken, wenn sie noch jünger sind. Das nimmt ihnen die Zeit weg, die sie für ihre Kinder, ihren Ehemann und das gemeinsame Heim brauchen. Manchmal jedoch werden solche Passionen nur verschüttet und können später wieder aufleben. Das ist bei Frauen der Fall, die später Reisen unternehmen, schreiben und Gedichte vortragen oder auch in die Politik gehen. Und vorauszusehen ist, daß diese Frauen im zweiten Erwachsenenalter ein aufregendes und befriedigendes Leben führen.

Andere Frauen finden es sehr schwierig zu definieren, wofür sie sich mit fünfzig begeistern könnten, weil sie es seit langem gewöhnt sind, ihre Phantasie abzutöten. Aber will man schöpferisch tätig sein, darf man sich nicht ständig auf andere Leute konzentrieren.

»Das Haus an der Küste war etwas, das genau aus meinem Inneren kam«, sagte Justine. »Wenn du die Rollen hinter dir hast, findest du endlich Zeit, dich in etwas zu verlieren. Und das ist es, was eine solche Leidenschaft ausmacht – daß du es dir erlaubst, dich in etwas zu verlieren. Und wenn du den schöpferischen Geist irgendwo in deiner Seele bewahrt hast, kannst du ihn immer noch mobilisieren, selbst nach einer langen Zeit der Sklaverei.«

Justine hatte sich mehrere Zufluchtsstätten geschaffen, in der einen malte sie, in der anderen schnitzte sie etwas aus Holz, und die dritte war der geheiligte Raum mit dem Computer, wo sie schreibt. »Was so befreiend an diesem Alter ist: Du weißt, daß die Welt nicht zusammenbricht, wenn du dich in deinem Schreiben oder Malen verlierst oder vergißt, dein Haus anzustreichen oder Lebensmittel einzukaufen«, sagte sie ohne die Spur eines Schuldgefühls. »Niemand wird dadurch vernachlässigt.«

Die meisten von uns müssen natürlich weiterhin Geld verdienen, und auch Justine fiel vor kurzem ökonomischen Zwängen zum Opfer, denn während es heute ein Überangebot an Psychotherapeutinnen gibt, beschränken gleichzeitig die Krankenkassen und Gesundheitsbehörden die Kosten.

»Sie drängen mich aus dem Geschäft!« jammerte Justine

zuerst, beschloß dann jedoch, keine Zeit mit Selbstmitleid zu vergeuden. Sie forderte sich selbst heraus: Meine Lebensenergie ist kostbar. Habe ich den Mut, mir das auszusuchen, was ich liebe, und auch eine Methode zu finden, wie ich Geld verdienen kann?

Zum Zeitpunkt unseres letzten Gesprächs, zwei Jahre nachdem Justine in ihr Traumhaus an der Küste von Oregon gezogen war, hatte ein Gedanke Gestalt angenommen: »Es war eine dieser Sachen, von denen ich wußte, daß ich sie leidenschaftlich gern getan hätte, aber ich hatte nie Zeit dafür gehabt. Also habe ich mich letzten Herbst an meinen Computer gesetzt und überlegt, wie ich mit einem Modem eine Datenbasis anlegen und lernen konnte, wie man Aktien analysiert.« Sie rollte die Augen, als sie sich an mehrere Monate vollständiger Frustration erinnerte. Sie sagte sich: »Okay, Justine, bleib ruhig hier sitzen, es ist ganz gleich, wie lange du brauchst, bis du gelernt hast, was du lernen mußt.« Sie verschlang den Inhalt von Softwaremagazinen und Handbüchern und investierte in mehr Geschwindigkeit und Megabytes für ihren neuen Partner – den Computer. »Ich schwor mir, daß ich mich verändern würde – und das habe ich getan.«

Welch ein zutiefst befriedigendes Gefühl, wenn man schließlich die neue Materie beherrscht und eine neue Türe öffnen kann. Justines Lösung: Sie wird finanztechnische Seminare für Frauen durchführen. Diese selbsterarbeitete Position erlaubt es ihr, ihre Liebe zur Psychotherapie mit ihrer Leidenschaft für Vermögensverwaltung zu kombinieren. Ein zusätzliches Vergnügen sieht sie darin, anderen Frauen beizubringen, wie sie durch Wissen um finanzielle Sachverhalte Macht zurückgewinnen können. Um ihren Drang zum Schreiben zu befriedigen, plant sie ein Buch über Frauen und Geld.

Ich fragte sie, ob sie keine Angst gehabt hatte, daß ihr schöpferisches Ich nach so langer Passivität vertrocknet sei.

Sie antwortete vollkommen ehrlich. »Da bleibt immer die nagende Angst, daß ich mich die ganze Zeit zum Narren gehalten habe. Es kommt mir wie ein Trapezakt vor – du hängst dran und schwingst hin und her, und das Trapez wandert

immer höher hinauf. Du mußt die Stange, an der du dich fest-
hältst, loslassen und vorwärtsfliegen. Es hängt alles von dem
Vertrauen ab, das du zu dir selbst hast, daß du nicht für immer
im Abgrund verschwindest. Du kannst aber nur dann auf der
anderen Seite ankommen, wenn du losläßt.«

9. Kapitel:
Traumfrau und Menopause

Die Menopause war einmal eine Fallgrube, aus der viele Frauen nicht wieder herauskamen. Es galt als gesichert, daß eine Frau in den Wechseljahren schwierig wurde. Warum sonst legten sich viele Männer in dieser Zeit jüngere Ausgaben ihrer Ehefrau zu? Angst und Ignoranz ließen die Frauen im Umgang mit einer Lebensphase, die so universal wie die Pubertät ist, im dunkeln tappen.

Noch bis vor gar nicht langer Zeit wurde die Existenz dieser folgenschweren Übergangsphase gesellschaftlich negiert. Ärzte waren nicht ausgebildet, sich damit zu befassen. Die Wissenschaft ignorierte das Problem. Die Medien mieden es. Und die Frauen fürchteten, als unsichtbare, macht-, geschlechts- und wertlose Wesen abgelehnt zu werden, sobald sie sich dazu bekannten. Wenn die Symptome sie plagten, akzeptierten die meisten von ihnen entweder blind die angebotenen Medikamente, oder sie ergaben sich dem Alkohol beziehungsweise den Beruhigungsmitteln. Andere versuchten tapfer, die Zähne zusammenzubeißen. Aber in jedem Fall wurde das Familienleben gestört, denn niemand wußte, was man mit Mutter tun sollte.

Dann traten die ersten Nachkriegsgeborenen auf den Plan, die sich mit ein paar Aspirin und einem Schulterklopfen nicht zufrieden gaben. Als im Oktober 1991 mein Artikel über die Menopause publiziert wurde, waren die Leute immer noch schockiert – das Wort Menopause in der Gesellschaft auszu-

sprechen war neu und unbequem.[1] Nach der Veröffentlichung
meines Buches über die Wechseljahre bat man mich, im Fernsehen aufzutreten, wobei der Produzent erklärte, es sei leichter, für ein Gespräch über Gattenmord Studiogäste zu finden
als für eines über die Menopause. Im Spaß sagte ich: »Dann
lassen Sie sie doch in derselben Sendung auftreten. Wahrscheinlich sind es dieselben Leute.«

1992 wurde die Menopause zum Medienthema. Hatte sich
das Fernsehen zunächst zurückgehalten, weil die Sponsoren
nichts mit »alten« Frauen – das heißt einem Publikum über
vierzig – zu tun haben wollten, so begann dieses Tabu nach
einem Blick in die Bevölkerungsstatistik zu bröckeln, denn die
Zahl der Frauen im betroffenen Alter ist immens hoch und
wächst überdies rasant an.

Die Vermarktung der Wechseljahre wurde zum großen
Geschäft. In engerem Sinne läßt Menopause sich als Ende
der Menstruationszyklen und damit der Reproduktionsfähigkeit definieren, aber sie ist auch ein psychologisch tief
bedeutsamer Einschnitt. Aus der Anthropologie wissen wir,
daß die körperlichen Symptome durch kulturelle Glaubens-
sätze erheblich verstärkt oder auch erheblich gelindert werden
können.[2] Die Chinesen, die das Alter verehren, kennen nicht
einmal ein Wort für Hitzewallungen. Dort ist die Menopause
kein Thema. »Die Frauen in China treiben alle viel Gymnastik, ernähren sich fettarm und nehmen bei Beschwerden eine
natürliche Kräutermedizin«, wie Jane Porcino, die an der
ersten chinesisch-amerikanischen Frauenkonferenz teilnahm,
berichtete. Anderswo dagegen scheinen die Wechseljahre
immer noch das letzte große Tabu zu sein, das viele Frauen
nicht einmal ihren Ehemännern oder einem Arzt anvertrauen.

Seit das Thema überhaupt öffentlich diskutiert wurde, ist uns
in erschreckender Weise klargeworden, daß es an Grundwissen
über diese Übergangsphase fehlt. Genauer gesagt: Wir verfügen
über fast gar keine sicheren Daten hinsichtlich eventueller
gesundheitlicher Risiken und Effizienz der Hormontherapie,
die bereits millionenfach verabreicht worden ist – vielleicht
überhaupt das größte unkontrollierte klinische Experiment in

der Geschichte der Medizin.[3] »Es ist schockierend, daß es bis 1994 gedauert hat, bis die erste richtige Studie über die Östrogenersatz-Therapie gestartet werden konnte«, sagte Susan Blumenthal, eine Angestellte der Gesundheitsbehörden.

Frauen haben angefangen, ihren Ärzten zu erklären, daß sie Informationen und nicht bloß Hormone wollen. In den Vereinigten Staaten hat dies zur Einrichtung spezieller Zentren geführt, und inzwischen wird mit Hilfe Tausender von Frauen in einer großangelegten klinischen Untersuchung erforscht, ob Frauen, die viele Jahre lang mit künstlichen Hormonen therapiert wurden, dadurch vor den später verstärkt auftretenden Gesundheitsrisiken wie Herzkrankheit, Brustkrebs, Darmkrebs und Osteoporose wirklich besser geschützt oder im Gegenteil stärker gefährdet sind.

»ÖSTROGEN HER, ODER ICH SCHIESSE«

Ich habe meine Freundin Ellen McGrath, eine glänzende klinische Psychologin, fast ausrasten sehen, als sie sich mit der Menopause herumschlug. Ihre wütende Negierung der Tatsache, daß sie sich in der gefürchteten Phase befand, ist typisch für die auf Hochleistung getrimmte Frau ihrer Generation.

Wer könnte es ihr vorwerfen? Sie war siebenundvierzig, hatte sich nach jahrelanger Qualifikation an die Spitze ihres Fachgebiets vorgearbeitet, aus diesem Grund Heirat und Mutterschaft bis in ihre späten Dreißiger verschoben und sah sich mit Mitte Vierzig als für Höchstleistungen entwickelte Maschine, die nur noch durchzustarten brauchte. Endlich wollte sie abheben!

Ein paar Wochen bevor sie ihr erstes Buch auf einer Lesereise vorstellen wollte, machte ihr Körper ihr einen Strich durch die Rechnung. Sie bekam absurd starke Blutungen. Bleierne Traurigkeit lähmte sie. Jetzt, da der wichtigste Auftritt ihrer Karriere bevorstand, konnte sie sich nicht einmal mehr an ihr eigenes Material erinnern. »Was ist los mit mir? Werde ich verrückt?«

Ich hatte Ellen viel über meine Forschungsergebnisse berichtet, aber wie sie später sagte: »Ich hätte nie gedacht, daß das einmal auf mich zutreffen könnte.«

Sie suchte den besten Gynäkologen auf und erhielt eine Spritze mit einer Megadosis Östrogen. Eine Wunderwaffe! Innerhalb von achtundvierzig Stunden waren ihre Symptome verschwunden. Der Arzt sagte ihr, die Injektion würde für drei Monate reichen – wunderbar. Die anderen Worte des Arztes: »Sie sind mitten in der Menopause«, gingen zum einen Ohr hinein und zum anderen wieder hinaus. Ellen bestritt nach wie vor ganz entschieden, daß irgend etwas mit ihr sich zu verändern begonnen hatte. Sie flog ab, um sich als Autorin vorzustellen.

Drei Monate später, als die vorhersehbare Bruchlandung stattfand, war ich gerade bei ihr zu Besuch. Ich lag im Gästezimmer auf dem Boden und machte Yogaübungen, als sie hochrot im Gesicht und zornentbrannt hereingestürmt kam.

»Ist das nicht toll: Die Ärzte sagen mir, ich bin total verdreht und muß alle Hormone weglassen. Ich werde mich beschissen fühlen und zu Tode bluten.«

Sie hatte wieder sehr heftige Blutungen, weil die Megadosis Östrogen in ihrem eigenen Hormonhaushalt ein Chaos angerichtet hatte. Sie suchte jetzt Informationen über die Wechseljahre zusammen, aber je mehr sie las, um so verängstigter wurde sie. Ich zog sie zu mir auf den Fußboden und versuchte sie durch gutes Zureden zu beruhigen.

»Weißt du, keine von uns glaubt es, daß es sie treffen wird. Und gerade die intelligentesten Frauen wie du regen sich am meisten darüber auf.«

»Ich bin wütend«, rief sie hitzig. »Ich habe keine Zeit, mich damit abzugeben.«

»Natürlich. Du verlierst einen Teil der Kontrolle über dein Leben, um die du so lange und so schwer gekämpft hast. Je höher das Tempo ist, mit dem du dahinrast, um so härter ist der Aufprall. Aber du kannst nicht wegrennen. Was du in dieser Phase tun mußt, ist nach Haus gehen. Höre auf deinen Körper. Mach eine Pause – du hast sie dir verdient.«

Sie sah mich mit harten, ablehnenden Augen an. Es war nicht die Antwort, die sie suchte. Ich kannte diesen Blick. Ich erkannte ihn wieder, denn vor ein paar Jahren war ich selbst in genau dieser Situation gewesen. Nicht wahrhaben wollen, Wut, unrealistische Erwartungen verleiten so viele von uns zu der Phantasie, wenn wir nur an die richtigen Informationen, den richtigen Arzt, die richtigen Pillen, Wurzeln oder Kräuter kommen könnten, würde die Menopause verschwinden. Auch Ellen wollte nur die Zauberlösung; sie wollte sich wieder genauso fühlen wie zuvor – mit derselben Energie, derselben Orgasmusqualität und ohne Nebenwirkungen.

Ellen mußte unser Gespräch unterbrechen, um den Anruf einer Zeitungsreporterin entgegenzunehmen, die ihren Rat brauchte. Über diese Ironie mußten wir lachen. Gleichzeitig traf ihr Ehemann ein, der sehr besorgt wirkte. »Ellen ist anders als andere Frauen«, bestätigte er. »Sie ist fest entschlossen, sich von keinem Unsinn aufhalten zu lassen, den die Gesellschaft intelligenten Frauen als Stolperstein vor die Füße wirft.«

Geht es nicht den meisten Frauen ihrer Generation so? Ellens Ehemann brauchte eine Bestätigung, daß sein Leben durch ihre Menopause nicht zur Hölle würde. Sie führten eine gute Ehe mit gemeinsamen intellektuellen Interessen und einer starken sexuellen Beziehung, aber das hier war eine Sache, mit der sie nicht gerechnet hatten. »Sie überfällt mich mit dieser Krise und sagt, ich müsse die Kinder übernehmen und sie brauche meinen Wagen. Als ich nicht sofort darauf eingehe, meint sie, auf mich sei kein Verlaß. Heute früh sagt sie mir, daß sie mich haßt. Ich habe es ihr prompt zurückgegeben. Wir benehmen uns wie Kinder.«

Ich mußte zugeben, daß ich mich am Anfang auch ziemlich unmöglich benommen habe. »Ich kann nicht mehr, ich halte es nicht mehr aus«, wurde abgelöst von: »Ich werde schon damit fertig. Ich nehme ganz einfach ein paar Yogastunden mehr.« Ich sagte ihm, Ellen würde wahrscheinlich eine Weile unter hormonell bedingten Stimmungsumschwüngen leiden und sich, da sie kein Östrogen mehr bekam, ziemlich deprimiert fühlen. Ellen tauchte, immer noch wütend, wieder auf.

»Kommt aus dieser Sache am Ende irgend etwas Gutes heraus, außer daß man es überlebt?« wollte sie wissen.

»Ja, du bekommst etwas heraus«, erklärte ich ihr mit der vollen Überzeugung einer Frau, die diese Phase hinter sich hat. Die Menopause ist ein biologischer Markierungspunkt, der von den Frauen verlangt, daß sie sich klarmachen, wo sie im Leben stehen. Es ist eine Einführung ins zweite Erwachsenenalter. Frauen, die sich Zeit nehmen, um eine Bilanz zu ziehen, können von da aus weiter voranschreiten – sie werden in den Fünfzigern und Sechzigern ausgeglichener und produktiver sein. »Stelle es dir so vor«, sagte ich. »Du wirst noch dreißig oder vierzig Jahre in dem Haus leben, das du deinen Körper nennst. Laß es nicht verfallen – fang jetzt an, es zu renovieren!«

Ellen wirkte gelangweilt. Aber ihr Mann verstand meine Botschaft.

»Deshalb leben Frauen also länger als Männer. Männer haben diese Pause nicht.« Ellens Ehemann lächelte jetzt. »Vielleicht kann ich aus der Menopause meiner Frau lernen.«

Ich sprach davon, daß dieser Markierungspunkt uns daran erinnert, daß wir uns jetzt bewußter als zuvor ernähren müssen. Daß wir darauf achten sollen, wie wir atmen, daß unser Körper regelmäßige Übungen braucht und auch Zeiten völligen Nichtstuns, damit eine tiefe Erholung möglich ist. »Du kannst deinen Körper nicht mehr als eine Selbstverständlichkeit nehmen. Für Männer gilt das ebenso. Wenn ein Achtzehnjähriger losrennt wie eine Antilope, gibt das keine Probleme. Wenn ein Endvierziger das versucht, kann er sich seine Achillessehne zerreißen. Wir müssen alle lernen, sorgsam mit unserem Körper umzugehen, sonst werden wir uns nicht auf ihn verlassen können, wenn wir ihn brauchen.«

»Ich will nichts von Meditationen hören«, spottete Ellen. »Ich habe all die Jahre unglaublich hart gearbeitet, um jetzt endlich das zu tun, was ich wirklich tun möchte. Und jetzt will ich anfangen!« Sie sprang auf und begann, auf und ab zu gehen. »Ich will nicht nur Gemüse essen und jede Woche zur Massage gehen und Yoga und Aerobic machen und jeden Tag einen Mittagsschlaf halten. Das kannst du vergessen!« Sie wirbelte herum. »Ich will die Begeisterung, die nach den Wechseljahren kommt!«

Es war ein wunderbar absurder Ausbruch. In gespielter Unschuld sagte ich: »Hm, ich glaube, dazu mußt du aber erst einmal durch die Menopause durch.«

Sie lachte über sich selbst.

»Ich verstehe, was du meinst«, erklärte ich ihr. »Mir ist es vor ein paar Jahren genauso gegangen.« Ich versuchte ihr begreiflich zu machen, daß das, was sie durchmachte, der Tod ihrer Jugend war – etwas Schmerzliches. Niemand erleidet gern diesen kleinen Tod. Wir alle sträuben uns dagegen. Wir schlagen um uns, wir sind wütend, daß es kein Allheilmittel dagegen gibt. Aber wenn wir diese Zäsur benutzen, um unsere inneren Ressourcen zu stärken, wenn wir lernen, unsere Energien aus einer tieferen, disziplinierten Quelle zu schöpfen, wenn wir diese Übergangsphase respektieren, statt dagegen anzukämpfen – dann bekommen wir definitiv etwas dafür, daß wir sie durchmachen. »Ich verspreche dir, Ellen, tu das und du kommst am anderen Ende mit mehr Kraft und Konzentration heraus, als du je zuvor im Leben besessen hast.«

Meine Freundin glaubte mir nicht – damals noch nicht. Sie hatte ein Recht auf ihre Verweigerung und ihren Zorn. Es sind dies normale, vorhersehbare Reaktionen – besonders bei den auf Hochleistungen abzielenden Frauen der Nachkriegsgeneration. Sie sind wütend, peinlich berührt, ungeduldig und können's nicht fassen, daß ihnen so etwas zustößt. Zeit ihres Lebens haben sie da draußen an einem Marathonlauf teilgenommen, und niemand hat ihnen gesagt, daß sie Ende Vierzig unvorbereitet gegen eine Betonmauer prallen werden. Diese Frauen fürchten, daß sich, falls sie der Menopause nachgeben, ihre Identität zusammen mit ihrem Körper auflösen könnte und sie sich über Nacht in eine vertrocknete alte Schachtel verwandeln werden.

Wenn Sie zu diesen Frauen gehören, bedenken Sie: Sie sind nicht allein. Es wird vielleicht die nächsten paar Jahre eine holprige Fahrt werden, auf und ab, aber auch das geht vorüber. Der schlimmste Teil der »Hölle« dauert gewöhnlich nicht länger als sechs bis zwölf Monate. Man kommt oft so abrupt wieder heraus, wie man hineingegangen ist.

Sie sagen, Sie haben für die Menopause keine Zeit? Raten Sie mal! Die Menopause hat Zeit für Sie. Die Frage ist, wer die Oberhand haben wird. Je früher Sie bereit sind, den Übergang zu akzeptieren, um so leichter werden Sie es finden, diese Phase Ihres Lebens zu meistern.

Heute können Sie Ihre Menopause so planen, wie Sie Ihre Schwangerschaften geplant haben. Es ist dies eine ganz neue Art, die Wechseljahre zu betrachten. Sie können damit anfangen, daß Sie Frauen, die älter sind als Sie, nach ihren Erfahrungen fragen. Oder Sie suchen ein Gespräch mit einem kompetenten, verständnisvollen Arzt oder besorgen sich Informationen aus Büchern und Zeitschriften.

Die Menopause läßt sich in drei Phasen unterteilen, von denen jede ein ganz besonderes hormonelles Milieu schafft, spezielle Anforderungen stellt und ihre eigene Befreiung bietet.

ERSTE PHASE: PANIK IN DER PERIMENOPAUSE

Fast alle Frauen erleben einige Symptome, nur wenige haben schwere Probleme. Etwa 20 Prozent segeln mit geringen Schwierigkeiten hindurch und etwa 10 Prozent sind vorübergehend handlungsunfähig. Dazwischen ist der Rest angesiedelt, von denen die meisten wahrscheinlich nicht wissen, daß die Hitzewallungen, emotionalen Probleme und Zyklusunregelmäßigkeiten ihren Höhepunkt Monate oder Jahre vor dem eigentlichen Eintreten der Menopause erreichen.

Diese erste Phase, die Perimenopause, ist der am wenigsten verstandene und verwirrendste Abschnitt und ähnelt in vielerlei Hinsicht der Pubertät. Heftige und unvorhersehbare hormonelle Wechselbäder finden statt, denn das Östrogen ist an mindestens dreihundert körperlichen Prozessen beteiligt. Sinkt es unter ein Niveau, an das der Körper seit dreißig oder mehr

Jahren gewöhnt ist, gerät er erheblich aus dem Gleichgewicht
– die Folge können Schlafstörungen, Schwankungen der Tem-
peratur, der Stimmung und des Appetits, Störungen der Libido und des Monatszyklus sein, und zeitweise kann das Gefühl
aufkommen, in einem fremden Körper zu leben.

Wann geschieht das? Vermutlich wurde bislang die Zahl
der jüngeren Frauen unterschätzt, die alle Symptome der
Menopause erleben, obwohl sie noch ihre Periode haben. Die
neuesten Untersuchungen belegen, daß bereits eine überraschend große Zahl von Frauen Anfang Vierzig erste Symptome aufweisen.[4] Was Sie zuerst einmal wissen müssen, ist dies:
Die Menopause ist so individuell wie ein Fingerabdruck. Es
gibt keine zwei Frauen, die sie auf die gleiche Weise erleben.

Das Spektrum der Anzeichen und Symptome der Perimenopause ist erstaunlich groß. Während die eine Frau sie mit
den Worten: »Mir wird ein paarmal am Tag heiß, aber das
macht mir nichts aus«, abtut, lebt die andere in panischer
Angst, bei einer Besprechung purpurrot anzulaufen und sichtbare Schweißausbrüche zu bekommen.

Auch für das häufigste Symptom der Perimenopause, die
unregelmäßigen Blutungen, läßt sich keine Regel aufstellen.
Der Zyklus kann länger oder kürzer, leichter oder schwerer
werden – all diese Unregelmäßigkeiten sind möglich und
haben mit dem Alter und den Hormonen zu tun. Meistens
handelt es sich um völlig normale Erscheinungen, doch sie
können eine Frau wahnsinnig machen! Trudy Bush, Epide-
miologin an der Universität von Maryland, hat vorausgesagt,
daß die Perimenopause zunehmend die öffentliche Gesundheitsvorsorge beschäftigen wird: »Wenn immer mehr berufstätige Frauen in dieses Alter kommen und unter peinlichen
Symptomen wie Hitzewallungen und exzessiven Blutungen zu
leiden beginnen, dann werden sie verlangen, daß man der Perimenopause mehr Beachtung zollt!«

Die New Yorker Gynäkologin Patricia Allen wird bereits
mit solchen Forderungen überschwemmt. »Die Frauen kommen jetzt zu mir in die Praxis und verlangen wie wild Informationen. Das Schweigen, mit dem man die Menopause

Frauen kommen in die Perimenopause
Frauen im Alter von 40 bis 49

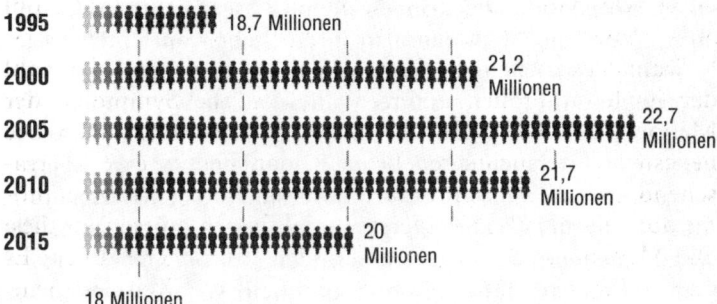

früher belegt hat, hat sich in eine Obsession verwandelt.
Diese Frauen wollen eine perfekte Behandlung ohne Folge-
erscheinungen.« Dr. Allen, eine mit Einfühlungsvermögen
begabte Ärztin, rät ihren Patientinnen, sich an diesem Punkt
ihres Lebens die Notwendigkeit einer Neubesinnung einzugestehen und diese Übergangsphase als solche zu begreifen, statt
einfach nur hindurchzuwandern und Tage zu erleben, wo sie
obenauf sind, und andere, wo sie sich ganz down fühlen.

Es ist erwiesen, daß Streß die Symptome in der ersten Phase der Menopause verstärkt und vielleicht sogar vor der Zeit
auslöst. Neun Monate nach ihrer ersten Konfrontation mit
den Symptomen der Perimenopause war Ellen immer noch
verbittert. Sie war frustriert, wenn Müdigkeit und Konzentrationsschwäche ihre Leistung gefährdeten.

Sie hatte sich als Schmetterling gesehen, der hoch hinaufflog
und sich an allen möglichen Orten niederließ. »Plötzlich
kommt es mir vor, als befände ich mich wieder in einem
Kokon – als hätte ich Watte im Kopf: Das ist meine tägliche
Realität.«

Der Widerstand gegen die Tatsache, daß man die Jugend
und die Zeit der Fruchtbarkeit verlassen hat, um ein unbekanntes Territorium zu betreten, ist völlig verständlich. Aber

wenn eine Frau sich auf diesen Widerstand versteift, blockiert sie den Weg, der in das zweite Erwachsenenalter führt. Das ist der Punkt, wo Ellen und mit ihr viele aktive, berufstätige Frauen ins Stolpern geraten können. Keine dieser Frauen ahnt, welches Chaos die Menopause in ihrem Leben anrichten kann, wenn sie ihren Widerstand nicht aufgeben.

Jede Frau muß jedoch ihren individuellen Weg finden. Das hat Dr. Allen festgestellt, die inzwischen weit über tausend Frauen in verschiedenen Phasen behandelt hat. Ihre eigenen Kenntnisse über diese Lebensphase sind in den letzten fünf Jahren sehr viel gründlicher geworden. Viele Patientinnen, die sie zum erstenmal aufsuchen, befinden sich in einem depressiven Erregungszustand und hoffen auf ein Wunder, eine magische Lösung ihrer Probleme.

Ihr Hauptanliegen ist es, daß ihre Patientinnen unabhängig werden, weil die Abhängigkeit von einem Arzt das Ressentiment fördere, Unabhängigkeit hingegen das Wachstum. Wenn die hauptsächlichen Beschwerden einer Frau während der Perimenopause aus einer Fülle emotionaler Symptome bestehen, geht sie von einer der folgenden Situationen aus:

Erstens: Die Patientin befindet sich in einem normalen Übergangsstadium. Sie fühlt sich unwohl, so als stecke jemand anderes in ihrer Haut. Normalerweise sind Medikamente überflüssig. Wichtig für diese frühe Phase sind Informationen und menschlicher Beistand.

Zweitens: Die emotionalen Symptome sind primär eine Folge des aus dem Gleichgewicht geratenen Hormonhaushalts. In diesem Fall kann durch Einnahme von Anti-Baby-Pillen in niedriger Dosierung eine Besserung erzielt werden.

Drittens: Es handelt sich um eine ausgewachsene Midlife-Krise mit ungelösten seelischen Konflikten oder Traumata. Solchen Patientinnen rät Dr. Allen dann meist, eine Therapeutin aufzusuchen, die alt genug ist, daß sie selbst die Menopause bereits bewältigt hat und als Rollenvorbild und Wegweiserin dienen kann.

Viertens: Am seltensten gehen Erregung und Depression auf ein biochemisches Problem zurück. »Solche Patientinnen sind

oft die zornigsten und verwirrtesten«, hat Dr. Allen festgestellt. »Sie halten sich nicht für depressiv, weil depressiv in
ihren Augen bedeuten würde, daß sie nicht mehr aus dem
Bett kämen, ihren Appetit verlören und Selbstmordgedanken
hätten. Der Erregungszustand verbirgt ihre Depression und
erschwert zuerst die Diagnose. Diese Patientinnen können eine
manische Intensität an den Tag legen, und für sie ist eine Hormonbehandlung nicht das Richtige. Sie brauchen eine psy-
chopharmakologische Behandlung.«

Dr. Allen weiß jedoch sehr wohl, daß – auch wenn diese grobe Rastereinteilung im großen und ganzen stimmt – die Diagnose im Einzelfall weniger simpel ist, weil oft verschiedene
Faktoren im Spiel sind. Diese Komplexität wurde mir auch
von Dr. Estelle Ramey, einer Physiologin, bestätigt, die auf
eine vierzigjährige Erfahrung in der Hormonforschung
zurückblicken kann. »Das menschliche Nervensystem, das
endokrine System und das Immunsystem sind ein Paket«, sagte sie. »Es finden sich mehr und mehr Beweise dafür, daß sie
interaktiv funktionieren, und es sieht ganz so aus, als ob das
Gehirn selbst die zentrale endokrine Drüse ist, die rund hundert Hormone ausschütten kann. Unser Organismus ist sehr
kompliziert. Als Forscher haben wir gerade mal die Oberfläche angekratzt.«

ZWEITE PHASE: ÜBER DEN BERG

Während des Jahres, in dem der Menstruationszyklus einer
Frau zu Ende geht, finden erhebliche Veränderungen im Kör-
per statt:
– Blutgefäße verlieren ihren bisherigen Schutz durch das
  Östrogen. Der Prozentsatz der Herzkrankheiten steigt
  während der fünfziger und sechziger Jahre stark an.
– Die Vagina verliert ihre natürliche Feuchtigkeit und fängt
  an, sich zurückzubilden, was den Geschlechtsverkehr
  erschweren kann. Auch läßt das sexuelle Begehren unter
  Umständen nach.

– Das Muskelgewebe beginnt sich zu verringern, und Fettzellen nehmen den Platz ein, was zu Gewichtszunahme führt.
– Osteoporose schädigt die Knochen, weil die Neubildung von Zellen langsamer vonstatten geht als der Abbau. Die betroffenen Frauen spüren zunächst nichts; erst wenn es fast zu spät ist, in den Sechzigern, macht sich die Krankheit bemerkbar und schon ein harmloser »Fehltritt« kann einen schlecht heilenden Bruch zur Folge haben.

Aber keine Angst – sowohl Osteoporose als auch Herzkrankheiten entwickeln sich langsam: Das heißt, eine Frau hat viele Jahre lang Gelegenheit, diesen unerwünschten Nebenwirkungen der Menopause durch Umstellung ihrer Eßgewohnheiten, körperliches Training und durch Zufuhr von Mineralien rechtzeitig entgegenzuwirken.

Die spürbarste Veränderung in der zweiten Phase ist für viele Frauen die Erkenntnis, daß sie keine Kinder mehr bekommen können. Eine grauhaarige, vorzeitig in die Breite gegangene Frau stand bei einem meiner Vorträge über die Wechseljahre vor über zweitausend Zuhörern auf und sagte: »Meine Kinder sind erwachsen und schon aus dem Haus, und ich hatte nie gedacht, daß ich mehr wollte, aber jetzt, wo ...«, ihre Stimme überschlug sich, »jetzt, wo ich in der Menopause bin, jetzt möchte ich – ich weiß, daß das verrückt ist –, jetzt möchte ich es noch einmal. Ist das hormonell bedingt?«

Das Publikum lachte, aber es war ein unfrohes Lachen, denn viele erkannten sich in dieser Frau wieder. Sie hatte einen empfindlichen Nerv getroffen – auch ich habe das verspürt. Besonders schmerzlich ist es für Frauen, die spät Mutter geworden sind, weil das Erlebnis noch relativ nahe ist. Selbst wenn wir keineswegs mehr an weitere Kinder denken, ist der Verzicht auf diese magische Kraft ein ungeheurer metaphysischer Verlust, der betrauert werden muß.

»Als ich fünfzig wurde, habe ich viel geheult«, sagt eine aufopfernde Mutter und Geschäftsfrau. »Ich mußte trauern, und als ich hindurch war, spürte ich eine große Befreiung.«

Auch die Sängerin und Liedermacherin Joni Mitchell hat mir über ihre Erfahrungen berichtet. Als wir 1991 in Los

Angeles zum erstenmal miteinander sprachen, trug sie eine schwarze Baskenmütze, ihr silberblondes Haar war zu Zöpfen geflochten und ihre Haut war wie Pergament. Sie gab zu: Wer eine Menge Drogen nimmt, trocknet aus, und das macht einen wirklich alt. Gefragt, ob sie wisse, wie Frauen sich mit fünfzig verhalten sollten, erwiderte sie geheimnisvoll: »Das merkt man von selbst.« Zwei Jahre später besuchte ich sie wieder, um zu sehen, was aus ihr geworden war.

»Ich mache mir jetzt andere Sorgen«, sagte sie. »Ich bin über die Midlife-Verrücktheiten hinweg. Es gibt da so eine Zeit der Trauer. Du bedauerst dich wegen all der Dinge, zu denen du nicht mehr fähig bist. Aber dann passierte etwas – von selbst. Du spürst, daß es durch eine chemische Veränderung in deinem Körper ausgelöst wird, während du über den Berg hinwegfährst. Du ärgerst dich nicht länger darüber. Du wirst damit fertig. Du kannst loslassen und sagen: Ach, ich möchte jetzt nicht darüber nachdenken! Und diese Fähigkeit habe ich früher immer an den Männern bewundert.«

Es beeindruckte besonders, das von jemandem zu hören, der sich sein Leben lang mit Krankheiten und Depressionen herumgequält hat wie Joni Mitchell. Ihre Intuition, daß eine chemische Veränderung stattfinden müsse, wird von der Biologie bestätigt. Zwischen vierzig und sechzig können in jenem Teil des Gehirns, der auf Streß reagiert, tatsächlich Zellen verlorengehen, und deshalb geraten wir nach der Menopause längst nicht mehr so leicht unter Druck wie in jüngeren Jahren – eine weitere Befreiung.

HORMONBEHANDLUNG, JA ODER NEIN?

Diese Frage ist für die meisten Frauen von enormer Bedeutung. Ein paar grundlegende Tatsachen sollten Sie wissen.

Punkt eins: Östrogen ist gut. Östrogen zu nehmen, um das zu ersetzen, was ihr Körper hergestellt hat, ist nicht für jede Frau das richtige. Aber es ist etwas, was alle Frauen in Erwägung ziehen können.

Punkt zwei: Wenn Sie sich für eine Hormontherapie entscheiden, sollten Sie einen guten Grund haben. Oft sagen mir
Frauen, sie nähmen nur deshalb Östrogen, weil ihr Arzt ihnen
einfach ein Rezept in die Hand gedrückt habe. Aber viele
sagen auch, sie hätten kein gutes Gefühl dabei, Medikamente
bei einem natürlichen Vorgang zu nehmen. Und sie haben
recht damit!

Punkt drei: Bisher war es jedoch auch nicht »natürlich«,
noch so lange nach der Menopause zu leben. Die meisten unserer Großmütter haben die Folgen von Knochenschwund oder
chronischer Herzkrankheit gar nicht mehr erlebt. Da wir heute jedoch noch drei bis vier Jahrzehnte vor uns haben, müssen
wir etwas für uns tun, damit sich mit dem Altern keine schweren Probleme einstellen.

Punkt vier: Jede von uns hat ein individuelles Gesundheits-
profil, das erforscht werden muß, bevor die Frage ernstlich
beantwortet werden kann. Jede Frau muß speziell für sich herausfinden, in welchem Verhältnis Risiken und Vorteile stehen.
Mein Rat, den ich den Frauen gebe, ist: Entwickeln Sie Ihre
persönliche, maßgeschneiderte Therapie der Menopause.

Punkt fünf: Sie müssen sich nicht ein für allemal entscheiden, sondern können nach einer gewissen Zeit auch eine
andere Richtung einschlagen. Wenn Sie sich für Hormone
entscheiden, rechnen Sie damit, daß das erste Jahr ein
Versuchsstadium sein wird. Außerdem müssen Sie – und auch
Ihr Arzt oder Ihre Ärztin – wissen, daß die Dosis andauernd
neu angepaßt werden muß, bis Ihr Körper optimal darauf
anspricht.

Zwar steigt die Zahl der Frauen, die Hormonpräparate nehmen, doch haben Umfragen gezeigt, daß ein Großteil von
ihrem Arzt niemals voll und ganz über Risiken und Vorteile
aufgeklärt worden ist. Außerdem nehmen viele die Östrogene
nicht vorschriftsmäßig ein oder werfen die Pillen innerhalb
eines Jahres fort. Weshalb?

Die beiden hauptsächlichen Gründe dafür, daß Frauen keine Hormone nehmen oder wieder damit aufhören, sind die
Angst vor Brustkrebs und vor einer Gewichtszunahme.

DIE ANGST VOR BRUSTKREBS

Gibt es irgendwelche Anzeichen, daß Östrogen das Brust-
krebsrisiko erhöht? Was wissen wir eigentlich über die Gefahren? Nicht viel.

Allgemein geht die Wissenschaft davon aus, daß es nur eine
geringe oder gar keine Gefahr gibt, infolge einer Einnahme
von Östrogen eher Brustkrebs zu bekommen als sonst. Allerdings decken die bisherigen Studien noch keinen langen Erfah-
rungszeitraum ab. Eine Gynäkologin, die ich befragte, hielt die
Einnahme über fünf bis sieben Jahre für gefahrlos.

Nach zehn Jahren Hormonbehandlung steigt das Brust-
krebsrisiko zwar, aber man weiß noch nicht zuverlässig, um
wieviel. Die Rede ist von 10 bis 25 Prozent. Aber obschon es
nach dieser Zeit eine Zunahme bei der Diagnose von Brustkrebs gibt, ist keine Zunahme von Todesfällen nachzuweisen.
Dagegen zeigen Studien über Amerikanerinnen der Mittelschicht, die Hormonersatz nehmen, daß sie länger leben als
die Kontrollgruppe ohne Hormone – bei ihnen wurde eine
Verringerung der Sterblichkeit um 20 bis 40 Prozent festgestellt, wobei jedoch nicht nach Todesursachen differenziert
wurde.

Warum hören Frauen also wieder damit auf?

»Den Frauen ist diese Zahl, daß jede neunte von ihnen an
Brustkrebs erkrankt, sehr bewußt«, sagte Dr. Trudy Bush, als
ich 1994 mit ihr sprach. »Wir müssen es ihnen aber auch klarmachen, daß zwei Drittel aller Frauen eine Herzerkrankung
entwickeln.«

Es ist inzwischen eine gut belegte Tatsache, daß viermal so
viele Frauen an einer Herzkrankheit wie an Brustkrebs sterben. Allerdings können genetische Faktoren oder auch die
Lebensweise das Risiko erhöhen. Ist in der engeren Familie
Brustkrebs vor der Menopause aufgetreten, muß man von
einer stärkeren Gefährdung ausgehen. Weitere Risikofaktoren
sind: sehr frühe erste Regelblutung, erste Schwangerschaft im
fortgeschrittenen Alter oder Kinderlosigkeit, erhöhter Alko-
holkonsum und möglicherweise auch zu niedrige Vitamin-A-

Aufnahme durch die Nahrung. Darüber hinaus belegen internationale Gesundheitsstatistiken, daß in Ländern, in denen die Frauen eine sehr fettreiche Nahrung zu sich nehmen, Brustkrebs viel häufiger auftritt.[5]

Auch müssen wir berücksichtigen, daß bei der Generation, die als erste Anti-Baby-Pillen genommen hat und heute als erste Ersatzhormone nimmt, insgesamt eine hohe Östrogenmenge zusammengekommen ist. Wenn Sie Ihre Menopause noch nicht haben, würde ich Ihnen raten, sich Ihre Gesamtbilanz anzusehen: Zählen Sie Ihre Perioden von der ersten Regelblutung an, addieren Sie die Anzahl der Jahre, in denen Sie die Anti-Baby-Pille genommen haben, gegebenenfalls auch die Östrogendosen im Rahmen einer Sterilitätsbehandlung und ziehen Sie dann Ihre Schwangerschaften ab.

SCHRECKGESPENST GEWICHTSZUNAHME

Frauen, die Hormone nehmen, schieben es immer darauf, wenn sie Fett ansetzen. Die meisten verstehen nicht oder wollen nicht verstehen, daß in den mittleren Lebensjahren eine dramatische Veränderung im Stoffwechsel stattfindet, die bei den Frauen zufällig mit der Menopause zusammenfällt.

Bis zum achtundvierzigsten, neunundvierzigsten Lebensjahr können Frauen sich ihren Körper ganz gut ohne größere Veränderungen bewahren, erklärte mir der Gerontologe Dr. Eric Poehlman aus Baltimore, der sich mit hormonellen Veränderungen befaßt hat. Dann aber träten signifikante Veränderungen auf, weil eine Reduzierung der Muskelmasse zugunsten des Fettgewebes einsetze. Und das bei gesunden Frauen, die keine Hormone nehmen.

Andere Studien kamen sogar zu dem Ergebnis, daß ohne Hormontherapie die Gewichtszunahme am stärksten ist und daß Frauen, die Östrogen nehmen, im allgemeinen weniger wiegen und dünner sind.

Jenen Frauen, die altersbedingt Pfunde zulegen, empfiehlt Dr. Poehlman, durch Training mit Gewichten die mangelnde

Verbrennung im Stoffwechsel wenigstens teilweise auszugleichen.

Unterm Strich betrachtet, sieht es so aus, als ob eine Hormonbehandlung für die meisten Frauen eine gute Sache sei. Allerdings sollten begleitende Maßnahmen nicht außer acht gelassen werden. Sehr empfehlenswert ist ein regelmäßiges körperliches Training, dazu eine leichte, fettarme Diät, bei der vor allem Sojabohnenprodukte wegen ihres hohen Anteils an natürlichem Östrogen zu empfehlen sind.

Meine Freundin Ellen machte eineinhalb Jahre nach Beginn ihrer Menopause plötzlich die Entdeckung: »Ich habe mich ganz neu orientiert.« Sie übte jetzt gleich nach dem Aufstehen auf ihrem Heimtrainer, las dabei die Zeitung und scheuchte dann die Kinder aus den Betten und zur Schule. Zweimal in der Woche opferte sie ihre Lunchpause für Yogaübungen.

Als Ellen sich ihrem Neunundvierzigsten näherte, war sie zwar zwei Jahre älter, aber um zwei Konfektionsgrößen schlanker geworden. Allerdings rang sie immer noch um eine neue Identität: »Es ist wirklich interessant, in der Mitte drinzustecken«, sagte sie. »Du kannst die andere Seite sehen, aber das heißt nicht, daß du so schnell dort hinkommen könntest, wie du gern möchtest.«

»Aber dahin kommst du nur durch diese dunkle Passage«, gab sie zu. »Durch die Wutanfälle und die Zeit, wo man seinen Körper versteckt und das alles.« Sie lachte über sich selbst. »Der Gedanke nistet sich in deinem Kopf ein: Vielleicht ist es doch gar nicht so schlecht, erwachsen zu sein – mit neunundvierzig –, weil du jetzt die Chance hast, deine Träume zu verwirklichen.«

DRITTE PHASE: DIE POSTMENOPAUSE

Wie lange soll ich Hormone nehmen? Diese Frage ist ebenfalls für die Frauen von großer Bedeutung, doch lassen sich kaum pauschale Antworten geben. Bei einer sehr heftigen Perimenopause kann das Eindämmen des hormonellen Chaos so gut wie jeden Preis wert sein. Wenn es nur um eine Erleichterung der Beschwerden der Menopause geht, reichen zwei oder drei Jahre Hormonbehandlung wahrscheinlich aus. Dann kann die Patientin ein paar Monate aussetzen und ausprobieren, wie sie sich ohne Hormone fühlt, und dann die ganze Geschichte in aller Ruhe abwägen.

Wie aber soll man sich für die Zeit nach der Menopause entscheiden? Da oftmals der Zusammenhang zwischen den Wechseljahren und langfristigen gesundheitlichen Problemen wie Knochenschwund und Herzerkrankungen oder der Wirkung des Östrogenmangels auf das Gehirn nicht beachtet wird,[6] soll hier in aller Kürze eine Übersicht über die Auswirkung einer Hormonbehandlung auf altersbedingte Krankheitsrisiken gegeben werden.

Herz: Wenn Sie das Risiko einer Herzerkrankung verringern wollen, werden Sie vielleicht unbegrenzt Hormone nehmen. Die Schutzwirkung des Östrogens auf das Herz ist vielseitig. Abgesehen davon, daß es den Cholesterinspiegel positiv beeinflußt, hat es eine direkte Wirkung auf die Wände der Blutgefäße und beugt Verkrampfungen vor. Außerdem verhindert es Ablagerungen und sorgt somit für eine ungehinderte Durchblutung. Man kann davon ausgehen, daß Östrogen die Gefahr einer kardiovaskulären Erkrankung nach dem fünfzigsten Lebensjahr ebenso um die Hälfte senkt wie das Risiko, an einem Herzanfall zu sterben.

Gebärmutterkrebs: In dieser Hinsicht ist nahezu jegliche Risikoerhöhung auszuschließen, wenn Östrogen in Kombination mit einem natürlichen Progesteron oder einem synthetischen Gestagen genommen wird. Östrogen allein jedoch stellt eine Gefährdung dar – man hat bei einer überraschend hohen Anzahl von Patientinnen, denen man Östrogen ohne Kombinationspräparate verabreicht hatte, präkanzeröse Veränderungen in der Schleimhaut des Uterus festgestellt. Allerdings hatte sich dieser Zustand, nachdem sie zwei Monate lang Progesteron bekommen hatten, wieder normalisiert.

Kliniker halten die Angst vor einem Gebärmutterkrebs im Zusammenhang mit einer Östrogenbehandlung für etwas übertrieben, zumal diese Krebsart gut zu behandeln ist. Trotzdem sollte man von vornherein jedes Risiko durch eine kombinierte Hormontherapie ausschalten. Und mit regelmäßigen Ultraschalluntersuchungen läßt sich überdies sehr genau feststellen, ob sich irgendwelche Unregelmäßigkeiten gebildet haben.

Das Problem war, daß Frauen, denen man die Standarddosis von zehn Milligramm eines synthetischen Gestagens zehn Tage lang zusammen mit ihrem Östrogenpräparat gegeben hatte, oft unter dem unangenehmen Gefühl einer bevorstehenden Regelblutung litten und ihre Periode auch wieder bekamen. Solche Frauen rufen dann ihren Arzt an und fragen: »Warum haben Sie mir das Zeug gegeben?« Wenn sie keine andere Wahl als diese Kombination haben, geben sie oft die ganze Hormontherapie auf oder, gefährlicher, lassen einfach das schützende Gestagen weg. Abgeschreckt durch die Begleiterscheinungen, setzen sie kurzsichtig die langfristigen Vorteile dieser Behandlung aufs Spiel.

Wichtig ist allerdings, daß bei der Verabreichung von kombinierten Hormonen die individuelle Neigung zu Gefäßerkrankungen abgeschätzt wird. Man hat nämlich kürzlich festgestellt, daß synthetische Gestagene die positive Wirkung des Östrogens auf das Herz abschwächen.[7] Aus diesem Grund sollten gefährdete Frauen regelmäßig von einem Facharzt für Gefäßleiden überwacht werden. Der sicherste Weg besteht jedoch darin, nichtsynthetische Gestagene zu verwenden, die nur unmittelbar auf die Gebärmutter einwirken.

Auch andere Alternativen zu synthetischen Hormonen erfreuen sich wachsenden Interesses – vor allem das natürliche Östrogen und das natürliche mikronisierte Progesteron. Überdies weiß man inzwischen, daß eine Frau keineswegs jene hohe Dosis Gestagen braucht, wie sie routinemäßig meist verschrieben wird. Auch eine ungleich kleinere Menge, täglich mit dem Östrogen eingenommen, reicht zum Schutz der Gebärmutter aus.

Knochen: Steht bei den Überlegungen pro und contra einer Hormontherapie die Vorsorge gegen Osteoporose im Vordergrund, so scheint eine Einnahmedauer von mindestens sieben Jahren empfehlenswert, weil Knochenschwund gerade in der eigentlichen Phase der Menopause verstärkt auftritt, um dann wieder auf die natürliche altersgemäße Abnutzung zurückzugehen. Östrogen schützt die Knochen; natürliches Progesteron kann sogar helfen, bereits verlorene Knochensubstanz zu ersetzen. Dr. John Lee, ein in Harvard ausgebildeter Mediziner, behauptet sogar, daß Osteoporose reversibel sei.[8] Er hat Frauen jenseits der Sechzig mit natürlichem Progesteron behandelt und behauptet, daß bei all jenen, die zumindest sechs Monate lang an seinem Programm teilgenommen hatten, eine Erhöhung der Knochendichte zu verzeichnen war.[9] Das natürliche Progesteron, das er verwendet, ist aus mexikanischen Jamswurzeln gewonnen, wird aber in Salbenform angewendet und wie eine Feuchtigkeitscreme durch die Haut absorbiert.

Gehirn: Immer mehr deutet darauf hin, daß bei Frauen wie bei Männern Östrogen eine entscheidende Wirkung auf die Gehirnaktivität hat und sich auf die kognitiven Funktionen (Erkenntnis und Wahrnehmung) auswirkt. Barbara Sherwin, Professorin für Psychologie, Geburtshilfe und Frauenheilkunde in Montreal, hat mir von ihren Erfahrungen berichtet.[10]

Im Verlauf von nahezu zehn Jahren hat sie mehrere hundert Frauen unterschiedlichen Alters standardisierten neuropsychologischen Tests unterzogen – und zwar einmal, während sie einen hohen Östrogenspiegel aufwiesen, und dann wieder, als sie sich in einem Zustand des Östrogenmangels befanden. Die Ergebnisse zeigten deutlich, sagte Dr. Sherwin, daß Östrogen das Wortgedächtnis stabilisiere und die Fähigkeit verbessere, Neues zu lernen.

Östrogen fördert ebenfalls die Produktion eines wichtigen Enzyms im Gehirn, das die Interaktion der Gehirnzellen beschleunigt. Das Innere eines robusten, gut mit Östrogen versorgten Gehirns kann man vielleicht mit einer dicht vernetzten städtischen Telefonzentrale vergleichen, während das Gehirn einer älteren, ihres Östrogens beraubten Frau mehr wie der spärliche Kabelinhalt einer Nebenstelle auf dem Lande aussieht.

Die Ergebnisse waren am dramatischsten bei gesunden

Frauen, die kurz vor und nach einer Totaloperation, einer Hysterektomie mit Entfernung der Eierstöcke, getestet wurden. Nach der Operation waren ihre Werte in puncto Wortgedächtnis und Erlernen neuen Materials signifikant schlechter. Wurde nach der Operation eine Östrogenbehandlung begonnen, besserte sich die Merkfähigkeit wieder. Alle Frauen, die Dr. Sherwin getestet hat, entschieden sich schließlich für die Einnahme von Hormonen.

Wie positiv Östrogen sich auf das Gehirn auswirkt, wurde erst kürzlich durch eine Studie belegt, die Dr. Victor Henderson von der University of Southern California mit über 2418 Frauen durchgeführt hat. Darin kam er zu dem Ergebnis, daß das Risiko, die Alzheimersche Krankheit zu bekommen, erheblich geringer ist für Frauen, die Hormonpräparate eingenommen haben.[11]

DER RUF DES WILDEN MÄDCHENS

Die beste Voraussetzung für eine bewußte Bewältigung der Wechseljahre ist... der menopausale Schwung. Als meine Lehrerin, die Anthropologin Margaret Mead, von diesem Phänomen sprach, tat sie das aus der Kenntnis der vielfältigsten Kulturen heraus, denn dieser postmenopausale Schwung ist überall anzutreffen. Damit kann man davon ausgehen, daß es sich nicht um die Folge einer bestimmten Form von Sozialisation handelt, sondern um einen Bestandteil des evolutionären Phänomens Frau.

Nach Durchlaufen der Wechseljahre kann sie den Ängsten vor Schwangerschaften und den allmonatlichen Stimmungsumschwüngen Lebewohl sagen. Sie ist nicht länger durch die gesellschaftliche Definition als Sexualobjekt, Gebärerin und Mutter eingeengt, sie ist jetzt freier, die männlichen und weiblichen Aspekte ihrer Natur zu integrieren. Jetzt kann sie es sich endlich erlauben zu sagen, was sie wirklich denkt.

Wenn ich Frauen in den Fünfzigern dränge, sich an das Mädchen zu erinnern, das sie mit zehn oder elf waren, fangen sie oft an zu weinen. Die Verwandlung des fröhlichen, zu Streichen aufgelegten Kindes, das sie einmal waren, lebt in ihrer ganzen schmerzlichen Intensität wieder auf, und zum erstenmal vielleicht wird der Preis bedacht, der gezahlt werden mußte.

Die Fernsehproduzentin Linda Ellerbee träumte als Kind davon, eines Tages bei den »New York Yankees«, der berühmten Baseballmannschaft, zu spielen. Man sagte ihr, dazu müsse sie aber sehr gut sein, und sie erwiderte, sie wolle kräftig üben. Als man ihr erklärte, sie müsse erst einmal erwachsen werden, sagte sie: »Ich werde warten.« Mit zwölf etwa erfuhr sie den wahren Grund: »Du müßtest ein Junge sein.«

Die meisten vorpubertären Mädchen sind ebensolche Energiebündel wie Buben. Die von mir befragten Frauen schilderten alle, wie begeistert sie Bäume erklettert, Pferde geritten, wie gern sie Fußball gespielt, die Umgebung erkundet, laut und deutlich ihre Meinung gesagt und Regeln in Frage gestellt haben. Aber etwas verändert sich deutlich, wenn die Mädchen zwölf oder dreizehn sind. Mädchen sind während dieser Übergangsphase empfindlicher und verletzbarer, weil es sie mitten in der Pubertät trifft – während die Geschlechtsreife bei den Jungen normalerweise erst zwei Jahre später eintritt. Außerdem wird das heranwachsende Mädchen durch die Medien mit Instruktionen bombardiert, wie es aussehen und sich benehmen sollte. Was geschieht mit ihrer Stimme? Die kommt ihr abhanden.

»Mädchen verdummen mit zwölf«, hat Model Lauren Hutton bestätigt. Die meisten Frauen, mit denen ich gesprochen habe, stimmten dem zu. So auch Linda Francke, eine Schriftstellerin, die mit fünfzehn in ein Internat kam, wo sie mit einer ihr bis dahin unbekannten Welt zusammenprallte. Jetzt fand die Verwandlung statt: »Ich wollte dann nur noch lernen, zu was für Frisuren man sich die Haare wickelt und was für einen Pullover man wozu trägt. Gesellschaftlich akzeptiert werden, das war alles, was zählte, alles andere fiel weg, alles.«

Eine Fünfjahresstudie der Harvard-Psychologin Carol Gilligen, die sie zusammen mit Lyn Mikel Brown an einer

Mädchenschule in Cleveland durchführte, zeigt genau, an welchem Punkt das Selbstverwirklichung suchende Ich des Mädchens zusammenbricht. Zwischen sieben und zwölf noch »freimütig, selbstsicher, psychologisch scharfsinnig und gewitzt«, unterzogen sie sich einer Selbstzensur, nachdem man sie dem gesellschaftlichen Druck unterworfen hatte, der von ihnen verlangte, daß sie »nett« waren und »sich anpaßten«. Die Mädchen fingen an, das, was sie wußten, sahen und fühlten, zu verfälschen. Die Person, die aus diesem Prozeß hervorging, orientierte sich »an dem Vorbild des perfekt netten und liebevollen Mädchens«.[12]

Bereiten Sie sich auf eine Wiederkehr des wilden Mädchens vor. Abenteuerlust und oft auch ein neues Vergnügen an sportlichen Betätigungen tauchen während der Wechseljahre erneut auf. Ich wollte, ich bekäme einen Penny für jedes postmenopausale Mädchen, das mir erzählt hat, es wolle allein in Afrika Gorillas beobachten oder mit einer Freundin Berge ersteigen oder jetzt wieder fleißig Tennis spielen, damit es noch einmal für Turniere reicht. Und wilde Mädchen gehen auch bereitwilliger Risiken ein – in beruflicher Hinsicht wie im Liebesleben.

FÜNFTER TEIL

DIE FLOTTEN FÜNFZIGER: MÄNNER

10. Kapitel:
Der Samson-Komplex

Wolle nicht Herr in allem sein! Auch was du beherrscht
hast, ist dir nicht durchs Leben nachgefolgt.
Sophokles
König Ödipus

Frauen müssen Kompromisse schließen. Männer nicht.
Obwohl der fünfzigste Geburtstag auch für sie ein wichtiges
Datum ist, weiß man nicht, ob sie an der Schwelle zu den flotten Fünfzigern straucheln werden oder nicht. Frauen haben
eine biologische Uhr – die Menopause –, die sie zu der
Erkenntnis zwingt, daß sich etwas verändert. Wenn sie sich auf
diesen Übergang konzentrieren, kommen die meisten von
ihnen jenseits der Schallmauer wieder heraus.

Für Männer ist das Altern kein Thema. Jedenfalls nicht so
früh wie für Frauen. In ihrem ersten Erwachsenenalter fahren
die meisten Männer einen Leistungskurs, der genau auf sie
zugeschnitten ist. Sie kennen alle Haltestellen, sie wissen sehr
genau, ob sie den anderen voraus sind oder hinter sie zurückfallen. Die meisten wenden ungeheuer viel Energie auf und
unterdrücken in gefährlicher Weise ihre emotionalen Bedürfnisse. Zumindest bis zum vierzigsten Jahr entwickeln Männer
ein Gefühl für ihre persönliche Identität und für ihren Wert,
indem sie ihre aggressiven Instinkte im Kampf um Macht und
eine Position in der gesellschaftlichen Hierarchie einsetzen.

Diese aggressiven Instinkte bereiten Lust wie der Geschlechtstrieb. Sie stauen sich an, der Mann befriedigt sie, dann stauen sie sich wieder an. Wenn der Mann die mittleren Jahre erreicht, genügt ihm der Konkurrenzkampf nicht mehr. Gleichzeitig versuchen ihn jüngere Männer und Frauen zu verdrängen, deren Kampfeslust noch nicht befriedet ist. Sein Körper macht nicht mehr wie früher mit. Sein Job, so stellt sich jetzt vielleicht heraus, ist nicht so sicher, wie er gedacht hatte. Sogar erfolgreiche Männer fühlen fast unweigerlich, wie ihre Kampfkraft nachläßt, und hinter der Maske unverletzbarer Männlichkeit beginnt eine Suche nach Sinn.

Wenn diese Männer sich dann den Fünfzig nähern, reagieren sie oft unwillkürlich wie Samson: Sie denken, daß sie weiterhin dieselbe außerordentliche körperliche Kraft und emotionale Unerschütterlichkeit zeigen müssen, deren sie sich in ihrer Jugend rühmen konnten. Diese Anstrengung kann sie Energien kosten, die sie für eine vordringlichere Aufgabe brauchen: ihren inneren Haushalt zu ordnen. Aber da sie noch nie zuvor mit nicht überwindbaren Grenzen konfrontiert waren, meinen sie, daß man gegen das Altern nichts Besseres tun kann, als es zu ignorieren.

Die meisten Männer wollen mit fünfzig da bleiben, wo sie sind, und behalten, was sie haben. Sie wollen keinen Übergang vollziehen. Und in ihrem Leben gibt es auch kein eindeutiges Zeichen, das ihnen zeigt, wann der ins Haus steht. Verständlich also, daß die Männer oft erst eine bittere Erfahrung machen müssen, um zu erkennen, was sogar die zögerlichsten Frauen »von selbst« merken: »Es geht nicht darum, gegen alle Schicksalsschläge an dem festzuhalten, was du hast«, so Gloria Steinem. »Es geht darum, zu etwas anderem und Besserem fortzuschreiten.«

Ob es dem Mann gefällt oder nicht, in den mittleren Jahren kommen seine unterdrückten emotionalen Bedürfnisse normalerweise an die Oberfläche. Aber während sein Gefühlsleben für ihn an Bedeutung gewinnt, rebellieren wahrscheinlich gerade seine minderjährigen Kinder, die volljährigen verlassen das elterliche Nest, und seine Frau gewinnt an Selbstbewußtsein. Wenn sie ungefähr in seinem Alter ist, geht sie entweder wegen ihrer menopausalen Stimmungsumschwünge die Wände hoch oder sie verfolgt ihre lang aufgeschobenen ehrgeizigen Ziele – schließt sich Wohltätigkeitsvereinen oder politischen Aktionsgruppen an und kümmert sich mehr um die Rettung ausländischer Flüchtlinge als um ihn. Mit all diesen Ängsten und Verlusten konfrontiert – worum machen sich die Männer vor allem Sorgen, wenn sie sich dem Übergang in das Alter der Überlegenheit nähern?

Daß ihnen die Haare ausgehen.

DIE KRISE DER EITELKEIT

Bei fast allen Gruppengesprächen, die ich mit Männern über das Auf und Ab des mittleren Lebensabschnitts führte, ging es zunächst um ihre Haare. So eröffnete ein grauhaariger Manager Anfang Fünfzig die Debatte mit den Worten:

»Ich frage meinen Friseur jedesmal, wenn ich zu ihm gehe: ›Hat es aufgehört? Wieviel denn noch?‹« berichtete Jerry Krupilski. »Und mein Friseur, Gott segne ihn, sagt dann: ›Sieht so aus, als ob es jetzt vielleicht aufhört.‹ Er sagt immer, der Haarausfall läßt ungefähr mit Mitte Fünfzig nach. Wenn man also bis dahin nicht völlig kahl ist, wird man ein paar Haare behalten. Also gibt es noch Hoffnung.«

Andere Männer lachten nervös.

Ein kraftstrotzendes Exemplar von neunundfünfzig Jahren erzählte der Gruppe: »Ich bin wirklich stolz auf mein Alter. Wenn ich wollte, könnte ich jetzt gleich anfangen zu trainieren und bei einem Marathon mitmachen. Aber meine Haare hasse ich! Ich kämme sie hierhin, ich kämme sie dorthin, aber ich kann machen, was ich will – ich komme mir immer wie ein Idiot vor.« Er zeigte, wie er sein Haar über den kahlen Kopf kämmt. »Ich kann nichts dagegen tun. Es ist ein unauslöschliches Zeichen meines Alters.«

Ein achtundvierzigjähriger Verkäufer mit einem ergrauenden Schnurrbart erweiterte diesen Begriff. »Es ist eine Frage der Kontrolle. Ich weiß nicht, was die Fünfzig für mich bringen werden, aber ein Teil des ganzen Alterungsprozesses und der Angst, die Kontrolle zu verlieren, ist der Haarausfall.«

Krupilski nannte dies sein größtes Problem. »Zu Hause siehst du richtig gut aus. Dann gehst du raus und es ist windig. Deine Frisur ist hin, all die kahlen Stellen kommen zum Vorschein und du denkst: ›Mein Gott! Hoffentlich sieht mich niemand.‹ Es ist demütigend.«

Seine Frau tröstete ihn, indem sie ihm versicherte, sie fände Männer mit Glatze sexy. Ein Beamter in der Gruppe tätschelte die leuchtend weiße Tonsur auf seinem Schädel, die zu einem beliebten Gegenstand des Witzes in seiner Familie geworden ist: »Ich erkläre meinem Sohn – er ist fünfzehn –, daß das hier in Wirklichkeit ein Sonnenkollektor für meine Triebmaschine ist.«

Ein älterer, kahler Mann rümpfte die Nase: »Es wird hier an diesem Tisch zuviel rationalisiert.«

Nachdem sich Männer solche Sorgen wegen ihres Haarschwunds machen, scheint es fast so, als sei dies für sie das erste, für jeden sichtbare Zeichen ihres Schwächerwerdens, eine offenliegende Wunde ihres Egos. So als ob das Haar das wäre, wofür Samson es hielt: das Symbol der Macht und sexuellen Kraft des Mannes.

Das andere Thema, das in den Gesprächen fast immer Frustrationen verriet, war die Leistungsfähigkeit auf sportlichem Gebiet. Fast alle Männer sehen im Nachlassen ihrer Körperkraft ein weiteres Zeichen des sich nähernden mittleren Alters. Die Männer bemühen sich genauso wütend und verbissen um die Aufrechterhaltung ihrer körperlichen Dominanz wie die Frauen um die Bewahrung ihrer jugendlichen Schönheit. Und diejenigen Männer, die in ihrer Jugend einmal begeisterte Sportler gewesen waren, erfahren das Schwächerwerden am schmerzhaftesten.

DER ALTERNDE ATHLET VON SIEBENUNDFÜNFZIG JAHREN

»Ich wußte, daß ich alt wurde, als meine Jungen mich nicht mehr aufforderten, mit ihnen Baseball zu spielen.«

Er verdient sein Geld bei einer großen regionalen Gesundheitsinstitution, Abteilung Sport. Aber er lebt im Körper eines schon alternden Baseballspielers. Es ist ein großer Mann mit kantigem Kinn, der sich sein silbergraues Haar in die Stirn kämmt. Er strahlt Ruhe und Gelassenheit aus.

»Ich bin mein Leben lang ein Athlet gewesen«, sagte er zur Einführung. Die ersten größeren Veränderungen fielen ihm Mitte Vierzig auf. »Wenn ich mit den Kindern spielte, wurde das immer anstrengender für mich. Was die Reaktionen anging, waren sie einfach ein bißchen forscher, als ich es noch sein konnte. Und ich war früher nicht gerade schüchtern gewesen.« Die Muskeln spielten in seinen Unterarmen, als ob sie das betonen wollten. »Ich wußte, daß ich alt wurde, als meine Söhne Baseball spielten, ihren Dad aber nicht mehr dazu aufforderten. Jetzt fragen sie: ›Möchtest du als Schiedsrichter dabeisein, Dad?‹ Nicht: ›Möchtest du mit uns spielen?‹«

Die anderen Männer nickten mitfühlend, als er seine Geschichte erzählte.

»Ich habe die Fünfzig schon hinter mir«, sagte David Allen, der Arzt in der Gruppe. Es hatte ihm immer Spaß gemacht, mit seinen Kindern Ski zu fahren, aber auch er entdeckte mit Mitte Vierzig die ersten Anzeichen einer einschneidenden Veränderung in der Vorstellung, die er von sich selbst hatte. »Ich merkte, daß ich nicht mehr soviel Lust hatte, die steilen Abhänge hinunterzufahren. Diese Spannung zwischen der Freude daran hinunterzurasen und der Gefahr eines schweren Sturzes, zu dem es innerhalb des Bruchteils einer Sekunde kommen konnte, war nicht mehr da.«

Dem Verkäufer unterlief ein aufschlußreicher Versprecher: »Ich glaube, man erreicht einen Punkt in seinem Leben, an dem man seine eigene Unsterblichkeit begreift.«

»Sterblichkeit«, verbesserte ihn der frühere Baseballspieler.

»Richtig, das meine ich...« stotterte der Verkäufer. »Ja, an dem man seine eigene Sterblichkeit begreift, danke.«

Aber noch etwas anderes als der Gedanke an die Sterblichkeit hindert den Mann daran, die emotionalen Bedürfnisse zu befriedigen, die jetzt in ihm erwachen. Es ist der Trieb, seine Herrschaft mit den Mitteln aufrechtzuerhalten, deren er sich schon immer bedient hat. Und dann kann es passieren, daß er eine ebenso lächerliche wie traurige Figur macht.

Ein Vater von sechsundvierzig Jahren erzählte mir die Geschichte der letzten Auseinandersetzung mit seinem rebellischen sechzehnjährigen Sohn. Als der Sohn sich weigerte, eine Anordnung des Vaters auszuführen, begannen sie einander anzuschreien. Es ging hin und her, bis der genervte Vater erklärte: »Okay, dann müssen wir das eben in einem Ringkampf entscheiden.« Sie fingen an miteinander zu ringen. Mit Ach und Krach gelang es dem Vater schließlich, den Sohn niederzuzwingen. »Ich habe die ganze Kraft zusammennehmen müssen, die ich noch mobilisieren konnte, um den kräftigen Bengel zu Boden zu bringen«, gab er später zu. In diesem kurzen Moment, als er es geschafft hatte, seine physische Überlegenheit zu demonstrieren, drohte er ihm: »Und laß dir das eine Lehre sein. Fordere mich nie wieder heraus!« Dann ließ er den Jungen schnell wieder los.

Als er die Geschichte erzählte, mußte der Vater über sein eigenes Verhalten lachen. Innerhalb von ein paar Monaten oder eines Jahres würde der Sohn ein Mann sein, der sich nie wieder, weder körperlich noch auf andere Art, von seinem Vater würde unterdrücken lassen. Aber ein letztes Mal noch mußte der Vater seine Position verteidigen, und wenn er sich damit auch zum Affen machte.

Dieses Samson-Gebaren ist besonders verbreitet unter Männern der angepaßten Generation, die in der Zeit des Zweiten Weltkriegs geboren sind und deren Sozialisation von ihnen verlangte, daß sie instrumentale Rollen ausfüllten und die ganze Gefühlsduselei verdrängten. Sollten sich ihre Ehefrauen doch Sorgen um die Beziehungen machen. Die Domänen der

Männer waren Arbeit und Sport, sie stellten oft den einzigen Zugang zur Entwicklung einer männlichen Identität dar. Jeder, der heute älteren Männern zuhört, sollte wissen, daß die meisten von ihnen verunsichert sind und sich abmühen, neue Definitionen von Männlichkeit und Quellen emotionaler Sicherheit zu finden. Und das ist kein Wunder. Denn so ungefähr alle Definitionen der Männlichkeit, die sie erlernt haben, werden heute in Frage gestellt. In meinen Gesprächen mit Männergruppen bitte ich die Anwesenden deshalb immer um eine Definition von Männlichkeit.

DER ZURÜCKGESTUFTE VIZEPRÄSIDENT, SIEBENUNDVIERZIG

»Ich gehe nicht unter. Ich wehre mich.«

Bei einer Umstrukturierung seiner Firma verlor Don Parrot, siebenundvierzig, seine leitende Position. Sie wurde gestrichen, und er muß jetzt subalterne Arbeit verrichten. In seiner Firma scheint ihn mittlerweile keiner mehr zu kennen.

»Du siehst aber echt nicht so aus, als könnte man durch dich hindurchsehen«, zogen ihn die anderen Männer auf.

Richtig, der überflüssig gewordene Vizepräsident trug ein kühnes türkisfarbenes indisches Seidenhemd und richtig schwere Boots. Und Don war stolz auf sein Haar, das noch immer dicht auf seinem Kopf wucherte. Auch wenn er jugendlich aussah, hatte er doch vor gar nicht langer Zeit schmerzlich erfahren müssen, daß er es nicht mehr war. Er fuhr zusammen mit seinem sechzehnjährigen Sohn und seiner achtzehnjährigen Tochter Mountainbike. An einem feuchten Sommertag ging es die Berge hinauf und hinunter, seine Kinder waren ihm voraus, schrien und winkten ihm zu: »Dad, Dad, kommst du?« Seine Muskeln schmerzten, und seine Lungen fühlten sich wie ausgeleierte Luftballons an.

»Ich habe schlappgemacht«, gab er zu. »Ich merkte, daß es mich erwischt hat. Die Zeiten sind vorbei, als so etwas kein

Problem war. Ich beschloß, alles zu tun, was nötig war, damit ich wieder meine gewohnte Kondition erreichte.« Don fing schon an zu schwitzen, wenn er nur an den Tag dachte. »Und damit werde ich mir wahrscheinlich den Rest geben.«

Es ist frappierend, welcher Anstrengung sich manche Männer unterziehen, um zu beweisen, daß ihr Körper mit fünfzig noch immer derselbe sprungfedergeladene Mechanismus ist, der er mit dreißig war. Sie nehmen dabei selbst ernsthafte Verletzungen in Kauf. In Anbetracht dessen, daß in unserer Kultur im Sport bis an die Grenzen des Erträglichen gegangen wird, ist es verständlich, daß viele Männer ihren Wert an ihren körperlichen Fähigkeiten messen. Sie versuchen sich auf sportlichem Gebiet zu beweisen, da dies das einzige Identifikationsangebot ist, das sie kennen.

»Mein Gott, als Junge habe ich Fußball, Baseball und Basketball gespielt, mittlerweile bin ich aber zu anderen Dingen übergegangen«, behauptete ein achtundvierzigjähriger Krankenhausverwalter mit einem enormen Bauch unter dem riesigen Sweatshirt. »Warum nicht segeln? Du sitzt nur da und bewegst die Ruderpinne.« Andere redeten von Golf, Softball, Kegeln.

Aber der degradierte Vizepräsident schüttelte den Kopf. »Die Vorstellung, daß man körperlich nicht mehr das leisten kann, was man mit sechzehn geleistet hat, und deshalb zu segeln anfängt, statt zehn Kilometer am Tag zu joggen – kommt nicht in Frage! Es fällt mir schwer, aber ich muß das zugeben.«

Dr. Joseph Macri, ein etwas älterer Collegedekan, hatte seine Grenzen akzeptiert, und infolgedessen eine viel freundlichere Perspektive. Er spiele natürlich nicht mehr so Tennis, sagte er, wie mit fünfundzwanzig. Das habe er einsehen müssen, als er ein Einzel mit seinem Sohn gespielt hat. »Also, in meinem Alter plaziere ich die Bälle lieber, statt mich auf Geschwindigkeit und Lungenkapazität zu verlassen.«

Diese auf eigener Erfahrung beruhende Strategie – nämlich die Bälle im Leben richtig zu plazieren – ist vielleicht der größte Vorteil, den wir im zweiten Erwachsenenalter über die jüngere Generation haben. Parrot konnte mit diesem Vergleich nichts anfangen.

»Ich gehe nicht unter. Ich wehre mich!« konterte der geschaßte Vizepräsident. »Ich verstehe genug von Psychologie und Medizin, um fähig zu sein, das alles umzukehren«, bestand er auf seiner Meinung. Er hat sich mit Kryogenik beschäftigt. »Ich habe mir überlegt, daß ich mich irgendwann mal einfrieren lasse, wenn ich noch lebe.«

»Toll«, witzelte ein anderes Gruppenmitglied. »Das einzige Problem dabei ist, daß sie dir den Kopf abhacken müssen.«

Das Ende der physischen Dominanz bedeutet natürlich nicht das Ende des Lebens. Im Gegenteil: Indem Männer einen Teil ihrer äußeren Kraft loslassen, über die sie ihre Männlichkeit während des ersten Erwachsenenalters definiert haben, können sie nun die inneren Kräfte entdecken und stärken, die sie durch das zweite Erwachsenenalter tragen werden. Es gibt also einen Ausweg. Männer, die die Veränderung akzeptieren, stellen fest, daß sie ihnen die Freiheit gibt, sich zu entwickeln und ein neues Leben zu finden.

Alan Alhadeff, ein fünfundvierzigjähriger Rechtsanwalt in Seattle erzählte, daß er sein Aha-Erlebnis auf einem Baseballplatz hatte.

»Dieser zwanzigjährige Bursche im hinteren Feld hat mir ganz schön zugesetzt. Ich bin zwanzig Pfund schwerer, als Leute meiner Größe sein sollten. Also stieß ich ihn etwas rüde beiseite. Ich sagte: ›Hör mal, ich bin alt genug, dein Vater zu sein!‹« Der jüngere Mann sah dem älteren genau in die Augen.

»Dann verlaß den Platz.«

Der Anwalt war sich bis zu diesem Augenblick unbesiegbar vorgekommen. »Es gab nichts, was ich nicht konnte – Skifahren, Klettern, was auch immer –, es machte mir nichts aus, mich in gefährliche Situationen zu begeben. Aber nach dem Tag auf dem Baseballplatz bin ich reifer geworden. Ich begriff: Ich brauche mich nicht mehr im physischen Wettkampf zu beweisen, und das ist nichts Negatives, finde ich.« Im Gegenteil, es bietet ihm Gelegenheit, neue und andere Ausdrucksformen zu suchen, die ihm bisher fremd waren – Kunst, Musik, die Pflege des Gartens und gutes Kochen. »Und die gehen alle nicht auf die Gelenke!«

Mehrere Männer aus dieser Gruppe, die schon weit über Fünfzig waren, beurteilten sich jetzt nach anderen Kriterien. Von der rauhen, aggressiven Haltung gegenüber dem Spiel des Lebens, wo es nur darauf ankam, ob man siegte oder nicht, hatte sich ihr ganzes Wertesystem verändert, jetzt ging es um zwischenmenschliche Beziehungen. Einer der Sportler in der Gruppe hatte sogar eine neue Möglichkeit gefunden, wie er Spaß am Baseball haben konnte.

DER GESELLIGE ATHLET, NEUNUNDFÜNFZIG

»Jetzt spielen Freunde gegen Freunde.«

»Ich bin jetzt in der Senioren-Softball-Liga und spiele bei Senioren-Meisterschaften im ganzen Land«, erzählte uns Bill Newkirk. Er ist jetzt neunundfünfzig.

Hat er dadurch neuen Schwung bekommen?

»Absolut. Ich fühlte mich wieder wie ein junger Mann. Man spielt in seiner Altersklasse, statt sich mit Leuten zu messen, gegen die man einfach nicht mehr ankommt.«

»Oder statt so zu tun, als sei man zwanzig«, fügte ein anderer hinzu.

»Na ja, jeder, der spielt, ist froh, daß er noch lebt und noch mitmachen kann«, sagte Newkirk. Alle kicherten. »Und es ist eine richtig gesellige Angelegenheit. Du stellst fest, daß die Männer vor dem Spiel, während des Spiels und nach dem Spiel miteinander reden. Jetzt spielen Freunde gegen Freunde.« Ab und an tritt Newkirk immer noch gegen jüngere Männer an, aber mittlerweile sieht er sie in einem anderen Licht: »Sie sind aggressiver und ehrgeiziger und können auch grob werden. Es sind einfach zwei völlig verschiedene Kulturen«, sagte er und gab damit ein zutreffendes Urteil ab über das Verhältnis jüngerer und älterer Männer in einer Metapher des Sports.

Er hatte das Bedürfnis, eine Beziehung mit einer Frau einzugehen. »Ich habe vor einem Jahr eine Scheidung durchgemacht. Aber dann merkte ich, daß ich nicht allein bleiben konnte. Ich glaube, die Lust an der Eroberung ist nicht mehr da, wenn du fünfundvierzig bist. Sogar in den sexuellen Phantasien verliert sie einen großen Teil ihres Reizes. Du denkst an die gesellschaftlichen Konsequenzen, die dein Herumstreunen haben kann.«

Auf der Suche nach einer neuen Ehefrau hatte er besonders auf »das Lächeln und die Kommunikation« geachtet. Inzwischen war er verlobt, wollte heiraten und freute sich schon auf das neugewonnene Glück mit einer liebevollen Partnerin, mit der er die späteren Jahre gemeinsam verleben wollte.

Es gibt Sportarten, die den Möglichkeiten älterer Männer offenbar entgegenkommen. Ein New Yorker Stadtplaner sagte mir, er hätte vor ein paar Jahren angefangen, Golf zu spielen, und fügte etwas verlegen hinzu: »Ich glaube, weil es ein Sport für Leute mittleren Alters ist.« Er gab zu, daß er ein regelrechter Fanatiker geworden war.

»Was zieht Sie daran so an?« fragte ich.

»Die Kameradschaft. Ich tue es, um mit anderen Männern näher bekannt zu werden.«

Er verglich es mit Tennis, das er mit vierzig gespielt hatte. »Auf einem Tennisplatz taucht man auf, holt seinen Schläger heraus, grunzt einander ein Hallo zu, dann geht jeder auf seine Seite des Netzes. Man spielt ein paar Sätze, vielleicht tauscht man beim Seitenwechsel ein paar Worte aus, und weg ist man. Es entwickeln sich eigentlich kein richtiger Austausch oder Freundschaften.«

Er beschrieb die vielen verschiedenen Gelegenheiten, die man auf einem Golfplatz hat, um sich anzufreunden. Man geht mit einem von der eigenen Gruppe den Fairway hinunter, ist in ein Gespräch über seine Hoffnungen oder Enttäuschungen vertieft und kann dem anderen Unterstützung anbieten, dann trifft man wieder mit den anderen zusammen, erzählt einander dumme Witze. Auf dem Weg zu einem nächsten Loch kommt es vielleicht zu einer lebhaften politischen Diskussion oder man tauscht Gesundheitstips aus. »Wenn man dann aufhört und eine Kleinigkeit zusammen essen geht, und wenn man das jede Woche tut, hat man zu diesen anderen Männern eine enge und bedeutungsvolle Beziehung gewonnen, wie man sie sonst nicht bekommt. Man wendet enorm viel Zeit füreinander auf.«

Derselbe Mann ist aber nun kein Duckmäuser, wenn es ums Geschäft geht. Er leitet eines der erfolgreicheren Stadtplanungsbüros im Großraum von New York. Ich fragte ihn, ob er sich beim Golfspiel von den Kämpfen im Büro entspanne.

»Was das angeht, ist Golf nicht wie irgendeine andere Sportart, und das gefällt mir auch daran«, sagte er. »Wenn du Basketball, Baseball, Tennis oder Squash spielst, versuchst du immer den anderen mit dem Ball zu schlagen. Beim Golf spielst du nicht gegen die anderen, sondern gegen den Platz – gegen dieses leblose Ding.« Das Maß an Freundschaftlichkeit, das das Golfspiel fördert, formulierte am besten sein Golfpartner: »Wenn Dave ein guter Abschlag gelingt, finde ich das toll, weil ich Dave gern mag. Ich weiß, daß er sich freut, und ich freue mich mit ihm.« Das ist Welten entfernt von dem, was ein Mann von dreißig fühlen würde, wenn sein Racquetballpartner einen guten Dreiwandschlag ausführt oder wenn sein Tennispartner ihm einen superharten Aufschlag vor die Grundlinie knallt, den er nicht mehr zurückschlagen kann. Hier wird deutlich, daß sich das Vergnügen am Wettkampf zur Freude an der Gesellschaft verschiebt.

Aber das Spiel besitzt noch eine andere, eine metaphysische Ebene, über die mir der Stadtplaner etwas mitteilen wollte. Er schickte mir ein kleines Buch, geschrieben von Michael Murphy, der das Golfspiel als ein »Yoga für das Superbewußtsein« beschreibt und erklärt, warum die Leute ihre Abschläge gern so weit treiben. »Der Flug des Balls, der Anblick, wie er da im Raum hängt, antizipiert unsere Sehnsucht nach Transzendenz.«[1]

Howell Raines, Herausgeber und Autor bei der *New York Times*, hat ein wunderbares Buch über eine andere Sportart geschrieben, in der das Bewußtsein sich selbst transzendiert: *Fly Fishing Through Midlife Crisis*.[2] Anders als Ernest Hemingway, der am Angeln die Ohnmacht des Glaubens beweisen will, und der in seinen Vierzigern den Kampf ums Leben aufgab, beschreibt Raines, wie er allein im Naturheiligtum der Red-Rock-Canyons ist, wo er die Grenzen der Zeit, des Raums und des Körpers verlieren und sich der Wahrheit öffnen kann.

» Viele Menschen fangen mit dem Angeln an, nachdem sie andere Arten des Fischens ausprobiert haben, normalerweise Formen, bei denen es um Boote mit starken Motoren, schwere Leinen und wahnsinnig starke Fische geht ... Vielleicht tun sich bei manchen Männern, wenn sie älter werden, Spalten in der Seele auf, und sie meinen, daß dieses konzentrierte, schöne und an sich bedeutungslose Tun die Spalten wieder schließen könnte.«[3]

Angeln hat auch eine weibliche Seite: » Man verläßt sich auf sein Fingerspitzengefühl, auf seine Intuition und ein entspannteres, bedachteres und weniger auf Konkurrenz beruhendes Gefühl, was die Beute und ihre Umgebung angeht. Vielleicht entdecken Männer deshalb das Angeln, wenn sie über das Alter hinaus sind, in dem sie, wie Tom McGuane es ausdrückt, ›mit Testosteron im Tank fahren‹.«[4]

MACHOS HALTEN DIE STELLUNG

Es gibt hier einen interessanten Klassenunterschied. Auf meinen Fragebogen zur Lebensgeschichte, der an Leser von *Family Circle* ging, erhielt ich Antworten von 394 Männern, der größten und unterschiedlichsten Männergruppe, die ich studiert habe. Es handelte sich weitgehend um gelernte Arbeitskräfte und Techniker oder Verwaltungsangestellte beziehungsweise Manager ohne Collegeabschluß mit einem durchschnittlichen Einkommen von 45 000 Dollar im Jahr. (11 Prozent waren Akademiker und hatten einen höherwertigen Job.) Sie waren im Durchschnitt siebenundvierzig Jahre alt.

Fast alle waren verheiratet und hatten Kinder, und zwei Drittel der Männer lebten in erster Ehe, zeigten also eine traditionellere Familienorientierung als die besser ausgebildeten Akademiker. Sie hatten die größte Freude an ihren Kindern und daran, Vater zu sein, sowie an ihrer Ehe. Wie sah das Alter um die Fünfzig in ihren Augen aus?

Die meisten schienen eher resigniert zu sein, bereit, das Leben so zu nehmen, wie es war: Zwei Drittel rechneten nicht mit größeren Veränderungen, und ein Drittel hatte Mühe damit, einigermaßen über die Runden zu kommen. Die Hälfte dieser Männer fühlte sich müde, so als ob ihnen »der Sprit ausginge«. Ihre größte Sorge war, sich nicht mehr auf ihre Gesundheit verlassen zu können. Langlebigkeit erschien ihnen nicht besonders verlockend: Von den Probanden über fünfundvierzig hatten mehr als die Hälfte keine Eltern mehr.

Sie machten sich auch über das Geld und ihren dicken Bauch Sorgen. Aber wenige von ihnen trieben Sport. Sie waren körperlich viel weniger aktiv als ihre Frauen. Wie die Frauen spürten sie, daß sie in der Umgebung wenig Macht hatten, obwohl sie im Beruf mehr Macht hatten als die Frauen. Es gab hier wenig Altruismus, sehr wenige widmeten sich irgendeiner Sache. Diese Männer interessierten sich nicht für ihr Innenleben, sie hatten sehr wenige enge Freunde und schienen Probleme nicht gern zuzugeben, die sie als »weniger männlich« stigmatisieren könnten. In der Tat fanden 78 Prozent es schwierig, ihre Sorgen auszudrücken, und fast unmöglich, um Hilfe zu bitten.

Das allgemeine Bild der traditionellen Männer aus der *Family-Circle*-Umfrage zeigt, daß sich bei ihnen ab Ende Vierzig bis Ende Fünfzig ein auffallend starkes Bedürfnis manifestiert, auf dem einzigen Gebiet, auf dem sie Macht haben – ihre Frauen und Kinder –, Kontrolle auszuüben. Ein ausbeuterisches und herablassendes »Macho«-Verhalten scheint ihnen dazu zu dienen, uneingestandene Unsicherheit zu maskieren. Zorn und Frustration über das Altern projizieren sie in Gestalt von Bestrafungsaktionen oder Schuldzuweisungen nach außen.

Dennoch vertraten die Männer dieser Ehepaare, die einen

Fragebogen beantwortet haben, eher als ihre Frauen die Ansicht, sie seien mit ihrer eigenen persönlichen Entwicklung, ihrer körperlichen Attraktivität und sogar ihrer Gesundheit zufrieden. Die Ehemänner fühlten sich auch im beruflichen Vorwärtskommen, in körperlicher Leistungsfähigkeit und Anziehungskraft sowie sexueller Tüchtigkeit sicherer. Zumindest wollten sie in den Fragebögen diesen Eindruck erwecken.

Die Frauen und Männer, die einen *Family-Circle*-Fragebogen beantwortet haben, wirken als Paare tatsächlich kompatibel. Fast 90 Prozent der Frauen dieser hypertraditionellen Paare können genau einschätzen, wie glücklich ihre Ehemänner in jedem Bereich ihres Lebens sind, denn das ist ihr Job. Diese Frauen definieren sich hauptsächlich darüber, wie glücklich sie die Leute um sich herum, insbesondere ihre Familien, machen können.

Die verschiedenen Anpassungsphasen, die diese Männer und Frauen der nicht so »stillen Generation« vollzogen haben, künden von ausgesprochen unterschiedlichen Bedeutungen der vor ihnen liegenden Lebensereignisse und -phasen. Denken Sie an den Mann, der vor fünfundzwanzig Jahren geheiratet und sich pflichtbewußt in seinem Betrieb hochgearbeitet hat. Endlich haben seine Kinder ihren College-Abschluß, seine Frau arbeitet ganztags, und er sieht seinen Weg klar vor sich liegen, so daß er sagen kann: Warum mache ich diesen Job? Was bedeutet er mir eigentlich? Könnte ich von sehr viel weniger Geld leben und etwas probieren, was mich wirklich interessiert? Zum Beispiel war der Plan, den sich der Beamte des Census Bureau Jim Wetzel ausgedacht hatte, folgender: Mit fünfundfünfzig scheidet er aus dem Regierungsdienst aus, baut sich ein kleines *base camp* in Nord- oder Süd-Carolina und nimmt, jeweils für zwei oder drei Jahre, befristete Jobs an exotischen Orten an, selbst wenn er weniger verdient als früher.

Vergleichen wir ihn mit dem fünfzigjährigen Mann, der seiner ersten Ehe entronnen ist und sich besonders potent fühlte, während er mit einer Fünfunddreißigjährigen neu begann

– bis sie gestand, daß sie unbedingt ein Kind wolle. Blitzschnell lief der Film seiner ersten Ehe vor seinen Augen ab mit den Verpflichtungen von der ersten Windel bis zum College-Abschluß, von denen er immer noch nicht ganz frei war, und er fragte sich: Will ich das wirklich alles noch einmal durchmachen? Wird meine neue Frau sich mehr um das Baby kümmern als um mich? Ein Mann wirkt oft verjüngt, wenn er sich als Oberhaupt einer neuen Familienkonstellation sieht – falls er es sich leisten kann. Und die neue Frau ist vielleicht mehr als glücklich, ihren Beruf an den Nagel zu hängen, um sich den lange aufgeschobenen Freuden der Ehe und der Mutterschaft zu widmen. Der Fünfzigjährige übernimmt dann wieder die traditionelle Rolle des dominanten Mannes. Aber ist er auch auf die passive Rolle mit sechzig und siebzig vorbereitet, wenn seine Frau die Hauptverdienerin sein wird? Ist sie darauf vorbereitet?

Während der langen Übergangsphase in das Alter der Überlegenheit sind viele neue Möglichkeiten zu entdecken und generationsbedingte Anpassungen zu vollziehen. Wir müssen ein neues Gleichgewicht zwischen Privatheit und Unabhängigkeit herstellen. Wir müssen uns eingestehen, daß unsere Kinder erwachsen sind. Wir haben eine letzte Chance, uns mit unseren Eltern oder Geschwistern auszusöhnen und vergangenes Leid ruhen zu lassen. Es wird Zeit, daß wir uns auf die Übernahme der Position des Lokführers unseres Familienzuges vorbereiten. Die Möglichkeiten für seelisches Wachstum und geistige Entwicklung sind vielleicht besser als in jeder anderen Phase. Aber zuerst kommen ein paar unvermeidliche Stöße und Stolpersteine.

MEIN KÖRPER IST UNVERLETZBAR

Anno 1900 überlebten die amerikanischen Frauen ihre Ehemänner im Durchschnitt nur um ein Jahr. Wenngleich Männer wie Frauen heute länger leben, sterben doch die Männer im Durchschnitt sieben Jahre früher als ihre Ehefrauen.

Männer neigen im Alter häufiger zu Depressionen und sind viermal so stark selbstmordgefährdet.[5] Während die Zahl der Frauen über fünfundvierzig, die sich das Leben nehmen, während der letzten fünfzehn Jahre in allen Altersgruppen zurückgegangen ist, hat sich die Selbstmordrate der Männer zwischen fünfundvierzig und fünfzig signifikant erhöht.[6]

Warum sollte ein Mann früher sterben als seine Frau?

»Genau das habe ich mich auch schon gefragt!« rief der Historiker Robert Caro aus. Erstens haben die Männer während ihres jüngeren Erwachsenenalters vielleicht mehr Streß und werden emotional weniger unterstützt. »Mein Vater sagte mir klipp und klar: ›Mit Vierzig mußt du es geschafft haben.‹« gestand der Autor Peter Prescott ein.

Wesentlicher erscheint mir aber noch, daß Männer ihr Leben in der zweiten Lebenshälfte regelrecht aufs Spiel setzen, als sei ihr Körper immer noch unverletzbar.

Die meisten Männer pflegen ihre Autos mehr als sich selbst. Die Autos bringen sie jedenfalls regelmäßig zur Inspektion und lassen den Motor neu einstellen. Ich lege den Männern in den Gesprächsgruppen regelmäßig diese Frage vor: »Wenn Sie fürchten, Sie haben ein körperliches Problem – sagen wir: Schmerzen in der Brust oder Beschwerden beim Wasserlassen –, wäre es dann wahrscheinlich, Sie würden damit zum Arzt gehen und Ihre Gewohnheiten verändern? Oder würden Sie weiter aufs Gaspedal treten und warten, bis Sie irgendwann auf der Strecke bleiben?« Die Antworten haben mich immer wieder erschüttert.

»Ich werde so weitermachen, bis ich irgendwo auffahre und ausbrenne.« Mitfünfziger John Bredehoft war vor der Zeit von seiner Firma in den Ruhestand geschickt worden. Diese Diskriminierung wegen seines Alters verunsicherte ihn sehr. Mittlerweile hatte er eine jüngere Frau geheiratet, und sich entschlossen, jedes Anzeichen des Alterungsprozesses zu ignorieren, daher weigerte er sich auch zum Arzt zu gehen oder auf seine Gesundheit zu achten.

Ein siebenundfünfzigjähriger, extrem übergewichtiger Mann, der treffenderweise Grossman hieß, gab an: »Ich esse nun mal gern all die falschen Sachen. Solange meine Gesundheit das mitmacht, möchte ich mich lieber ohne Einschränkungen meines Lebens erfreuen. Ich denke immer, ich habe die Macht über mein Leben und bestimme, wann ich sterbe.« Natürlich passiert genau das Gegenteil – indem er die Notwendigkeit nicht anerkennt, seine Ernährung umzustellen und sich körperlich zu betätigen, um das Altern zu kompensieren, büßt er gerade die Kontrolle über sein Leben ein. Scharfsichtig hatte der einundfünfzigjährige Schriftsteller Jim Bullard die falschen Vorstellungen bei Männern seiner Altersgruppe erfaßt, während er nonchalant von seinem eigenen sitzend verbrachten Leben und den Pfunden sprach, die sich infolgedessen bei ihm angesammelt hatten.

»Ich bin mir völlig bewußt, daß ich meinen Lebensstil während der letzten zwanzig Jahre nicht verändert habe«, sagte er. »Vielleicht ist das Unreife oder Faulheit, aber ich gehe davon aus, daß mein erster Herzanfall nicht tödlich sein wird – und der wird mich dann alarmieren. Ich setze einfach auf die größere Wahrscheinlichkeit. Ich glaube, viele Männer tun das.«

So will der Schriftsteller zeigen, daß er immer noch der ist, der er mit dreißig war – und das kann gefährlich sein, was gesundheitliche Konsequenzen angeht. »Sträuben Sie sich dagegen, zum Arzt zu gehen?« fragte ich ihn.

»Ja«, brummte er. »Er wird mich ausschelten. Ich hasse es, gescholten zu werden. Das erinnert mich an meine Mutter.« Der Schriftsteller hat Spaß daran, der böse, dumme Junge zu sein, der sich von seiner Frau umsonst ermahnen läßt. Viele verheiratete Männer, mit denen ich gesprochen habe, verhalten sich so.

Wenn sie einen intensiven emotionalen Zustand erleben, den sie kaum verstehen, geraten traditionelle Männer oft derart unter Streß, daß sie ihre Gefühle körperlich als Kopfschmerzen oder Verdauungsstörungen, Kreuzschmerzen, Kribbeln in den Armen und Beinen oder einfach als Unwohlsein – empfinden. Selbst wenn der Mann fähig wäre, das zugrunde liegende Gefühl zu erkennen, verfügt er selten über den Wortschatz, es zu benennen – als beispielsweise Lampen-

fieber, Scham oder das Bedürfnis, in die Arme genommen zu
werden. Unentdeckte Gefühle lassen sich selten auf angemessene Weise mitteilen. Viele Männer bleiben statt dessen aufgrund ihrer überdauerten Vorstellungen von Männlichkeit
Verhaltensweisen verhaftet, die ihnen den vollen Genuß der
flotten Fünfziger unmöglich machen. Das gilt besonders für
die Aufmerksamkeit, die sie ihrem Körper schenken. Wenn
Männer in den Fünfzigern die Notwendigkeit einer Veränderung negieren oder ihr Widerstand leisten, laden sie sich vielleicht seelische oder körperliche Probleme auf.

Der Musiklehrer an einer High-School, der sich der Gruppe in Denver anschloß, ist ein gutes Beispiel dafür. Zuerst
wirkte Jerry Kudzia sensibel und offen. Ein kompakter Mann
mit einem netten Gesicht und vollem braunem Haar, er trug
einen Pullover mit rundem Ausschnitt und ein Hemd. Aber
Jerrys extremes Widerstreben, sich seine eigentlichen Gefühle
einzugestehen, hat ihn körperlich schon allerhand gekostet. In
den Dreißigern, gab er zu, hatte er eine Reihe von kleinen
Herz-anfällen. Diese Plättchen in seinem Blut, sagte er, na ja,
die klebten zusammen. Seither ist er teilweise blind.

»Dann zog ich mich völlig zurück«, erzählte er der Gruppe. Anstelle meiner Frau hätte ich die Scheidung eingereicht.«
Aber es ist schwer, sich zu ändern, sagte er. »So war schon
mein Vater, und der ist mein Vorbild.«

Jerrys Frau, mit der er seit dreiundzwanzig Jahren verheiratet ist, hatte mir vor dem Treffen gesagt: »Jerry hat sich sehr
sonderbar benommen. Er hatte Wutanfälle gegenüber den
Kindern und mir. Die hat er vorher nie gehabt.« Da sie Krankenschwester ist, machte sie sich besonders Sorgen darüber,
daß er alles in sich hineinfrißt. Sie gehören zu einer großen pol-
nischen Familie, und Familie geht Jerry über alles. Er ist ein
höchst verantwortungsbewußter Mensch. Dann und wann
bereitet er sogar die Familienmahlzeit zu. Aber eigene Gefühle erlaubt er sich nicht.

»Ich komme nach meinem Vater«, sagte Jerry stolz. »Er hat
nie irgendwelche Gefühle ausgedrückt. Ich erzähle nie irgend
jemandem meine Probleme.«

Andere fragten: »Kannst du so weiterleben?«

»Klar.« Der Mund klappte sofort zu. »Na ja, dann und wann explodiere ich, wenn ich mit meiner Frau zusammen bin. Aber sie ist gut. Sie hört zu.«

Jerry ist in dieser Beziehung wie die meisten Männer seiner Generation. Er hat keine wirklich engen Freunde. Während die Frauen im Durchschnitt vier oder fünf enge Vertraute haben, bei denen sie ihre Unsicherheiten eingestehen können, finden diese Männer gewöhnlich nur bei ihren Ehefrauen emotionalen Rückhalt. Sie verlassen sich auf ihre Frauen – die müssen ihnen ihre (männlichen) Gefühle entschlüsseln.

Jerry stellte keinen Zusammenhang her zwischen seinen körperlichen Problemen und dem Würgegriff, mit dem er sein Innenleben in Schach hielt. In seinem Fragebogen hatte er zugegeben, daß er keine engen Freunde, keine intimen Beziehungen hat, und sein Geschlechtsleben gab es praktisch nicht. Darum denkt er vierundzwanzig Stunden am Tag an Sex. »Ich glaube, ich vergrabe einfach alles tiefer und tiefer«, erzählte Jerry der Gruppe.

Was ihm in dieser Phase am meisten Kummer bereite, fragte ich. Ein langes Schweigen.

»Alles hier hinten irritiert mich.« Er rieb sich den Hinterkopf, als ob er die Ströme in Gang halten wollte. »Ich schiebe einfach alles, was mir Kummer macht, aus dem Bewußtsein weg. Wenn ich fünfzig bin, werde ich vielleicht ein Schläger.«

Der Körper des Mannes macht genau wie der der Frauen in den mittleren Lebensjahren natürliche Veränderungen durch, die Figur verändert sich, die Vitalität ebenfalls. Nach dem fünfundvierzigsten Lebensjahr verlieren Männer, die ihr Leben im Sitzen verbringen, rapide an Muskelmasse und dementsprechend an Kraft. Für jedes Pfund Muskeln zum Beispiel, das sie verlieren, sinkt ihr Grundumsatz um fast fünfzig Kalorien pro Tag. Und wenn ihr Stoffwechsel nachläßt, läßt auch ihre Ausdauer und Energie nach, Wohlbefinden und Selbstvertrauen geraten in Gefahr. Es sei denn – und das ist kein leeres Versprechen –, sie kompensieren das, indem sie ihren Körper so strikt in Schuß halten, wie sie es bei ihren Autos tun.

Untersuchungen zeigen, daß ältere Menschen, die Krafttraining oder Gymnastik betreiben, ihre Muskelkraft wieder aufbauen können. Es fällt ihnen leichter, die überflüssigen Pfunde zu verlieren, und ihre körperliche und sexuelle Energie steigt der biologischen Uhr zum Trotz.[7]

Mit zunehmendem Alter braucht auch das Immunsystem Unterstützung: Mittlerweile weiß man, daß eine nicht behandelte Depression mit dem Beginn einer Krebserkrankung korreliert. Die Gefahr einer Herzkrankheit läßt sich dadurch verringern, daß man jeden Tag ein Aspirin nimmt und regelmäßig Herz und Kreislauf untersuchen läßt, aber Millionen von Männern mißachten diese Empfehlungen, weil sie sie für unmännlich halten.[8] Prostatakrebs ist eine Krankheit, über die man nicht gern spricht und die inzwischen jeden zehnten Amerikaner trifft. Diese Zahl ist so erschreckend hoch wie die der Frauen, die an Brustkrebs erkranken. Allerdings ist Prostatakrebs, wenn er früh genug entdeckt wird, in 80 Prozent der Fälle heilbar. Trotzdem sterben 35 000 Männer pro Jahr buchstäblich aus Verlegenheit, die meisten von ihnen, weil ihnen der bloße Gedanke, daß sie sich einer anal-digitalen Untersuchung und einem Bluttest unterziehen sollen, zu peinlich ist – wodurch der Arzt aber die Krankheit hätte entdecken können, solange sie noch auf die Prostatadrüse beschränkt war.

Eine zunehmende Zahl von Männern beginnt aber, größere Veränderungen vorzunehmen, um ein längeres Leben zu fördern und zu genießen. Vielleicht macht sie erst ein Herzanfall oder eine andere Krankheit auf die Gefährdung aufmerksam. Ein paar Wochen lang tun sie alles, was der Arzt ihnen sagt: Sie hören auf zu trinken, kaufen sich einen Heimtrainer, beschäftigen sich mit Religion, tun fast alles. Aber Angst ist nicht genug, um eine größere Veränderung in ihrem Leben durchzusetzen. Der Samson-Komplex meldet sich wieder zu Wort, die Verleugnung stellt sich wieder ein. Es ist zu erschreckend, der Möglichkeit des Sterbens ins Auge zu sehen, also vergessen die meisten Männer den Zwischenfall und kehren zu ihrer alten Lebensweise zurück.

»Veränderungen dürfen nicht auf der Angst vor dem Sterben beruhen, vielmehr müssen sie aus der Freude am Leben resultieren«, sagte Dr. Dean Ornish, der Pionier einer nicht medizinischen Heilung der Herzkrankheit.[9] In seinem gemeinnützigen Forschungsinstitut in Kalifornien versucht er den Leuten beizubringen, daß Krankheit oder Leiden ein erster Schritt zur Änderung des eigenen Lebens sein kann, der weit über dessen bloße Verlängerung hinausgeht. Und das ist nicht nur ein Rezept für gut verdienende Akademiker. Gerade Menschen niedrigerer sozioökonomischer Gruppen können stärker davon profitieren, daß sie eine entscheidende Veränderung ihrer Lebensgewohnheiten vollziehen, um ihre Gesundheit zurückzugewinnen. Warum? Weil Männer mit höheren Einkommen es selbstverständlich finden, daß Entscheidungen, die sie treffen, in ihrem Leben von großer Bedeutung sind. Wie wir aus der *Family-Circle*-Untersuchung wissen, fühlen Männer der lohnabhängigen Klasse sich weniger im Besitz einer persönlichen Art von Macht. Neunzig Prozent aller Bypass-Operationen werden an Männern der oberen Mittelklasse ausgeführt – trotz der Tatsache, daß die Herzkrankheit alle Einkommensgruppen trifft.

Ein einfacher Mann, der erst einmal die richtigen Methoden und Techniken kennt, wie er ohne chirurgischen Eingriff seine Gesundheit erhalten kann, spürt – vielleicht zum erstenmal in seinem Leben – ein Gefühl der Macht. Diese Erfahrung dehnt sich auch auf andere Lebensbereiche aus, sagte Dr. Ornish. Sie wird zu einer Triebkraft, die es ermöglicht, bleibende Veränderungen durchzusetzen. Krisen sind Chancen. Sogar Samson kann davon profitieren, daß er sie nutzt und sich dadurch ändert.

11. Kapitel:
Verlierer der ökonomischen Revolution

»Ich will nicht mit fünfundsechzig in den Ruhestand treten. Ich will arbeiten, bis ich umfalle oder keinen mehr hochkriege.«

Diese Bemerkung, die in fast jeder Gesprächsgruppe fiel, verweist auf zwei Quellen der männlichen Macht, um deren Bewahrung sich Männer mittleren Alters die meisten Sorgen machen: Sie möchten weder am Arbeitsplatz noch im Bett an Wert verlieren.

Ihr Selbstvertrauen, was Sex angeht, ist bei den meisten Männern mit Sicherheit in finanzieller Hinsicht verknüpft. Überhaupt trägt finanzielle Sicherheit wesentlich zu dem Gefühl bei, Herr über die Dinge zu sein. Schon heute befindet sich fast die Hälfte des frei verfügbaren Einkommens (das übrigbleibt, wenn das Notwendige bezahlt ist) in den sechzig Millionen Brieftaschen der über Fünfzigjährigen.[1]

Daß reife Menschen über solche Geldmengen verfügen, ist für viele im zweiten Erwachsenenalter eine angenehme Überraschung. Und diese Reichtümer werden in den nächsten zehn Jahren noch anwachsen, wenn die Altersgruppe der Fünfzig- bis Sechzigjährigen um 25 Prozent zunimmt. Diese wohlhabendsten Kunden eines heißumkämpften neuen Marktes leben nicht nur länger, sie denken auch jünger. Marktforschungsinstitute haben herausgefunden, daß die über Fünfzigjährigen sich selbst um gut zehn Jahre jünger einschätzen, als die Gesellschaft das aufgrund ihres Geburtsdatums tut.[2]

Eine andere Überraschung ist nicht so angenehm. Männer um die Fünfzig haben wahrscheinlich mit nachlassender Spannkraft, weniger Haaren, vielleicht auch mit einer Scheidung oder einem Tunichtgut unter ihren Kindern gerechnet, aber nicht mit Arbeitslosigkeit. Die Fünfzigjährigen waren früher üblicherweise Männer in gesicherter Stellung, mit einem geplanten Ruhestandsdatum am Berufshorizont. Sie konnten sich ausrechnen, was sie mit fünfundsechzig wert waren, wenn die Firma ihnen für treue Dienste zum Abschied die goldene Armbanduhr überreichte. Heute nicht mehr. Etwas anderes spielt sich ab. Die ernüchternden Zahlen einer großen amerikanischen Untersuchung besagen, daß erstmals Männer Ende Vierzig und Anfang Fünfzig Einkommenseinbußen hinnehmen müssen.

Noch bis vor einigen Jahren wären die Firmen nicht auf die Idee gekommen, ihren leitenden Angestellten vor dem sechzigsten Lebensjahr den Laufpaß zu geben. Ganz gleich, was diese Männer bis zu diesem Punkt geleistet haben, jetzt kommen sie sich wertlos vor, fallen Depressionen anheim und leiden unter totaler Antriebsschwäche.

Heute befinden sich berufstätige Männer in den Fünfzigern in einer prekären Situation. Sie beziehen hohe Gehälter, und das in einer Zeit, in der man an allem spart. Firmenvorstände sind beeindruckt, wenn bei der nötigen Umstrukturierung die Verkleinerung zu einem radikalen Großreinemachen wird – üblicherweise fliegen die Älteren aus der Geschäftsleitung, die die höchsten Gehälter einstreichen. Nur weniger Monate bedarf es, um ein »überaltertes« Regiment von fünfzigjährigen Herren durch ein viel jüngeres und wesentlich preiswerteres aus Vierzigjährigen zu ersetzen. Seit Mitte der achtziger Jahre wird zunehmend auf diese Weise verfahren: Ähnlich einem Schönheitschirurgen trägt der Umstrukturierer die dicken »Fettpolster« des mittleren Managements ab, und viele Männer, die (noch) nicht vor die Tür gesetzt wurden, mußten sich in Rang und Einkommen eine Herabstufung gefallen lassen, mit dem deutlichen Hinweis, daß sie und ihre Stellen demnächst vielleicht völlig überflüssig werden.

Was sollen diese überflüssig gewordenen Männer tun? Sich endgültig in ihren Ruhestand zu schicken, sind sie noch zu jung, aber normalerweise zu alt, um einen Zahn zuzulegen und in einer aggressiven, expandierenden, umstrukturierten Firma neu anzufangen. Die meisten hat man zu Gehaltsempfängern erzogen, die mit der großen Masse gehen und den Mund halten, wenn man sie nicht fragt. Ihre Ehefrauen sind vom gleichen Kaliber, und ihr Leben ist auf äußerlichen Werten und materiellen Errungenschaften aufgebaut.[3] Plötzlich sollen sie innere Kräfte mobilisieren und zugleich ihre finanziellen und sozialen Erwartungen herunterschrauben. Computerphobiker im Management sollen sich plötzlich mit der neuen digitalen Kultur vertraut machen.[4] Im alten Unternehmenspaternalismus der fünfziger und sechziger Jahre aufgewachsen, sind sie von einer solchen Ehrfurcht gegenüber der Firma, diesem Übervater, durchdrungen, daß viele von ihnen sogar noch, nachdem die Halteleinen gekappt worden sind, betäubt und ungläubig diesen unfaßbaren Verlust beklagen.

In diesem Kapitel wird in verschiedenen Varianten von solchen Problemen erzählt und von Männern berichtet, denen es gelungen ist, sich in dieser Lebensphase umzustellen.

FIRMENFLÜCHTLINGE

Alle erzählen sie einem, es wäre doch ein tolles Geschäft, und man müßte ja verrückt sein, sich die Abfindung entgehen zu lassen. Die Firma versucht sich verzweifelt von teurer Arbeitskraft zu befreien, und das Angebot eines vorzeitigen Ausscheidens mit Abfindung ist verlockend. Ihre Frau appelliert an Ihr Ehrgefühl: Lange genug hätten Sie sich all die Jahre als Rädchen in das Getriebe der Firma gefügt! Und sie hat schon Golf- oder Skiferien für Sie geplant, in denen Sie einen vollen Monat Ihre Freiheit feiern sollen. Aber die Freiheit kann eine schreckliche Last sein.

»Es kam mir wie eine Massenbeerdigung vor«, beschrieb ein robust aussehender früherer Kodak-Angestellter den Tag, an dem er und Hunderte andere ihren Abschied nahmen. »Man erwartete doch von dir, daß du es bis zur Spitze der Firmenhierarchie schaffst, dort solltest du, sagen wir mal, mit fünfzig angelangt sein, um die nächsten Jahre einen bedeutenden Beitrag für die Firma zu leisten«, grübelte er. »Statt dessen stellen sie plötzlich fest: Der beste Beitrag, den wir mit fünfzig leisten können, ist der, daß wir möglichst lautlos von der Bühne abtreten – damit sie jüngere Leute einstellen können, denen sie weniger zahlen.«

Bill war einer aus der Schar der Firmenflüchtlinge. In seiner Gruppe sind sie sechs – ehemalige Topmanager aus den verschiedenen Abteilungen des Kodak-Imperiums, das mit seinem alten, imposanten Ziegelstein-Hochhaus die Skyline der Stadt Rochester im Norden des Staates New York beherrscht. Seit fünfzehn Jahren treffen sie sich schon, um über den Streß zu sprechen, der mit der Arbeit in einer so großen Firma verbunden ist. Und nun? Rochester ist eine selbstzufriedene, konservative Gemeinde, in der mehrere Firmen der Weltklasse den Ton angeben. Mit ehemaligen leitenden Angestellten in den Fünfzigern, die auf der Suche nach einem kreativen, selbstbestimmten Leben und einer entsprechenden Arbeit sind, kann man dort nichts anfangen.

Die Gruppe war als ein Refugium gedacht, in dem sich die Firmenangehörigen einmal ruhig und offen aussprechen konnten, ohne mit guten Ratschlägen traktiert zu werden. Im April 1993 und noch mal im November 1993 erlaubten sie mir, mich zu ihnen zu setzen und ihre Diskussionen zu verfolgen. Vier von ihnen waren vorzeitig in den Ruhestand entlassen worden. Sie waren keine müden alten Männer, sondern entsprachen dem hageren, gutaussehenden Managertypus mit den buschigen Augenbrauen und den geknöpften Kragenecken aus der Werbung von vor dreißig Jahren, nur eben dreißig Jahre älter. Zur Begrüßung klopften sie sich wie alte Kempen auf die Schulter, und es war klar, daß sie von ihren Freundschaften zehren.

Der Lebenslängliche, dreiundfünfzig

»Es ist, als ob du nachts im Wald ohne Taschenlampe herum-irrst.«

Wie die meisten Topmanager ist Bill direkt vom College zu Kodak gegangen. »Wir sind Lebenslängliche«, gab er zu. »Unsere Identität ist zum großen Teil mit der Firma verbunden. Wir haben uns auf diesen Wechsel nicht vorbereitet. Was an mir ist Bill und was Kodak? Ich habe große Mühe damit, das auseinanderzusortieren.« Kein Wunder. Es gab sogar einen Ausdruck, mit dem die Verwandtschaft von Mann und Firma gewürdigt wurde: In den Adern der guten, loyalen Kodak-Angestellten fließe, so hieß es, »Kodak-gelbes Blut«, weil sie mit Haut und Haaren der Firma gehörten. Nachdem er zwei-unddreißig Jahre und einen Tag für Kodak gearbeitet hatte, bekam Bill – einer von Tausenden, denen es ebenso erging – ein paar Tage Bedenkzeit, um sich zu überlegen, ob er die Abfindung für ein vorzeitiges Ausscheiden akzeptieren wollte. Die bittere Pille war verzuckert: Entweder du nahmst deine doppelte Pension und verschwandest, oder wenn du partout nicht wolltest, durftest du bleiben, verlorst aber Tausende Dollar im Jahr. Aber was auf dem Papier nicht schlecht aus-sah, bewirkte im Magen ein anderes Gefühl. »Ich habe damit gerechnet, bis zu meinem fünfundsechzigsten Lebensjahr bei Kodak zu sein«, sagte Bill. »Und dann, wenn du fünfzig Jah-re alt bist, ändern sie plötzlich die Spielregeln. Das ist Verrat.«

Diese verwöhnten Gefangenen der patriarchalischen Fir-menkultur hat man nach einer zwanzig- bis dreißigjährigen Demontage ihrer Individualität, die durch die firmeneigenen Werte Sicherheit und Status ersetzt wurde, plötzlich wie jahr-zehntelang gehegte Haustiere auf der Straße ausgesetzt und einem ungewissen Schicksal überlassen. Für ihren Lebensun-terhalt zu kämpfen haben diese Bürotiger und Schreibtisch-helden verlernt. Alle stimmten zu: »Es ist, als ob du nachts im Wald ohne Taschenlampe herumirrst.«

So hatten diese Männer sich das fünfte Lebensjahrzehnt

nicht vorgestellt. Der übliche Plan sah vor, daß dann der Höhepunkt erreicht war, die Kinder waren aus dem Haus, und der gute Mann erzielte endlich das Einkommen, auf das er all die Jahre hingearbeitet und für das er sich angestrengt hatte. Nachdem er sich also ein Leben lang der Firma und der Familie geopfert hatte, kam nun die Zeit, in der er und seine Frau das Leben in vollen Zügen genießen wollten. Statt dessen müssen nun viele wieder knapsen und sparen wie Jungverheiratete. Oder vielmehr sollten sie das tun. Es nützt nichts, herumzusitzen und sich über den »Verrat« zu beklagen. Die Wirkung einer derartigen Enttäuschung aller Erwartungen, die man sein Leben lang gehegt hat, kommt aber einem seelischen K.-o.-Schlag gleich. Auch dies ist eine Lebenskrise. Und wie bei den meisten tiefen Krisen braucht man mindestens zwei Jahre, um sich mit der Realität abzufinden und weiterzumachen.

DER EWIGE KRONPRINZ, FÜNFUNDFÜNFZIG

»Wenn ich jetzt im Supermarkt die Frau eines ehemaligen Kollegen treffe, möchte ich mit ihr reden.«

Bert, ein ehemaliger Spitzenmann, der sich gute Chancen hatte ausrechnen können, Präsident von Kodak zu werden, legte ein sogar noch überraschenderes Geständnis ab. »Früher war es mir furchtbar peinlich, tagsüber in den Lebensmittelladen zu gehen. Weil ich dann unweigerlich die Frau eines früheren Kollegen traf.« Aber seit der Sohn eines rigiden Offiziers selbst vor drei Jahren die Firma verlassen hat, sieht die Sache anders aus.

»Wenn mein Vater nicht gestorben wäre, hätte ich nicht ausscheiden können«, wird ihm jetzt klar. Zum erstenmal führt er ein Leben, das nicht von einem Vater oder Übervater diktiert ist. Nun sind alle möglichen ein Leben lang unterdrückten und unerforschten Gefühle durch die Abwehrpanzerung gebrochen. Nach seinem Ausscheiden bei Kodak hatte sich Bert noch eine Zeitlang verpflichtet gefühlt, in seinem früheren Büro nach dem Rechten zu sehen und unaufgefordert gute Ratschläge zu erteilen. Aber immer wenn er sich mit dem Wagen dem gelben Hochhaus näherte und auf einem der riesigen Parkplätze hielt, auf denen heute zerbeulte Toyotas und Mazdas und andere Kleinwagen stehen, und wenn er dann wieder durch den nur den leitenden Angestellten vorbehaltenen Eingang hineinging und in die wunderschöne Art-déco-Halle kam, wo die Messingplatte die stolzen Worte *KODAK: IMAGINATION FOR THE WORLD* verkündet, dann hob und senkte sich seine Brust unter der ganzen Last seiner wirren Gefühle.

»Es ist Enttäuschung, Zorn und so etwas wie enttäuschte Liebe«, versuchte er zu erklären. »Es hat mit meinen Eltern, mit meinem Vater zu tun. Vielleicht habe ich meinen Vater enttäuscht. Ich durchschaue das alles noch nicht richtig, aber mir ist, als hätte ich ein Leben voller Angst geführt und dauernd die Erwartungen eines anderen zu erfüllen versucht. Ich habe das alles auf mich genommen, aber es hat nichts gebracht. Ich bin wirklich stinksauer.«

Bert ist noch im Übergang begriffen. Er spielt viel Golf und arbeitet hie und da für die Gemeinde, ohne behaupten zu können, daß ihn das ausfüllt. Die wichtigste Entwicklung aber ist wohl, daß er allmählich unter den Schichten des falschen Ichs, die er um der Firma, des Übervaters willen aufgebaut hatte, die Umrisse seines richtigen, echten, wahren, wirklichen Ichs entdeckt.

»Ich habe das Gefühl, es wird besser. Ein Anzeichen dafür ist, daß ich mich jetzt unterhalten möchte, wenn ich der Frau eines ehemaligen Kollegen im Supermarkt begegne. Ein gutes Gefühl. Eine wichtige Veränderung. Die alten Ängste sind nicht mehr da. Dafür habe ich drei Jahre gebraucht.«

SEELISCHE FOLGEN

Aber man kann die Entlassung auch noch unter einem anderen Gesichtspunkt sehen. Erstens ist es nicht Ihre Schuld. Das Rad der Geschichte hat sich gedreht, und diese Bewegung hat

Sie erfaßt. Wenn Sie sich das ganz nüchtern klarmachen, ist das der beste seelische Schutz. Der menschliche Organismus ist solchen jähen Umschwüngen gewachsen, sobald er weiß, daß es sich um normale Symptome handelt.

Während immer mehr Männer von einer mittleren oder oberen Sprosse der Firmenleitern herunterpurzeln – oder wenn immer mehr einfache Arbeiter mittleren Alters entlassen werden –, sollten sie wissen, daß sie nicht die einzigen sind. Sie gehören zu einer gefährdeten Spezies. Einem entwicklungsgeschichtlichen Malheur. Das Geräusch des Aufpralls ist von allen Ecken des Landes her zu vernehmen. »Männer über fünfundvierzig werden die neue Gefährdetengruppe für bestimmte mit Angst und Depression zusammenhängende Probleme«, sagte Ellen McGrath, bekannte Psychologin und Autorin des Buches *When Feeling Bad Is Good*. »Und zum erstenmal in der Geschichte sehen einige von ihnen es ein und wollen, daß man ihnen hilft. Das ist eine ganz neue Entwicklung.[5]

Betroffen seien vor allem die Erfolgsgewohnten, meinen Experten. Mit Ende Vierzig sind sie arbeitslos, unterbeschäftigt oder hassen ihren Job. Viele leben in einer langjährigen Ehe, die schal geworden ist, aber solange die Männer durch ihre Arbeit genug Selbstachtung erhielten, war eine solche leere, zumindest aber funktionale Ehe erträglich. Sobald jedoch der Ego-Futternapf eines anständigen Jobs fehlt, wird dem Mann auch die Leere in seiner Ehe klar. Äußerlich wirken diese Männer vielleicht immer noch zufrieden und glücklich, aber der elegante Wagen ist geleast, der luxuriöse Lebensstil wird wahrscheinlich mittels einer Hypothek auf das Haus finanziert, und der Sparstrumpf der Familie ist erbarmungslos geplündert worden, damit weiterhin ein gutes Leben geführt werden kann. Wird das Geld reichen, die Kinder durchs College zu bringen? Ja, zum Teufel, wird es denn überhaupt noch für die eigene Altersabsicherung reichen?

Manche Männer fallen binnen weniger Monate nach dem Verlust ihrer Stelle oder der frühzeitigen Pensionierung in sich zusammen, insbesondere diejenigen, die nicht gelernt haben, mit Gefühlen umzugehen. Hier ein paar Gefahrensignale: Er fühlt sich – vielleicht aus gutem Grund – verraten, betrogen. Immer wieder kriegt er die Wut, überlegt, wie er die Firma verklagen oder mit irgendwelchen Sabotageakten »bestrafen« kann. Um seinen Schmerz zu betäuben, greift er zum Alkohol. Alkohol macht aber Depressionen: Je mehr Alkohol er trinkt, um so schlimmer fühlt er sich und um so weniger kann er mit der Realität seiner Situation umgehen. Es ist niemand mehr da, dem er sich beweisen kann. Kein Büro mehr da, in das er gehen kann. Um in einer Sphäre, in der die Frau herrscht, ein bißchen Macht zu beweisen, fängt er an, auf seiner Frau und Familie herumzuhacken. Wenn er versucht, von zu Hause aus zu arbeiten, kommt er sich wie ein hilfloser kleiner Junge vor, der von der Mutter beherrscht wird. Er schwankt hin und her zwischen einem Gefühl der Hilflosigkeit und einer sprachlosen, scheinbaren Selbständigkeit. Seine Frau kann nichts richtig machen, egal, ob sie ihm hilft oder es sein läßt. Allmählich läuft er immer länger im Pyjama zu Hause herum. Sitzt vor dem Fernseher, sieht sich die Sportsendungen an, statt selbst Sport zu treiben. Weigert sich, die Verantwortung für seine Gesundheit zu übernehmen und seine Konstitution zu verbessern – alles Zeichen männlicher Depression.

»Männer, deren seelische und emotionale Probleme am wenigsten erforscht sind, befinden sich in einer Abwärtskurve, was ihre Sexualität und ihren physischen Alterungsprozeß angeht«, sagte der texanische Urologe Ken Goldberg, der in seinem Male Health Center in Dallas Hunderte solcher Männer behandelt hat.[6]

So sieht für eine signifikante Anzahl von Männern heute in Wahrheit der Übergang ins späte mittlere Alter aus. Wenn sie ohne die alte Körper- und Finanzkraft, die sie in ihrem ersten Erwachsenenalter hatten, diese Zeit wieder aufleben lassen möchten, müssen sie sich fast unweigerlich vorkommen, als seien sie »nachts im Wald ohne Taschenlampe«. Sie werden sich verändern und an die Tatsache gewöhnen müssen, daß wir alle länger, aber wahrscheinlich mit weniger Mitteln leben. Ein anderes Denken und eine andere Erziehung sind notwendig. Das ist nicht leicht. Wir haben es hier mit einer Phase der

Neuorientierung zu tun, die unsere Gesellschaft noch nicht einmal erkannt hat. Es gibt dafür keine Verhaltensregeln und kaum den Impuls, es zu versuchen. Die meisten Leute wissen nicht einmal, was da vor sich geht.

WÜTENDE WEISSE MÄNNER VOLLER ANGST

Die Stimmen dieser zornigen, angsterfüllten Männer sind heute das tägliche Futter der amerikanischen »Hate-talk«-Radiosendungen. Zuhörer dieser politischen Wutausbrüche sind, wie Untersuchungen herausgefunden haben, zu fast 100 Prozent Weiße. Sechzig Prozent sind Männer mittleren Alters.[7] Diese Männer sitzen oft zu Haus herum, die Decke fällt ihnen auf den Kopf, sie haben keine Arbeit und lassen ihre Frustration, vom Talkmaster ermuntert, raus, letztere ermuntern oft zum offenen Rassismus, zum Schwulenhaß und zu persönlichen Verunglimpfungen.

»Solche Männer haben es nicht gelernt, die inneren Ressourcen zu entwickeln, deren sie bedürfen, um diesen Übergang zu meistern«, sagte ein Analytiker der C.-G.-Jung-Schule aufgrund seiner jahrelangen Praxis: »Sie kehren zu einem kindlichen Verhalten zurück und verwandeln ihre Ehefrau in ihre Mutter. Sie verlangen, daß sie sich unablässig um sie kümmert.«

Aber statt endgültig die Flinte ins Korn zu werfen, wenden sich zumindest ein paar Männer an Männergruppen oder andere psychologische Gruppen und Psychotherapeuten, um diesen gefährlichen Übergang zu schaffen.

Hier erhalten sie erst einmal das kommunikative und Verhaltenswerkzeug, damit sie wieder das Gefühl entwickeln können, Herr über ihr Leben zu sein. Sobald sie etwas Kraft in sich spüren, können sie anfangen, ihr in die Brüche gegangenes Leben zu etwas Neuem zusammenzusetzen.

Die hochfliegenden Akteure der Wallstreet stürzen noch tiefer, wenn es sie erwischt. Dr. Marilyn Puder-York, eine klinische Psychologin, die früher im Stab einer großen Bank gearbeitet hat, hat sich auf die »Umerziehung« der aus den riesigen Investmentbanken, Maklerfirmen, Anwaltskanzleien und Steuerberatungsgesellschaften Abgestürzten spezialisiert. Abgestürzt sind sie nicht so weit, daß sie auf der Straße liegen, sondern sie sind in ihrem Status und Einkommen heruntergestuft. Sie verdienen verglichen mit anderen immer noch relativ gut. Diese Leute, sagte Marilyn Puder-York, vergeuden einen großen Teil ihrer wertvollen Zeit mit dem Hegen ihrer Wut oder Selbstanklagen. Dr. Puder-York versucht ihnen ein Gefühl für die Wirklichkeit zu vermitteln: »Lest die Schlagzeilen, ihr seid ein Teil des Phänomens.« Sie drängt sie, ihre echten Gefühle aufzuspüren und zu erleben und dann den Weg weiterzugehen, um das Geschehene zu akzeptieren, wenn es auch schmerzlich ist. Und von da an weiter zu einer praktischen, neuen Karriereplanung und einer neuen Haltung gegenüber dem Leben. Sie sollen sich bei ihrer Sinn- und Zwecksuche mehr auf ihr inneres Gefühl und ihre inneren Werte verlassen, statt sich von Institutionen und materiellem Besitz fremdbestimmen zu lassen.

Ein ehelicher Konflikt ist fast unvermeidlich. »Ich sage das nur ungern«, meinte ein Anlageberater, »aber seit sie mich heruntergestuft haben, verdiene ich nur noch 150 000 Dollar im Jahr.« Die Psychologin fragte: »Na und? Reicht das nicht?« »Meine Frau ist Lehrerin«, sagte er schuldbewußt. »Und sie möchte ein größeres Haus und mehr als zwei Kinder. Sie sagt, ich verdiene nicht genug.«

Auch viele Ehefrauen haben den Bezug zur Realität verloren. Eine Frau, die die Grenzen des neuen Markts nicht kennt, macht ihrem Ehemann vielleicht Vorwürfe und erschwert seine Probleme. Vielleicht ist sie auch einfach naiv. Aber sogar Ehefrauen, die selbst ein gutes Einkommen haben, behindern oft die Bemühungen ihres Gatten, Veränderungen zu akzeptieren, weil sie es nicht ertragen können, den Traum vom Ehemann mit hohem Status aufzugeben.

Genauso können Kinder, ohne es zu wissen, grausam sein. Gerade an dem Punkt, wo er nun in einer prekären finanziellen und seelischen Situation steckt und Unterstützung braucht, um den Übergang zu schaffen, spürt er vielleicht, daß der

Respekt seiner Kinder ihm gegenüber abbröckelt. Im *Wall Street Journal* stand einmal eine herzzerreißende Beschreibung, was mit den Opfern einer Firmenpolitik geschieht, die auf »Verschlankung« setzt: Wie Gestrandete hocken diese Männer in den Vorstädten herum und verstecken sich in ihren improvisierten Arbeitszimmern. Ehemann, Ehefrau und der zwölfjährige Sohn diskutieren die finanzielle Situation der Familie. Auf einmal meint der Sohn zu seinem Vater, er solle sich nicht einmischen.

»Du arbeitest nicht, Dad«, sagte der Junge. »Es ist nicht dein Geld.«

So hat ein Mann, der in dieser Zeit großer sozialer Umwälzungen in das Stadium der Überlegenheit zu gelangen versucht, drei Aufgaben zu bewältigen. Es ist nicht nur die Drohung des Arbeitsplatzverlusts, die ihm zu schaffen macht. Es kann sein, daß er sein Einkommen oder seinen Lebensstil nicht aufrechtzuerhalten vermag, es kann sein, daß er umziehen und einige seiner Freunde aufgeben und mit dem Widerstand seiner Familie gegen diese Veränderungen fertig werden muß.

»Diese Männer brauchen den Mut, in diesem Übergang etwas Positives zu sehen, das ihr Leben verändern wird, sie brauchen auch den Mut, die ablehnenden Reaktionen anderer zu bewältigen«, sagte Dr. Puder-York. »Zugleich müssen sie neue Fähigkeiten entwickeln, um auf dem Arbeitsmarkt Chancen zu haben. Das ist ungeheuer viel verlangt von einem Menschen, der fünfzig ist und vielleicht dreißig Jahre lang dafür bezahlt wurde, daß er den Status quo akzeptierte.«

Die (verhasste) neue Abhängigkeit von Ehefrauen

Männer der mittleren Lebensphase sind heute zunehmend auf die finanzielle Unterstützung ihrer Ehepartnerin angewiesen. Das kann man als einen Segen oder als einen Fluch betrachten.

Leonard Lyons, ein weiterer mit einundfünfzig in den Ruhestand getretener Kodak-Angestellter, ist zu einer Veränderung seines Lebensstils nicht fähig. Seine Frau arbeitet jetzt die volle

Zeit, aber sie geben noch immer so viel Geld aus, als ob sie über zwei Einkommen verfügten. Sie sagen andauernd: »Wir müssen uns hinsetzen und einen Haushaltsplan aufstellen«, aber sie tun es nicht. »Wo soll das Geld herkommen?« fragte Leonard rhetorisch. Vielen anderen in derselben Lage geht es ähnlich. Die dicken Pensionsgelder sind festgelegt, sie können sie nicht anrühren, wenn sie nicht empfindliche steuerliche Nachteile in Kauf nehmen wollen, dieses Geld steht ihnen erst in einem höheren Alter zur Verfügung. Einstweilen überziehen sie ihr Konto und lassen sich von ihrer Ehefrau aushalten.

»Die größte Veränderung, die ich sehe, ist eine Rollenvertauschung«, sagte Leonard. »Meine Frau geht jetzt morgens los, und ich bin es, der ihr das Frühstück macht.« Er zupfte an seinem Hosenbein mit einer akkuraten Bügelfalte. »Ich habe diese Hosen selbst gebügelt. Meine Frau hat es mir gezeigt.« Sein Gesicht zuckte, während er sprach. Die anderen Männer in der Gruppe rutschten verlegen auf ihren Stühlen herum.

Die Spannungen, die durch diesen jähen Rollenwechsel aufkommen, wirken sich oft auf das Geschlechtsleben des Paars aus. In einem Alter, in dem Leonard gehofft hatte, sich einer größeren Nähe zu seiner Frau zu erfreuen, fühlt er sich in seiner Existenz bedroht und meint sich ihr nicht offen anvertrauen zu können.

In Anbetracht dieses Mangels an Beziehungsfähigkeit, den solche Männer ihrer altmodischen Sozialisation verdanken, werden sie, wenn sie merken, daß es beruflich mit ihnen abwärts geht, auf ihre Frauen neidisch, die mit Fünfzig gerade ihre Karrieren starten. Dieser Neid ist ein die Klassengrenzen überschreitendes Phänomen.

»Es war immer der Mann, der auf dem Schimmel dahergeritten kam, um die Prinzessin vor dem Drachen zu retten«, so beschrieb ein Verkäufer die Demütigung, die es für ihn bedeutete, von seiner berufstätigen Frau ein Darlehen anzunehmen, um sich aus seinem drohenden Bankrott zu retten. »Jetzt kommt die Prinzessin auf ihrem eigenen Pferd dahergeritten, und das Schloß gehört ihr. Und sie fragt: ›Kann ich irgend etwas tun, um dir aus der Patsche zu helfen?‹«

Während immer mehr Männer immer früher aus dem Arbeitsleben herausfallen, ackern ihre Ehefrauen (und Ex-Ehefrauen) immer länger.

Und während diese Frauen die Ebbe in der Haushaltskasse ausgleichen, üben sie zugleich eine größere Kontrolle über deren Verfügung aus.

Ein Mann, der sich der Verantwortung entzieht, mit seiner Angst vor dem Überflüssigwerden selbst fertig zu werden, wird seine Frau dafür bestrafen, daß er das Erreichte nicht festhalten kann. Sobald sich dieses neurotische Verhalten entwickelt, bleibt der Mann in einer verhaßten Abhängigkeit stecken. Seine berufstätige Frau wird dann aber vielleicht immer ungeduldiger, was seine Weigerung angeht, sich an die neuen Umstände zu gewöhnen. Und das Paar ist dazu verurteilt, sich wegen jeder Kleinigkeit zu streiten.

Aber auch hier gibt es die Möglichkeit, diese Umstände als das anzusehen, was sie sind, und das Beste daraus zu machen. Wenn ein Mann sich seines eigenen Wertes bewußt ist, und wenn er in seiner Ehefrau eine zuverlässige Partnerin hat, kann er sich eigentlich darüber freuen, zum Teil vom Einkommen seiner Frau zu leben, während er sich seinem Übergang zum Alter der Überlegenheit widmen kann. Schließlich hat er es sich in seinem Berufsleben verdient, jetzt einmal eine Zeitlang darüber nachdenken zu dürfen, welchen Weg er von nun an beschreiten möchte. Es ist genausowenig Anzeichen eines verpfuschten Lebens wie es der Mutterschaftsurlaub einer Frau ist, die sich Zeit zum Gebären und Aufziehen eines Babys nimmt. Indem er auf seine verdiente Belohnung Anspruch erhebt, gelingt es ihm möglicherweise, seine Fünfziger zu genießen und nicht auf der Strecke zu bleiben.

Als eine amerikanische Zeitung die Leser bat, ihre Erfahrungen aus Haushalten mitzuteilen, in denen die Frau mehr als der Mann verdient, haben die meisten geantwortet: Die zusätzliche ökonomische Kraft der Frauen schaffe keine Konflikte und werde nicht zum Anlaß genommen, um auf dem Ego des Partners herumzutrampeln.[8] Die glücklichsten Paare waren diejenigen, die die Finanzen der Familie, die Entschei-

dungen und die Verteilung der Hausarbeit von einem ega-
litären Standpunkt aus betrachteten. Die Hausarbeit werde
nach Vorlieben aufgeteilt. Das Einkommen komme in einen
gemeinsamen Topf – oder in drei Töpfe: seinen, ihren und den
gemeinsamen –, so daß niemand den anderen um Erlaubnis
fragen müsse, bevor er oder sie etwas ausgibt.

Die Erwartungen sind hier je nach Klassenzugehörigkeit
unterschiedlich. In den meisten traditionellen Arbeiterfamilien
sind die Frauen auf diese neue Rollenverteilung im mittleren
Lebensalter völlig unvorbereitet. Es war nie Teil ihrer kulturellen Erziehung, daß die Ehefrau einmal auf der Rolle der Brot-
verdienerin sitzenbleibt. Diese Frauen sind vielleicht vorzeitig
aus dem Arbeitsleben ausgeschieden und haben sich ein angenehmes Alter mit ihren Enkeln und der Pflege des Gartens vorgestellt. Aber je unsicherer die Jobs ihrer Ehemänner und je
magerer ihre Renten werden, um so mehr müssen sie sich vielleicht mit dem Gedanken anfreunden, wieder arbeiten zu gehen
und sich entweder für eine besser bezahlte Arbeitsstelle ausbil-
den zu lassen oder selbst ein kleines Geschäft aufzuziehen.

Therapeuten und Karriereberater versuchen gewöhnlich
eine widerstrebende Ehefrau in eine Verbündete ihres Mannes
zu verwandeln, der sich ein neues Leben jenseits der ökonomischen Revolution aufzubauen versucht. Zu den verzwei-
feltsten Firmenflüchtlingen gehören die Männer, deren Ehen
während ihrer Arbeitslosigkeit zerbröckeln. Der Mann verliert
nicht nur seine einzige Vertraute, die sich in eine Feindin verwandelt, sondern er läuft auch Gefahr, das Sorgerecht für seine Kinder einzubüßen. Das hinterläßt ein enormes Vakuum.
Trotzdem meint ein Therapeut: »Manchmal hätte ich dem
armen Mann am liebsten gesagt: ›Finden Sie sich mit alledem
ab!‹ Wenn seine Frau nicht nur einfach naiv, sondern schlicht
widerwillig ist, soll sie doch anderswo nach ihrem Prinzen auf
dem Schimmel suchen.«

DER ZUKUNFTSTEST

Ist dies nur eine vorübergehende und schmerzhafte Phase für Angestellte großer Konzerne mittleren Alters? Niemand weiß das mit Sicherheit. Aber es sieht so aus, als befänden sich Wirtschaft und Gesellschaft erst am Anfang einer digitalen Revolution, deren Ausmaß vergleichbar mit dem der industriellen Revolution ist und die durch Arbeitsplatzverluste den Menschen Ungeheures abverlangen wird. Seit 1980 haben in Amerika die fünfhundert größten Firmen 24 Prozent ihrer Arbeitskräfte abgebaut. Und die turbulente Entwicklung der Neugründung und Schließung von Firmen beschleunigt sich exponentiell.[9] Die Firmen müssen sich radikal wandeln, um im globalen Wettbewerb zu bestehen, und das heißt: Die Zahl der fest Beschäftigten muß reduziert und in erhöhtem Maße durch Roboter und Computer ersetzt werden. Dieser Trend setzt sich sogar in Perioden wirtschaftlicher Erholung fort.

»Von den derzeit in den Vereinigten Staaten zehn Millionen Arbeitslosen werden drei Millionen, die sich im mittleren Management befanden, nie wieder einen entsprechenden oder auch nur einen vergleichbaren Posten finden«, sagte ein Experte für Firmenumstrukturierungen.

Und das ist nicht nur in Amerika so. Auch in Westeuropa bewerben sich immer mehr Menschen um immer weniger Vollzeitarbeitsplätze. Dort trägt ein entfremdetes Heer von zig Millionen Arbeitslosen zur sozialen Unzufriedenheit bei. Acht von zehn Briten nennen die Arbeitslosigkeit das größte Problem, dem sich ihr Land gegenübersieht. Die französische Regierung subventioniert Firmen, um Massenentlassungen zu vermeiden. Sogar die japanischen Berufstätigen, diese perfekten Angestellten, müssen mitansehen, daß die Firmen still und leise Hunderttausende von Bürokraten in den »freiwilligen« Ruhestand abschieben. Sie schließen sich dem Stamm derer an, die ein Gehalt dafür beziehen, dazusitzen und aus dem Fenster zu starren.

Während wir also bei immer besserer Gesundheit immer länger leben, macht der ökonomische Kreislauf viele Angestellte immer früher überflüssig. Gerade in dem Augenblick, in dem die Vorhut der amerikanischen Nachkriegsgeneration in die Fünfziger kommt, eingekeilt zwischen der Verantwortung für die Kinder (die Unterstützung für eine längere Ausbildung brauchen werden) und der Verantwortung für ihre alten Eltern (die offenbar ewig leben), werfen viele Konzerne die Leute, die noch zwanzig oder dreißig Jahre vor sich haben, aus dem konventionellen Berufsleben hinaus.

Unterm Strich betrachtet, heißt das, wir leben zwar länger, aber die meisten Amerikaner brauchen ihre Ersparnisse auch schneller auf. Ist das die richtige Art einer modernen postindustriellen Gesellschaft, ihre menschlichen Ressourcen zu nutzen? 1994 habe ich einem führenden Berater der Regierung Clinton diese Frage gestellt.

»Wir sind noch nicht bis zu diesem Problem vorgedrungen«, war die Antwort.

Mit diesem Problem muß sich die Regierung gemeinsam mit den Konzernen und anderen Institutionen des privaten Sektors eher früher als später auseinandersetzen. »Die ökonomische Unsicherheit kann Männer, die man abgesägt hat, emotional und körperlich völlig lähmen«, sagte der schon zitierte Experte für Firmenumstrukturierung Robert Sind, der im Land umherreist und mit entlassenen Männern spricht. Aber nur wenn der einzelne es zuläßt, daß man ihn über die Entlassung definiert und darauf reduziert, »dann fängt er an, seine Zeit damit zuzubringen, daß er den Aschenbecher ein bißchen nach links und ein bißchen nach rechts verschiebt«, beschrieb Sind einige der Konzernopfer, die er erlebt hat. »Früher oder später wird sich der Mann im Selbstmitleid suhlen, und seine Familie bekommt das zu spüren. Mit einer kleinen Depression kann man sich wunderbar aus der Affäre ziehen. Aber nach einer Weile wird sie chronisch.«[10]

Psychologen haben festgestellt, daß Leute aus dem Management, die nicht mehr an ihrem Erfolg basteln können, frustriert sind, sie bekommen Depressionen und fühlen sich wertlos, ganz gleich, was sie bis zu diesem Zeitpunkt geleistet haben. Das gilt besonders für diejenigen, die sich im Übergang zum Alter der

Überlegenheit befinden. Um sich wohl fühlen zu können und von Hoffnung erfüllt zu sein, muß man eine Aufgabe haben! Sinds Rezept: Suchen Sie sich etwas, das Sie lernen und bewältigen können, dann werden Sie sich in Ihrer Haut wohl fühlen. Zum Beispiel könnte ein Mann seine Kinder bitten, ihm zu zeigen, wie man mit einem Computer umgeht. Wenn er darin allmählich geübter wird, kann er das Gerät vielleicht sogar programmieren, ihn daran zu erinnern, wann es Zeit ist, Rechnungen zu bezahlen, und eventuell kann er damit auch die Finanzen und Investitionen der Familie verwalten. Wenn ein Mann neue Fähigkeiten erlernt, kann er selbst während seiner Arbeitslosigkeit zum Wohl der Familie beitragen.

Rehabilitierte Firmenflüchtlinge

Wenn die Männer ihr neues, fruchtbares Leben im zweiten Erwachsenenalter planen wollen, sollten sie nicht damit warten, bis irgend etwas – in ihrem Körper, im Beruf oder im Bett – nicht mehr funktioniert. Sie sollten vielmehr die Weichen für ihr späteres Lebens frühzeitig stellen, spätestens in den Vierzigern, damit sie in ihren Fünfzigern und Sechzigern und wenn die Umstände es verlangen, flexibel genug sind, beruflich die entscheidenden Schritte zu unternehmen.

Aber die Angelegenheit hat auch ihr Gutes.

Was seine spätere Entwicklung angeht, hat ein Mann eine viel größere Chance, seine Tatkraft zurückzugewinnen, wenn er die Selbstzufriedenheit eines Angestellten, der den Karren laufen läßt, hat abschütteln müssen. Die Veränderungen wecken seine Überlebensinstinkte, stimulieren sein Hirn und befreien ihn von eben den Denkweisen und Gewohnheiten, die vielleicht zu seiner vorzeitigen Entlassung beigetragen haben.

»Die Besinnung auf andere Werte steht in einem direkten Verhältnis zum Wertverlust auf dem Arbeitsmarkt«, sagte Dr. Puder-York. Wenn es schwer wird, durch eigene Anstrengung materiellen Erfolg zu haben, und der gefügige, treue Firmenangehörige nicht mehr die richtige Lösung des Problems zu sein scheint, suchen die Leute anderwärts nach Sinn und Zweck und erforschen dabei auch oft sich selbst. Dr. Puder-York hatte einen Wallstreet-Händler als Patienten, einen Mann, der eineinhalb Millionen Dollar im Jahr verdient hatte und 1991 seinen Job verlor. Diese Lebenskrise fiel zeitlich mit seinem Eintritt ins zweite Erwachsenenalter – mit Mitte Vierzig – zusammen. Gezwungen, etwas zu unternehmen, baute er ein eigenes Geschäft auf. Während dieser Übergangsphase wurde ihm klar, daß er sich mit Haut und Haaren seiner Firma verschrieben und die Macht über sich an sie abgegeben hatte. Aufgewachsen in dem Glauben, daß es darauf ankommt, seine Gefühle zu ignorieren, war er jetzt erstmals dazu gezwungen, auf sein Inneres zu hören. Plötzlich arbeitete er freiwillig an einem Vorhaben zur Unterstützung der Obdachlosen mit, und daraus entwickelte sich bei ihm ein Interesse an der Arbeit mit Waisen. Das eröffnete ihm ganz neue Welten und ein Interesse an geistig-seelischen Dingen.

Heute, mit Ende Vierzig, ist er froh, wenn er mit seinem Geschäft im Jahr 200 000 Dollar brutto einnehmen kann. Die viel größere Ausgeglichenheit seines jetzigen Lebens macht ihm Freude. Hätte er den alles verzehrenden Job nicht verloren, dann wäre er wohl nie die abgerundete und in sich ruhende Persönlichkeit geworden, die er heute ist.

Bei einem späteren Treffen mit den Kodak-Vertriebenen bekannte einer der »Lebenslänglichen«, daß er Angst vor einem solchen Übergang gehabt habe, und wie heiter er jetzt sein Leben betrachtete, da er spürte, daß er ein neuer Mensch werde.

VOM FIRMENANGEHÖRIGEN ZUM FREIBERUFLER, ACHTUNDVIERZIG

»Am schwersten ist es, sich an die Freiheit zu gewöhnen.«

Der Fotograf Gary Whelpley war direkt von der Schule zu Kodak gegangen. Seine Existenz schien ihm ein vollendeter

Entwurf eines erfolgreichen Lebens – die Arbeit für seine Firma führte ihn um die ganze Welt, er hatte ein schönes Haus im Grünen, eine dynamische Ehe- und Geschäftsfrau, und er selbst war ein braungebrannter, kräftiger Mann, der sich seiner Sache völlig sicher war –, bis zu dem Tag, an dem er mit dem letzten Zug heimfuhr und hilflos mitansehen mußte, wie sein ganzes Leben zusammenbrach.

»Erst als ich die Abfindung nahm und aus der Firma ausschied, wurde mir klar, was für ein unglaublich großer Teil meines Lebens diese Firma war«, jammerte Whelpley. »Meine Freunde, meine soziale Sicherung – alles steckte in dieser Firma drin. Ich wußte, daß ich jeden Tag aufstehen und zu derselben Adresse fahren würde. Mein Leben war geregelt. Ich liebte meine Firma, sie gab mir alles, was ich mir je erträumt hatte. Diese letzten beiden Jahre«, er schluckte das aufsteigende Bedauern herunter, »sind für mich wie Sterben gewesen.«

Aber dieser Gary Whelpley, der jetzt eine winzige Streichholzschachtel von einem Haus bewohnt, während er sich in Scheidung befindet, hat etwas viel Herausforderndes und scheint lebendiger, als irgendein Firmenangestellter je sein könnte. Unter den dunklen Augenbrauen wandern Garys verträumte blaue Augen über das Gesicht des Zuhörers, um dessen Reaktionen zu beobachten. Nachdem er sich des gelben Kodak-Bluts entwöhnt hat, trägt er jetzt ein verwegen geblümtes Hemd und einen großen Silberring und hält sein leicht ergrautes Haar jugendlich kurzgeschnitten. Aber der härteste Teil des »kleinen Todes« seines ersten Erwachsenenlebens war die Einsicht, daß er seine Kreativität fast erstickt hätte bei dem Versuch, ins Management des Konzerns aufzusteigen. »Daß ich die totale Sicherheit in der Firma suchte, hat mich krank gemacht vor Frustration.« Als er draußen war, warf er endlich einmal einen Blick auf die Rückseite seines Bilderbuchlebens und fragte: »Wo ist der Sinn?« Wo war der Träumer und Künstler geblieben?

»Ich stehe jetzt auf und denke: ›Ich kann tun, was ich will. Wie ist das möglich? Diese Freiheit ist die unheimlichste, grusligste Sache der Welt!‹« Es ist nicht leicht, sich aus einem institutionalisierten Teamarbeiter in einen selbstsicheren Unternehmer zu verwandeln. »Mein Gott«, dachte er, »hier bin ich und werde bald fünfzig!« Aber Gary weigerte sich, die Dinge jetzt zu überstürzen. Er beschloß, sich ein paar Jahre Zeit zu lassen, um die nötige Gelassenheit und das nötige Gleichgewicht zu gewinnen – und nach einem Weg zu suchen, wie er auch etwas geben kann. Er hat eine Kirche gefunden, die wirklich ihre Gemeinde erreicht. »Ich gehe da hinein und habe das Gefühl: ›Hier ist der Ort, wo ich einen Beitrag leisten kann.‹ Etwas, das ich nie zuvor gespürt habe.« Garys Gedanken wandten sich immer mehr den Kindern aus seiner ersten Ehe zu. Er hatte sie seit seiner Scheidung nicht öfter als ein- oder zweimal im Jahr gesehen. Seine Tochter war damals acht. Er konnte das rationalisieren und sich sagen, daß es die Schuld seiner ersten Frau war. Ihre Eifersucht hatte ihn daran gehindert, eine echte Beziehung zu seinen Kindern zu unterhalten. Mit der Wiederherstellung dieser Beziehung mußte er beginnen.

»Einen Sinn in meine Beziehungen zu meinen drei Kindern zu bringen ist jetzt mein Hauptantrieb. Man weiß nicht, wie viele Jahre man noch hat. Mein Vater starb, als ich noch sehr klein war, und ich hatte keine Gelegenheit, mich von ihm zu verabschieden.« Gary hat vor kurzem zwei Wochen mit seiner neunundzwanzigjährigen Tochter verbracht. »Die gemeinsame Zeit – das ist eine gute Sache. Sie hilft mir, die Arbeit dieses Übergangs zu schaffen.«

Intuitiv arbeitet Gary an genau der Aufgabe, von der er am meisten profitieren wird. Die geschiedenen Männer in meinen Untersuchungen, die, nun über fünfzig, die erwachsenen Kinder aus ihrer ersten Ehe sehr selten sehen, leiden gewöhnlich, wie sich in den Gesprächen herausstellte, unter dem Gefühl eines persönlichen Versagens oder glauben, den Antrieb zu verlieren. Sie stehen in starkem Kontrast zu den zufriedeneren geschiedenen Männern, die gewöhnlich erklären, daß sie in ihrem mittleren Lebensabschnitt aufmerksamere Väter geworden sind.[11]

Männer in den Vierzigern haben, wie wir sahen, noch aller-hand Zeit vor sich. Männer, die die Fünfzig erreichen, merken, daß nicht mehr soviel Zeit bleibt. Aber es ist der Sinn dieses Buchs, sie davon zu überzeugen, daß ihnen noch weit mehr Zeit bleibt, als sie denken. Vielleicht werden sie irgendwann den Samson-Komplex oder sogar ihre Kündigung als einen Katalysator begreifen, der sie gezwungen hat, das falsche Ich aufzugeben und die absolute Notwendigkeit zu erkennen, ein neues Ich zu bilden, um ihr zweites Erwachsenenalter zu nutzen.

12. Kapitel:
Der neue Optimismus

»Wir hungern alle nach menschlicher Nähe«, sagte James Sniechowski, der einundfünfzigjährige Leiter einer Männergruppe. Es war ein Wort, das immer wieder in solchen Gruppen fiel – Nähe.

Ein anderes oft gehörtes Wort war Optimismus. Eine gesunde Mehrheit der männlichen Freiberufler über fünfundvierzig, die ich befragt habe, erfreut sich eines Anstiegs des Optimismus und eines Gefühls heiterer Gelassenheit, die etwas ganz Neues in ihrer Weltanschauung ist.[1] Das von Konflikten zerrissene Wertesystem der beiden vorhergehenden Lebensjahrzehnte ordnet sich gemäß ihrer Erfahrungen um neue Zentren. Die meisten sagen, das beste am mittleren Lebensabschnitt sei ein Gefühl, »sich dessen klarer zu sein, was für einen selbst richtig ist«. Sie bemerken an sich ein stärkeres Bewußtsein ihrer selbst und einen zunehmenden inneren Frieden.

Welches Geheimnis steckt dahinter?

Das überraschendste Ergebnis meiner Umfragen und Gespräche mit Männern ist, daß im Alter zwischen fünfundvierzig und fünfundfünfzig ein eindeutiger und endgültiger Wechsel an den Polen ihres Batteriesystems stattfindet. Die glücklichsten Männer verwenden ihre Energien nun nicht mehr auf den Konkurrenzkampf und sexuelle Eroberungen, sondern auf die Suche nach emotionaler Intensität, Vertrauen, Kameradschaft, Freundschaft und Gesellschaft mit anderen. Dies scheint mir eine wesentliche Aufgabe für die Männer im mittleren Lebensabschnitt zu sein: vom Konkurrenzkampf zur Nähe zu anderen zu gelangen.

Der Autor von *Eisenhans* und Verkünder einer neuen Männlichkeit, Robert Bly, meinte zu mir, die Erfahrung, die er mit Männern in seinen Workshops gemacht habe, liefen genau darauf hinaus. Ein junger Mann will dominieren: die Natur, die Frau, die jüngeren Männer, einfach alles. Seine Energien sind starr geradeaus gerichtet, die meisten Verpflichtungen gegenüber der Familie oder Gemeinschaft ignoriert er. »Wenn dieser Spannungsbogen im Alter von etwa fünfzig Jahren seinen Höhepunkt erreicht, verspürt er ein Schwanken, Stocken, Nachlassen – eine Art Stottern«. Bly erweiterte meine Metapher: »Wenn die Pole seiner Batterie sich verändern, gerät der Mann mehr in eine Empfangsstimmung. Es drängt ihn nicht mehr, seinen Vizepräsidenten zu feuern. Er bringt es fertig, an einem öffentlichen Telefon anzuhalten, um seine Frau anzurufen. Er entwickelt plötzlich Gemeinschaftsgeist. Er ist jüngeren Männern gegenüber freundlich, was völlig neu für ihn ist. Auch in seiner Sexualität wird er empfänglicher. Er ist auf dem Weg, ein menschliches Wesen zu werden, aber er weiß es noch nicht. Er glaubt sich auf dem Weg, ein Versager zu werden. Das Problem des Lebens im Kapitalismus ist, daß einem von diesen Vorgängen keiner was sagt.«

Einem in New York praktizierenden Dermatologen, der 1961 die Princeton-Universität absolviert hat, als dort noch keine einzige Frau studierte, fiel die dramatische Veränderung auf, als er seine ehemaligen Kommilitonen bei ihrer fünfundzwanzigsten Wiedersehensfeier erlebte. »Beim fünften Jahrestag waren wir alle noch typische Studies. Beim zehnten und fünfzehnten waren wir schrecklich konkurrenzverbissen und von unserer eigenen Bedeutung überzeugt. Beim zwanzigsten waren wir ein bißchen netter zueinander. Als wir uns zum fünfundzwanzigsten versammelten, waren wir alle Mitte Vierzig – und fast niemand erreicht die Mitte der Vierziger, ohne irgendein Leid durchgestanden zu haben. Es war, als hätten wir alle eine Art Metamorphose durchlebt.«

Statt sich in kleine Cliquen zu verteilen, mit den Witzbolden an dem einen Tisch und den Bücherwürmern am anderen und einer unsichtbaren Mauer um die weniger Erfolgreichen herum, redeten Leute miteinander, die während des Studiums nie ein Wort miteinander gewechselt hatten. Sie waren viel offener.

»Diesmal suchten wir alle Freundschaft, es kam uns eher auf die Gemeinsamkeiten als auf das Trennende an«, stellte der Dermatologe erleichtert fest. »Alle schienen eine Verbindung miteinander zu suchen.«

Von Kindesbeinen an richten die meisten Männer ihre Anstrengungen darauf, ihre Einmaligkeit zu beweisen. Jahrgangsbeste der Spitzensportler oder der »schärfste Aufreißer im Viertel« zu sein bedeutet, sich dadurch zu definieren, worin man sich von den anderen unterscheidet. Und nachdem man alles getan hat, um sich aus der Abhängigkeit von Eltern, Chefs und Ehefrauen zu befreien, stellt man plötzlich fest, daß man einsam ist. Kein Wunder, daß Männer, sobald sie älter und sich ihrer Verletzlichkeit bewußter geworden sind, eher nach Möglichkeiten menschlicher Nähe als nach Differenzierung suchen.

KOMMUNIKATION STATT KONKURRENZ

Die echten Gewinner unter den Männern mittleren Alters gehen diesen Weg. Die hundertzehn berufstätigen Männer, die bei meiner Untersuchung dabei waren, sind im Durchschnitt fünfzig Jahre alt. Die meisten fühlen sich in diesem Alter ihren Ehefrauen näher denn je. Sie wünschen sich auch engeren Kontakt mit ihren Kindern und eine andere freundschaftliche Ebene mit anderen Männern und Frauen. Die Schärfe des Konkurrenzdenkens ist einem milderen Umgang mit der übrigen Welt gewichen.

Wenn man diese Männer in verschiedene Kategorien mentaler Gesundheit einordnen wollte, bekämen die meisten die Note »sehr gut«. Fast alle haben eine Leidenschaft für etwas entwickelt, das sie beschäftigt und glücklich macht und ihnen Herausforderungen außerhalb ihrer täglichen Arbeitsroutine bietet. Das ist wichtig, um die Enttäuschung über ihren Beruf auszugleichen, die nun viele Ärzte empfinden, oder den Stumpfsinn in der Steuerkanzlei, wo man die Steuererklärung noch eines weiteren reichen Kunden verteidigen muß, oder des Zahnarzts, von dem man keine Begeisterung erwarten kann, wenn er sein milliardstes Loch bohrt. Fast die Hälfte der Männer meiner Untersuchung sind in dieser Phase mit ihrem Leben »glücklich« oder »zufrieden«. Das waren sie Mitte Vierzig nicht, als fast die Hälfte von ihnen durch eine depressive Periode ging. Jetzt sind sie aufgeschlossener, diejenigen emotionalen Teile ihrer selbst zu entdecken, die nicht zu der Statur des eisernen, kampfbereiten und zielbewußten Rationalisten paßten, der sie in ihrem ersten Erwachsenenalter zu sein hatten. Die mental und körperlich Gesunden erkennen das Vorhandensein eines Innenlebens an und beginnen, seinen erstickten Botschaften Gehör zu schenken.

Unter den vielen wahrnehmbaren Unterschieden zwischen diesen Freiberuflern oder Akademikern und den Arbeitern der *Family-Circle*-Umfrage hat der allerwichtigste mit der Bereitschaft zu tun, diesen Weg von der Eroberung zur Beziehung zu gehen. Knapp ein Drittel der traditionellen *Family-Circle*-Männer über fünfundvierzig sind in dieser Phase mehr an engen Beziehungen interessiert. Sie verstehen nicht, was ihnen fehlt oder wie sie dorthin kommen sollen. Die Ausnahmen beweisen, wie wichtig gute Beziehungen sind: Wenn wir uns die hundert Arbeiter ansehen, die das höchste allgemeine Wohlbefinden genießen, scheinen fast alle einen beneidenswerten Grad an Intimität in ihrer Ehe erreicht zu haben. Sie verbringen wesentlich mehr Zeit mit ihren Frauen – im Durchschnitt sechs Stunden am Tag – als die mit geringerem Wohlbefinden, und sie haben öfter als die anderen Männer in ihrer Altersgruppe Sex. Diese Männer wissen, daß Konkurrenz jetzt weniger wichtig ist und enge Beziehungen an Bedeutung gewonnen haben.

Der pensionierte Lastwagenfahrer Lorn Bowa lebt seit zehn Jahren mit Jeanette Tull zusammen. Als er den Müllwagen fuhr, arbeitete Jeanette bei ihm mit. Das hieß, daß sie etwa zehn Stunden täglich zusammen verbrachten und dieselbe Arbeit leisteten. Jetzt, da er im Ruhestand lebt, sagte Lorn »verbringen wir sechzehn bis achtzehn Stunden am Tag zusammen. Sie sorgt wahnsinnig gut für mich, und ich sorge für sie.« Lorn hat sich im Laufe der Jahre auch ein festes Netz von Freundschaften mit Männern geknüpft. »Meiner Meinung nach sind gute Freunde mehr wert als Geld.«[2]

Während ihr Machthunger abklingt, werden die glücklicheren Männer merklich expressiver und sinnlicher, geselliger und freundlicher. Sobald sie fähig sind, ihr größeres Bedürfnis nach menschlicher Nähe zu befriedigen, das sie früher unterdrückten, können sie auf andere Menschen aufmerksamer reagieren. Das macht sie zu besseren Managern, Ehemännern, Vätern und Freunden. Und sie weisen eine entsprechende Verbesserung ihrer seelischen Gesundheit auf. Die Untersuchungen von Berkeley zeigen, daß sich nichttraditionelle Männer, wenn sie fünfzig sind, die charakteristischen Eigenschaften des anderen Geschlechts wieder aneignen, die sie vorher unterdrückt haben. »Sie sind jetzt fähig, enge Beziehungen einzugehen, und ein Gefühl für den Sinn ihres Lebens zu entwickeln.«[3]

Dies war genau der Wechsel, den Dr. Harold Wahking, ein hünenhafter, gutaussehender Mann beschrieb, der Ehe- und Familientherapeut ist. Dr. Wahking gehört zu denen, die den hohen Preis eines Festhaltens am männlichen Code seiner Generation beschrieben haben. Einer Männergruppe sagte er: »Marineoffizier zu werden war für mich ein sehr wichtiges Symbol für Männlichkeit. Ein anderes war, daß ich mir nur zwei Gefühle erlaubte – Zorn und Begehren –, denn alle anderen waren ›weiblich‹ und deshalb schwach und mußten verabscheut werden. Das bedeutete eine Menge Streß, besonders in den Vierzigern, denn es hieß ein großes Stück meiner selbst negieren, um zu beweisen, daß ich ein richtiger Mann war.«

Studien haben inzwischen erbracht, auf welche Weise nichttraditionelle Männer wie Wahking in ihrem vierten Lebensjahrzehnt oft an dem eigenen, sehr kontrollierten, machtorientierten und ausbeuterischen Benehmen leiden, das

man von einem Mann erwartet, der Hochleistungen voll-
bringt.[4] »Bevor ich dann den geistigen Sprung schaffte, machte ich meine Frau wegen ihrer Intuition und Ahnungen runter«, gab Dr. Wahking zu. »Ich hatte so ein Gefühl, daß sie
dadurch einen unfairen Vorteil vor mir hatte. Seither habe ich
viel Zeit dafür aufgebracht zu lernen, wie man auf die Gefühle anderer achtet, sich auf sie einstimmt, ihre Bedeutung und
ihren versteckten Sinn erkennt. Ich bin heute ein ganz anderer
Mensch.« Er ist fast zweiundsechzig und mit sich selbst viel
zufriedener. »Ich habe meine weibliche Seite kultiviert und die
Verbindung zu der männlichen Seite hergestellt – jetzt bin ich
also auch intuitiv!«

Männer trauern im leeren Heim

Es ist ein Paradox, daß diese Sehnsucht der Männer nach mehr
menschlicher Nähe gewöhnlich mit einer unvorhergesehenen
großen Enttäuschung zusammenfällt. Männer in dieser Phase
möchten mehr mit ihren Kindern zusammensein. Dieser
Wunsch läßt sich allerdings nicht so leicht erfüllen, wie man
glauben könnte. Überraschenderweise kam das Thema des
»leeren Nests« in fast allen Männergruppen auf, sogar bei
hypertraditionellen Männern.

Don Parrot, der degradierte Vizepräsident aus Detroit,
beschrieb eine häufig vorkommende Ambivalenz: »Wir haben
viel dazu getan, unseren Kindern beizubringen, unabhängig
zu werden, aber jetzt sagen wir: ›Mensch, so unabhängig
brauchst du auch nicht zu werden!‹ Erst bekommen sie ihren
Führerschein, so daß sie wegen des Autos nicht mehr von uns
abhängig sind. Dann machen sie einen Teilzeitjob, damit sie
finanziell unabhängiger werden. Schließlich ziehen sie aus.«
Für ihn war es ein weiteres Zeichen für den Alterungsprozeß.
»Der Hund wird auch nicht jünger.«

Alle Männer lachten, aber es hatte einen unfrohen Klang.
Don breitete die Arme aus, als habe er aufgegeben. »Bald ist
unsere Familie vom Winde verweht.«

Ich fragte: Hat seine Frau dieselben Gefühle, was das »leere Nest« angeht?

»Nein. Sie sagt, sie freut sich drauf.« Typisch. Jerry, der Musiklehrer an der High-School in Detroit, sah sich veranlaßt, ein wenig von seinem eigenen Kummer herauszulassen. »Es überrascht mich, wie wichtig die Kinder in meinem Leben werden«, bestätigte er. »Ich hatte früher nicht viel Zeit für sie.«

»Und jetzt haben sie nicht viel Zeit für dich, stimmt's?« vermutete ein anderer Mann.

»Genau.« Ein wehmütiger Ausdruck erschien auf Jerrys Gesicht, als er beschrieb, wie er nachts aufgeblieben ist und auf die Rückkehr seiner sechzehnjährigen Tochter wartete, die abends mit ihrem Freund ausgegangen war. Jerry wollte nur dasitzen und mit ihr reden. »Ich dachte, sie hat eine Stunde Zeit für mich, bevor sie sich schlafenlegt«, sagte er. Aber es ist ihm klar, daß es hier um ganz andere Dinge geht als damals, als sie noch Daddys kleines Mädchen war. »Es ist, als ob jetzt ich beschwichtigt werde.«

Nicht lange wird es dauern, bis seine Tochter mit Ausreden kommen wird, weshalb sie nicht mit der Familie zusammen essen kann. Der Sohn ist mit seinen eigenen Unternehmungen beschäftigt. Und wenn Jerry seiner Frau einen romantischen Wochenendausflug – »nur wir beide« – vorschlägt, starrt sie ihn an, als ob er ein verrückter Teenager wäre. Sie muß dann wahrscheinlich gerade ihre Prüfung in dem Fortbildungskurs als Krankenschwester machen. Sie stellt sich auf eigene Füße.

Wir hören nicht viel von der Traurigkeit und Sehnsucht, die die Männer empfinden, wenn sie sehen, wie ihre Kinder ihnen entschlüpfen und unerreichbar werden oder die Liebe und Ratschläge ablehnen, die die Väter ihnen geben möchten. Wenn der Vater endlich soweit ist, ihnen in seinem Terminkalender Platz einzuräumen, weil er sie braucht, sind sie gewöhnlich im Geiste schon aus dem Haus. Männern, die ihre Sozialisation durch ihre Väter noch unter dem alten Herrschafts- und Kontrollmodell erlebt haben, wird es schwerfallen, sich das Bedauern und den Schmerz einzugestehen, die die Erkenntnis begleiten, daß es nun für eine enge Beziehung zu ihren Kindern zu spät ist.

Und wahrscheinlich liegt darunter sogar noch ein größerer Schmerz, der nicht einmal bewußt wird. Wenn sie – stoisch und ohne etwas zu sagen – die Kinder aus ihrer Obhut entlassen, öffnet das oft eine alte Wunde: wie sie den Kontakt mit ihrem eigenen Vater verloren haben. Die unvermeidliche Wiederholung dieses traurigen Kreislaufs hat Thomas Wolfe beschrieben:

> Wir sind die Söhne unseres Vaters,
> Der sein Leben wie wir
> In Einsamkeit und Wildnis verbrachte,
> Wir sind die Söhne unseres Vaters
> Dem allein wir uns öffnen können
> Und die seltsame, düstere Last auf unserem Herzen
>   und Geist offenbaren,
> Wir sind die Söhne unseres Vaters
> Und werden ewig der Spur seines Fußes folgen.[5]

Aber muß ein Mann seinem Vater hierin folgen, muß er so hart arbeiten und mit seinen Bedürfnissen nach Zärtlichkeit an sich halten, so daß auch seine Kinder die traurige Last auf ihrem Herzen tragen müssen – während er als ein nur halber Mann durch das zweite Erwachsenenalter geht?

Nein. Die Melancholie, die ein Mann vielleicht verspürt, wenn er die Emanzipation seiner Kinder ahnt, sollte als ein Signal, eine weitere Tür, eine Gelegenheit verstanden werden, eine tiefere Wunde zu ertasten, die ihm jetzt vielleicht noch verborgen ist.

VATER, ICH HABE DICH KAUM GEKANNT

Das Fehlen einer liebevollen und respektvollen Beziehung zu ihren Vätern ist eine der größten Tragödien, die die Männer erleiden. Erinnern Sie sich an den in den vorzeitigen Ruhestand geschickten Fotografen im letzten Kapitel, dessen Vater gestorben war, als er noch sehr jung war, und der Kodak zu einer Art Vaterersatz gemacht hatte? Sogar wenn der Vater körperlich präsent ist, ist er emotional oft abwesend. Bernie Zilbergeld schreibt in seinem Buch *The New Male Sexuality* in bewegenden Worten über die Trennung zwischen Vater und Sohn:

»Körperliche Zuneigung, gemeinsame Empfindungen, der Ausdruck von Anerkennung und Liebe sind menschliche Erfahrungen, die sehr wenige Jungen bei ihren Vätern erleben [...]. Überlegen Sie einmal, wie es sein mag, wenn Sie ein kleiner Junge sind und nicht wissen, ob Ihr Vater Sie liebt oder auch nur mag oder, schlimmer noch, aber sehr häufig: das Gefühl zu haben, daß er es nicht tut.«[6]

Als wir uns trafen, sagte mir Zilbergeld: »Wenn Sie erwachsene Männer weinen sehen wollen, vermitteln Sie ihnen ein Gefühl der Vertrautheit und lassen Sie sie über ihre Väter reden.«

Das war eines der beherrschenden Themen in den Männergruppen: die Suche nach dem fehlenden Vater. Nicht mehr als eine Handvoll von den hundertzehn Männern, die an meinen Gruppensitzungen teilnahmen, beschrieben die Beziehung, die sie als kleiner Junge mit ihrem Vater hatten, als eng. Nur zwei oder drei von ihnen beantworteten die Frage »War Ihr Vater Ihnen emotional nahe?« mit einem Ja.

– Nein, ich kann mich nicht erinnern, daß er je »Ich habe dich lieb« gesagt hat.

– Ich hatte nie einen richtigen Vater. Die Männer in meinem Leben waren brutal.

– Wenn Vater bei uns zu Haus war, hieß es: »Laß ihn in Ruhe. Er arbeitet!«

– Mein Vater war hart, er hatte am Zweiten Weltkrieg teilgenommen. Du bekamst Taschengeld und Disziplin. Punkt.

– Ich bin meinem Vater unheimlich ähnlich. Er hat nie darüber nachgedacht, ob er seinen Kindern genug Liebe zeigt. Ich denke viel darüber nach. Aber dann gehen die alten Tonbänder los, und ich höre meinen Vater in mir reden – hat er das wirklich gedacht? Oder ist das nur etwas, was mein Vater gesagt hätte?

Ray Bunch, ein dreiundfünfzig Jahre alter Service-Manager bei Chrysler, war einer der wandelnden Verwundeten, die den Männersitzungen beiwohnten. »In solchen Männergruppen suchen wir die väterliche Fürsorge, die wir als Kinder nicht hatten«, gab er zu.

Die Männer, die noch am Zweiten Weltkrieg teilgenommen hatten, waren als Väter Anhänger eines rigiden Männlichkeitscodes: Sie verdienten das Geld, alle emotionale Unterstützung sollte von den Müttern kommen. Und die Eltern dieser Generation mußten hart arbeiten und eisern sparen. Deren Söhne erinnerten sich, mit ihren Vätern nur Sport getrieben oder an irgend etwas herumgebastelt zu haben, Tätigkeiten, die fast ohne Worte abliefen und bei denen keine Berührungen vorkamen. Viele der Männer erinnerten sich lebhaft daran, Angst vor ihren Vätern gehabt zu haben.

Jetzt, im mittleren Lebensabschnitt, ist es den Männern bewußt, daß sie am »Vater-Hunger« leiden, wie Robert Bly es nennt. Eine ganze Anzahl von ihnen hat den Circulus vitiosus zu durchbrechen versucht und sich bemüht, mit den eigenen Söhnen und Töchtern herzlichere und engere Beziehungen anzuknüpfen. »Es ist mir sehr bewußt, da ich nie viel Zeit mit meinem eigenen Vater verbracht habe, also kommt es nicht von selbst«, sagte Ken Piel aus Dallas über Versuche, mit den Kindern aus seiner ersten Ehe wieder Kontakt aufzunehmen. »Beim Umarmen... da muß ich mir große Mühe geben, und ich glaube, man sieht's.« Andere sagten, mit ihren jüngeren Kindern fiele es ihnen leichter, die Scham zu überwinden. Fast alle schienen zu spüren, daß die erneute Kontaktaufnahme mit ihren Kindern ein Weg sein könnte, ein Gefühlsleben wieder in Besitz zu nehmen, das während des größten Teils ihres Erwachsenenlebens nicht vorhanden war.

Aber solche Männer fürchten sich auch davor, die Zärtlichkeit, die in ihren Seelen begraben ist und die solche Beziehungen fördern würde, herauszulassen. »Es ist die Angst vor der Weiblichkeit in uns selbst«, sagte einer der Männer, der erst mit fünfzig gewagt hat, seinen Traum zu verfolgen und Psychologe zu werden. »Die Spannung bei den Männern liegt in der Ambivalenz – einerseits wollen wir unsere Aggressivität behalten, andererseits wollen wir das Prinzip der Vergeltung aufgeben, wenn es nicht notwendig oder angemessen ist. In der Welt zu funktionieren, ohne anzugreifen, ist etwas, das ein Mann schwer lernt.«

Die Männer dieser Gruppe sprachen auch darüber, daß sie lernen müßten, einander genügend zu vertrauen, »sich von der Seele eines anderen Mannes befruchten zu lassen«. Diese starken, virilen Männer fanden Wege, einander zu berühren. Sie stießen mit den Stirnen aneinander, stachen einander mit dem Finger in die Rippen und kamen frontal aufeinander zu, um einander beim Ellbogen zu packen oder einander an die Brust zu drücken. Aber sie respektierten auch die Grenzen, die Männern gesetzt sind. Nachdem man sie auf Erfolg dressiert hatte, sehnten sie sich jetzt danach, das Kind in sich selbst wiederzuerwecken. Wenn sie sich in Gruppen wie diesen trafen, erhielten sie dadurch Gelegenheit, ihre spielerische Seite zu entdecken.

DIE NEUERFINDUNG DER VATERROLLE

Im Gegensatz zu dem, was allgemein angenommen wird, wirkt sich die Vaterschaft auf die geistige und körperliche Gesundheit vieler Männer genauso aus wie ihre Karriereleistung.[7] Die neue Forschung auf dem Gebiet der Elternschaft zeigt, daß Väter, die sehr viel Zeit und Energie in ihre Arbeit stecken, sich aber auch um ihre Kinder kümmern und entsprechend Zeit mit ihnen verbringen, immer noch eine wichtige Wirkung auf das Wohlbefinden ihrer Söhne und Töchter – und damit auch ihr eigenes Wohlbefinden – haben können.

Das sind Ergebnisse von Untersuchungen, die William S. Pollack, Professor für Psychologie in Harvard und Koautor des Buches *Toward a New Psychology of Men*, vorgenommen hat.[8] Zusammen mit Ronald Levant versucht Pollack eine neue, postfeministische Männlichkeit zu definieren und die John Waynes zu befreien, die immer noch im Mythos des

gänzlich autonomen Mannes gefangen sind. Die aussichts-
reichste Richtung, in der sich die Männlichkeit neu definieren
läßt, ist ihrer Ansicht nach die »Neuerfindung der Vaterrolle«.
Der neue Modellvater ist heute auf jedem Flugplatz sofort
zu erkennen. Zuerst erblickt man seinen kleinen Sprößling,
der, die Beine fest um Vaters Hals geschlungen und dessen
Haar als Zügel benutzend, über den Köpfen der Menge ein-
herschwebt. Vaters Schritt ist selbstsicher, stolz, unfehlbar. Da
bewegt sich ein herrliches neues Tier über den Platz, geschaffen aus einer neuen Verbindung: der Mannjunge! (Jedenfalls
bis der Vater seine Last auf dem Wickeltisch in der Herren-
toilette absetzt.) Diese Väter sind anders. Sie entdecken ein
Geheimnis, das den Frauen von jeher bekannt ist: Die leichte-
ste Methode, geliebt und gebraucht zu werden und sich drei
Meter groß zu fühlen, besteht darin, ein engagierter Elternteil
zu sein.

Die neuesten dieser neuerfundenen Väter sind in den Zwanzigern und Dreißigern. Aber nicht alle. Viele Männer gründen
mit Vierzig oder Fünfzig noch mal eine Familie.

In meinen Gruppensitzungen mit Männern wurde immer
derselbe Gedanke geäußert: »Ich will nicht, daß meine Kinder
zu mir ein Verhältnis haben, wie ich es zu meinem Vater hatte.« Sie wollen, daß ihre Kinder sie nicht als entfernte Auto-
ritätsfiguren, sondern als freundlich, vertrauens- und liebens-
wert erfahren. »Im Laufe der letzten zweihundert Jahre hat die
Vaterrolle, vollständig oder doch zum großen Teil, alle vier
traditionellen Aspekte eingebüßt: die des hauptsächlich Sor-
getragenden, der moralischen Autorität, des Familienober-
haupts und des Ernährers«, sagte David Blankenhorn, Präsident und Gründer des Institute for American Values. Aber
statt sich grollend auf die Ersatzbank zurückzuziehen, erfinden die amerikanischen Männer die Vaterrolle neu. Nach einer
Umfrage aus dem Jahr 1992 möchten heute nahezu fünfmal
mehr Männer eher als gefühlvoll und sorgend verstanden werden, denn als markig und männlich. Aber so sind die meisten
Männer nicht erzogen worden.

Pollack meinte, daß die vorzeitige Trennung von ihren Müttern wie auch von ihren Vätern eine Gefährdung des Jungen bedeutet. Eine Mutter soll ihren Sohn dazu bringen, eine klare Trennung zu vollziehen. Dadurch schon verletzt, wird der Junge erneut verwundet, wenn sein Vater nicht fähig ist, die sorgende Rolle zu übernehmen. Der Grund dafür, daß so viele Männer in einer emotionalen Erstarrung leben, obwohl sie verzweifelt darum bemüht sind, eine Beziehung zu ihren Kindern aufzubauen, liegt, so Pollack, darin begründet, daß sie Angst davor haben, den verdrängten Schmerz oder die verdrängte Traurigkeit wiederzuerleben, die sie in ihrem Herzen begraben haben, als ihre Eltern sich von ihnen zurückzogen.

Diese Forschungsergebnisse werden durch meine eigenen Untersuchungen bestätigt. Männer können zu der Erkenntnis gelangen, daß sie ihren verlorenen Vater in sich selbst wiederfinden – und dann an die nächste Generation weitergeben können. Wenn sich diese Sehnsucht nach Ganzheit offenbart, wird sich der Zorn der Männer in Trauer verwandeln, den Vorboten der Wandlung.

»Die Vaterschaft ist eine der besten Gelegenheiten für den Mann, sich zu ändern«, bestätigte Dr. Pollack. Wie können Männer, die schon um die Vierzig oder älter sind, diese Wandlung schaffen?

Sie müssen bereit sein, die überholte kulturelle Konditionierung außer Kraft zu setzen und lernen, nicht nur für den materiellen Haushalt, sondern auch den emotionalen Sorge zu tragen. Sie müssen die Sprache des Herzens lernen, versuchen zu empfinden, was ein Kind empfindet, und die Wahrheit dieser Empfindungen anzuerkennen – bevor sie mit Ermahnungen oder gar Strafen eingreifen. Auch geschiedene Väter, die den Kindern ihrer ersten Familie entfremdet sind, haben noch eine Chance. Erinnern Sie sich des Kodak-Fotografen Gary Whelpley? Dessen erzwungenes Ausscheiden aus dem Arbeitsprozeß befreite ihn zu der Erkenntnis eines viel fundamentaleren Bedürfnisses: »Eine sinnvolle Beziehung zu meinen drei Kindern zu entwickeln ist jetzt mein hauptsächliches Interesse.« Die Gelegenheit ist da, ihren Kindern vieles von dem zu geben, das ihre Väter ihnen zu geben versäumt haben. Und bei

diesem Tun werden sie wahrscheinlich ihre eigene Selbstachtung aufrichten können. Wenn ein Mann es wagt, die Fühler
auszustrecken, so wird in dieser Phase sein Bedürfnis nach
Nähe als unbedingte Forderung sichtbar werden. Whelpley
drückte es so aus: »Einfach gemeinsam etwas tun und erfahren – ich spüre, daß mir das bei diesem Übergang hilft.«

Jüngere Väter machen Riesenschritte auf diesem Gebiet. Sie
widmen ihre ganze Aufmerksamkeit ihren Kindern und erhalten daraus ihren Lohn. Ungezählte Männer kriegen heute die
Kinder von Anfang an mit und sind schon bei der Geburt
dabei, hören den ersten Schrei ihres Kindes und haben sofort
eine Beziehung zu dem kleinen Wesen. Aber sogar Männer der
älteren Generation können sich durch ein spätes Kind noch
wandeln.

DER NEUE VATER, NEUNUNDFÜNFZIG

»Mein Sohn und ich, wir kannten uns schon vor der Geburt.«

Frank Gifford, vor vier Jahrzehnten ein berühmter Halfback
bei den New York Giants, war ein abwesender Vater, wie es
damals in den fünfziger Jahren üblich war. Vom Football ging
er direkt als Sportreporter zum Fernsehen. Wenn er morgens
früh losfuhr, um die Sportnachrichten zu sprechen, schliefen
seine Kinder noch. Wenn er abends nach Hause zurückkehr-
te, schliefen sie schon wieder. Aber 1986 bekam er eine zweite Chance. Er heiratete die fünfundzwanzig Jahre jüngere
Kathie Lee Johnson. Er befand sich in der gesicherten Position des Altstars und Sportnachrichtensprechers und war
bereits Großvater. Nach anfänglichem Zögern wurde Gifford
mit neunundfünfzig nochmals Vater. In einem Gespräch mit
Aaron Latham hat er erzählt, wie das sein Leben verändert
hat.[9]

»Ich dachte: Zum Teufel, ich nehme mir einfach die Zeit,
die ich brauche, um ihn kennenzulernen. Ich bin bei jedem
Arzttermin mitgegangen. Ich war bei jeder Atemübung

dabei... Die Geburt selbst war eine wirklich wundervolle Erfahrung für mich. Ich hatte einfach keine Ahnung, was da passiert. Es entsteht eine Bindung nicht nur mit dem Kind, sondern auch mit der Frau.«

Kathie Lee Gifford, die unbedingt natürlich gebären wollte, erduldete lange Wehen, aber das Baby war zu groß und ein Kaiserschnitt mußte vorgenommen werden. Aber sogar das kann für einen Vater eine Erfahrung sein, die ihn prägt.

»Ich habe beim chirurgischen Eingriff zugesehen. Ich habe ihr ins Gesicht gesehen. Ich habe gesehen, wie sie den Schnitt ausführten. Ich sah, wie sie ihn herausnahmen. Ich hatte Angst, weil er blau war. Dann: Ääää! der Schrei. Nie werde ich das vergessen. Sie haben ihn abgetrocknet und mir gegeben. Und er hörte auf zu schreien. Der Doktor sagte, das sei völlig verständlich. Er hatte dieses Trauma durchgestanden und dann eine bekannte Stimme, meine Stimme, gehört. Also haben wir uns schon vor der Geburt gekannt, mein Sohn und ich.«

Auch Frank Gifford hat mit seiner Frau, typisch für alle späten Väter, einen Rollentausch vorgenommen. Die Erfolgskurve stieg bei ihm wie bei vielen Männern soviel früher und steiler an, daß Gifford schon einen hohen Status erreicht hatte und sich nicht mehr weiterentwickelte, als seine viel jüngere Frau erst langsam in den Beruf hineinkam: Die riesige Beliebtheit ihrer Talk-Show und ein erfolgreiches Buch kamen erst nach der Geburt des Kindes. So bereitet denn also der Vater jeden Morgen dem Sohn ein Frühstück: »Wenn ich zu spät zur Arbeit komme, egal!« Männer, die wie Gifford nach einer Weile zum zweitenmal die Vaterrolle übernehmen, entdecken oft, wie wichtig es für das Kind ist, daß sie da sind – ein Gedanke, der sie, was ihre ersten Kinder angeht, beschämt. »Für das Kind ist es viel wichtiger zu wissen, daß sein Vater verfügbar ist, als ich je geahnt habe«, sagt Gifford. »Wir *sind* wer.«

Heute sind fast 90 Prozent der Männer im Kreißsaal bei der Geburt ihrer Kinder zugegen,[10] eine riesige Zunahme während der letzten zwanzig Jahre. Und da immer mehr Väter für ein paar Monate zu Hause bei ihrem Neugeborenen bleiben wollen, bieten auf öffentlichen Wunsch hin mittlerweile ein Drittel aller amerikanischen Firmen dem Vater einen Vaterschaftsurlaub an. Da jetzt so viele Hausfrauen gezwungen sind, außer Haus zu arbeiten oder in Teilzeit daheim Aufträge zu erledigen, bleibt älteren Vätern gar nichts anderes übrig, als bei der Versorgung des Babys einzuspringen.

Sobald sie erst einmal die Freuden der Geburt und des Fütterns miterleben, sind die Väter in der späten, zweiten Ehe oft völlig in ihren Nachwuchs vernarrt. Es tut gut, das während der ersten Ehe Versäumte in der zweiten Ehe nachzuholen. Ältere Väter sieht man jetzt ständig den Kopf ihres Neugeborenen küssen oder beim Fußballspielen im Stadion strahlen, wenn sie ihren Kindern die Regeln erklären. Ihr »Vater-Hunger« wird dadurch gestillt, daß sie die ganze Skala der Emotionen – Angst, Freude, Stolz, Abhängigkeit und bedingungslose Liebe – zu geben und zu empfangen lernen.

All diese Elemente verbinden sich miteinander und geben der Vaterrolle eine neue Macht – nicht die des distanzierten Erziehenden und Strafenden, sondern die Macht des voll sorgenden anderen Elternteils. Kinder haben sich überall dann gut entwickelt, wenn sie sowohl einen Vater als auch eine Mutter hatten. Dadurch können sie zur richtigen Zeit das richtige Rollenverhalten lernen. Väter stellen fest, wie angenehm es ist, wenn jemand von ihnen nicht nur instrumental, sondern auch emotional abhängig ist.

Dabei erfahren wir, daß der bei der Kinderpflege erfolgreiche Vater automatisch seine mentale und körperliche Gesundheit steigert. Untersuchungen zeigen, daß Väter, die gut mit ihren Kindern auskommen, gegen Rückschläge im Beruf besser abgefedert sind. Und nicht nur das: »Je besser die Beziehung zu ihren Kindern ist, um so weniger Gesundheitsprobleme werden sie haben«, so eine der Untersuchungsleiterinnen.[11]

Aber nicht jeder Mann hat Kinder oder möchte unbedingt welche haben. Kann man auch ohne Kinder von der Eroberung zur Beziehung kommen?

13. Kapitel:
Die unaussprechlichen
Wechseljahre des Mannes

»Von achtzehn bis fünfunddreißig hatte ich ständig eine Erektion«, rühmte sich mir gegenüber ein phantastisch aussehender bikontinentaler Verleger während eines Abendessens. »Habe mir niemals irgendwelche Sorgen gemacht. Bis ich dann mit fünfundvierzig das erste Mal versagt habe.« Es war ein Augenblick, den er nie vergessen wird. Er beugte sich weiter zu mir herüber, um mir den Rest zu beichten: »Da lag das nackte Mädchen neben mir, zur Hingabe bereit – und ich konnte nicht. Ich sah an mir herunter, und was ich sah, lähmte mich. Es war niederschmetternd.«

Jetzt, mit Anfang sechzig und einer erstaunlich fruchtbaren Frau auf der anderen Seite des Tisches, die ihn an seine heiße Jugend erinnerte, spürte der Verleger noch immer den Stich von vor zwanzig Jahren, den Vorboten des sexuellen Todes. »Es war eine grausame hormonale Fehlzündung. Damit setzen wohl die Wechseljahre des Mannes ein, die wahrscheinlich genau den Wechseljahren der Frau entsprechen.«

Zu diesem Thema kann vermutlich jeder Mann eine Geschichte beitragen, auch wenn man kaum mit derartigen Geständnissen rechnet, während man bei einer Party die Nüsse weiterreicht. Aber der Verleger wußte, daß ich die noch unerforschten »Wechseljahre des Mannes« untersuchte, und seine Offenbarung war eine von vielen Überraschungen, die ich erlebte.

»Meine Frau und ich, wir machen beide die Wechseljahre durch – und ich weiß nicht, wer von uns beiden schlimmer dran ist«, bekannte der College-Professor gegenüber einer Gruppe von Leuten, die um einen großen Konferenztisch saßen und so aufmerksam dreinblickten, als ob es um die Unterzeichnung eines Vertrages zwischen Babylonien und Abessinien ginge. Das Florida Hospital in Orlando war von Anrufen überschwemmt worden: »Ich höre, Sie bieten eine Veranstaltung über die Wechseljahre des Mannes an. Kann ich kommen?« Andere riefen an, um zu sagen: »Ich schicke Ihnen den Fragebogen zu meiner Lebensgeschichte und lege einen Brief bei, damit Sie sehen, wer ich wirklich bin.«

Um acht Uhr früh an einem Werktag tanzten vierundzwanzig Männer an. Es war die seltsamste Versammlung, die man sich vorstellen kann: eine Gruppe offener, gesprächiger Männer, die zusammengekommen waren, um sich frei von der Leber weg über die Zweifel und Dämonen auszulassen, die sie plagten. Unter ihnen ein Werbemensch, ein New-Age-Elektriker und ein afroamerikanischer Gefängnispsychologe, und alle schienen sich darauf zu freuen, ihre Erfahrungen mit denen des Geologen und Baptisten zu vergleichen, der seine Libido in Indonesien verloren, und mit denen des siebzigjährigen Ingenieurs, der seine in Palm Beach wiedergefunden hatte.

Der Professor, der das Eis brach, war ein braungebrannter Südstaatler, der von seiner Scham und Einsamkeit sprach. »Auf dem sexuellen Gebiet fühle ich mich am verwundbarsten. Nicht, daß meine Frau Buch führen würde. Das tue ich.«

Ein großer, kräftiger, fünfundfünfzig Jahre alter Unternehmensberater, den ich Walter Herrick nennen will, schaltete sich ein, um die einschneidenden körperlichen und emotionalen Veränderungen zu beschreiben, die er bei seiner Frau erlebt hatte.

»Wir saßen gerade beim Abendessen, da beschlugen ihre Brillengläser«, erzählte er. »Auf ihrer Stirn hätte ich ein Spiegelei braten können. Sie wurde abweisend. Da war ich erst zweiundfünfzig, und sie blieb endlos lange auf und sah im Arbeitszimmer fern, damit sie nicht mit mir ins Bett zu gehen brauchte. Sie entwickelte lauter eigene Interessen. Sie gerät manchmal in einen richtigen Kaufrausch und gibt ein Heidengeld aus. Ihre Wechseljahre haben uns voneinander entfernt. Früher waren wir mal dicke Freunde.«

Hatten Sie sich scheiden lassen?

»Nein, wir sind immer noch verheiratet, leben immer noch unter demselben Dach, aber getrennt.«

Ob sie also eine »interne Scheidung« vollzogen haben, wollte ich von ihm wissen.

»So etwas in der Art.« In Walts Gesicht, der normalerweise ein munterer Knabe ist, wie seine Freunde sagen, haben sich hundeartige Hängebacken entwickelt. Seine Frau weigert sich, einen Arzt aufzusuchen oder Hormone zu nehmen. Walt lehnte sich zurück und strich sich über seine immer noch dichten Haare. »Was soll man tun, wenn die eigene Frau nicht zugibt, daß sie Hitzewallungen hat, obwohl ihre Brillengläser beschlagen?«

Diese treffende Bemerkung entzündete eine lebhafte Debatte darüber, ob es eher an ihr oder eher an ihm selbst lag. Mehrere Männer berichteten, daß eine Hormonbehandlung sich bei ihren Frauen positiv ausgewirkt habe.

Jim Bracewell, ein großer Mann in einem blauen Jeanshemd und derben Khakihosen, hatte in seinen zweiundfünfzig Jahren nur mit zwei Frauen Sex gehabt. Die eine war seine Ehefrau, von der er seit einem Dutzend Jahren geschieden war. Er hatte eine Therapie gemacht und war in einer örtlichen Männergruppe aktiv geworden. Jetzt, sagte er, habe er eine Beziehung mit einer jüngeren, einer sehr starken Frau.

Wieviel jünger sie sei? fragte man ihn.

»Vierundzwanzig Jahre.« Sie hatten ein paar sexuelle Probleme gehabt. Er fügte eilig hinzu: »Es geht mir bei ihr nicht nur um Sex.« Seine Prioritäten, sagte er, hätten sich geändert, jetzt sehe er Frauen nicht mehr nur als Objekte. »Natürlich merke ich körperliche Veränderungen bei mir. Ich brauche länger, um eine Erektion zu bekommen, und sie hält nicht solange an. Aber wir haben darüber gesprochen und sind zu einer Verständigung gelangt.«

»Deke«, ein fünfzigjähriger Aufreißer aus der Werbebranche, beugte sich vor und stichelte: »Warte nur, bis sie zu Höchstform aufläuft und du kriegst dann keinen mehr hoch. Dann kannst du uns noch mal von deiner großartigen Verständigung erzählen.«

Alle im Raum lachten. Damit fand Jim seine Sorge bestätigt, daß die Leute alles, was er zu sagen hatte, nur aus ihrer Voreingenommenheit gegenüber Männern verstanden, die mit einer sehr viel jüngeren Frau verheiratet waren. Persönlich litt er aber unter zwei größeren Ängsten. Die eine war, daß er nie wieder eine intakte Beziehung zu einer Frau haben würde. Die andere, daß er sie haben würde. Beides war gefährlich. Was er sich der Gruppe zu erzählen nicht traute, war die ganze Geschichte: Nachdem er sich so lange allein durchgeschlagen hatte, war ihm in einem Seminar für erwachsene Kinder von Alkoholikern diese junge Frau begegnet. Wegen des großen Altersunterschieds kam ihnen anfänglich der Gedanke an eine erotische Beziehung nicht in den Sinn. Sie lernten einander kennen, wurden Freunde. Und diese Freundschaft wurde zur Grundlage einer Liebe, die zärtlicher war als alles, was sie je zuvor gekannt hatten.

Walt, der Mann mit der »internen Scheidung«, ließ dann etwas von seinen eigenen Ängsten heraus. »Sie wissen nicht, wie das in sechs oder acht Jahren sein wird. Ich habe einen Kumpel in meinem Alter, der seinen Arbeitsplatz verloren hat – seine Potenz fiel daraufhin auf Null. Seine Frau hat Tränen darüber vergossen. Sie ist erst sechsundfünfzig und kann es nicht ertragen, ohne Liebe zu sein. Sie hat mir gesagt, daß sie sich sehr nach einer Berührung sehnt.« Er seufzte auf. »Ich kann einfach nicht glauben, daß sechsundfünfzig alt sein soll. Und was soll ich sagen? Ich will noch und darf nicht mehr.«

Als nächstes sprach Richard, der Geologe. Er war in einer kleinstädtischen Baptistengemeinde aufgewachsen, in der die natürlichen Neigungen eines jungen Menschen – Partys feiern, Tanzen gehen, die Neugier auf das andere Geschlecht – als sündhaft und falsch galten. Kein Wunder, daß unter diesem Druck die sexuellen Phantasien erst recht gärten. Seine Freunde schenkten Richard einmal ein T-Shirt, das seine doppelte Natur darstellte: Vorn war der Reverend abgebildet, hinten ein Teufel. Er hatte im Südwesten der Vereinigten Staaten eine Uranmine zu erschließen versucht, in Afrika Gold gefördert, mit Grundstücken gehandelt, sogar auf Borneo eine Mine betrieben, aber jedes Boot, dessen Kapitän er gewesen, war im ökonomischen Strudel untergegangen. Mit sechsundfünfzig, damals noch tief im Inneren Borneos, zog er sich ein todbringendes Fieber zu. Damals wurde eine Krankheit entdeckt, wegen der er sich einer Prostataoperation unterziehen mußte. In den vergangenen paar Jahren hatte dieser einst schlanke, ehrgeizige Mann fast sechzig Pfund zugenommen und aufgehört, an Frauen zu denken.

»Ich bin ziemlich sicher, daß meine Sexprobleme mit den Medikamenten zu tun haben, die ich wegen des Herzens nehmen muß«, erzählte er der Gruppe. »Die Geilheit hat mich schon vor ein paar Jahren verlassen. Ich habe das Schwächerwerden des Geschlechtstriebs als spirituellen Fortschritt zu deuten vorgezogen statt nur als Zeichen des Alterns.«

Dieser Erklärung folgte ein Hohngelächter. Deke, der Werbemann, rollte die Augen, konnte sich die Bemerkung nicht verbeißen: »In der Lebensmitte besiegt der Reverend seinen geilen Teufel. Vielleicht klopft Gott dem Mann während der Wechseljahre persönlich auf die Schulter und fragt: Na, sind wir jetzt endlich soweit?«

Deke berichtete, daß er früher seine Männlichkeit einzig und allein an seinen sexuellen Eroberungen gemessen habe. Wenn er am Radar saß, unterhielt er sich gerne mit anderen fliegenden Kollegen im Luftraum von Ostasien über verschiedenartige Verrenkungen mit Frauen wie der »süßen Candy« und der »losen Mona« – Prostituierten, die sie alle kannten. Inzwischen einundfünfzig und entschieden jeder Art von Selbstbespiegelung abgeneigt, gab Deke zu, daß er eine bedeutende Veränderung durchmachen mußte. »Jetzt ist meine Identität als Mann völlig von meiner Karriere abhängig.« In Anbetracht der schrumpfenden Werbeetats der Firmen war dies zunehmend problematisch geworden.

Aber mich interessierte, wie der Geologe sich an eine körperliche Verfassung gewöhnte, die seine sexuellen Aktivitäten
derart beschnitten hatte. Ob es für ihn eine Befreiung dargestellt habe, nicht mehr die ganze Zeit den Affen der Geilheit
im Genick zu spüren?

»Ja, genau so ist es«, sagte er. »Meine sexuelle Fixierung in
der Jugend war eine Folge des... wie heißt es doch noch...
Testos...« Die anderen Männer riefen ihm den Namen des
Hormons zu, das als das männliche Geschlechtssteroid gilt:
Testosteron. »Ja, Testosteron. Wenn die Lust nachläßt, eröff-
net einem das den Weg für eine spirituelle Entwicklung.«

Der nächste Sprecher brachte einen neuen Aspekt dieses
komplexen Problems ohne richtigen Namen zur Sprache. Ein
großer, attraktiver Mann mit Schnurrbart, sah er wie der
Inbegriff des verklemmten Akademikers aus mit seinem perfekt auf den Leib geschnittenen rosa Hemd und den weinfar-
benen Hosenträgern. Art kniff nervös die Augen hinter den
dicken Brillengläsern zusammen, als er seine Geschichte
erzählte. Er war dreimal verheiratet gewesen. Als er Mitte
Vierzig war, wurde der Geschlechtsverkehr mit seiner Frau
immer mehr zu einer Pflichtübung, und oft versagte er.

»Mein Arzt gab mir Testosteron-Supplemente, kleine
schwarzweiße Pillen«, erzählte er. »Die nächsten beiden Jahre
lief ich ständig mit einer Erektion herum. Ich war die ganze
Zeit verrückt nach Sex. Aber ich konnte nicht sagen, ob ich
wirklich geil war oder ob ich nicht vielmehr einen Hutständer
mit mir herumtrug.«

Das schallende Gelächter wurde von einem Mann unterbrochen, der sich eingehend nach den Pillen erkundigen
wollte.

Aber Art verzog nur das Gesicht. Dann nahm er seinen
ganzen Mut zusammen und erzählte der Gruppe, daß er kürzlich sein Coming-out gehabt hätte. »Ich habe mich scheiden
lassen, weil ich nicht länger mit der Lüge leben wollte. Ich bin
schwul.«

Die anderen wollten wissen, ob er durch sein Schwulsein
leichter oder schwerer durch die Wechseljahre kam. »Es ist viel

schwerer, ein schwuler Mann mittleren Alters zu sein, der mit den Veränderungen seiner sexuellen Potenz zu tun hat«, gestand Art. »Das Lustige ist, daß ich mit fünfzig meine zweite Jugend habe, weil ich geschieden wurde und mich zu meiner Homosexualität bekannt habe. Aber was ich in dieser Phase brauche, ist etwas anderes. Mir geht es nicht mehr nur um Sex, ich suche Nähe und Unterstützung.«

Der Professor, der die Diskussion begonnen hatte, stimmte zu: »Ich bin so froh, von einigen Männern hier zu hören, daß man die Sache gelassen betrachten und von dem Leistungsdruck wegkommen kann. Ich habe das Gefühl, in allen Bereichen des Lebens vorangekommen zu sein, außer in dem hier.«

Bevor die Gruppe auseinanderging, wollten alle noch von dem ältesten unter ihnen Mut zugesprochen kriegen. Herb Harrington war siebzig, hatte eine mächtige silbergraue Mähne, buschige Augenbrauen, sanfte Gesichtszüge und eine Figur, die den wohltuenden Einfluß fortgesetzter körperlicher Aktivität zeigte. Mit Mitte Fünfzig war er geschieden worden, war dann Al-Anon beigetreten, und als er mit sechzig die Ingenieurslaufbahn abschloß, hatte er begonnen, in Palm Beach auf Abenteuer auszugehen. »Mit sechzig und einer Libido, die toll in Schuß ist, ist Palm Beach ein wunderbarer Ort!«

»Darauf möcht ich wetten«, sagte einer der anderen Männer neidisch.

Herb hatte ursprünglich nicht vorgehabt, sich wieder zu binden. Aber als er eine Künstlerin kennenlernte, die ihm eine ganz neue Seite des Lebens eröffnete, stimmte er froh einer Eheschließung zu. Er war bereit zuzugeben, daß diese Heirat sein späteres Leben wahrscheinlich verlängert und enorm bereichert hat. Mit siebzig baute er gerade ein neues Geschäft auf und erfreute sich seines immer noch aktiven Liebeslebens.

Als wir auseinandergingen, hatten alle ein gutes Gefühl. Es waren Männer miteinander bekannt geworden, die sich vielleicht von nun an und auf längere Sicht mit brauchbaren Informationen versorgen und gegenseitig unterstützen würden. Freundschaften waren geschlossen worden. Wie ich waren alle angetan von der Bereitschaft zwei Dutzend Fremder, ein

Gespräch miteinander zu führen, das vor ein paar Jahren noch unvorstellbar gewesen wäre.

Die Größenordnung dieses unerforschten Phänomens erzwingt allmählich solche Gespräche. Seit mein Bericht über die männlichen Wechseljahre im April 1994 in *Vanity Fair* erschienen ist, haben mir Männer und Frauen ihr Herz ausgeschüttet und offen über dieses namenlose Problem gesprochen. Ich habe in den Vereinigten Staaten und in Europa eine ganze Reihe von Gesprächen sowohl mit Experten dieses Fachgebiets als auch mit Männern im Alter von sechzig Jahren aufwärts geführt: Mittlerweile gibt es einen breiten Konsens darüber, daß der Mann im mittleren Lebensabschnitt ganz einfach eine Potenzkrise durchmacht. Dieses Kapitel wird viele Zeugen des Phänomens, die neuesten Forschungsergebnisse und die gute Nachricht bringen.

Ein Mann muß nicht in Panik geraten. Die Menopause des Mannes ist oft genau das – eine Pause in der Virilität und Vitalität, die anfänglich sehr erschreckend ist. Sie läßt sich aber überwinden.

DANN LIEBER EINEN SPRECHENDEN FROSCH

Mir wurde bald klar: wenn die Wechseljahre der Frau ein stiller Übergang sind, dann sind die des Mannes ein unaussprechlicher. Er ist von Heimlichkeit, Scham und Verleugnung umgeben. Natürlich hat jeder eine gewisse Angst vor dem Alterungsprozeß. Ab einem bestimmten Alter hören die Männer einfach auf, mit ihren sexuellen Eroberungen zu prahlen. Oder sie reißen Witze. Was ist der Unterschied zwischen Angst und Panik? Angst hat der Mann, wenn er ihn das erstemal beim zweitenmal nicht hochkriegt. Panik ist, wenn er ihn zum zweitenmal nicht das erstemal hochkriegt.

Groucho Marx verabschiedete sich eines Abends von seinen Freunden, mit denen er Poker gespielt hatte: »Bis dann, Leute. Ich glaube, ich gehe jetzt mal hoch und sehe, ob ich einen reinbiegen kann.«

Den Witz mit dem Frosch haben mir mindestens vier verschiedene Männer um die Fünfzig erzählt. »Ein älterer Mann geht die Straße hinunter, als er plötzlich einen Frosch sprechen hört. Der Frosch sagt: ›Wenn du mich aufhebst und küßt, verwandle ich mich in eine schöne Frau.‹ Der Mann hebt den Frosch auf und steckt ihn in die Tasche. Der Frosch beklagt sich: ›Willst du mich denn nicht küssen? Ich verwandle mich in eine hinreißende Frau, und du kannst alles von mir haben.‹ Der Mann erwidert: ›Dann lieber einen sprechenden Frosch!‹«

»Wie alt ist dieser Mann?« fragte ich einen der Witzeerzähler. Er verstummte.

Eine der anerkanntesten Forscherinnen auf diesem Gebiet, Dr. Fran Kaiser, hat nichts gegen den populären Begriff »Wechseljahre des Mannes« einzuwenden. Befragt, ob es so etwas gibt, sagte sie klipp und klar: »Ja, das gibt es.«[1]

Der Kardiologe und Bestsellerautor Dr. Isadore Rosenfeld konnte mit einer Patientenliste aufwarten, auf der einige der gefürchtetsten Haie des Geschäftslebens verzeichnet sind.

Ich fragte ihn, ob er meinte, daß es so etwas wie »Wechseljahre des Mannes« gibt.

»Ja, ich denke schon«, erwiderte er ohne zu zögern.[2] Er hat damit täglich in seiner Praxis zu tun, aber er muß Bekenntnisse dieser Art aus den Männern regelrecht herauskitzeln. »Ich denke, die meisten Männer – das heißt, mehr als 50 Prozent – haben nach dem fünfzigsten Lebensjahr sexuelle Probleme. Sie sprechen nicht darüber, aber sie haben Probleme.« Er gelangt nicht durch das Messen ihres Hormonspiegels zu dieser Feststellung, sondern indem er mißt, wie drastisch sich die Wertvorstellungen der Männer, ihre Bedürfnisse und ihr Benehmen im Alter zwischen fünfzig und sechzig ändern.

Frauen meinen wahrscheinlich, nur sie fühlten sich mit über fünfzig nicht mehr beachtet. Es war überraschend festzustellen, wie empfindlich Männer auf das Ausbleiben bewundernder Blicke reagieren. Männer, die auf ihr gutes Aussehen und ihre Kraft gebaut haben, wenn sie Eroberungen machen wollten, kommt die plötzliche Gleichgültigkeit jüngerer Frauen besonders hart an. Ein bekannter Entertainer in diesem Alter gestand mir, daß jüngere Frauen ihn jetzt nicht mehr beachten, außer er wird aufgrund seiner Arbeit für Film und Fernsehen erkannt.

»Wenn Sie im Supermarkt an der Kasse stehen, sieht Ihnen die Kassiererin nicht mehr in die Augen.« Viele Frauen glauben, daß ein Mann mit vierzig oder fünfzig noch anziehender wird. Statt dessen beschrieb der Entertainer mit folgenden Worten, wie er und viele seiner Freunde sich in den Fünfzigern sehen: »In dem Augenblick, in dem du das Nachlassen deiner Körperkraft und deines Beharrungsvermögens spürst, gehörst du nicht mehr zur Jugend. Jüngere Männer übergehen dich. Der Sex ist nicht mehr so großartig, wie er mal war. Eine unbeschreibliche Sehnsucht überkommt dich, wieder jung zu sein.«

Würden Sie es für möglich halten, daß einer der begehrtesten Stars der Filmgeschichte – Cary Grant – in seinem mittleren Lebensabschnitt seiner körperlichen Anziehungskraft nicht mehr sicher war? Mit neunundfünfzig weigerte er sich, den Film *Charade* zu drehen, bis die Produzenten ihm garantierten, daß er Audrey Hepburn nicht zu verführen brauchte, die mehr als fünfundzwanzig Jahre jünger war als er. »Er wollte keine Liebesszenen drehen, keine Küsse, weil er soviel älter war«, offenbarte die Schauspielerin 1991.[3]

Eine Potenzkrise kann beim Mann durch den Verlust seines Arbeitsplatzes ausgelöst werden und in einen Circulus vitiosus münden. In dem Film *Glengarry Glen Ross* führt das Ermüden des Egos und die gefährdete Potenz bei den Vertretern dazu, daß sie herumprahlen, sich gegenseitig in die Eier treten, bis sie schließlich jeden Respekt vor sich selbst verlieren. Einer der älteren Vertreter kämpft gegen die jüngeren Männer an, um sein Ich und seine Welt vor dem Zusammenbruch zu bewahren. Immer wieder sagt er von seinen Verkaufsversuchen: »Ich krieg einfach keinen Abschluß mehr hin. Ich gebe mir Mühe, gebe mir wirklich Mühe, aber es will und will nicht klappen.« Das könnte er wahrscheinlich auch von seinem Liebesleben sagen.

»Männer kühlen für ein paar Jahre ab«, so beschrieb einer der erfolgreichsten britischen Industriellen dieses geheimnisvolle Nachlassen des Elans.[4] Er hat bei so vielen seiner männlichen Angestellten erlebt, wie sie in die Wechseljahre kamen, daß er an ihre Zwangsläufigkeit glaubt. Können die Männer auch wieder warmlaufen? »Manche ja«, sagte er, »aber das Leben in so einer Firma ist ziemlich hart, und viele scheinen ihren Antrieb und ihre Zielstrebigkeit zu verlieren.«

»Wenn sie Anfang Vierzig sind, kann man den Männern ansehen, welche Erfolg haben werden – wenn das Bemühen um Erfolg bis dahin zu nichts geführt hat und der Mann sich damit nicht abfinden kann, ist das verheerend!« berichtete eine Frau, die das an ihrem Ehemann selbst erlebt hatte. Margaret gehörte zu einer Gruppe von Frauen, mit denen ich mich traf, um über ihre Erfahrungen mit den Wechseljahren des Mannes zu sprechen. Margaret, eine wortgewandte Frau knapp über vierzig, war mit einem prominenten Endokrinologen verheiratet. »Als mein Mann hörte, daß ich heute hierherkommen wollte, hat er mir eine Vorlesung über Testosteron gehalten.« Sie ratterte all die ungefährlichen klinischen Vokabeln herunter, die ihr Mann benutzt. Ihre praktische Erfahrung war viel bezeichnender.

»Mit sechsundfünfzig erhielt mein Mann einen Anruf vom nationalen Forschungszentrum für Medizin. Er bekam das beantragte Forschungsstipendium nicht. Seitdem ist er impotent.« Sie fügte hastig hinzu, daß er wirklich ein ausgesprochen liebevoller und zärtlicher Ehemann sei.

Kein Geringerer als der Leiter des Zentrums für Gerontologie an der Universität von Kalifornien in Los Angeles hat mir seine persönliche, nicht abgesicherte Meinung mitgeteilt: »All meine Freunde zwischen vierzig und Mitte Fünfzig haben eine größere Veränderung in ihrem Leben durchgemacht.[5] Die allermeisten Menschen erreichen ihr anvisiertes Ziel nicht. Wir wissen nicht, welche biochemischen Veränderungen im Körper stattfinden, aber es gibt so viele Analogien zwischen dem reproduktiven System des Mannes und dem der Frau, ich glaube wirklich, daß es ein männliches Gegenstück zur Menopause der Frauen gibt.«

DAS PROBLEM, DAS KEINEN RICHTIGEN NAMEN HAT

Der Begriff »Wechseljahre des Mannes« ist natürlich unzutreffend, obwohl er sich in der Alltagssprache mittlerweile durchgesetzt hat. Die Wechseljahre des Mannes setzen viel weniger abrupt ein als die der Frau. So stellen die reproduktiven Drüsen des Mannes nicht wie die weiblichen Eierstöcke etwa im selben Alter ihre Funktion ein. Seine Wechseljahre haben auch wenig Einfluß auf die Fruchtbarkeit: Ein großer Anteil der Männer hat auch im höheren Alter noch genügend Sperma, um Kinder in die Welt zu setzen. Aber wiewohl es sich nicht im strikten Sinne um Wechseljahre handelt, erfahren die Männer mit Mitte Vierzig doch das Nachlassen ihrer Virilität und Vitalität und das Sinken ihres Wohlbefindens. Diesen Verfall kann man ganz sicher aufschieben. Man kann ihn sogar wieder rückgängig machen. In der nahen Zukunft wird man ihn vielleicht überhaupt umgehen können. Aber zuerst muß der Mann ihn erkennen und mit ihm umgehen lernen.

In England wird das Problem manchmal als »Viropause« und auf dem Kontinent als »Andropause« bezeichnet. Viropause bezeichnet ein Aussetzen der Virilität im mittleren und späteren Lebensalter, das sich bei einigen Männern vielleicht durch eine Hormonersatztherapie behandeln läßt.[6] Den Begriff Andropause benutzt man in Frankreich seit 1952, aber die gängige Definition ist sehr eng: das natürliche Erlöschen der sexuellen Funktion bei alten Männern. Bei den klinischen Versuchen, die jetzt überall in Europa unternommen werden, betrachtet man die Andropause nun nicht mehr als einen Mangel an Potenz, sondern als ein voll entwickeltes Syndrom. Auf medizinischen Tagungen zu diesem Thema bekommt man von hoch spezialisierten Forschern, die gerne unter Gesichtsfeldeinengung leiden, wiederum meist eine engere Definition. Einer der führenden Forscher Europas beschrieb die Andropause als ein ganzes Bündel von »physischen und psychologischen Pathologien, die bei den Männern mit dem Nachlassen der Sexualität einhergehen«.[7] Aber der berühmte Urologe hat sich fast nur auf das Hormon Testosteron als Hauptproblem

Männer kommen in die Wechseljahre
Männer zwischen 50 und 59

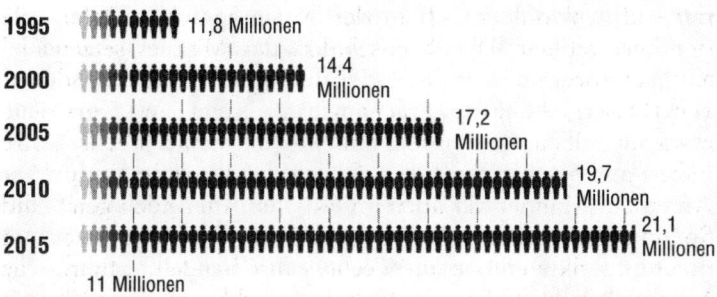

1995   11,8 Millionen

2000   14,4 Millionen

2005   17,2 Millionen

2010   19,7 Millionen

2015   21,1 Millionen

11 Millionen

der Andropause konzentriert. Um ein Verständnis dieses komplexen, das Bewußtsein und den Körper betreffenden Syndroms zu ermöglichen, habe ich mich entschlossen, bei dem verbreiteten Begriff Wechseljahre des Mannes zu bleiben.

Ein Kenner des menschlichen Herzens wie der Romanautor John Cheever braucht keine Statistik, um diesen mentalen und spirituellen Zusammenbruch darzustellen. In seinen *Journals* zeigt er zuerst die übliche Ambivalenz gegenüber einem so schmerzlichen Thema: »Die Wechseljahre des Mannes sind, wie wir wissen, ein Altweibermärchen...« Aber mit umwerfender Akribie seziert er dann deren Symptome:

»Ihre Freunde, wenn sie noch welche haben, sagen: ›X scheint eine seelische Krise durchzumachen.‹ Gewöhnlich fängt es mit einer starken Unzufriedenheit über ihr Berufsleben an. Man hat sie schändlich behandelt und um die Beförderung und Gehaltserhöhung betrogen, die sie verdient hätten. Aber ihre Stellung ist in dieser Phase ihres Lebens zu prekär, ihre Sicherheit zu sehr bedroht, als daß sie irgendein Wort der Klage verlauten lassen dürften. Sie haben die Kugellager und Bettbezüge, die sie verkaufen, satt. Ihre Frauen sind unattraktiv geworden, aber sie haben keine Geliebte gefunden. Ihre Freunde öden sie an. Ihre Kinder erscheinen ihnen fremd

und undankbar. Die finanziellen Belastungen, die sie sich auf-
gehalst haben, sind erdrückend.«

All das mag zutreffen. Aber daraus läßt sich nicht die wahnsinnige Enttäuschung erklären, die sie auffrißt. Etwas viel
Größeres, Unheimlicheres hat sich zugetragen, als diese nack-
ten Fakten zeigen. Mut, Lust, Hoffnung – all diese guten Dinge scheinen abhanden gekommen zu sein... War man alt
geworden? War dies der viel bemunkelte Verfall?[8]

Cheever beschreibt dann, wie sich der seelische Streß eines
Mannes in qualvolle körperliche Symptome verwandelt, die
ihn immer dann überfallen, wenn er mit dem Auto über eine
Brücke fährt. Dann spürt er, wie sein Glied schrumpft, sein
Blutdruck fällt, wie ihn in der Mitte der Brücke ein Schwin-
del- und Schwächegefühl ergreift und sein Gesichtsfeld sich
verdunkelt. Seiner Ehefrau konnte der Mann von diesen Symptomen nicht erzählen. Man könnte sagen: X wagt es nicht,
die Brücke zu überqueren – oder den Übergang ins zweite
Erwachsenenalter zu vollziehen. Er lebt in dem Zustand einer
aufgeschobenen Panik.

»Er ist verloren, das Märchen von seinen herkulischen
sexuellen Kräften tyrannisiert ihn. Aber wie er in diese tragi-
sche Verstrickung geraten ist, wissen weder er selbst noch die
anderen.«[9]

STATISTIKEN UND HOFFNUNGEN

Was die Andrologen – Wissenschaftler, die sich unter anderem
mit den männlichen Hormonen beschäftigen – wirklich in
Spannung versetzt, ist ihre Vermutung, daß sich durch die Hormonforschung die biologische Basis der Potenzkrise des Mannes im mittleren Lebensabschnitt erschließen läßt, so wie die
Erforschung der Chemie des Gehirns eine biologische Basis der
Depression erschlossen hat. Es wird gerade an drei Studien
gearbeitet, die der Erforschung der Frage dienen, ob die Gabe
von Testosteron-Supplementen bei älteren Männern Osteoporose, Depression und andere Symptome verhindern kann.[10]

Erstmals liegt ein abgesicherter statistischer Befund dafür vor, wie weit dieses Phänomen der Wechseljahre des Mannes verbreitet ist, und die für die kommenden beiden Jahrzehnte prognostizierten Zahlen wirken ernüchternd. In der größten Studie über die Impotenz seit dem Kinsey-Report fand sich 1993 folgendes:

»Etwa die Hälfte der amerikanischen Männer über vierzig hat in verschiedenem Grade die Erfahrung der Impotenz gemacht.«[11]

In einer Querschnittuntersuchung wurde 1709 Männern zwischen vierzig und siebzig Jahren eine Reihe von Fragen über ihre sexuelle Potenz während der letzten sechs Monate vorgelegt. Den Angaben dieser Männer zufolge fand die stärkste Veränderung während des Beginns ihrer mäßigen Impotenz statt – was hieß, daß es durchschnittlich bei jedem zweiten Mal ein Problem war, eine Erektion zustande zu bringen und aufrechtzuerhalten. Wenn man diese Daten mit der Anzahl der amerikanischen Männer dieser Altersgruppe vergleicht (1994 waren es über siebenunddreißig Millionen), müßte man die gegenwärtige Schätzung, daß zehn Millionen amerikanische Männer an Impotenz leiden, verdoppeln.

Genauso wie man jetzt erstmals der Perimenopause der Frauen Beachtung schenkt, können wir auch mit einem demographisch verstärkten Interesse an den Wechseljahren des Mannes (»male menopause«) als einem ernsten gesundheitlichen Problem rechnen. Als die ersten Bataillone der Nachkriegsgeneration auf die Fünfzig zumarschierten, veröffentlichte das Census Bureau seine Schätzung für das Jahr 2010. Dann werden bereits vierundfünfzig Millionen amerikanische Männer im Alter zwischen vierzig und siebzig sein.

Eine Studie aus Großbritannien mit achthundert älteren Männern läßt ebenso alarmierende Schätzungen zu.[12] Sogar unter den Männern, die noch sexuell aktiv waren, klagte die Hälfte über einen Rückgang ihrer Erektionen, seit sie fünfzig geworden waren. In der Studie war die Schätzung zu lesen: Fast ein Drittel aller Briten über fünfzig hat keinen Geschlechtsverkehr.

In Deutschland war das Thema im Sommer 1994 in den Schlagzeilen, als ein Psychologe von Ergebnissen einer medizinischen Studie berichtete, aus der hervorging, daß Männer in den mittleren Jahren vielleicht ebenso wie die Frauen unter einer Veränderung ihres Hormonhaushalts litten. Die Universität Frankfurt befragte zweihundertvierzig gesunde Männer zwischen fünfunddreißig und vierundsechzig und fand, daß »eine erstaunliche Anzahl« unter Störungen litt, wie man sie gewöhnlich mit den Wechseljahren in Verbindung bringt, unter anderem: hohe Reizbarkeit, Depressionen und sogar Hitzewallungen.[13]

Körperlich verzeichnet der Mann eine allmähliche Abnahme seiner Muskelmasse und Kraft und eine Zunahme an Körperfett. Die hormonalen Veränderungen können folgende Symptome zur Folge haben: unruhigen Schlaf, Nervosität, Konzentrationsschwäche, Gedächtnislücken und Stimmungsumschwünge. Dazu können Kreislaufprobleme kommen: ein abgestorbenes Gefühl in den Gliedmaßen, Kribbeln, Kopfschmerzen, Schwindelgefühl und Nachtschweiß. Die beunruhigendsten Symptome sind jedoch die signifikanten Veränderungen der Virilität, die sich abzeichnen, wenn die Männer die Fünfzig überschreiten. Außer dem immer wieder auftretenden Problem, eine Erektion zu haben und aufrechtzuerhalten, stellen die Männer jetzt auch oft ein Nachlassen der sexuellen Lust fest. Wenn ein Mann kein Verständnis bei seiner Partnerin findet, kann der seelische Schock zu einer völligen Einstellung der sexuellen Aktivität führen.

Ein ziemlich erstaunliches Ergebnis erbrachte die Stichprobenerhebung der über tausend Ehemänner und -frauen meiner *Family-Circle*-Umfrage, die der Mittelschicht und der Arbeiterklasse zuzurechnen sind:

– Zweiundachtzig Prozent dieser traditionellen Frauen gaben an, daß Männer Wechseljahre erleben.

– Mehr als die Hälfte dieser traditionellen Männer der Arbeiterklasse über fünfundvierzig waren bereit zuzugeben, daß es Wechseljahre des Mannes gibt.

Aber sie waren sicher, daß es irgendeinen anderen armen

Kerl treffe: Fast die Hälfte von ihnen bestand darauf, daß sie selbst keine Wechseljahre erleben. Weniger als ein Drittel sagte, daß sie sich in den Wechseljahren befinden oder sie schon hinter sich haben.

SEX, LÜGEN UND STRICHLISTEN

Der größte Feind eines befriedigenden Geschlechtslebens ist die Betonung der Leistung. Der ehemalige Leiter des Kinsey-Instituts, Dr. Reinisch, sagte: »Die Amerikaner verstehen den Geschlechtsverkehr als den eigentlichen rituellen Vollzug der Sexualität. Wenn ein Mann also für eine gewisse Zeit die Fähigkeit zur Erektion verliert, sei es, daß er Angst hat, sei es, daß er krank ist oder ein entsprechendes Medikament einnimmt – wird er normalerweise jedweden körperlichen Kontakt einstellen.«[14] Ich wollte mehr über die Tyrannei dieser herkulischen sexuellen Leistungskraft wissen, die Cheever erwähnt. Ich nahm an, daß ich die ungeschminkte Wahrheit von einem alten Freund, einem New Yorker Künstler, erfahren würde, der für seine überbordende Lebenslust und seinen herzhaften Appetit auf die Freuden des Eros bekannt gewesen war. Ich will ihn Fitzgerald nennen, wie F. Scott, der gerne von sich sagte: »Ich hatte immer die tollsten Mädchen.«

Als Fitzgerald Ende Dreißig gewesen war und sich von seiner ersten Frau getrennt hatte, wurde er von einer Hobbypsychologin gefragt: »Nun, woran denkst du, wenn dein Kopf ganz frei ist?«

»An Sex«, sagte Fitzgerald.

Die Analytikerin hatte diese frivole Antwort vom Tisch gewischt. »Nein, nein, nein. Woran denkst du, wenn dein Kopf ganz frei ist?«

»An Sex«, sagte Fitzgerald.

»An etwas anderes habe ich nie gedacht«, erzählte er mir kürzlich. »Ich glaube, die meisten Männer sind wie ich. Ich habe Tag und Nacht an Sex gedacht. Ist das ungewöhnlich?«

Kaum. Ich berichtete ihm von meinen Umfragen, die erga-

ben, daß die meisten Männer zwischen zwanzig und dreißig
ihrem Verlangen hilflos ausgeliefert waren.

Gut die Hälfte der Mittelschichtmänner der *Family-Circle*-
Umfrage waren während ihrer Glanzzeiten gedanklich oder in
praxi täglich zwischen zwölf bis vierundzwanzig Stunden mit
Sex befaßt.

Bei den Freiberuflern nahmen auch andere Interessen oder
Erfordernisse zumindest einen Teil ihrer Zeit während dieser
Jahre in Anspruch: Nur jeder dritte studierende Mann verbrachte den größten Teil seiner Tage und Nächte in Gedanken
an Sex oder indem er sich des Sex erfreute. Man sieht, wie allgegenwärtig das Thema Potenz bei jungen Männern ist.
Erstaunlich war, daß mit dem fünfundvierzigsten Lebensjahr
die sexuellen Phantasien jäh abnahmen. Nur drei Prozent der
Akademiker über fünfundvierzig waren noch ausschließlich
damit beschäftigt. Die Hälfte der Männer über fünfundvierzig
konzentrierte sich jetzt nur noch eine Stunde oder weniger pro
Tag auf Sex.

Fitzgerald gab ehrlicherweise zu, daß er früher vor Frauen
ein bißchen Angst hatte. Aber als er vierzig und geschieden war,
stieg sein Appetit ins Unersättliche. »Endlich hatte ich so viele
Freundinnen und soviel Sex, wie ich nur wünschen konnte.« Er
kicherte. »Es war, als ob du endlich mal soviel Hummer essen
kannst, wie du schon immer wolltest, statt nur immer an den
Scheren herumzuknabbern.« Mit zweiundvierzig fand Fitzgerald die Frau seiner Träume, die schöne, sanfte, beträchtlich
jüngere Soulmate, mit der er die nächsten dreiundzwanzig Jahre verheiratet war. Sie hatte nur eines verlangt: »Du mußt mir
fünfzig Jahre versprechen.« Er rechnete rasch. Sein Vater und
seine Mutter lebten noch. Also sagte er: »In Ordnung.«

Fitzgerald ist jetzt fünfundsechzig. Er hat seine geliebte Frau
letztes Jahr verloren. Während der Jahre, in denen sie krank
war, erlahmte das Geschlechtsleben des Ehepaars und hörte
dann ganz auf. Als ich ihn nach der Beerdigung zum erstenmal wiedersah, war Wut seine Schutzwehr gegen das Tragi-
sche. »Weißt du, warum ich wütend bin?« fragte er. »Sie war
es, die mir die fünfzig Jahre nicht geschenkt hat. Ich wäre nie

auf den Gedanken gekommen...« Es schnürte ihm die Kehle zu. »Ich habe mein Versprechen gehalten. Ich trauere sehr um sie, und während die Zeit vergeht, werde ich natürlich auch meinetwegen immer trauriger. Der Gedanke war mir noch nicht in den Sinn gekommen – meinst du, daß ich noch mal von vorn anfangen sollte?«

Die Begeisterungsfähigkeit von Fitzgerald ist noch immer ansteckend, in seinem blauen Blazer machte er auch noch eine ganz gute Figur, und bevor das Trauerjahr um war, hatte er sich eine nette neue Freundin geangelt. Wir trafen uns, um über die Wechseljahre des Mannes zu reden. Als er sich mit der Hand über den Kopf fuhr und mit den Fingern die letzten Strähnen seiner einstigen Mähne striegelte, begann er mit dem Geständnis erstaunlich leidvoller Veränderungen.

»Es ist ein sehr hartes Alter. Ich drehe den Schlüssel herum, aber der Motor springt nicht mehr an. Du fragst dich, ob er endgültig hin ist.«

Ironischerweise haben ihn während des letzten Jahres sämtliche mittlerweile alleinstehenden Frauen, mit denen er vor seinem fünfzigsten Geburtstag einmal eine leidenschaftliche Affäre gehabt hatte, aufgesucht. Schmeichelhaft, ja. Die Rothaarige, die Blondine, die verheiratete Frau! Sie erinnerten sich alle noch sehr gut an ihn! Er erinnerte sich auch, wie entzückend sie gewesen waren, »aber natürlich besaßen sie nicht mehr dieselbe körperliche Anziehungskraft für mich«.

Nur eine... Fitzgerald erzählte die Geschichte seiner verzweifelten Vernarrtheit in eine Frau – seine letzte große Affäre in der Zeit zwischen seinen zwei Ehen. Er beschrieb ihren hinreißenden Körper und wie er bei ihrer ersten Begegnung derart überwältigt war, daß er versagte. Aber eines Nachts, während er innerhalb weniger Stunden dreimal mit ihr Liebe gemacht hatte und diesen unwiderlegbaren Beweis seiner Potenz genoß, kehrte sie ihm ohne ein zärtliches Wort den Rücken zu und sagte: »Du bist mir böse, nicht wahr?« Wenngleich er des langen und breiten protestierte, wußten sie beide: Sie würde seine Liebe niemals erwidern. Sie liebte ihn nicht. Sie erlaubte es sich nur, geliebt zu werden.

»Ich habe diesen, diesen...«, seine Hände beschworen sie beinahe herbei, »diesen Honigtopf verlassen. Ich bin von ihr weggegangen und nie zu ihr zurückgekehrt. Es war zu demütigend.«

Mit ihren fünfundfünfzig war sie noch immer eine tolle Frau. Als sie ihn in diesem Jahr besuchte, sprach sie mit ihm über ihre Angst, ihr gutes Aussehen, ihr größtes Kapital, zu verlieren. Sie wollte wieder auf die alte, manische Art begehrt werden. Fitzgerald zog sich zurück. Die bittere Ironie: Stellen Sie sich vor, diese göttliche Frau, die Frau seiner Träume, gab sich ihm plötzlich hin, ihm, diesem fünfundsechzig Jahre alten Kadaver, und er kriegte keinen hoch!

»Ich will, was das angeht, nicht gefordert werden und etwas leisten müssen«, sagte er mit kräftiger Betonung. »Mit fünfundvierzig war ich obenauf. Mit fünfundsechzig bin ich eine verwundbare Kreatur! Ich möchte nicht Gefahr laufen, bei irgendeiner Frau impotent zu sein! Das würde mir meine Erinnerungen an die Frauen kaputt machen.« Er ist mit keiner seiner alten Flammen ins Bett gegangen.

»Als junger Mann konntest du sagen: Schau her, was ich dir bieten kann, Süße. Ich kann dir Liebe schenken. Ich kann dir Kinder schenken. Du wirst dich im Bett mit mir toll amüsieren! Aber wenn du Mitte Sechzig bist, hat es keinen Sinn, so zu tun als ob. Du bist eben keine Mitte Dreißig mehr.« Auch wenn er sehr mißtrauisch ist, scheinen ältere Frauen eher Verständnis zu haben. »Wenn ich sie wäre«, rümpfte Fitzgerald die Nase, »ich würde es nicht mit mir versuchen. Mit einer Frau herumalbern, um sie zu erregen, und dann nicht fähig sein, du weißt schon, sie zu befriedigen... Wenn sie dann sagt: ›Macht nichts. Es ist trotzdem großartig!‹ muß ich doch denken: ›Wenn das großartig sein soll, ist sie eine Idiotin. Ich weiß es besser. Ich war schließlich mal jung.‹«

Und die neue Freundin führte keine Strichliste, fragte ich vorsichtig nach. Warum bist du so hart mit dir selbst?

»Jeder Mann, der erzählt, es würde keine Strichliste mehr geführt, lügt. Jemand führt immer eine Strichliste – und das ist er selbst.«

Werde ich einfach alt?

Das Problem betrifft jeden: Die männlichen Sexualfunktionen nehmen im Alter ab, und die Impotenz nimmt zu. Angenommen, die Hälfte der amerikanischen Männer hat dieses Problem in verschieden hohem Maße mit vierzig schon kennengelernt, heißt das dann, daß ein Mann den Aufstieg und Fall seines Phallus als altersbedingte Beleidigung seitens der Natur verstehen sollte?

Nein, der Fall erfolgt stufenweise, und in einem Mann, der einigermaßen bei Gesundheit ist, sind immer noch genügend männliche Geschlechtshormone unterwegs, daß er bis weit in die Siebziger – und manche Männer schaffen es noch länger – ein befriedigendes sexuelles Funktionieren erwarten kann.

Bei jüngeren Männern wird Impotenz primär durch psychischen Streß verursacht, sagte Dr. Tom Lue, einer der führenden Urologen in den Vereinigten Staaten. Streß verengt die Blutgefäße und verhindert so, daß sie sich bei der Erektion vollpumpen. Bei Männern über fünfundfünfzig stellte Dr. Lue fest, ist der eigentliche Grund für die Impotenz gewöhnlich körperlicher Art – irgend etwas stört die Blut- und Sauerstoffzufuhr zum Penis. »Schon im Alter von vierzig Jahren weisen fast zwei Drittel aller Männer, die angeben, daß bei ihnen eine Herzkrankheit festgestellt wurde, eine zumindest verminderte Potenz auf«, so eine Studie. Männer im Alter von Mitte Vierzig bis Mitte Fünfzig – im Übergang zum Alter der Überlegenheit, haben mit beidem zu tun, erzählte mir Dr. Lue. »Sie haben keine richtige Krankheit, aber sie sind nicht so gut, wie sie mit zwanzig waren. Es ist eine Frage der persönlichen Erwartungen.«[15]

In dem Film *City Slickers* über die Midlife-Krise von Männern sehnen sich Billy Crystal und seine Freunde nach einer Art Jugendersatz und beklagen die Schalheit der monogamen Ehe. »Hast du's gemerkt? Je älter du wirst, um so jünger wird deine Freundin. Bald geht dir das Sperma aus!«

Einer seiner Freunde heiratet ein vierundzwanzigjähriges Fotomodell, aber selbst er beklagt sich, es wäre, als ob er sich

das ganze Leben lang aus »Kellogg's Bunter Vielfalt« ernährt
hätte, und jetzt ist es jeden Tag dasselbe Zeug. »Und dann hast
du irgendwann keinen Appetit mehr drauf.«

Ein anderer Freund spricht es aus: »Du kriegst keine Erektion hin.«

Aber statt seine Frau zu verlassen, begibt sich Billy Crystal
auf die Suche nach dem wilden Mann in sich bei einem Vieh-
auftrieb, liefert ein Kalb ab, fühlt neuen Stolz auf seine Männlichkeit als Beschützer des jungen Lebens und geht nach Hause, um dort mit seiner Frau und den Kindern diese neue Rolle
zu leben.

Wann setzt die Potenzkrise des Mannes ein, fragte ich Fitzgerald. »Sie fängt an, wenn du in die Fünfziger kommst, gar
keine Frage«, grummelte er. »Männer rennen in dem Alter oft
hinter anderen Frauen her, weil... Na ja, eine neue Liebe gibt
einem neue Kraft. Aber damit beginnt eigentlich nur derselbe
Kreislauf.«

Einer meiner Gesprächspartner, ein umtriebiger Unternehmer, der mit Mitte Fünfzig seinen Betrieb verkaufte und sich
in den Ruhestand begab, ohne dort zur Ruhe zu kommen, sagte: »Es genügt nicht, daß du dir einen Pornofilm ausleihst oder
den *Playboy* liest. Selbst wenn du mit einer Frau im Bett
liegst, hängt alles davon ab, daß sie weiß, was sie mit dir tut.«
Seine verheirateten Freunde, Größen der Finanzwelt, der
Rechtspraxis oder Medizin, sagen, daß sie jetzt nur noch eine
Erektion verspüren, wenn sie eine neue Bekanntschaft
gemacht haben – es muß nicht unbedingt eine jüngere Person
sein, sie muß aber neu und anders, auf irgendeine Weise exo-
tisch sein. Beim erstenmal gewinnt der Mann mit der neuen
Frau zusammen oft das körperliche Leistungsvermögen seiner
Jugend zurück. Es ist spannend. In folgenden Begegnungen ist
es harte Arbeit. »Danach«, so beichtete der Unternehmer,
»sagen die meisten: ›Lieber spiele ich Golf!‹«

Dr. Richard Spark, ein Urologe, beschrieb einen »Stotteref-
fekt« bei den Männern in den Vierzigern und Fünfzigern, die
zu ihm kommen und sich über ihre Impotenz beklagen.[16] Diese
frühe Phase der »stotternden Potenz« könnte man – entspre-

chend der Perimenopause bei den Frauen – Periviropause nennen. Eine rätselhafte, wenn auch allmähliche Veränderung des sexuellen Reaktionsvermögens, die die Seele vergiften kann.

»Sogar Männer mit einem völlig normalen Testosteronspiegel stellen eine deutliche Verlangsamung fest«, sagte Dr. Helen Singer Kaplan, die Psychiaterin und Sexualforscherin, die 1979 als erste das Syndrom des gesunkenen sexuellen Begehrens identifiziert hat. In den zwanzig Jahren ihrer Kliniktätigkeit hat Dr. Kaplan beobachtet: »Wenn ein Mann altert, ist er viel mehr auf die körperliche Stimulation und emotionale Unterstützung seiner Partnerin angewiesen.«[17]

Zwei größere Studien, die sich mit Impotenz befassen, zeigen den bedeutenden Sprung, der sich um das sechzigste Lebensjahr herum vollzieht.[18] Im Alter von siebzig Jahren verdreifacht sich dann die Zahl der völlig Impotenten von fünf auf 15 Prozent.[19] Aber es ist wichtig zu unterstreichen, daß es eine große Gruppe von Männern mit grauen Schläfen gibt, die diese potentielle Krise mit intaktem Ego und erektilem Gewebe überleben.

Es wurde festgestellt, daß 40 Prozent dieser normalen und gesunden Männer im Alter von siebzig Jahren noch völlig potent waren.

Eine weitere Studie, *The 1993 Janus Report on Sexual Behavior*, bestätigte, daß beinah 40 Prozent der Männer von fünfundsechzig Jahren und älter wunderbar funktionieren und ein paarmal in der Woche Sex haben.[20] Obwohl die Impotenz also etwas mit dem Alter zu tun hat, läßt sich vieles nicht allein aus dem Altern erklären.

DIE BEZIEHUNG ZWISCHEN KÖRPER UND GEIST

Die amerikanische Ärzteschaft hat das Syndrom der Wechseljahre des Mannes bisher weitgehend ignoriert. Man hat es erst den Psychiatern, dann den Urologen zugeschoben, die unter sich das Problem mit den Worten abtun: »Man muß nur eine neue Mine in den Bleistift stecken.« Zuerst haben sie chirurgisch gearbeitet und Implantate in den Penis montiert, dann Erektionspumpen propagiert, und jetzt sind sie bei Injektionen in den Penis angelangt. Lassen Sie uns das Problem noch einmal umreißen:

Die Wechseljahre des Mannes sind vielleicht gar kein rein medizinisches Problem, sondern ein körperlich-geistiges Syndrom, das aus vielen sich wechselseitig beeinflussenden Faktoren besteht. Das Alter des Mannes, sein Hormonhaushalt und der allgemeine Gesundheitszustand, zu dem sich auf psychischer Ebene die Infragestellung dessen gesellt, was es heißt, ein Mann zu sein, wenn in seiner Lebensmitte seine körperliche Kraft abnimmt, sein beruflicher Status sich verändert und er feststellt, daß er nicht mehr damit rechnen kann, durch das Verrutschen eines BH-Trägers in Erregung versetzt zu werden. Die an Technik orientierte Männer-Medizin will aber die Beziehung zwischen Körper und Geist nicht anerkennen. Wahrscheinlich ist dies der Hauptgrund, weshalb so vielen Männern nicht geholfen wird, sie in Panik verfallen und seelisch impotent werden.

Die Impotenz des Mannes kann durch folgende Einstellungen gefördert werden:

1 – Das wird mir nicht passieren.
2 – Mein Körper ist unverletzbar.
3 – Es ist zu spät, noch große Änderungen im Leben vorzunehmen.
4 – Meine sexuelle Potenz geht niemanden etwas an. Ich möchte mit niemandem darüber reden.
5 – Wenn ich nicht mehr so wie früher kann, laß ich es lieber bleiben.

Dr. Herbert Benson von der Universität Harvard erklärte: »Männer erkennen den Wert der Geist-Körper-Arbeit nicht intuitiv, wie Frauen das tun. Aber sobald ein Mann eingeweiht ist, können wir auch mit den Wechseljahren des Mannes umgehen.« Selbst die Hartgesottenen geben zu, daß bei der Impotenz des Mannes der Einfluß des Geistes auf den Körper eine entscheidende Rolle spielt. »Auch wenn man die erektile

Dysfunktion eines Patienten als Beweis für eine organische Ursache der Impotenz betrachtet, sind in Wirklichkeit die seelischen Aspekte – Selbstbewußtsein, Angst, partnerschaftliche Kommunikation und partnerschaftlicher Konflikt – oft wichtige und bedingende Faktoren.«

Der offensichtlichste und bedrohlichste Aspekt der Wechseljahre des Mannes hat mit der Verminderung seiner sexuellen Aktivität zu tun, aber es gibt noch einen größeren kulturellen Zusammenhang: In einer Gesellschaft, in der ältere Menschen gering geschätzt werden, geht es für einen Mann, der in die Jahre kommt, darum, seine Potenz in der Welt nicht zu verlieren. Darüber hinaus ist der alternde Mann momentan noch zusätzlichen Bedrohungen ausgesetzt: einer nach unten weisenden ökonomischen Spirale, dem postfeministischen Bewußtsein, das dem Glauben des weißen Mannes an seine gottgewollte Herrschaft den Teppich unter den Füßen wegzieht, und dem um sich greifenden Schrecken der Arbeitslosigkeit.

Dr. Spark berichtete aus seiner Praxis: »Bei der derzeitigen Wirtschaftslage ist der Verlust des Arbeitsplatzes ein Hauptthema. Bei furchtbar vielen Leuten scheint die sexuelle Dysfunktion etwas mit dem Verlust des Arbeitsplatzes zu tun zu haben.«

Das ist nichts Neues. Gehen wir bis zur Bibel und König Davids Abenteuer mit Bathseba zurück, das ein nicht unbedeutendes Nachspiel hatte. Trotz seiner zehn Frauen und zahllosen Beischläferinnen kam eine Zeit, als der König schwächer wurde und seine Berater um seine Potenz fürchteten. Da brachten sie ihm die Jungfrau Abisag, daß sie sein Begehren neu entfache. Sie gab sich dem König hin, sagt die Bibel, aber der König konnte nicht. Was taten seine Untertanen da? Sie setzten den schwachen, impotenten Herrscher ab.

Die erste Definition von »Impotenz« im Wörterbuch ist nicht »Verlust der sexuellen Funktion«, sondern »Machtverlust«. Symptome von Impotenz sind »Machtlosigkeit, Hilflosigkeit, Ineffektivität, Schwäche« – eine mörderische Anklage gegen die Männlichkeit.[21]

Die Menschen haben sexuelle Potenz schon immer mit Macht gleichgesetzt und tun es auch heute noch. Infolgedessen kann die geringste Andeutung eines Nachlassens der sexuellen Potenz Leistungsstreß hervorrufen. Hat ein Mann erst einmal Probleme gehabt, bekommt er Angst, und von da an wird er zum Zuschauer im Bett – er beobachtet sich selbst und seine Partnerin, wie der Veteran unter den Sexualwissenschaftlern, Dr. William Masters, das Phänomen beschrieben hat.[22] Unter Beobachtung leistet ein Mann im Bett nicht das, was er von sich selbst erwartet, er beginnt sich zu schämen, und die Scham führt mit Sicherheit den gefürchteten sexuellen Niedergang herbei.

Männer, die Angst vor Sex haben, ziehen sich zurück. Sie umarmen niemanden mehr, halten nicht mal mehr Hände. Sie sind sozial isoliert. Nach einer Weile wird ihre Impotenz zu einer regelrechten Gewohnheit. Und sobald ein Mann erst einmal eine solche Gewohnheit entwickelt hat, ist sie nur mehr schwer zu überwinden.

Das war das Problem meines Freundes Fitzgerald, verschärft durch den Verlust seiner Frau, die er sehr geliebt und von der er sich erhofft hatte, daß sie sich im Alter um ihn kümmern würde. Mittlerweile hatte er eine Witwerimpotenz entwickelt. Zu seiner Unterhaltung rauchte er eine Pfeife, rauchte sie den ganzen Tag lang, zündete sie um vier Uhr früh an, wenn er nicht mehr schlafen konnte, paffte, während er auf und ab ging und im Geist mit seiner Frau redete, rauchte, bis die Adern seine Arme, die keine Frau mehr hielten, wie eine Straßenkarte aussehen ließen. Er weigerte sich, zum Arzt zu gehen, oder auch nur den Gedanken zu erwägen, mit dem Rauchen aufzuhören. Ich machte mir Sorgen um ihn.

»Versprich mir eins«, bat er mich. »Wenn du eine todsichere Lösung für mein Problem entdeckst, sagst du mir Bescheid!«

»Du erfährst es von mir als erster«, versicherte ich meinem armen Freund und nannte ihm den Namen eines ausgezeichneten Sexualtherapeuten. Wir kommen auf Fitzgerald später zurück – in dem Kapitel über die selbstbewußten Sechziger.

HIGH-TECH-LÖSUNGEN

Nachdem ich meinen Artikel über die Wechseljahre des Mannes veröffentlicht hatte, rief mich der Urologe Kenneth Goldberg an, der sich mit der Gesundheitsvorsorge für Männer befaßt. Er erzählte mir von seiner Klinik, der ersten in den Vereinigten Staaten, die auf medizinische Probleme von Männern spezialisiert ist. Dr. Goldberg, der später das Buch *How Men Can Live As Long As Women* veröffentlichte, hat seit der Eröffnung seiner Klinik in Dallas im Jahr 1988 Tausende von Männern behandelt.[23]

Zu Dr. Goldberg kommen inzwischen zirka sechzig impotente Männer pro Monat. Das typische Profil: er ist mittleren Alters, platzt aus allen Nähten, leidet unter einem Übermaß an Streß, raucht immer noch und hält verbohrt an seiner sexistischen Haltung fest. Sein Cholesterinspiegel ist hoch, und er meint, mit ihm ginge es steil bergab. Aber er will mit niemandem darüber reden. All diese Männer wollen, daß es sich um ein physisches Problem handelt, und der Arzt soll ihnen eine schnelle Lösung anbieten: eine Pille, eine Spritze, irgendein Zaubermittel. »Es ist falsch, für die Wechseljahre des Mannes den niedrigen Testosteronspiegel verantwortlich zu machen«, schlußfolgerte Dr. Goldberg aus seinen Erfahrungen. »Sonst müßten die Ärzte solchen Männern, die sich über nachlassende Potenz beklagen, nur Testosteroninjektionen geben. Aber die Probleme verschwinden dadurch nicht. Testosteron scheint also nicht die richtige Antwort zu sein.«

Dr. Goldberg lud mich nach Dallas ein, damit ich den Sitzungen seiner Männergruppe beiwohnen konnte, in denen Patienten, die mit den Wechseljahren kämpfen, ihre Fortschritte miteinander vergleichen. »Ich verspreche Ihnen, einige werden über das, was sie den unaussprechlichen Übergang nennen, reden, weil sie Hilfe bekommen.« Ich besuchte ihn in Dallas, und er hatte recht. Es handelte sich um Männer, die in der Machotradition von Texas aufgewachsen waren – »kein Blatt vor den Mund nehmen und nicht den Schwanz einklemmen«, wie es einer von ihnen zusammenfaßte. Aber als sie in das zweite Erwachsenenalter übersetzen wollten – ohne ein Ethos, das an die Stelle ihres Draufgängerimages hätte treten können –, waren sie so hilflos wie gestrandete Wale.

Bill Howie angelte vor den Florida Keys, als ein riesiger Fisch anbiß. Bill war erst vierundvierzig und kämpfte mit dem Willen eines Hemingway, aber mit dem Fleisch, das das Erbe schlechter Gene und schlechter Angewohnheiten war. Als dann sein Herz wie ein Frosch im Marmeladenglas hüpfte, rauchte er eine Packung Zigaretten, »um wieder ruhig zu werden«. Howie hielt sich für unverletzbar, ganz besonders unverletzbar. Er brauchte keinen Arzt, keine Diät und kein Blutdruckmeßgerät. Vier Tage später lag er unter dem Messer des Chirurgen, der ihm einen vierfachen Bypass einsetzte – die meisten Gefäße, die das Blut zu seinem Herzen pumpten, waren verstopft.

Fünf Jahre und mehrere Operationen später trafen wir uns. »Nach all den Operationen funktioniert das eine, Sie wissen schon, nicht mehr«, sagte Howie. Er war begierig, mit den anderen Männern in der Gruppe zu lernen, welcher Weg aus der Impotenz herausführte. »Ich dachte einfach, das Problem wäre rein körperlich«, sagte er. »Das kommt von all dem Machomist, den mir mein Dad beigebracht hat, bis ich erwachsen war.« Nach einer sexuell regen Zeit als Single hatte Howie 1987 mit vierzig wieder geheiratet. Sie war jünger. »Das ist genau die Richtige«, sagte er sich. »Ich hatte alles, was ich wollte – Intimität und Vertrauen. Unsere Probleme fingen knapp ein Jahr nach der Hochzeit an. Sie dachte, sie wäre schuld.«

Ein Murmeln und Grunzen rundherum am Tisch bestätigte, daß das die typische Geschichte war. Als nächstes sprach ein fröhlich aussehender, rotgesichtiger Mann mit struppigem getöntem Haar. Wenn er lachte, legte sich sein Doppelkinn in Falten.

»Ich heiße Roy Bielich«, sagte er. »Ich habe vor fünfunddreißig Jahren im Fluggeschäft angefangen und bin bis Juni dieses Jahres dabeigeblieben, dann habe ich mich zur Ruhe gesetzt und es mir bequem gemacht, worauf ich mich wirklich schon lange gefreut hatte.« Roy hatte sich nach dem Vorbild seines Vaters entwickelt, den er sehr verehrte. »Dad war ein guter alter serbischer Zimmermann, der Pferdewetten, Frauen, Alkohol und Wutausbrüche liebte. Wir waren die besten Kumpels. Ich wollte genauso sein wie er.« Sein Vater starb mit siebenundfünfzig an Prostatakrebs. Genau in dem Alter, in dem Roy sich seiner eigenen Sterblichkeit voll Schreck bewußt wurde. Er sagte es so nebenbei.

»Ich hatte letztes Jahr Krebs. Es ist ein Jahr und sechs Tage her, seit sie sie rausgenommen haben.«

»Sie hatten eine Prostataektomie?«

»Ja. Aber ich war immer gut in Form. Keine Probleme.«

Ich fragte ihn, ob er seit der Operation irgendwelche Veränderungen an sich bemerkt hätte.

»Na ja, das Geschlechtsleben hat sich ziemlich stark verändert, seit ich impotent bin. Aber meine Freunde hier in der Klinik haben das Problem für mich gelöst.« Er lachte aus vollem Herzen.

Beide Männer passen in das Profil, das Dr. Goldberg und der Romanautor Cheever gezeichnet haben. Sie verdienten zwischen 50 000 und 75 000 Dollar im Jahr, aber ihre Arbeit hielt sie nicht bei der Stange, sie trieben keinen Sport, hörten mit dem Rauchen nicht auf und hatten gefährlich zugenommen. Sie glaubten, all ihre Probleme wären gelöst, wenn sie eine Frau wie ein Playmate fänden, und genau das ist ihnen auch beiden gelungen. Sie hatten beide tolle, jüngere Frauen geheiratet und dann alles versucht, um es ihnen schön zu machen. Bei der nächsten Sitzung erzählten sie, was geschehen war.

»Ich habe 1974 noch mal geheiratet – eine sehr schöne Lady, sechzehn Jahre jünger als ich«, rühmte sich Bielich.

»Dachten Sie, daß das das richtige für Sie wäre?« fragte ich.

»Oh, sie war das richtige für mich. Sie war wirklich das richtige für mich. Wir hatten eine sehr leidenschaftliche Affäre, als ich noch mit meiner ersten Frau verheiratet war. Ja, ich habe die Nummer eins wegen der Nummer zwei verlassen.«

Aber als er Anfang fünfzig war, begann Bielich zu versagen, wenn er seiner schönen jungen zweiten Frau Vergnügen bereiten wollte. Seine Leidenschaft nahm ab, als seine Erektionen nachließen. »Ich wollte Sex, aber ich sagte mir: ›Das klappt heute abend nicht, fang nicht etwas an, was du nicht zu Ende bringen kannst.‹«

»Angst vor der Zurückweisung – ist das das schlimmste?« fragte ich.

Bill Howie unterbrach uns und gestand, während er seine Händen ineinander verkrampfte: »Soll ich Ihnen etwas erzählen? Wenn man nachts daliegt, ja? Und man versucht Liebe zu machen, und es geht nicht, und man hört seine Frau seufzen, als ob sie sagen wollte: ›Nicht schon wieder!‹, dann ist das wie ein Magenschwinger.«

Roy Bielich nickte. »Schmusen und Schlafen, das ist alles, wozu man noch gut ist. Ich dachte, es wäre endgültig aus mit dem Sex, bis mir meine Freunde hier die Spritze gegeben haben!« Er fing an zu glucksen. »Das ist so ziemlich die komischste Sache, die mir je passiert ist.«

Alle anwesenden Männer beugten sich vor und verfolgten mit brennendem Interesse Roys Beschreibung der »Zauber«-spritze, die ihm wieder das Gefühl gegeben hatte, ein Löwe zu sein. Nachdem sich Bielich von der Prostataoperation erholt hatte, sagte ihm Dr. Goldberg, nun könne er ihm bei seinen Erektionsproblemen helfen. Bielich gab zu, daß er eine ganze Zeitlang impotent gewesen war. Ein Assistent von Goldberg sagte: »Okay, wir versuchen es mit der Spritze.«

»Sie wollen mit einer Spritze in meinen Dings stechen?« schrie Bielich auf.

»Sie werden es nicht mal spüren«, versprach der Assistent. Sie legten ihn auf den Untersuchungstisch. Er fühlte einen kleinen Stich an der Wurzel seines Penis. Es tat nicht so weh, wie Roy erwartet hatte. »Okay, in etwa zehn Minuten werden wir sehen, wie Sie reagieren«, sagte der Assistent.

»Ich liege da und kann einfach nicht begreifen, was mit mir geschieht«, fuhr Roy fort. »Es ist, als hätte jemand auf einen Knopf gedrückt. Der Assistent kommt zurück und sagt: ›Streicheln Sie ihn etwas.‹ Er sagt: ›Gut, Sie haben eine Erektion von acht auf einer Skala von zehn.‹ Ich sage: ›Acht! Das ist ja wie mit zweiundvierzig!‹ Der Doktor kommt rein und sagt: ›Na bitte, Roy, Sie können gehen.‹ Und da liegst du mit deinem enormen Ständer, und wo zum Teufel sollst du jetzt damit hin?«

Ein wieherndes Gelächter ging durch den Raum.

»Ich sagte dem Doktor, er sollte wenigstens ein Hurenhaus nebenan betreiben«, fuhr Bielich fort. »Die würden mich bezahlen! Jetzt muß ich also mit einem meiner Kunden zu einem Verkaufsgespräch. Ich krieg nicht mal mehr die Hose zu, und in Texas trägt man keine Sakkos. Ich hatte nichts als meinen Aktenkoffer. Und Sie kennen Reisebüros – da arbeiten fast nur Frauen.«

Inzwischen bogen sich die Männer vor Lachen. Bielich stand auf, um den Augenblick seiner Machoschande zu demonstrieren. »So gehe ich da hinein, mit diesem Aktenkoffer vor mir – bum, babum, babum. Die Sekretärin schaut hoch. Ihr hättet ihre Augen sehen sollen. Sie fragt: ›Stimmt etwas nicht?‹«

Roy Bielichs Traum ist es, so erzählte er der Gruppe, eine Frau »mit dicken Titten und etwas Geld« zu finden, am besten eine ausgebildete Krankenschwester, die ihm seine Penisinjektionen geben könnte.

Der traurige Teil seiner Geschichte war, daß er sich erst zwei Jahre nachdem seine junge Frau ihn verlassen hatte, sein Problem eingestand und sich um Hilfe bemühte. Ob sie unerreichbar füreinander geworden wären, fragte ich den molligen Bielich.

»Ich glaube schon«, sagte er. »Bis heute verstehe ich nicht, warum sie gegangen ist. Ich rede einmal die Woche mit ihr und frage sie dann immer wieder: ›Willst du es mir jetzt erklären?‹«

Vielleicht hatte seine Frau Angst, daß er es nicht ertragen könnte, wenn sie das Thema seiner Impotenz anschnitt, warf ich ein.

»Wahrscheinlich.« Er überlegte. »Sie und ich, wir haben nicht darüber geredet. Wir haben über ihre Probleme als Frau gesprochen.«

Verheiratete Männer, bei denen es seit Monaten oder Jahren im Schlafzimmer nicht mehr klappt, enthüllen, sobald sie ihr

Problem einem Arzt beichten, immer wieder dieselbe erschütternde Wahrheit: In der ganzen Zeit, während dieses Monster der Impotenz unter ihrem Bett liegt, hat das Paar nicht ein einziges Mal darüber geredet. Diese Mauer des Schweigens und der Scham zu durchbrechen und zuzugeben, daß sie dieses Problem haben, ist das schwerste, sagen die Experten. Aber darüber zu sprechen und den Druck des Leistungszwangs von dem Mann zu nehmen, kann auch die wirksamste Medizin sein.

Die Ehe von Bill Howie hielt, anders als viele, und das Paar drang bis zu einer viel tieferen Ebene der Kommunikation vor. Allerdings brauchten sie ein paar Jahre dazu. »Meine Frau hat einen Aufstand gemacht«, erinnerte sich Howie. »Sie fragte mich, ob sie nicht mehr attraktiv sei. Wir waren praktisch jung verheiratet.« Nach einem Jahr voller Probleme stellte sie ihn zur Rede: »Hast du eine Freundin?« Howie schoß zurück: »Was soll ich denn wohl mit einer Freundin? Ich kriege ihn bei dir auch nicht hoch. Nimm doch Vernunft an.«

Eines Tages – nach zwei Jahren im sexuellen Tiefkühlfach – hielt Howies Frau ihm eine Zeitungsanzeige mit der Schlagzeile vor die Nase: Tun Sie was gegen Impotenz, kommen Sie zu der Klinik nur für Männer!

»Was ist denn das, zum Teufel?«

»Da gehst du hin und läßt dich behandeln«, sagte seine Frau.

Der erste Schritt ist also, daß man sich selbst und seiner Partnerin gegenüber aufrichtig ist? fragte ich.

»O ja«, stimmte Howie zu. »Ich mußte sie erst mal überzeugen, daß das Problem nicht bei ihr lag.« Als Howie die Frustration seiner Partnerin nachvollziehen konnte, fand er den Mut, um Hilfe zu bitten. Aber zum ersten Termin brachte er sein texanisches Machovorurteil mit: »Ich will hier aber nicht diesen Mist hören: ›Es ist alles eine Frage des Bewußtseins!‹« protestierte er. Oft ruft die Frau an, um den ersten Termin für ihren Mann zu verabreden. So war es auch in Howies Fall. Wenn die Männer zum erstenmal in Dr. Goldbergs Seminar über Impotenz geschlichen kommen, sehen sie niemandem in die Augen. Ein Patient hält einen Vortrag und sagt: »Ich weiß, daß ihr mich nicht ansehen könnt. Ich weiß, daß ihr Schwierigkeiten mit eurer sexuellen Leistung habt. Wie viele unter euch geben dafür der Frau oder Freundin die Schuld?« Die Augen der Männer bleiben am Boden kleben, während ihre Hände sich Zentimeter für Zentimeter heben. Gleichzeitig legen die Ehefrauen den Arm um die Schulter ihres Gatten, um ihn zu unterstützen. Tränen der Erleichterung benetzen schamrote Wangen.

»Es ist erstaunlich, was seither in meiner Ehe geschehen ist«, sagt Howie. »Ich bin nicht mehr so fühllos. Ich erfahre viel mehr Liebe und Gefühle gemeinsam mit meiner Frau, statt so zu tun, als wäre ich ein Westentaschencowboy.«

Seitdem Dr. Goldberg vor fünf Jahren begann, die Impotenz des mittleren Lebensalters zu behandeln, hat er einen gewaltigen Respekt vor der Macht des Bewußtseins entwickelt. »Wir können den meisten dieser Männer mit der Spritze, mit Tabletten oder auf andere Art zur Erektion verhelfen, aber oft nützt ihnen das nicht, weil das ihr Selbstbewußtsein nicht aufrichtet und ihnen ihre Selbständigkeit beim Sex nicht zurückgibt. Hier versagt die ärztliche Kunst, wenn sie sich nicht mit dem ganzen Mann befaßt.« Dieser ungewöhnliche, visionäre Urologe ist fest davon überzeugt, daß ein Arzt den physischen Apparat des Patienten untersuchen muß – seinen Blutdruck, seinen Cholesterinspiegel, die Fragen, ob er raucht und ob er Sport treibt. Aber es gilt eben auch, die sozialen, hormonalen und besonderen seelischen Ursachen zu erkennen.

»Wenn diese Männer so sehr um ihre sexuelle Leistung besorgt sind, daß sie Strichlisten führen, werden sie nicht fähig sein, unabhängig zu funktionieren, ganz gleich wie viele Hormone wir ihnen geben«, sagte Dr. Goldberg. »Wenn sie dauernd mit ihrem sexuellen Problem beschäftigt sind, vergeuden sie ihr Leben. Jede Sekunde am Tag fragen sie sich: Was bist du für ein Mann? Du kriegst ja nicht mal eine Erektion!«

Im Einklang mit Amerikas Technikgläubigkeit verlassen sich unsere Urologen bei der Behandlung einer vollständigen Impotenz auf Maßnahmen, die nicht nur ästhetisch gewagt sind. Früher haben sie operativ Stützen in den Penis montiert, die, wie sich dann herausstellte, die sexuelle Aktivität noch verringerten. Injektionen mit vasoaktiven, also auf die Gefäße wirkenden Mitteln – die bei Bielich verwendete Spritze –, sind der letzte Schrei der technologischen Behandlung der Impotenz. In weniger als einer Minute dehnen sich die winzigen Blutgefäße aus, und es kommt zu einer Erektion. Die richtige Dosis wirkt etwa eine Stunde lang. Dem Mann wird beigebracht, wie er sich kurz vor dem Geschlechtsverkehr mit einer winzigen Nadel das Mittel injiziert.[24] Die neueste Version der Spritze funktioniert wie ein Füllhalter. Immer beliebter wird ein pflanzliches Produkt mit dem Namen Yohimbim, das aus der Borke eines afrikanischen Baums gewonnen und in Tablettenform eingenommen wird. Dieses Mittel ist bei bis zu dreißig Prozent seiner Patienten mit Erektionsproblemen im mittleren Alter wirksam, aber bei Männern mit größeren körperlichen Problemen wirkt es nicht, meinte Dr. Goldberg.

Es ist allerdings viel leichter, die Impotenz beim Mann in den Wechseljahren zu vermeiden, als sie zu beheben. Der Anteil der völlig impotenten Männer, deren Potenz ganz wiederhergestellt werden kann, liegt bei nur 15 bis 20 Prozent, gab Dr. Goldberg zu. »Die große Mehrheit dieser Männer kann einfach nicht akzeptieren, daß ihre geistige Einstellung das alles bei ihnen anrichtet.«

Um Impotenz zu verhindern, muß der Mann ein Bewußtsein dafür entwickeln, auf welchem Punkt seiner Lebenslaufbahn er sich befindet. Wie kann der Mann die Kräfte aus der Tiefe seines Ichs heraufholen, die er braucht, um das zweite Erwachsenenalter zu meistern? Er darf sich seiner Sexualität nicht unterwerfen – das ist wichtig, wenn man sich auf den Weg in das Alter der Überlegenheit macht.

DIE HOCHTECHNISCHE LÖSUNG

Junge Männer stürzen sich oft ins sexuelle Vergnügen, als wäre es ein Autorennen. Sieh mal, wie schnell ich von null auf hundertachtzig komme! Woraufhin sie dann völlig erschöpft mit kreischenden Bremsen zum Stehen kommen und einschlafen. Sie versäumen die Zärtlichkeit und Liebe, die ihre Partnerin wahrscheinlich gern mit ihnen genießen würde. Nennen wir es den Rennwagen-Sex. Es ist die sofortige Befriedigung und ein schneller Crash. Für den Mann kann das sehr aufregend sein, seine Partnerin bleibt aber meist unbefriedigt. Es ist bei jungen Männern oft unvermeidlich, sie haben es noch nicht gelernt, ihre sexuelle Reaktion zu beherrschen und zu verlangsamen. Dieses für Jugendliche typische Verhalten ist später nicht mehr angemessen.

Der Höhepunkt des Geschlechtslebens eines Mannes liegt in seinen Vierzigern. Bis dahin haben sich seine sexuellen Reaktionen gewöhnlich gerade soweit verlangsamt, daß er eine erotische Begegnung beherrschen und choreographieren, verlängern und genießen und auf seine virtuose Leistung stolz sein kann. Aber wenn der Mann in sein zweites Erwachsenenalter fortschreitet, verlängert sich die Zeit, die nach einer Ejakulation verstreicht, bis er wieder voll erigieren kann, beträchtlich. Wenn er an dem Leistungswahn eines jungen Mannes festhält, muß er versagen, und die Quelle seiner Macht verwandelt sich in das Instrument seiner Entmachtung. Wenn er aber die sexuelle Spannung verringert und die Zeit vor dem Orgasmus, während er sich der Nähe erfreut, ausdehnt, kann er mit seiner Sexualität so umgehen, daß sie ihn stärkt, statt ihn zu erschöpfen. Wie?

Der reife Mann ist bereit, sein Geschlechtsleben vom Rennwagen-Sex zum, nennen wir es, Body-Surfing-Sex weiterzuentwickeln. Stellen Sie sich vor, Sie reiten auf den hohen Wellen der Liebe – hinauf geht es, wenn die Lust sich steigert, hinab, wenn die Intensität abebbt, wenn Liebe und Streicheln genossen werden können, dann geht es wieder auf die nächste Lustwelle und schließlich in die letzte Kurve des Kreislaufs, wenn die Partner nur daliegen und atmen und einander festhalten und von Liebe flüstern, bis sie die nächste Welle der sexuellen Energie aufsteigen fühlen.

In ihrem Buch *How To Make Love All the Time* beschreibt die Psychologin Barbara DeAngelis diese Methode als fort-

währende Lustwelle.[25] Wenn man Liebe macht, ist das wie eine
Spirale, ohne ein Gefühl, ob da ein Anfang, eine Mitte oder
ein Ende ist. Das Paar versucht die Lustwellen nicht zu kontrollieren oder zu erzwingen – und niemand fragt verklemmt:
»Bist du schon gekommen?« Es unterscheidet sich also vom
traditionellen Liebesspiel, das eine zielorientierte, rasende
Anstrengung hin zum Orgasmus ist. Je länger Sie, so Barbara
DeAngelis, Ihre sexuelle Energie im Körper kreisen lassen, um
so mächtiger wird ihre Wirkung sein. Jede neue Welle verstärkt eher noch die sexuelle Energie, anstatt sie zu erschöpfen, und baut das Zutrauen des Mannes zu seiner Partnerin
und zu sich selbst auf – so daß er den Akt weit über das traditionelle Liebesspiel hinaus zu verlängern imstande ist, bis
sein und der Körper der Partnerin derart von sexueller Energie durchtränkt sind, daß sie eine Orgasmusflut erleben und
sich danach erfrischt und erneuert fühlen.

Dr. Harry K. Wexler, ein weithin geachteter Kliniker und in
der Forschung tätiger Psychologe, verwendete das Vokabular
junger Männer, um die Hoffnung auf Aufrechterhaltung der
Potenz zu beschreiben, die viele Männer umtreibt: »Junge
Männer sehen in ihrem Schwanz die Lösung des Lebens. Wenn
sie älter werden, wird ihr Schwanz zum Problem. Macht euch
um den Schwanz keine Sorgen, entdeckt eure Zunge. Die Zunge funktioniert bis Neunzig. Die Männer müssen nur ihren
scharfen jungen Schwanz vergessen, um eine stärkere Potenz
zu entwickeln, die sie verjüngen wird.«[26]

Die Pionierin unter den Sexualtherapeuten, Dr. Helen Singer Kaplan, hat festgestellt, daß eine Veränderung der sexuellen Technik im Verbund mit einer engeren, intimeren Beziehung mit der Partnerin die bei den meisten älteren Männern
auftretende altersbedingte Verlangsamung kompensiert. Viele
Männer in den Sechzigern melden sich beim Kinsey Institute
und berichten: Sie finden nicht, daß sie jedesmal beim Sex
einen Orgasmus brauchen. Dadurch haben sie bei der nächsten Begegnung mehr Energie. »Ein vernünftiges Maß an
Selbstvertrauen und eine Frau, die ihn unterstützt«, sagte Dr.
Reinisch, »kann von einem Mann als eine Steigerung seiner

Sexualität empfunden werden. Er wird von ihr nicht beherrscht, im Gegenteil, er lernt, seine Sexualität zu beherrschen.«[27]

Aber ein Mann, der den Reiz der sexuellen Eroberung einmal kennengelernt hat – diesen Augenblick, wenn er sich wie der Herr der Welt vorkam –, vergißt dieses großartige Gefühl nicht. »Es ist wie bei einem Krieger, der sich seiner großen Siege erinnert«, erklärte es Fitzgerald. »Die Erinnerung an die sexuellen Triumphe brennt.«

Der Endokrinologe Dr. Korenman stimmt dem zu: »Dieses Gefühl vermissen am ehesten solche Männer, die es am meisten hatten.« Wenn die Ehefrauen seiner Patienten sagen, daß sie lieber Nähe als Sex wollen, versucht er das den Frauen zu erklären: »Der Verlust der Erektion ist für den Mann, was für die Frau der Verlust einer Brust ist. Er denkt zehnmal am Tag daran. Jedesmal, wenn er eine hübsche Frau vorbeigehen sieht, wird er an seinen Verlust erinnert.«

Ist das eine weitere Form der Konkurrenz? Wenn ein Mann beim Wettbewerb auf dem Arbeitsmarkt den kürzeren zieht, kann er immer der Firma oder dem, der ihm den Job gestohlen hat, die Schuld an seinem Unglück geben. Bei der männlichen Potenz ist es eine Konkurrenz mit sich selbst. Sie konkurrieren mit ihrem jüngeren Ich. Die Lösung ist die gleiche. Der Mann muß die Strichliste wegwerfen, damit er ein völlig neues Spiel erlernen und sich daran erfreuen kann.

»Der Geschlechtstrieb, das Begehren und der Orgasmus haben eindeutig etwas mit dem Verhältnis zwischen den männlichen und weiblichen Hormonen im männlichen Körper zu tun«, bestätigte der Gynäkologe und Endrokrinologe Dr. Samuel Yen, ein führender Wissenschaftler in der Erforschung der Funktion der Hormone beim älteren Menschen. »Der Hormonspiegel eines alternden Menschen reicht definitiv zur Ausübung eines befriedigenden und erfreulichen Sexuallebens aus.« Er habe an seinen Patienten – zumeist gebildeten Akademikern – beobachten können, erzählte er mir, daß diejenigen, die den Vorgang verstehen, ihr Intimleben sogar noch mehr genießen. »Sie sind im Ruhestand, frei von Streß, sind finanziell abgesichert und haben viel Zeit, ihren Körper in Schuß zu halten. Das ist die beste Medizin.«[28]

Die Freiberufler meiner Studie, die sich wohl fühlten, haben per se eine Vorliebe für größere Nähe statt Sex entwickelt und ihre Erektionen nicht verloren. Sobald die Männer den Übergang hinter sich haben und es akzeptieren, daß sie frei von der Bürde ihres sexuellen Raubtierinstinkts sind, können sie sich öffnen und Liebe in ihren vielen Schattierungen empfangen und geben.

Der Partner, dem man trauen kann, wird in dieser Phase der begehrenswerteste. Dann kann ein Mann sich entspannen und er selbst sein. »Vor allem, wenn ein Mann verletzbarer wird, braucht er jemanden, der seine Schwäche und Gebrechlichkeit nicht gegen ihn wendet«, stellte Dr. Stuart Fischoff, Professorin für Psychologie, fest.[29] »Vertrauen wird zum A und O einer Beziehung.«

Wie stellt man Vitalität und Virilität wieder her?

Es gibt viele sichere, natürliche Wege, die ein Mann gehen kann, um wieder potent zu werden. Das Rauchen hat einen verheerenden Einfluß auf die Potenz. Es schädigt die winzigen Blutgefäße im Penis, die sich erweitern müssen, um den starken Blutandrang während einer Erektion aufnehmen zu können. Die richtige Ernährung ist zu beachten: Ein hoher Cholesterinspiegel kann die Arterien verstopfen. Alkoholmißbrauch über zehn bis fünfzehn Jahre tötet die Nerven im Penis ab. Wer ein Mittel gegen Bluthochdruck nimmt, verdoppelt die Gefahr der Impotenz. Wer ein solches Mittel nehmen muß, sollte drei oder vier verschiedene Medikamente ausprobieren, bis er eines findet, das seinen Blutdruck senkt, ohne seine Erektionsfähigkeit zu beeinträchtigen. Streßvermeidung kann entscheidend für die Potenz sein.

»Wir gehen jetzt davon aus, daß manche der Symptome, die wir dem Alterungsprozeß zuschreiben, in Wirklichkeit die Folge eines Hormonmangels sind«, sagte S. Mitchell Harman von den National Institutes of Health. In der Tat haben Forscher entdeckt, daß bei vielen Männern über Fünfzig die Testosteronproduktion deutlich abfällt, genauso wie bei den Frauen während der Menopause die Östrogenproduktion sinkt.

Etwa ein Drittel der Männer über Fünfzig hat ein Testosterondefizit, schätzt Dr. John Morely, Professor für Geriatrie und einer der führenden Forscher auf diesem Gebiet. Im Alter von fünfundsechzig Jahren, so seine Kollegin, die Endokrinologin Fran Kaiser, produzieren mindestens 40 Prozent der Männer so wenig Testosteron, daß ihre Gesundheit gefährdet ist.[30] »Die Männer waren nicht bereit einzugestehen, daß sie ihre Sexualhormone und in der Folge auch ihre Erektionsfähigkeit einbüßen«, sagte Dr. Morely. »Sie untersuchen lieber die weiblichen Sexualhormone, als sich mit sich selbst zu beschäftigen.«

Dr. Helen Kaplan, die sich vor kurzem noch einmal die Karten von fünftausend der Patienten angesehen hat, die in den letzten zwanzig Jahren bei ihr in der Praxis waren, stellte fest: Ohne genaue Hormontests »kann kein Arzt sagen, ob der Mangel an sexueller Lust durch eine psychologische Hemmung oder einen Hormonmangel verursacht wird«. Manche Hormonforscher behaupten, die häufigste Ursache eines geringen Geschlechtstriebs bei Leuten in den mittleren Jahren sei nicht ein niedriger Testosteronspiegel, sondern eine Niedergeschlagenheit, die durch eine chronische schwache Depression verursacht wird.[31] Tatsächlich konnten in einer Studie Depression und unterdrückter Zorn mit den Potenzproblemen des Mannes eindeutig in Verbindung gebracht werden.[32] Aber es ist ein Streit wie jener um die Henne und das Ei. Testosteron beeinflußt die Stimmungen des Mannes. Wir wissen, daß beim Wettkampf, ob im Tennis oder im Schachspiel, nach einem Sieg der Testosteronspiegel steigt und nach einer Niederlage fällt. Mit dem Absinken des Testosteronspiegels verliert der Unterlegene zugleich mit dem Geschlechtstrieb vielleicht auch die Selbstachtung, und wenn sich das wiederholt, ist es wahrscheinlich, daß er weder bei künftigen sportlichen Wettbewerben noch im Bett etwas leistet. Es entsteht ein Teufelskreis.

Am meisten hat mich bei der Erforschung der Wirkungen des Testosterons überrascht, daß es primär nicht auf unseren Geschlechtstrieb wirkt. Testosteron ist das bestimmende Hormon beim Stoffwechsel – sowohl bei Männern wie auch bei Frauen –, es ist der Stoff, der die Proteine verbrennt, die uns Tag für Tag in Gang halten. Es gibt Testosteronrezeptoren im Gehirn, im Knochenmark, in den Nieren, so gut wie überall im Körper.[33]

»Wenn ein Mann einen niedrigen Testosteronspiegel hat«, sagte Dr. Kaplan, »können Sie ihn soviel psychotherapieren, wie Sie wollen. Besser tun Sie daran, ihm einen Hormonersatz zu geben. Das hat einen magischen Effekt. Wenn aber kein Hormonmangel festzustellen ist, ist es gefährlich, ihm Hormone zu geben.«[34] Dr. Kaplan ermutigt die Männer dazu, den Nutzen und die Gefahren einer Hormontherapie genauso gegeneinander abzuwägen, wie es die Frauen bei der Frage tun sollen, ob sie einen Östrogenersatz wollen.

Andere Hormone, die zur Zeit untersucht werden, könnten sich als ebenso relevant für den Alterungsprozeß erweisen und zu den Wechseljahren des Mannes beitragen, wenn sie im Alter weniger werden. Dr. Daniel Rudman, der verstorbene Pionier auf dem Gebiet der Hormonforschung, hat gezeigt, daß etwa ein Drittel der Männer zwischen vierzig und siebzig an einem Mangel des menschlichen Wachstumshormons leiden und daß im Alter zwischen siebzig und achtzig Jahren mehr als die Hälfte aller Männer keine feststellbare Menge an Wachstumshormonen mehr haben. Als Dr. Rudman Männern zwischen sechzig und achtzig Wachstumshormone injizierte, löste sich ihr überflüssiges Körperfett auf, ihre Muskelmasse kehrte wieder, ihre Knochen festigten sich, ihre Haut verdickte sich, und ihr Geschlechtstrieb kehrte in voller Kraft zurück. Die aufsehenerregende, 1990 veröffentlichte Studie berichtete, diese Veränderungen kämen einer Umkehr des Alterungsprozesses um zehn bis zwanzig Jahre gleich. Ein Allheilmittel gegen das Altern?

Nicht ganz. Diese positive Wirkung stellt sich nur dann ein, wenn eine Person an einem echten Mangel des menschlichen Wachstumshormons leidet. Das Absinken des Hormonspiegels ist wahrscheinlich ein Vorgang, der bei den meisten Menschen bis zum sechzigsten Lebensjahr folgenlos bleibt. Bei Männern unter sechzig Jahren, denen man Hormonersatz gegeben hat, hat das zum Teil zum Karpaltunnel-Syndrom (neurologische Symptome bei Schädigung eines Handknochennervs), zur Gynäkomastie (Brustentwicklung bei Männern) oder zu diabetesähnlichen Symptomen geführt. Die meisten dieser Probleme scheinen mit der Dosierung zu tun zu haben und wurden seither durch Herabsetzen der Dosis minimiert. Ein Studium der gegenwärtig vorliegenden wissenschaftlichen Literatur ermutigt zu dem vorsichtigen Optimismus, daß das menschliche Wachstumshormon das körperliche und seelische Befinden von Menschen über fünfzig bessern kann.[35] Aber die Behandlung ist bisher nur zu Forschungszwecken möglich und sehr teuer.

Die gute Nachricht ist, daß Männer und Frauen die Herstellung dieses Elixiers in sich selbst stimulieren können. Zahlreiche Studien belegen jetzt, daß die Produktion des Wachstumshormons durch Sport angeregt wird.[36] Wer allerdings auf eigene Faust das Wachstumshormon nimmt, handelt unvorsichtig. »Wir wissen, daß es negative Nebenwirkungen haben und der Gesundheit schaden kann«, sagte Dr. Rudman. Sehr wenige Ärzte haben bisher Erfahrungen damit, wieviel Wachstumshormone Erwachsene vertragen (auch wenn man es ohne negative Nebenwirkungen und mit Erfolg schon seit Jahren bei Kindern mit Wachstumsstörungen eingesetzt hat).[37]

Aber viele wissenschaftliche und kommerzielle Projekte versuchen jetzt anstelle einer Hormonersatztherapie Strategien zu entwickeln, wie die natürliche Sekretion des Wachstumshormons durch den Körper selbst vermehrt werden kann. Es laufen immerhin vier größere klinische Studien, die die Wirkung des Wachstumshormons auf ältere Erwachsene untersuchen.[38] Mittlerweile wurde eine vielversprechende neue Studie bekannt, die es möglich erscheinen läßt, daß man Männern über fünfzig bald einen maßgeschneiderten »Hormoncocktail« anbieten wird, der ihre Virilität und Vitalität erhält und auch vor anderen Gefahren des Alterns schützt.

Der Endokrinologe Dr. Samuel Yen hat die für den Alterungsprozeß wichtigsten Hormone untersucht.

»Wenn Männer zwischen fünfzig und sechzig von den Wechseljahren des Mannes sprechen, merken sie plötzlich, daß es auch ihnen am Wohlbefinden fehlt«, erzählte er mir.[39] Die im Zusammenhang mit dem Alterungsprozeß wichtigste Gruppe von Hormonen sind die Wachstumshormone, von denen eines – das IGF1 – während dieses Jahrzehnts sehr rapide abnimmt. Der Stoffwechsel verlangsamt sich, und mit ihm sinkt das Wohlbefinden. Dr. Yen und sein Team vermuten, daß ein »Sexhormon« genanntes DHEA (Dehydroepiandrosteron oder Dehydro-isoandrosteron, ein männliches Keimdrüsenhormon) bei Männern und Frauen in den Wechseljahren eine zentrale Rolle bei der Aufrechterhaltung des – sexuellen und sonstigen – Elans wie auch der körperlichen Widerstandskraft und der Immunreaktion spielt.[40] Es erreicht dies durch Reaktivierung des menschlichen Wachstumshormons.

Bei der ersten DHEA-Studie, die mit Menschen durchgeführt wurde, erhielten Männer und Frauen eine solche Ersatztherapie. Eine bemerkenswerte Zunahme des körperlichen und seelischen Wohlbefindens konnte bei beiden Geschlechtern beobachtet werden (um 84 Prozent bei den Frauen und um 87 Prozent bei den Männern). Die Versuchspersonen dieser äußerst zuverlässig durchgeführten Studie sagten, sie verspürten einen Zuwachs an Energie, ihre Stimmung verbesserte sich, der Schlaf wäre tiefer, sie fühlten sich entspannter und könnten besser mit Streß umgehen. Innerhalb von zwei Wochen hatten sie wieder einen Wachstumshormonspiegel, dessen sich normalerweise Dreißigjährige erfreuen. »Wir haben in unserer neuesten Studie festgestellt, daß DHEA auch das Immunsystem aktiviert«, sagte Dr. Yen.

Es gibt also eine befriedigende Alternative zwischen der Lösung mit dem sprechenden Frosch in der Tasche und Bielichs Spritze. Sobald ein Mann nicht mehr von seinen sexuellen Trieben an der Nase herumgeführt wird und ein Teil seiner Aggression abnimmt, kann er sich einer größeren Nähe mit den Menschen erfreuen, die er liebt.

Jenseits der Wechseljahre des Mannes

Die eigentliche Erleichterung für den Mann, der den Übergang in die zweite Hälfte des Erwachsenenlebens vollzieht, besteht darin, daß er sich nicht länger in seiner Männlichkeit beweisen muß. Die Natur stellt dem Mann, der geduldig genug ist, seinen Platz im Kreislauf der Generationen einzunehmen, dazu sogar ein Mittel bereit. Er wird Großvater. Der berühmte Entertainer, den ich interviewte, erzählte, wie er mit Mitte Fünfzig plötzlich von einer Sehnsucht nach der Jugend überwältigt wurde, bis er sein erstes Enkelkind im Arm hielt.

»Es war wie ein Blitz«, sagte er. »Dieses winzige Mädchen, ich war wieder jung mit ihr – aber wenn sie erwachsen ist, wird es mich nicht mehr geben. Diese Erfahrung von Leben und Tod in einem einzigen Augenblick gab mir viel Kraft.«

Er fing an, darüber nachzudenken, daß wir Menschen von den Primaten abstammen. »Es kommt eine Zeit, da kannst du die jungen Männer nicht länger verscheuchen, aber du brauchst dir auch nicht mehr auf der Brust herumzutrommeln. Hinter jungen Mädchen herzujagen bringt nur vorübergehend Erleichterung. Bleibst du bei deiner Frau, was schwer ist, und bei deinen Kindern, was auch schwer ist, weil sie sich von dir zurückziehen, kannst du dich freuen, ein Teil des ganzen evolutionären Prozesses zu sein, wenn die neue Generation kommt. Enkelkinder bringen dich wieder mit der Jugend in Berührung. Versuchst du das aber zu erzwingen, indem du deine Frau und die Kinder abschiebst und noch einmal eine junge Familie zu gründen versuchst, wirst du früher oder später nur noch der alte Knacker auf dem Foto sein.«

Männer, die in der gewohnten Weise ihren Streß im sexuellen Hedonismus zu ertränken versuchen, werden sich voraussichtlich am schwersten tun, einen Übergang in die Sechziger zu finden, genauso wie die Frauen am schlimmsten dran sind, die über die Wechseljahre hinaus größten Wert auf ihr Aussehen legen. Der Mann jedoch, der neue Rollen ausbildet – an die Stelle seines alten Mentors rückt, Senior einer Gemeinde und Großvater für die Familie wird –, der die Freiheit genießt, die Welt zusammen mit einer treuen Partnerin oder einem treuen Partner zu erkunden und der vielleicht eine tiefere spirituelle Gemeinschaft findet, wird zu gegebener Zeit unter Umständen fähig sein, den Status seiner beruflichen Rolle aufzugeben, ohne sich vernichtet zu fühlen. Wenn er ein seinem Alter angemessenes Selbstbild entwickelt und eine Beschäftigung gefunden hat, die ihm Spaß macht, kann sogar die Tatsache, daß man brutal aus dem Berufsleben verdrängt wird, statt einer Impotenz ein kreatives Potential erzeugen.

Ich fragte William Masters, die noch immer maßgebliche Autorität, welchen Rat er einem älteren Mann geben könne, der sich um den Verlust seiner Potenz Sorgen macht. Die dünne, näselnde Stimme des Siebenundsiebzigjährigen war plötzlich voller Zärtlichkeit: »Sprechen Sie mit Ihrer Partnerin. Sagen Sie ihr, daß Sie diese Sorgen haben. Sie macht sich wahrscheinlich ebenfalls Sorgen und hat Angst, es Ihnen zu sagen. Sprechen Sie dann mit einem kompetenten Sexualtherapeuten, wie Sie wieder auf Vordermann kommen.«

Nachdem er fast fünfzig Jahre lang sexuelle Dysfunktionen behandelt hat, bietet Masters eine bescheidene Definition dessen an, was eine gute Kommunikation in einer Beziehung ausmache: »Es ist das Privileg, seine Verletzbarkeit zeigen zu können.«

14. Kapitel:
Männer und Frauen:
Die neue Geometrie des sexuellen Diamanten

Männer und Frauen sind einander in ihren ersten zehn Lebensjahren sehr ähnlich. In der Pubertät entwickeln sie sich auseinander und kommen Ende Dreißig an den entferntesten Punkten des Geschlechtergegensatzes an. Aber in den Fünfzigern nähern sich Männer und Frauen einander wieder und übernehmen viele Charakterzüge des anderen Geschlechts. In den Sechzigern vertauschen sich dann zum Teil die Parts. Definitionen dessen, was es bedeutet, ein Mann oder eine Frau zu sein, büßen mit zunehmendem Alter an Geltungskraft ein. Starre Rollenverteilungen lösen sich auf. Eine generelle Umorientierung und die dramatische Veränderung unserer zeitlichen Perspektive in den mittleren Jahren erschüttern die alten Denkmuster, und neue bilden sich. Endlich dürfen wir uns selbst akzeptieren.

Die disziplinierte, emotional distanzierte Haltung, die sich Männer für das berufliche und öffentliche Leben aneignen, mag zwar ihr Überleben sichern, zapft aber nur einen Teil ihres persönlichen Potentials an. Indem sie früh lernen, ihre Gefühle auszuklammern, entwickeln sie auch schwächere Bindungen zu anderen Menschen und sogar schwächere Brücken zwischen emotionalen und ihrer intellektuellen Gehirnhälfte, als Frauen sie haben.[1]

Die überaus große Sensibilität der Frauen während des ersten Erwachsenenalters für ihre eigenen Gefühle und die anderer garantiert das Überleben ihrer Kinder. Frauen knüp-

347

fen ein dichtes Gewebe menschlicher Bindungen, sorgen für Stabilität in der Familie und binden so den Mann während der langen Zeit der Elternschaft an sich. Aber diese Aufmerksamkeit für menschliche Bindungen führt oft in der öffentlichen Sphäre, wo eher rationales und objektives Denken notwendig ist, zu schwer nachvollziehbarem Handeln.

Aber wie gesagt, wenn wir älter werden, verschieben sich die Geschlechtergrenzen. Es ist zu beobachten, daß Frauen sich nun eher auf Aufgaben und Leistungen konzentrieren und ihr Interesse weniger der Brutpflege und dem Erhalt des Nestes gilt. Sie suchen nach Formen des künstlerischen Ausdrucks und einer Auseinandersetzung mit ihrem Umfeld. Jedes der beiden Geschlechter eignet sich einige Charakteristiken an, in denen sich während des ersten Erwachsenenalters das andere auszeichnete. Frauen werden unabhängiger und anspruchsvoller, Männer werden offener und emotional empfänglicher. Diese Veränderungen stellen sich mit fortschreitendem Alter automatisch und unabhängig von den äußeren Umständen ein – ein vorhersehbarer Vorgang, der in ganz verschiedenen Kulturen zu beobachten ist. Anthropologische Studien zeigen allerdings, daß Männer eindeutig als Männer identifizierbar bleiben, also weniger weibliche Teile annehmen. Ihr Bedürfnis, sich durch Konkurrenzverhalten auch auf sexuellem Gebiet zu beweisen, läßt aber stark nach.[2] Frauen nehmen in allen Kulturen im Alter dagegen stärker männliche Züge an, sie werden aggressiver, machtbewußter und politischer. Auch wenn sie weiterhin als Frauen identifiziert werden, wird ihre Aufmerksamkeit nicht länger durch die Sorge um kleine Kinder oder den Konflikt zwischen dem Sich-verführen-Lassen-und-Kinder-haben-Wollen und dem Eine-Karriere-haben-und-etwas-leisten-Wollen hin und her gerissen.

Es wird immer deutlicher, daß die sexuelle Leidenschaft junger Männer später in den Dienst eines reifen, an der Gemeinschaft orientierten Handelns gestellt werden kann, statt im gewalttätigen Rambo-Gebaren zu verpuffen. Erinnern Sie sich: Einige frühere Terroristen – Anwar Sadat, Menachem Begin, Yassir Arafat – haben sich später in Friedensstifter ver-

Der sexuelle Diamant

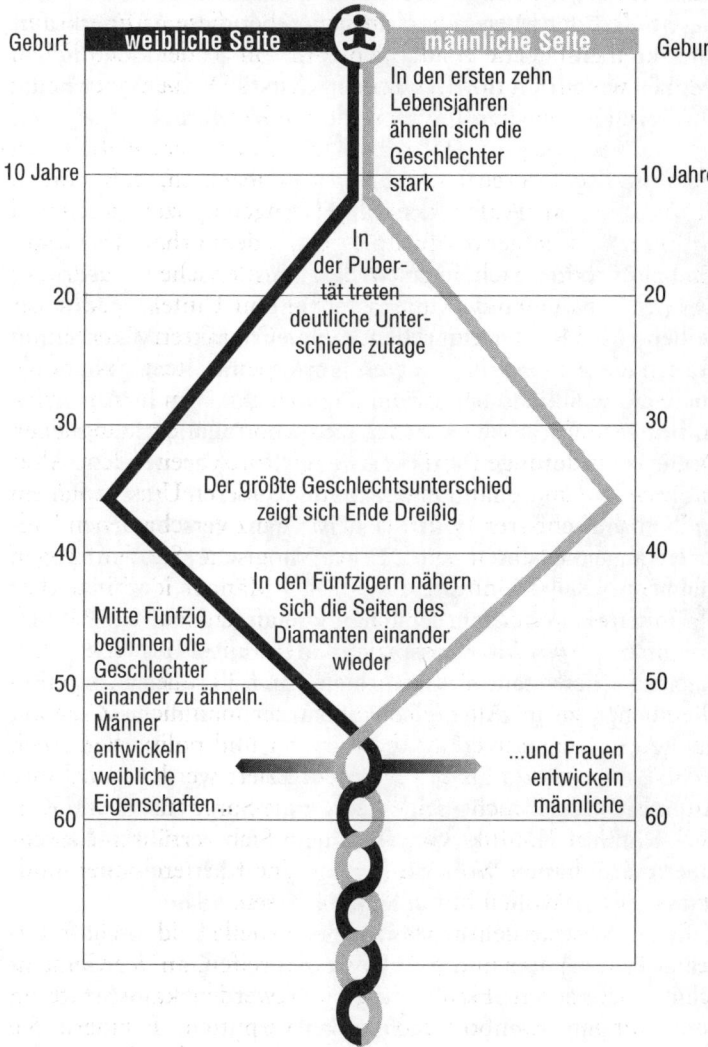

Geburt — weibliche Seite — männliche Seite — Geburt

In den ersten zehn Lebensjahren ähneln sich die Geschlechter stark

10 Jahre — 10 Jahre

In der Pubertät treten deutliche Unterschiede zutage

20 — 20

30 — 30

Der größte Geschlechtsunterschied zeigt sich Ende Dreißig

40 — 40

In den Fünfzigern nähern sich die Seiten des Diamanten einander wieder

Mitte Fünfzig beginnen die Geschlechter einander zu ähneln. Männer entwickeln weibliche Eigenschaften...

...und Frauen entwickeln männliche

50 — 50

60 — 60

wandelt. Gleichzeitig erstarken die fügsamen und abhängigen jungen Frauen, wenn sie in die Wechseljahre kommen. In einer Gesellschaft, deren sexistische Barrieren nicht unüberwindbar sind, können Frauen ihr volles Potential dann endlich nutzen. Denken Sie nur an die berühmten Staatsführerinnen der neueren Zeit: Golda Meir, Indira Gandhi und Margaret Thatcher.

Ein Punkt der Harmonie

Ehepaare sollten mit einem Wechsel der Polaritäten rechnen. Aber es geht nicht darum, im mittleren Lebensabschnitt die Rollen einfach zu vertauschen, vielmehr sollten Männer und Frauen die neue Freiheit nutzen, um sowohl die männliche als auch die weibliche Seite ihrer Persönlichkeit zum Ausdruck zu bringen. Wir haben jetzt die Chance, einen Punkt der Harmonie – den oberen Punkt des sexuellen Diamanten – zu erreichen, wo die Spannung der männlich-weiblichen Differenz endlich aufgehoben wird. Es ist dies eine weitere Veränderung, die das zweite Erwachsenenalter so aufregend macht.

Ein sehr in der Öffentlichkeit agierendes Paar, das die Dynamik im mittleren Alter ausspielt, sind Kathleen Brown, Schatzmeisterin des Staates Kalifornien, und ihr Ehemann: Ihre Geschichte zeigt die typische Struktur des sexuellen Diamanten.

Allmorgendlich kurz nach sieben kann man damit rechnen, daß Kathleen Brown von ihrem Spaziergang zurückkehrt. Über den Berg am Ende des Doheny Drive bricht gerade das satte Gelb der aufgehenden Sonne hervor und ergießt sich entlang den Seiten des Canyons ins Becken von Los Angeles. Die schlanke und agile achtundvierzigjährige Großmutter geht täglich schnellen Schritts diesen Weg, als ob sie für einen Marathon ins zweite Erwachsenenalter übte.

Aber sie ist ja auch das zweijährige Rennen von 1992 bis 1994 um das Gouverneursamt des größten Bundesstaates ge-

laufen. Die Leistung hat sie vollbracht, aber den Wettkampf
hat sie verloren. Kurz vor ihrem Fünfzigsten treibt Kathleen
Brown ein umdirigierter Mutterinstinkt an: Sie möchte dabei
helfen, daß der Staat Kalifornien, in dem ihr Vater während
der langen Zeit der Prosperität das Gouverneursamt innehat-
te, vor den ihm nun drohenden Gefahren gerettet wird. Die
Erwartungen, die in sie gesetzt werden, sind enorm. Gewisse
Berater der höchsten Kreise des Weißen Hauses betrachten sie
prüfend und sagen: »Sie ist jung, attraktiv, intelligent, vielleicht wird man sie im Jahr 2000 als demokratische Vizeprä-
sidentschaftskandidatin gemeinsam mit Gore als Präsident-
schaftsbewerber aufstellen.«

Das Amalgam aus männlichen und weiblichen Stärken entwickelte sich schon lange. Kathleen war das einzige Kind der
Browns, das im Gouverneurssitz in Sacramento aufwuchs, wo
sie die kulturelle und politische Botschaft des Staates Kalifornien während seiner Aufstiegsphase absorbierte. Kathleen war
die geborene Politikerin – charmant und pragmatisch. Aber
natürlich fiel ihrem Bruder Jerry, dem Prinzen der Familie
Brown, die Aufgabe zu, die neue kalifornische Dynastie fortzusetzen.

»Ich war ziemlich sicher, daß ich mich nie um ein öffentli-
ches Amt bewerben würde«, erzählte mir Kathleen.[3] »Es
schien mir einfach zu schwer.« Und so versuchte sie, als sie
jung war, die vorgegebene weibliche Gußform zu akzeptieren
und diese so stilvoll und aufopfernd wie möglich zu füllen.
»Kathleen wuchs in dem Bewußtsein auf, daß es ihr Los war,
eine gute katholische Mutter und Gattin zu werden«, sagte ein
Freund der Familie, »ihre Kinder großzuziehen, in den Eltern-
beirat und dann in die Schulaufsicht zu kommen und all diese ehefraulichen und nützlichen Dinge zu tun.«

Mit zwanzig brannte sie durch, brach ihr Studium an der
renommierten Stanford University ab, um ihr erstes Kind zu
gebären. Das war 1966. Heute mag das junge Frauen wie kal-
tes Kalkül vorkommen: »Sich Optionen offenhalten«, nennt
man es heute. Aber das Konzept der »Optionen« hielt erst
etwa zehn Jahre später, mit dem Feminismus, Einzug in das

weibliche Denken. »Das ist alles einfach so passiert«, erzählte mir Kathleen. »Es gab keinen großartigen Plan.« Sie folgte ihrem Mann in den Osten, dort studierte George Rice Jura, während sie es sich in der Anonymität einer Kathy Brown Rice bequem machte.

»Es war in den Sechzigern. Ich habe seine Kontakte angebahnt«, erinnerte sich Kathleen.

Es waren ihre Zwanziger, eine Zeit, in der die Frau von Natur aus dazu neigt, sich lieben und versorgen zu lassen und in der sie offen und einfühlsam auf andere reagiert. Mit Ende Zwanzig wurde ihr – wiederum typisch für das Alter – das häusliche Dasein zu eng. Wütend brachte sie ihre Frustration auf einer Schulaufsichtssitzung in Los Angeles zum Ausdruck, wo sie inzwischen lebte. Sie stürzte einen seit sechzehn Jahren fest im Sattel sitzenden Konservativen und gewann seinen Sitz, ihren ersten politischen Posten also. Sie sah das nur als Erweiterung ihre altruistischen Sorgepflicht, ihr Ehegatte aber verstand das als Bedrohung.

Das Paar begann sich auseinanderzuentwickeln. Sie hatte ihre traditionelle Rolle – der guten katholischen Ehefrau und Mutter – gespielt, aber nach vierzehn Jahren Ehe und drei Kindern brach alles auseinander. Am Memorial Day 1979 verkündete ihr Mann ihr, daß er sie verlasse, um zu einer anderen Frau zu gehen.

Wie betäubt saß sie drei Wochen lang in ihrem Zimmer und starrte die Wand an. Weder schlief sie, noch aß sie etwas. Sie verlor siebzehn Pfund und flüchtete sich schließlich auf den alten Familiensitz der Browns in San Francisco. »Ich war völlig hilflos, völlig entgeistert und wußte nicht, was ich tun sollte«, erzählte mir Kathleen Brown. »Die meisten Frauen haben nicht halb soviel wie ich – meine Eltern waren da, und was ich von meinem geschiedenen Mann an Geld bekam, war sehr fair. Aber dadurch entstand in mir dieses drängende Gefühl: ›Du mußt zusehen, daß du selbst Geld verdienst, du kannst nicht erwarten, daß andere sich ihr Leben lang um dich kümmern.‹«

Kathleen Brown war noch nicht wieder lange auf dem Heiratsmarkt, als Freunde ein unwahrscheinliches Zusammentreffen für sie auskochten. Van Gordon Sauter, ein nicht ganz taufrischer Konservativer mit Fliege, der einen lokalen CBS-Fernsehsender leitete, sah die liberale Demokratin im Fernsehen und dachte: »Wie kann eine so schöne Frau wie diese Kathleen Brown Rice nur so dumm sein?« Er streute die Information aus, daß er sie gern kennenlernen würde. Kathleen nahm sich vor, diesem aufgeblasenen Kerl die Meinung zu sagen.

Sauter ließ sie gar nicht zu Wort kommen, sondern bekannte knapp: »Ich will dich heiraten.« Er war Anfang Vierzig, und es ist anzunehmen, daß er langsam Torschlußpanik bekam, wie es für die beginnende Midlife-Krise typisch ist. Sie hielt ihn sich vom Hals, aber nicht lange. Eines Morgens im April 1980 verließ sie eine Schulaufsichtssitzung, um sich mit Sauter in einem romantischen italienischen Restaurant zu treffen. »Also, wann heiraten wir denn nun?« war seine Eröffnung.

»Ich bin noch nicht mal geschieden«, bremste sie ihn. »Vielleicht in zwei Jahren. Oder so.«

»Das paßt mir nicht in meinen Zeitplan«, gab er wie aus der Pistole geschossen zurück, woraufhin er die Rechnung beglich und ging. Kathleen stieg in ihren Wagen und fuhr ihm hinterher. Sie holte ihn ein und winkte ihm zu, er solle sein Fenster herunterkurbeln. »Laß uns miteinander reden.« Bei der Erinnerung an diesen Augenblick platzte sie los vor Lachen. »Männer stellen gern Ultimaten. Ich finde es besser, wenn man weiterredet.«

»Sie sah ein, daß es Zeit war, zu Potte zu kommen«, sagte Sauter.

Aber so lustig die Verlobungszeit war, die Entscheidung, die beiden Familien mit insgesamt fünf Kindern verschiedenen Alters zusammenzuwerfen, löste ein emotionales Chaos aus. Die Sache komplizierte sich noch dadurch, daß Sauter kurz darauf als Präsident von CBS-Sports nach New York berufen wurde. Kathleen folgte, wie es vor ihr schon ihre Mutter getan hatte, ihrem Mann, ohne sich zu fragen, ob sie nicht lieber bei ihrer Tochter in Los Angeles bleiben wollte, die sich gerade in einer rebellischen Phase befand, von ihrer gerade begonnenen politischen Karriere, die sie aufgab, ganz zu schweigen.

In New York nahm sie mühelos die Rolle der Mrs. Van Gordon Sauter an. Sie empfing die hohen Tiere, begleitete ihren Mann auf langweilige Reisen zu kleinen Sendestationen in der Provinz, die er zu betreuen hatte. »Sie war eine äußerst kooperative Ehefrau«, sagte Sauter fast nostalgisch, »ohne Zweifel die allerbeste, die sich ein Mann in meiner Position nur wünschen konnte.«

Aber an der Weggabelung Mitte Dreißig angekommen, fiel Kathleen ein, daß sie ja noch schnell Jura studieren könnte. Sie beschloß, sich an der Fordham University zu bewerben, und hatte ihren gesamten Studienplan schon ausgearbeitet, als sie es Sauter beichtete.

»Sie nagelte mich mit ihrer Jura-Idee fest, als wir gerade mit achtzig Meilen in der Stunde die Straße hinuntersausten«, sagte Sauter.

Er explodierte. »Juristin willst du werden! Ich hasse Juristen! Das letzte, was diese Welt braucht, ist noch einen Juristen, geschweige denn meine Frau als Juristin!« Er beendete seine Tirade mit der Erklärung, alles, außer auf den Strich gehen, wäre konstruktiver als Jura. Kathleen gab nicht nach.

»Weil ich nicht ohne meine Hände reden kann«, sagte Sauter, »konnte ich nichts tun. Ich hätte nur in den Graben fahren können.«

Kathleens abrupte Neuorientierung war die Folge einer Bestandsaufnahme. Wie viele Frauen um die Fünfunddreißig traf sie blitzartig die Erkenntnis: Um weitermachen zu können, mußte sie bestimmter und unabhängiger werden. Ihre Kinder waren aus dem Haus, und sie wollte noch einmal etwas Neues beginnen, aber sie zweifelte an sich. Da sie in der präfeministischen Ära aufgewachsen war, hatte sie sich nie etwas für sich selbst wünschen dürfen. Sie mußte gegen ihre Ängste angehen: »Ich dachte nicht, daß ich es je schaffen würde.«

Als ich Bernice Brown fragte: »Was haben Sie sich für Ihre Tochter Kathleen gewünscht«, war die Mutter überrascht. »Ach, eigentlich gar nichts.«

»Hat es Sie gewundert, als Kathleen beschloß, Jura zu studieren, und dies mit Erfolg?« fragte ich Bernice Brown. »Ja.«

Die neue Geometrie des sexuellen Diamanten

Kathleen gab nicht nach. Sie warf sich ins Jurastudium, aber ohne ihre Freunde, familiären oder offiziellen Verpflichtungen aufzugeben. Als sie mit vierzig ihr Studium abschloß, gehörte sie zu den Besten des Jahrgangs. Ihre Entscheidung, als Anwältin in die Wirtschaft zu gehen, war motiviert durch ihre leidvollen Erfahrungen. Sie wollte nicht noch einmal in die Abhängigkeit von einem Mann geraten. »Ob mir das, was ich tat, gefiel oder nicht«, sagt Kathleen Brown, »ich brauchte etwas, das mich stützte.«

Dieses Etwas wird lebenswichtig für eine Frau, wenn sie in den Vierzigern größere Autonomie zu gewinnen versucht. In Kathleen Browns Fall wurde es sogar dringend, als ihr Mann in eine Krise geriet: Sang- und klanglos feuerte ihn CBS. Die beiden kehrten nach Los Angeles zurück, aber keineswegs niedergeschlagen. Kathleen war glücklich. Sie mochte die offene Weite dieser Stadt, in der man einen starken Willen braucht, um sich gegen deren Leere zu behaupten. Und dann war sie endlich bereit: Die Tochter des früheren Gouverneurs Pat Brown, Kathy Brown/Mrs. Van Gordon Sauter, erfand sich ein neues Leben.

Ich fragte sie, wann sie sich endgültig der Politik zugewandt hätte. »Als ich über dem Finanzplan für eine öffentliche Gesundheitseinrichtung brütete, merkte ich, daß ich berufliche Ambitionen hatte. Es ist völlig in Ordnung, über die Finanzen in die Politik zu kommen«, erinnerte sie sich, gedacht zu haben. »Und Politik macht wahrscheinlich mehr Spaß als ein Leben als Anwältin.«

Anders als in der Geschäftswelt können Frauen in der Politik Fuß fassen, ohne sich lange hocharbeiten zu müssen. Kathleen beschloß, sich für das Finanzministerium zu bewerben. Von da an blühte sie auf, wie ein Freund der Familie erzählte.

»Ich sah sie Tag für Tag immer stärker, immer selbstbewußter, ihrer Ideen sicherer werden. Sie veränderte ihre Frisur, die Art, wie sie sich kleidete. Früher hatte sie eine Menge Schleifen und Schals getragen, wie ihre Mutter. Ihre Kleidung wurde schlichter, die Farben kräftiger. Ihre Lebensperspektive wurde klarer.«

Jetzt kam auch der irische Charme des Vaters an ihr zum Vorschein. Sauter meinte, die Leidenschaft für das politische Leben, die seine Frau ergriff, stamme »direkt von ihrem Vater, ungebrochen«. Diese Entwicklung ist typisch, wenn eine Frau die Vierzig überschritten hat. Brown tat eine Menge Wahlkampfspenden auf und kam mit Leichtigkeit ins Finanzministerium. Als ihre Partei, die Demokraten, ihr riet, ins Rennen um das Gouverneursamt zu gehen, war sie dazu bereit. Sie hat sich bis zum bitteren Ende gut gehalten.

Was sagt ihr Mann zu diesem extremen Rollenwechsel? Er ist offenbar ganz zufrieden. Einst der mächtige Präsident von CBS, arbeitet Sauter jetzt nur noch an drei Tagen in der Woche als Berater von Rupert Murdochs Fox News. Sauter ist mittlerweile sechzig, zehn Jahre älter als seine Frau.

»Diese Idee gefällt mir: Ich bin ein zur Hälfte verrenteter Mann, der sich aushalten läßt!« witzelt er. Er läßt es sich gutgehen, geht mit seinem Collie in Jeans und Pulli spazieren und leistet sich einen langen weißen Bart. Wenn seine Frau Wahlkampfveranstaltungen hat, springt er in seinen Ford Bronco und fährt mit einem Kumpel zum Fischen in den Norden. Wenn sie zu Hause ist, dreht sich ihr Leben um ihre Freunde, die Enkelkinder und die aktuellen politischen Entwicklungen.

Ihr zweiter Mann, Sauter, unterstützt in dieser Zeit der Reife ihre politische Karriere hundertprozentig. Es scheint, als fühle er sich nicht wie damals ihr erster Mann dadurch bedroht. Aber er ist kein Pantoffelheld. Wenn der reizbare Konservative sich mit seiner liberalen Frau wegen irgendeines Themas streitet, brüllt er sie manchmal an, wie Freunde bezeugen: »Red nicht so einen Quatsch!« Er glaubt, daß er durch sein Contra die Diskussion stimuliert: »Es ist fast so, als ob zwei Hunde sich ankläffen. Es wird viel geschrien, aber keiner nimmt es dem anderen übel.« Normalerweise mischt sich Sauter nicht in die politischen Angelegenheiten seiner Frau ein. Aber schließlich war er einmal ein Medienstar. Er versteht etwas davon, Persönlichkeiten, die im Fernsehen auftreten, den Zuschauern näherzubringen. Und so wird er sich, wenn die Situation es verlangt, als persönlicher Berater seiner Frau betätigen.

Die männlich-weiblichen Kräfte in eine so glückliche Verbindung miteinander zu bringen, ist wohl erst möglich, wenn wir ins mittlere Lebensalter kommen. Paaren, die sich der Struktur des sexuellen Diamanten bewußt sind und sie nutzen können, ist eine reichere und intelligentere Beziehung sicher, in der sich beide einem »gemeinsamen Ganzen« nähern. Ob wir es wollen oder nicht, diese Veränderungen geschehen, unweigerlich. Und es sind nicht nur soziale und psychische Veränderungen, Männer und Frauen nähern sich auch biologisch dem anderen Geschlecht an, wenn sie einmal die Vierzig überschritten haben.

Lassen Sie uns noch einmal von vorne beginnen.

SEXUELLE VERÄNDERUNGEN IM GEHIRN

Die Biochemie ist am Werk, lange bevor uns die Gesellschaft in enge Geschlechterrollen preßt. Seit ich 1983 in *Pathfinders*[4] über diese Theorie schrieb, haben sich die Hinweise darauf verdichtet, daß im Laufe des Lebens Veränderungen, die unser Geschlecht betreffen, im Gehirn stattfinden. Sie können die biologische Seite des sexuellen Diamanten erklären. Genauso wie uns die Pubertät aus der geschlechtsunspezifischen Zeit der Kindheit herauskatapultiert, führen später Veränderungen der Hormone und der Chemie des Gehirns die beiden Geschlechter wieder näher zueinander.

Früher nahm man aufgrund von Untersuchungen an Tieren an, daß neonatale Faktoren, darunter vielleicht auch Hormone, die Struktur des Gehirns fixierten, und es von da an unveränderlich bliebe. Jetzt wissen wir, daß das Gehirn durch Erfahrungen physisch verändert wird. Die Arbeiten der Neurobiologen Eric Kandel und James H. Schwartz haben eindeutig ergeben, daß das Gehirn eine Flexibilität besitzt, mit der es kein anderes Organ unseres Körpers aufnehmen kann.[5] Was den sexuellen Diamanten angeht, ist die Entdeckung Kandels noch interessanter, daß die Struktur des Gehirns in gewissen Phasen ihrer Entwicklung selbst auf zellularer Ebene von der Interaktion mit der Umgebung abhängig ist.

Die neuesten Forschungen der Neurobiologie zeigen, daß das Östrogen schon im Fötus die Architektur des weiblichen wie auch des männlichen Gehirns einrichten hilft und noch das ganze Erwachsenenalter hindurch ihre Komplexität zu erhalten sich bemüht.[6] Der bekannte Neuroanatom Roger Gorski hat zusammen mit seiner Kollegin Laura Allen unzweifelhaft bewiesen, daß Hormone die Struktur unseres Gehirns verändern können.[7] Unser Verhalten wird während unseres ganzen Lebens durch die Wirkung von Hormonen auf unser Gehirn bestimmt, aber in gewissen Phasen steigert sich ihre Wirkung noch deutlich.

Während der pubertären Entwicklung wirken sich die Hormone am stärksten auf Gestalt und Größe unseres Körpers aus. Sie verändern aber auch wesentlich die Struktur unseres Gehirns. Androgene, vor allem das Testosteron, werden mit einer Anzahl männlicher Charakterzüge in Verbindung gebracht, die bei den Männern während der Pubertät lebhaft hervortreten: selbstbewußtes Auftreten, Konkurrenzverhalten, räumliches Denken, Verteidigung von Gebietsansprüchen, Schmerztoleranz, Zähigkeit und Ausdauer, Ungebundenheit, Abenteuerlust und räuberisches Verhalten. Diese Liste führt so ungefähr all das auf, was Frauen gegen das männliche Geschlecht einzuwenden haben. Androgene machen einen Jungen aus einem weiblichen Fötus und einen starken Mann aus einem sanften Knaben. Das männliche Geschlecht läßt sich von den charakteristischen Zügen der Männlichkeit nicht trennen.[8]

Ähnlich sind Mädchen vor der Pubertät, bevor ihre Eierstöcke Östrogen produzieren, hauptsächlich dem Testosteron ausgesetzt, das aus ihren Keimdrüsen kommt. Deshalb wachsen den Mädchen im Alter zwischen neun und zwölf Haare unter den Armen und in der Schamgegend, und sie schießen in die Höhe. Diese Phase mit relativ hohem Testosteron- und relativ niedrigem Östrogenspiegel ist auch die Zeit der Abenteuer- und Kampflust bei den meisten Mädchen, wenn sie Bäume hinaufklettern und in Wettkämpfen ihre Kräfte messen, noch sind sie aggressiv und haben wenig Scham.

Aber warten Sie's ab. Sowohl das männliche wie auch das weibliche Temperament werden sich während des mittleren Lebensabschnitts infolge eines unerbittlichen Hormonspiegelabfalls verändern.

Biochemisch ist bisher bekannt, daß sich bei Frauen mittleren Alters das Verhältnis des »weiblichen« Sexualhormons, des Östrogens, zum »männlichen«, dem Testosteron merklich verändert. »Frauen jenseits der Wechseljahre produzieren verstärkt das männliche Sexualhormon«, bestätigte Professor Pentti Siiteri.[9] Die Keimdrüsen von Frauen produzieren sogar dann noch Testosteron, nachdem ihre Ovarien aufgehört haben, Östrogen herzustellen. Die Testosteronmenge kann bei Frauen jenseits der Wechseljahre bis zu zehnmal höher sein als bei einer Frau, die noch einen Eisprung hat und deren Eierstöcke Östrogen produzieren.[10] Es ist kein Zufall, daß diese zweite Phase der Testosterondominanz mit dem Wiederaufkommen von Abenteuerlust, Unabhängigkeitsstreben und Selbstsicherheit bei den Frauen zusammenfällt.

Beim Mann bewegt sich das Verhältnis in die andere Richtung, wenn sein Testosteronspiegel sinkt. Darüber hinaus verwandelt sich mehr von seinem »männlichen« Sexualhormon in Östrogen. »So sinkt der Spiegel seines ›männlichen‹ Hormons deutlich im Verhältnis zu dem des ›weiblichen‹ Hormons«, sagte Siiteri. Diese Veränderung vollzieht sich beim Mann aber nicht abrupt, ebenso haben Männer immer einen wenigstens zehnmal höheren Testosteronspiegel als Frauen.

Wir wissen, daß das Gehirn sowohl von Östrogenen als auch von Testosteron in hohem Maße beeinflußt wird. In Anbetracht der hormonalen Schwankungen im mittleren Lebensabschnitt ist es verständlich, daß das Gehirn, wenn ihm die Hormone, über die es dreißig oder vierzig Jahre lang verfügen konnte, entzogen werden, eine neue Balance zu finden versucht. Ich fragte Professor Gorski, ob die Gehirnstruktur sich bei Frauen und Männern während der Wechseljahre noch einmal merklich ändern könne.

Gorski sagte, dies sei möglich. Einige seiner Studien zeigen, daß sich in den Gehirnen älterer Tiere strukturelle Veränderungen vollziehen. Andere Wissenschaftler begreifen allmählich, wie wichtig das Östrogen für die Gesundheit des Gehirns beider Geschlechter ist. Wie schon in Kapitel zwölf beschrieben, können sich die für die Bewältigung neuer Lebensumstände und Aufgaben nötigen Kontakte zwischen den Gehirnzellen verringern, wenn zu Beginn der Wechseljahre der Östrogenspiegel stark abfällt und nicht ausgeglichen wird. Solche im Gehirn stattfindenden Veränderungen fördern bei Frauen sogar eine Anfälligkeit für die Alzheimersche Krankheit.

Daß unser Gehirn sich im mittleren Lebensabschnitt strukturell verändert, ist eine bemerkenswerte Vorstellung. Kann das mit ein Grund dafür sein, daß die Männer im zweiten Erwachsenenalter ihre weibliche und die Frauen ihre männliche Seite entdecken? Vielleicht vollzieht das Gehirn von Männern und Frauen, wenn sich infolge ihres Alters das Verhältnis zwischen den Hormonen ändert, einen Übergang, und sie beginnen, sich mehr von der Gehirnstruktur des anderen Geschlechts anzueignen.

»Daß Frauen nach der Menopause im endrokrinologischen Sinn mehr wie Männer werden, ist ein plausibler und provozierender Befund«, sagte Siiteri. »Bei normalen Männern findet zwischen dem biologischen Höhepunkt ihres Lebens mit fünfundzwanzig und dem reifen Alter von siebzig Jahren ein zwanzig- bis fünfzigprozentiger Abfall des dem Gehirn zur Verfügung stehenden Testosterons statt«, bestätigte Siiteri. »Die meisten Wissenschaftler erklären damit heute nicht nur die funktionalen Veränderungen, sondern auch die der Stimmung.« Wenn das Testosteron und das DHEA sich verringern und das weibliche Hormon Östrogen sich vermehrt, werden Passivität, Fügsamkeit und Gelehrigkeit (die Charakteristiken präpubertärer Mädchen) zu Eigenschaften älterer Männer.

HARMONIE – VON WEGEN!

Wäre es nicht schön, wenn das menschliche Verhalten sich so geordnet entwickelte wie auf der Skizze des sexuellen Diamanten? Er sieht aus, als ob die Geschlechter sich tatsächlich annäherten, und es tut sich auch wirklich einiges. Aber die beiden Geschlechter bewegen sich nicht einfach sanft und gefügig aufeinander zu. Manche Paare fühlen sich in ihrem mittleren Lebensabschnitt vielleicht asynchroner denn je. Genau wie in allen anderen Phasen des zweiten Erwachsenenalters sind die Möglichkeiten für Männer, Frauen und Paare heute im Fluß. Wir können nicht erwarten, so zu leben und zu lieben oder geliebt zu werden wie zu der Zeit, als die Männer sich mit Ende Fünfzig aufs Altenteil zurückzogen und ihre Frauen zu Hause saßen, um Erbsen zu schälen und auf die Enkelkinder aufzupassen.

Ein aufgeklärter Fernsehdirektor erzählte mir zum Beispiel von der Krise, die er in seiner sexuellen Laufbahn mit zweiundfünfzig durchmachte. Er behauptet allerdings, nicht er selbst sei der Anlaß gewesen, sondern der Eintritt seiner Frau in die Wechseljahre. Der jungenhafte Mann war Komiker, der zuerst in kleinen Kabaretts im Künstlerviertel Greenwich Village auftrat, später am Broadway sein Geld verdiente und zuletzt im Fernsehen gelandet war, während seine treusorgende Gattin von zu Hause aus seine Karriere begleitet hatte. Aber als sie sich der Fünfzig näherte, sagte er, wurde ihre Beziehung sehr schwierig. Seine Frau veränderte sich sehr. »Während die Frau ihre Individualität entdeckt und sich nicht mehr über dich definiert, entwickelst du, der Mann, gerade deine zärtlichen, liebevollen Seiten. Für einen Mann von fünfzig ist die Arbeit nicht mehr das Nonplusultra. Gleichzeitig wird die Frau eigenständiger, selbstbewußter, weniger tolerant, einfach... anders. Härter. Nicht lieblos, nur einfach nicht mehr so an Männern interessiert, die immer noch wie Kinder sind.«

Der Direktor beschrieb die typische Kehrtwende eines Ehepaars in den Fünfzigern. Aber daß er die ganze Veränderung mit den Wechseljahren der Frau erklärte, war zu kurz gedacht.

Er veränderte sich schließlich auch. Angst vor der Verschiebung der Geschlechtsmerkmale kann auf einer tiefen emotionalen Ebene auftauchen. Es kann ein Grund unter anderen sein, weshalb wir eine solche Phobie gegenüber dem Alter haben: Wir spüren buchstäblich, daß wir uns wie Frankensteins Monster verändern, ohne daß wir Einfluß darauf hätten.

Wir wissen inzwischen, daß sich Männer und Frauen während ihres frühen Erwachsenenlebens nicht synchron entwickeln. Zwar bringt das mittlere und spätere Leben beide Geschlechter zu einem größeren Gleichgewicht zwischen dem (männlichen) selbstsicheren Streben und dem (weiblichen) Verschmelzungstrieb, aber sie gelangen aus gegensätzlichen Richtungen an diesen Punkt.[11] Der eine Teil eines Paares kann sich recht schnell bewegen, während der andere noch in den traditionellen Mustern feststeckt. Die Karriere einer jüngeren Frau macht vielleicht gerade einen Sprung, während ihr älterer Ehemann einen toten Punkt erreicht hat oder sogar zurückfällt. Männer und Frauen scheinen sich zu kreuzen wie Züge in der Nacht.

DIE KREUZUNGSKRISE

Die aktuellen gesellschaftlichen Trends verstärken noch den sexuellen Diamanten. Die bisher ausgewogene und assimilierbare, wenn nicht erwünschte Rollenvertauschung gerät aus dem Gleichgewicht. Die Kreuzung der Geschlechter bringt Ehemänner und -frauen aus dem Gleichklang. Trotzdem hat man der Verwirrung dieser Kreuzungskrise bisher wenig Beachtung geschenkt.

Eine typische Rollenumkehr hat mir Dr. Judith Rosener beschrieben, die zufrieden als Nurhausfrau die Kinder aufzog, ehrenamtlich arbeitete und Tennis spielte. Wie die meisten Frauen ihrer Generation ist sie immer noch mit ihrem ersten Mann verheiratet. In den mittleren Jahren hatte sie, ohne irgendein Berufsziel im Kopf, noch einmal studiert. Ihre Karriere nahm sie erst mit zweiundfünfzig in Angriff. Sie bekam eine Professur für Betriebswirtschaft an der Universität in Irvine, aber verwunderlicher noch, auch für sie, war, daß ihr Buch über den männlichen und den weiblichen Managementstil zum Bestseller wurde.[12]

»Ich hatte nie einen Pfennig verdient«, sagte Rosener. »Mein Mann hat das Geld nach Hause gebracht. Mit meiner Professorenstelle und den Honoraren aus meinen Büchern verdiene ich plötzlich das große Geld. Ich schreibe politischen Kandidaten Tausend-Dollar-Schecks aus und spende Geld für Sachen, an denen mir liegt. 1995 kam ein neues Buch von mir heraus, in dem es um Frauen im Topmanagement geht. Es ist die aufregendste Zeit meines Lebens!«

Sie hat mit Fünfundsechzig noch etwas vor sich. Ihr Mann, ein früherer Polizeibeamter, ist jetzt einundsiebzig. Er möchte nur, daß sie um ihn ist, sagte sie. Früher, als sie einfach nur seine Frau war, hat er sich wohler gefühlt. Manchmal ist sie hin- und hergerissen.

»Die Welt öffnet sich für uns Frauen«, sagte sie, »während unsere Ehemänner beruflich abbauen. Mein Mann ist eine Ausnahme, weil er sich zu Hause seinen Arbeitsplatz eingerichtet hat, unverkrampft mit der Sache umgeht und sich über meinen Erfolg freut. Aber viele Ehemänner, die mit berufstätigen Frauen verheiratet sind, sind sehr unglücklich. Sie sind eifersüchtig, weil ihre Frauen soviel Zeit für ihren Beruf aufwenden.«

Es ist eine mißliche Situation, die inzwischen häufig zu beobachten ist. Immer mehr Männer über Fünfzig werden früher, als sie es vorhatten, aus der Arbeitswelt gedrängt, ihre Ehefrauen hingegen, der familiären Pflichten ledig, zur vollen beruflichen Betätigung draußen in der Welt verlockt. Mit den Jahren tritt, wie der ehemalige Leiter des Jung-Instituts, Areyh Maidenbaum, beobachtet hat, der sexuelle Diamant immer deutlicher hervor. »Wenn die Frauen in die Fünfziger kommen, fühlen sie so viel freie Energie. Sie sagen dann oft: ›Klasse, ich habe noch dreißig Jahre vor mir!‹ Männer hingegen sehen diese Phase oft als eine des Machtverlusts. Das Bewußtsein der eigenen Sterblichkeit macht sich bei den Männern ab fünfzig wirklich bemerkbar. Daß die Frauen der Männer weniger bedürfen, empfinden die Männer als Bedrohung.«

Die meisten Männer und Frauen der angepaßten Generationen haben nicht mit diesem Verlust der Machtbalance gerechnet. Männer, die sich bedroht und verwirrt fühlen und sich an die alten Geschlechterrollen klammern, können die neue Geometrie des sexuellen Diamanten als schmerzlich empfinden. Sie kommen sich verschaukelt und ohnmächtig vor und spüren, daß ihre Zeit zu Ende geht. Aber wer möchte schon in den ausgefahrenen Gleisen des ersten Erwachsenenalters steckenbleiben? Ein Zahnarzt in den Fünfzigern erzählte mir, wie er sich eines Tages in seinem weißen Kittel mit gezücktem Bohrer über einen Patienten beugte, als ihn die Erkenntnis überfiel: Wer sagt eigentlich, daß ein rotznasiger achtzehnjähriger Bengel entscheiden kann, daß ich mein ganzes Leben lang in die Münder anderer Leute blicken soll?

Wenn Männer plötzlich Freude am Kochen haben oder im Garten herumwerkeln oder ein Musikinstrument wieder hervorholen, das sie früher einmal gern gespielt haben, oder ein Sprachstudium aufnehmen oder das Reich der Philosophie zu erforschen beginnen, wird deutlich, daß eine bedeutende Veränderung ihrer Persönlichkeit vor sich geht. Statt nun gegen etwas anzukämpfen, das ihr Leben erweitern und bereichern soll, zapfen diese Männer neue Quellen der Kraft und des Vergnügens an, die ihre Natur ihnen bietet. Diese Männer erfreuen sich, wie meine Umfragen zeigen, des höchsten Wohlbefindens. Sie werden in ihrem mittleren Lebensabschnitt viel offener für neue Erfahrungen und entdecken, daß ihre Sinne wieder erwachen. Sie finden neuen Geschmack am Leben. Sie setzen die Entwicklung ihrer Kreativität nicht mehr mit Passivität oder Weiblichkeit gleich. Vielmehr gestatten sie es sich, die Grenzen dessen, was männlich ist, zu überschreiten, und verwandeln den sexuellen Diamanten in ein Juwel, das das Leben in den mittleren Jahren zum Funkeln bringen kann.[13]

Judith Rosener erklärt aus sozialwissenschaftlicher Perspektive, wie die Frauen diese Situation sehen: »Die Bestätigung, die wir bis dahin von unseren Ehemännern erhielten, gewinnen wir jetzt aus unserer Selbständigkeit. Die Beziehung ist nicht mehr das Ziel aller Wünsche. Frauen haben entdeckt, wie aufregend es ist, mit anderen Frauen zusammenzusein. Diese Beziehungen schaffen eine ganz andere Art von Nähe als die in einer Ehe. Es geht hier nicht um Sex, sondern um die Lust an gemeinsam gemachten Erfahrungen.«

Der Konflikt wird dort besonders schmerzhaft, wo Frauen von dem neuen Schwung nach den Wechseljahren zu neuen Unternehmungen motiviert sind, während Männer in diesem Alter beruflich oft auf der Strecke bleiben.

Eine drastische Darbietung dieser Unausgewogenheit erlebte ich während eines ganztägigen Gesprächs mit einer Gruppe von Männern, die alle ihre Stelle bei der Firma, die das Leben in dem kleinen Ort bestimmte, verloren hatten. Auf diese sechs Männer traf eine Gruppe von Anzeigenvertreterinnen, ebenfalls in den Fünfzigern, die für eine aggressive, von Frauen geführte Werbeagentur arbeiteten. Ihr Erscheinen wirkte wie ein Östrogenschock. Die Frauen kamen forschen Schritts herein, alle in elegante Kostüme gekleidet, sehr von sich überzeugt. Sie erzählten von ihrem Teamgeist und daß sie den anderen Agenturen in der Gegend den Anzeigenmarkt streitig machen wollten. »Die meisten von uns sind total begeistert, daß wir noch mal von vorn anfangen dürfen«, sagte die eine von ihnen. »Und jede von uns hat großen Erfolg«, bestätigte eine andere.

Die Männer sanken buchstäblich in sich zusammen. Sie verschränkten schützend die Arme über Brust und Bauch. Einer von ihnen murmelte: »Die erinnern mich an meine erste Frau.«

Bei den Therapeuten tauchen immer mehr Paare auf, die durch diese Kreuzungskrise unter Druck geraten und Hilfe suchen. Die Frauen wären schnippisch und rechthaberisch: »Was ist mit dir los? Kommst du vielleicht nicht klar?« Die Männer befinden sich gewöhnlich in depressiven Zuständen und wollen ihre Situation nicht wahrhaben. Manche Männer werden feindselig und wüten herum, wobei sie allen anderen die Schuld für ihre Demütigung geben. Andere verkriechen sich in ihre Arbeit und sitzen von sieben Uhr früh bis ein Uhr nachts an ihren Computern, um ihre Angst, wertlos geworden zu sein, zu bekämpfen. Eine Psychologin rät den Frauen in dieser mißlichen Situation zur Geduld: »Oder Sie haben mit sechzig keinen Ehemann mehr.«

Diese Verwirrung kann durch eine abrupte Rollenvertauschung entstehen, es sei denn, ein Paar vermag diese Entwicklung zu seinem Vorteil zu nutzen.

DAS GEHEIMNIS DER HEITEREN POTENZ

Männer über fünfundvierzig sind in ihrer Sexualität stark verunsichert. Fast die Hälfte gibt zu, daß ihre Lust nachgelassen hat. Aber noch etwas anderes passiert. Mit dem zweiten Erwachsenenalter verändert sich ihre Vorstellung von einer Beziehung. Ihr Bedürfnis nach Nähe und Kameradschaft wird stärker als ihr Begehren.

Die von mir befragten Freiberufler zeigen ein wachsendes Bewußtsein und Interesse an Nähe und Verständigung mit ihrer Frau. In ihrer Werteskala stehen Intimität und Vertrauen jetzt an höchster Stelle. Unter Intimität verstehen sie menschliche Nähe, emotionale Wärme, Freundlichkeit, Zärtlichkeit und Toleranz. Aufgrund dieses Eingeständnisses, menschliche Nähe zu suchen und zu brauchen, entsteht offenbar eine neue Chemie zwischen den Partnern. Daraus entwickelt sich auch eine subtilere Form der Sexualität. Nur eine Handvoll Männer über fünfundvierzig sagt, sie schätzten den »wiederaufgefrischten Sex« am meisten. Und doch erfreuen sich die meisten all dieser Männer ihres Geschlechtslebens.

Die Freiberufler, die noch immer in der ersten Ehe leben, sagten ohne Ausnahme, daß sie bei ihrer Frau Nähe und Bestätigung finden.

Das widerlegt die dumme Ausrede, durch die Vertrautheit mit der ewig selben Ehefrau ließen das Verlangen und die sexuelle Leistung nach. Von den Männern, die in zweiter oder dritter Ehe leben, meint die Hälfte, daß sie vor allem bei ihrer Ehefrau die gesuchte Nähe finden. Dieser geringe Anteil hat nichts damit zu tun, daß die Frauen etwa jünger wären – alle Männer sind mit nahezu gleichaltrigen Frauen verheiratet. Viele der wiederverheirateten Männer suchen Intimität in außerehelichen Beziehungen.

Männer, die die Wechseljahre durchstehen und Intimität und Vertrauen bei ihrer Partnerin finden, können sich einer männlichen Entsprechung des neuen Schwungs nach der Menopause der Frauen erfreuen, die wir »heitere Potenz« nennen wollen. Es hilft, wenn ein Mann weiß, wonach er suchen muß.

Aufstrebender Pleitier, Anfang Fünfzig

»Die Gesellschaft von Frauen habe ich immer noch genossen, aber es hat mich nicht mehr gedrängt, mit ihnen ins Bett zu gehen. Es kam mir mehr auf die Zuneigung an.«

Ein New Yorker Investmentbanker erzählte mir, daß er sich gewundert habe, in welcher Weise sich mit fünfzig sein Begehren wandelte. Er war geschieden und wurde als hochbegehrter Junggeselle von Party zu Party gereicht.

»Ich hatte keine Lust mehr, hinter den Frauen herzujagen, wie noch als junger Mann. Damals fand ich zwar die Jagd und die Eroberung toll, aber ich kann mich nur noch an den körperlichen Akt, nicht an das eigentliche Liebesspiel erinnern. Die Gesellschaft von Frauen habe ich später immer noch genossen, aber es hat mich nicht mehr gedrängt, mit ihnen ins Bett zu gehen. Es kam mir mehr auf die Zuneigung an. Und die erhielt ich von der Frau, die ich damals liebte. Aber die Frauen erwarteten, daß ich sie anmache – nur weil ich ein Mann bin. Also tat ich es, ich ging mit ihnen nach Hause und ins Bett. Manchmal klappte es gar nicht. Ich war einfach mit dem Herzen nicht dabei – ich tat es nur, weil ich dachte, daß ich es tun sollte. Und nach einer Weile hatte ich den Eindruck, daß ich mich selbst dabei betrüge. Ich erfand Ausreden, um mich davonmachen zu können.«

»Das klingt vielleicht blöd«, fügte der Banker hinzu, »aber als ich älter wurde, stellte ich fest, daß Sex allein nicht viel Spaß machte. Es gehört Liebe dazu.«

In unserer säkularen Kultur hat Sex mittlerweile den Stellenwert einer Religion, wenn es darum geht, dem Leben Sinn zu geben. Nicht umsonst ist aber daran erinnert worden, daß Sex etwas Körperliches ist und der Körper sterblich.[14] Deshalb geht ein Mann, der sich auf den Geschlechtsakt als einer unerschöpflichen Quelle seiner Kraft verläßt, von etwas Unmöglichem aus: der ewigen Virilität.

NEW-AGE-ELEKTRIKER, ZWEIUNDFÜNFZIG

»Eine ganz andere Seite in mir ist zum Leben erwacht.«

Robert White, ein Elektrikermeister, mit dem ich in Florida sprach, glaubte, daß man fortwährend seine Virilität unter Beweis stellen müsse. Aber unter dem starren Verhaltenskodex, den ihm seine Erziehung vermittelt hatte, lagen die Sehnsüchte eines sanften und vergeistigten Menschen verborgen.

Er war in einer Alkoholikerfamilie aufgewachsen und schien ein zweiter John Wayne zu werden. Aber so hat er sich nie gefühlt. All die Jahre, in denen er sich mit seinem Handwerksbetrieb sein Brot verdiente, hungerte er nach einem intellektuellen Ausgleich. Aber offenbar schätzte man nur seine Körperkraft. Genauso glaubte er, daß es an ihm als Mann sei, sich einer Frau zu nähern.

Mit Mitte Vierzig wurde er geschieden. Dann begegnete er einer Frau, die Vorträge über Wunder hielt. Er war selbst erstaunt darüber, wie gut es ihm tat, sich mit Dingen zu befassen, von denen in der Kirche nie die Rede war. Mit dieser Frau war es ihm auch möglich, den passiven Part in der Liebe zu übernehmen und nicht immer der Aktive sein zu müssen.

Robert gibt gern zu, daß sie Zärtlichkeit und Zuneigung in ihm ausgelöst hat und ihn von seinem Leistungszwang bei der Arbeit und im Bett befreit hat.

»Jetzt geht es nicht mehr nur darum, was man tut, sondern auch, mit wem man es tut. Diese gemeinsame Erfahrung macht den Sex viel befriedigender«, sagte er mir. »Es kommt mir vor, als wäre eine ganz andere Seite in mir zum Leben erwacht.«

Männer im zweiten Erwachsenenalter, die immer noch einen Sinn in ihrer Arbeit finden oder eine ganz neue Leidenschaft entwickeln und die auch in ihrer Ehe die Intimität ausdehnen und in ihre Gesundheit und Körperkraft investieren, haben selten Potenzprobleme. Ein erfolgreicher New Yorker Chirurg, dessen Persönlichkeit völlig darin aufzugehen schien, bei seinen Krankenvisiten angehimmelt zu werden, begab sich mit über siebzig in den verdienten Ruhestand. »Paßt auf, jetzt bekommt er eine Depression, trocknet aus und stirbt«, witzelten seine Angehörigen. Aber er entwickelte eine neue Leidenschaft: das Schachspiel. Darin wurde er so gut, daß er bald an Meisterschaften teilnahm. Um sich fit zu halten, spielte er weiterhin zweimal in der Woche Tennis. »Er hat den alten Zeiten nie nachgetrauert«, sagte bewundernd sein Schwiegersohn.

Die meisten Arbeiter über fünfundvierzig in der *Family-Circle*-Umfrage hatten in ihrer Ehe nicht viel Nähe erfahren. Zäh widerstanden sie meinen Versuchen, ihnen Probleme oder Kümmernisse zu entlocken, aus Angst, dann kein ganzer Mann zu sein. Nur die wenigsten hatten Freunde, denen sie sich anvertrauen konnten. Ihr Geschlechtsleben zeigte den Mangel an Intimität: Im Schnitt hatten die Männer aus meiner Untersuchung nur einmal in der Woche Sex.

Der Kontrast zu den Männern, die angaben, daß es ihnen sehr gut ginge, ist auffallend: Sie verbrachten viel Zeit mit ihrer Frau – im Durchschnitt sechs Stunden pro Tag –, viele von ihnen vermutlich gemeinsam in einem kleinen Geschäft. Sie beschäftigen sich mehr mit Freunden und spirituellen Dingen. Diese Männer schienen den Altersprozeß als zweite

Chance zu betrachten. Und unter dem Strich hatten sie mit ihren Frauen mehr Sex als der durchschnittliche *Family-Circle*-Mann.

DIE LEBENSRETTERIN

»Ich habe sehr viele Frauen kennengelernt, die mit fünfzig, sechzig oder siebzig allein leben können und es auch tun«, sagt der Jungsche Psychoanalytiker Maidenbaum. »Die Männer haben fast alle eine Partnerin.«

Wenn Männer ihr Konkurrenzverhalten aufgeben wollen, bauen sie sich vielleicht einen Freundeskreis auf oder gründen eine Männergruppe. Diese extensiven Quellen von Intimität werden buchstäblich zu einer Lebensader. Aber der wichtigste Faktor, der ältere Männer vor einer Depression schützt und ihr Leben verlängert, ist die Frau, sie rettet ihnen das Leben.

Verheiratete Männer im Alter von Mitte Vierzig bis Mitte Sechzig werden doppelt so häufig zehn Jahre älter als unverheiratete Männer.

Das ergab eine großangelegte Studie über Lebensfaktoren, bei der mehr als siebentausend amerikanische Erwachsene befragt wurden.[15] Eine intakte Ehe ist für Männer lebensverlängernd, selbst dort, wo man Unterschiede im Einkommen, in der Ausbildung und Gefahrenquellen wie Rauchen, Trinken, Übergewicht und Mangel an Bewegung in Rechnung stellt. Die größte Überraschung für die Forscher war die Entdeckung, daß nicht jede Frau sich als Lebensretterin eignet. Männer, die lediglich eine Frau bei sich wohnen lassen oder die selbst bei ihren erwachsenen Kindern, ihren Eltern oder anderen Verwandten wohnen, erfreuen sich nicht dieses Lebensverlängerungsmittels.[16] Mit der Ehefrau hat es eine spezielle Bewandtnis, die ihren Mann vor der Depression bewahrt.

Männer haben mir oft schon gesagt: »Meine Frau hat mir geholfen, Seiten an mir zu entdecken, von deren Vorhandensein ich nichts geahnt hatte.« Die Ehefrau kann ihrem Mann seine unterdrückte Wut bewußt machen, die oft daher rührt, daß seine Talente und sein Bemühen mißachtet werden. Ehefrauen haben ganz feine Sensoren.

Die erste Ehefrau wird oft nur am Rande erwähnt. Viele Männer beschrieben mir ihre erste Frau so: »Sie ist nett, aber...« Überraschend ist, wie wenig sie von dieser netten Frau zu erzählen haben. Wenn sie mit ihr zusammenbleiben, erleben sie vielleicht dieselbe Überraschung wie der sechsundvierzigjährige Harry Angstrom aus John Updikes Roman *Rabitt ist reich*: Er entdeckt plötzlich, daß er seine Frau um ihre Weisheit, Kraft und Lebhaftigkeit beneidet. Angstrom muß bemerken, daß seine Frau mehr aus ihrer Erfahrung gelernt hat als er, der noch immer dieselben alten Fragen stellt.

Natürlich kann es sein, daß ein Ehepaar mit fünfundvierzig oder fünfzig derart unterschiedliche Bedürfnisse und Ziele hat, daß sie einander einfach nicht unterstützen können. Um den schärferen Kanten des sexuellen Diamanten zu entgehen, hat es etwas für sich, wenn ein Mann eine jüngere Frau heiratet. Plötzlich ist ein neuer Lebenssinn da: Er hat wieder jemanden, den er beschützen kann. Wenn sie naiv ist, kann er ihr die Welt erklären. Ist sie ein aufgehender Stern in ihrem Beruf, kann er ihr Promoter, wenn nicht sogar ihr Geschäftspartner werden. Wenn sie ein Kind will, wie es meistens der Fall ist, blüht ihm noch einmal die Rolle des Ernährers.

»Manche dieser Männer fühlen sich zu einer jüngeren Frau hingezogen, weil sie ihre Jugendlichkeit bewahrt haben«, sagte Maidenbaum. »Dann lernt der Mann etwas in der Ehe. Aber wenn er sich durch die Ehe mit einer jungen Frau vor dem drohenden Alter schützen will, wird er wahrscheinlich schneller verfallen. Es kann so oder so verlaufen.«

DAS SPRUNGBRETT SCHEIDUNG

Eine der kaum bemerkten großen Veränderungen der letzten zwanzig Jahre ist die wachsende Unlust der Frauen mittleren Alters, noch einmal zu heiraten. Diese Frauen haben nichts gemein mit den übriggebliebenen früheren Generationen. Die heutigen geschiedenen Frauen wollen zunehmend allein bleiben, statt ihre Unabhängigkeit zu opfern. Wenn sie sich auf vernünftige Art selbst ernähren können und erst einmal die neue finanzielle und sexuelle Freiheit geschmeckt haben, sehen sie in den meisten Heiratsangeboten ein schlechtes Geschäft, zumal sie so und so keine Kinder mehr kriegen können. Sie wollen sich nie wieder fügen.

Eine Scheidung ist immer schmerzhaft, aber im Rückblick erscheint sie vielen der von mir befragten Frauen der angepaßten Generation als ein Sprungbrett. Die erzwungene Selbständigkeit und die neue Ausbildung öffnen den Frauen eine ganze Reihe von Möglichkeiten, sich noch weiterzuentwickeln. Nur eine einzige unter den geschiedenen oder verwitweten Frauen über Fünfzig, mit denen ich gesprochen habe, lag manchmal schlaflos im Bett, weil sie überlegte, wie sie einen neuen Mann finden könnte. Allgemein gilt, sobald die Frauen erst einmal die Krise überstanden und ihr Selbstbewußtsein wiedergefunden haben, bringt sie nichts mehr aus der Bahn. Wie kürzlich eine Studie über die »typische« Frau um die Fünfzig und ihre etwas älteren männlichen Partner bestätigte, wird die Entwicklung einer Frau durch eine Scheidung eher gefördert.

»Plötzlich allein, ohne Mann, solo. Ob gewollt oder nicht – die meisten Frauen fühlten sich zum erstenmal in ihrem Leben befreit. Und sie würden eine Wiederheirat nicht riskieren, wenn das hieße, dann wieder Einschränkungen zu unterliegen. Sie waren jetzt dabei, sich selbst zu entdecken.«[17]

Aber was für viele Frauen ein Sprungbrett ist, erweist sich für die Männer oft als ein steiler Abhang. Die meisten geschiedenen Männer mittleren Alters kehren nicht gern wieder ins Alleinsein zurück. In meinen Gesprächen mit geschiedenen Männern von vierzig oder fünfzig war das allen gemeinsame Thema der Schiffbruch ihrer Ehe und ihr vermindertes Selbstwertgefühl. Meistens beichten diese Männer, wenn man ihnen auf den Zahn fühlt, daß ihre Frau die Scheidung eingereicht hat. Der Soziologe Walter Gove hat dieselbe Beobachtung

gemacht: Studien, die das Wohlbefinden und die Mortalität
von Männern und Frauen untersuchen, zeigen, daß es Frauen
mit einem eigenen Einkommen besser geht als Männern. Die
Todesursachen geschiedener Männern sind meistens streßbe-
dingt: Alkohol, Unfall oder Selbstmord, sagte Gove. Oft hat
eine Scheidung Zweifel an Selbstwert und Kompetenz ausgelöst.

Ihr Geheimnis – sexuelle Kraftquellen

Das bestgehütete Geheimnis der älteren Frau von heute ist: Sie
kann sich ihre Lust leisten. Wenn die Frauen um die Taille herum dicker werden, machen sie sich auf Männerjagd. Die Lese-
rinnen einer Frauenzeitschrift bekannten ganz offen, Teil ihres
neuen Selbstverständnisses sei, nichts mehr anbrennen zu lassen.[18] Die Hälfte aller Frauen über Fünfzig, die ich befragt habe
– Verheiratete und Singles – erzählten, daß sie sich einen jüngeren Liebhaber genommen haben. Und ein Viertel hat schon
einen Mann geliebt, der mindestens zwanzig Jahre jünger war!
   Einige dieser Frauen erwähnten, daß ihre Männer weniger
Interesse am Sex haben als sie selbst. Immerhin 40 Prozent
haben außereheliche Affären gehabt – eine um einiges höhere
Zahl, als die meisten Befragungen selbst bei jüngeren Frauen
aufweisen. Als Grund wird oft die Impotenz des Mannes
genannt.
   Mary Ann Goff entdeckte in ihren Fünfzigern die sexuelle
Lust aufs neue. Die Kleinstadtfrau aus Ohio, die an unserem
ersten »Frühstück für die flotten Fünfziger« teilnahm, hatte
eine jahrelange sexuelle Misere mit einem Mann hinter sich,
der sich weigerte, eine Beratungsstelle aufzusuchen. Dann verließ sie ihn, um in einer Stadt im Süden der USA ein neues
Leben anzufangen. Sie lernte einen aufregenden jungen Mann
kennen, der aber in einer anderen Stadt lebte. Mary Ann Goff
fand durch die monatelange Enthaltsamkeit ihre Theorie
bestätigt, daß ein aktives Sexualleben ein wahrer Jungbrunnen
sein kann.

»Was mein Auftreten und mein Körpergefühl betrifft, gab es da einen riesigen Unterschied«, sagt sie. »Ich glaube, wenn du viel mit deinem Liebhaber zusammen bist, haben deine Augen einen besonderen Glanz. Und der Sex hält deine inneren Geschlechtsorgane am Laufen. Ohne das bist du zwar existent, aber du bewegst dich im Zeitlupentempo, bist deprimiert, ohne Leben. Wenn du mit jemandem zusammen bist, wenn dich jemand streichelt, fühlst du dein Alter nicht, du fühlst dich jung!«

Derzeit hat Mary Ann, die jetzt sechzig ist, eine platonische Beziehung mit einem netten Herrn, aber sie sucht zielstrebig einen neuen jungen Liebhaber – einen, der noch kein Herzmittel einnimmt, nicht raucht, nicht trinkt. Ihr Schwiegersohn hat ihr vollen Ernstes gesagt: »Du verlangst zuviel.« Mary Ann hat in ihren tugendhaften erwachsenen Kindern ihre schlimmsten Kritiker. Ihre Tochter schilt sie: »Was sollen wir bloß mit einer Mutter tun, die sechzig ist und String-Bikinis trägt?«

»Na weißt du«, sagt Mary Ann zu ihr. »Das könnte auch deine Ehe wiederbeleben.«

Frauen mit jüngeren Liebhabern bestätigen im allgemeinen, daß ein junger Geliebter sie körperlich und geistig jung hält. Natürlich kennen ältere Herren *dieses* Geheimnis schon lange. Viele Frauen würden, ohne zu zögern, einer jungen Liebe frönen, frei nach dem Motto »Mach es oder laß es«, aber es bietet sich niemand an. Dabei stellen sie selbst ihr Licht unter den Scheffel und machen sich älter, als sie sind. In Wirklichkeit gibt es keinen Grund, wieso eine flotte Fünfzigjährige nicht begehrenswert sein sollte.

FRAUEN FINDEN LIEBE OHNE MÄNNER

»Je älter ich werde, um so weniger reizen mich die Männer meiner Generation«, sagte Jeanette Fruen, damals eine umtriebige Geschiedene in den Fünfzigern mit einer steilen Karriere als politische Beraterin. Sie hatte geglaubt, sie sollte nur mit

»Männern im passenden Alter« Verabredungen treffen, womit sie Männer meinte, die ebenso alt waren wie sie. Ein Freund riet ihr davon ab: »Laß das bloß sein. Die halten nie und nimmer bei diesem Tempo mit, du brauchst einen zehn Jahre Jüngeren.«

Ann Stunden, Leiterin eines Universitäts-Rechenzentrums, entschloß sich mit Ende Vierzig, mit dem Trinken aufzuhören. Plötzlich merkte sie, nüchtern und ehrlicher, offener und charmanter als vorher, daß sich jüngere Männer in sie verknallten. »Männer von vierzig sind viel aufgeschlossener und moderner als Männer in meinem Alter«, sagte sie und sprach damit eine Erfahrung vieler älterer Frauen aus. »Und Männer in den Dreißigern noch viel mehr. Die sind lange nicht so sexistisch und besitzergreifend wie ältere Männer. Zu jüngeren Männern kann man leichter eine Beziehung herstellen.«

Was hatte sie von ihrer Beziehung mit einem jüngeren Mann?

Sie lachte. »Ein bißchen Anbetung. Sorge, zärtliche Liebe. Natürlich bekomme ich auch von meinen erwachsenen Kindern Liebe, aber da ist immer so ein Unterton dabei: ›Hast du mir was mitgebracht, Mom?‹ Ich habe einen jungen Liebhaber, der nur einen Teil meines Lebens in Anspruch nimmt. Er will nichts von mir außer meiner Zeit. Er lebt in einer anderen Stadt.«

Ann legt jetzt den größten Wert auf intensive Freundschaften mit anderen Frauen. »Ich finde Frauen in meinem Alter viel interessanter als Männer.« Als sie neulich ihren Liebhaber besuchte, hat sie die ganze Zeit mit zwei ihrer Busenfreundinnen verbracht, sie haben sich Rührstückchen aus ihrem Leben erzählt und geheult. Der junge Mann war verletzt. »Warum warst du lieber mit denen zusammen als mit mir?« Ann mußte erst darüber nachdenken. »Weil ich mit meinen Freundinnen mein ganzes Leben teile und mit dir nur einen Ausschnitt, den gegenwärtigen.« Er verstand das.

Die große Verlockung, die eine ältere Frau für einen jungen Mann darstellt, ist, daß er keine weiteren Verpflichtungen eingeht. »Ich verlange von ihnen nicht, daß sie das Leben, das sie jetzt führen, aufgeben und mich heiraten«, sagte Ann. »Ich rede mit ihnen über ihre Probleme und Wünsche. Und sie genießen meine fünfzehn Jahre an zusätzlicher Erfahrung.«

Es wäre nett, einen Partner für die Augenblicke zwischendurch im Leben zu haben. Typisch für ihre Situation, ist Ann im Augenblick aber nicht auf der Suche. »Wieder mit einem Partner zusammenzuleben würde heißen, daß ich viele meiner Interessen aufgeben und mich dem Zeitplan eines anderen anpassen müßte. Wenn ich allein oder mit erwachsenen Kindern zusammenlebe, heißt das, ich kann kommen und gehen, wann es mir paßt.«

Alleinstehende ältere Männer und Frauen führen wieder ein Leben wie mit Anfang Zwanzig. Die Hälfte aller unverheirateten Männer zwischen fünfundvierzig und sechzig lebt allein, die andere teilt den Haushalt mit einer Frau, oft der Mutter. Unverheiratete Frauen über fünfundvierzig leben häufig mit einem Verwandten zusammen. Aber sehr viele unverheiratete, verwitwete oder geschiedene Frauen zwischen fünfundvierzig und sechzig leben auch mit einem Mann zusammen, den sie nicht zu heiraten beabsichtigen.

Viele Frauen hungert es aber nach Nähe, vor allem solche, die den größten Teil ihres Erwachsenenlebens mit einem traditionellen Mann gelebt haben. Für diese Frauen wird die Möglichkeit immer wichtiger, Intimität beim gleichen Geschlecht zu suchen. Untersuchungen zeigen, daß die Zahl der Frauen, die einmal heterosexuell war und im mittleren Lebensabschnitt eine lesbische Beziehung führt, wächst und mittlerweile bei etwa 50 Prozent liegt. Solche Frauen berichten, daß sie jetzt so intensiv und umfassend Nähe erfahren, wie sie sich das niemals vorstellen konnten.[19]

Kann eine Frau die neue Macht des sexuellen Diamanten genießen, auch wenn sie allein ist? Sicher. Frauen müssen sich nicht dafür entschuldigen, daß sie Macht wollen, wenn sie keine Sexobjekte mehr sind. Und dann fällt ihnen auch der ungezwungene Umgang mit Männern leicht. Der Wettkampf der Gene hat sich abgeschwächt. In den Korridoren der Macht ist das zu beobachten, wie Barbara Mikulski berichtet.

»Ich habe mich nach meinen Wechseljahren zur Wahl des Senats aufstellen lassen«, erzählte sie mir. Sie gab ihren sicheren Sitz im Repräsentantenhaus auf, um mit fünfzig das Rennen für den Senat, die etwas exklusivere Kammer zu machen. »Der Senat ist nicht die Erfüllung meiner Lebenswünsche«, betonte sie, »und es war auch sehr riskant. Aber ich bin nach der Menopause soviel selbstsicherer und mutiger geworden, ich liebe meine Fünfziger!«

Man sieht's. Die kleine, agile Frau aus Maryland ist eine der Nonkonformistinnen ihrer Generation. Der einzige Weg, den sie wie andere gegangen ist, ist der des US-Senats. Dort schwor sie als erste Frau, die je einen Sitz gewonnen hatte, den Eid. In diesem Alter genießt sie eher den Respekt der alten Herren im Senat, als daß sie Konkurrenzangst weckt. 1994 gelang Barbara Mikulski noch eine Premiere: Sie erhielt die höchste Führungsposition, die eine Angehörige der Demokratischen Partei je in der gesetzgebenden Versammlung der Vereinigten Staaten innegehabt hat.

So wie Kathleen Brown, Dr. Judith Rosener und Barbara Mikulski die alten Muster zerbrochen haben, finden immer mehr Frauen den Mut, ihr Potential in Wirtschaft oder Politik auszuschöpfen. Und wenn neue Männer wie der New-Age-Elektriker die subtilen Freuden der Liebesgemeinschaft statt der Sexualität nach dem Leistungsprinzip entdecken und andere Männer sich ihre Meriten bei der Arbeit für die Öffentlichkeit verdienen, werden sich die Möglichkeiten des sexuellen Diamanten für alle erweisen.

SECHSTER TEIL

DER ÜBERGANG ZUM ALTER DER GANZHEIT

15. Kapitel:
Die selbstbewußten Sechziger

Er blinzelte. Gerade als er die helle Farbe anmischte, verwandelte sich die wie Tiere geformten Wolken über seinem Kopf in eine dunkle, drohende Masse. Er nahm einen anderen Pinsel. Sein Pinsel war noch mit tiefem Rot gesättigt, als die dunklen Wolken sich auflösten und ein Blütenweiß erschien. Er blinzelte. Jetzt riß die Sonne ein blaues Loch in die Wolkendecke, aber sobald er seinen Pinsel in das Azurblau tauchte, würde auch eine neue Finsternis den Himmel ausfüllen. Genau wie in seinem Leben. War nichts vorhersehbar?

Nachdem der Witwer einen Monat unter den wechselvollen Wolken Irlands verbracht hatte, wandelte sich seine Stimmung. Er verbrachte die Nächte noch immer allein, seit seine geliebte Frau vor zwei Jahren gestorben war. Aber seltsam: Er schien auf einmal seine alte Spannkraft wiedergefunden zu haben. Er übertrieb nicht, als er erklärte: »Ich fühle mich viel jünger. Mein ganzes Zeitgefühl ist wie umgekrempelt. Plötzlich habe ich viel mehr Zeit. Rational gesehen weiß ich, daß das lächerlich ist. Es kann alles geschehen, morgen kannst du tot umfallen. Aber ich habe etwas gefunden, das ich gern tue, ich habe einen neuen Traum.«

Sie würden nie erraten, wer das sagte. Es war Fitzgerald, der grüblerische fünfundsechzigjährige New Yorker Künstler, der sich in einem früheren Kapitel so ganz zurückgezogen hatte. Aber wir trafen ihn nur ein Jahr später in überschwenglicher Laune wieder.

Während der vier langen, wegen der Krankheit seiner Frau im Zölibat verbrachten Jahre hatte Fitzgerald überlegt, ob er sich nicht eine Geliebte nehmen sollte. »Ich wollte nicht auf Sex verzichten«, erzählte er. Aber immer wenn er eine Frau soweit hatte, wollte er nicht mehr. »Ich hätte ein furchtbares Gefühl dabei gehabt, meine Frau zu betrügen.« Es war auch Angst dabei. Seine Frau hatte ihn wissen lassen: Wenn er vom geraden Weg abwiche, würde sie sich wahrscheinlich eine Kanone besorgen und ihn umlegen. Sogar noch nach ihrem Tod trugen die alte Angst und ein Schuldgefühl zu der typischen Witwerimpotenz bei. Ich hatte Fitzgerald ermutigt, sich mit Dr. Helen Singer Kaplan und ihrem glänzenden Team von Sexualtherapeuten in Verbindung zu setzen. Nach anfänglichem Zögern ließ er sich einen Termin geben.

Nach einem ersten Gespräch teilte die Therapeutin Fitzgerald mit, er sei nicht impotent. Es war, als ob man die Vollstreckung eines Todesurteils aufgeschoben hätte. Der Mann verließ die Todeszelle seines Sexlebens und war diesmal so klug, sich professioneller Hilfe zu versichern. Er war im vergangenen Jahr monatlich einmal bei der Therapeutin gewesen. Sie ermunterte ihn, seinen erotischen Phantasien nachzuhängen, lobte ihn und redete ihm gut zu. Sie half ihm, sein Selbstvertrauen Stück für Stück wiederaufzubauen. Seine Freundin kooperierte voll. Als sein Geschlechtstrieb allmählich wiederkehrte, begann er sich gesundheitsbewußter zu verhalten. Wenn er zu seinem Atelier wollte, ging er zu Fuß und genoß es, seine Umgebung wahrzunehmen, statt wie eine Büroschnecke den Weg zur Arbeit in der U-Bahn zurückzulegen. Vor dem Abendessen genehmigte er sich jetzt nur noch einen Cocktail oder auch gar keinen mehr. Als wir uns noch einmal trafen, befand er sich in der letzten Phase seiner Wechseljahre. Seine Pfeifen und Zigarren hatte er auf den Müll geworfen.

»Siehst du, wieviel weißer meine Zähne sind?« grinste er. Er sah in der Tat viel frischer aus und roch auch viel frischer, er war nicht mehr der säuerlich-süßliche, qualmende, schüchterne und durchscheinende Mann vom Jahr zuvor, der sich selbst aufgegeben hatte. Jetzt konnte er wieder frei atmen. Er war sich sogar der größeren Kraft der Säfte bewußt, die in seinen Phallus gepumpt wurden und die Wiederherstellung seines Sexuallebens unterstützten.

»Innerhalb von drei Wochen nach der Behandlung fühlte ich eine neue Kraft in mir emporschießen«, sagte er begeistert. »Und meine sexuelle Auferstehung hat mich völlig verändert. Ich fühle mich wieder wie Anfang Vierzig – na ja, wir wollen nicht übertreiben – aber die Kluft verengt sich rasant. Es ist erstaunlich, wie weit ich gekommen bin.«

Fitzgeralds Auferstehung läßt sich nicht nur einfach aus der Veränderung der Denkweise erklären, die ihn von seiner Impotenz kurierte. Die sinnliche Lust und die Hoffnung sind wieder da, aber er hat auch einen neuen Traum.

»Zum Teufel, ich habe mein Leben lang das Geld verdient«, erinnerte er sich. »Ich bin ins Büro gegangen und habe Hunderttausende von Werbetexten geschrieben und mir außerdem als Kunstkritiker einen Namen gemacht. Aber ich will nicht mehr in der Geschäftswelt eine große Nummer sein. Als ich die Sechzig überschritt, wollte ich etwas anderes tun. Jetzt weiß ich, was. Ich werde malen.«

Die Sehnsucht nach der Malerei war all die Jahre dagewesen, vielleicht sogar schon, als er in Brooklyn die High-School besucht hatte, aber daß man von Kunst leben könne, war für die meisten Männer seiner Generation nur eine verrückte, nicht realisierbare Idee. Die schönen Künste waren wohl kaum das richtige Gesprächsthema für einen Jungen, dessen Vater sich als Vorarbeiter in einer Hutfabrik verausgabte. Der junge Fitzgerald hatte keine Vorbilder und wußte nicht, wie er die Sache anpacken sollte. Er wußte nur, daß er dem ehrgeizigen Ziel entrinnen mußte, das seine Lehrer sich für ihn ausgedacht hatten: Rektor einer High-School in Brooklyn sollte er werden.

Mit Ende Vierzig hatte er, ohne es zu wissen, die Saat in den Boden gebracht, die später für ihn aufgehen sollte. Er hatte angefangen, Kunstunterricht zu nehmen. Er beschäftigte sich mit Porträtmalerei und verbrachte seine Sonnabende damit, seine Freunde zu malen. Nachdem er einige Jahre nur nebenher gemalt hatte, begann der Gedanke an ihm zu nagen, daß er sich vielleicht niemals wirklich in der Kunst ausdrücken könnte. Es genügte ihm nicht mehr, Kunstkritiker zu sein. Er wollte nun selbst Kunst schaffen.

»Mit sechsundsechzig kann ich das Risiko eingehen, die Malerei professionell auszuüben«, sagte er munter. »Wenn ich zwanzig Jahre brauche, um mich zu etablieren, ist das wenig genug. Es ist eine große Herausforderung – mehr innerlich als äußerlich. Ich muß mir nicht mehr die Sorgen machen, die ich in jüngeren Jahren hätte haben müssen. Ich habe nichts zu verlieren. Ich habe mich schon in meinem ersten Leben bewährt.«

Natürlich muß er Geld mit seiner Malerei verdienen. Da er mittlerweile einige Arbeiten vorweisen kann und auch sein Werbetalent einsetzt, kann er Aufträge für Porträts an Land ziehen. Eine Galerie hat seine Irland-Bilder gezeigt. Ein professioneller Maler, der die Ausstellung gesehen hatte, sprach Fitzgerald neuerdings in einem Ton voller Hochachtung an und ermunterte ihn, sich ein noch höheres Ziel zu setzen – ein so hohes, daß es ihn und sein Leben überdauern wird. »Ich möchte Bilder malen, wie du sie in Museen siehst.«

Wichtiger als alles andere ist: Fitzgerald hat sich wieder verliebt. In die Wolken Irlands, die Landschaften Europas, die Gesichter der Freunde, die von ihm gemalt werden wollen – all das bereitet ihm ein Vergnügen, wie es früher Frauen taten. Und diese wachsende Leidenschaft gibt ihm seine Kraft zurück. Er kann mit dem Pinsel Gegenstände erfassen, die ihn berühren, und ihre inneren Widersprüche erforschen. Das hat auch etwas mit Zärtlichkeit zu tun.

Als wir das letzte Mal zusammen essen waren, nahm eine sehr schöne asiatische Bedienung unsere Bestellungen auf. Fitzgerald studierte so intensiv ihr Gesicht, daß er darüber sogar das Essen vergaß. Als sie sich umwandte und dabei ihr schimmerndes schwarzes Haar auf die Seite fiel, sagte er: »Ja, die würde ich gern malen.« Er sagte das mit einer Lust, die nichts mit Sex zu tun hatte, sondern seinem Sinn für Schönheit entstammte.

Trotzdem, das Glitzern ist in seinen Augen wieder da. Fitzgerald denkt wieder wie ein Jäger: »Sex ist nicht schlecht, aber warum nicht auch Liebe verlangen? Ich muß mich wohl mit dem Gedanken anfreunden, daß ich wieder heiraten will«, teilte er mir ganz nüchtern mit. »Ich möchte eine ganz normale Ehe eingehen. Die Wahrheit ist nämlich, daß ich Angst davor habe, allein alt zu werden.«

Gegen Fitzgeralds Überlebensinstinkt ist nichts zu sagen. Das einzige Problem ist Elena, die liebevolle, entgegenkommende Frau, mit der er seit dem Tod seiner Frau zusammen ist. Elena hat wie Fitzgerald das allmähliche Sterben eines geliebten Menschen, ihres Mannes, miterlebt. Sie reagiert auf den Vorschlag, wieder zu heiraten, allergisch. Das Argument, das sie Fitzgerald entgegenhält, lautet schlicht und einfach: »Ich möchte so etwas nie wieder mitmachen müssen. Ich hätte eine Wahnsinnsangst, daß du sterben könntest, während ich noch lebe.«

»Ich sterbe nicht als erster!« sagte er beharrlich. »Mir sterben die Frauen vorher weg.« Aber er hatte nicht den Mut, ihr mit einem Ultimatum zu drohen. Seine Angst war gewesen, daß er sie überzeugen könnte und sie es ein paar Jahre später bedauern würde: Wer ist dieser müde alte Gockel, der da in meinem Bett schläft? – Aber dann gluckte er wieder. Er hatte keine Angst mehr vor dem Wort »Hochzeit«. Als Elena von dem Gedanken, mit ihm zusammen eine Wohnung zu kaufen, Abstand nahm, brachte er das Thema zur Diskussion: »Mein Zeitplan sieht so aus: Entweder heiratest du mich nächsten Monat, oder du kannst es vergessen.« Es wurde schließlich deutlich, daß sie mehr Angst hatte, sich auf eine Bindung einzulassen und den Ehemann zu verlieren, als davor, ungebunden zu bleiben.

Fitzgerald nahm es mit Fassung hin. Inzwischen hatte er genug Selbstvertrauen, sich erneut um eine Ehefrau zu bemühen. Es fiel ihm nicht schwer, die Bilder einer Ehe heraufzubeschwören, wie er sie sich vorstellte, lebhafte Eindrücke, die ihn beschäftigten und seine einsamen Träume färbten.

»Ich suche eine Frau, die eigene intellektuelle und künstlerische Ideen mitbringt. Ich wäre für all das offen und könnte ihr meine Sachen zeigen. In meiner Phantasie ist das so, als ginge man durch Galerien des Bewußtseins des andern, wo man würdigen könnte, was der andere sein Leben lang gesammelt und kultiviert hat.« Er sprach voller Leidenschaft, ohne sich für irgend etwas zu entschuldigen, sprach sich um erstenmal seit Jahren deutlich aus: »Ich will Liebe. Ich will Kameradschaft. Ich will Sex. Ich möchte die körperliche Erholung am Sonntagnachmittag, wir essen zusammen Pizza und kuscheln uns aneinander, um uns einen alten Film anzusehen. Ich brauche nicht bloß eine Krankenschwester. Ich spüre jetzt, daß ich viel mehr in mir habe, was ich geben kann.«

Eine deutlichere Emanzipationserklärung hatte ich nie von einem Menschen gehört, der eine schwere Übergangszeit hinter sich hatte. Nachdem ich ihm das gesagt hatte, erinnerte ich Fitzgerald daran, wie er vor einem Jahr gewesen war.

»Aber vor einem Jahr war ich ein alter Mann.«

Fitzgerald ist natürlich nicht die Norm, aber er kann eine Orientierungshilfe sein. Er hat die schleichende Verzweiflung abgeschüttelt und ist wieder ins Leben zurückgekehrt. Seine Geschichte erinnert die Jüngeren unter uns daran, wie wichtig es ist, zu Beginn des zweiten Erwachsenenalters mit den Investitionen in »ein neues Ich« zu beginnen, so daß wir, wenn wir in eine für die Sechziger typische Lebenskrise geraten, noch Ambitionen haben, die uns durch eine solche Krise tragen können und uns vor der Gefahr der Stagnation bewahren.

Der uns allen bekannte Sechzigjährige ist Held der Fortsetzung eines Romans von Joseph Heller. *Catch 22* gehörte in der Zeit nach dem Zweiten Weltkrieg in Amerika zu den einflußreichsten Büchern. Sein Protagonist, der zynische Bomberschütze Yossarian, hatte mit seinen Bemühungen, Kampfeinsätze zu meiden, das Heldentum des Zweiten Weltkriegs in einem neuen Licht erscheinen lassen. Nun, in dem zweiten Roman, *Endzeit*, macht ihm ein tückischerer Gegner zu schaffen: die beginnende Altersdepression. Joseph Heller, der selbst zweiundsiebzig wurde, erzählt, daß er beim Schreiben aus der eigenen Erfahrung schöpfen konnte, und daß der Titel das Sterben der Zwischenkriegsgeneration bezeichnet, deren Mitglieder jetzt etwa zwischen fünfundsechzig und achtzig sind.[1]

Nachdem seine Frau gestorben ist, lebt Yossarian wie Fitzgerald zum erstenmal nach langer Zeit wieder allein, aber es
gelingt ihm nicht, dem Gedanken an den eigenen Tod und den
»neurotischen Angriffen verwirrender körperlicher Symptome, für die er immer anfälliger geworden war …«, zu entkommen. Er gehört zu den Leuten in den Sechzigern, die sich mit
Alkohol betäuben, immer noch trotzig an ihren Zigarren oder
Zigaretten festhalten und indigniert reagieren, wenn ihre Kinder sie dringend bitten, damit doch endlich aufzuhören:
»Wenn ich auch noch diese paar Dinge, die mir Spaß machen,
aufgeben soll, wozu soll ich dann überhaupt noch weiterleben?« Sie rutschen aus einer milden Resignation in die Depression ab, ihre Gesundheit verschlechtert sich, was sie in ihrer
Meinung bestärkt, daß sie nicht mehr viel Zeit oder keinen
Grund mehr zu leben haben. Ihre sozialen Kontakte werden
weniger, sogar enge Verwandte erfinden Ausreden, um fort-
zubleiben, und während sie immer tiefer in die Einsamkeit
absinken, graben sie sich in einen Tunnel der Verzweiflung
hinein.

Yossarian ist verzweifelt darauf aus, daß man ihn beachtet,
aber sein Narzißmus isoliert ihn. Heller erklärt, daß sein Held
einfach »nicht gelernt hat, allein zu leben. Er hat nicht gelernt,
wie man sein Bett macht. Er würde eher verhungern, als sich
etwas zu essen zu kochen.« Also begibt er sich »zur Beobachtung« in ein Krankenhaus. Das Problem ist, daß sein Gesundheitszustand hervorragend ist. Aber es gelingt ihm trotzdem,
dafür zu sorgen, daß ständig eine Runde von Spezialisten und
hübschen Krankenschwestern an seinem Bett erscheint, ihn
mit zärtlicher Fürsorge überschüttet, ihn für kurze Zeit von
seiner Angst vor einem Herzanfall oder Gehirnschlag, vor der
Entropie, der Strahlung und der Erdanziehungskraft ablenkt
und ihm wieder eine »kleine Erektion« erlaubt.

Ein vielbeschäftigter und erfolgreicher Unternehmer von
fünfundsechzig Jahren begann unser Gespräch mit den Worten: »Lassen Sie mich Ihnen etwas über die Sechziger erzählen.
Sie sind sich der Tatsache, daß Sie in den Sechzigern sind, nicht
bewußt. Vielmehr fühlen Sie sich so, als ob Sie noch in den

Fünfzigern wären.« Und heutzutage sind Sie es aus vielerlei
Gründen auch wirklich noch. Eine Besonderheit der Veränderung des Zeitsinns scheint darin zu bestehen, daß das Bewußtsein ständig wechselt zwischen dem Gefühl, »alt« zu sein, und
sich – ein paar Tage später – hartnäckigerweise »immer noch
jung« zu fühlen. Einer der ersten und schlimmsten »alten«
Tage ist, wenn die Kartenverkäuferin im Museum Sie anschaut
und »Seniorenermäßigung?« fragt. Ein »immer noch junger«
Tag ist, wenn Sie sich gehenlassen und glauben, daß Ihnen
etwas Unvorhergesehenes und vielleicht sogar Magisches
geschieht. »Wenn du älter wirst«, hat mir ein früherer Workaholic erzählt, »findest du mehr Zeit, das *nicht* Notwendige,
aber Befriedigende zu tun.«

Bis zu einem gewissen Grad legen wir uns morgens, wenn
wir aufstehen, das Alter zu, in dem wir uns gerade fühlen. Fitzgeralds Bemerkung »Aber voriges Jahr war ich ein alter
Mann!« ist ein Hinweis darauf. In seiner verzweifelt einsamen,
schüchternen, von Selbstzweifeln geplagten Phase war er
umhergeschlurft und hatte nach abgestandenem Tabakrauch
gerochen. Jetzt stolziert er herum und sprüht vor Witz und
Enthusiasmus. Je nachdem, wie wir uns der Welt präsentieren
– ob federnden oder schlurfenden Schrittes, ob mit einem fröhlichen Lachen oder mit einem zynischen Grinsen, mit lebhaf-
ter Neugier oder brummiger Gleichgültigkeit –, signalisieren
wir den anderen viel augenfälliger, wie alt wir sind, als durch
die Angabe einer Zahl. Heutzutage ist es doch fast unmöglich,
einen vitalen Sechziger von einem phlegmatischen Fünfziger
zu unterscheiden.

BEREIT FÜR DIE BESTE ZEIT IM LEBEN

Die Sechziger haben sich ebenso stark verändert wie die anderen Phasen des mittleren Lebensabschnitts. »Leute von fünfundsechzig Jahren galten früher als alt. Heute befinden sie sich
gewöhnlich noch in der besten Zeit ihres Lebens«, sagte Dr.
Sanford Finkel, der Leiter eines Instituts für Altersforschung.[2]

Im Zeitalter der Betablocker und Ersatzhüften können Sie heute ebensooft Männer um die Fünfundsechzig im Park joggen wie mit ihrem Jüngsten radfahren sehen, lauter recycelte Väter und innerlich Junggebliebene. »Sagt bloß nicht Opa zu mir!« fleht der frischgebackene Vater die erwachsenen Kinder aus seiner ersten Ehe an. Mit seinen Fünfundsechzig fühlt er sich immer noch wie vierzig – an guten Tagen jedenfalls, wenn er seinem kleinen Sohn beim Fußballspielen zusieht und dann nach Hause geht, wo seine junge Frau wartet.

Ein tiefgreifender Wandel der Wahrnehmung von Zeit kennzeichnet jeden wichtigen Abschnitt unseres Lebens. Aber die aufregende neue Perspektive, die den Übergang in das »dritte Alter« begleitet, wird uns vielleicht erst dann bewußt, wenn wir uns zur Ruhe gesetzt haben und darauf warten, daß das Alter uns überkommt. Wenn es das nicht tut, nur dann wachen wir tatsächlich auf.

Ein einundsechzigjähriger PR-Berater betritt in New York ein Krankenhaus, um sich die Ergebnisse einer dreitägigen, gründlichen Untersuchung abzuholen. Der zuständige Arzt zeigt ihm Aufnahmen seines Herzens von innen, während es schlägt. Er zeigt ihm Bilder aus dem Innern seiner Gedärme, die mit einem Instrument aufgenommen wurden, an dem eine Videokamera befestigt ist. Die Ergebnisse sind gut. »Jetzt«, sagt der Arzt, »müssen wir überlegen, wie wir die nächsten zwanzig oder dreißig Jahre Ihres Lebens managen.«

Der Mann wundert sich – »zwanzig oder dreißig Jahre?«

»Das ist nicht so ungewöhnlich«, sagt der Arzt. »Sie haben es schon über die Sechzig hinaus geschafft, und Sie haben eine neunundachtzigjährige Mutter.«

»Ich habe nie daran gedacht, einen Plan für mein Alter aufzustellen.«

»Das sollten Sie aber. Es ist eine Managementübung. Sie stellen doch auch einen langfristigen Geschäftsplan auf, nicht wahr? Und so etwas sollten Sie auch für Ihren Körper tun – damit alles bis in die letzten Jahre Ihres Lebens hinein gut läuft.«

Das ist ein Aha-Erlebnis. Plötzlich wirbeln im Kopf des

Mannes die Zeiger herum. Noch dreißig Jahre! Das wirft all seine Berechnungen über den Haufen. Er braucht einen neuen Lebensplan. An diesem Punkt muß sich der Mann, wenn er es nicht schon früher getan hat, mit ein paar unausweichlichen Fragen konfrontieren. »Will ich wirklich auch noch die nächsten zwanzig Jahre die Arbeit tun, die ich bisher getan habe?« Falls er mit einem baldigen Ruhestand gerechnet hatte: »Will ich wirklich die kommenden dreißig Jahre mit Fernsehen, Blumenzwiebelpflanzen und dem Verbessern meines Golfspiels zubringen?«

»Aber nehmen wir an, ich bekomme mit siebzig Prostatakrebs!« überlegt der PR-Mann. »Ich weiß ja gar nicht, ob ich überhaupt so lange leben will.«

»Sie werden nicht an Prostatakrebs sterben.«

»Warum nicht?«

»Wenn wir älter werden, teilen sich die Zellen nicht mehr so schnell. Sie werden an etwas Akutem sterben und vorher ein paar Jahre chronisch krank sein.«

Sie erinnern sich vielleicht an die neuen Berechnungen eines Gesundheitsinstituts. Wenn ein Mann es bis zum sechzigsten Lebensjahr schafft und nicht zuvor an einer Herzkrankheit stirbt, kann er damit rechnen, vitaler zu bleiben und weniger von chronischen Krankheiten geplagt zu werden als eine Frau im gleichen Alter.

Während eine Minderheit älterer Leute unter der lebenslangen Vernachlässigung ihrer Gesundheit leidet und dringend der Hilfe bedarf, ist die große Mehrheit der über Sechzigjährigen sehr wohl fähig, körperlich und geistig unabhängig zu leben.

»Es ist einfach nicht wahr, daß ältere Leute ihres Alters wegen krank, arm, von der Gesellschaft ausgeschlossen, sexuell inaktiv, mutlos und unfähig zum vernünftigen Denken oder zur Erinnerung sein müssen«, schrieb Matilda White Riley aufgrund von Forschungsergebnissen aus den späten achtziger Jahren.[3] »Zwar ist der Tod unvermeidlich, aber auf den Verlauf des Alterungsprozesses kann man sehr wohl Einfluß nehmen.«

Die heutigen Ruheständler sind nicht nur bei weitem gesünder als früher, sie sind auch erstaunlich mobil und unternehmen Reisen in die ganze Welt. Die Gesellschaft hat sich die Bedeutung dieser einschneidenden Veränderungen im vorhersehbaren Lebensverlauf noch nicht bewußt gemacht. Zur Jahrtausendwende werden die Amerikaner über fünfundsechzig schon 12,7 Prozent der Bevölkerung ausmachen. Von den wohlhabenden Staaten ist Italien der Vorreiter: 1994 übertraf dort erstmals die Zahl der über Fünfundsechzigjährigen die der Leute unter fünfzehn Jahren.[4] Aber das ist kein Grund zur Panik. Die wirtschaftliche Entwicklung weg von der schwerindustriellen Basis sollte sich letztlich zugunsten der neuen Alten auswirken. Wenn sie gut ausgebildet sind – und das ist wesentlich –, können sie in einer Wirtschaft, die auf Informationen und Dienstleistungen aufbaut, viel länger im Arbeitsprozeß bleiben – der Vertreter braucht nicht mehr seinen schweren Musterkoffer mit herumzuschleppen, sondern er zeigt sein Angebot in allen Farben auf dem Laptop oder arbeitet von zu Hause aus per Fax-Modem, statt tagtäglich in sein Büro in der Stadt zu gehen.

Nie zuvor haben so viele Menschen in den Sechzigern weitgehend über sich selbst bestimmen können, wie sie es heute tun. Die Leute leben nicht nur viel länger, in den Wohlfahrtsgesellschaften wie den Vereinigten Staaten und Westeuropa sind sie auch finanziell abgesicherter als je zuvor. Das Altwerden ist längst nicht mehr mit dem Gespenst der Armut verbunden, wie es früher oft der Fall war. Seit den sechziger Jahren hat sich in den Vereinigten Staaten die Armut unter den älteren Leuten von durchschnittlich 35 Prozent auf 12 Prozent reduziert.[5]

Die große Mehrheit der amerikanischen und europäischen Frauen und Männer, die jetzt um die Sechzig sind, hat eindeutig eine Phase erreicht, in der die maximale Freiheit mit einem Minimum an körperlichen Beschränkungen genossen werden kann. Infolgedessen stimmen die herkömmlichen Vorstellungen von dem, was es bedeutet, sechzig zu sein, nicht mehr mit der tatsächlichen Erfahrung der Menschen überein.

GEHIRNWACHSTUM

Die neuesten Forschungsergebnisse der Neurobiologen widersprechen unseren grundsätzlichen Befürchtungen, was den geistigen Verfall infolge des Altersprozesses angeht. Es sterben nicht jährlich hunderttausend Gehirnzellen ab, wie man angenommen hatte, vielmehr schrumpfen sie mit zunehmendem Alter oder liegen brach, insbesondere aufgrund fehlender Stimulation.[6] Aber sogar in einem älteren, entwickelten Gehirn können sich durch neue neuronale Prozesse neue Synapsen bilden.[7] Fast ein Drittel der Leute verfügt im hohen Alter noch über seine vollen mentalen Fähigkeiten, wie eine neue Studie zeigt.[8] Und manche übertreffen in ihrem achtzigsten und neunzigsten Lebensjahr fast alle anderen Altersgruppen und erreichen eine Gehirntätigkeit, die nahe bei den Spitzenleistungen liegt.

Der gemeinsame Nenner der in den Gruppen der älteren Leute getesteten »Superhirne« ist ihre lebenslange Investition in geistiges Kapital: Sie haben eine überdurchschnittlich gute Ausbildung, erfreuen sich vielfältiger, anregender Tätigkeiten und sind mit einem klugen Partner verheiratet.

Die meisten Forscher stimmen darin überein, daß vor dem sechzigsten oder fünfundsechzigsten Lebensjahr kein funktionaler Verfall zu verzeichnen ist, und auch dann ist es nicht das Gedächtnis, das als erstes nachläßt. Im Gegenteil, die riesigen Datenbanken, in die wir unser Leben lang eingezahlt haben, werden mit den Jahren immer weiter ausgebaut. Dem Verschleiß ausgesetzt ist die Hardware des Gehirns – die Milliarden von Verbindungen und Relaisschaltern, die die Botschaften von einer Gehirnzelle zur anderen vermitteln. Aber manche Neurologen glauben jetzt, daß nicht einmal dieser Aspekt unbedingt mit dem Alter zu tun haben muß. Möglich, daß wir mit psychoaktiven Drogen den im Alter auftretenden Hormonmangel ausgleichen und so das Gehirn frisch halten können. Aber selbst ohne medizinische Unterstützung bleiben manche mentalen Fähigkeiten bis ins hohe Alter relativ intakt. Eine dieser Fähigkeiten ist das

Konzentrationsvermögen, wie die folgende Geschichte bestätigt.

Der Nachrichten-Veteran Hugh Downs ist einer jener Leute, für die ein wissenschaftliches Studium ein höchst befriedigendes Unternehmen des späten mittleren Lebensabschnitts darstellt. Downs war schon immer von der Medizin fasziniert. »Amateurdoktor«, hänselte ihn seine Frau. Mit Mitte Sechzig stellte Downs fest, daß ihm der Amateurstatus nicht mehr genügte. Er stürzte sich in eine Ausbildung zum Gerontologen und machte seinen Abschluß, während er weiterhin voll mit seinem Beruf beim Fernsehen beschäftigt war.

»Die Vorstellung, daß ältere Leute nicht mehr so gut lernen, ist purer Unsinn«, spottete er.[9] »Vielleicht verlangsamen sich mit fünfzig die Gehirnfunktionen um den Bruchteil einer Sekunde, aber das sind Unterschiede, die Sie nicht einmal in einem Gespräch bemerken würden. Die Geschwindigkeit unseres geistigen Rechners kann durch erworbene Techniken, angesammeltes Wissen, Konzentration und Klarheit mehr als ausgeglichen werden.« Er kicherte und erinnerte sich seiner Umtriebigkeit in den Zwanzigern, seiner Geilheit und der Millionen Unsicherheiten und Ablenkungen, die unsere Konzentration durchlöchern, wenn wir jung sind. »Meine Konzentration hat sich sogar verbessert«, sagt Downs.

Die Sache zahlte sich aus, als man den Fernsehstar mit siebzig Jahren zum Studium des hervorragenden Gerontologieprogramms am Mount Sinai Medical Center zuließ. Das Medical Center wußte nicht genau, was es mit seinem gerontologischen Wunderknaben anfangen sollte – eine richtige Zulassung konnten sie ihm nicht erteilen, weil er kein vollständig ausgebildeter Arzt ist –, aber das Diplom gaben sie ihm trotzdem. »Ich bin mit quietschenden Bremsen durch, aber ich habe es geschafft«, lächelt er, und sein nettes Gesicht strahlte vor innerer Befriedigung.

DER HUNGER NACH HARMONIE

Die allergrößte Sorge mit sechzig ist: Wie wird mein Leben in der Rückschau aussehen? Ist es zu spät, noch etwas Neues anzufangen, bevor ich zu alt bin? An was soll man sich erinnern, wenn man später an mich denkt?

Wenn wir uns mit Anfang Sechzig dem Ende des Alters der Überlegenheit nähern, sieht man schon den Schatten des nächsten Alters auf seinen Weg fallen. Aber dieser Schritt führt uns in eine andere unerforschte und sinngebende Phase – in die Erleuchtung oder Verzweiflung des Alters der Ganzheit. Genau wie in jeder anderen Übergangsphase wächst auch am Ende des mittleren Lebensabschnitts unser Potential, mit dem wir einen Sprung in der Entwicklung machen können, aber wir können auch in eine Depression fallen oder einfach diesen Impuls ignorieren und stagnieren. Erikson verstand die achte und endgültige Phase in der Entwicklung des Erwachsenen als Kampf zwischen Ganzheit und Verzweiflung. Verzweiflung läßt sich leicht definieren: Man kapituliert vor der Überzeugung, daß die Zeit nicht reicht, ein neues Leben anzufangen oder andere Pfade auszuprobieren, um zur Ganzheit zu gelangen.[10]

Aber was bedeutet eigentlich dieser Begriff? Erikson meint, daß er schwer zu definieren sei. Er bezeichnet einen seiner Ordnung und seines Sinns sicheren inneren Zustand, die Fähigkeit zur Liebe nach dem Narzißmus.

Das Selbstbewußtsein, seine eigene Lebensgeschichte gutzuheißen und zu verteidigen: »Ganzheit heißt, daß man das eine, einzige Leben, das man hat, als etwas, das so verlaufen mußte, begreift.« Yeats, der große irische Poet, rief sich in einem Gedicht, das er um die Sechzig schrieb, die beiden Phasen seines Erwachsenenlebens noch einmal ins Gedächtnis. Das Gedicht heißt »A Dialogue of Self and Soul«. Nachdem er die leidvollen Erfahrungen des Selbstzweifels in der ersten Phase und die Angriffe der anderen in der zweiten beschrieben hat, kommt dann die Bereitschaft, sich selbst zu verzeihen und von der Reue zu lassen. Und nach dieser Vertreibung von Schuld und Reue stellt sich ein Gefühl des Wohlbefindens ein.

Meiner Ansicht nach steckt in dem Begriff der Ganzheit die Arbeit des Integrierens. Bei Männern und Frauen Ende Fünfzig und Anfang Sechzig richtet sich oft einer der stärksten Wünsche darauf, eine Balance im Leben zu finden – alle Teile ihres Lebens aus der bisherigen Disharmonie in Harmonie zu bringen. Der Wunsch wird stärker, all die verschiedenen Rollen und lose aneinandergehängten Identitäten unseres bisherigen Lebens emotional zu integrieren. Es ist die Zeit der Verschmelzung. Was wollen wir im wesentlichen hinterlassen?

Ein erfolgreicher Architekt erzählte mir zum Beispiel, er erinnere sich, in seinen hitzigen Vierzigern ins Büro gegangen zu sein und dort die Leute den ganzen Tag lang angebrüllt zu haben. Dann ist er nach Hause gegangen, um dort den guten Vater zu mimen. Nebenbei die dummen Seitensprünge und Betrügereien. »Es wird schwieriger, sich selbst zu belügen, wenn man älter ist«, grübelte er, als ich den inzwischen Sechzigjährigen interviewte. Ich fragte ihn, ob er sich jetzt stärker darum bemühe, ein Gleichgewicht zwischen den verschiedenen Teilen seines Lebens herzustellen. »Inzwischen habe ich nicht mehr das Gefühl, eine Rolle in meinem Berufsleben, eine andere in meinem Liebesleben und eine dritte in meinem Familienleben und in meinen Freundschaften zu spielen.« Daß es sich um eine Entwicklung von der Disharmonie zur Harmonie handle, schien ihm plausibel. Er hatte aus der Perspektive seines mittlerweile erreichten Alters noch etwas Wichtiges hinzuzufügen:

»Ich weiß nicht, wie ich das sagen soll... Man möchte nicht das Gefühl haben, daß irgendein Teil des Lebens, das man geführt hat, sich nicht authentisch anfühlt. Nicht, daß man in allen Situationen auf dieselbe Art handeln muß. Aber was auch immer real ist, wie auch immer du dich selbst siehst, man entdeckt, daß man nicht endlos den Umständen anpaßbar ist.«

Die Suche nach unserer eigenen Authentizität – dem Kern unsers Ichs, das die Werte und Beziehungen verkörpert, für die man einsteht – beginnt schon im zweiten Erwachsenenalter, wenn man zum erstenmal mit dem falschen Ich konfrontiert ist. Vieles von dem, was falsch an einem ist, was zu gut sitzt und dazu dient, anderen zu gefallen und zu funktionieren, wird man schon wie eine alte Haut abstreifen, während man sich noch entwickelt. Anders ist die Suche nach der eigenen Wahrheit in den Sechzigern, da niemand Ihnen mehr etwas diktieren kann. Und schuld kann eigentlich auch kein anderer mehr sein. Ihre Integrität und Ganzheit, vielleicht auch Ihre Verzweiflung, gehören Ihnen allein, so wie die Freuden und Kümmernisse, die unauslöschlich in Ihr Gesicht eingraviert sind, das Sie jeden Morgen im Spiegel sehen.

BESONDERE KRÄFTE DER SECHZIGER

Welche Kräfte haben wir gesammelt, die wir in das Alter der Ganzheit mitnehmen können? Wer bisher die verschiedenen Lebensphasen und vorhersehbaren Krisen gemeistert hat, ist recht zäh geworden. Das späte mittlere Alter bringt einen auf einen Stand, auf dem man die Gewinne aus der Entwicklung zum Alter der Überlegenheit einstreichen kann. Der wertvollste Gewinn ist die Fähigkeit, in einer emotionalen Krise nicht dem ersten Impuls nachzugeben, sondern zu warten, bis man eine angemessene und maßvolle Antwort geben kann, kurz gesagt, man hat sich im Griff.

In einer eindrucksvollen Studie über die Quellen des Wohlbefindens bei Männern von fünfundsechzig Jahren stellte sich heraus, daß eine gesunde Seele im Alter nicht unbedingt etwas mit einer stabilen Kindheit oder einer rasanten Karriere zu tun hat. Vielmehr zählte bei diesen Männern, daß sie die Fähigkeit entwickelt hatten, mit den Krisen und Konflikten des Lebens umzugehen, ohne in Passivität, Schuldzuweisungen und Bitterkeit zu verfallen. »Man muß fähig sein, einen Konflikt oder eine Regung im Bewußtsein zu behalten, ohne sofort zu handeln«, schlußfolgerte George E. Vaillant, ein Psychiater, der im Rahmen der Grant-Studie hundertdreiundsiebzig in den frühen vierziger Jahren graduierte Harvard-Studenten in fünfjährigen Intervallen befragt hat.[11]

Wenn man sich seiner selbst bewußt ist, kann man auch ein

tieferes Verständnis für die Komplexität des menschlichen Lebens entwickeln. Wie der Psychologe Thomas Moore in seinem Buch *Care of the Soul* schreibt: »Für sein Seelenheil zu sorgen heißt oft, bei einem tieferen Konflikt keine Entscheidung zu fällen. Es ist vielleicht erforderlich, sein Herz so weit zu machen, daß man den Widerspruch und das Paradoxe in sich aufzunehmen vermag.«[12] Das weite Herz und der offene Sinn ermöglichen es auch im hohen Alter, die Welt mit nachdenklicher Distanz und nicht verbittert, sondern neugierig zu betrachten.

Die Zeit heilt wirklich. Die über ein halbes Jahrhundert hinweg fortgesetzte Grant-Studie der Harvard-Männer bestätigt das. Sogar die schmerzhaftesten und traumatischsten Erlebnisse in der Kindheit hatten praktisch keinerlei Auswirkung auf das Wohlbefinden dieser Männer in den Sechzigern, wiewohl eine zuvor durchgestandene schwere Depression manche von ihnen zu fortdauernden Problemen disponierte. Eigenschaften wie Spontaneität, Kreativität und Geselligkeit, die ihnen früher zum Glück verholfen hatten, waren jetzt nicht mehr so wichtig. Nun kam es eher auf Zuverlässigkeit, Organisationstalent und Pragmatismus an – Eigenschaften, mit denen wir dann unser Leben besser meistern können.

Um es nach Art der Geschäftsleute auszudrücken: In den Sechzigern befinden sich die Menschen auf einem Zwischensummen- oder Teilsummenstand. Von der endgültigen Abrechnung ist man vielleicht noch weit entfernt, aber andere liegen bereits im Sterben. Die Leere, die sie hinterlassen, erinnert uns daran, daß der Tod dem Fest des Lebens jederzeit ein Ende machen kann. Und in dieser Perspektive hat man das Gefühl, daß die Zeit ständig schneller verstreicht.

»Fünfzehn Minuten nach fünfzig bist du sechzig und dann, in weiteren zehn Minuten, fünfundachtzig«, sagte Don Marquis, ein New Yorker Schriftsteller.

Das ist nicht wahr. Auch wenn es manchmal scheint, daß die Zeit viel schneller vergeht, passiert doch eine Menge.

SPIELEN ERLAUBT

Seien wir ehrlich. Sprüche wie »Offenheit gegenüber der Veränderung« tragen wir vielleicht ständig auf den Lippen, aber in Wirklichkeit ist unsere Anstrengung doch vor allem darauf gerichtet, unsere Kontrolle zu maximieren, möglichst alles am besten zu wissen und die Notwendigkeit sowie die Neigung zum Risiko zu reduzieren, während wir uns in das dritte Lebensalter hinüberschleppen.

Solche Bemühungen werden durch eine Werbung angespornt, die uns verspricht: Wenn wir nur genügend Vitaminpillen einwerfen, genug Creme auftragen, unsere Schenkel genügend abspecken und den Sexmotor gut genug schmieren und tunen, sind wir vor dem Einbrechen des Alters geschützt. Viele Menschen entwickeln eine Haltung, die man Lebensvermeidung nennen könnte. Aber bei diesem Versuch, die Kontrolle zu behalten, kommt uns etwas sehr Wertvolles abhanden, das wir als Kinder besaßen – die Fähigkeit, Überraschungen zu erleben.

Wie sollen wir denn weiterhin etwas lernen, wenn wir nicht bis an den Rand des Abgrunds treten und dann und wann eine neue Richtung einschlagen? Wenn wir nichts mehr lernen, wie sollen wir uns dann weiterentwickeln? Weil Kinder sich immer wieder mit neuen Herausforderungen konfrontiert sehen, entwickeln sie sich unablässig weiter. Ich habe die Erfahrung gemacht, daß man am raschesten lernt, wenn man auf die Vorhersehbarkeit seiner Existenz verzichtet. Setzen Sie sich aufs Spiel. Geben Sie sich eine neue Aufgabe oder lassen Sie ein Abenteuer zu und geben Sie etwas von der Kontrolle auf. Wenn Sie sich wieder auf den Stand dessen begeben, der lernen will, dem vor Aufregung die Knie zittern, erfahren Sie den Reiz des Spielerischen und der Neugier und die Spannung der Ungewißheit. Man kann sich dann einfach nicht mehr gar so ernst nehmen.

»Langeweile und Leere sind der Feind, der den alternden Mann ständig und auf jede denkbare Art und Weise bedroht...« schrieb der Maler Delacroix im Alter von siebenundfünfzig in einem Brief.[13] Der ehemalige Juraprofessor B. J. George, der dann Pfarrer und mit siebenundsechzig Jahren Diakon in der Methodistenkirche wurde, sagte mir, daß viele Männer seiner Pfarrei um die Sechzig immer mehr Zeit zu Haus verbrächten. »Ich halte das für eine Aufgabe dessen, was einmal sinnvoll in ihrem Leben war. Sie gleiten in die geistige und soziale Isolation ab.«[14]

Paradoxerweise ist das Problem, das Spielerische und die Neugier wiederzufinden, bei denen besonders groß, die in der Welt Erfolg hatten. Damals konnten sie es sich leisten zu stolpern und kamen damit durch. Aber in den Sechzigern scheint es, als stünden sie auf einem Sockel, und das macht sie ängstlich. Sie wagen es nicht herunterzusteigen und etwas Neues zu beginnen, vielmehr quälen sie sich mit der Bürde ab, ihren Ruf für die Nachwelt intakt zu halten. Bei sehr erfolgreichen Menschen stellt die Arbeit gewöhnlich den Mittelpunkt ihres Lebens dar. Ihre Arbeit macht ihnen vielleicht immer noch Spaß, aber sie haben oft keine Möglichkeit mehr, ein neues Spiel zu beginnen.

DER DESIGNER, DER MIT DREIUNDSECHZIG SPIELEN LERNTE

»Ich tat etwas, von dem ich nicht wußte, wie man es macht. Aber das lernte ich, während ich es tat.«

Aaron Coleman Webb befand sich in einer typischen frühen Midlife-Krise, als ich ihn zum erstenmal – damals für mein Buch *In der Mitte des Lebens* – interviewte. Sein ganzer Erfolg half ihm nicht mehr weiter. Zu lange hatte er sich seiner Arbeit bedient, um dem Gedanken auszuweichen, was er denn nun eigentlich im Leben wollte. Anfang der neunziger Jahre gehörte er als einer der einflußreichsten Designer unserer Zeit praktisch zum Repertoire. Er hatte unzählige Schüler und Nachahmer, die schon dabei waren, ihm seine Position streitig zu machen. Aarons Selbstbewußtsein litt darunter, ganz zu schweigen davon, daß er nun nicht mehr so leicht an Aufträge kam.

Ich traf ihn in seinem Atelier an, wie üblich über einen Lichtkasten gebeugt. Er wählte Negative aus. Ich erinnerte ihn, daß er dreiundvierzig gewesen war, als ich ihn zum erstenmal als Midlife-Mann interviewt hatte.

»Was wußte ich denn damals schon?« meinte er. »Das ist zwanzig Jahre her. Ich bin jetzt dreiundsechzig.«

Ich fragte ihn, wie er sich mit dreiundsechzig fühle.

»Es fällt mir sehr schwer zu verstehen, was sechzig bedeutet«, sagte er ehrlich, »außer daß der Körper anfängt auseinanderzufallen. Aber ich denke nicht wie sechzig. Es gibt keine eindeutige Korrelation zwischen dem körperlichen und dem geistigen Zustand.«

Die Sechzigjährigen sagen das so oft, daß man annehmen muß, sie definierten sich über diese Asynchronität. Als Gourmand und ständiger Gast der gehobenen Restaurants und Cafés in Manhattan hatte Aaron für Disziplinen wie Diät und Leibesertüchtigung nur Verachtung übrig. Die Veränderungen fanden bei ihm auf einem anderen Gebiet statt. Sein Markenzeichen waren immer kunstvolle Brechungen und die Kombination unterschiedlicher historischer Stile gewesen, deswegen hatte man ihn bewundert und beneidet. Und jetzt erschreckten ihn seine Anwandlungen von Vorsicht und Bedenken. »Die gängige Psychologie rät einem ja immer, etwas zu wagen und Risiken einzugehen«, sagte er. »Aber das ist ein Klischee. Denn in Wirklichkeit drohen dem, der etwas riskiert, harte Strafen. Die Leute wollen andere straucheln sehen. Darum bleiben manche Menschen in ihrer Entwicklung stehen und erstarren.«

Es ist dies ein generelles Problem der Sechziger. Während wir mutig den Pfad zur Weisheit einschlagen – schließlich wollen wir alle ein solches Vorbild von Ausgeglichenheit abgeben –, beschleicht uns doch fortwährend dieses andere Gefühl: Wir werden so würdevoll und verkrustet, daß wir Gefahr laufen, ein Abklatsch unserer selbst zu werden. Und was ist mit dem Kind in uns, das hartnäckiger denn je an irgendeine innere Tür pocht und schreit: »Vergiß mich nicht! Kann ich nicht wieder herauskommen und spielen?« Dieses Kind ist das Überbleibsel unserer Spiellust und Kreativität, es erinnert uns an unsere einfachsten Vergnügungen.

Aaron mußte erst einen Herzanfall haben, bevor er sich gestattete, sein Atelier in New York für sechs Wochen zu verlassen und sich in die Toskana zu begeben. Die kurvenreiche italienische Straße schlängelte sich zum höchsten Hügel hinauf, wo der Horizont sich so zeitlos ausdehnte wie auf einem Gemälde aus der Renaissance. Dorthin zog sich Aaron mit seiner Frau zurück. Das war es, wonach er sich gesehnt hatte. Eines Tages entdeckte er am Fuß eines üppigen Weinbergs einen kleinen Laden, in dem Wein und Töpferwaren verkauft wurden. Hinten heraus in einem Schuppen saßen Vater und Sohn und bemalten Teller. Die Töpferware wurde noch traditionell in einem altertümlichen Ofen aus Ziegelsteinen gebrannt, aber was sie malten, war neu. Aaron war hingerissen.

»Kann ich kommen und hier arbeiten?« fragte er.

Die Handwerker sahen kurz auf und nickten. Von dem Tag an erschien Aaron jeden Morgen in seiner Arbeitskleidung und malte Weintrauben, nackte Figuren und Hunde auf die Teller. Wenn sich gelegentlich ein amerikanischer Tourist in den Schuppen verirrte, tat Aaron so, als wäre er ein alter italienischer Tagelöhner, damit er nicht mit ihm reden mußte. Er sah auch danach aus: Staubbedeckt und tonbekleckert saß er in dem heißen kleinen Raum ohne Elektrizität und fließendes Wasser und bemalte Teller. Trotzdem konnte er es morgens nicht erwarten aufzustehen, zu dem Schuppen zu fahren und Tag für Tag zehn Stunden dort zu verbringen, bis der Abend hereinbrach. Dann kam er immer überglücklich nach Hause.

»Ich habe dauernd überlegt, warum ich so unglaublich zufrieden bin«, erinnerte er sich. Eines Tages kam ihm die Erleuchtung. »Ich tat etwas, von dem ich nicht wußte, wie man es macht. Aber das lernte ich, während ich es tat.« Alles an diesem Erlebnis war ursprünglich: die rudimentären Farben, die zeitlose toskanische Landschaft, der magische Vorgang, wenn Objekte durch Hitze verwandelt werden. »Ich konnte es nicht erwarten, die Teller aus dem Ofen herauskommen zu sehen«, sagte er. »Mein ganzes Leben war an Aufgaben orientiert. Hier erfuhr ich, was es bedeutet, wenn man zu seinem eigenen Vergnügen und aus eigener Neugier arbeitet. Es war wunderbar.«

Indem er seine New Yorker Existenz hinter sich ließ, zu einem ganz einfachen Leben zurückfand und sich erlaubte zu spielen – in der Fremde, ohne irgendwelche Erwartungen und ohne Anspruch –, durfte er Risiken eingehen und Fehler machen wie ein Zehnjähriger im Kunstunterricht. Aaron entdeckte die größte Freude seines Lebens wieder: Dinge herzustellen und zu sehen, wie sie sich in Kunstwerke verwandeln.

SELBSTBEWUSSTE ÜBERLEBENDE

Die Frauen sind die Gewinner der demographischen Revolution. Daß sie heute ein so hohes Alter erreichen, ist die bedeutendste Veränderung in der Entwicklung des Menschen. Eine Frau, die das fünfundsechzigste Lebensjahr erreicht, kann im allgemeinen damit rechnen, Mitte Achtzig zu werden. Bei den gesunden amerikanischen Frauen kann das zweite Erwachsenenalter also länger als das erste Erwachsenenalter dauern. Aber um dafür zu sorgen, daß es goldene und nicht kümmerliche Jahre werden, müssen die Frauen wie nie zuvor darauf achten, etwas zu lernen, ihre berufliche Laufbahn vorzubereiten, Geld für den Ruhestand zusammenzukriegen und nicht zuletzt von der Gesellschaft zu verlangen, daß die Familien für pflegebedürftige Personen eine Unterstützung erhalten.

Die neue Realität sieht so aus: Fünfundsechzigjährige Frauen dürfen heute damit rechnen, noch zwei weitere Jahrzehnte ihres Lebens finanzieren zu müssen.

Einer der erschreckendsten Aspekte des Lebens der Frauen in den Sechzigern ist, daß sie wahrscheinlich in Zukunft allein werden leben müssen. Während die meisten älteren Männer eine Ehefrau haben, auf die sie sich stützen können, wenn ihr Gesundheitszustand sich verschlechtert, stehen die meisten älteren Frauen allein da. Über neun Millionen ältere Amerikaner leben allein. Fast 80 Prozent von ihnen sind Frauen.

Für die Frauen der Kriegs- und Nachkriegsgeneration sind
eine späte Scheidung oder die Witwenschaft formende Erfahrungen – denn zur Zeit ihres Aufwachsens hieß es noch allgemein, daß eine Frau ohne einen Mann nicht vollständig sei.
Liz Carpenter, eine texanische Frau, wie sie im Buche steht,
war während des Aufstiegs und Falls des Präsidenten Lyndon
Johnson ein »Puffer« gewesen, sie hatte die Frauenorganisa-
tion der Demokratischen Partei mit gegründet und war –
obwohl ihr, wie sie es ausdrückt, überall etwas fehlte: eine
Brust, ein gesunder Knöchel und sie »die schwächste Blase von
Travis County« hatte – ihre Sechziger hindurch mit nicht
unterzukriegender Lebenslust gesegnet. Aber als sie Witwe
wurde, warf sie das um.

»Mir ging's dreckig, als mein Mann tot war«, erzählte sie
mir. »Eine Freundin nahm dann schließlich meine Hand und
sagte mir etwas, das mir die Augen öffnete. Sie sagte: ›Liz, sieh
es doch so. Die Witwenschaft ist ein Geschenk. Gott hat dir
noch ein Leben geschenkt.‹« [15]

Und dieses neue Leben bekam einen neuen, nicht vorherge-
sehenen Zweck. Als ihr Bruder starb und drei Kinder im Teen-
ageralter hinterließ, wurde Liz Carpenter mit zweiundsiebzig
ein »wiedergeborener Elternteil«. Ihr düsteres Witwendasein
wurde mit einem Schlag licht, und sie stellte fest, daß das
Unglück sie in die wichtigste Rolle ihres Lebens katapultiert
hatte. Liz Carpenter beschreibt die komischen Wege, die sie
als »Tante« zwischen den Generationen zurückgelegt hat, in
ihrem Buch *Unplanned Parenthood*.[16] Dieses Territorium ist
von einer schnell wachsenden Großelternkultur bevölkert, die
das Zepter von der Woodstock-Generation übernehmen mußte. Liz verfügt jetzt über eine neue Raison d'être: »Ich habe
meinem Arzt gesagt: Ich darf nicht sterben. Jedenfalls solange
nicht, bis sie das College geschafft haben.«

Nach einem oder wahrscheinlich zwei Jahren Trauer verstehen sich Witwen, die sich durch diese schmerzliche Übergangsphase hindurchgequält haben, oft als »Überlebende«.
Und das sind sie ja auch. Sie haben eine lebensbedrohliche Zeit
hinter sich und sind nicht daran gestorben. Viele werden sich

Arbeit suchen müssen (wenn sie nicht schon welche haben), was sie zwingt, »in die Welt« hinauszugehen.

Die »Überlebenden« einer späten Scheidung, Trennung oder Witwenschaft, die meinen *New-Women*-Fragebogen beantwortet haben, erklärten, manchmal unter Angst und Einsamkeit zu leiden, daß ihnen aber jeder weitere kleine Schritt in Richtung auf ihre Selbständigkeit mehr Sicherheit und ein Gefühl, das Leben zu bewältigen, gebe. Ein sicheres Gefühl ihrer selbst stellt sich ein, das noch ziemlich neu für sie ist. Der dramatische Unterschied zwischen »der, die ich früher war, und der, die ich heute bin,« trägt zu einem großen Teil zu ihrem Eindruck, ein ganz besonderes Leben geführt zu haben, bei, wenn sie zurückblicken. Eine Frau aus Indiana sprach für viele: »Ich weiß nicht, was alt ist. Ich habe keine Ahnung. Ich mache immer noch täglich meinen Kopfstand. Ich gefalle mir so, wie ich jetzt aussehe. Ich habe eine eigene Wohnung, ich zahle meine Miete selbst, ich habe meinen ersten Wagen. Mir ist, als hätte ich mich neu geschaffen.«

Diese Überlebenden glauben, mit sogar noch größerem Selbstbewußtsein durch die Sechziger fortzuschreiten, und die meisten freuen sich auf die innere Ruhe und auf neue Herausforderungen. Als Rollenmodelle nannten sie: Shirley MacLaine, Jane Fonda (wegen ihrer Figur), Katharine Hepburn (dafür, wie sie mit ihrer chronischen Krankheit fertig wurde) und Debbie Reynolds, aber öfter noch lassen sie sich von unbezähmbaren Großmüttern oder Müttern inspirieren. Wenn sie sich ihr künftiges Ich mit fünfundsechzig vorstellen, sehen sie sich als Frauen, die zupacken können, sich um andere kümmern und weise sind. Und die meisten sind sicher, daß sie sich in zehn Jahren sogar noch wohler fühlen werden.

Aber eine Frau kann nicht passiv abwarten, bis ihr »ein neues Leben« wie eine gebratene Taube in den Mund fliegt. Die verwitweten Frauen sprachen alle davon, wie wichtig es ist, Tabus zu brechen, Risiken einzugehen, aus dem, was andere Leute von einem erwarten, auszubrechen, sexuelle Abenteuer einzugehen und zu lernen, wie sie ihr Leben selbst bestimmen können. Sie müssen hinaus in die Welt und ein bißchen Unruhe stiften, um wieder in die Gänge zu kommen. Ich traf bei einem Seminar für ehemalige Studentinnen der Duke University ein solches Exemplar.

DIE SCHLAUE WITWE, SECHZIG

»Ich stelle die Gelegenheit her.«

Mozelle Nelson, eine moderne, sechzig Jahre junge Witwe, entschied, daß sie keine Lust hatte, ihre Zeit mit Kartenspielen und Kaffeekränzchen in der Witwenrunde totzuschlagen. »Nichts langweilt mich mehr, als nur mit Frauen zusammenzusein«, rümpfte sie die Nase. »Ich war siebenunddreißig Jahre glücklich verheiratet. Warum sollte ich ohne Männer leben wollen?«

Sie war in Little Rock, Arkansas, zu Hause. Der Süden, sagte sie, ist unbarmherzig. Von den Witwen wird verlangt, daß sie sich mit anderen Witwen zusammentun. Mozelles Lebensphilosophie aber lautete: »Die Gelegenheit kommt nicht zu dir.« Ihr war aufgefallen, daß die Leute immer wieder sagten, dieses oder jenes zu tun, hätten sie leider nicht die Gelegenheit gehabt. »Nun«, sie schüttelte ihr seidiges weißes Haar und lächelte mit ihren sehr vollen, knallrot geschminkten Lippen und den selbstironischen Augen: »Ich stelle die Gelegenheit eben her.«

Als ich Mozelle kennenlernte, konnte sie sich trotz der dreißig zu Hause verbrachten Jahre ziemlich kenntnisreich und ganz bestimmt auf gewinnende Art über beinahe jedes Thema unterhalten. Wenn man sie in einem ihrer schimmernden Seidenkleider mit genau dem richtigen Dekolleté hereinkommen und ihre Koketterie auf die geblendeten Männer in den Seminaren einwirken sah, war es, als beobachtete man einen ehemaligen Profiboxer dabei, wie er einen Anfänger trainierte. Sie hatte im Verlauf des einen Jahres schon drei Liebschaften mit alleinstehenden Männern gehabt und war ziemlich sicher, daß sie bald wieder verheiratet sein würde.

»Aber ich nehme nicht jeden«, sagte sie zwinkernd. »Es kommt sehr darauf an, wie er ist. Und wenn es mit einem Ehemann doch nichts wird, nun, dann habe ich noch immer die interessantesten und intelligentesten Freunde, die eine Frau sich wünschen kann.«

LIEBE IN DEN SECHZIGERN

Das erstaunlichste an einer kürzlich veröffentlichten Studie über das Geschlechtsleben der Amerikaner ist die Tatsache, daß die Forscher sich nur mit Leuten bis zum Alter von neunundfünfzig befaßt haben – und damit dem Mythos neue Nahrung gaben, daß der Sex ab dem sechzigsten Lebensjahr nur noch eine schöne Erinnerung ist.[17]

Immerhin sieht man in Fernsehserien manchmal schon Leute älteren Semesters in der Rolle frisch Verliebter. So gab es zum Beispiel mal eine Serie, in der an einem Liebespaar gezeigt wurde, wie die beiden unerwartete Seiten des anderen entdecken und unvoreingenommen annehmen. Sie lernen einander auf einer Parkbank kennen, die charmante Bohème-Dame, die für ihre Mieter Marihuana züchtet, und der altgediente republikanische Parteibonze, dem man gerade eröffnet hat, daß er an einem nicht mehr operablen Krebs leidet. Die Frau akzeptiert die politischen Ansichten des Mannes, da sie sieht, daß er leidet. Er beginnt sich augenblicklich für sie zu erwärmen. Die längst schon totgeglaubte Fähigkeit zur Liebe erwacht in ihm, diese Frau scheint der Himmel geschickt zu haben. Sie verrät ihm das schockierende Geheimnis ihrer Vergangenheit in dem sicheren Vertrauen, daß er sie genauso akzeptieren wird, wie sie ihn, einen Sterbenden, akzeptiert hat. Ohne mit der Wimper zu zucken, fragt sie ihn nur: »Wieviel Zeit bleibt uns noch?« Eine solche Liebe ist wie ein Wunder, sie existiert nur in dem Augenblick und für den Augenblick.

Obwohl sie sich dem Liebesspiel langsamer und zärtlicher nähern, als man es üblicherweise von Hollywood gewohnt ist, werden sie doch im Bett gezeigt, wo sie nebeneinander liegen und sich streicheln, man sieht sie in der Öffentlichkeit, wo sie sich voller Sehnsucht und Liebe anschauen, und wie sie sich leidenschaftlich küssen. Es ist ein neues Bild von den Sechzigjährigen. Auch die sinnliche Liebe gehört zu ihrem Leben.

Ältere Männer ohne Ehefrauen sind viel verwundbarer als verwitwete oder geschiedene Frauen. Repräsentative Umfragen haben gezeigt, daß Männer ohne Ehefrauen in der Altersgruppe zwischen fünfundvierzig und vierundsechzig – ob verwitwet, unverheiratet oder geschieden – fast doppelt so häufig an Depressionen leiden wie verheiratete Männer. Mittlerweile sind sie stärker gefährdet als die Zwanzig- bis Vierzigjährigen, die am sogenannten Werther-Syndrom leiden.

Außerdem laufen Männer, die kürzlich ihre Frau verloren haben, Gefahr, daß ihre Gesundheit sich bedeutend verschlechtert. Der Verlust löst oft eine Depression aus, und die Depression kann zu physiologischen Veränderungen führen, die sie für Herzkrankheiten und andere Leiden empfänglicher machen.[18] Häufig folgen sie ihren Ehefrauen innerhalb von sechs oder zwölf Monaten ins Grab. Sozialwissenschaftler zogen den Schluß, daß Männer, nachdem sie ihre einzige Vertraute verloren haben, buchstäblich an Kummer sterben.[19]

Die Ehefrau wird nach dem sechzigsten Lebensjahr sehr oft zur Lebensretterin. Der bereits erwähnte Schriftsteller Joseph Heller war geschieden und lebte allein, als eine schreckliche Nervenkrankheit ihn plötzlich lähmte. Heller brachte seine junge Krankenschwester aus dem Hospital mit nach Hause, verliebte sich in sie und entschloß sich, sie zu heiraten. Seine frühere Voreingenommenheit gegen die Ehe hatte sich in Luft aufgelöst. In einem Interview zu seinem neuesten Roman *Endzeit* erklärte er, daß darin »die Ehe als erstrebenswerter, optimaler Zustand« dargestellt wird.[20]

VERSÖHNUNGEN

Wenn wir den gelassenen Gemütszustand erreichen wollen, in dem wir unsere eigene Lebensgeschichte ohne Einschränkung akzeptieren können, müssen wir einen Weg finden, über unsere Verletzungen hinwegzukommen und unsere Eltern anders, mit einem tieferen Verständnis für ihre Lebensgeschichte zu lieben. Einige der ergreifendsten Augenblicke in meinen Gesprächen mit Leuten um die Sechzig waren, wenn sie – innerlich bebend vor Angst – den Kontakt mit den ihnen entfremdeten Eltern wieder aufzunehmen versucht hatten. Dazu ist Mut erforderlich und Ehrlichkeit. Man muß das oberflächliche Gefühl des Zorns überwinden und den Schmerz und die Sehnsucht zeigen, die in einem sind. Wir müssen ihnen wirklich verzeihen und unsere Liebe zeigen wollen, ganz gleich ob die Beziehung wiederhergestellt werden kann oder nicht.

Lange nach meinem Gespräch mit der noch jugendlichen Jeanette Fruen schickte mir die politische Beraterin einen Brief mit dem ausgefüllten Fragebogen. Sie hatte ihn seit Monaten fertig, schrieb sie, aber vor der Frage nach der Beziehung zu ihrer Mutter sei sie lange Zeit wie erstarrt dagesessen und habe keine Antwort gewußt. »Meine Mutter und ich hatten eine extrem traumatische Beziehung. Das ging vielleicht zehn Jahre lang. Auf den Vorschlag meines Studienberaters verließ ich mit neunzehn Jahren mein Zuhause, ein emotionales Wrack.«

Nach Jahren völliger Entfremdung von ihrer Mutter hatte Jeanette eine tief verletzende späte Scheidung überstanden und sich dann eine erfolgreiche Karriere aufgebaut, indem sie genau das tat, woran sie glaubte: Sie hatte bei Kampagnen in verschiedenen Bundesstaaten Wähler für Frauenfragen mobilisiert. Sie umgab sich mit Leuten, die sie mochten und gut behandelten, und fand endlich Trost. Als sie sich ihrem sechzigsten Geburtstag näherte, entschloß sie sich zu einer zweiwöchigen Englandreise, um geistliche Musik zu hören und zu meditieren. Dort, wo auch ihre Vorfahren einmal gelebt hatten, überkam sie plötzlich eine Flut von Erinnerungen an glückliche Ferien, die sie mit ihren Eltern in England verbracht hatte, als sie noch sehr jung gewesen war.

Der innere Konflikt mit ihrer Mutter trat wieder an die Oberfläche und lastete auf ihr wie ein Mühlstein. Als sie wieder zu Hause in Amerika war, schrieb sie ihrer Mutter einen kurzen Brief, in dem sie von diesen Erinnerungen sprach und für die glückliche Zeit in ihrer Kindheit dankte. Mit ihrem Brief rannte sie offene Türen ein. Sie nahm die Einladung ihrer Mutter für ein Wochenende in Arizona an, wo sie die Zeit damit verbrachten, für Jeanette ein Geschenk zu ihrem sechzigsten Geburtstag zu kaufen, Rezepte auszutauschen und einander Geschichten von ihren Reisen zu erzählen. All diese Dinge, die Mütter und Töchter zusammen tun.

»Ich erfuhr Genaueres darüber, wie sie als kleines Kind allein gelassen und von einer Pflegestelle zur nächsten gereicht worden war«, erzählte mir Jeanette. »Tränen standen in ihren Augen, als sie mir davon erzählte. Ich begriff, daß sie sich nie geliebt gefühlt hatte.«

Darauf folgte ein Jahr mit Bemühungen, eine neue Beziehung aufzubauen – nicht mehr zwischen Mutter und Tochter, sondern zwischen zwei Erwachsenen, die Verwandtschaft und Zuneigung miteinander verband. Jeanette war bereit, wieder den Familiennamen anzunehmen. Sie wollte das mit einem Ritual der Versöhnung feiern. Der Diakon ihrer Episkopalkirche war zu einem solchen »Gottesdienst der Namensgebung« bereit, und sie veranstalteten gemeinsam eine Feier mit Gesang und Tanz, Brot und Wein, an dem Freunde und Familienmitglieder teilnahmen. Jeanette dankte in einem Gebet dafür, daß sie aus der Dunkelheit befreit worden war.

Wie wichtig es ist, sich mit den Menschen, die uns einmal am nächsten standen, zu versöhnen, bevor wir sie verlieren, wurde mir wieder klar, als ich die Aufführung von *Carousel* im Lincoln Center sah. Dieses Stück geht vor allem Männern zu Herzen, weil es von Dingen handelt, die wir ungesagt lassen. Der Held des Stücks, Billy Bigelow, leidet unter der Unfähigkeit, seine Liebe zu erklären. Unter dem rohen Gebaren einer verkrachten Existenz verbirgt sich eine sanfte Natur, aber Billy fürchtet sich so sehr davor, sie zu zeigen, daß er den einzigen Menschen, der ihn bedingungslos liebt und ihm vertraut, seine junge Ehefrau Julie Jordan, beschimpft und mißbraucht. Während Billys kurzem Leben bringt es keiner von beiden je fertig, dem anderen seine Liebe zu gestehen. »Wenn ich dich liebte«, ist der höchste Ausdruck ihrer Gefühle.

Als dem toten Billy gestattet wird, für einen einzigen Tag auf die Erde zurückzukehren und sein vergeudetes Leben zu sühnen, singt er, was immer in seinem Herzen verschlossen gewesen war, aber er singt es nur mehr seiner Witwe, nachdem sie fünfzehn traurige Jahre allein ihre Kinder großgezogen hat.

> Wie sehn' ich mich, es dir zu sagen,
> Was ich nie zu sagen gewagt.
> Ich habe dich verloren,
> An den kommenden Tag.
> Und du wirst nie wissen,
> Wie ich dich geliebt habe.

Als ich mich umdrehte, um in das Publikum zu blicken, war ich gerührt, die Männer zu sehen – sie waren buchstäblich aufgelöst, manche schluchzten. Sogar einigen knallharten Geschäftstypen, die ich kannte, standen die Tränen in den Augen. Vielleicht erkannten sie in Billy etwas von ihrer eigenen Unfähigkeit, Gefühle auszudrücken, die sie sich selbst aber niemals eingestanden hatten. Der Regisseur dieses Stücks hat einmal erklärt, wieso die Männer so oft weinen, wenn die Musik von *Carousel* erklingt: »Die Worte ›Ich liebe dich‹ genügen nie, um das zu sagen, was wir gegenüber denen empfinden, die uns am nächsten stehen. Wir weinen um das, was wir niemals gesagt haben und niemals mehr werden sagen können.«

16. Kapitel:
Männer: Bring mich hinüber

»Wen kennst du in Hollywood, der mit über sechzig noch Erfolg hat?« fragte ich einen Freund, den Produzenten Irwin Winkler.

»Niemanden«, kam es wie aus der Pistole geschossen zurück. Er selbst hatte sich vom Produzenten vieler Kinohits zu einem geachteten Regisseur gemausert. »Na gut«, sagte er nach kurzem Nachdenken, »Clint.«

Clint Eastwood stellt heute einen Typus Mann dar, wie ihn früher John Wayne und Gary Cooper verkörperten. Aber diese Stars einer früheren Generation hielten ohne mit der Wimper zu zucken an dem Ideal des einsamen, stoischen, einsilbigen Mannes fest, und so humpelten sie steif und bockig in das Alter. Sie haben sich niemals verändert.

Eastwood ist anders. Er ist ein richtiger Mann, auch wenn er Tofu ißt. Er ist ein Star der unteren Klassen, der nicht mit der Hollywood-Elite verkehrt. Er schuf den neuen Archetypus des einsamen, kaltblütigen Killers, der mit einem an Sadismus grenzenden Behagen seine Arbeit macht. Als Star einer Serie blutdurchtränkter Wildwestfilme half Eastwood in *Für eine Handvoll Dollar*, fast fünfzig Leute über den Haufen zu knallen. *Dirty Harry*, die Rolle, die man Eastwood später auf den Leib geschrieben hat, war ein Bulle, der über dem Gesetz steht und jede Art von Konflikt mit Gewalt löst. Seine Rechtfertigung: Irgend jemand müsse ja die den Verbrechern gegenüber viel zu weichliche Gesellschaft vor sich selbst schützen – und das schon in den Siebzigern, vor der Reagan-Ära. *Dirty Harry* war seiner Zeit um zehn Jahre voraus.

Clint Eastwood, geboren im Mai 1930, ist inzwischen sechsundsechzig Jahre alt. In Anbetracht seines Status als weltberühmter Superstar hätte man von ihm erwarten können, daß er immer wieder neue Rollen des alten Typs verlangt und die Sorge um sein Alter den Studios überlassen hätte. Aber es geschah etwas mit ihm, als er in das zweite Erwachsenenalter kam.

»Ich glaube, daß man sich verändert, wenn man in eine bestimmte Phase seines Lebens kommt. Und man sollte sich auch ändern«, erzählte er dem Psychologen Stuart Fischoff in einem seiner seltenen Interviews.[1] »Wenn man älter wird, versucht man eher Dinge zu tun, die einem gefallen. Ich will nicht losgehen und nur durch Häuser springen. Sie wissen schon, namenlose Leute von Postkutschendächern schießen. *Unforgiven* war für mich ein sehr wichtiger Film, weil er irgendwie meine Gefühle über einige der Filme zusammenfaßte, in denen ich mitgespielt hatte – Filme, in denen das Töten romantisiert wird. Und hier war eine Gelegenheit zu zeigen, daß es da nichts zu romantisieren gibt.«

Mitte Fünfzig kaufte er das Drehbuch für *Unforgiven* und dachte, er würde »noch ein paar Jahre warten, bis er in dem richtigen Alter dafür war«.[2] Aber dann begeisterte ihn die Idee immer mehr, und er begann die Schatten seiner eigenen Rollen auszuleuchten. »Ein Mann muß seine Grenzen kennen«, sagte er bezeichnenderweise in *Magnum Force*. Als Eastwood die Fünfziger hinter sich ließ, fühlte er sich so befreit, daß er *Dirty Harry* auf den Kopf stellte und die menschlichen Bedürfnisse und Grenzen offenlegte, die bislang die Basis seines brutalen Gewaltkodex bildeten. Er schien zu begreifen, daß man die alten männlichen Mythen in einem gewissen Stadium aufgeben muß, wenn man über sich hinauswachsen will. »Ich habe Gewinner gespielt, ich habe Verlierer gespielt, Typen, die cool sind. Aber ich mag die Wirklichkeit, und in der Wirklichkeit ist alles ganz anders«, sagte er. »Man hat da eine Schwäche, die zu erforschen sehr interessant ist.«[3]

Die Figur, die er in *Unforgiven* spielt, ist ein Witwer in den Sechzigern, der, so Eastwood, »am Rande der Hölle lebt«.[4] Munny, ehemals Revolvermann, Alkoholiker und Schürzenjäger, hat sich von einer Frau zu einem anständigen Leben bekehren lassen – ihr guter Geist lenkt ihn noch, als sie schon im Grabe liegt. Aber nun ist sie bereits drei Jahre tot, und er hat die Zuversicht, was seine Sexualität angeht, verloren. Als eine Prostituierte, der er das Leben rettet, ihm eine »Freifahrt« anbietet, lehnt er ab. Er ist ein Mann, der seine emotionalen oder sexuellen Bedürfnisse nicht zulassen kann und deshalb jeden Trost zurückweist. Schließlich begeht er Verrat an seinem gebesserten Ich, fängt wieder an zu trinken und gewalttätig zu werden.

Gewagt ist, daß Eastwood die Figur, die er spielt, deutlich altern läßt. Cary Grants »Charakterfalten« und John Waynes ergrauendes Haar trugen einst zur Verstärkung des Typus des überlegenen Mannes bei. Dirty Harry altert nicht so gut. Eastwood spielte 1993 noch einmal eine Dirty-Harry-Rolle in dem Film *In The Line of Fire*. Dort geht es um einen alternden Secret-Service-Agenten, der mit seinem Versagen weiterleben muß, daß er Präsident Kennedy nicht vor der Kugel des Mörders zu schützen vermochte. Er arbeitet mit einer jungen Feministin zusammen, die ihm mit ihrer Schlagfertigkeit das Leben schwermacht. Einmal schnauzt sie ihn an: »Welchen Teil der Bevölkerung vertreten Sie eigentlich?«

»Den der weißen, klavierspielenden, über fünfzigjährigen Heterosexuellen. Es gibt nicht viele von uns, aber wir haben eine mächtige Lobby.«

Als älterer Mann wird Dirty Harry immer verwundbarer, ein allen entfremdeter Einzelgänger. Seine Unabhängigkeit, einst Teil seiner Stärke, schwächt ihn jetzt eher, denn niemand kann gut altern ohne einen Menschen, der zu ihm hält. Im wirklichen Leben hat sich Clint Eastwood vom Killer-Akteur zum gefeierten Regisseur entwickelt, ist von der Wahlwerbung (in der er sich wie ein Betrüger vorkam) zur Sozialarbeit mit Kindern und Jugendlichen umgestiegen. Er scheint sich ein »neues Ich« geschaffen zu haben, eines, das sowohl männli-

che wie auch weibliche Prinzipien vereint. Er kann seine fürsorglichen Gefühle bei Kindern ausleben, während er gleichzeitig seine männliche Energie und Macht dazu benutzt, der
nächsten Generation zu helfen.

Wenn Clint Eastwood typisch für den neuen ganzheitlichen
Mann in den besten Jahren ist, bekommt seine Bemerkung
gegenüber Dr. Fischoff über die Beziehung zu einer Frau, die
weniger als halb so alt ist wie man selbst, ein besonderes
Gewicht:

»Die Vorstellung, sich mit Frauen zu treffen, die in den
Zwanzigern sind, wird weniger reizvoll, wenn man älter wird.
An irgendeinem Punkt im Leben sinkt die Toleranzschwelle,
und man merkt, daß man mit einer wesentlich jüngeren Frau
eigentlich gar nichts zu reden weiß... Was sagt man hinterher
zu ihr? Wenn man nicht raucht, was sagt man dann? Redet
man über das Wetter oder über Bon Jovi?«

Dann macht er den Frauen ein Kompliment, die als reif gelten können: »Ich glaube, wir sind jetzt an einem Punkt, wo
viele ältere Frauen sich mehr um sich selbst kümmern, verglichen mit den vierziger, fünfziger Jahren, als die Frauen auf den
Gedanken programmiert waren: ›Mit dreißig ist alles vorbei‹.
Ich finde Frauen sehr anziehend, wenn sie sich mit vierzig und
darüber hinaus gut gehalten haben.«

1993, im Alter von dreiundsechzig Jahren, wurde Clint
Eastwood noch einmal Vater. Er ist wieder einmal seiner Zeit
voraus.

OPAS ALS VÄTER

Oft erfaßt Männer, die sich bereits nahe ihrem Lebensabend
befinden, noch einmal der innere Zwang, ein Kind zu zeugen.
Und jetzt, da die Dämmerung schon angebrochen ist, können
es sich immer mehr gesunde und erfolgreiche Männer leisten,
eine Form der uralten königlichen Polygamie zu praktizieren.
Der globetrottende Verleger, von dem in einem vorangegangenen Kapitel die Rede war und den die ersten Anzeichen einer

sexuellen Schwäche erzittern ließen, fühlte sich gezwungen, hinter Frauen herzujagen, die jünger als seine Ehefrau waren, um sich mit ihnen in ihrer ganzen, gefährlichen Fruchtbarkeit zu paaren und daraus neue Potenz zu gewinnen. Als seine Frau ihm auf die Schliche kam, so erinnerte er sich, »sagte meine erste Gattin es mir mit schonungsloser Offenheit: ›Das alles hat gar nichts mit Sex zu tun. Du willst dich fortpflanzen.‹«

Darauf ließ sich nicht viel sagen, warum auch? Wie am soziobiologischen Nasenring geführt, heiratete er bald eine zwanzig Jahre jüngere Frau und zeugte mit ihr zwei Kinder, die ihm in der Tat das Gefühl gaben, ein neues Leben zu haben, eine neue Zukunft.

Fitzgerald verspürte nach dem Tode seiner Frau den gleichen »verrückten Drang, ein Kind zu zeugen«, aber das verging wieder. »Besonders in Zeiten großer Belastung stellt man es sich als eine wunderbar befriedigende Sache vor, wieder Vater zu werden. Es gehört zu den Erfahrungen eines jungen Mannes. Die Zeit springt ein riesiges Stück zurück.«

Daß ältere Männer noch einmal Vater werden, ist in der Filmszene Hollywoods nachgerade zu einem Phänomen geworden. Jack Nicholson hat es mit Ende Fünfzig zweimal geschafft. Warren Beatty, unermüdlicher Junggeselle, bis er das fünfzigste Jahr erreichte, umgab die späte Vaterschaft mit einem ganz besonderen Zauber, wenn er und Annette Benning in einer Titelgeschichte nach der anderen über ihre beiden Babys schnäbelten und gurrten. Der Produzent und Regisseur Bud Yorkin wurde mit Mitte Sechzig noch einmal Vater und hat ein zweites Kind in Arbeit. Der Darsteller des Vaters in einer Fernsehserie schlug sie alle, als er Anfang Siebzig in seiner von Mai bis Dezember dauernden Ehe einen Sprößling fabrizierte.

»Gibt es eine bessere Methode zu beweisen, daß man immer noch jung ist?« kommentierte der Produzent Irwin Winkler das Tun seiner Kollegen. Aber solche späten Väter haben auch mehr Zeit und Lust, sie mit dem Kind zu verbringen. »In ihrer Jugend sind die Männer zu sehr damit beschäftigt, sich eine Karriere aufzubauen, als daß sie sich viel mit ihren Kindern abgeben könnten«, stellte Winkler fest. »Diese Typen haben es beruflich schon geschafft. Wenn Clint Eastwood also achtzig Jahre alt wird – und er ist ein gesunder, kräftiger Kerl, er könnte den statistischen Durchschnitt übertreffen –, dann kann er sich achtzehn Jahre lang um das Kind kümmern. Er denkt wahrscheinlich, das reicht. Und wenn die anderen früher sterben, werden sie ihre Kinder finanziell sehr gut abgesichert zurücklassen.«[5]

Das gibt es nicht nur in Hollywood.

Die meisten von uns kennen Situationen, wo ein Mann sehr spät noch einmal Vater wird, und seine ganze Perspektive auf das Leben sich ändert. Meistens kommt seine jüngere Frau auf die Idee. Ihre biologische Uhr beginnt das Leben der beiden bis auf die Nanosekunde zu kalibrieren. Er murrt vielleicht, wenn seine entschlossene Frau sich nur darum zu kümmern scheint, seinen wichtigsten Saft in einem Teströhrchen einzufangen und damit in die Reproduktionsanstalt zu hasten. Sobald das segensreiche Ereignis aber einmal stattgefunden hat, können Sie darauf wetten, daß der Mann bei jeder Gelegenheit mit seinen Babyfotos angeben wird, weil er den Neid und die Bewunderung seiner Altersgenossen wecken will. Es scheint die Regel zu sein, daß diese Männer viel mehr Zeit und Aufmerksamkeit auf den Nachwuchs ihrer alten Tage verwenden als je auf die Kinder, die sie in jüngeren Jahren gezeugt haben.

Aber diese großartigen alten Väter gibt es selten. Die meisten Männer in den Sechzigern sind wahrscheinlich nicht darauf erpicht, sich noch einmal zu binden oder die finanziellen Belastungen, die ein Kind bedeutet, auf sich zu nehmen. Selbst die erfolgreichsten Männer der gegenwärtig Sechzigjährigen sind zumeist ihrer ersten Frau treu geblieben. Der Gedanke, daß sie noch eine zweite Familie gründen könnten, ist ihnen vielleicht niemals in den Sinn gekommen, aber viele fühlen sich tief und auf rührende Weise mit ihren Enkelkindern verbunden – ihrer stärksten Verbindung zur Unsterblichkeit.

RUHESTAND: DIE FREIE WAHL?

Der Ruhestand war dasjenige Feld auf dem Schachbrett des Lebens, auf dem man landete, rund fünf Jahre bevor man das Zeitliche segnete – der Lohn für fünfunddreißig oder mehr Jahre harter Arbeit, wenn ein Büromensch sich seiner abgezahlten Hypothek, einer Kreuzfahrt und der goldenen Hochzeit erfreuen konnte, während er auf das Sterben wartete. Heute lautet die Frage nicht mehr, wann das ideale Ruhestandsalter erreicht ist, sondern wie man den Ruhestand beschreiben will. Woran denken Sie als erstes, wenn Sie das Wort Ruhestand hören? An eine Belohnung? Eine Befreiung? Daß man Sie hinaus aufs Altenteil schiebt?

Erwähnen Sie einem Freiberufler gegenüber das Wörtchen Ruhestand und sehen Sie, wie entsetzt er seine Augen verdrehen wird. Ruhestand – ich? Die Vorstellung ist mit dem Gedanken an plötzlichen Statusverlust, Langeweile, nahende körperliche Schwäche belastet und wirft die furchtbare Frage auf: Was tue ich, wenn Schluß ist? Wer bin ich, wenn ich mich nicht mehr über meine Arbeit definieren kann?

Landesweite Umfragen bestätigen, daß der Ruhestand den erwachsenen Amerikaner mit am meisten in seinem Leben beunruhigt. Einundvierzig Prozent der 1993 befragten Ruheständler sagten, die Umgewöhnung sei schwer.[6] Je jünger er ist, um so schwerer fällt ihm der Übergang. Und je höher der Status der Arbeit ist, die jemand ausübt, um so tiefer sinkt er in die Anonymität.

Die Gattin eines legendären Zeitungsverlegers sagte, als er mit fünfundsechzig in den freiwilligen Ruhestand trat: »Das schlimmste ist nicht der Verlust des Titels, sondern der Verlust des Teams. Heute ist er noch in ständigem Kontakt mit den hundert besten Köpfen des Landes und fragt sie, was sie von der letzten Wende der Ereignisse halten, und morgen – Stille. Keine Anregungen mehr. Keine fieberhaften Debatten mehr. Keine Anrufe mehr.«

Der Verlust des heldenhaften Status und der Befehlsgewalt ist vielleicht für die Sieger in den heißen Zonen der Berufswelt, wo es um hohe Einsätze geht, wie in den Medien, in der Unterhaltungsindustrie und an der Wallstreet am härtesten. Ein anderer Medienboß, der auf eine lange Reihe von Erfolgen zurückblicken konnte, gestand mir, ein paar Jahre nachdem er mit fünfundsechzig in den Ruhestand getreten war: »Ich habe ständig unter einem enormen Zeitdruck gestanden – immer mußte gerade ein wichtiges Presseerzeugnis heraus. Ich hasse es, freie Zeit zur Verfügung zu haben. Ich habe niemanden, dem ich etwas befehlen kann. Wenn man später als Berater arbeitet, können einen die Leute nehmen oder links liegenlassen. Woran man sich gewöhnen muß: Man wird nie wieder einen Erfolg haben. Die fünfzehn Minuten Ruhm, die jeder einmal im Leben haben sollte, wie Andy Warhol sagte, die hat man gehabt.«

Nachdem sie sich ein oder zwei Jahre lang an diesem Untergangsgefühl geweidet hatten, nahmen beide Männer allerdings wieder eine Arbeit auf und machen sich prächtig – der eine mit seinen Leitartikeln, der andere als regionaler Herausgeber eines der erfolgreichsten Magazine des Landes.

Freiberufler, Manager und Verkaufsleiter klammern sich am längsten an ihre Jobs, bevor sie in den Ruhestand treten, und gehen meistens auch irgendwann wieder in die Welt der Arbeit zurück. Lohnabhängige dagegen lassen sich lieber früh in Rente schicken und sind froh, wenn sie ihre monotonen Jobs los sind.[7]

Männer gehen durchschnittlich mit dreiundsechzig Jahren in den Ruhestand. Wenn sie Gleichaltrige den Job an den Nagel hängen sehen, fallen vielen Leuten wieder die »sozialen Verpflichtungen« ein. Seit 1950 ist das Alter, in dem man in den Ruhestand geht, ständig gesunken. Und die Anreize zum Ausscheiden werden immer größer. Bevölkerungsexperten sagen: Diese Jahre jetzt sind vielleicht das goldene Zeitalter des Ruhestands.

Aber es sei noch einmal gesagt: Unsere bisherigen Vorstellungen sind veraltet!

Seit die Konzerne damit begonnen haben, ältere Angestellte mit Frühpensionierungs-»Geschenken« und -»Paketen«

hinauszukomplimentieren, wandern massenhaft ruhelose, immer noch kräftige Männer und Frauen im Lande umher, fangen hier einen Teilzeitjob an und geben ihn wieder auf, eröffnen dort ein eigenes kleines Unternehmen, das bald wieder zumacht, ewig auf der Suche nach der passenden Beschäftigung. Eine wachsende Armee von Spezialisten empfiehlt jetzt den Ruhestand peu à peu – was heißen soll: Ziehe dich schrittweise in den Ruhestand zurück.

Aber viele der Jüngeren wollen alles auf einmal, und je früher, um so besser. Die meisten sagen, daß sie gern schon vor dem fünfzigsten Lebensjahr mit der Arbeit aufhören würden! In derselben Gallup-Umfrage erklärten sie, daß sie mit einem Ruhestand mit fünfundfünfzig einverstanden wären. Fast keiner von ihnen wollte noch über das siebzigste Lebensjahr hinaus eine Arbeit tun.[8]

Wenn in meinen Gruppengesprächen das Thema Ruhestand aufkam, war deutlich festzustellen, daß die Leute sich bemühten, in Anbetracht der verwirrenden Veränderungen in ihrem Leben eine neue Ordnung herzustellen. Die Männer in Louisville begannen ihr Leben mit einer immer längeren Elle zu messen, je älter sie wurden.

»Ich hatte gedacht, daß ich mich mit fünfundsechzig gern würde pensionieren lassen«, sagte Dr. David Allen. »Jetzt zieht sich das aber dermaßen in die Länge, daß ich vielleicht bis fünfundsiebzig unterrichten werde.«

Bruce Bell, der neue Midlife-Mann, der noch für kleine Kinder zu sorgen hat, äußerte sich besorgt im Sinne derer, die, noch nicht fünfzig, befürchten müssen, daß sie es sich gar nicht mehr werden leisten können, in einem vernünftigen Alter in Pension zu gehen. »Ich sehe die Fünfundsechzig nicht als magische Zahl an«, erklärte er. »Wenn wir nämlich fünfundachtzig oder neunzig werden sollten, hieße das, daß wir noch zwanzig oder fünfundzwanzig Jahre im Ruhestand verbrächten. Wer würde sich da nicht zu langweilen anfangen?« Die meisten Jüngeren machen sich nicht klar, daß sie im Durchschnitt noch bis zu einem Vierteljahrhundert leben werden, nachdem sie in den Ruhestand getreten sind. Vierzig Jahre in

der Arbeitswelt und fünfundzwanzig Jahre draußen – ist das
für den einzelnen oder für die Gesellschaft sinnvoll?

Ein Finanzmann, der das Verfahren seiner Firma guthieß,
»im gemeinsamen Einvernehmen« Angestellte vorzeitig in den
Ruhestand zu schicken, sagte mir mit nicht ganz glaubwürdi-
ger Entschiedenheit: »Ich bin vierundsechzig Jahre alt und
denke gar nicht daran, meine Pensionierung herauszuschie-
ben!« Aber sogar ehemalige Präsidenten der Vereinigten Staaten können den Zeitpunkt ihrer Pensionierung versäumen.

GEORGE BUSH UND DER (FEHLENDE) PENSIONIERUNGSPLAN

»Ich bin arbeitslos. Ich habe keinen Job.«

Präsident George Bush wachte, so seine Frau, am Wahltag im
November 1991 mit der Überzeugung auf, daß er eine zweite
Amtszeit antreten würde.[9] Während der letzten Monate vor
der Entscheidung seltsam passiv, wischte er die zunehmenden
Hinweise vom Tisch, daß die amerikanische Öffentlichkeit zu
dem Schluß kam, er verfüge über keine Wirtschaftspolitik und
habe in der Iran-Contra-Affäre, in der er bis über beide Ohren
gesteckt habe, gelogen. Bush weigerte sich hartnäckig, die
Möglichkeit einer Wahlniederlage in Betracht zu ziehen, und
war deshalb auf einen solchen Fall nicht vorbereitet. Barbara
Bush, normalerweise durchaus realistisch, unterstützte ihn in
der Negierung der Realität. Auch sie hatte für den Fall des Fal-
les nichts vorgesehen.

Bis zu dem Tag, an dem er den Möbelpackern zusah, wie
sie ihr Eigentum aus dem Weißen Haus trugen, hatte der alte
Herr keine bestimmten Pläne, was er im Ruhestand tun wollte, abgesehen davon, daß er »sehr aktiv im Enkelgeschäft«
werden wollte. Barbara Bush stellt in ihrer Biographie diese
Betrachtungen an: »Ich erinnere mich, wie ich nicht lange
nach unserer Hochzeit zu George gesagt habe: ›Ich kann es gar
nicht erwarten, daß du in Pension gehst.‹ Er machte ein über-
raschtes Gesicht und sagte, er könne sich nichts Schlimmeres

vorstellen, und er hoffe, dieser Fall träte niemals ein. Er denkt heute noch so ...«[10]

Mitten im Winter aus dem Weißen Haus gewiesen, waren sie plötzlich obdachlos. Ihr Haus in Maine war im Winter zu kalt und ihre offizielle Adresse in Houston eine Hotelsuite, die sie sich halten mußten, um als texanische Bürger zu gelten. Nur ein winziges, unbebautes Grundstück in einem Vorort von Houston winkte – dorthin hatten sie sich aber erst später zurückziehen wollen. Ein leeres Grundstück nur.

Noch leerer war das Leben dieses Mannes, der immer hyperaktiv gewesen war, nur selten reflektiert hatte und dessen Identität immer eng mit dem jeweils neuesten Titel in seiner stets sehr eindrucksvollen Lebensbahn verbunden gewesen war. Als Bush im Januar 1992, ein paar Wochen nachdem er das Weiße Haus verlassen hatte, in Washington wieder auftauchte, um einen Preis entgegenzunehmen, bat ihn ein Kirchgänger um ein Autogramm. Seine Antwort war bezeichnend für sein Selbstverständnis: »O nein, Sie brauchen meine Unterschrift nicht. Ich bin arbeitslos. Ich habe keinen Job.«

Und die nächsten eineinhalb Jahre verschwand George Bush von der Bildfläche. Er ging viel angeln und nahm seine Familie auf mehrere Segelreisen mit, er und Barbara jetteten um die ganze Welt, von einem Golfplatz zum anderen. Aber einige seiner loyalsten politischen Berater meinten, er wirke deprimiert und hilflos, da er nicht wisse, wie sein künftiges Leben zu gestalten sei. So als ob er darauf warte, daß man ihn wieder mit einer Aufgabe betraue.

Mittlerweile scheint Mrs. Bush neuen Schwung entwickelt zu haben. Ihr fiel die Aufgabe zu, ein neues Zuhause zu finden. Sie schrieb an den Erinnerungen über die politische Laufbahn ihres Mannes. Sie ist in der Öffentlichkeit auf Achse, entweder um sich für die Alphabetisierung einzusetzen oder um für ihre Bücher zu werben. Und sie scheint auch hauptsächlich die Brötchen zu verdienen, nachdem es mit der Präsidentschaft ihres George vorbei ist. Nachdem sie ein Honorar von einer Million Dollar für ihr erstes Buch über den Hund der Familie Bush eingesackt hatte – das Geld ging, da sie sich damals noch im Weißen Haus befand, an wohltätige Organisationen –, beansprucht die ehemalige First Lady die Einkünfte aus ihrer Autobiographie, einem absoluten Bestseller, für sich. Aus der Ferne betrachtet, scheint es, daß nicht einmal die Macht und das internationale Prestige George und Barbara Bush vor der beschleunigten Rollenvertauschung der Kreuzungskrise bewahrt haben.

DER RUHESTANDSPLAN DER CARTERS

»Dies ist die wichtigste Arbeit, die ich je getan habe.«

Als Jimmy Carter die Präsidentschaft verloren hatte, kehrte er nach Georgia zurück und war als Politiker so gut wie erledigt. Außerdem war er – mit einer Million Dollar Schulden – praktisch ruiniert und lief Gefahr, seine Farm und sogar sein Haus zu verlieren. Wie er später einem Reporter gegenüber gestand: Nach seiner erzwungenen »Pensionierung« sah er »ein eher leeres Leben« vor sich.[11]

Rosalynn Carter war genauso enttäuscht und wütend. Sie setzte es sich in den Kopf, daß ihr Mann sich wieder der Wahl stellen und noch einmal in das Weiße Haus einziehen sollte; er teilte ihre tröstenden Illusionen allerdings nie. Als der Sommer nach der Niederlage kam, flatterte ihnen der Vertrag zu einem Buch ins Haus. Und genauso wie Rosalynn zur Zeit von Jimmys Präsidentschaft an Kabinettssitzungen teilgenommen und als eine seiner wichtigsten Beraterinnen agiert hatte, so arbeiteten die Carters auch weiterhin als Team. Sie joggten zusammen. Sie schrieben gemeinsam ein Buch. Sie bauten zusammen das Carter-Center auf. Sie gingen weiter ihren christlichen Pflichten nach und setzten sich nicht nur für die Einrichtung einer Wohltätigkeitsorganisation ein, sondern schwangen auch die Kelle und halfen beim Bau von Häusern für Arme und Obdachlose mit.

Dennoch vermißte Jimmy Carter seine Position in der Weltpolitik. Wie jeder, der sich einmal voll eingesetzt hatte, wollte auch er, daß man sein Bemühen anerkannte. Freunde sagen, es hätte ihm weh getan, als man ihm für seine historische Rolle bei den Verträgen von Camp David nicht den Friedensnobelpreis verlieh. Und er trug die Schuld am Versagen bei der Geiselbefreiung im Iran mit sich herum. Was konnten die Carters nach diesem erzwungenen Ruhestand tun, um ihrem Leben wieder einen Sinn zu geben? Wo bot sich die Chance für eine erneute politische Arbeit? Ihr innerer Kampf zog sich fast ein Jahrzehnt hin – bis die Carters Mitte Sechzig waren.

Eines Nachts richtete sich Jimmy Carter plötzlich im Bett auf und heraus kam das Wort »Konfliktlösung«.[12] Er bot seine Dienste dem republikanischen Präsidenten George Bush an. Anders als Ronald Reagan, der ihn sich vom Leibe gehalten hatte, hatte Bush nichts dagegen, die Anerkennung für etwaige Erfolge mit ihm zu teilen. Plötzlich tauchte Carter überall da auf, wo internationale Konflikte unlösbar erschienen – in Panama, Äthiopien, Nicaragua, Somalia –, und spielte eine aktivere Rolle in der amerikanischen Außenpolitik als je ein Ex-Präsident seit Herbert Hoover in den dreißiger Jahren.

Aber fast jeder Ruheständler, der sich in die Rolle des Beraters begibt, muß ständig am Ball bleiben. Unweigerlich werden jüngere Leute den Schatten des großen alten Mannes mit Mißtrauen beobachten. Konkurrenten innerhalb der offiziellen Hierarchie wird er ein Dorn im Auge sein. Als seine eigene Partei, die Demokraten, wieder an die Macht kam, wollten die jungen Leute um Bill Clinton – und Clinton selbst – von dem Oldtimer nichts wissen. Clinton fürchtete, daß die Nähe des alten Mannes aus ihm einen Verlierer, einen »Carter Nummer zwei« machen könnte. Mit schierer Willenskraft und Ausdauer gelang es Carter, Bill Clinton persönlich für sich zu gewinnen. Trotz der vehementen Opposition der Spitzenberater des Präsidenten und des Außenministeriums, das von Carter überhaupt nichts hielt, gelang es letzterem praktisch aus dem Stand, sich im Alter von neunundsechzig Jahren als Präsident Clintons außenpolitisches Alter ego der Weltöffentlichkeit zu präsentieren. Im Sommer 1994 schaffte er es im Alleingang, die nuklearen Spannungen zwischen Nord- und

Südkorea zu überwinden, wozu die Regierung Clinton selbst nicht fähig gewesen war. Ein paar Wochen später wandte sich Clinton wieder an ihn und schickte ihn nach Haiti, um die Militärjunta mit Geld und guten Worten zum Rückzug aus der Politik zu bewegen, sonst drohe ihr eine Invasion und völlige Niederlage. Als die Gespräche nicht vorankamen, bat Carter seine Frau um Rat.

»Ich rief Rosalynn an, und sie sagte: ›Geh und sprich mit Cedras' Frau‹«, berichtete Mr. Carter einem Reporter.[13] Und tatsächlich: Es stellte sich heraus, daß die Gattin des Diktators einem Vertrag im Wege stand. Carter gelang es, sie zu besänftigen. »Weil ich nach fünfzig Jahren weiß, wie es ist, wenn man mit einer starken Frau verheiratet ist.«

Rosalynn Carter fand auch ein dringendes politisches Problem, das es zu lösen galt. Sie hatte am eigenen Leib erfahren, wie hart es für die Familienangehörigen ist, wenn sie ganz allein, ohne jede Hilfe von außen, einen todkranken Menschen jahrelang pflegen müssen. Sie schlug Alarm und machte auf Amerikas Pflegenotstand aufmerksam. Sie hat an einem Buch mitgearbeitet, das anderen Menschen helfen soll, in dieser Rolle zu bestehen.[14] Und sie arbeitet weiter im Carter-Center in Atlanta mit, die Geisteskrankheit von ihrem Stigma zu befreien.

Das Modell Jimmy und Rosalynn Carter – Leute im Ruhestand, die nicht aufgeben, bis sie eine Aufgabe finden, in der sie ihre Energien einer sinnvollen, der Gesellschaft nützlichen Tätigkeit zuführen können – wird nach dem Jahr 2000 für das Leben der Sechzigjährigen typisch sein. Mehr Amerikaner zwischen Mitte Sechzig und Mitte Siebzig denn je sind schon heute ehrenamtlich in ihrer Gemeinde tätig oder helfen anderen, die in Not sind. Die Generation der heute Fünfzigjährigen kann die Mentor-Generation werden, wenn sie in die Sechziger kommt. Während sie das Alter der Ganzheit mit Inhalten füllt, wird sie Konzepte für den Ruhestand und das Leben im späten mittleren Alter entwickeln.

DER KREIS DER GEWINNER

Was bietet der Ruhestand heute denjenigen Männern, die über die nötigen finanziellen Mittel verfügen, diese Phase ihres Lebens nach ihrem Geschmack zu gestalten?

Ich habe den Jahrgang 1949 der Absolventen der Harvard Business School seit 1974 in Intervallen befragt. Diese Männer sind zum großen Teil die absoluten Stars im Geschäftsleben. Über die Hälfte leiten als Präsident oder Vorstandsvorsitzender große Firmen, ein weiteres Drittel wurde »nur« Vizepräsident. Die Zeitschrift *Fortune* hat diese Absolventen »die Klasse, auf die die Dollars regneten«, genannt.[15] Aus ihr stammen die Chefs von: Johnson & Johnson, Xerox, Capital Cities (ABC-TV), Elizabeth Arden, Bloomingdale's, Sonesta Hotels und so weiter. Aber der Erfolg, so groß er auch sein mochte, ersparte diesen Männern nicht das Schwächerwerden ihrer Vitalität und Virilität, als ihnen der Übergang vom ersten zum zweiten Erwachsenenalter zu schaffen machte.

Wie sie selbst zugaben, als ich sie 1979 befragte, hatten die meisten von ihnen irgendwann zwischen sechsundvierzig und siebenundfünfzig eine depressive Periode, als sie den tiefsten Punkt ihres Lebens seit der Pubertät erreichten. Ein Jahrzehnt später, 1989, als diese »Gewinner« die Pensionierungsgrenze erreicht oder bereits überschritten hatten, beantworteten sie einen neuen Fragebogen zu ihrer Lebensgeschichte, und ich interviewte eine repräsentative Gruppe noch einmal. Eine überraschende Veränderung war sofort zu sehen.

Bei ihrem dreißigsten Wiedersehenstreffen waren sie so richtig große Tiere gewesen. Bei ihrem vierzigsten, als sie ein Durchschnittsalter von sechsundsechzig Jahren erreicht hatten, waren dieselben Männer zu »schnurrenden Katern« geworden. Die große Veränderung: Nachdem sie zuerst da draußen im Erfolg und Status ihrer Firmenkarriere Befriedigung gesucht hatten, genossen sie jetzt die Wonnen von Heim und Herd. Ihre größte Befriedigung gewannen sie nun aus ihrem engsten Kreis – mit ihren Frauen, Freunden und Kindern, bei denen sie jetzt Verständnis und Unterstützung suchten.

Als Gruppe betrachtet, waren die Männer in dieser Phase glücklicher mit ihrem Leben als je zuvor. Ihr Gesundheitszustand war bemerkenswert robust; die meisten sagten, er habe sich in den letzten fünf Jahren nicht verändert, und mehrere sagten, er habe sich verbessert. Über das eigene Sterben hatten nur wenige öfter mal nachgedacht. In der Tat, was die Arithmetik ihres Lebens angeht, waren sie nicht besonders schnell. Mit Mitte Sechzig fingen sie gerade an, »sich nicht mehr ganz so jung zu fühlen«. Distanzierter und weniger aufbrausend als mit Mitte Fünfzig, rechneten sie damit, in den Siebzigern die volle Reife ihres Lebens zu erlangen.

In ihre Enkelkinder waren sie absolut vernarrt. Ein Fragebogen kam mit roten Flecken darauf zurück. Auf einem beiliegenden Zettel stand: »Enkelkinder haben Himbeeren aus meinem Garten drauf fallengelassen.« Noch ein paar Jahre zuvor war dieser Mann ein mächtiger Vorstandsvorsitzender gewesen. Sein Himbeerkommentar zeigte, daß er sich jetzt hauptsächlich mit Gartenarbeiten und Holzhacken beschäftigte. Wie viele der Männer deutete er an, daß er sich jetzt neuen Gefühlen – darunter den liebevollen für seine Enkel – zu öffnen vermochte.

Um die Jahrhundertwende war es selten, daß Großeltern bis zur Volljährigkeit ihrer Enkelkinder lebten. Heute haben 90 Prozent der Fünfzehnjährigen noch zwei oder mehr Großeltern. In der Tat dürfte sich die Affinität zwischen den munteren Ruheständlern und ihren Enkelkindern, die von den berufstätigen Eltern zunehmend allein gelassen oder einem Leben auf der Straße ausgeliefert sind, durch das Älterwerden der Gesellschaft eher noch erhöhen. Kurz nach dem Jahr 2000 wird die Zahl der Amerikaner von fünfundfünfzig oder mehr Jahren die der Kinder unter fünfzehn Jahren einholen – beide Gruppen werden dann jeweils 21 Prozent der Bevölkerung (jede rund sechzig Millionen) ausmachen. Und da sich die Zahl der Jahre, die jemand als Großelternteil zubringt, bedeutend erhöht hat, wird dies eine Rolle, in die Zeit und Gedanken zu investieren sich lohnt, damit man sie so gut wie möglich ausfüllt.

Die meisten Männer von der Harvard Business School arbeiteten in ihren Sechzigern immer noch, viele Teilzeit. Einige hatten sich zur Ruhe gesetzt und bald gemerkt, daß das Nichtstun ihnen nicht behagte, sie waren in den Arbeitsprozeß zurückgekehrt – waren jetzt aber zufriedener, da sie die Form ihres Einsatzes selbst bestimmten. Zwei Drittel klassifizierten sich als freiberuflich beschäftigt. Sie waren als Berater tätig oder hatten einen Vorstandsposten inne. Oft arbeiteten sie so hart wie eh und je, hatten aber meistens viel mehr Spaß daran, auch wenn sich ihr durchschnittliches Einkommen beträchtlich verringert hatte – auf bloße 127000 Dollar im Jahr.

Immer mehr Amerikaner über fünfundsechzig steigen in Teilzeitjobs ein: 52 Prozent aller weißen Männer waren es 1990, verglichen mit nur 30 Prozent im Jahr 1960.[16] Das eigentliche Interesse dieser ehemaligen Firmenchefs galt aber völlig neuen Beschäftigungen. Sie lernten die hohe Kunst des Kochens, entwickelten sich zu leidenschaftlichen Gärtnern, betätigten sich als Holzschnitzer oder bastelten an alten Automobilen herum – Handarbeit mußte es sein und nahe beim Nest. Der große Konkurrenzkampf dieser Männer drehte sich nun darum, wer die perfekteste Pasta zustande brachte! Ein Viertel von ihnen hatte wieder zu studieren begonnen, um eine Geisteswissenschaft zu betreiben – nicht, um darin eine Karriere zu beginnen, sondern aus reinem intellektuellem und ästhetischem Vergnügen.

Wenn man sie so über sich selbst reden hörte, fiel einem die Distanz zu ihrer Rolle im Geschäftsleben auf und ihre Einsicht, was es damit auf sich gehabt hatte. Es war, als ob sie jetzt das ganze Bündel von Risiken und Belohnungen, Fehlern und Verlusten und den äußerlichen Status, den ihnen ihre Karriere verliehen hatte, zusammenschnürten und per Containerschiff nach China expedierten – es war immer noch eine wertvolle Fracht, aber jetzt konnten sie sie kühl als etwas ansehen, das nur einen Teil dessen darstellte, was wichtig in ihrem Leben gewesen war. Das Geld war der hauptsächliche Anreiz in ihrem ersten Erwachsenenalter gewesen, und mit all den

Aktienoptionen und der ganzen Händeschüttelei hatten sie eine Menge eingesackt. Die eine Hälfte dieser Männer besaß jetzt über zwei Millionen Dollar, die andere Hälfte hatte nicht ganz soviel.

Mittlerweile waren diese Männer nicht mehr ganz so sicher, ob ihre damalige Obsession, Geld zu scheffeln, wirklich so wichtig gewesen war. In der Tat fanden jetzt einige rückblickend, daß das Geldverdienen weniger wichtig war, als sie gedacht hatten. Die größere Belohnung ihres Berufslebens war der damit verbundene hohe Status gewesen und die Möglichkeit, sich einen Namen zu machen. Gefragt, ob sie, wenn sie noch einmal die Chance hätten, mehr Zeit ihrer Familie und weniger ihrer Arbeit widmen würden, gab die Hälfte von ihnen zu: »Wahrscheinlich nicht.« Andere sagten, sie fänden den Gedanken, daß sie andere Prioritäten setzen könnten, angenehm. Aber ihre Antworten auf den früheren Fragebogen waren in diesem Punkt eindeutiger. Mit Mitte Fünfzig hatten die Gedanken dieser Männer so gut wie ausschließlich ihrer Arbeit und ihrem beruflichen Erfolg gegolten. Sie waren von dem Ehrgeiz verzehrt, sich in die höchstmögliche Position in der Statuspyramide hinaufzumanövrieren, bevor der Ruhestand alledem ein Ende machte. Das erinnert uns daran, daß sich das Wertesystem eines Menschen von einer Phase seines Lebens zur nächsten verändern kann.

Aber bereits 1979, vor der Ära der »Verschlankung« der Betriebe und des Personalabbaus, hatten einige der Männer, die ich interviewte, von ihrem Wunsch gesprochen, aus dem Firmenleben auszuscheiden, bevor sie zum alten Eisen gezählt oder im Rahmen einer Firmenübernahme oder eines Zusammenschlusses gekündigt wurden. Damals zog sich mitten durch den Jahrgang 1949 eine Trennlinie – auf der einen Seite diejenigen, die ausschieden, um sich draußen in der freien Wildbahn als Unternehmer zu versuchen, auf der anderen die Beharrlichen, die sich zum Bleiben entschlossen, »um die Sicherheit und die Bequemlichkeit der Arbeit in einem großen Konzern in Anspruch zu nehmen«. Wie gingen später diese Geschichten aus? Zwei Fallbeispiele sollen das illustrieren.

Das erste ist der Archetypus des Angestellten vom Scheitel bis zur Sohle.

EIN HERR MIT HUT

»Psychisch verwindet man diesen Schlag nie.«

Unter seinem Hut hatte sich die Identität dieses Mannes in der Firma, für die er arbeitete, vollkommen aufgelöst. Er hatte auch schon als Kind in einer Mannschaft gespielt, niemals allein. Beim American Football war er der Blocking Back, im Basketball der Floor Man, er spielte den anderen die Bälle zu, die vielen Punkte sammelten andere ein, aber gewöhnlich war er der respektierte zweite Mann. Im Geschäftsleben erhob er niemals Anspruch auf den ersten Platz, den des Firmenchefs, aber er glaubte doch immer felsenfest daran, daß seine dreißig treu geleisteten Dienstjahre in der Firma eine entsprechende Anerkennung finden würden.

Er trug immer einen Hut. Der Gründer der Firma trug auch immer einen Hut. Außerdem war er der Mann fürs Grobe in der Firma. Immer wenn sie irgendwo eine Fabrik schließen wollten, schickten sie ihn. Er mußte die Belegschaften feuern und in alle Winde zerstreuen. Der Hut, so fand er, ließ ihn in den Augen seiner Opfer wie eine Art Pfarrer erscheinen. Und als gerechten Lohn für diesen seinen entmenschlichenden Kadavergehorsam gegenüber den Bilanzen erwartete er schließlich zum Oberbuchhalter der Firma ernannt zu werden.

Ein plötzlicher Umschwung in seiner Karriere warf all seine Pläne über den Haufen. Man »gewährte« ihm die Frühpensionierung. Dieser emotionale Schlag ins Gesicht, als man ihm sagte: »Vergessen Sie's einfach, Mann mit Hut, wir brauchen Sie nicht mehr!«, war fast zuviel für ihn. Er vermochte es beinahe nicht zu ertragen. Die Firma zerstörte damit den festen Kern seines Glaubens an sich selbst als den unverzichtbaren Mitspieler in der Mannschaft. »Das war vor vierzehn Jahren und sechs Monaten«, sagte der Mann fürs Grobe mir präzise und setzte den Hut ab. »Psychisch verwindet man diesen Schlag nie.«

Wenn man seine heutige Position, die des Ehrenvorsitzenden einer großen, weltweiten Stiftung betrachtet, würde man fragen: »Ist das denn nichts?« Aber wie es in ihm aussieht, das schockiert sogar ihn selbst. Denn dort, unter dem Schildchen »Selbstachtung« ist Leere. Er erinnert sich mit einer gewissen heiligen Scheu, dabeigewesen zu sein, wie ein Kollege von ihm, ein mutiger Mann, dem Boß widersprach. Der Boß begleitete diesen Mann zu einem Kunden. Der Boß sagte zu dem Mann: »Sie haben Ihren Hut vergessen.« Der freche Kerl entgegnete darauf dem Boß: »Sehen Sie mal, ich arbeite für Sie vierundzwanzig Stunden am Tag, sieben Tage in der Woche, aber einen Hut trage ich nicht.« Und ging einfach weiter. Der Boß lachte. Später ernannte er den frechen Kerl zum... Firmenchef!

»Es war ein Zeichen dafür, daß er immer seinen eigenen Kopf hatte«, gibt der andere zu. »Und ich – ja und ich trage noch immer einen Hut.«

DER SPÄTE UNTERNEHMER

»Ich habe mir immer wieder gesagt: Wo bleibt dein verdammter Mut!«

Den anderen Weg wählte ein Mann aus dem mittleren Management, der das Gefühl hatte, daß er mitsamt seiner Männlichkeit auf der Strecke bleiben würde, wenn er noch länger der Firma die Treue hielte. Nennen wir ihn »Willy«, weil er sich mit Arthur Millers *Tod eines Handlungsreisenden* identifizierte.

Während unseres ersten Gesprächs – damals war er Anfang Vierzig – hatte er seine Gefühle so beschrieben: »Mir ging es immer schlechter, weil ich mich laufend selbst verriet, und das nur, um meinen Lebensstil aufrechterhalten zu können.« Er überlegte hin und her: Sein Geld war in Aktien fest angelegt. In der Gemeinde, in der er lebte, mußte er an seine Position denken, die er nicht verlieren durfte. Auch den Country Club, dessen Mitglied er gerade geworden war, durfte er nicht vergessen. Er hatte sich aus der unteren Mittelschicht emporgearbeitet, daß er wieder abrutschen könnte, war eine gespenstische Vorstellung, die ihn in Angst und Schrecken versetzte. Vielleicht trug die Tatsache, daß er die berühmte Harvard Business School besucht hatte, nur noch zu seinen Qualen bei: Sollte er nach dem Firmenzusammenschluß auf seinem zwar sicheren, aber chancenlosen Job im Mittelbau der Firma bleiben und wie Willy Loman werden? Oder sollte er – zum erstenmal in seinem Leben – ein Wagnis eingehen?

»Ich fragte mich immer wieder: ›Wo bleibt dein verdammter Mut?‹« erzählte er mir.

Wie in diesem Alter üblich, hatte er das Gefühl, unter Zeitdruck zu stehen, und versuchte auf die schnelle Art Geld zu machen – und verlor. Also gab er, bevor er fünfzig wurde, seine gesicherte Stellung in der Firma auf und sprang ins kalte Wasser – er fing sein eigenes Geschäft an. Diesmal sah sein Zeitplan anders aus: »Ich werde mir dieses Projekt so genau ansehen, als ob ich nicht drei Jahre, nicht zehn Jahre, sondern ein ganzes Leben vor mir hätte, um es in Gang zu bringen.« Er schnallte den Gürtel enger, nahm bei der Bank einen Kredit auf, zapfte sogar seine Freunde an und forderte sie auf, bei ihm zu investieren. Er schlief nicht viel. Es war eine schreckliche Zeit. Nach außen hin blieb er ruhig, erzählte niemandem, weder seiner Frau noch einem Priester, Therapeuten oder Freund von seiner Angst. Aber er war entschlossen, sich durchzusetzen, sich selbständig zu machen.

Heute ist dieser nicht mehr ganz so junge Unternehmer Vorsitzender seiner eigenen Firma, deren Wert auf fünfundzwanzig Millionen Dollar geschätzt wird, und sie gehört ihm zu 100 Prozent. In den letzten Jahren, so sagt er, ist da so ein Gefühl, daß er alles geschafft hat. Aber in einem Punkt ist er absolut sicher: Er hat sich nicht zur Ruhe gesetzt und er hat auch nicht vor, sich zur Ruhe zu setzen. Nur für den Fall, daß er es sich anders überlegt, übt er Klavier und Gesang.

QUELLEN DES WOHLBEFINDENS IN DEN SECHZIGERN

Nicht all diese Gewinner im Geschäftsleben waren so zufrieden. Unter den Absolventen von 1949 gab es eine nicht unbedeutende Minderheit, die unglücklich war. Die Unterschiede zwischen den Männern, die auf der Skala des Wohlbefindens Spitzenwerte erreichten, und denen, die ganz unten blieben, stellten den interessantesten Teil der Studie dar.

Als diese Männer Mitte Fünfzig waren, sah die Sache mit dem Wohlbefinden ganz einfach aus: Die glücklichsten Männer waren die Firmenpräsidenten, die unglücklichsten waren die Vizepräsidenten. Aber mit Mitte Sechzig hatte sich der Indikator für die Zufriedenheit mit dem Leben völlig verändert.

Jetzt hing die Zufriedenheit nicht mehr von der Position im Geschäftsleben ab. Nur mehr wenige Manager und Präsidenten befanden sich in der Gruppe mit dem höchsten Wohlbefinden. Die Vizepräsidenten bildeten zwei gleich große Gruppen, von der die eine sehr zufrieden, die andere immer noch unglücklich war. Ja, dann sollte man annehmen, daß es vielleicht eine Frage des Geldes war – die glücklichsten Kerle mußten die sein, die zwei Millionen Dollar gebunkert hatten. Daneben getippt. Es gab praktisch keinen Unterschied im Kapitalbesitz mehr zwischen denen, die Mitte Sechzig mit ihrem Leben zufrieden waren, und denen, die nicht zufrieden waren. Gut, dann unterschieden sich vielleicht die, die in den Ruhestand gegangen waren, von denen, die immer noch aktiv waren. Wiederum falsch. Bei denen, die endgültig aus ihren Firmen ausgeschieden waren und denen, die immer noch die volle Zeit arbeiteten, war der Prozentsatz der zufriedenen Männer gleich groß.

Fest stand, daß die Männer, die Anfang Sechzig in den Ruhestand gegangen waren und seither keinerlei Tätigkeit wieder aufgenommen hatten außer der, sich ihrer Freizeit zu erfreuen, nicht besonders glücklich klangen.

»Versagen« kann keine Erklärung fürs Unglück sein, »versagt« haben fast ebenso viele glückliche wie unglückliche Männer. Die Glücklichsten sagten, daß sie versagt hätten, wäre ihr Glück gewesen, und sie lernten daraus eine Menge. Die Unglücklichen sagten, ihr Versagen hätte ihren Ruin bewirkt. Da beißt sich die Katze in den Schwanz: Wenn jemand ein Versagen als ruinös begreift, wird es seine Perspektive aufs Leben trüben.

Was machte also unterm Strich den Unterschied zwischen der »allgemeinen Zufriedenheit« und der »allgemeinen Unzufriedenheit« aus?

Eine erfüllte Liebesbeziehung im Alter war der wichtigste unter den Faktoren, die über die Zufriedenheit mit dem Leben bei diesen Männern entschied.

Neunzig Prozent der glücklichsten Harvard-Business-School-Männer lieben ihre Ehefrauen und sagten, sie seien sich, seit die Kinder aus dem Haus sind, nähergekommen. Im Gegensatz dazu hatten nur die Hälfte der unglücklichsten Männer ein enges Verhältnis zu ihren Frauen. Und wir sprechen hier nicht von Zweitehen mit jungen Dingern oder einer Frau, die sich ein Mann als Trophäe seines Erfolgs zulegt. Von der ganzen Gruppe der Interviewten waren knapp 90 Prozent noch immer mit der Ehegattin Nummer eins verheiratet. Nur neun von hundertvierundsiebzig Männern hatten sich eine jüngere Ehefrau genommen. Die Mehrzahl sagte: »Meine Frau gibt mir das Gefühl, ein toller Mann zu sein.«

Eine riesige Kluft bestand zwischen denen, die mit ihren Frauen »sexuell kompatibel« waren und denen, die es nicht sind. Die meisten Männer, die Geschmack an der reifen Liebe mit ihrer Frau fanden, erfreuten sich auch immer noch an deren Umsetzung in die Praxis. Nur einer der Männer mit hohem Wohlbefinden hatte das Interesse am Sex verloren. Aber daß sie ihre Frauen als treue Partnerinnen in diesem Abschnitt ihres Lebens schätzten, hatte nicht nur mit dem Sex zu tun. Die intellektuelle Stimulation und die bedingungslose Liebe ihrer Frau törnte sie an.

Die Männer mit niedrigem Wohlbefinden trugen eine lange Liste psychosomatischer Beschwerden vor: Schlafstörungen, Müdigkeit, das Gefühl, dick zu sein, Verdauungsbeschwerden, hohen Blutdruck, häufige Gereiztheit und Jähzorn. Woher der

Zorn? Der Grad des Erfolgs, den sie in ihrer Karriere gehabt oder nicht gehabt haben, geht ihnen unter die Haut. Der Status in der Hackordnung der Konkurrenzgesellschaft ist immer noch der primäre Faktor – sie lassen es zu, daß er das Maß ihrer Zufriedenheit mit dem Leben bestimmt. Viele fühlen sich betrogen. Oder sie werfen sich immer wieder vergangene Fehler vor. Ein Faktor, der bei den Zufriedenen dazu beiträgt, daß sie weniger an Schmerzen und Wehwehchen leiden, ist vielleicht die Tatsache, daß sie sich um andere Menschen kümmern. Viele tun etwas gegen eines der sozialen Probleme, unter denen das Land leidet. Die Unzufriedenen sind vor allem mit sich selbst beschäftigt.

Der Großvater mit dem himbeerbefleckten Fragebogen zum Beispiel hat die als Teil seines Gehalts von der Firma bezogenen Aktien seines ehemaligen Arbeitgebers verkauft und sitzt jetzt auf einem Vermögen von fünf Millionen Dollar. Aber im Rückblick hat er, wenn er sein Leben als Ganzes betrachtet, gemischte Gefühle. Wie den anderen vollkommen in den Ruhestand zurückgezogenen alten Herren fehlen auch ihm am meisten *die Menschen* – sowohl die Kollegen, mit denen er eng zusammengearbeitet hat, als auch die Geschäftsfreunde, die er nicht mehr sieht. Genauso fehlt ihm »die Arbeit in Richtung auf ein Ziel hin«. Er ist unzufrieden damit, daß er soviel freie Zeit hat. Er sieht seine Freunde allmählich alt werden, und das läßt ihn immer mehr an das eigene Sterben denken. Seine Potenz als hochqualifizierter Geschäftsmann hat er verloren. Jetzt fürchtet er, seine sexuelle Potenz zu verlieren. Es ist wichtig zu erwähnen, daß die Beziehung zu seiner Frau nicht besonders gut ist.

Die Ehefrauen dieser traurigen Gestalten sind im allgemeinen frustriert von den Erklärungen (eher Alibis) ihrer Ehemänner, warum sie nichts ändern können: »nicht genügend Kontakte« oder »in meinem Alter ist es schwer, einen guten Direktorenposten zu ergattern«. Ein paar Männer geben allerdings zu: »Ich weiß eigentlich nicht, wieso ich nicht wieder in die Gänge komme.« Mehr als eine Gattin hat ihren Ruheständler schon gefragt: »Wieso gehst du nicht los und suchst dir eine richtige Arbeit?«

Es ist fast so, als ob diese unzufriedenen Männer meinen, weil sie eine Menge Geld verdient hätten, könnten sie den Karren laufen lassen und brauchten selbst gar nichts mehr für ihre Fortentwicklung zu tun. Aber das funktioniert nicht.

Das Leben noch spannend finden zu können ist der andere bedeutende Faktor des Wohlbefindens für die Männer in dieser Phase. Wir haben schon die vielen neuen Tätigkeiten erwähnt, die Männern in den Sechzigern Spaß machen können. Die glücklichen unter den Harvard-Business-School-Männern hatten sich überall nach neuen Abenteuern umgesehen, bevor sie an ihrem Sessel festwachsen konnten. Sie betrachten den Ruhestand als eine verlockende Gelegenheit, der Bilanz ihres Lebens ein Quantum »Vielseitigkeit« hinzuzufügen. Die Sechziger sind für sie eine neue Phase, in der sie endlich tun können, was sie schon lange tun wollten.

Für solche Menschen sind nicht Geld oder Titel das wichtigste, sondern es ist die Qualität und Quantität sinnvoller menschlicher Beziehungen und der Spaß, den man an einer Sache hat. Die Männer mit dem höchsten Wohlbefinden haben alle viel Freude an ihren Kindern und wenden sich auch an sie, wenn sie Trost brauchen. Die Männer geringen Wohlbefindens wenden sich an ihre Anwälte. Manche geben zu, daß sie abwesende oder unzulängliche Väter waren.

Natürlich gehören all die hier beschriebenen Männer zu den wohlhabendsten Amerikanern. Aber obwohl die Unzufriedenen unter ihnen im Schnitt nicht weniger Geld haben als die zufriedenen Männer, hat fast die Hälfte der unzufriedenen »Angst, nicht genug Geld zu haben«. Trotzdem kann Geld nicht die Schalheit einer Ehe oder die Entfremdung der Kinder ausgleichen. Geld bringt den Saft des Lebens nicht zurück, wenn man es aufgegeben hat, im Geschäftsleben, in der Ehe oder in der Gemeinde etwas zum Besseren zu verändern. Die Männer mit dem niedrigen Wohlbefinden haben viel mehr Angst als die Zufriedenen vor dem fortschreitenden Alter und davor, daß ihre Frauen sie verlassen könnten. Geld gibt keine Sicherheit. Geld hat man nie genug.

WIEVIEL IST GENUG?

Das ist für die Sechzigjährigen eine wichtige Frage. »Wenn ich bin, was ich habe, und wenn das, was ich habe, verloren ist, wer bin ich dann?« – so hat es mal jemand ausgedrückt. Das muß sich auch der britische Zeitungsmogul Robert Maxwell in den letzten zwölf Stunden, die er allein verbrachte, als er wußte, daß sein ganzes Imperium wie ein Kartenhaus zusammengefallen war, gefragt haben, bevor er über Bord ging (sprang oder fiel oder gestoßen wurde). Lee Atwater wurde kurz vor seinem Tod von *Life* interviewt. »Die achtziger Jahre dieses Jahrhunderts galten dem Erwerb«, sagte er. »Ich muß es wissen. Ich habe mehr Geld, Macht und Prestige als die meisten erworben. Aber man kann alles kriegen, was man will und sich immer noch leer fühlen.« [17]

»Je reicher wir werden, um so eher lastet das Problem der Sinnlosigkeit auf uns«, bestätigte der Autor des Buches *The Search for Meaning*, der ehemalige Wirtschaftsprofessor Thomas Naylor. »Wir haben zuviel Freiheit und die Freiheit, sie zu mißbrauchen, zu viele Wahlmöglichkeiten und nicht genug Disziplin oder Willen zur aufgeschobenen Befriedigung, als daß wir auf längere Sicht die richtigen Entscheidungen treffen könnten.«

IM KLUB DER ALTEN ELEFANTEN, FÜNFUNDSECHZIG

»Wenn man alles hat – was dann?«

Ein prominenter Anwalt aus der Welt des Sports, dessen offizielle Leistungen unterm Strich äußerst beeindruckend sind, litt unter dieser Sinnkrise. Er lud mich zu einer kleinen Dinnerparty mit lauter Größen des Sportgeschäfts in einen eleganten Club ein. So gibt man mit seinem hohen Status an.

Bert, so will ich ihn nennen, hatte von Haus aus Geld und schon als junger Mann Erfolg. Von ihm ist in den Nachrichten dauernd die Rede, man sieht ihn für seine Spieler tolle Verträge abschließen, Menschen sind für ihn Manövriermasse. Er hat sich auch in manch einem Sportverband unentbehrlich gemacht. Seine Frau hat ihren Brustkrebs überlebt und sich kürzlich von einem Schönheitschirurgen das Gesicht liften lassen. Er gibt sich nach außen hin den Anschein eines reichen und zufriedenen Mittsechzigers, wenn er zurückgelehnt in seiner Nische im Club sitzt und seine vom Tennisspiel dunkle Haut so hübsch mit seinem hellen, seidenen Sommeranzug kontrastiert. Und trotzdem windet er sich. Bert muß über die schreckliche Leere reden, die in ihm ist:

»Man ist nur für eine einzige Sache ausgebildet: zu raffen. Aber wenn man alles hat – was dann?«

Seinen Wert habe er immer daran gemessen, was er mit dem Geld kaufen konnte, das er verdiente: den Swimmingpool, den schicken Wagen, die Luxusvilla auf dem Land. Jetzt, da er jedes Spielzeug besaß, das er brauchen konnte, grübelte er: »Wozu das alles? Was ist der Sinn und Zweck? Wenn man darauf keine Antwort weiß, geht man einfach zurück in die Tretmühle, weil das alles ist, was man kann und weiß und gelernt hat.«

Was tut man, wenn Schluß damit ist?

Wer bist du, wenn du nicht mehr der Boß bist?

Er schob den Spargelsalat weg und beschwerte sich beim Kellner über die grauenhaft cholesteringesättigte Soße, mit der das Gemüse angemacht war.

»Man bringt uns nicht bei, wie wir mit dieser Phase im Leben umgehen sollen«, setzte er unsere Unterhaltung fort. »Wir sind alle so gut im Wegschieben. Frauen können sich Schönheitsoperationen unterziehen, aber Männer – Männer wissen nicht, wie sie diese letzte Passage durchstehen sollen.«

Wenn man es als letzte Passage sieht, wird sie es vielleicht auch, sagte ich. Man könnte es auch als neue Möglichkeit begreifen.

»Na ja – man kriegt gesagt, daß man vom Spielfeld herunter, sich auf die Reservebank verziehen und nur noch den anderen beim Spiel zusehen soll –, misch dich ja nicht mehr ein!« Er dachte an all die einmal geführten Verhandlungen, in

denen es um hohe Einsätze gegangen war, und fragte sich laut:
»Was ist für mich jetzt noch drin? Wo ist der Sinn, die größere Bedeutung, der Spaß?«

Bert entsetzte der Gedanke, daß er seinen Platz da oben in
der »Paviankolonie«, wie er es nannte, aufgeben sollte. Er sah
die anderen alternden Agenten mit kritischen Augen die knallharten Verhandlungen an ihre Nachfolger abgeben. Gleichzeitig quälte ihn die Unruhe – er muß weiter, aber wohin soll
er von da oben aus, wenn er nicht dem Vergessen anheimfallen will? Wird Bert in der Tretmühle bleiben müssen, bis er tot
umfällt, weil er nicht weiß, was er anderes tun könnte, wenn
er aufhört? New York hängt ihm zum Hals heraus. Er macht
es herunter, aber er verläßt die Stadt trotzdem nicht. Er und
seine Freunde erkennen diese Zwiespältigkeit.

»Wir wollen den Verfall New Yorks nicht sehen, weil wir
unseren eigenen Verfall nicht sehen wollen. Wir sind wie alte
Elefanten, wir suchen einen Ort zum Sterben. Aber wohin sollen wir gehen? Nach Palm Beach? Da unten kennen die Typen
nur noch eine Methode, ihre Macht zu zeigen: den Juden den
Zutritt zum Golfclub zu versperren.«

Es sind die Worte eines Verzweifelten. Als nächstes wird er
wahrscheinlich seine Gesundheit einbüßen.

RÜCKKEHRER AUS DER HOFFNUNGSLOSIGKEIT

Der Zusammenhang zwischen der körperlichen und der geistigen Gesundheit ist im späteren Leben am größten, bestätigte Dr. Gene Cohen vom National Institute on Aging. »Wir wissen, daß ältere Leute, die unter Depressionen und Streß leiden,
viel größere Probleme mit ihrer Gesundheit haben.« Sogar solche Männer, die immer noch gern im Berufsleben stehen, können einem Zustand der Verzweiflung und Hoffnungslosigkeit
anheimfallen.

Mike Wallace, der Journalist, der während seiner jahrelangen Mitarbeit in der Nachrichtensendung *60 Minutes* den Typ
des insistierenden Interviewers darstellte, war Anfang Sechzig

offenbar immer noch gut in Form, obwohl er bereits einen Herzanfall hinter sich hatte und einen Schrittmacher trug. Die Wahrheit sah allerdings anders aus. »Ich kam mir wie der letzte Betrüger vor. Mein Leben war völlig sinnentleert.« Diese Sinnkrise warf Wallace in eine zwei Jahre dauernde klinische Depression, die er mit fünfundsechzig überwunden hatte. Er hat dann noch bis Ende Siebzig als Fernsehjournalist weitergearbeitet.

Eines der üblichen Szenarien für Männer wie Bert, den oben beschriebenen Sportagenten, ist es, in einen Zustand der Gefühllosigkeit abzuleiten. Daraus entwickelt sich eine chronische Depression, der sie sich aber nicht bewußt werden. Nach ein paar Jahren bekommen sie vielleicht noch Krebs, haben aber einfach nicht mehr den Willen, dagegen zu kämpfen. Unsere Gedanken und Gefühle sind keineswegs die Ursache für Krebs oder einen Herzanfall, und nur daß wir unsere Gedanken und Gefühle ändern, kann solche Krankheiten weder heilen noch vermeiden helfen. Aber die gegenwärtige Forschung, die das Immunsystem untersucht, enthält bereits deutliche Hinweise darauf, daß unsere Gefühle uns für solche Krankheiten anfällig machen können. Umgekehrt kann die Abwehrkraft des Immunsystems durch die richtige psychologische Arbeit so gesteigert werden, daß sie wie eine erstklassige Leibgarde Viren, freie Radikale und zelluläre Aberrationen abwehrt und uns gegen die Krankheit schützt.

Sogar kurze emotionale Veränderungen – daß man sich für zwanzig Minuten glücklich oder traurig fühlt – können unser Immunsystem sehr stark beeinflussen. Die Psychoimmunologin Margaret Kemeny hat an der Universität von Kalifornien in Los Angeles eine faszinierende Studie durchgeführt. Sie ließ Schauspieler, die nach der Stanislawski-Methode ausgebildet waren, intensive emotionale Zustände – Wut, Trauer, Zorn, Freude und so weiter – durchleben und maß dann die Veränderung in der Zahl und Aktivität der »Killerzellen« in ihrem Blutstrom.[18] »Killerzellen« sind die von Natur aus »guten« Zellen, die Krankheiten abwehren und auftauchende Krebszellen vernichten helfen. Jetzt nehmen Sie wahrscheinlich wie ich an, daß es schlecht für unsere Gesundheit ist, wenn wir traurig oder zornig sind. Keineswegs.

»Wir entdeckten, daß die Wirkung des glücklichen Zustands auf das Immunsystem sehr ähnlich dem war, den wir als Folge des traurigen Zustandes sahen«, sagte Dr. Kemeny. Innerhalb von zwanzig Minuten hatten sich die »Killerzellen« vermehrt und funktionierten effektiver. Ein Mangel an Emotionen drückt dagegen das Immunsystem und prädisponiert eine Person zur Krankheit. Und das ist es, was sich abspielt, wenn Menschen sich zurückziehen, verkriechen, passiv werden und keinen Anteil mehr am Leben nehmen.

Ein anderer Profi, der sich wirksam mit diesem Dilemma beschäftigt, ist Lawrence LeShan, ein klinischer Psychologe, der als Vater der Geist-Körper-Therapie gilt und das aufsehenerregende Buch *Cancer As A Turning Point* geschrieben hat.[19] LeShan arbeitete an der Frage, mit welchen psychologischen Mitteln das Immunsystem wiederaufgebaut werden kann, das für den Kampf gegen den Krebs so entscheidend ist. Die Antwort: Die Lust des betreffenden Menschen am Leben muß wiederaufgebaut werden. Aber die Prinzipien sind auf jeden anwendbar, der gegen die Verzweiflung ankämpft und seine Integrität wiederzugewinnen versucht, während er älter wird und sich immer weniger erwünscht fühlt.

DER MANN, DER DEN KREBS ÜBERLEBTE

»Was *stimmt* mit Ihnen?«

Ted war ein profilierter Geschäftsmann, dessen Intelligenz, Energie und breitgefächerte Interessen ihn befähigten, einen Laden mit internationalem Flair aufzubauen. Man erkannte weithin seine Fähigkeit an, dem Laden diesen Zauber zu verleihen. Im Wege des Franchising entstanden hier und da Ableger seines Ladentyps. Ted hatte sein Leben lang in dieses Unternehmen investiert – er hatte im Kellergeschoß als junger Verkäufer angefangen und sich bis zum Vizepräsidenten und schließlich Vorstandsvorsitzenden hinaufgearbeitet. Von Natur aus hatte er ein Gespür für neue Trends, sein Laden war sein ein und alles, sein »Baby«. Jeden Morgen stand er früh auf, um auf seinem Computer die Verkaufszahlen zu prüfen. Er hatte in seiner Stadt die Position eines Verwalters des guten Geschmacks, seine Arbeit gab ihm Grund, in der ganzen Welt herumzureisen, um interessante Entwicklungen ausfindig zu machen.

Die ganze Ordnung und der Zusammenhalt seines Lebens brachen zusammen, als eine rücksichtslos arbeitende Einzelhandelskette seinen supereleganten Laden an sich riß. Man überredete Ted, der inzwischen um die Sechzig, aber immer noch ein ungeheuer energischer Geschäftsmann war, den Laden weiterzuführen. Aber es dauerte nicht lange, da nervte es ihn, sich mit den neuen Eigentümern herumzuärgern, die nur daran interessiert waren, die Kosten zu senken, das Angebot zu reduzieren, damit unterm Strich mehr Profit herauskam und sie das Objekt zu einem guten Preis wieder losschlagen konnten. »Das Objekt«, so nannten sie sein Baby! Er merkte, wie der Charakter des Ladens, der mit seinem eigenen unzertrennlich verbunden war, durch Tausende winziger Einsparungen langsam, aber sicher verlorenging.

Nicht lange nachdem er den Laden übergeben hatte, stellten sich bei Ted gewisse, seine Verdauung betreffende Symptome ein. Als Antwort darauf beschloß er, sein Golfspiel zu perfektionieren. Er wollte seinem Leben mit dem Golfspiel einen neuen Sinn geben. Aber nachdem er ein Jahr lang auf Turnieren gespielt hatte, stellte er fest, daß seine Reflexe sich nicht mehr verbesserten. Wenn er sich das perfekte Golfspiel zum Ziel setzte, dann könnte ihn das nur immer wieder an seine nachlassende Kondition erinnern. Von diesem Augenblick an hatte er so gut wie keine Empfindungen mehr, egal, um was es ging. Irgend etwas in ihm wurde dunkel.

Er versuchte noch einmal anzufangen. Er eröffnete eine Miniversion seines einstigen großen Ladens in einem neu sich entwickelnden Teil der Stadt. Aber die Rezession brach herein, und die Kunden blieben aus – das neue Viertel blieb in der Ent-

wicklung stecken. Dickdarmkrebs wurde bei Ted diagnostiziert. Nach der Operation und einer Chemotherapie wurde er
zunehmend lethargisch. Morgens stand er auf, wollte irgend
etwas unternehmen, aber dann überfiel ihn die Müdigkeit, und
er legte sich aufs Ohr zu einem Nickerchen. Manchmal kam er
den ganzen Tag nicht aus den Trainingshosen heraus, saß einfach nur in seinem Sessel und las oder sah fern. Er kam sich verloren vor. Nichts interessierte ihn mehr. Er war energielos.

Erst als seine Frau darauf bestand, daß er mit einem Psychiater sprechen müsse, stellte dieser fest, daß Ted seit ein paar
Jahren an einer chronischen Depression litt. Als ich ihn zum
erstenmal interviewte, war er Mitte Sechzig. Jetzt war seine
ganze Sorge: Wie kann ich dafür sorgen, daß der Krebs nicht
wiederkommt?

Bei unserem zweiten Gespräch erzählte ich Ted von der
Arbeit von Dr. LeShan. Ted sagte, er würde mit dem Psychiater gern darüber sprechen, wie er mit der bevorstehenden
Operation fertig werden könnte. Obwohl Dr. LeShan sich aus
seiner Praxis zurückgezogen hatte und jetzt nur noch junge
Psychotherapeuten ausbildete, war er bereit, mit Ted zu
sprechen.

Larry LeShan ist ein entspannt wirkender, eleganter Psychiater von siebzig Jahren mit grauem Haar und einer Brille mit
schwarzem Gestell. Er hat einen Herzanfall überstanden,
strahlt aber sehr viel Vitalität und Freundlichkeit aus. Er
begrüßte Ted in Hausschuhen und Freizeitkleidung an der Tür
seiner komfortablen Wohnung in der West End Avenue. Nach
einem kurzen Gespräch über die bevorstehende Operation eil-
te LeShan den Ereignissen voraus bis zu dem Punkt, an dem
der Einzelhandelskaufmann sein Leben wieder voll verantwortlich würde führen können.

LESHAN: »Nehmen wir an, die medizinische Behandlung wird
ein hundertprozentiger Erfolg. Die Ärzte sagen Ihnen: ›Kommen Sie in den nächsten fünf Jahren einmal jährlich wieder –
und im übrigen geht's Ihnen prima.‹ Was würde sich an Ihrem
Leben nach der Operation ändern?«

TED: »Ich weiß es nicht. Ich habe in den letzten fünf Jahren beruflich eine Reihe von Enttäuschungen durchgemacht.«

LESHAN: »Nehmen wir an, Sie bekommen einen idealen Laden. Was für eine Art Arbeit würde Ihnen am meisten liegen?«

TED: »Ich will immer noch ein richtig guter Einzelhändler sein, das kann ich. Ich bin fünfundsechzig Jahre alt und ich habe einen kleinen Laden zu einem riesigen Franchising-Unternehmen ausgebaut, das heute Hunderte von Millionen wert ist.«

LESHAN: »Was gibt es sonst noch, was Sie gern tun würden? Lassen Sie Ihrer Phantasie freien Lauf.«

TED: »Die aufregendste Zeit war für mich, als ich einen ganz gewöhnlichen Laden in etwas Einmaliges verwandelte. Es ging mir nicht nur um den finanziellen Erfolg. Es war einfach aufregend und machte Spaß, ein Geschäft aufzubauen. Das habe ich verloren. Seither habe ich es noch einige Male versucht, erst kürzlich habe ich mir einen Laden gekauft und eine Menge Geld investiert – umsonst. Im Augenblick arbeite ich als Einzelhandelsberater. Die Arbeit ist ganz in Ordnung, aber es ist nichts Großartiges. Ich habe eine Menge Leute über mir. Wenigstens gibt es was, weswegen ich aufstehen und mich anziehen kann.«

LESHAN: »Das klingt nicht sehr begeistert.«

TED: »Ich weiß nicht, was ich sonst noch mit Erfolg tun könnte. Und ich merke, daß es für mich eine Erleichterung bedeutet, mich morgens in eine Arbeit zu stürzen – ich vergesse meine Krankheit, und die Arbeit bringt mich in Schwung.«

LESHAN: »Die Frage lautet doch: Wie bauen Sie Ihr Verteidigungssystem gegen den Krebs aus? Eines Tages werden wir es rein medizinisch erledigen. Heute brauchen wir auch die Psychologie. Das heißt, sie müssen eine konkrete Verpflichtung, eine konkrete Aufgabe übernehmen, damit Sie wieder Freude an Ihrem Leben haben. Überlegen Sie selbst: Was können Sie tun, damit Sie abends wieder das Gefühl der zufriedenen Müdigkeit haben und nicht mehr das Gefühl, daß Ihnen alles keinen Spaß mehr macht?«

TED: »Ich weiß nicht, was ich da tun könnte. Was das sein könnte. Es lockt mich irgendwie nichts mehr.«

LESHAN: »Vielleicht wissen Sie es jetzt nicht. Aber merken Sie sich diese Frage – es ist die wichtigste Frage in Ihrem Leben.«

TED: »Meine Frau und ich haben uns gerade gestern zum erstenmal darüber unterhalten, angeregt durch die Lektüre Ihres Buchs.«

LESHAN: »Das Immunsystem ist ein bißchen dumm. Es braucht konkrete Stimulationen. Sie und Ihre Frau müssen sich jetzt fest verabreden, daß Sie von jetzt an jeden Tag über diese Frage nachdenken. So wie man sich fragt: ›Was ziehe ich heute an? Was esse ich heute? Nehme ich den Schirm mit?‹ Das sind Fragen, die man sich jeden Tag stellt. So eine Frage muß diese auch für Sie werden. Denken Sie ständig daran – so wie ein Hund ständig an seinen Knochen denkt. Kämpfen Sie damit, schmollen Sie deswegen, lachen Sie darüber, träumen Sie davon. Sagen Sie zu Ihrem Organismus: ›Ich bin wichtig – es lohnt sich, für mich zu kämpfen.‹ Es ist so, als ob das Immunsystem aufblickt und sagt: ›Ach so, es lohnt sich, für mich zu kämpfen? Warum hast du mir das nicht gleich gesagt?‹«

Nachdem er seit über dreißig Jahren nach diesem Verfahren arbeitet, behauptete LeShan jetzt bescheiden, daß annähernd die Hälfte seiner Patienten (und der Patienten seiner Schüler) mit einer schlechten Prognose positiv, das heißt mit einer langfristigen Besserung auf diese Behandlung reagiert habe und heute noch am Leben sei. Außerdem habe sich die Lebensqualität der Leute verbessert. Bisweilen, wenn eine medizinische Behandlung unmöglich war, hat er sogar erlebt, daß Patienten spontan wieder gesund wurden. LeShan fügt aber vorsichtshalber hinzu: »Die Psychologie kann kein Ersatz für eine medizinische Behandlung sein. Sie ist eine begleitende, zusätzliche Therapie.« Ursprünglich nach der Freudschen Schule ausgebildet, erklärte mir der Analytiker, weshalb er meint, daß die klassische Analyse im Kampf gegen den Krebs nicht funktioniert: Dafür wurde sie nicht erfunden.

LESHAN: »Wir haben gesehen, daß Sie jetzt über eine neue Strategie verfügen – die Frage lautet nicht: Was stimmt mit mir nicht? Sondern sie lautet: Was stimmt mit mir? Was ist nötig, damit es Ihnen gut geht? Zunächst sollten Sie und Ihre Frau sich ein richtig schönes Luftschloß bauen. Dann können Sie versuchen, ein Fundament darunter zu errichten. Das braucht Zeit. Aber selbst wenn Sie lange brauchen, um herauszufinden, was zu tun Ihnen Spaß macht, wichtig ist, daß Sie andauernd daran arbeiten. Wenn Sie sich damit beschäftigen, zwingt Sie das, Leute anzurufen, zu lesen, zu reisen, Ihre Fühler in jede Richtung auszustrecken. In all den Jahren meiner Praxis habe ich nie einen Menschen kennengelernt, dem es nicht gelungen wäre, eine Antwort zu finden – auch die mit einer beschränkten Ausbildung und begrenzten Fähigkeiten haben eine Antwort gefunden.«

TED: »Aber ich bin dauernd müde. Auch Ausruhen nützt nichts.«

LESHAN: »Es gibt verschiedene Arten von Erschöpfung. Eine chronische Erschöpfung wie die Ihre wird gewöhnlich durch einen blockierten Energiefluß verursacht. Sie können Ihre vorhandene Energie nicht nutzen, weil Sie keinen Weg gefunden haben, die Kanäle für Ihre Kreativität zu öffnen.«

TED: »Sie haben recht. Das Nichtstun erschöpft! Ich glaube, ich habe mich mit diesen Enttäuschungen arrangiert, damit ich den nächsten Schlag gar nicht mehr spüre. Um immer so weitermachen zu können. Jetzt weiß ich, daß das falsch ist. Ich suche jetzt etwas, was mir Hoffnung gibt.«

LESHAN: »Ist es möglich, daß Sie die Hoffnung aufgegeben hatten?«

TED: »Ich glaube schon. Ich merke, wie mich das beflügelt, wenn mir jemand eine Arbeit anbietet. Wenn ich aber nichts vor mir habe, dann zieht mich das runter – von einer Minute zur nächsten kippt meine Laune um.«

LESHAN: »Ich möchte wetten, auch die Chemie Ihres Körpers verändert sich dann. Eins wissen wir: Wenn Sie glauben, daß Sie Ihr Potential nicht sinnvoll einsetzen können, geht das auf Ihr Immunsystem. Dann schwächt das den ganzen Mechanismus, der gegen den Krebs kämpft, und die Krankheit kann die Macht übernehmen. Wenn ein Baumeister keine Möglichkeit mehr sieht, je wieder etwas zu bauen, hat er die Hoffnung verloren.«

LeShans abschließende Worte an den Einzelhändler sind ein Rezept, das jeder gebrauchen kann, der zu verzweifeln droht:

LESHAN: »Ihre Widerstandskraft ist erschöpft. Sie und Ihre Frau müssen einander immer wieder daran erinnern: Sie werden sich nicht damit zufriedengeben, Ihr Leben mit irgend etwas anderem zu verbringen als mit dem, was Sie wirklich wollen. Der Prozeß des Suchens ist ein Heilungsprozeß, er gibt Hoffnung.«[20]

Der Einzelhändler und seine Frau begannen ihre Suche, indem sie an die vielen Kontakte auf der ganzen Welt anknüpften. Sie frischten ihre Sprachkenntnisse auf, und Ted wurde für private Organisationen aktiv. Beide reisten im Auftrag dieser Organisationen in fremde Länder, was sie sehr gern taten. Aber herauszubekommen, was er tun konnte, um damit seinen Lebensunterhalt zu verdienen, was LeShan ihm ja versprochen hatte, war schwer. Der Einzelhändler stolperte zunächst in die eine oder andere Sackgasse, bis ihm bewußt wurde, was er an seiner Arbeit eigentlich so sehr gemocht hatte: Es war das Entdecken und Fördern begabter Kunsthandwerker und Designer, sie weltweit bekanntzumachen und auch den finanziellen Gewinn aus ihrer Arbeit zu ziehen. Das zu erkennen dauerte ein Jahr.

Er hörte dann, daß das Außenministerium eine amerikanische Delegation nach China schicken wollte, um dort Darlehen für die Privatisierung von Staatsbetrieben zu gewähren. Die alte Begeisterung erwachte in ihm – aber was hatte er zu bieten? Er beriet sich darüber mit einem anderen Ruheständler aus seiner Branche. Der sah Teds Fähigkeiten in einem neuen Licht: »Schau mal, wenn jemand was von Unternehmen versteht und dazu noch eine gewisse kulturelle Sensibilität mitbringt, stellt er eine sehr wertvolle Ressource für die Regierung dar.«

Gestärkt durch diese Aufmunterung, bot sich Ted dem Außenministerium an: »Sie brauchen in Ihrer Delegation einen erfahrenen internationalen Händler.« Durch die Chinareise gewann er ein ganz neues Selbstverständnis: Er war wertvoll. Anderen Ländern bei der Entwicklung des regionalen Kunsthandwerks zu helfen und Fabriken zu beraten, wie sie erfolgreich ihre Produkte für den Weltmarkt entwerfen und herstellen können, fiel ihm leicht. »Der Gedanke, nicht mehr Damenunterwäsche verkaufen zu müssen, erleichtert mich.«

Dem vor nicht langer Zeit noch Todkranken und seiner Frau wurde etwas klar: Immer wenn sie längere Zeit in fremden Ländern verbracht, neue Leute kennengelernt und mit ihnen zusammen Projekte entwickelt hatten, fühlten sie sich beide ungeheuer angeregt und voller Energie. Ted dachte fast gar nicht an seinen Gesundheitszustand. Den Luxus, sich an Ort und Stelle mit den fremden Kulturen und den ansässigen Produzenten zu beschäftigen, hatte er sich als Geschäftsmann aus Zeitgründen nicht leisten können. Allerdings war die Arbeit für die Regierung nicht besonders gut bezahlt und lastete ihn auch terminlich nicht aus. Zwischen den Reisen glitt er manchmal wieder zurück in die Depression.

Nach einigen Jahren wußte er während einer Osteuropareise plötzlich, welches die ideale Beschäftigung für ihn war: Warum fing er nicht ein Import-Export-Geschäft an? Das war vielleicht nicht so profitabel wie andere Geschäfte, aber es erlaubte ihm und seiner Frau, in der Welt herumzureisen, neue Sachen zu entdecken und die innere Befriedigung zu erfahren, künstlerische Produkte international erfolgreich zu vermarkten.

Heute arbeitet der Importeur zusammen mit seiner Frau. Ihr intellektuelles und körperliches Potential ist voll ausgelastet, und so gefällt es ihnen. Ted steht wieder mit beiden Beinen im Leben. Vier Jahre nach seiner letzten Krebsoperation war auf seiner Computertomographie nichts mehr zu sehen.

17. Kapitel:
Weise Frauen im Training

Es ist völlig wahr, was die Philosophie sagt, daß das Leben
rücklings verstanden werden müsse. Aber darüber vergißt
man den anderen Satz, daß es vorlings gelebt werden muß.
Sören Kierkegaard[1]

Es erwarteten mich einige Überraschungen, als ich eine Einladung zur ersten Konferenz über »Die neue ältere Frau«
annahm, die im Sommer 1991 im Esalen-Institut in Kaliforni-
en stattfand. Eine kleine Schar prominenter amerikanischer
Frauen aus den verschiedensten Bereichen kam zusammen, um
Ansichten darüber auszutauschen, was es heute in den Vereinigten Staaten bedeutet, ambitioniert, optimistisch und über
fünfzig zu sein. Die Teilnehmerinnen waren einer Meinung,
daß bei ihnen irgendwann der Punkt gekommen war, ab dem
sie nicht mehr an ihrem jugendlichen Image festgehalten hatten – oder dies auch nicht mehr konnten –, um weiterzukom-
men. Obgleich es in dem Augenblick weh tat, hatten sie alle
dadurch eine neue Quelle der Energie und Freude gefunden.
Für manche war damit soziales Engagement verbunden, zum
Beispiel im Bereich der AIDS-Hilfe oder in der feministischen
Politik. Andere hatten sich eine neue Herausforderung eher
privaten Charakters gesucht: ein Buch zu schreiben oder sich
fortzubilden einfach aus Freude am Wissen. Gemeinsam war
ihnen allen, daß die Frauen mit Leidenschaft und Interesse ein
Ziel verfolgten.

So aufregend und provokativ die Diskussionen ausfielen, erst das Beisammensein mit meiner über achtzigjährigen Zimmergenossin beseitigte einige der Schranken aus meinem Bewußtsein, die mich noch daran hinderten zu verstehen, was es mit der »älteren Frau« auf sich hatte. Als ich diese große, aufrechte Dame kennenlernte, saß sie vornübergebeugt da und bürstete ihr Haar. Mildred Mathias war Botanikerin, gerade von ihrem täglichen, flotten Spaziergang zurück, den sie trotz des trüben Wetters unternommen hatte. Sie zeigte mir voller Begeisterung eine Handvoll stark duftender Kräuter und Gräser, die sie gerade gesammelt hatte. Beim Abendessen fiel mir ihr Lachen auf, das perlender und tiefer als das der anderen Frauen war. Welches Geheimnis, so fragte ich mich, mochte sich wohl hinter ihrem jugendlichen Schwung verbergen?

Es stellte sich heraus, daß Mildred mit siebzig Jahren ihre angesehene Dozentenstelle an einer kalifornischen Universität aufgegeben hatte. Sie lebte dann eine Zeitlang so dahin, bekam gesundheitliche Beschwerden und langweilte sich schrecklich. Sie dachte, ihr Leben wäre nun so gut wie vorbei. Ein paar Jahre später bot sich ihr die Gelegenheit, ihre erste Reise zum Amazonas zu unternehmen und dort seltene Pflanzen zu sammeln, die medizinischen Zwecken dienen sollten. Sie wagte diesen Schritt ins Unbekannte hinein. Die Erfahrung war aufregend. Sie fühlte sich wieder zu etwas nutze. Seither hatte sie diese Reise jedes Jahr wiederholt – mit dem Gefühl, einer Art heiligen Pflicht zu gehorchen.

»Jede Reise zum Amazonas macht mich zehn Jahre jünger, davon bin ich überzeugt«, sagte mir Mildred Mathias. Natürlich, jetzt fielen mir auch andere Frauen wieder ein, die mir erzählt hatten, daß sie sich manchmal für Jahre fast aus dem Leben verabschiedet hatten – zu den lebenden Toten sozusagen gehört hatten –, aber später ins Leben zurückgekehrt waren, als sie sich in ein Abenteuer stürzten, das risikoreich für sie war, aber auch Sinn in sich barg. Wir können von solchen vitalen älteren Frauen lernen. Wir sollten die Frauen, die zielstrebig ihre Interessen ausleben, immer wieder aufsuchen und uns von ihnen belehren lassen, was für Möglichkeiten und leitende Prinzipien es für unser eigenes zukünftiges Ich gibt. Diese wandlungsfähigen Frauen will ich weise nennen.

Deborah Szekely ist eine solche Frau, die mich seit Jahren inspirierte. In ihren nicht mehr ganz jungen Jahren war sie eine der ersten gewesen, die Kurzentren als reguläre Dienstleistungsunternehmen etablierte. Am Beispiel dieser mittlerweile über Sechzigjährigen soll gezeigt werden, welche Möglichkeiten das zweite Erwachsenenalter in sich birgt.

Träumerin über den Traum hinaus

»Ich wollte wieder etwas tun, das mir nachts den Schlaf raubt.«

Deborah Szekely hat der japanischen Philosophie den Gedanken entlehnt, daß sich das Leben in drei Teile gliedert. »Das erste Drittel des Lebens ist der Tatsache gewidmet, daß man ein Kind ist, in der Schule und zu Hause lernt. Das nächste Drittel verbringt man damit, daß man so hart, wie man kann, arbeitet und dafür belohnt wird. Das letzte Drittel ist vielleicht das wichtigste: Da setzt man sich dafür ein, der nächsten Generation eine bessere Welt zu hinterlassen.«

In Wirklichkeit zwang Deborah nichts zu irgendeiner weiteren Tätigkeit, nachdem sie die Sechzig erreicht hatte. Sie hätte sich auf ihren Lorbeeren ausruhen, des fortdauernden Erfolges ihrer beiden exklusiven Erholungszentren erfreuen und in ihren weithin bekannten Gärten umherwandern können, anderen Leuten sagen, daß sie diesen Stein hierhin und jenen Busch dorthin verpflanzen sollten, und hätte zusehen können, wie ihre beiden fähigen Kinder, ein Sohn und eine Tochter, das Management übernahmen. Sie hatte schon ein von tragischen und glücklichen Ereignissen erfülltes Leben hinter sich. Sie war als Kind armer Eltern in Tahiti aufgewachsen. Als sie gerade siebzehn war, verheiratete man sie mit einem charismatischen Gesundheitsguru, Edmond Szekely.

»Er war wie ein Gott für mich«, sagte sie von ihrem hochgebildeten Mann, der fast zwanzig Jahre älter war. 1940 gründeten die beiden am Rande des staubigen mexikanischen Grenzdorfes Tecate eine Gesundheitsfarm. Was als Lehmhütte inmitten eines Weingartens begann – sie bezahlten damals eine Miete von zehn Dollar im Monat –, entwickelte sich in den nächsten fünfzig Jahren zu einem paradiesischen Erholungsschauplatz der Neunziger, der heute den Namen Rancho La Puerta trägt.

Aber viele Jahre lang arbeitete Deborah aus Ehrerbietung für den intellektuellen Ehemann wie eine Sklavin auf der Farm und suchte ihn von allen prosaischen Tätigkeiten zu entlasten, damit er sich seiner Schriftstellerei widmen konnte. »Er war sehr begabt und autoritär, ich kam mir die ganze Zeit sehr dumm vor«, sagte sie. Ihr Mann wollte keine Kinder, also gründete sie erst, als sie Mitte Dreißig war, eine Familie. Mit ihm war sie übereingekommen, daß sie in den Vereinigten Staaten – auf der anderen Seite der Grenze – ein Erholungszentrum aufbauen würde, um die für eine Familie nötige finanzielle Sicherheit zu schaffen.

Ganz allmählich übernahm Deborah die Verwaltung der Gesundheitsfarm und des extravaganten Schwesterunternehmens »The Golden Door«, das 1958 gegründet worden war. Als ihr Mann sich Freundinnen zuzulegen begann, einigten sie sich auf eine Trennung. Ohne Bitterkeit erinnerte sie sich der Zeit, als »mein Mann das Geld ausgab, fast als ob er uns in den Bankrott treiben wollte, nur um zu beweisen, daß ich nicht zurechtkommen konnte.« Ein großer Teil ihres zweiten Lebensdrittels ging für das drauf, was Deborah »die Energie des Überwindens« nannte.

Erst als sie Mitte Vierzig war, merkte Deborah, daß sie so blöd nicht sein konnte. Öffentliche und private Institutionen von San Diego wandten sich um Rat und Hilfe an sie, ihr Können wurde respektiert und bestätigt. Als ihre neue Unabhängigkeit ruchbar wurde, verlangte der strenge Herr Gemahl die Scheidung. Sie nahm den Schlag, ohne sich groß aufzuregen, hin. »Wenn ich ein leichtes Leben gehabt hätte, könnte ich nicht die Person sein, die ich bin. Ich bin gut im Überleben.«

Sie war entschlossen, ihren Sohn und ihre Tochter und auch ihre beiden Unternehmungen zu behalten. »Ich schlug die folgende Scheidungsvereinbarung vor: Er würde sieben Jahre lang alle Einkünfte aus beiden Geschäften erhalten«, erklärt sie. »Nach sieben Jahren würden sie mir gehören. Aber wenn ich eine Zahlung versäumte, könnte er alles zurücknehmen. Diese sieben Jahre waren also definitiv sehr adrenalingeladen.«

Das Wagnis feuerte sie an, sie bestand mit Erfolg und entpuppte sich als unternehmerisches Naturtalent. Mit fünfzig heiratete sie ein zweites Mal. Sieben Jahre später war ihr neues Leben wieder an einem Endpunkt angelangt. Ihr zweiter Mann wollte, daß sie sich in den Ruhestand zurückzogen. Das begriff sie nicht.

»Ich beschloß, nie wieder zu heiraten. Ich hatte eine Menge von mir selbst investiert, und das wollte ich auch behalten. Ich merkte, daß ich keinen Ehemann brauchte. Die Freiheit gefiel mir.«

Aber als sie sich den Sechzig näherte, war sie plötzlich zu frei. Weitere Erholungszentren zu eröffnen hätte bedeutet, sich zu wiederholen, eine Herausforderung steckte nicht mehr drin. Ihr Sohn war bereit, die Verwaltung der bestehenden zu übernehmen. Sie langweilte sich auf den Partys, sie wußte im voraus, wer was sagen würde. Die dynamische Deborah Szekely sah sich einem tollen Dilemma gegenüber:

Was tut man, wenn man mehr erreicht hat, als man je zu träumen wagte?

»Es war so eine Phantasie von mir«, sagte sie und in ihrer Stimme schwang die mädchenhafte Unsicherheit mit, als sie sich erinnerte, was es für sie bedeutete, sich von San Diego und den Erholungszentren zu trennen und nach Washington zu gehen, um in der Hauptstadt ein neues Leben zu beginnen. »Ich hatte nie allein gelebt. Aus dem Haus meiner Eltern war ich übergangslos in das meines Mannes gezogen. Ich hatte nie ein College besucht. Ich kannte kaum jemanden in Washington. Es war in jeder Hinsicht eine Herausforderung für mich.«

Weiß – diese späte Spätentwicklerin entschied, daß alles in

dem von ihr gemieteten Haus weiß sein sollte: die Korbmöbel, die Blüten ihrer Pflanzen, das Schlafzimmer mit dem in der Decke eingelassenen Fenster, das den Blick auf weiße Wolken am Himmel freigab. Eine schöne weiße Schiefertafel. Aber was sollte sie darauf schreiben?

»Ich wollte wieder etwas tun, das mir nachts den Schlaf raubte«, erzählte sie mir.

Diese Bemerkung bringt vieles von dem auf den Punkt, was im Leben der Sechzigjährigen fehlt, die sich im Leben als erfolgreich erwiesen haben und deren Träume zumeist schon hinter ihnen liegen. Wenn wir jung sind, läßt uns der Gedanke an den Prüfungstermin, an die Gründung einer Familie, an die Mühe, die wir in unsere Arbeit investieren, um voranzukommen, nicht schlafen. Deborah sehnte sich danach, wieder in etwas eingespannt zu sein und sich ganz und gar einer Sache hinzugeben – und Erfolg haben zu müssen. »Wenn du fünfzig wirst und hast es im Leben geschafft, dann gibt es nichts mehr, das dich um den Schlaf bringt«, sagte sie nachdenklich. »Als meine Mutter fünfzig war, war sie alt. Ihr Leben war am Ende angelangt, und sie hatte längst nicht all das getan, was sie hatte tun wollen.«

Nachdem sie kurze Zeit für eine Nachrichtenagentur gearbeitet hatte, rührte Deborah für sich selbst die Werbetrommel: Sie wollte Präsidentin und Chefin der Inter-American Foundation werden, einer Regierungsstelle, die man geschaffen hatte, um Selbsthilfeprojekte der Armen in ganz Lateinamerika und der Karibik zu unterstützen. Während der nächsten sechs Jahre reiste sie unablässig zwischen mehr als zwanzig verschiedenen Staaten der Region umher, um die Büros zu kontrollieren, die sie in diesen Ländern eingerichtet hatte, und um die Programme zu bewerten, für die sie Darlehen in Höhe von hundertfünfzig Millionen Dollar austeilte.

Eines Tages besuchte ich Deborah in ihrem hübschen alten Stadthaus im Washingtoner Viertel Georgetown. Ich redete auf sie ein, sie solle doch mal für einen Augenblick versuchen nachzudenken, statt wie gewöhnlich einem ständigen Aktionismus zu huldigen. Bald hatte sie ihren zweiundsiebzigsten

Geburtstag. Die Zufriedenheit stand ihr ins Gesicht geschrieben. Ihre Augen strahlten, und sie sprach wie ein Maschinengewehr.

Wie hatte sie das denn fertiggebracht, daß die Regierung eine damals sechzigjährige Frau engagierte, die noch nie in der Politik gewesen war? fragte ich sie.

Nun, sie hatte ja schon seit Jahren sowohl demokratische als auch republikanische Kandidaten unterstützt und deshalb politisch allerhand Einfluß. Es hatten sich Leute für sie verwendet. Aber ehrlich gesagt, die Frage hätte sie sich auch gestellt. Jahre später erkundigte sie sich bei dem jungen Mann, der sie engagiert hatte: »Es gab andere, die besser für den Job qualifiziert waren, sogar ehemalige Botschafter. Warum bin ich in die engere Auswahl gekommen?« Er sagte: »Weil Sie so erpicht darauf waren.«

Dann ist Leidenschaft ansteckend? meinte ich.

»Ja.« Sie lächelte. »Und Leidenschaft ist das richtige Wort. Es hat dieselbe Tiefe und Besessenheit wie die erotische Leidenschaft, wenn du bis über beide Ohren verliebt bist und jede Minute an ihn denkst. Oder damals, als die Kinder klein waren und du dauernd an sie dachtest. Diese Leidenschaft bringt dich über dich selbst hinaus – du regst dich nicht auf und ärgerst dich nicht, weil du so auf dein Ziel konzentriert bist. Darum glaube ich, daß mein Körper und meine Gesundheit mich nicht im Stich lassen werden.«

Eine Haushälterin brachte das Essen: Scharf gewürzte Gaspacho, Muscheln und Schmorgemüse. Deborah hat zwei Spaniels, mit denen sie gern spielt. Sie ist angenehm rundlich und macht ihre Fitneß nicht zum Fetisch. Im Solarium steht ein Sessel mit zurückgeklappter Lehne, von Büchern und Pflanzen umgeben. Aber sie findet nur selten Zeit, sich darin auszustrecken. Das Liegen auf einer Chaiselongue widerspricht ihrer Philosophie des erfolgreichen Alterns.

Wieder waren einige Jahre vergangen, sie spürte, daß sich die Räder langsamer drehten und der Enthusiasmus nachließ. Die wesentlichen Ziele, die sie sich für die Inter-American Foundation gesetzt hatte, waren erreicht, und so trieb es sie zu neuen

Aufgaben. Wieso verwendete sie nun nicht ihre Erfahrung, die sie beim Aufbau der Projekte gegen die Armut in Lateinamerika gesammelt hatte, darauf, etwas für die Großstädte der Vereinigten Staaten zu tun, wo es dort infolge der Führungskrise doch überall im argen lag? Sie gründete eine Organisation namens Eureka Communities, um in ihr die Leiter der dynamischsten Selbsthilfeprojekte, die schon Erfolge aufzuweisen hatten, weiter auszubilden und miteinander zu vernetzen.

Nun reist sie jede Woche herum, unermüdlich auf der Suche nach neuen Führungskräften, die als Lehrer dienen können, und nach finanziellen Mitteln für ihre Eureka-Stipendiaten, um deren Projekte in Gang zu halten. Am Abend zuvor hatte sie gerade bis Mitternacht bei einer Gala im Weißen Haus getanzt, die zugunsten eines Theaters veranstaltet worden war. Wer die über Siebzigjährige zu all diesen Veranstaltungen rennen sieht, fragt sie: »Werden Sie niemals müde?« »Natürlich werde ich müde!« ruft sie dann aus. »Aber ich tue etwas, das getan werden muß.« Sie lehnte sich in ihren Schreibtischsessel zurück und legte die Füße auf die Fensterbank.

»Ich glaube nicht, daß man älter werden muß«, erklärte diese Ausnahmefrau. »Du kannst im Kopf und im Körper flexibel bleiben. Wir werden alle bis weit über achtzig, mindestens. Wie die Jahre zwischen unserem fünfzigsten und neunzigsten Lebensjahr wirklich und wahrhaftig aussehen werden, hängt davon ab, was man zu Beginn dieser Zeit tut. Man muß seinen Geist wach halten.«

Zur Feier ihres dreiundsiebzigsten Geburtstags plant sie ein Treffen mit ihren Kindern, dann will sie endlich wieder mal den mit Felsblöcken übersäten Abhang ihres geliebten Kuchumaa-Bergs auf der Ranch hinaufklettern – sieben Kilometer weit – und wenn sie oben auf der Spitze ankommt »Eureka!« rufen.

»Was hält Ihren Geist so lebendig?« fragte ich.

»Ich möchte wissen, wie es weitergeht«, sagte sie. »Ich denke immer: Vor mir liegt noch mehr, als schon hinter mir liegt.«

DAS WIT-NETZWERK

Gespräche mit weisen Frauen wie Deborah Szekely und meiner vierundachtzigjährigen Zimmergenossin, der Botanikerin, brachten mich auf die Frage: Welchen Gewinn können wir aus der Weisheit des Alters ziehen? Aus meiner kreativen Partnerschaft mit Ellen McGrath erwuchs eine Idee: Warum zapfen wir nicht das Wissen dieser Pionierinnen an, die über die Wechseljahre hinaus sind – vor allem derjenigen, die den Kniff herauszuhaben scheinen, wie man ein kreatives Leben führt –, und laden sie zu einem Gedankenaustausch darüber ein, wie wir das vorprogrammierte Altersmodell unserer Kultur überlisten können?

»Wir laden sie zu einem Gesprächskreis weiser Frauen ein.«
»Aber wir sind doch noch gar nicht weise!«
»Dann nennen wir ihn WIT: Weise Frauen im Training.«
1993 fand die erste WIT-Versammlung statt. Das Training zur Weisheit kann wahrscheinlich erst kurz vor dem fünfzigsten Lebensjahr beginnen, weil die Frauen davor zu viele andere Verpflichtungen haben, die damit kollidieren würden. Wenn wir dann auf das zweite Erwachsenenalter zusteuern, sehen unsere Verhältnisse zu anderen Menschen auch anders aus. Wir schließen uns zusammen, ein neues Territorium des Lebens zu entdecken, das uns Möglichkeiten verheißt, die wir Frauen in neuerer Zeit nur zu ahnen und selten zu leben vermochten. Wie Dr. McGrath meinte, können wir uns an diesem Punkt der Geschichte nicht länger auf eine externe Autorität verlassen, ob es sich nun um eine wissenschaftliche oder politische Autorität handeln mag, wenn wir Antworten auf unsere Fragen suchen. Diese Fragen sind aber auch zu komplex, als daß wir all die Antworten für uns allein finden könnten.

Wir beginnen gerade erst, in unseren Köpfen die neue Landkarte zu entwerfen.

Wenn wir uns zusammentun, können wir einander auf die Gefahren und Freuden, die in dem neuen Land auf uns warten, aufmerksam machen und einige der sicheren seelischen Fernstraßen wie auch die neuen Routen zur Fortentwicklung einzeichnen. Durch die Schaffung des WIT-Zirkels sind die Leute angehalten, ihre Erfahrungen genau darzulegen – läuft das, was sie gerade tun, oder läuft es nicht – und sich mit anderen darüber auseinanderzusetzen.

Bei einem unserer WIT-Treffen begegnete ich einer sehr realistischen Frau, einer Schulleiterin aus St. Louis, deren sechzigster Geburtstag nahte. Sie hat die Wechseljahre, eine Hysterektomie, eine Brustkrebserkrankung und den Verlust ihres Mannes durchgestanden. Ich will sie Elise nennen, sie ist jemand, von dem Frauen etwas lernen können.

EIN PARADEBEISPIEL, SECHZIG JAHRE

»Ich will keinen Tag vorbeigehen lassen, ohne daß er mir etwas bedeutet oder ich einem anderen etwas bedeute.«

Wie sie zur Tür hereinkam, das erzählte eine ganze Geschichte. Sie kam nicht einfach herein – sie betrat den Raum, ihr großer, gelenkiger Körper ist das Ausrufezeichen eines Lebens, für das sie zweimal gekämpft, das sie zweimal gerettet hat. Ihr kurzes Haar geht schon von blond in ein helles, glänzendes Grau über. Ihre helle Haut ist mit Sommersprossen gesprenkelt, die Wangen haben einen rosigen Ton. Sie strahlt Gesundheit und Kraft aus. Schalkhaft blicken ihre Augen, und ihr Mund öffnet sich häufig zu einem kehligen Lachen. Als sie mit Ende Vierzig wieder geheiratet hatte, war sie zu sehr mit den Freuden ihres erneuerten Liebeslebens beschäftigt gewesen, als daß sie auf die Beschwerden der Menopause geachtet hätte. Der dumpfe Schmerz in ihrem Unterleib alarmierte sie nicht. Als der Frauenarzt ihr eine Entfernung der Gebärmutter vorschlug, ging Elise die Wände hoch.

»Kommt nicht in Frage! Nur wenn es unbedingt sein muß, aber wirklich nur dann.« Sie hatte zum Glück eine Mutter gehabt, die an dem Tag, als Elise ihre erste Menstruation hatte, alles fallenließ, was sie gerade in der Hand hatte, und sich zur Feier des Tages einen Drink einschenkte. »Darauf, daß du jetzt eine Frau bist – das Beste, was dir passieren konnte!« Und nun verlangte der Arzt von ihr, daß sie diesen Zauber aufgab: ohne Gebärmutter hätte sie sich nicht mehr als vollständige Frau gefühlt. Sie fügte sich ihrem Arzt, daß sie keine Hormone nehmen sollte.

Der nächste Schlag kam ein Jahr später. Die Mammographie zeigte ein Karzinom. Der Chirurg empfahl eine operative Entfernung der Brust. Wieder regte sich Elises Widerstand. Der Tumor war noch in einem Milchkanal verkapselt, und es wurden weder eine Bestrahlung noch eine Chemotherapie empfohlen. Warum konnte nicht nur die vom Krebs befallene Stelle herausoperiert werden? Warum die ganze Brust?

»Weil wir uns dann keine Sorgen mehr zu machen brauchen«, sagte der Chirurg.

»Es war eine typisch männliche Reaktion: Einfach abschneiden und dann vergessen.« Sie zog eine Grimasse. Sie fand einen anderen Arzt, der mit einem weniger radikalen Eingriff und einer anschließenden sorgfältigen Beobachtung einverstanden war. Aber dann brach alles auf einmal zusammen. Ihr Mann erkrankte ebenfalls an Krebs, und zwar sehr schwer. In ihrem Uterus fanden sich präkanzeröse Zellen. Sie beachtete sie nicht. Sie verbrachte ihr Leben jetzt nur noch damit, ihren Mann ins Krankenhaus und nach Hause zu begleiten und mit ihm zusammen die Runde bei den Spezialisten zu machen. Nebenbei mußte sie natürlich weiterhin ihren Pflichten als Schulleiterin nachkommen. Man erwartete von ihr, daß sie täglich in der Lehranstalt erschien, die kleinen Lieblinge disziplinierte und beim Weihnachtsfest und dem Essen mit dem Schulkuratorium den Vorsitz führte. Gott sei Dank, daß sie noch diese Ablenkungen hatte. Sie konnte nicht noch ein Krankenhaus ertragen – nicht für sich selbst.

Nachdem sie ihre fleischlichsten Organe – wie sie selbst sie nannte – vier Jahre lang beobachtet, sich Sorgen gemacht und verdrängt hatte, lieferte Elise sie schließlich aus. Kaum begann sie sich von der Gebärmutterresektion zu erholen, als ihr Ehemann in einen vom Morphium erzeugten Dämmerzustand abzugleiten begann. »Nachdem ich die Menopause hinter mich gebracht und meinen Uterus verloren hatte, hatte ich nur mehr den Gedanken, daß mein Leben zusammen mit dem meines Mannes vorbeisein würde«, erinnerte sie sich. Sie war fünf- undfünfzig und hatte das Gefühl, lebendig begraben zu sein.

Abgesehen von ihrer Lust. Während sie ihren Ehemann in seiner langen, mühevollen Agonie pflegte, drängten sich ihr diese Aufwallungen immer mehr ins Bewußtsein, vielleicht weil sie sie nicht befriedigen konnte. Im Rückblick betrachtet, war es vielleicht nicht nur Zufall, daß ihr Weg sich wieder mit dem ihres einstigen Freundes aus Schulzeiten kreuzte. Elise organisierte die Klassentreffen, und als Larrys Brief wegen eines solchen Treffens aus Kalifornien eintraf, folgte Elise ihrem Impuls und rief ihn an, als sie nächstesmal ihre Enkel- tochter besuchte, die in derselben Stadt zu Hause war. Sie traf ihn wieder zu einer Zeit, in der er gerade seine Scheidung durchmachte. Sie sprachen über Einsamkeit. Als Larry das nächstemal geschäftlich auf Reisen war, kam er Elises wegen extra auch nach St. Louis und führte sie zum Essen aus. Sie saßen bei Kerzenlicht da, und er sagte: »Weißt du, du warst das Mädchen, das ich heiraten wollte, aber nicht zu fragen wagte. Jetzt habe ich keine Angst mehr vor dir.«

Es war keine Hitzewallung, die ihre Wangen entflammte. Es war ein altmodisches mädchenhaftes Erröten. Nicht lange und sie lagen miteinander im Bett. Sie wunderte sich, daß alles noch funktionierte. Elise hatte die gefürchtete Grenzlinie der Wechseljahre überquert – und? »Es geht nicht nur, es ist viel besser, als ich erwartet hatte. Eitelkeit ist auch im Spiel. So vie- le Jahre hat man gehört, daß man keinen Orgasmus mehr bekommen kann, daß man zänkisch, verschwitzt, vertrocknet ist – und man ist es nicht! Ich bin immer noch eine Frau.«

Diese Affäre hatte sie bitter gebraucht, aber dann haderte sie mit ihrem Schuldgefühl. Bis sie sich entschied, daß die Leben- den sich an irgendeinem Punkt von den Sterbenden lösen müs- sen. »Ich konnte gar nicht genug Sex kriegen. Was war ich doch für eine günstige Gelegenheit – eine Frau, die kein Geld will, die nicht schwanger werden kann, die nur Sex und Vergnügen will – traumhaft!« Die beste Medizin nach der Entfernung der

Gebärmutter sieht ihrer Meinung nach so aus: »Sieh zu, daß du eine richtig gute Affäre mit so vielen Orgasmen wie möglich hast und dabei immer noch am nächsten Tag aufstehen und gehen kannst.« Sie lachte über diese »Ungehemmtheit einer alten Dame«. In einer etwas ernsteren Version lautete ihr Fazit so: »Daß ich an dem Tiefpunkt mit einem Mann ein Verhältnis begonnen habe, war wahrscheinlich die wichtigste Sache, die mir in den letzten zehn Jahren passiert ist.«

Der andere Mann war bis zum Tode ihres Ehegatten ein Jahr später für sie da und tröstete sie während ihrer Trauerzeit. Eineinhalb Jahre vergingen, bevor die Wellen des Kummers und Zorns abebbten und ihr Herz nicht mehr aussetzte, wenn sie auf der Straße jemandem begegnete, der wie ihr verstorbener Mann aussah. Während ihrer Trauerzeit begann Elise mehr auf ihre Gesundheit zu achten. Sie kaufte sich einen Heimtrainer und hielt ein striktes Übungsprogramm ein. Statt mühsam einer komplizierten Diät zu folgen, änderte sie ihre Eßgewohnheiten lieber radikal und aß fast ausschließlich Gemüse und Obst. Das alles führte dazu, daß sie sich schließlich in einem heiteren Gemütszustand befand. Um sich bei Laune zu halten, suchte sie sich einen kleinen Zufluchtsort in der Nähe eines Sees, dorthin konnte sie während der langen Wochenenden entfliehen und zehn Stunden hintereinander wegschlafen, wenn sie es brauchte.

»Mama, du siehst jünger aus als vor zehn Jahren!« wunderten sich ihre Kinder. Sie hatten recht. Elise war eine strahlende Erscheinung mit ihren knapp sechzig Jahren. Sie hatte in ihrer Menopause gegen die Krebserkrankung an zwei gefürchteten Fronten – Brust und Unterleib – gekämpft und den Sieg davongetragen. Nun flößte ihr die Veränderung ihrer Perspektive fast so etwas wie Ehrfurcht ein.

»Ich bin darüber verwundert, was für ein üppiges und vielfältiges Leben sich mir jetzt bietet«, sagte sie mir. In den letzten paar Jahren hatte sie eine Erweiterung ihrer Möglichkeiten gespürt, die die Art der menschlichen Beziehungen, die sie in der Vergangenheit gekannt hatte, überschritt. Mittlerweile gilt sie als eine Expertin für Erziehungsfragen und sie spürt,

daß man ihr eine ungeheure Hochachtung entgegenbringt.
»Ich denke mir, ich habe eine andere Ebene des Selbstbe-
wußtseins erreicht«, meinte sie. Statt ausschließlich in einer
Zweierbeziehung ihre emotionalen Bedürfnisse zu befriedigen,
wie es früher bei ihr der Fall war, merkt diese Frau, die jetzt
soviel Kraft ausstrahlt, daß sie auch Beziehungen zu anderen
Menschen braucht und teilen will.

»Mein Wortschatz der Intimität hat sich erweitert – es ist
wie ein sich ausbreitendes Wurzelwerk. Ich hatte dieses starke Bedürfnis, für viele Menschen dazusein – für Frauen und
Männer, für meine Freunde und Bekannte, will keinen Tag
vorbeigehen lassen, ohne daß er mir etwas bedeutet oder ich
einem anderen etwas bedeute. Ich spüre ein großes Selbstvertrauen in mir, was das Eingehen von Risiken und Tragen der
Konsequenzen angeht. Wenn du jünger bist, bist du so in Ver-
antwortungen eingespannt, daß du sehr vorsichtig wirst und
deine emotionale Energie zu bewahren versuchst. Du denkst,
sie sei begrenzt. Aber das ist sie nicht. Es gibt keine Grenzen
der emotionalen Verfügbarkeit.«

Ich fragte sie, wie lange sie leben möchte.

»Ewig!« Sie lachte laut auf, als sie das sagte.

Dann fügte sie nachdenklicher hinzu: »Solange ich nützlich
sein kann. Vor allem anderen Frauen. Die Stimmen der älteren Frauen sind bisher nicht gehört worden.« Sie gab zu, daß
sie eine Zeitlang der Gedanke, sechzig zu werden, geängstigt
hatte. Als erstes überlegte sie: Nun liegt weniger Zeit vor mir,
als ich bereits hinter mir habe. Dann fiel ihr ein, daß sie vor
dreißig Jahren ihr letztes Kind bekommen hatte, und das
schien ihr sehr lange her zu sein. Aber dann kam die Erleuchtung: »Vor mir liegen jetzt dreißig Jahre völliger Freiheit. Ich
kann mich für alles Mögliche entscheiden. Die Vorstellung,
mir in dem Augenblick Grenzen zu setzen, da ich zum erstenm-
mal grenzenlos bin, ist mir zuwider.«

Ihre Tochter fragte sie, ob sie vielleicht gern einen kleinen
Hund hätte.

»Einen Hund – nein danke! Nicht mal einen Goldfisch.«
Und sie lachte ihr kehliges Lachen.

SEX DER ÜBERLEBENDEN UND AUSSERSEXUELLE LEIDENSCHAFTEN

Vielleicht denken Sie, die verwitwete Schulleiterin in St. Louis wäre eine Ausnahme, vielleicht sogar eine »Verirrung«. Es ist ein amerikanischer Mythos, daß Frauen so um die Sechzig ihre Sexualität verlieren oder sich, wenn überhaupt, auf ein freundliches Gekuschel und Getätschel vor dem Einschlafen beschränken. Eine der vielen Überraschungen des Alterungsprozesses, ja eines der Kennzeichen der weisen Frauen über sechzig, die ich in meiner Untersuchung kennenlernte, war ihre sexuelle Hingabe. Es scheint, als ob in manchen Frauen – sogar innerhalb der Grenzen einer konventionellen Ehe – eine innere Wildnis entsteht, die an die tropische Vegetation erinnert.

Eine weißhaarige fünfundsiebzigjährige Pensionärin, die mit ihrem zweiten, jüngeren Ehemann in Florida lebt, berichtete mir sachlich: »Nun, der Sex. Wenn eine Frau altert, ist es oft sie, die den Anfang damit macht.« Ich fragte sie, was das bei ihrem Partner für Gefühle auslöse. »Oh, ein Mann fühlt sich geschmeichelt.« Dann kicherte sie: »Und er hat fast nie Kopfschmerzen.«

Die Teilnehmerinnen der Konferenz in Esalen hatten offen von ihrem Liebesleben nach dem fünfzigsten Lebensjahr gesprochen. Oft hatte sich die Leidenschaft in ihrer Ehe wieder entfacht. Aber es ging in diesen Geschichten auch – wie in Elises Fall – um eine geschiedene oder verwitwete Frau, die wieder ihre alte Flamme trifft und die Entladung ihrer lang aufgestauten Gefühle erlebt. Bei solchen Wiederbegegnungen wird das kritische Auge, dem die körperlichen Schönheitsmängel auffallen, durch Bilder aus der Erinnerung an jene Zeit besänftigt, als die beiden noch jung und schön in ihrer Liebe vereint gewesen waren.

Als Jüngste der Konferenz – ich war kaum fünfzig – mußte ich zugeben, daß ich nicht erwartet hatte, diese würdevollen Exemplare Ende Fünfzig, Sechzig und Siebzig die Hüllen fallen und in die berühmten Bäder von Esalen eintauchen zu sehen. Noch mehr überraschte mich, wie jugendlich und weiblich ihre Körper noch immer waren. Man sah ihnen ihre Sinnlichkeit und Spontaneität an. Mir fiel auf, daß wir im Fernsehen oder auf der Leinwand selten die Körper älterer Frauen sehen, woher hätte ich es also wissen sollen?

Die Wahrheit ist, daß Frauen sich auch im Alter noch verlieben – manche sogar zum ersten Mal! Wenn eine lange, gut geführte Ehe durch den Tod des Partners endet, kann es sein, daß die übriggebliebene Frau sich plötzlich wahnsinnig verliebt – und nie im Leben geahnt hat, daß es einen so ekstatischen Zustand gibt. Bestätigt wird dieses Phänomen durch Tausende von Briefen, die das Kinsey-Institut im Zusammenhang mit einer Kolumne erhielt, die deren ehemalige Direktorin June Reinisch in den achtziger Jahren in einer Zeitschrift veröffentlicht hat. Dr. Reinisch hat mir einige dieser Briefe zur Verfügung gestellt:

»Ich bin eine sechzig Jahre junge Frau. Habe zum erstenmal in meinem Leben eine äußerst befriedigende sexuelle Liebesbeziehung mit einem Mann, den ich schon kannte, als wir beide noch jünger waren. Seit fast zwei Jahren haben wir, wenn wir alle paar Wochen zusammenkommen, zwei- oder dreimal in einer Nacht Geschlechtsverkehr. Ich finde meine Orgasmen toll!«

Diese Leserin wollte wissen, ob sie damit etwas in irgendeiner Form Gesundheitsschädliches tat. Die Briefe dieser Frauen zeigten oft genug, daß sie von ihren Familien oder durch religiöse Vorschriften unterdrückt wurden und nicht glauben konnten, daß sie sich im Alter von über sechzig ihrer Leidenschaften erfreuen durften, ohne dafür eine Bestrafung erwarten zu müssen. Andere fanden erst jetzt den Mut, Leidenschaft zu erwarten:

»Meine Frau, Mary Kay, und ich sind seit einundvierzig Jahren verheiratet und wir haben neun Kinder. Am Sex hat es nicht gemangelt, nur war der Sex nicht immer gut. Mary Kay hat bisher noch nie einen Orgasmus gehabt. Sie interessiert sich jetzt mehr für unser Geschlechtsleben und will mehr Vergnügen und auch einen Orgasmus. Haben Sie irgendwelche Ratschläge? Sexfilme? Einen Vibrator?«

Und hier ist der Brief von einer siebzigjährigen Frau.

»Ich will endlich wissen, was der Orgasmus für ein Gefühl ist? Wie kann eine Frau dieses ›raketenartige‹ Gefühl erleben, von dem Sie schreiben? Ich habe einen sehr interessierten neuen Gefährten, der weiß, daß ich nicht völlig erfüllt bin. Ich bin in einer Familie aufgewachsen, in der man einfach nicht über Sex sprach. Ich mußte alles aus Büchern und Zeitschriften lernen. Jetzt merke ich, daß ich einen richtigen Orgasmus erwarten kann!«

Ein aktives Sexualleben, und sei es Masturbation, ist nicht ungewöhnlich bei Frauen über fünfundsechzig, wie die Seniorin der Sexualforschung und Therapeutin Dr. Helen Singer Kaplan feststellt. »Im Gegensatz zu den Männern bleiben ältere Frauen fähig, mehrere Orgasmen zu erleben... Ein Viertel der siebzigjährigen Frauen masturbieren noch«, schrieb sie in *New Sex Therapy*.[2] Die Phantasie und die Umgebung werden beim Liebesspiel wichtiger, die Fixierung auf den Orgasmus läßt nach.«

Bei einem anderen WIT-Treffen luden Dr. Patricia Allen, Dr. Ellen McGrath und ich eine bunt zusammengewürfelte Gruppe berufstätiger Frauen ein, um über Liebe und Sex nach den Wechseljahren zu sprechen. Die Teilnehmerinnen verglichen ihre Erfahrungen und stimmten alle darin überein, daß es diesen Trend gibt: Frauen, die ihr Leben lang heterosexuell gewesen sind, knüpfen nach dem fünfzigsten oder fünfundfünfzigsten Lebensjahr homosexuelle Beziehungen an.

»Sie finden Frauen als Partner liebevoller und sorgsamer, aber auch bereiter, die körperlichen Veränderungen des Alterungsprozesses zu akzeptieren«, sagte die Psychoanalytikerin Graciela Abelin-Sas. Dr. McGrath, die Expertin in Sachen Depression, sagte, daß die klinischen Psychologen von diesem Trend aus vielen Teilen des Landes berichten. Meistens waren die Frauen zuerst zwanzig oder dreißig Jahre lang verheiratet gewesen, dann aber von ihren Männern wegen einer jüngeren Frau verlassen worden oder nach einer schweren Krankheit ihres Mannes verwitwet. »Überall sehen wir, daß sie sich anderen Frauen zuwenden und diese sehr befriedigenden

Erfahrungen machen. Es kann ein Mittel gegen die Depression sein.«

HERZLICHEN GLÜCKWUNSCH!
SIE SIND GROSSMUTTER GEWORDEN!

Traditionell ist die Weisheit der älteren Frau auf die Rolle der Großmutter konzentriert (oder beschränkt) gewesen. Es ist dies eines der Vorrechte und Vergnügen, auf die sich die meisten Frauen im Alter der Ganzheit freuen können. Aber die plötzliche Verwandlung in eine Großmutter kann auch einen Schock bedeuten, der unsere persönliche Identität und unser Gefühl für Zeit und Zukunft in Frage stellt. Die Anthropologin Margaret Mead beschrieb mir die eigene Ambivalenz: »Die Großelternschaft ist eine Veränderung im Leben, über die Sie keine Kontrolle haben. Es ist etwas, das mit Ihnen geschieht.«[3]

Was ist aus der Oma mit dem Strickstrumpf geworden?

Die Frauen der Zwischenkriegsgeneration hatten zum größten Teil keine berufliche Karriere. Sie haben alles in ihre Kinder investiert. Sie haben nie richtig losgelegt. Wenn sie dann sechzig waren, blieb ihnen von ihren Kindern meist fast nichts mehr als der gelegentliche Anruf oder Besuch. Heute ist das anders. Die heutige Großmutter sitzt nicht herum und wartet darauf, daß sie auf das Baby aufpassen darf. Sie fliegt vielleicht zu Ausgrabungen auf die Osterinseln oder bereist Feuerland. Sie geht nicht mehr immer ans Telefon – vielleicht ist sie gerade bei ihrer Yogaübung und macht einen Kopfstand, um die elektromagnetischen Ströme aufzufrischen, die zu ihrem Gehirn fließen, damit sie die halbe Nacht aufbleiben und an ihrem Computer ein neues Softwareprogramm lernen kann. Wahrscheinlich ist sie eine der Großmütter, die ab und an mal zu einem Besuch hereinschauen.

Aber den Beschreibungen selbst der blasierten Geschäftsfrauen nach zu urteilen, die von ihrem ersten Enkelkind berichten, ist es noch immer ein die Seele tief aufwühlendes, sogar einschneidendes Erlebnis. Eine Medienmanagerin, die auf die Sechzig zugeht, kam zwischen den Sätzen ihres überaus anstrengenden samstäglichen Tennisspiels immer wieder darauf zu sprechen. Die »Großmutter« paßte nicht zu ihrem Image. Sie rang mit dem Problem, den neuen Status in ihre bisherige Persönlichkeit zu integrieren.

DIE MOBILE GROSSMUTTER, FÜNFUNDSECHZIG

»Wenn ich sterbe, wird ein Teil von mir weiterleben... Das ist eine unglaubliche Erfahrung.«

»Ich habe das Alter immer als eine Frage des Bewußtseins betrachtet und ich fühle mich wie dreißig«, sagte mir Diana. Sie saß in ihren Tennisshorts da und mit ihrem Koboldhaarschnitt, tiefbraun gebrannt, auf der Nase weiße Sonnencreme, ihr Körper nur Muskeln und Sehnen, weil sie jedes Wochenende zwanzig Meilen auf ihrem Fahrrad abstrampelt, und sah, wenn man ihre Silhouette betrachtete, wirklich wie eine Dreißigjährige aus. Sie hatte gedacht, daß sich ihre Identität nicht mehr wandeln würde.

Als Vizepräsidentin einer großen Mediengesellschaft hatte sie die gesamte internationale Werbung und ein Büro mit sechzig oder siebzig Mitarbeitern unter sich. Nach zwei Jahrzehnten als geschiedene alleinstehende Mutter plus Karriere war sie erst Anfang Fünfzig wieder zum Heiraten gekommen. Aber ihre Ehe war mehr eine Fusion. Sie und ihr Mann respektierten jeweils die Karriere des anderen. Diana reiste weiterhin beruflich in der ganzen Welt herum. Sie war die Hälfte der Zeit im Ausland unterwegs, und sobald sie zu Hause ankam, klingelte bei ihr das Telefon. »Meine Arbeitsstunden zähle ich nicht. Ich telefoniere um sieben Uhr früh mit Europa und um elf Uhr abends mit Asien. Es geht rund um die Uhr.«

Ein paar Wochen zuvor hatte ihre Tochter ihr erstes Kind zur Welt gebracht. »Ich habe das Baby viermal sehen müssen, bevor ich reagieren konnte. Beim vierten Mal habe ich nur noch geheult«, sagte sie. »Ich war überwältigt.« Es fiel ihr nicht leicht, ihre Gefühle zu entwirren. »Ich konnte in dem kleinen Gesicht die ganze Familie wiedererkennen – meine Eltern, meine Tanten und Onkel, bis hin zu meiner Großmutter, meinem Ex-Ehemann und seiner Familie. Ich dachte andauernd: ›Dieses Kind ist eine Fortsetzung von all den Leuten. Der Kleine hat sie allesamt in sich. Und mich hat er auch in sich!‹«

Ein Gefühl der Unsterblichkeit kam über sie. Auch wenn sie als Katholikin erzogen worden war, sah sie doch in diesem kleinen Wesen einen Beweis für die Reinkarnationslehre: Die Materie hat weder Anfang noch Ende, wird weder geschaffen noch vernichtet. Es gibt ein Kontinuum, und davon war sie ein integraler Bestandteil, »denn wenn ich sterbe, wird ein Teil von mir immer noch am Leben sein. Ich habe das bei meinen eigenen Kindern nie so empfunden. Aber bei dem Enkel habe ich es eindeutig gespürt, es ist eine unglaubliche Erfahrung.«

Der andere Schock war, daß sie nun plötzlich an der Spitze der Generationenfolge war. »Seit der Geburt des Babys verändert sich meine Vorstellung dessen, was ich bin«, erzählte Diana. »Ich hatte mich noch immer als eine Dreißigjährige verstanden, aber die Geburt des Babys...« Ihre großen blauen Augen weiteten sich noch mehr, und sie breitete die Hände in einer Geste der Hilflosigkeit aus, die ihre Resignation, die Ergebung in ihr Schicksal bedeutete. »Als ich ihn zum erstenmal hielt und meine Hände ansah, dachte ich: ›Mein Gott, das sind die Hände einer älteren Frau.‹« Der Schock war, daß das »langsam uns verzehrende Alter«, das wir alle so bestimmt zu ignorieren uns bemühen, plötzlich riesig groß vor ihr stand. Diana hatte nicht gewußt, daß ihre Hände so aussahen. »Es war, als ob ich die Hände meiner Mutter gesehen hätte. Mir dämmerte, daß ich wirklich so alt bin, wie ich bin.«

Der passive Wechsel in den Großelternstatus kann den Übergang in das Alter der Ganzheit ruckartig beschleunigen. Für Frauen wie Männer, die ja im ersten Erwachsenenalter erst einmal auf schmerzhafte Weise lernen mußten, ihr nährendes, sorgendes, pflegendes Ich von ihrem Leistungs-Ich abzukapseln, ist der Großelternstatus eine besonders willkommene zweite Chance, alle Teile ihres Lebens zu einem harmonischen Ganzen zu vereinigen. In Diana weckt das Enkelkind die Erinnerungen an ihre eigenen Gefühle als junge, verängstigte, geschiedene Mutter, die drei kleine Kinder ernähren und es mit der ganzen Welt aufnehmen mußte, bevor sie dreißig war. Nun kann sie sich diese Gefühle erlauben. Sie braucht nicht mehr ihre zarteren Instinkte zu unterdrücken, um das Image einer unerschrockenen Geschäftsfrau aufrechtzuerhalten. Wenn eine Frau Kinder hat und arbeiten muß, sehnt sie sich danach, bei ihren Kindern zu sein, damit sie nicht zu kurz kommen. Wenn eine Frau ein Enkelkind hat, möchte sie bei dem Enkelkind sein, damit sie selbst nicht zu kurz kommt.

»Ich frage mich jetzt, ob ich nicht mein ganzes Leben ändern soll«, verriet mir Diana. »Ich werde mir wirklich allmählich meiner Zeitplanung bewußt, was ganz neu ist. Natürlich, ich bin gesund, vital und so weiter, aber ich habe das Gefühl, daß ich dabeisein möchte, als Teil des neuen Lebens. Wie kann ich das, wenn ich die ganze Zeit zum Flugplatz rase?«

Will sie wirklich eine Großmutter sein, die in der ganzen Weltgeschichte herumfliegt? Vor Weihnachten jettet sie nach Hongkong und Tokio und ruft ihr Enkelkind von einem Hotelzimmer in Singapur an, um ihm ein Schlaflied zu singen? Diana hat einen Wirrwarr widerstreitender Stimmen in ihrem Kopf: Wie mache ich mich von der Leistungsschiene los, über die ich mich mindestens die letzten zwanzig Jahre definiert habe? Unsere Gesellschaft erweist den Großeltern keine äußerlichen Ehren. Ich kann nicht zurückstecken, ich bin zu sehr Perfektionistin und Workaholic. Und ich kann nicht für zwei Jahre aussetzen und dann wieder anfangen in meinem Job, wie das mit fünfundzwanzig möglich wäre. Aber es ist eine so kostbare Zeit – ich möchte das doch nicht versäumen!

Es geht nicht wirklich um den Job, entschied sie sich. »Es geht um die Frage: Wer möchte ich eigentlich jetzt sein?«

DER PFLEGENOTSTAND

Die mobile Großmutter kann auch durch einen zweiten Sorgefall ausgebremst werden: Nach der Zeit der Befreiung, wenn die Kinder (die zuerst umsorgt werden mußten) aus dem Haus sind (falls sie nicht zurückkehren!), kommt es wahrscheinlich zu einer zweiten Pflegeperiode – alte oder kranke Eltern oder ein älterer, körperlich schwacher Ehegatte brauchen Hilfe und Unterstützung. Manche Sozialwissenschaftler sagen: »Die durchschnittliche amerikanische Frau kann damit rechnen, daß sie mehr Zeit für die Pflege ihrer Eltern als für die ihrer Kinder aufbringen muß.«[4]

Eine der großen Veränderungen, die Deborah Szekely während der »Wochen für Ehepaare« in ihrem Kurzentrum auffallen, ist, daß Frauen in den Fünfzigern und Sechzigern, die heute mit zehn Jahre älteren Männern verheiratet sind, zwei verschiedenen Gattungen anzugehören scheinen. »Die Frauen explodieren vor Energie. Sie lieben ihre Männer, und vor zwanzig Jahren fanden sie es wahrscheinlich wundervoll, einen älteren Ehemann zu haben. Aber wenn du fünfundsechzig bist und dein Mann ist achtzig, bringt dich das echt runter. Er ist wie ein Kind, und du kannst abends nicht ausgehen, weil du keinen Babysitter hast.« Selbst die fünfundsechzigjährigen Männer aus meiner Harvard-Business-School-Studie antworteten auf die Frage, ob sie oder ihre Frauen »älter handelten«, daß sie das täten, obwohl sie nur zwei oder drei Jahre älter als ihre Ehefrauen waren.

Die Krise, die sich mit der Annäherung der Geschlechter im zweiten Erwachsenenalter ergibt (Sie erinnern sich an den sexuellen Diamanten), wurde im Verlauf der Entwicklung der Paare der Harvard-Business-School-Studie deutlich sichtbar. 1974, als ich diese traditionellen Frauen der Geschäftsleute befragte – sie waren damals Mitte Vierzig –, waren zwei Drittel von ihnen sicher, daß ihnen noch etwas Angenehmes bevorstand. Sie hatten, was das Geld anging, recht. Sich mit dem bis dahin Erreichten zu bescheiden, waren diese Frauen eindeutig nicht bereit. Damals schien sie dieser Gedanke zu beseelen:

»Welt, paß auf! Jetzt komme ich!« Und los zogen sie, viele von ihnen fingen allerlei Studien an, Kunst, Erziehung, Stadtplanung und auch Betriebswirtschaft, wie ihre Männer. Die meisten taten es, weil sie sich von Zeit zu Zeit Sorgen machten, ob ihre Ehemänner es im Beruf schaffen würden. Viele Frauen waren auch in ihrer Ehe unzufrieden.

Diejenigen, die einer anspruchsvollen Tätigkeit außer Haus nachgingen – gewöhnlich waren sie um die Vierzig, als sie »noch einmal anfingen« –, waren auch die Ehefrauen mit der besten Ausbildung. Diejenigen, die zu Haus blieben, litten unter einem Mangel an Selbstbewußtsein. Im Laufe der Zeit entwickelten sich diese beiden Frauengruppen immer weiter auseinander.

Als sie die Sechzig überschritten, waren die Frauen, die außer Haus unabhängige Tätigkeiten ausübten, absolut sicher, daß sie sich stärker veränderten und entwickelten als ihre Ehemänner. (Die Frauen, die zu Haus blieben, litten darunter, daß sie sich weniger entwickelten.) Die Ehemänner bestätigten diese Ungleichheit in der Entwicklung ihrer Frauen: 80 Prozent fanden ihre Ehefrauen unabhängiger als früher, und fast die Hälfte der Männer stellte fest, daß ihre Frauen jetzt anspruchsvoller, konkurrenzbewußter und nicht mehr so nachgiebig waren.

Frauen, die nie geheiratet oder Kinder gehabt haben, leiden unter Zukunftsängsten. Sie machen sich vielleicht Sorgen, daß sie keine Angehörigen haben, die sich im Alter um sie kümmern. In der Tat: Wenn man bei einer Frau, selbst bei erfolgreichen und geistig anspruchsvollen, unter die souveräne Oberfläche dringt – mag sie verheiratet, verwitwet, kinderlos oder mit Absicht unverheiratet geblieben sein –, findet sich häufig eine Angst vor dem totalen sozialen Abstieg bis in die Obdachlosigkeit.

Bei wenigen Ereignissen versammeln sich so viele beruflich erfolgreiche Frauen wie bei dem jährlichen *Power Lunch for Women* in Manhattan, der zugunsten einer sozialen Einrichtung veranstaltet wird.

Während sie in den neuesten Armani-Kostümen an ihren

köstlichen Desserts picken, wird gewöhnlich ein kurzer Film über die obdachlosen und hilflosen älteren Frauen gezeigt, denen das Lunch – jede Frau zahlt zwischen zwei- und fünfhundert Dollar für ihr Gedeck – zugute kommt. Es war recht erstaunlich, die Bestsellerautorin Gloria Steinem, die Erfolgsregisseurin Nora Ephron, die Superagentin Joni Evans, die ehemalige Leiterin von *Planned Parenthood* und viele andere zugeben zu hören, daß sie Angst haben, sie könnten sich eines Tages auch alt, allein, vergessen und obdachlos auf der Straße wiederfinden.

Sie nehmen die älteren Frauen am Rande unserer Gesellschaft wahrscheinlich stärker wahr, als es die meisten anderen Bürger tun. Unter den ausgegrenzten »unsichtbaren« Frauen sind solche, die ihre Arbeit, Sozialversicherung und Rentenansprüche aufgeben mußten, um einen Vater, eine Mutter, einen Ehemann oder andere Verwandte und Verschwägerte die lange Phase einer chronischen Krankheit hindurch zu pflegen. (Oder um selbst eine Krebserkrankung zu überstehen.) Sie stehen vielleicht vor der verzweifelten Wahl, ob sie ihre schwindenden finanziellen Mittel für ihre alte Mutter ausgeben oder für ihr eigenes Alter sparen wollen.

Wie ist das möglich? Traditionell hat sich die Gesellschaft immer auf die unbezahlte Arbeit von Frauen mittleren Alters gestützt, die die hilflosen älteren Leute zu Hause pflegten. Da man heute von Frauen in den Sechzigern und Siebzigern erwartet, daß sie Menschen pflegen, die in den Neunzigern sind, sehen sich viele sogar schon ein zweites Mal mit einem Pflegefall konfrontiert.

Neunzig Prozent derer, die einen älteren Menschen pflegen, sind in Amerika Frauen.[5] Aber Frauen üben heute auch fast die Hälfte der bezahlten Tätigkeiten außer Haus aus.

Wenn sie wieder zurück in den Beruf wollen, rennen sie gegen eine Betonwand an: sie sind »zu alt«. Viele enden damit, daß sie die schlechtestbezahlten, von einer hohen Fluktuation gekennzeichneten Jobs ohne Versicherungsschutz übernehmen. Die traditionellen Verfahren der Beschäftigung, Versicherung, Verrentung und der Eheschließung – die sich alle an der für den Mann typischen Lebenssicherung orientieren – liefern ausgerechnet diese Frauen, die durch ihren selbstlosen Pflegedienst der Gesellschaft von Nutzen sind, im Alter der Armut aus. Viele werden älter, als sie es sich leisten können.[6]

LEBEN UND LIEBE NACH VERLUSTEN

An dem Tag, als ihr Ehemann starb, erlitt die sechzigjährige Genevieve Burke einen Zusammenbruch. »Eine Nebelspirale schoß aus mir heraus und wirbelte in dem Raum herum, in dem ich lag«, so beschrieb sie ihren Zustand. »Die Empfindung war so stark, daß ich die Hände um die Taille preßte, um mich zusammenzuhalten. Ich blieb mit einem Gefühl der Leere und Schwäche zurück.«[7] Fast zehn Jahre lang hatte sie es sich zur Aufgabe gemacht, ihren Gatten am Leben zu erhalten. Jetzt, nachdem sie »versagt« hatte, war ihr, als gäbe es für sie keinen Grund mehr zum Leben.

Das Leben, dem das Gefühl einer Verantwortung gegenüber etwas Größerem, als man selbst ist, fehlt, hat nicht viel von einem Leben. Aber um mit dieser Verantwortung intelligent umgehen zu können, müssen wir begreifen, daß wir nur für das verantwortlich sein können, über das wir Macht haben – nur über unsere eigenen Entscheidungen und Handlungen, aber nicht über die eines anderen Menschen. Wir können vielleicht das Bewußtsein oder die Stimmung eines anderen Menschen beeinflussen, aber nicht über ihn verfügen. Manchmal verzweifelt eine Ehefrau, weil sie trotz ihrer Bemühungen den selbstzerstörerischen Impulsen ihres Mannes nicht Einhalt gebieten oder ihn aus einer chronischen Depression herausholen kann. Ähnlich fühlen sich Ehemänner vielleicht verpflichtet, ihrer Frau die Sucht nach Psychopharmarka oder Alkohol abzugewöhnen. Eine der Bedeutungen eines verantwortungsbewußten Lebens ist es, zu wissen, wofür wir verantwortlich sind und wofür wir nicht verantwortlich sind, und solche Grenzen zu ziehen. Frauen wie Genevieve, die ihr eigenes Leben für unbegrenzte Zeit aufgeben, um einen Ehemann oder

Verwandten zu pflegen, legen sich vielleicht unbewußt Fesseln an, um dem Problem, daß sie selbst die nächste Übergangsphase bewältigen müssen, aus dem Weg zu gehen.

In den Monaten, die dem Tod ihres Mannes folgten, wanderte Genevieve verstört und ziellos in dem Städtchen, in dem sie lebte, umher. In einem Schwimmbad versuchte eine Frau in ihrem Alter ein Gespräch mit ihr zu beginnen. Sie hatte diese Frau nie zuvor gesehen. Genevieve schwamm von ihr weg. Aber wie ein Retter in der Not rief ihr diese Frau zu: »Mrs. Burke, aufregende Dinge stehen Ihnen bevor!«

Um was es jetzt ging, war, daß sie von nun an selbst für ihren Unterhalt sorgen mußte. Sie hatte nicht viel Zeit, sich eine Ausbildung zu verschaffen. Aber man braucht nicht Jahre zu studieren, um etwas zu finden, was einen durch das dritte Erwachsenenalter trägt. Viele ältere Frauen, die sich entschließen, zu Hause zu bleiben und ihre Kinder aufzuziehen oder für ein krankes Familienmitglied zu sorgen, glauben, nicht die nötigen Fähigkeiten zu besitzen, um eine höhere Position als die Arbeit in einem Supermarkt oder Kaufhaus anzustreben.

Sie begreifen nicht, wie wertvoll ihre Lebenserfahrung, ihre Gelassenheit und Zuverlässigkeit für einen Arbeitgeber sein können.

Genevieve bezweifelte natürlich, daß irgendwer eine sechzigjährige Frau einstellen würde. Trotzdem bewarb sie sich um den Posten einer Sekretärin an einer Universität. »Irgendwie raffte ich mich dazu auf«, sagte sie, »und innerhalb weniger Tage wurde ich eingestellt, und so begann ein neues Leben für mich.« Der Schock, plötzlich in der Arbeitswelt zu stehen, aktivierte rasch ihr Bewußtsein, und Genevieve bemerkte, daß ihre eigentliche Verantwortlichkeit darin bestand herauszufinden, wer sie war, und nicht mehr nur als Anhängsel ihres Mannes oder ihrer Kinder zu gelten. Als ihre Tochter ihr die neue Wohnung zeigte, die in einer umgebauten Wollspinnerei über einem Fluß lag, spürte Genevieve plötzlich: »Ja, hier möchte ich leben.«

Nach und nach kam sie zu sich. Jetzt ist sie eine siebzigjährige berufstätige Frau – jünger denn je – und hat ein kleines Geschäft angefangen: Sie kauft Geschenkartikel en gros ein und vertreibt sie weiter an kleine Läden und auf Flohmärkten. »Obwohl ich noch dieselbe Person bin, fühle ich mich heute mehr bei mir«, sagte sie. »Ich weiß, warum ich so war, wie ich war, und jetzt habe ich endlich das Gefühl, daß ich selbständig auftrete!«

Groß, gutaussehend und fit, zieht Genevieve am Ende ihres Arbeitstages Jeans und ein Seidenhemd an. Sie steht gern am Fenster ihrer Wohnung in der ehemaligen Wollspinnerei und holt ihre Energie aus dem Blick auf den unten vorbeiströmenden Fluß. Dann tanzt sie manchmal ausgelassen zur Musik ihrer Schallplatten. Oder sie erträumt sich Sätze, um ihre Umgebung zu beschreiben. Sie hat im Augenblick zwei Teilzeitjobs und bewarb sich vor kurzem als Autorin bei einem in Vermont erscheinenden Magazin – der Gedanke begeistert sie, daß sie mit siebzig Jahren das Schreiben gelernt hat. Ihr Zeitgefühl hat sich völlig verändert. Sie verbringt ihre Tage von Herzen gern mit Freunden und Familienangehörigen, liebt aber auch das Alleinsein. Sie fürchtet sich nicht vor dem Sterben. Vielmehr findet sie, daß es wichtig ist, das Leben wirklich zu leben.

»Ich habe viel Schönes und Trauriges erlebt«, erzählte mir Genevieve. »Aber das ist Vergangenheit. Heute zählt nur das, was ist.«

HELFERINNEN

Immer mehr ältere Frauen beginnen ihr Training zur Weisheit, indem sie die Grundlage ihres Wissens erweitern. Über zwölf-hundert Frauen im Alter zwischen fünfzig und vierundsechzig studieren gegenwärtig in den Vereinigten Staaten, um ihren ersten akademischen Grad zu erwerben und beschäftigen sich ernsthaft mit Jura, Zahnheilkunde, Pharmazie, Sozialpsychologie oder absolvieren zunehmend theologische Seminare. Diese gutausgebildeten Frauen, die ein Sendungsbewußtsein be-sitzen, das sich so oft in den Sechzigern festigt, werden hochgeschätzt, wenn sie in ihre Gemeinden zurückkehren, um dort eine Arbeit zu beginnen. Das gilt besonders für ältere Frauen, die Minderheiten angehören.

THEOLOGIN MIT DREIUNDSECHZIG

»Man bringt dir Respekt entgegen für das, was du noch in deinem Alter schaffst, und ist eifrig bedacht, dir dabei zu helfen.«

Generativität – das Gefühl einer freiwilligen Verpflichtung, für andere zu sorgen – war für Ella Ivey ein brandneuer Begriff. Sie erinnerte sich, dieses Wort in meinem Buch *In der Mitte des Lebens* gelesen zu haben, als sie damals, mit fünfzig, noch einmal ins College ging, und sich schämte, weil sie schon so alt war. Als Mutter dreier Kinder verwunderte es sie besonders, dort zu lesen, daß Kinder zu haben nicht notwendigerweise ein Zeichen für Generativität war. Und als Schwarze, die in Blenheim, South Carolina, aufgewachsen war, wo es keine öffentliche Busverbindung zu der entfernten, nur Weißen vorbehaltenen Schule gab, hatte sie die öffentliche High-School in New York nur dank ihrer großen Zähigkeit abgeschlossen. Dieser Begriff der Generativität als eine Methode, um die Stagnation in ihrem späteren Leben zu überwinden, gab ihr ein Ziel. Es genügte ihr nicht, als erste in ihrer Familie ein College absolviert zu haben.

»Ich wollte mehr tun«, sagte sie mir. »Ich wollte unterrichten und keine Sekretärin sein.« Im Alter von neunundfünfzig Jahren hatte Ella Ivey ihr Lehrerexamen in der Tasche. Und da begann der beste Teil ihrer Lebensreise.

Wenn sie in Jeans und Sandalen, mit Nickelbrille und ergrautem Haar, einen Rucksack voller Bücher auf dem Rücken die Straße hinuntergeswingt kam, erregte diese große, entschlossene Frau von sechzig Jahren in ihrer Gegend in der Bronx ein gewisses Aufsehen. Sie brach um zehn Uhr morgens zum Unterricht auf und kam oft erst um zehn Uhr abends von der Bibliothek nach Hause. Mittlerweile studierte sie am New Yorker Theologischen Seminar mit dem Ziel, ihren Magister in Theologie zu erwerben. Warum noch einen Abschluß? Wenn die Leute im zweiten Erwachsenenalter ihre Laufbahn wechseln, so wie sie es in den Zwanzigern tun, beginnen sie oft damit, daß sie das weglassen, was sie nicht tun wollen. Das Unterrichten als solches befriedigte Ella Ivey nicht. Nachdem sie über die Freude nachgedacht hatte, die es ihr bereitete, in ihren Sonntagsschulklassen junge Leute zu beraten, trat ihr wahrer Traum endlich zutage: Sie wollte Pfarrerin sein.

»Ich fand jüngere Leute, die mich unterrichteten«, sagte sie. »Manche waren so alt wie meine Kinder!«

Das ist eine angenehme Wendung im Generativitätskonzept. Jüngere Leute, die älteren zusehen, wie sie etwas Anstrengendes zu tun versuchen, fühlen sich automatisch berufen, ihnen behilflich zu sein und sie bei ihren Bemühungen zu unterstützen – wie der ältere Lehrer den jüngeren Schüler fördert und unterstützt. Der ältere Mensch ist also nicht auf die Rolle des Lehrers und Mentors beschränkt und gezwungen, immer nur die eigene Datenbank anzuzapfen und seinen Rat auszuteilen. Er kann auch das Gefühl bekommen, daß andere sich um ihn bemühen, die, obwohl sie jünger sind, vielleicht in den neuesten Methoden und Techniken mehr Erfahrung besitzen.

»Man bringt einem älteren Menschen für das, was er tut, einen gewissen Respekt entgegen und ist bereit, ihm bei der Verwirklichung zu helfen«, stellte Ella Ivey fest. Ihr Ehemann übernahm gutmütig das Kochen und kümmerte sich um ihre erwachsenen Kinder und fast ein Dutzend Enkel. Ella entdeckte Kräfte in sich, die sie in jungen Jahren nicht gekannt hatte.

»Dranbleiben ist ganz wichtig«, sagte sie. Es verwunderte sie auch, daß es in ihrem Alter leichter war, Konzepte zu entwickeln. Diese Beobachtung bestätigen Studien, die sich mit Leuten beschäftigen, die im höheren Alter noch einmal die Schulbank drücken. Diese älteren Menschen sind auch besonders kreativ im Durchdenken sozialer Probleme. Der größte Vorteil, den ihr die Tatsache brachte, mit sechzig ein Studium zu absolvieren, sagte Ellen Ivey, bestand für sie darin, daß sie aufgefordert wurde, einen Aufsatz über ihren Glauben zu verfassen, wie das von jedem verlangt wird, der sein Studium am

Seminar abschließen will. Eine solche Übung, in einer Nieder-
schrift den eigenen Glauben darzustellen, könnte für jeden von
uns eine erhellende Übung sein und uns helfen, an den Punkt
zu gelangen, wo wir zu unserem eigenen Leben stehen können. Ziel dieser Suche ist es, zu erfahren, was man persönlich
glaubt und wofür man sich einzusetzen bereit ist – ein Zeichen
der Reife, die man im zweiten Erwachsenenalter erlangt.

»Ich sah mich gezwungen, mich mit mir selbst zu beschäftigen, zu verstehen, was ich getan hatte, um bis zu diesem
Punkt zu kommen«, sagte Ella. »Ich wußte jetzt, wohin meine Reise immer schon führte.« Diese Reise hat sich gelohnt.
Mit dreiundsechzig schloß sie ihr Theologiestudium ab und ist
jetzt als ordinierte Pfarrerin und als College-Professorin tätig.
Ihre Familie und Gemeinde sehen Ella Ivey fast wie einen Menschen an, der Wunder vollbringen kann.

BLICK NACH VORN

Wir sollten einen Blick nach vorn werfen, um zu sehen, wie
die vitalsten älteren Frauen mit den Schwierigkeiten beim
Übergang ins spätere Leben fertig geworden sind. Cecelia
Hurwich, eine der Teilnehmerinnen der Konferenz in Esalen,
hat im Rahmen ihrer Doktorarbeit eine Langzeitstudie über
Frauen zwischen siebzig und neunzig Jahren angefertigt.[8] Die
ausgewählten Frauen waren ihr ungewöhnlich produktives
zweites Erwachsenenalter hindurch und darüber hinaus aktiv
und kreativ geblieben. Was war ihr Geheimnis, wollten wir
wissen.

Sie alle waren in ihrer Einstellung eher nonkonformistisch.
Sie wußten, was sie wollten, so daß sie sich auf einige wenige
Dinge in ihrem Leben konzentrieren konnten. Sie lebten weiter
in ihren Wohnungen, betätigten sich in Gemeindeprojekten
oder solchen, die über den engeren Umkreis der Gemeinde hin-
ausgingen und blieben im engen Kontakt mit der Natur und
einem viele Generationen umfassenden Netz von Freunden.

Die schlimmsten Ängste vor dem Altern und dem Tod hatten sie in ihren Fünfzigern durchgestanden. Diese Themen beschäftigten sie zwar weiterhin, aber sie konzentrierten sich auf das Positive – auf ihren Glauben, daß sie immer noch ein Leben vor sich und zu gestalten hatten. Während des Zehnjahreszeitraums der Studie verwitweten die meisten von ihnen. Sie fanden Liebe oder Geliebte, indem sie ganz normalen Vergnügungen nachgingen: Musik, Gärtnerei, Wandern, Reisen. Mehrere dieser alten Frauen sprachen enthusiastisch davon, daß sie noch immer ein aktives und befriedigendes Geschlechtsleben hatten. Eine Frau erwiderte auf die Frage, was sie zu dem Vorurteil sagte, daß Frauen mit siebzig oder achtzig Jahren jedes Interesse am Sex verlören, nach einigem Nachdenken:

»Bei mir ist es vielleicht so. Ich bin Vegetarierin geworden, aber ab und zu möchte ich ein Stück Fleisch. Und dann gehe ich aus, hole es mir, esse es und genieße es.«

DIE ZUKUNFT DES WIT-NETZWERKS

Weisheit und das kollektive Wissen einer Kultur, die wir Common sense oder gesunden Menschenverstand nennen, werden seit der Zeit der weiblichen Heilerinnen des Altertums mit älteren Frauen in Verbindung gebracht. Wir erleben gegenwärtig eine Renaissance des Begriffs der weisen Frau. In den Vereinigten Staaten haben Engel, insbesondere Schutzengel, gegenwärtig Hochkonjunktur und dieses Phänomen wird auch kommerziell mit Erfolg ausgenutzt. Das Interesse an der »Erdmutter« ist sehr stark und wird immer noch stärker, wobei es sich um einen Archetypus handelt, der in der Bibel und in allen Religionen dargestellt ist.

Die Forschung beschäftigt sich heute mit Kulturen, in denen eine Göttin verehrt wurde und die ihre Blütezeit zwischen 6500 und 3500 v. Chr. hatten. Das war, bevor auf den Anhöhen Festungen gebaut und ständig Kriege geführt wurden. In der Zeit der Göttin organisierten sich die Gesellschaften um einen gemeinsamen Tempel herum, dessen Priesterinnen Königinnen waren und denen in der Regierung ihr Bruder oder Onkel und ein Rat aus Frauen zur Seite standen.[9] Die Verehrung solcher Göttinnen wird heute von religiösen Frauen (»Abtrünnigen« der herrschenden Religionen) wiederbelebt. Diese Entwicklung hat mittlerweile sogar die etablierten großen Kirchen erfaßt, woraus sich natürlich ein wütender Streit mit Leuten entspinnt, die den bloßen Gedanken, daß Gott weiblich sein könnte, als Gotteslästerung betrachten.

An was wir auch glauben mögen, vielleicht können wir uns auf jenes Grundprinzip der Erdmutter einigen, daß wir alle Teil eines Ganzen sind. Wir sind nicht einfach nur um unserer selbst willen auf der Erde, sondern als Teil eines höheren, geheimnisvollen Universums und Entwicklungsprozesses. Manche finden Trost in der Verehrung der Göttin. Die meisten von uns suchen ein handfesteres Modell.

Ein WIT-Zirkel erleichtert die Suche nach Modellen weiblicher Weisheit. Am besten funktioniert er, wenn er nicht mehr als acht oder zehn Frauen umfaßt. Er sollte sich nicht unbedingt aus dem vorhandenen Bekannten- oder Kolleginnenkreis zusammensetzen, sonst wird die Veranstaltung vielleicht zu einem Kaffeekränzchen. Die Initiatorinnen können ein oder zwei anregende Frauen einladen, die sie kennen und die im zweiten Erwachsenenalter gezeigt haben, wie kreativ sie sind. Dann wählen sie ein paar dynamische Leitbilder aus, die sie noch nicht kennen, aber gern kennenlernen würden, damit die Versammlung etwas Neues, Frisches bietet. Vom Frühstück über ein Mittagessen oder Abendessen bis zu einem Wochenende an einem lauschigen Ort kann man sich jegliche Veranstaltungsform vorstellen. Es ist nützlich, wenn vor Beginn der Diskussion Karteikarten ausgeteilt werden, wo um die schriftliche Beantwortung einiger Schlüsselfragen gebeten wird, wie zum Beispiel: Was für neue Wagnisse können Sie jetzt eingehen? Können Sie Ihre alte Haut abstreifen? Was können Sie im Austausch geben? Welche Investitionen, was das Lernen und die Veränderung des Lebens angeht, sind Sie bereit zu leisten, um all die Jahre, die noch vor Ihnen liegen, lebenswert zu machen? Wie lange wollen Sie leben?

Wenn Frauen sich in solchen WIT-Gruppen versammeln, ist das im wesentlichen so, als ob sie wie Pioniere auf dem Zug der nach Westen wandernden Siedler nachts um die Wagenburg herumreiten und Wache halten, so drückte Dr. McGrath es aus. »Dann können Sie sich innerhalb des sicheren Kreises um das Lagerfeuer herumgesellen und einander Geschichten erzählen, aus denen jede etwas zu lernen vermag.«

Wenn die Frauen in Zukunft in den Gemeinden ihre eigenen WIT-Gruppen gründen, können sie sich vielleicht zu einem die ganze Nation umfassenden oder sogar internationalen Netzwerk zusammenschließen. Als die primitiven weisen Frauen sich in Irland und England an den heiligen Stätten trafen, einander die Geheimnisse ihrer Heilkunst verrieten und Kräfte aus dem Beisammensein sammelten, besaßen sie keine Mittel, um mit den Tausenden anderer solcher Zirkel zu kommunizieren. Heutzutage haben wir das Fernsehen und das Internet. Diejenigen von uns, die WIT-Frauen werden wollen, haben gerade erst begonnen, die Weisheit derer anzuzapfen, die alt genug sind, das Leben »rücklings« zu verstehen.

18. Kapitel:
Zwei Arten des Alterns

Auf meiner bisherigen Lebensreise habe ich an jeder Weggabelung meine Mutter getroffen, den Schatten meines Alters, und sie im stillen gefragt: »Was kommt jetzt?« Mit vierzig wirkte sie alt. Aber mit fünfzig, gerade geschieden, erholte sie sich, startete ein neues Geschäft, ihr Körper wurde wieder straff, und sie fing wieder damit an, sich die Zehennägel zu lackieren. Sie hatte wieder Verehrer, heiratete mit dreiundfünfzig zum zweitenmal und feierte, wie sie mir später anvertraute, den Höhepunkt in ihrem Liebesleben.

Dann, mit vierundsechzig, packte sie unvermittelt die Wut. Sie hatte immer schon gequalmt, aber jetzt rauchte sie Kette, ließ die aschgrauen Kippen mit den knallroten Lippenstiftspuren herumliegen. Sie fing an zu trinken. Sie aß Berge von Fleisch, über die sie riesige Mengen Soße schüttete. Sie behielt ihre liebreizende, überschwengliche Art, aber eine gewisse Nervosität schien eine heimliche Verzweiflung zu verbergen. Über ihr destruktives Verhalten durfte niemand mit ihr reden, sie wehrte sofort alle Fragen ab. Es war, als wäre sie jenseits des großen, grauen Parkplatzes des mittleren Alters in einen Tunnel eingebogen und schrappte nun, überzeugt, daß es dahinter keine Straße mehr gab, an den Wänden entlang, entschlossen, sich so viele »kleine Tode« zuzufügen, wie sie konnte, bis sie endgültig die Kontrolle verlor.

»Sag du mir nicht, wie ich leben soll!« lautete ihre Antwort auf meine Beschwerden. »Ich sage dir ja auch nicht, wie du leben sollst.« Ihre Rede wurde vom Rasseln ihrer Bronchien untermalt. »Mir bleiben nur noch ein paar Jahre. Was ich damit tue, geht dich gar nichts an.«

Aber es ging mich natürlich etwas an. Das Urteil, das wir in unseren späteren Jahren fällen, trifft nicht uns allein. Wir verurteilen damit vielleicht auch einen Gatten oder die Kinder. Ich war noch nicht vierzig und fand es grauenerregend, mir so in meiner Mutter zu begegnen: Würde ich später auch so sein? Stand mir das ebenfalls bevor? Und sie war doch glücklich verheiratet und von ernsthaften Erkrankungen frei. Warum richtete sich diese hübsche Frau von vierundsechzig Jahren auf diese Weise zugrunde? »Sie hat sich vorgenommen, daß mit ihr Schluß sein soll«, dachte ich.

Ganz plötzlich, kurz vor dem endgültigen Aus, riß meine Mutter das Steuer noch einmal herum und schwenkte in die entgegengesetzte Richtung. Nun fing sie an zu trainieren. Trieb an drei Tagen in der Woche Sport. Stemmte Hanteln. Hing am Barren. Nachdem sie fünfzig Jahre geraucht hatte, schmiß sie eines Morgens ihre letzte Packung in den Müll. Keine schrittweise Entwöhnung, kein therapeutisches Programm. Unerklärlicherweise war meine Mutter in ihren dritten Frühling eingetreten.

Als ich sie an ihrem vierundsiebzigsten Geburtstag besuchte, fragte ich sie, was denn wohl ihr sonniges Gemüt hatte wiederkehren lassen. Was für einen Pakt hatte sie mit den Armeen des Alters geschlossen?

Sie sagte: »Ich war wohl davon ausgegangen, daß es mit siebzig vorbei wäre. Aber dann merkte ich, daß es mir immer noch gut ging. Nun«, fügte sie deutlicher werdend hinzu, »das Emphysem brachte mich darauf, was ich tun mußte, um länger zu leben und mich immer noch gut zu fühlen. Aber diese Erfahrung war nicht schlecht. Ich habe wieder ganz von vorn begonnen, mich wieder auf mein Leben gefreut. Ich wollte einen längeren Trip.«

Meine Mutter hatte sich eine gefährliche Haltung zugelegt, wie so viele von uns. Obwohl die Phase, in der wir uns gerade befinden, vielleicht viel reicher ist, als wir es uns je vorgestellt hatten, denken wir schon wieder an die folgende, und die, darüber brauchen wir gar nicht zu reden, führt steil bergab. Falls wir diesem kaum zu verhindernden Verfall nicht in die Hände arbeiten, werden wir wahrscheinlich in der nächsten Phase unseres Lebens ankommen und überrascht feststellen: »Ach, das ist ja gar nicht so schlecht! Wenn ich das gewußt hätte, hätte ich besser auf mich aufgepaßt.«

Meine Mutter reiste mit einer veralteten Straßenkarte vom Leben im Kopf und korrigierte ihre Anschauungen leider erst spät. Während wir altern, verändern sich fast unweigerlich die Grenzen des Lebenslaufs und die Art, wie wir das Alter definieren. Ein fünfundsiebzigjähriger Mann wurde bei seiner altersfeindlichen Haltung ertappt, als er der Feier zum hundertsten Geburtstag seiner Mutter beiwohnte. Er hat mir die amüsante Szene beschrieben. An einem Sommertag hatten sich in Neuengland unter einem Zelt rund zweihundert Mitglieder der großen Familie seiner Mutter versammelt. Der Sohn begann seinen Toast mit der Feststellung:

»Ich hätte nie gedacht, daß ich mal eine Mutter haben würde, die hundert ist!«

Seine Mutter hob den Kopf und gab laut zurück: »Und ich hätte nie gedacht, daß ich mal einen Sohn haben würde, der fünfundsiebzig ist!«

DIE WAHL

Je älter wir werden, um so mehr unterscheiden wir uns voneinander. Alle Folgen der Gene, des Geschlechts, der Abkunft, des Einkommens und der Gesundheitsvorsorge (oder Sorglosigkeit) türmen sich auf. Auch wenn unsere Gene im großen und ganzen über unseren Gesundheitszustand und unsere Lebensdauer entscheiden, gilt dies doch nur, bis wir sechzig oder fünfundsechzig sind. Wenn wir während der kritischen Jahre zwischen fünfundvierzig und fünfundsechzig von katastrophalen Krankheiten verschont bleiben, bestimmen danach eher unsere seelische Haltung und unser Verhalten die Qualität und Dauer unseres dritten Alters.

Sie erinnern sich an Dr. Gene Cohn, der festgestellt hat, daß die Beziehung zwischen körperlicher und geistiger Gesundheit im späteren Leben am innigsten ist. Die gesammelten Daten zeigen, daß durch chronische Depression und Streß biologische Veränderungen im Körper stattfinden, die das Immunsystem schwächen und den Menschen für Krankheiten empfänglicher machen. »Wir beginnen jetzt ziemlich detaillierte Vorstellungen davon zu entwickeln, wie die seelischen Veränderungen zu bestimmten körperlichen Veränderungen führen«, sagt Margaret Kemeny voraus. Sie ist Psychologin an der Universität in Los Angeles und ihre bereits erwähnte Studie zeigt, daß ein nur zwanzig Minuten dauerndes glückliches oder depressives Gefühl schon die Anzahl und Aktivität der die Gesundheit schützenden »Killerzellen« in unserem Blut beeinflußt.[1]

Menschen mit einer positiven Einstellung zum Leben, die an die Zukunft denken und ihre Energien darauf konzentrieren, der schleichenden Depression Einhalt zu gebieten, haben viel bessere Chancen, ihr zweites Erwachsenenalter in ein gesundes und befriedigendes späteres Leben auszudehnen. Aber wir müssen etwas dafür tun. Es kommt nicht von selbst. Wir brauchen ein neues Ziel oder, wie Deborah Szekely es ausdrückt: etwas, das uns wieder schlaflose Nächte bereitet. Lehnen Sie sich zurück und lassen Sie das Alter auf sich zukommen? Oder nehmen Sie die Angelegenheit in die Hand? Die Entscheidung, uns auf einen neuen Lebensabschnitt – von fünfundsechzig bis wer weiß wann – einzulassen, verlangt eine echte Investition – im Glauben, in der Risikobereitschaft und im Umgang mit unserem Körper.

Zunehmend wird es sich bemerkbar machen, wie Sie sich entschieden haben. Es gibt zwei Arten zu altern.

Gerontologen unterscheiden deutlich zwischen dem passiven und dem aktiven Altern. Wer sich für ein erfolgreiches Altern entscheidet, trifft buchstäblich die Entscheidung über eine Laufbahn. Ihr Job besteht darin, Ihre Lebensenergie zu erneuern, um den nächsten Übergang zu schaffen. Diese Lebenskraft steht dann bereit und kann zur Bewältigung der Herausforderungen dienen, die auf Sie zukommen, oder bei den Krisen helfen, die Ihnen noch bevorstehen. Das erfolgreiche Altern verlangt eine bewußte Entscheidung und Verpflichtung zur fortwährenden Selbstdisziplin und Entwicklung eines ganzen Arsenals von Strategien.

Nennen wir es nicht mehr Altern. Das Wort hat einen verächtlichen Klang. Nennen wir es lieber weise werden, denn darum handelt es sich.

Es fiel mir auf, wie viele der vitalsten Frauen, von denen ich in diesem Buch berichte, gegen den Brustkrebs gekämpft haben. Die Krankheit schien in der Tat ein Alarmsignal zu sein, das sie aufweckte und zum Prozeß des Weisewerdens verpflichtete. Laurie, die Vietnamaktivistin, hat diesen Angriff auf ihr Leben erfahren müssen, als sie vierzig war. Sie verlor alle Illusionen eines »ewigen« Lebens und fand dann zu einem inneren Frieden durch die Vorstellung, daß der Tod Teil des Lebens ist. Die witzige und zweifelnde Linda Ellerbee brachte dieser Kampf in ihrer Lebensbahn zu einem spirituellen Ort. Gloria Steinem erkannte, als sie die Diagnose akzeptieren mußte, was sie in ihrem Leben liebte, und erst dadurch gelang es ihr, ihre weibliche Konditionierung abzuschütteln und sich zum erstenmal darauf zu konzentrieren, sorgsamer mit ihrem Leben umzugehen. Diana, die Schulleiterin in St. Louis, hatte nach der Entfernung des Knotens aus ihrer Brust und der Totaloperation das Gefühl, lebendig begraben zu sein. Aber mit sechzig, verwitwet, wieder bei guter Gesundheit, fühlte sie sich jünger als mit fünfzig und von einer unbegrenzten emotionalen Kraft besessen, am Leben anderer Menschen teilzuhaben.

Auch bei Deborah Szekely wurde in ihrem siebzigsten Lebensjahr Brustkrebs diagnostiziert. Bereits von der Umtriebigkeit bei der Gründung ihrer eigenen Stiftung erfaßt, erstarrte sie wie betäubt in ihrer Bahn. Nachdem sie während fünfzig Jahren die Gesundheit praktisch als Beruf verfolgt hatte, wie konnte ihr Körper sie da derart verraten? Aber innerhalb von ein paar Wochen kehrte sie zu ihrer aktiven Haltung zurück, unterbrach ihre Japanreise, ließ sich eine Brust entfernen und war drei Tage später schon wieder im gewohnten Rhythmus. Wenn die Leute sie nach ihrem Brustkrebs fragten, sagte sie: »Ich habe keinen Krebs. Er ist in dem Container hinter dem Krankenhaus.«

Und jetzt hilft mir Deborah bei der Definition, was ich mir unter den weisen Siebzigern vorstelle.

»Es ist das Alter der Zuversicht«, sagte sie. »In dem Alter weißt du alles über dich und weißt, wie du mit allem anderen zusammenhängst.«

Wie dieses Buch wiederholt gezeigt hat: Wenn wir auf dem Gipfel des Berges anlangen und uns das neue Territorium des zweiten Erwachsenenalters ansehen, gibt es dort nicht nur den Weg, der uns auf der anderen Seite hinunterführt. Es ist ein atemberaubendes Bild, das sich uns darbietet – zum erstenmal können wir in alle Richtungen blicken. Jetzt wird uns deutlich, woher wir gekommen sind, welche Muster es dort gab. Vor uns liegt ein Weg, der weder linear noch zirkulär, sondern, so sehe ich es, spiralförmig ist. Er steigt an und fällt wieder ab, führt aber in Kurven immer weiter hinauf. Jedes neue Erwachen bringt uns eine Windung weiter auf den Berg der Selbsttranszendenz hinauf.

Als Erik Erikson und seine Frau um die Achtzig waren, schrieben sie zusammen das Buch *Vital Involvement in Old Age*, das ein ähnliches Konzept behandelte. »Der Lebenszyklus erstreckt sich nicht nur einfach bis zur nächsten Generation, sondern er geht im Leben des einzelnen zurück und erlaubt die erneute Erfahrung früherer Stadien in anderer Form.«[2]

Dieser spiralförmige Weg durch das zweite Erwachsenenalter ist noch immer weitgehend unerforscht. Er konfrontiert uns mit unbekannten Passagen, die gemeistert werden wollen. Die meisten Leute wissen noch nicht, daß es diesen Weg gibt. Aber immer mehr entdecken ihn und finden Abzweigungen, um alternative Routen zu nehmen.

Es geht nicht nur einfach darum, das Leben zu verlängern. Eine bloße Verlängerung verspricht uns noch kein reiches zweites Erwachsenenalter. Deshalb brechen die Leute nicht schon in Jubel aus, wenn ich in meinen Vorträgen erwähne, was für ein hohes Alter gesunde Männer und Frauen heute im Durchschnitt erreichen. Vielmehr höre ich sie auch stöhnen, denn die Leute stellen sich diese zusätzlichen Jahre vor allem als eine Zeit der Gebrechlichkeit und Abhängigkeit vor. Die zusätzlichen Jahre sind nur ein leeres Blatt – alles hängt davon ab, was wir darauf schreiben.

Es geht nicht nur einfach darum, etwas zu haben, wofür man lebt, sondern auch darum, etwas zu finden, wofür man leben möchte – wie Liz Carpenter, die die verwaisten Kinder ihres Bruders durchs College bringt. Oder Fitzgerald, der dafür sorgen will, daß seine Porträts Museumsqualität erreichen. Oder Mildred Mathias, die seltene medizinische Pflanzen vom Amazonas zurückbringt. Oder Jimmy Carter, der sich bereithalten muß, jederzeit seine politischen Kenntnisse bei der Vermittlung in Weltkonflikten einzusetzen.

Das klingt nach einer Menge Arbeit, sagen Sie. Was ist der Lohn?

RENAISSANCE DES GESUNDHEITSBEWUSSTSEINS

Ob wir es wollen oder nicht, die meisten von uns werden länger als unsere Eltern leben. Ganz gleich, wieviel Geld wir haben, wir werden in dem Gehäuse unseres Körpers leben, für Heizung, Licht und Energie sorgt unser Gehirn. Wenn wir den Körper nicht ständig reparieren und renovieren, wird er gebrechlich und schwach. Wenn wir das Gehirn nicht ständig fordern, wird das Leben immer langweiliger und ermüdender.

Wenn die Leute früher nach dem sechzigsten Lebensjahr gesundheitliche Probleme bekamen, nahmen sie es gewöhnlich als Symptom des unentrinnbaren Verfalls namens Alterserscheinung resignierend hin. Ihre Ärzte bestärkten sie oft noch in dieser Ansicht. Ein Circulus vitiosus war die Folge. Die Symptome vervielfältigten sich und überwältigten den Menschen, es ging bergab. Oder Leute, die sich für krank hielten, mißtrauten der Kraft ihres Denkens und lieferten sich der modernen Medizin aus, die mit zahlreichen Medikamenten vor allem die Symptome unterdrückt.

Heute wird das antike Geist-Körper-Konzept von populären Heilpraktikern wieder aufgegriffen und in der ganzen Welt übernommen. Die Amerikaner haben 1992 vierzehn Milliarden Dollar für alternative Medizin ausgegeben, um das technikversessene Arsenal der modernen Medizin zu ergänzen. Aber auch heute noch kommt es vor, wenn Patienten über Schwindelgefühle, Niedergeschlagenheit, Gedächtnisschwäche oder Gleichgewichtsstörungen klagen, daß die Ärzte diese sekundären Symptome als altersbedingt einstufen, obwohl es sich in Wirklichkeit um Nebenwirkungen der Medikamente handeln kann, die sie verschreiben. Zu diesem Schluß kommt eine kürzlich veröffentlichte Studie, die zeigt, daß einer von vier alten Patienten die falschen Medikamente erhält.

Aber wenn ein menschlicher Organismus infolge von Streß oder einer Infektion Symptome zeigt, muß das nicht heißen, daß er kollabiert. Man kann darin auch die bestmögliche Verteidigung des Körpers sehen, die er mit den ihm zur Verfügung stehenden Mitteln zustande zu bringen vermag. Die Leute neigen heute sehr dazu, ein Problem nur so zu behandeln, daß es nicht außer Kontrolle gerät. Dabei gibt es so viele Mittel, um die Selbstheilungskräfte des Körpers zu stärken. Wenn man seine Ernährung ändert, ungesunde durch gesunde Nahrung ersetzt, mit dem Rauchen aufhört und verschiedene Techniken erlernt, um Streß zu verringern, kann man vielleicht ohne Medikamente auskommen, die die eigene Immunreaktion unterdrücken. Behält man dann diese gesunden Gewohnheiten bei, sorgt man auch dafür, daß man im späteren Leben weniger anfällig für Krankheiten wird.

Und das spätere Leben kann viel länger werden, als man denkt.

Der Tod ist zwar unvermeidlich, aber die Art und Weise, wie man altert, hängt von uns ab. Daß der Mensch programmiert ist, nach fünfundsiebzig oder achtzig Jahren zu sterben, hat man lange als Tatsache betrachtet, an der nicht zu rütteln ist. Aber von dieser Vorstellung, daß der menschliche Körper sich selbst vernichtet, wenn er ein gewisses Alter erreicht, beginnen einige Wissenschaftler sich heute bereits zu distanzieren. Sie gehen davon aus, daß der menschliche Körper so konstruiert ist, daß er zuerst einen bestimmten Endpunkt erreicht, dann aber wieder fit gemacht werden kann, um weiterzuleben.[3] Es gibt schon Forschungsprojekte, die der Idee folgen, daß für die sich immer weiter verlängernde Lebensspanne vielleicht kein Ende abzusehen ist.[4]

Biologen, die auf molekularer Ebene lernen, RNS-Botschaften zu entschlüsseln, glauben, daß es möglich sein wird, die Tätigkeit bösartiger Zellen wie die des Krebses zu hemmen oder auch Zellen dazu zu bringen, daß sie heilsame Wirkungen nachahmen. Die Haut altert zum Beispiel vorzeitig, wenn sie übermäßig dem Sonnenlicht ausgesetzt wird. Durch eine Behandlung mit Retin-A läßt sich diese Alterungserscheinung oft beheben – warum? Es reaktiviert Gene, die durch das Sonnenlicht »abgeschaltet« worden waren. Durch das Retin-A wird die Kollagenproduktion der Haut wieder angeregt, und die Falten werden geglättet. Ähnliche Umkehrentwicklungen werden vielleicht bei allen Organen möglich werden, einschließlich des Gehirns. Wir haben bereits gelernt, daß sich unsere Denk- oder Konzentrationsspannen sogar im fortgeschrittenen Alter verlängern lassen. Das Gehirn ist so dynamisch wie jedes andere Organ des Körpers, und wenn ein älteres Gehirn regelmäßig intensiv angeregt wird, entwickeln sich zwischen den Neuronen neue Verbindungen.

Dr. William Haseltine, einer der führenden Wissenschaftler bei der Erforschung der menschlichen Gene, glaubt, daß es für jedes Gewebe des Körpers »Wachstumsfaktoren« gibt – ein Protein, das dieses Gewebe wachsen lassen oder sein Wachstum verlangsamen kann. »Ich glaube, in ein paar Jahren werden wir die meisten dieser Wachstumsfaktoren eines jeden Gewebes identifiziert haben«, sagte er, »und sobald uns das gelungen ist, werden wir fähig sein, sie zu manipulieren, um das Gewebewachstum zu beschleunigen oder zu verlangsamen.« Wenn unsere Kenntnis über die Funktion der Gene in dem normalen Prozeß der Gewebeerneuerung und -gesunderhaltung sich erweitert hat, werden Biotechniker auch die altersbedingt sich häufenden Schäden beheben können. Wir werden uns dann von Zeit zu Zeit in eine Klinik begeben, um unsere Organe warten und regenerieren zu lassen.[5]

Weitere Erkundigungen holte ich bei Caleb Finch ein, einem brillanten Neurobiologen, den ich in den siebziger Jahren in New York kennengelernt hatte, als er, ein »Wunderkind« unter den Forschern, schon damals vorhersagte, daß die Behandlung älterer Frauen durch die Hormonersatztherapie revolutioniert würde. Heute ist Finch – wie wir alle – älter geworden, dreiundfünfzig, und sein langer Bart von grauen Streifen durchzogen, aber sein Kopf ist immer noch gut in Form. Ich fand ihn in der Universität, wo er Forschungsleiter des Alzheimer Disease Research Center ist. Wir sprachen davon, daß man in der Zukunft den Genotyp eines Kindes schon im Mutterleib wird einschätzen können, bevor der Fötus drei Monate alt ist.

»Damit werden wir auf lange Sicht AIDS und andere solche Krankheiten entscheidend eindämmen und somit auch die Gesundheit des Menschen im höheren Alter verbessern können«, sagte er voraus.

»Was denken Sie«, fragte ich ihn, »wie alt Sie werden?«

»Wahrscheinlich zwischen neunzig und hundert«, sagte er locker. Er bestätigte, es sei völlig einleuchtend, gewisse Aspekte der menschlichen Entwicklung so zu modifizieren, daß manche Zellen sich während des ganzen Lebens, auch im Alter, zu erneuern vermögen. »Es gibt heute keinen Teil eines Organismus mehr, den man nicht irgendwie manipulieren kann, wenn man über die genetische Information verfügt.«

»Es ist genauso eine Revolution, wie sie in der Kunst während der Renaissance in Italien stattgefunden hat«, behauptete der Präsident der größten privaten medizinischen Forschungseinrichtung der Welt, des Howard Hughes Medical Institute.

Die Wahrscheinlichkeit einer zunehmenden Langlebigkeit vergrößert sich exponentiell. 1950 betrug die Chance eines fünfundsechzigjährigen Amerikaners, neunzig zu werden, sieben Prozent. Vierzig Jahre später lag sie bereits bei 25 Prozent. Aber sie liegt nicht für alle bei 25 Prozent. Eine fünfundsechzigjährige Weiße in gutem Gesundheitszustand und mit einem angemessenen Einkommen kann ohne weiteres damit rechnen, noch zwanzig bis dreißig Jahre, fast bis an ihr Lebensende, voll zu funktionieren. Dagegen sind die Aussichten für viele Frauen der niedrigen Einkommensschichten, insbesondere bei denen, die Minderheiten mit niedrigem Ausbildungsgrad und geringer Lebenserwartung angehören, ziemlich düster. Und wenn sich die Gesellschaft im Informationszeitalter immer mehr in zwei Klassen von Bürgerinnen und Bürgern auseinanderentwickelt, in die der hochqualifizierten und die der minderqualifizierten, werden wir es vielleicht erleben, daß sich die Kluft zwischen den beiden Arten der Gesundheitsversorgung – der mangelhaften für die Armen und der immer höher entwickelten für die Wohlhabenden – und damit auch die Kluft zwischen den beiden Arten des Alterns verewigt.

MIT WACHEM GEIST IN DIE WEISEN SIEBZIGER UND WEITER

Die geistigen Fähigkeiten der über Siebzigjährigen sind größer, als sie denken, wie neue Forschungsergebnisse zeigen.[6] Aber weil die meisten Senioren die Vorurteile der Gesellschaft von den alten Leuten, die »plemplem« sind, akzeptieren, unterschätzen sie ihre mentalen Fähigkeiten, die besonders im logischen Denken und im verbalen Ausdruck liegen und entziehen sich intellektuellen Aufgaben – was sie gerade nicht tun sollten, damit sie ihre Geistesschärfe behalten. Ihr Pessimismus führt sie oft zu vorzeitiger und unnötiger Abhängigkeit von anderen – einem Ehepartner oder Kindern oder ihren Ärzten.

Menschen, die die Disziplin täglicher geistiger Übung entwickeln – Zeitung lesen, statt sich nur passiv die Nachrichten im Fernsehen anzusehen, jeden Tag Kreuzworträtsel lösen, Tagebuch führen, Einnahmen und Ausgaben notieren und so weiter, bereiten sich in ihren Siebzigern für das Aufnahmeexamen in die Achtziger und darüber hinaus vor. Die zufriedensten Achtzigjährigen, denen ich begegnet bin, haben alle eines gemeinsam: sie sind sehr direkt, robust und unaffektiert und oft herrlich unbekümmert in dem, was sie sagen. Wenn sie einen Partner haben, leben sie mit ihm meist lieber unverheiratet als verheiratet zusammen, oder sie treffen ihre alte Liebe wieder und heiraten sie, obwohl die Kinder das »unmöglich« finden. Sie tun alle möglichen Dinge, die sie früher nicht gewagt hätten. Sie haben nichts mehr zu verlieren.

Diejenigen, die den Übergang in die nächstfolgende Dekade schaffen, können sich heute zu der neuen Aristokratie der Alternden zählen. Sie erwerben den Adel der Neunzigjährigen. Diese zusätzlichen Jahre geben ihnen Gelegenheit, geistige und seelische Großmut an den Tag zu legen und ihren früheren Feinden zu verzeihen oder der Welt eine würdige Vorstellung des Alters zu vermitteln, die denen, die nach ihnen kommen, den Weg erhellt und weiterhilft. Mitglieder des Adels der Neunziger haben es verdient, daß man sie ehrt und für sie sorgt.

Angesichts der genetischen Manipulationen und Hormontherapien, die uns vielleicht ein glücklicheres und längeres Leben bescheren, ist die beste Investition, die wir heute tätigen können, die in unsere Gesundheit. Ich fragte eine Bewegungstherapeutin, die sowohl mit schwer depressiven Patienten wie auch mit gesunden, wohlhabenden Kurgästen arbeitet: Wenn Sie an all Ihre Erfahrungen denken, was ist der größte Unterschied zwischen denen, die zu verfallen beginnen, wenn sie alt werden, und denen, die gesund und fit bleiben und offenbar ›nicht totzukriegen‹ sind?«

Christine Grimaldi brauchte nicht lange zu überlegen. »Der größte Unterschied ist die geistige Stimulation«, sagte sie. »Leute, die aktiv bleiben und sich nicht isolieren, wenn sie alt werden, die die Verbindung zwischen ihrem Körper und ihrem Geist in Gang halten, um gesund zu bleiben. Selbst wenn sie sich nur ein kleines Ziel am Tag setzen, es hilft. Die aber, die sich den Ärzten und Medikamenten ausliefern und sich immer wieder sagen lassen: ›Du bist krank!‹, werden auch kränker.«

Sie war gerade an diesem Morgen eingetroffen, um mit einer wohlhabenden und klugen fünfundsechzigjährigen Frau Bewegungsübungen zu machen, der der Arzt eine Kombination aus Prozac und Lithium[7] verschrieben hatte. Die Frau lag um halb zwölf noch im Bett. Christine weckte sie auf. Die Frau befand sich im Zustand einer schweren Depression.

»Zuerst einmal«, erzählte ihr Christine, »sollten Sie aufhören, Ihre eigene Feindin zu sein, Sie müssen zu Ihrer besten Freundin werden. Wenn Sie sich nicht selbst unterstützen, wird es niemand tun. Versuchen Sie sich daran zu erinnern: Dies hier dauert nur eine gewisse Zeit, und Sie werden wieder auf Draht sein.«

Die Frau zog sich an. Christine begann die Gymnastik und scherzte mit ihr herum. Nach einer halben Stunde sagte die Frau: »Wie kommt es, daß ich mich jetzt soviel besser fühle?«

Die Übungen hatten ihr träges Blut mit Sauerstoff versorgt und wahrscheinlich die Ausschüttung der die Stimmung hebenden Endorphine provoziert. Jetzt war sie nicht mehr in sich gefangen, sondern engagiert. Am wichtigsten war vielleicht, daß die Frau etwas für sich tat. Die Ärzte hatten deshalb ihr Leben in die Hand genommen, weil sie es aufgegeben hatte, dafür zu kämpfen.

Sie müssen Ihrem Immunsystem sagen: »Mein Leben ist es wert, daß du dafür kämpfst!« Und selbst wenn Sie in dieser Phase nicht wissen, was Ihrem Leben einen Sinn geben wird, suchen Sie danach, kämpfen Sie dafür, Tag für Tag! Dadurch setzt wie von selbst ein Heilungsprozeß ein, weil der Weg in die Hoffnung beschritten wird.

Na schön, werden Sie sagen, aber wie behalte ich die geistige Stimulanz, wenn durch den Alterungsprozeß die Vergnügungen und Gelegenheiten knapper werden, die meinem Leben bis dahin die Würze verliehen haben? Sie brauchen Zeit und Phantasie, um sich neue Gelegenheiten zu schaffen, die Sie aktiv halten und Ihnen das geistige Wachstum ermöglichen. Genauso wie man den Leuten rät, sich ein finanzielles Polster zuzulegen, so schlägt Dr. Cohen vor, daß sie schon in den mittleren Jahren beginnen sollten, sich ein »soziales Polster« zu schaffen – eine Anzahl verschiedenartiger Aktivitäten, auf die Sie in späteren Jahren zurückgreifen können – solche, die man allein betreiben kann, andere, die man mit anderen zusammen ausübt, manche, die viel Kraft erfordern und andere, bei denen man sich nicht anstrengen muß.

Körperliche Übungen scheinen das wirkungsvollste nichtmedizinische Elixier zu sein, um den Alterungsprozeß zu verlangsamen. Dirigenten, die sich zwangsläufig viel bewegen, sind für ihre Langlebigkeit bekannt. Überhaupt sind in den darstellenden Künsten, die eine starke geistige und körperliche Disziplin erfordern, einige der bemerkenswertesten hochbetagten Exemplare anzutreffen. Der Pianist Vladimir Horowitz zog sich für einige Jahre aus dem Konzertleben zurück, legte seine Neurosen ab und fing wieder an, auf Tournee zu gehen. Er erfreute sich einer »Herbstperiode«, in der er zu Hause Klavier spielte, nun nicht mehr, um anderen etwas zu beweisen, sondern zu seinem Vergnügen. Kurz nach seinem sechsundachtzigsten Geburtstag fing er an, Klavierstücke aufzunehmen, die er früher nie gespielt hatte – noch immer ging er Risiken ein. Nachdem er im selben Jahr die letzten Aufnahmen beendet hatte, saß er eines Abends im Sessel und sprach mit seiner Frau darüber, was sie essen wollten, da glitt er still aus dem Leben.[8]

Tägliche lange Spaziergänge sind ein Teil des Jobs, der »erfolgreiches Altern« heißt. Männer und Frauen, die täglich wenigstens eine halbe Stunde gehen, halbieren damit ihre Sterberate verglichen mit Leuten beiderlei Geschlechts, die nur noch sitzen. Das war eines der überraschenden Ergebnisse einer sehr umfangreichen Studie mit 13 000 Männern und Frauen, die über einen Zeitraum von acht Jahren vorgenommen wurde. Diese Versuchspersonen mußten sich regelrechten Tretmühlentests unterziehen. Aber niemand braucht, in eine Tretmühle eingespannt, zu schwitzen. Eine eindrucksvolle Verbesserung läßt sich schon mit einer eher bescheidenen Anstrengung erzielen, so stellte Dr. Steven Blair fest. Leute, die täglich dreißig Minuten zu Fuß gingen, erfreuten sich einer fast ebenso niedrigen Sterblichkeitsrate wie die, die fünfzig bis fünfundsiebzig Kilometer wöchentlich joggten.[9]

Wir sind offenbar nie zu alt, um von körperlichen Übungen zu profitieren. In einer anderen bahnbrechenden Studie ließ man Männer und Frauen, die offenbar zu den typischen gebrechlichen Altersheimbewohnern gehörten, wöchentlich dreimal fünfundvierzig Minuten lang tüchtig Heimtrainer treten, um ihre Beine zu kräftigen. Nach wenigen Wochen konnten Endachtziger und Neunziger schneller gehen, besser Treppen steigen und in einigen Fällen sogar ihre Gehhilfen wegwerfen.

»Was die Frage angeht, ob Menschen, die am Ende ihres Lebens sind, noch irgend etwas unternehmen können, legen die Leute leider eine völlig falsche, negative Haltung an den Tag«, sagte die Direktorin dieser Studie, Dr. Maria A. Fiatarone. »Wir brauchen mehr Optimismus.« Durch die körperliche Betätigung werden nicht nur die alternden Muskeln gekräftigt, sondern diese Extrakraft verbessert das Leben der Menschen auch in anderer Hinsicht. Diejenigen Achtzigjährigen, die anfingen, sich körperlich zu betätigen, waren auch weniger deprimiert, konnten ohne Hilfe gehen und an gesellschaftlichen Veranstaltungen teilnehmen.[10]

HEITERE HUNDERTJÄHRIGE

Die Neunzigjährigen stellen prozentual die am schnellsten wachsende Altersgruppe in den Vereinigten Staaten dar, und wir sehen und hören viel darüber, was die Ältesten uns lehren können. In einer interessanten soziologischen Untersuchung hat man diese Menschen gefragt: »Wenn Sie auf Ihr Leben zurückblicken, woran erinnern Sie sich dann am deutlichsten – was steht Ihnen noch lebendig vor Augen?« Wie sich herausstellte, waren es nicht die Erfolge, auch nicht die Mißerfolge, sondern es waren die Augenblicke, in denen sie etwas gewagt hatten.[11]

Allen Soziologen, die sich mit den Hundertjährigen beschäftigen, fällt deren starker Drang nach Unabhängigkeit auf. Diese Leute waren ihr ganzes Leben lang bemüht, sich nicht von

Zwängen einengen zu lassen. Sie waren meist ihr eigener Boß gewesen. Sie schätzten die Autonomie und gingen nicht besonders früh in den Ruhestand. Was ist der Lohn ihres Muts und ihrer Selbständigkeit? Sie können den Durchbruch durch die normalen Grenzen der Sterblichkeit feiern.

Das Wort, das die Forscher auf die Hundertjährigen am häufigsten anwenden, ist »anpassungsfähig«. Alle haben sie Verluste und Rückschläge erlitten. Aber selbst die schmerzlichsten Verluste, wie der eines Partners nach fünfzig- oder sechzigjährigem Zusammensein, wurden betrauert, und dann bewegte sich der Überlebende weiter auf seinem Weg. Es war auch ein bemerkenswerter Mangel an höherem Ehrgeiz bei den Hundertjährigen festzustellen.[12]

Andere Charakteristika gesunder Hundertjähriger, wie sie einer Anzahl solcher Studien zu entnehmen waren, sind folgende: Die meisten hatten eine hohe Intelligenz, waren lebhaft an den laufenden Ereignissen interessiert, besaßen ein gutes Gedächtnis und waren selten krank. Sie stehen gern früh auf, schlafen im Durchschnitt zwischen sechs und sieben Stunden. Die meisten trinken Kaffee, befolgen keine spezielle Diätvorschrift, aber ernähren sich im allgemeinen proteinreich und fettarm. Was den Genuß von Alkohol angeht, gibt es keine Gleichartigkeit, aber Medikamente haben sie in ihrem Leben weniger zu sich genommen, als viele alte Leute in einer Woche verbrauchen. Sie leben gern in der Gegenwart, aber das wechselt, und sie sind gewöhnlich im weitesten Sinn des Wortes religiös.

Alle sind sie Optimisten und haben einen ausgeprägten Sinn für Humor. Das Leben scheint für sie ein großartiges Abenteuer gewesen zu sein.

DIE GEGENWART ALTERT NIE

Über Ihre Seele haben nur Sie die Gewalt. Selbst wenn Sie in Ihrem Leben nicht soviel geben oder bekommen konnten, wie Sie es sich vielleicht gewünscht hätten, steht es doch noch immer in Ihrer Macht, Einfluß auf Ihr Seelenleben zu nehmen. Was ist denn überhaupt die Seele? Betrachten wir es so: Sie ist die Summe Ihres Wesens, all dessen, was Sie auf der Welt getan haben, was Besonderes an Ihnen ist. Wenn Sie sterben, ist Ihre Seele das, was Sie bis zum letzten Atemzug gewesen sind. Sie ist das, was Sie der Welt hinterlassen – der Einfluß, den Sie auch weiterhin auf Ihre Kinder, Freunde, Kollegen, Gemeinde ausüben, und der kann ungeheuer groß sein. Bei einem Arzt ist es die Wirkung, die er auf seine Patienten gehabt hat. Bei einem Schriftsteller die Wirkung auf die Leser. Bei einem Lehrer die Wirkung auf die Schüler und so weiter. Willa Cather, eine meiner Lieblingsschriftstellerinnen, hat die Seele als das geistige Wesen des Menschen, als ein expressives und unverletzbares Selbst beschrieben. Sie sah es als Aufgabe eines jeden Lebens an, eine Existenz zu formen, die dieses Selbst befreit.

In der westlichen Gesellschaft – in Amerika und dem größten Teil Westeuropas – redet man den Leuten ein, ihre Seele sei etwas von ihrem Denken und ihrem Körper Getrenntes. Aber sie ist ein Wachstumsgebiet, das die meisten von uns ignorieren, sie hoffen vielleicht, daß irgendwann der Tag kommt, an dem uns eine die Seele weitende Gipfelerfahrung aus unserem üblichen Bewußtseinszustand herausholt und einen Blick auf das Heilige und Ewige tun läßt. Doch wir müssen unser Bewußtsein auf einen solchen Weg vorbereiten. Und das erfordert ein Loslassen auf höherem Niveau. Wir müssen anders mit unserer Zeit umgehen und bereit sein, ein Stück weit die Kontrolle abzugeben.

Das Alter der Ganzheit ist vor allem ein Zustand, in dem ein geistiges und seelisches Wachstum stattfinden kann. Statt uns darauf zu konzentrieren, daß die Zeit zu Ende geht, sollten wir es uns in der dritten Lebensphase zur Gewohnheit machen, jeden Moment bewußt zu leben. Die Gegenwart verändert sich nicht, sie ist immer da. Jeder Augenblick ist eine Schneeflocke, einmalig, unverdorben, unwiederbringlich und überraschend. Fitzgerald hatte ein völlig neues Zeitgefühl, als er seinen Traum verwirklichte. Der dreiundsechzigjährige Designer Aaron Cohen Webb sprach von der bewußten Entscheidung, die Zukunft »loszulassen«. »Du weißt eins ganz genau: Du mußt aufhören, die Dinge auf später zu verschieben. Du mußt, soweit du es kannst, im Augenblick leben.«

Und statt ein Maximum an Kontrolle über unsere Umgebung auszuüben, was dem zurückliegenden Alter der Überlegenheit angemessen war, müssen wir jetzt eine größere Wertschätzung und Hinnahme dessen entwickeln, was wir nicht zu beherrschen vermögen. Für manche Verluste, die wir während des zweiten Erwachsenenalters erlitten haben, gibt es keinen Trost. Sie ohne Bitterkeit zu akzeptieren bedeutet gewöhnlich, daß wir eine größere Anstrengung unternehmen müssen, die umfassende Intelligenz oder spirituelle Kraft zu erkennen, die hinter den Veränderungen und Verlusten am Werk ist, die wir jetzt Tag für Tag erfahren.

Dr. Deepak Chopra, ein Pionier in der Wiederentdeckung der uralten ganzheitlichen Medizin, die Ayurveda heißt, bietet in seinem Buch *Ageless Body, Timeless Mind* den wissenschaftlichen Beweis für die folgenden Thesen: Solange wir fortwährend alte Wunden wieder aufreißen, alten Ängsten entfliehen und das Unbeherrschbare zu beherrschen versuchen, geraten wir nur immer mehr in Streß und beschleunigen durch die ständige Ausschüttung von Streßhormonen den Alterungsprozeß.[13] Fitzgerald hat sich schließlich zu der folgenden Haltung entschlossen – und sie funktioniert: »Begreife dein Leben nicht als Serie zufälliger Ereignisse, sondern als Weg des Erwachens.«[14]

Wenn jeder Tag ein Erwachen ist, werden Sie niemals alt werden. Sie werden immer weiterwachsen.

DANKSAGUNG

Gute Lektoren sind selten, und ich bin glücklich, daß sich
mehrere der besten mit diesem Buch befaßt haben. Vor allem
bin ich dem Cheflektor bei Random House, Robert Loomis,
zu Dank verpflichtet. Seit fünf Jahren ist er mein intellektuel-
ler Begleiter, der mich davor bewahrt hat, in einem Meer von
Material zu ertrinken. Obwohl ich sämtliche Termine überschritt, verlor Bob nie die Geduld. Wenn ich ihn ängstlich fragte: »Aber wie lange werde ich denn noch brauchen?«, lächelte Bob nur und sagte: »Nimm dir soviel Zeit, wie du brauchst.
Wichtig ist nur, daß das Buch so gut wie irgend möglich wird.«
Ich bin auch Joni Evans dankbar, die schon an dieses Buch
glaubte, als es nichts weiter als ein Konzept war, und die mit
mir bei Random House den Vertrag schloß. George Hodg-
man, der begabte Redakteur, mit dem ich bei *Vanity Fair*
zusammenarbeite, nahm sich Zeit, meine endlosen Entwürfe
zu lesen und aus der frischen Perspektive eines Mannes im
ersten Erwachsenenalter zu betrachten. Und dann ist da der
Lektor, dessen Unterstützung und Ermutigung mir über jeden
Tag, alle Monate und Jahre hinweghilft, der Lektor, mit dem
ich zusammenlebe und der in meinem Herzen lebt – mein Ehemann Clay Felker.
Ich schulde meinen Freunden, den hervorragenden Sozialwissenschaftlern des US Census Bureau, Dank für ihre klugen
Analysen der statistischen Daten und für ihre Unterstützung
bei der Erarbeitung der Generationenprofile: Arthur Norton,

Paul M. Siegel, Martin O'Connell, Arlene Saluter, Amara Bachu, Donald J. Hernandez, Edward Welniak, Paul Ryscavage, Chuck Nelson, Jack McNeil, Suzanne Bianchi, Campbell Gibson und Alfredo Navarro.

Meiner gewitzten Assistentin bei diesem Projekt während des Zeitraums von drei Jahren, Leora Tanenbaum, möchte ich unendlich danken; durch den Lernprozeß ist sie selbst zu einer freiberuflichen Schriftstellerin geworden. Dankbar bin ich Clare McElhinney, die mir während des Schreibens der endgültigen Fassung samt Anmerkungen und während der Korrekturen treu zur Seite stand. Meine Agentin, Lynn Nesbit, hat persönlich und beruflich in vielfältiger Weise zu diesem Werk beigetragen.

Ich danke meiner Forschungspartnerin bei der Entwicklung und Analyse der Fragebögen, Carin Rubenstein, Ph. D. Dank schulde ich auch den Männern und Frauen, die mir bei der Koordinierung der Gruppeninterviews geholfen haben: Beth Struever, Erica Spaberg, Susan Campbell, Dick Fitts, James Sniechowski, Jim und Alice MacMahon, Pam Catlett, Myra Madnick, Leonard Doran, Clementine Pugh, Suzanne Schut, Becky Brown, Carol Waters und Betty Merton.

Es war mir ein Vergnügen, mit dem außerordentlich begabten Designer Nigel Holmes und dem Expertenstab bei Random House unter dem Verleger Harold Evans zusammenzuarbeiten – mit Carol Schneider, Sally Hoffman, Amy Edelman, Barbé Hammer und der Lektorin Pearl Hanig. Dank an Noah Green für die Erstellung unserer einzigartigen Datenbasis und an Tom Keough für die präzisen Transkriptionen. Wie immer hat uns Ella Council mit Tee und Sympathie am Leben erhalten.

FRAGEBOGEN ZUR LEBENSGESCHICHTE

1. **Bitte geben Sie Ihr Alter an.** _____ Jahre.

2. **Bitte geben Sie an, wie alt Sie sich fühlen und wie alt man Sie schätzt.**
   Ich fühle mich _____ Jahre alt.
   Man schätzt mich auf _____ Jahre.

3. **Bitte bewerten Sie die folgenden Altersabschnitte (von »sehr befriedigend« bis »völlig unbefriedigend«). Schreiben Sie eine »Eins« neben den befriedigendsten Altersabschnitt, eine »Zwei« neben den zweitbefriedigendsten, und fahren Sie so fort, bis Sie alle Altersabschnitte bewertet haben. Verwenden Sie jede Note nur einmal. Bewerten Sie alle Altersabschnitte.**
   18–22 Jahre _____   40–49 Jahre _____
   23–29 Jahre _____   50–59 Jahre _____
   30–39 Jahre _____   60–69 Jahre _____

4. **Welchen Einfluß haben Sie Ihrer Meinung nach auf die _guten oder angenehmen Dinge_, die Sie erleben?**
   (Nur eine Antwort ankreuzen!)
   Fast keinen Einfluß . . . . 1 ☐
   Meistens keinen Einfluß . . . . 2 ☐
   Etwa die Hälfte der Zeit Einfluß . . . . 3 ☐
   Meistens habe ich Einfluß . . . . 4 ☐
   Ich habe fast immer Einfluß darauf . . . . 5 ☐

5. **Welchen Einfluß haben Sie Ihrer Meinung nach auf die** *schlechten oder unangenehmen Dinge*, **die Ihnen widerfahren? (Nur eine Antwort ankreuzen!)**
   Fast keinen . . . . 1 ☐
   Meistens keinen . . . . 2 ☐
   Etwa die Hälfte der Zeit Einfluß . . . . 3 ☐
   Meistens habe ich Einfluß . . . . 4 ☐
   Ich habe fast immer Einfluß darauf . . . . 5 ☐

6. **Wie oft langweilen Sie sich? (Nur eine Antwort ankreuzen!)**
   Ständig . . . . 1 ☐ Einmal im Monat . . . 4 ☐
   Jeden Tag . . . . 2 ☐ Fast nie . . . . 5 ☐
   Ein paarmal die Woche 3 ☐

7. **Scheinen Kämpfe, die Ihr Gefühlsleben früher sehr in Anspruch nahmen, nachgelassen zu haben? (Nur eine Antwort ankreuzen!)**
   Ja, ich bin nicht mehr so ängstlich/wütend oder
   deprimiert . . . . 1 ☐
   Mein Gefühlsleben ist dasselbe . . . . 2 ☐
   Die Kämpfe sind noch da,
   aber ich bin nicht mehr so destruktiv . . . . 3 ☐
   Nein, schlimmer denn je . . . . 4 ☐

8. **Wie oft macht Ihnen Ihre Arbeit Freude? (Nur eine Antwort ankreuzen!)**
   Nie . . . . 1 ☐ Meistens . . . . 4 ☐
   Fast nie . . . . 2 ☐ Immer . . . . 5 ☐
   Manchmal . . . . 3 ☐

9. **Wie oft finden Sie Ihre Arbeit nützlich für andere? (Nur eine Antwort ankreuzen!)**
   Nie . . . . 1 ☐ Meistens . . . . 4 ☐
   Fast nie . . . . 2 ☐ Immer . . . . 5 ☐
   Manchmal . . . . 3 ☐

10. **Wenn Sie an Ihren ursprünglichen Wunschtraum oder Ehrgeiz zurückdenken, was für ein Gefühl haben Sie dann heute? (Nur eine Antwort ankreuzen!)**

Ich habe nie einen Wunschtraum oder
Ehrgeiz gehabt .... 1 ☐
Ich werde meinen Wunschtraum wohl nie
verwirklichen .... 2 ☐
Ich fange gerade an, meinen Traum zu gestalten .. 3 ☐
Ich bin auf dem Weg, mir meinen Traum zu erfüllen 4 ☐
Ich habe mir meinen Traum erfüllt und
einen neuen Traum entwickelt .... 5 ☐
Ich habe mir meinen Traum erfüllt und
keinen neuen Traum entwickelt .... 6 ☐

11. **Haben Sie jemals die Karriere gewechselt?**
Ja   1 ☐   (*Wenn nicht*, überspringen Sie bitte
Nein   2 ☐   die Nr. 12!)

12. **In welchem Alter haben Sie die Karriere gewechselt?**
Erster größerer Karrierewechsel   mit _____ Jahren.
Zweiter größerer Karrierewechsel mit _____ Jahren.
Dritter größerer Karrierewechsel mit _____ Jahren.

13. **Würden Sie gern die Karriere wechseln, haben aber das Gefühl, es nicht zu können?**
Ja   1 ☐   (*Wenn nicht*, überspringen Sie bitte
Nein   2 ☐   die Nr. 14!)

14. **Aus welchem der folgenden Gründe können Sie sich Ihrer Meinung nach keinen Karrierewechsel leisten?** (Kreuzen Sie jeden zutreffenden Grund an!)
Einkommensverlust .... 1 ☐
Angst vor dem Versagen,
wenn ich etwas Neues anfange .... 2 ☐
Keine anständigen Möglichkeiten in meinem Alter   3 ☐
Verlust der Sicherheit .... 4 ☐
Familienangehörige wären dagegen .... 5 ☐
Muß auf Auszahlung der Rente warten .... 6 ☐
Andere Gründe .... 7 ☐

15. Hatten (oder haben) Sie einen Mentor – eine ältere Person in Ihrem Beruf außer Ihren Eltern –, der Sie angeleitet, ermutigt und inspiriert hat? (Nur eine Antwort ankreuzen!)

Ja, einen Mentor .... 1 ☐

Ja, mehr als einen Mentor .... 2 ☐

Nein, keinerlei Mentor .... 3 ☐

16. Wer ist in der jetzigen Lebensphase Ihre *wichtigste* Privatbeziehung? (Nur eine Antwort ankreuzen!)

Ehegatte oder Partner(in) .... 1 ☐

Gleichgeschlechtl. Freund(in) .... 2 ☐

Andersgeschlechtl. Freund(in) .... 3 ☐

Kind .... 4 ☐

Eltern(teil) .... 5 ☐

Bruder oder Schwester .... 6 ☐

Therapeut .... 7 ☐

Ich habe niemanden .... 8 ☐

17. Schreiben Sie auf, wie viele Freunde Sie haben, denen Sie fast alles anvertrauen können. Wenn Sie niemanden haben, schreiben Sie eine Null.

Anzahl enger Freunde _____

18. Haben Sie Ihre(n) Partner(in) den engen Freunden zugerechnet?

Ja .... 1 ☐   Nein .... 2 ☐

19. Was schätzen Sie jetzt in einer Liebesbeziehung am höchsten? (Nur eine Antwort ankreuzen!)

Kameradschaft .... 1 ☐

Intimität und Vertrauen .... 2 ☐

Regelmäßigen Sex ohne Angst vor Ansteckung ... 3 ☐

Die Neuheit .... 4 ☐

Mit jemand Jüngerem zusammensein .... 5 ☐

Den leidenschaftlichen Sex .... 6 ☐

Andere Gründe .... 7 ☐

20. **Wie ist die Familie, in der Sie aufgewachsen sind, am besten charakterisiert? Als**
Arm . . . . 1 ☐   Obere Mittelschicht . . 4 ☐
Untere Mittelschicht . 2 ☐   Reich . . . . 5 ☐
Mittelschicht . . . . . . 3 ☐

21. **Leben Ihre Eltern/lebt ein Elternteil noch?**
(Nur eine Antwort ankreuzen!)
Beide leben noch . . . . 1 ☐
Mutter lebt noch . . . 2 ☐
Vater lebt noch . . . . . 3 ☐
Beide verstorben . . . . 4 ☐ ⎫
Weiß ich nicht . . . . . . 5 ☐ ⎬ (Überspringen Sie 22 und 23!)

22. **Wie abhängig sind Sie von Ihren Eltern?**
(Kreuzen Sie alle zutreffenden Antworten an!)
Ich lebe bei meinen Eltern (oder Vater oder Mutter) 1 ☐
Ich brauche etwas finanzielle Unterstützung von
meinen Eltern . . . . 2 ☐
Ich hänge gefühlsmäßig etwas an meinen Eltern . . 3 ☐
Ich bin völlig unabhängig von meinen Eltern . . . . . 4 ☐

23. **Wie abhängig sind Ihrer Ansicht nach Ihre Eltern (ist Ihr Vater oder Ihre Mutter) von Ihnen?**
(Kreuzen Sie alle zutreffenden Antworten an!)
Meine Eltern (oder mein Vater/meine Mutter/oder
Schwiegereltern) leben bei mir . . . . 1 ☐
Meine Eltern brauchen (mein Vater/meine Mutter
braucht) etwas finanzielle Unterstützung von mir . . 2 ☐
Meine Eltern sind (mein Vater/meine Mutter ist)
emotional etwas abhängig von mir . . . . 3 ☐
Meine Eltern sind (mein Vater/meine Mutter ist)
emotional völlig unabhängig von mir . . . . 4 ☐

24. Notieren Sie für jede der folgenden Aktivitäten die Zahl der Stunden, die Sie durchschnittlich am Tag darauf verwenden. Geben Sie für jede Aktivität eine Zahl an.

Arbeit .... _____ Stunden

Fahrten von der/zur Arbeit,

Geschäftsreisen usw. .... _____ Stunden

Hausarbeit .... _____ Stunden

Zeit mit Ihren Kindern .... _____ Stunden

Zeit mit Ihrem Ehepartner oder Liebespartner _____ Stunden

Zeit für sich selbst

(Lesen, Denken, Spaziergengehen usw.) ..... _____ Stunden

Zeit, um kostenlos anderen zu helfen ...... _____ Stunden

Zeit für Treffen mit Freunden .... _____ Stunden

Gymnastik oder Sport .... _____ Stunden

Fernsehen, Computerspiel .... _____ Stunden

Schöpferische oder handwerkliche Tätigkeit _____ Stunden

Schlafen .... _____ Stunden

25. **Wie zufrieden sind Sie mit dieser Zeitaufteilung?**
(Kreuzen Sie nur eine Antwort an!)

Sehr zufrieden   1 ☐   Ziemlich unzufrieden   3 ☐

Einigermaßen zufrieden 2 ☐   Sehr unzufrieden   4 ☐

26. **Wie haben Sie sich während der letzten *sechs Monate* im allgemeinen gefühlt?** (Nur eine Antwort ankreuzen!)
Kreuzen Sie außerdem an, wie Ihr(e) Partner(in) sich Ihrer Meinung nach während der letzten *sechs Monate* gefühlt hat.
(Nur eine Antwort ankreuzen!)

	SELBST	PARTNER
Schrecklich	1 ☐	1 ☐
Unglücklich	2 ☐	2 ☐
Meistens unzufrieden	3 ☐	3 ☐
Gemischt (ebenso oft zufrieden wie unzufrieden)	4 ☐	4 ☐
Meistens zufrieden	5 ☐	5 ☐
Gut	6 ☐	6 ☐
Prächtig	7 ☐	7 ☐

27. Kreuzen Sie für jeden der folgenden Aspekte Ihres Lebens an, wie Sie sich während der *letzten sechs Monate* dabei gefühlt haben. (Kreuzen Sie nur jeweils eine Antwort an!)

	Schrecklich	Unglücklich	Meistens unzufrieden	Gemischt/ebenso oft zufrieden wie unzufrieden	Meistens zufrieden	Gut	Prächtig	Keine Gefühle
Arbeit oder hauptsächliche Aktivität	1☐	2☐	3☐	4☐	5☐	6☐	7☐	8☐
Liebesbeziehung oder Ehe	1☐	2☐	3☐	4☐	5☐	6☐	7☐	8☐
Kinder und Elternsein	1☐	2☐	3☐	4☐	5☐	6☐	7☐	8☐
Anerkennung/Erfolg	1☐	2☐	3☐	4☐	5☐	6☐	7☐	8☐
Finanzielle Situation	1☐	2☐	3☐	4☐	5☐	6☐	7☐	8☐
Gesundheit und körperlicher Zustand	1☐	2☐	3☐	4☐	5☐	6☐	7☐	8☐
Persönliches Wachstum und Entwicklung	1☐	2☐	3☐	4☐	5☐	6☐	7☐	8☐
Geschlechtsleben	1☐	2☐	3☐	4☐	5☐	6☐	7☐	8☐
Glückseligkeit Ihres Partners/Ihrer Partnerin	1☐	2☐	3☐	4☐	5☐	6☐	7☐	8☐
Freunde und gesellschaftliches Leben	1☐	2☐	3☐	4☐	5☐	6☐	7☐	8☐
Athletische Fähigkeiten	1☐	2☐	3☐	4☐	5☐	6☐	7☐	8☐
Körper und körperl. Attraktivität	1☐	2☐	3☐	4☐	5☐	6☐	7☐	8☐
Das, was man für andere leistet	1☐	2☐	3☐	4☐	5☐	6☐	7☐	8☐

28. Was ist Ihnen heute von den folgenden Punkten am wichtigsten? (Nur einen Punkt ankreuzen!)

Unabhängigkeit (Autonomie) . . . . 1 ☐
Leistung . . . . 2 ☐
Soziale Veränderung (Verbesserung) . . . . 3 ☐
Die Liebe . . . . 4 ☐
Familiäre Verpflichtungen . . . . 5 ☐

Finanzielle Sicherheit . . . . 6 ☐
Anerkennung, Ruhm . . . . 7 ☐
Sinnsuche . . . . 8 ☐
Privatsphäre . . . . 9 ☐
Schöpferische oder intellektuelle Betätigung . . . . 0 ☐

29. **Geben Sie an, wieviel Macht Sie haben, durchzusetzen, daß etwas so geschieht, wie Sie es wollen.**

	sehr wenig Macht	etwas Macht	viel Macht
Bei Ihrem Ehepartner oder Partner	1 ☐	2 ☐	3 ☐
Bei Ihren Kindern	1 ☐	2 ☐	3 ☐
Bei der Arbeit	1 ☐	2 ☐	3 ☐
In Ihrem Umfeld	1 ☐	2 ☐	3 ☐

30. **Wovor fürchten Sie sich in der jetzigen Phase Ihres Lebens am meisten?** (Kreuzen Sie nur eine Antwort an!)

Daß andere herausfinden, daß ich nicht so
gut bin, wie sie denken . . . . 1 ☐
Daß ich herausfinde, daß ich nicht so gut bin,
wie ich dachte . . . . 2 ☐
Mangel an Anerkennung . . . . 3 ☐
Daß ich nicht schnell genug vorankomme . . . . 4 ☐
Daß mir keine Zeit mehr bleibt . . . . 5 ☐
Daß ich nicht länger körperlich attraktiv bin . . . . 6 ☐
Einsamkeit . . . . 7 ☐
Daß ich mir mein Privatleben verderbe . . . . 8 ☐
Daß ich mein Leben nicht mehr verändern kann . . . . 9 ☐
Daß mich jüngere Leute auf meinem Gebiet
überrunden . . . . 0 ☐
Daß ich nicht genug Geld habe . . . . x ☐
Daß mich mein(e) Partner(in) verläßt . . . . y ☐
Vor körperlichem Verfall, Krankheit . . . . 1 ☐
Vor anderem . . . . 2 ☐
Ich habe eigentliche keine Ängste . . . . 3 ☐

31. **Geben Sie an, wie sicher Sie sind, sich auf *jedem* der folgenden Gebiete halten oder verbessern zu können.**
(Kreuzen Sie in jedem Gebiet eine Antwort an!)

	überhaupt nicht sicher	einigermaßen sicher	sehr sicher
Finanzielle Zukunft	1☐	2☐	3☐
Karriere-Fortkommen	1☐	2☐	3☐
Körperliche Gesundheit	1☐	2☐	3☐
Körperliche Kraft	1☐	2☐	3☐
Seelische Kraft	1☐	2☐	3☐
Sexuelle Leistungsfähigkeit	1☐	2☐	3☐
Urteilskraft	1☐	2☐	3☐
Macht und Status in der Welt	1☐	2☐	3☐
Gedächtnis/geistige Beweglichkeit	1☐	2☐	3☐
Optimismus, Heiterkeit	1☐	2☐	3☐
Körperliche Attraktivität	1☐	2☐	3☐

32. **Wie reagieren Sie normalerweise auf Krisen, ernsthafte Probleme, schwere Zeiten in Ihrem Leben?**
(Kreuzen Sie alle zutreffenden Antworten an!)

Stecke mehr Zeit und Energie in meine Arbeit . . . . . . 1 ☐
Nehme mir mehr Zeit für die Erholung . . . . 2 ☐
Entwickle körperliche Symptome (Kopfschmerzen, Magengeschwüre, Durchfall, Schlaflosigkeit usw.) . . . 3 ☐
Trinke mehr Alkohol, esse mehr, nehme Beruhigungspillen usw. . . . . 4 ☐
Suche neue Liebes- oder sexuelle Beziehungen . . . . . . 5 ☐
Tue nach außen so, als ob das Problem nicht existierte 6 ☐
Stütze mich auf Freunde oder Kollegen, damit die mir heraushelfen . . . . 7 ☐
Suche einen Berater oder Therapeuten auf . . . . 8 ☐
Warte meistens, bis sich das Problem von selbst löst . . 9 ☐
Mache wie gewohnt weiter, während ich das Problem zu lösen versuche . . . . 0 ☐
Ich reagiere ganz anders . . . . x ☐

33. Welche der folgenden Beschwerden haben Sie in den letzten 12 Monaten gehabt? (Kreuzen Sie alles an, was zutrifft!)

Häufige Kopfschmerzen 1 ☐ Irrationale Ängste . . . . 1 ☐
Magengeschwüre . . . . 2 ☐ Weinkrämpfe . . . . 2 ☐
Bluthochdruck . . . . 3 ☐ Oft einsam gefühlt . . . . 3 ☐
Schlaflosigkeit . . . . 4 ☐ Fettleibig gefühlt . . . . . 4 ☐
Ständig Sorge und Angst 5 ☐ Keine Lust auf Sex . . . . 5 ☐
Chronische Verstopfung/
chronischer Durchfall . . 6 ☐ Eßstörungen . . . . 6 ☐
Leichtes Ermüden . . . . 7 ☐ Wertlos gefühlt . . . . . . 7 ☐
Konzentrationsschwäche 8 ☐ Appetitlosigkeit . . . . . . 8 ☐
Oft Schuldgefühle . . . . 9 ☐ Schwindelgefühl . . . . . . 9 ☐
Manchmal das Gefühl,
daß ich nicht mehr Herzklopfen . . . . 0 ☐
weiterleben kann . . . . . 0 ☐

34. Was tun Sie für Ihr Aussehen und um sich fit zu halten?
(Kreuzen Sie alle zutreffenden Antworten an!)

Nichts . . . . 1 ☐
Habe das Rauchen oder Trinken aufgegeben . . . . 2 ☐
Esse gesund oder fettarm . . . . 3 ☐
Nehme Massagen, suche einen Chiropraktiker auf . . . 4 ☐
Gehe regelmäßig zur Krebsvorsorgeuntersuchung . . . . 5 ☐
Trainiere regelmäßig, treibe Sport . . . . 6 ☐
Färbe mir das Haar . . . . 7 ☐
Mache Yoga oder meditiere . . . . 8 ☐
Nehme Hormone . . . . 9 ☐
Lasse plastische Chirurgie an mir vornehmen . . . . 0 ☐
Etwas anderes . . . . x ☐

35. Widmen Sie sich Dingen oder Vorhaben, die mit Ihnen selbst nichts zu tun haben und Ihren Horizont überschreiten?
Ja . . . . 1 ☐   Nein . . . . 2 ☐

36. Wenn ja, worum handelt es sich?

37. **Wie viele Stunden am Tag haben Sie sich gedanklich oder tatsächlich mit Sex befaßt, als Sie zwischen 20 und 30 waren? Wie viele Stunden am Tag denken Sie heute an Sex?**
(Kreuzen Sie nur jeweils eine Antwort an!)

	Zwischen 20 und 30	Heute
Fast 24 Stunden am Tag	1 ☐	1 ☐
Mindestens 12 Stunden am Tag	2 ☐	2 ☐
Ein paar Stunden am Tag	3 ☐	3 ☐
Eine Stunde oder weniger	4 ☐	4 ☐
Bin noch in den 20ern		5 ☐

38. **Wie oft haben Sie in den letzten 6 Monaten Geschlechtsverkehr gehabt?** (Kreuzen Sie nur eine Antwort an!)

Mehr als 6mal die Woche 1 ☐   1- bis 2mal im Monat . 5 ☐
4- bis 6mal die Woche . . 2 ☐   Weniger als
2- bis 3mal die Woche . . 3 ☐   einmal im Monat . . . . 6 ☐
Einmal die Woche . . . . . 4 ☐   Keinmal . . . . 7 ☐

39. **Sind Sie jemals längere Zeit ernsthaft deprimiert oder unzufrieden gewesen?** (Nur eine Antwort ankreuzen!)

Ja, einmal . . . . 1 ☐   Ja, mehrmals . . . . 3 ☐
Ja, zweimal . . . . 2 ☐   Nein . . . . 4 ☐
(Wenn nicht, überspringen Sie 40!)

40. **Wenn ja, wie alt waren Sie, als Sie zum erstenmal längere Zeit ernsthaft deprimiert oder unzufrieden waren?** _____ Jahre alt.

41. **Welche der folgenden Antworten beschreibt Ihr Gefühl gegenüber dem Tod *am besten*?** (Nur eine Antwort ankreuzen!)

Ich habe Angst vor dem Tod . . . . 1 ☐
Ich mache mir Sorgen, habe aber keine Angst . . . . 2 ☐
Ich habe noch nicht viel darüber nachgedacht . . . . 3 ☐
Ich arbeite daran, den Tod zu akzeptieren . . . . 4 ☐
Ich habe den Tod akzeptiert . . . . 5 ☐
Ich habe keine Angst vor dem Tod . . . . 6 ☐

42. **Wenn Sie daran denken, wie glücklich Sie jetzt sind, wie glücklich werden Sie Ihrer Ansicht nach in den nächsten 10 Jahren sein?** (Nur eine Antwort ankreuzen!)

Viel glücklicher . . . . . 1 ☐   Etwas weniger glücklich 4 ☐

Etwas glücklicher . . . 2 ☐   Viel weniger glücklich 5 ☐

Etwa genauso wie jetzt 3 ☐

43. **Wenn Sie auf Ihr bisheriges Leben zurückblicken, war es:**

Außergewöhnlich . . . . 1 ☐   Gewöhnlich . . . . 3 ☐

Interessant . . . . 2 ☐   Langweilig . . . . 4 ☐

44. *Wenn Sie möchten:* **Erklären Sie auf einem Extrablatt, weshalb Sie Ihr Leben so wie oben charakterisieren.**

45. **Was bedeutet es für Sie, das 50. Lebensjahr zu vollenden?** (Nur eine Antwort ankreuzen!)

Zu spät, etwas zu erreichen, was ich nicht schon habe   1 ☐

Eine optimistische Zeit im Leben,
ich kann noch mehr erreichen . . . . 2 ☐

Eine schreckliche Zeit . . . . 3 ☐

Zeit für mich. . . . . 4 ☐

Wenn Sie noch nicht 45 Jahre alt sind, überspringen Sie die Fragen 46–53!

46. **Seit Sie 45 wurden, sind Sie:**

A. Weniger konkurrenzfähig . . . . 1 ☐

   Konkurrenzfähiger . . . . 2 ☐

   Unverändert . . . . 3 ☐

B. Weniger an engen Beziehungen interessiert. . . . . . 4 ☐

   Mehr an engen Beziehungen interessiert. . . . . 5 ☐

   Unverändert . . . . 6 ☐

C. Weniger besorgt, gerade so über die Runden
   zu kommen . . . . 7 ☐

   Besorgter, gerade so über die Runden zu kommen . 8 ☐

   Unverändert . . . . 9 ☐

D. Fähiger, mit den Schwierigkeiten des Lebens
   fertig zu werden . . . . 0 ☐

Weniger fähig, mit den Schwierigkeiten
des Lebens fertig zu werden.................. x ☐
Unverändert .... y ☐
E. Mehr an Sex interessiert .... 1 ☐
Weniger an Sex interessiert .... 2 ☐
Unverändert .... 3 ☐
F. Eher geneigt, hinzunehmen, was sich nicht
ändern läßt............................. 4 ☐
Weniger geneigt hinzunehmen, was sich nicht
ändern läßt............................. 5 ☐
Unverändert .... 6 ☐
G. Mehr mit Freunden zusammen .... 7 ☐
Weniger mit Freunden zusammen .... 8 ☐
Unverändert .... 9 ☐
H. Mehr spirituell interessiert.................. 0 ☐
Weniger spirituell interessiert................ x ☐
Unverändert .... y ☐

47. **Wie nahe sind Sie mit 45 Jahren Ihrer Vorstellung gekommen, Ihr ideales Selbst zu verwirklichen?**
(Nur eine Antwort ankreuzen!)
Ich habe meine Erwartungen übertroffen .... 1 ☐
Ich habe härter gearbeitet, meine eigentlichen Ziele
zu erreichen .... 2 ☐
Ich habe meine Erwartungen etwas heruntergeschraubt 3 ☐
Ich habe einen völlig anderen Kurs eingeschlagen .... 4 ☐

48. **Was sind die *drei besten* Dinge im Alter über 45?**
(Kreuzen Sie nur drei Antworten an!)
Kann mich tatsächlich auf meine Erfahrung verlassen . 1 ☐
Der Konkurrenzdruck ist nicht mehr so stark .... 2 ☐
Ich lebe nach eigenem Ermessen, versuche nicht mehr
allen zu gefallen .... 3 ☐
Ich spüre, daß ich mein Leben im Griff habe .... 4 ☐
Ich habe mehr Zeit für mich .... 5 ☐
Der Kontakt mit anderen ist leichter .... 6 ☐
Bin nicht mehr so ängstlich und zornig........... 1 ☐

Mir ist jetzt klarer, worauf es im Leben
eigentlich ankommt. . . . . 2 ☐
Habe ein reicheres spirituelles Leben . . . . 3 ☐
Habe mehr Spaß, weniger Reibungen in der Ehe. . . . . 4 ☐
Freue mich über meine erwachsenen Kinder . . . . 5 ☐
Es macht mir Spaß, Freundschaften zu vertiefen . . . . . 6 ☐
Es ist noch etwas anderes . . . . 7 ☐

49. **Was sind die *drei schlimmsten* Dinge über 45?**
Man schaut mich nicht mehr an,
beachtet mich nicht mehr. . . . . 1 ☐
Fühle mich müde, habe keinen Schwung mehr . . . . . . 2 ☐
Zu spät, noch zu erreichen, was ich angestrebt habe. . 3 ☐
Bin von der Verantwortung für Kinder *und* Eltern
überwältigt. . . . . 4 ☐
Bin durch mein Alter beruflich behindert . . . . 5 ☐
Mache mir Sorgen um die Gesundheit meines Partners 6 ☐
Meine Gesundheit ist angeschlagen . . . . 7 ☐
Es fällt mir schwerer, einen Sexpartner zu finden . . . . 8 ☐
Mache mir um den Verlust meiner sexuellen
Attraktivität Sorgen. . . . . 9 ☐
Ich hasse es, so alt auszusehen . . . . 0 ☐
Es ist noch etwas anderes . . . . x ☐

50. **Glauben Sie, daß es beim Mann »Wechseljahre« oder eine
Zeit der verringerten Vitalität und Potenz gibt?**
Ja . . . . 1 ☐   Nein . . . . 2 ☐

51. **Haben Sie selbst Wechseljahre erlebt? (Antworten Sie auch,
wenn Sie ein Mann sind!) (Nur eine Antwort ankreuzen!)**
Ja, ich mache Sie jetzt gerade durch . . . . 1 ☐
Ja, ich habe sie durchgemacht . . . . 2 ☐
Nein, noch nicht . . . . 3 ☐
Nein, damit rechne ich nicht . . . . 4 ☐

52. **Fühlen Sie sich auf Ihre Wechseljahre vorbereitet?**
(Nur eine Antwort ankreuzen!)
Ja, ich habe sie schon erlebt. . . . . 1 ☐

Ja, ich bin darauf vorbereitet,
habe sie aber noch nicht erlebt. . . . . 2 ☐
Nein, ich bin nicht vorbereitet . . . . 3 ☐
Ich glaube nicht, daß ich Wechseljahre
durchmachen werde . . . . 4 ☐

53. **Haben die Wechseljahre Ihres Partners/Ihrer Partnerin Ihr Leben beeinflußt?** (Nur eine Antwort ankreuzen!)
Mein(e) Partner(in) hat die Wechseljahre erlebt,
und das hat mein Leben verbessert. . . . . 1 ☐
Mein(e) Partner(in) hat die Wechseljahre erlebt,
und das hat mein Leben verschlimmert. . . . . 2 ☐
Mein(e) Partner(in) hat die Wechseljahre erlebt,
und das hat mein Leben nicht betroffen . . . . 3 ☐
Mein(e) Partner(in) hat die Wechseljahre
noch nicht erlebt. . . . . 4 ☐
Ich habe keine(n) Partner(in) . . . . 5 ☐

WAS SIE SELBST BETRIFFT . . . .

1. **Geschlecht:**
Weiblich . . . . 1 ☐   Männlich . . . . 2 ☐

2. **Sind Sie voll- oder teilzeitberufstätig (Lohnempfänger)?**
(Nur eine Antwort ankreuzen!)
Ja, Vollzeit (35 oder mehr Wochenstunden) . . . . 1 ☐
Ja, Teilzeit (weniger als 35 Wochenstunden). . . . . . . 2 ☐
Nein, ich bin nicht außer Haus berufstätig
(bin kein Lohnempfänger) . . . . 3 ☐
(Wenn Sie Nr. 3 angekreuzt haben, überspringen Sie die folgende Frage!)

3. **Welche der folgenden Beschreibungen trifft am ehesten auf Ihren ausgeübten Beruf zu?** (Nur eine Antwort ankreuzen!)
Hochqualifizierter Akademiker (Arzt, Anwalt,
Apotheker, Radiologe, Chiropraktiker usw.) . . . . 1 ☐
Lehrer, Berater, Sozialarbeiter, Krankenschwester. . . . 2 ☐

Management, Verwaltung, Geschäftsführer . . . . 3 ☐
Verkäufer, Büroangestellter, Sekretärin . . . . 4 ☐
Künstler, Schriftsteller, Designer, Kunsthandwerker . . 5 ☐
Vollzeithausfrau oder -hausmann. . . . . 6 ☐
Techniker, Facharbeiter. . . . . 7 ☐
Dienstleistungsarbeiter oder Bürohilfskraft . . . . 8 ☐
Student(in) . . . . 9 ☐
Arbeitslos . . . . 0 ☐
Etwas anderes . . . . x ☐

4. **Haben Sie in den letzten 5 Jahren noch einmal die Schulbank gedrückt?**
   Ja . . . . 1 ☐   Nein . . . . 2 ☐
   (Wenn nicht, überspringen Sie die Frage 5!)

5. **Warum haben Sie wieder die Schulbank gedrückt? Hinter jedem Grund, der für Sie zutrifft, geben Sie bitte an, wie alt Sie waren, als Sie damit anfingen.**
   Um den Highschool-Abschluß zu machen _____ Jahre alt.
   Um College-Kurse zu nehmen . . . . ._____ Jahre alt.
   Um einen College-Abschluß zu machen . ._____ Jahre alt.
   Um ein Studium abzuschließen . . . . ._____ Jahre alt.
   Mein Arbeitgeber hat es verlangt . . . . . . ._____ Jahre alt.

6. **Was ist Ihr Personenstand?** (Nur eine Antwort ankreuzen!)
   Alleinstehend . . . . 1 ☐
   Lebe mit einem Liebhaber/einer Geliebten zusammen . 2 ☐
   Zum erstenmal verheiratet. . . . . 3 ☐
   In zweiter Ehe. . . . . 4 ☐
   In dritter, vierter usw. Ehe. . . . . 5 ☐
   Lebe getrennt . . . . 6 ☐
   Bin geschieden. . . . . 7 ☐
   Bin verwitwet . . . . 8 ☐

7. **Wie oft sind Sie geschieden oder verwitwet? Wenn niemals geschieden oder verwitwet, schreiben Sie eine Null!**
   Geschieden . . . _____mal   Verwitwet . . . . ._____mal

8. **Seit wie vielen Jahren sind Sie mit Ihrem derzeitigen Partner/ Ihrer derzeitigen Partnerin verheiratet?**
Ich bin seit _____ Jahren mit meinem/meiner derzeitigen Partner(in) verheiratet.

Wenn Sie keine Kinder haben, überspringen Sie bitte 9–12!

9. **Wie viele Kinder, Stiefkinder oder Adoptivkinder haben Sie?** (Wenn sie in einer Kategorie keine Kinder haben, schreiben sie bitte eine Null!)
Kinder_____   Stiefkinder_____   Adoptivkinder_____

10. **Was für Gefühle haben Sie angesichts der Anzahl Ihrer Kinder?** (Nur eine Antwort ankreuzen!)
Bin mit der Anzahl meiner Kinder zufrieden .... 1 ☐
Wenn ich noch einmal anfinge, schaffte ich mir weniger Kinder an .... 2 ☐
Wenn ich noch einmal anfinge, schaffte ich mir mehr Kinder an .... 3 ☐
Ich hoffe noch immer, mehr Kinder zu bekommen .. 4 ☐

11. **Haben Sie Kinder aus einer früheren Ehe?**
Ja .... 1 ☐   Nein .... 2 ☐
(Wenn nicht, überspringen Sie 12 und 13!)

12. **Wie oft sehen Sie die Kinder aus Ihrer früheren Ehe?** (Nur eine Antwort ankreuzen!)
Eins (oder mehr) lebt (leben) bei mir .... 1 ☐
Fast jede Woche .... 2 ☐
Einmal im Monat .... 3 ☐
Mehrmals im Jahr .... 4 ☐
Fast nie .... 5 ☐

13. **Wenn Sie keine Kinder haben, geben Sie bitte an, warum nicht!** (Kreuzen Sie alle zutreffenden Antworten an!)
Bin noch nicht dazu bereit .... 1 ☐
Habe keine(n) Partner(in) .... 2 ☐
Aus körperlichen Gründen unfähig .... 3 ☐

Partner(in) ist unfähig . . . . 4 ☐
Zuerst kommt die berufliche Karriere . . . . 5 ☐
Möchte lieber unabhängig bleiben . . . . 6 ☐
Ich will keine Kinder . . . . 7 ☐
Es sind andere Gründe . . . . 8 ☐

14. **Was für eine Ausbildung haben Sie?** (Kreuzen Sie nur eine Antwort, Ihren höchsten Abschluß an!)
Ein paar Jahre Highschool oder weniger . . . . 1 ☐
Highschool-Abschluß . . . . 2 ☐
Ein paar Jahre College . . . . 3 ☐
College-Abschluß . . . . 4 ☐
Ein paar Semester Studium oder Fachhochschule . . . 5 ☐
Ein Universitätsexamen oder Fachhochschulexamen 6 ☐

15. **Wie hoch ist in diesem laufenden Jahr Ihr persönliches Einkommen vor Abzug der Steuern?**
(Nur eine Antwort ankreuzen!)

Weniger als DM 34 800	1 ☐	DM 69 600–DM 78 299	6 ☐
DM 34 800–DM 43 499	2 ☐	DM 78 300–DM 86 999	7 ☐
DM 43 500–DM 52 199	3 ☐	DM 87 000–DM 130 499	8 ☐
DM 52 200–DM 60 899	4 ☐	DM 130 500–DM 173 999	9 ☐
DM 60 900–DM 69 599	5 ☐	DM 174 000 oder mehr	0 ☐

16. **Wie hoch ist im laufenden Jahr schätzungsweise das gesamte Einkommen aller Familienmitglieder vor Abzug der Steuern? Versuchen Sie Ihr eigenes und das Einkommen aller anderen Mitglieder des Haushalts zu erfassen. Rechnen Sie das gesamte Einkommen aus Quellen wie Löhne, Gehälter, Extrazuwendungen, Gewinne, Dividenden, Mieteinnahmen, Zinseinnahmen usw. zusammen!**
(Kreuzen Sie nur eine Antwort an!)

Weniger als DM 34 800	1 ☐	DM 78 300–DM 86 999	7 ☐
DM 34 800–DM 43 499	2 ☐	DM 87 000–DM 130 499	8 ☐
DM 43 500–DM 52 199	3 ☐	DM 130 500–DM 173 999	9 ☐
DM 52 200–DM 60 899	4 ☐	DM 174 000–DM 260 999	0 ☐
DM 60 900–DM 69 599	5 ☐	DM 261 000 oder mehr	x ☐
DM 69 600–DM 78 299	6 ☐		

Anmerkungen

Vorbemerkung

1. Gail Sheehy: *Wechseljahre, na und?* München, 1993.
2. Gail Sheehy: *In der Mitte des Lebens.* München, 1976.

ERSTES BUCH: DAS ERSTE ERWACHSENENALTER

Prolog: O Pioniere!

1. Siehe Thomas R. Cole: *The Journey of Life: A Cultural History of Aging in America.* Cambridge, 1992, S. 3.
2. Robert Lowell: »Day by Day«, in: *The Oxford Book of Ages* (hgg. von Anthony und Sally Sampson). New York, 1985.
3. Brian Knowlton: »The Changing Face of European Families«, *International Herald Tribune*, 25. März 1989.
4. Evelyn Mann: »Life Expectancy at Birth, at Age 50, at Age 60.« Unveröffentlichter Bericht, 28. Januar 1994, basierend auf Daten des US Bureau of Census, 1980 und 1990.
5. Patricia Aburdene/John Naisbitt: *Megatrends For Women.* New York, 1992, S. 138.
6. Gina Kolata: »New Views on Life Span Alter Forecasts on Elderly«, *New York Times*, 16. November 1992.
7. Michael Waldholtz: »Fountain of Youth May Not be Fairy Tale, Study Finds«, *The Wall Street Journal*, 16. Oktober 1992, S. B1.
8. Erik Erikson: *Kindheit und Gesellschaft.* Stuttgart, 1995 [12]. Siehe auch: *Adulthood* (hgg. von Erik Erikson. New York, 1978, S. VII.

9. Daniel J. Levinson: *Seasons of a Man's Life*. New York, 1978. Weiteres über Erikson finden Sie in Kapitel 5 meines Buches *In der Mitte des Lebens*.

10. Evelyn Mann: »Percent Change in Median Money by Sex, United States, 1974–1992«. Unveröffentlichter Bericht.

11. Susan Faludi: *Backlash, The Undeclared War Against American Women*. New York, 1991, S. 67.

12. Rede von Vaclav Havel in der Independence Hall, Philadelphia, am 4. Juli 1994. Exzerpte aus der *New York Times*: »The New Measure of Man«, 8. Juli 1994, Seite A27.

13. Studie von Daniel Yankelovich, Inc. (1973). Ein Bericht darüber erschien in der *New York Times* vom 22. Mai 1974.

1. Kapitel: Lebenszeit als Landkarte

1. Vgl. *In der Mitte des Lebens*, Kapitel 3.

2. Interview mit Paul Ryscavage vom US Bureau of Census, 10. November 1993.

3. Evelyn Mann: »World War II Generation«. Unveröff. Bericht.

4. »March of Time«, Dokumentation des *Time*-Magazine.

5. Vgl. James Lincoln Collier: *Jazz: The American Theme Song*. New York, 1993.

6. Evelyn Mann: »16 to 19 Years Old from World War II to the Safety Generation«. Unveröffentlichter Bericht, 29. September 1993.

7. Evelyn Mann: »The Silent Generation«. Unveröffentlichter Bericht, 30. Juni 1993.

8. Evelyn Mann: »Children Ever Born and the Percent of Childlessness at the End of Childbearing«. Unveröffentlichter Bericht, 5. Juli 1993.

9. Campbell Gibson: »The Myth of the Homogenous Baby-Boom Generation«. Dokument des US Bureau of Census, Oktober 1993.

10. William Manchester: *The Glory and the Dream: A Narrative History of America, 1932–1972*. New York, 1975.

11. Wilson Sloan: *Man in the Gray Flannel Suit*. New York, 1983.

12. Mann: »The Silent Generation«.

13. William Strauss/Neil Howe: *Generations: The History of America's Future 1584–2069*. New York, 1991, S. 281.

14. Interview mit Hillary Rodham Clinton am 3. Februar 1992.

15. Evelyn Mann: »The Vietnam Generation«. Unveröffentlichter Bericht, 30. Juni 1993.
16. Interview mit Susan Hayward in New York City, 2. September 1992.
17. Tom Wolfe: »The ›Me‹ Decade and the Third Great Awakening«, *New York*, 23. August 1976.
18. John Greenwald: »Baby, You're a Rich Man, Still«, *Time*, 14. Mai 1990, S. 72.
19. Lynn Barber: »McInerney Rising«, *New York Observer*, 1. Juni 1992.
20. Gail Sheehy: »The Happiness Report«, *Glamour*, April 1989.
21. Evelyn Mann: »The ›Me‹ Generation«. Unveröffentlichter Bericht.
22. Evelyn Mann: »Never Married – Trends and Projections«. Unveröffentlichter Bericht, 30. Juli 1993.
23. Mann: »Children Ever Born and the Percent of Childlessness at the End of Childbearing«.
24. Florence Kaslow: »Thirty-Plus and Not Married«, in: *Gender Issues Across the Lifecycle* (hgg. von Barbara Rubin), Wainrib, New York, 1992, S. 92.
25. Interview vom 3. November 1994.
26. Daten des US Bureau of Census, gesammelt von Jessie Allen und Cynthia Taueber in: »Women in Our Aging Society: A Demographic Outlook«, in: Jessie Allen/Alan Pifer (Hrsg.): *Women on the Front Lines: Meeting the Challenge of an Aging America*. Washington, D. C., 1993, S. 11–40.
27. Evelyn Mann: »Trends in Real Income and Earnings by Age, Sex, Family and Household Type, Race and Hispanic Origin, Presence of Children Under 18 and Full-Time Versus Part-Time Employment, Female-To-Male Earnings and Money Income Ratios, 1972–1992«. Unveröffentlichter Bericht auf Grundlage der Current Population Reports, Consumer Income Series.
28. Gail Sheehy, Vorwort zu: *Women on the Front Lines: Meeting the Challenge of an Aging America*.
29. The Monitor Study, 1986 und 1991 (Yankelovich u. Partner). Die gestellte Frage lautete: »Ist es nötig, im modernen Leben eine gewisse Romantik und etwas Geheimnisvolles wiederherzustellen?« Unter den Frauen von fünfundzwanzig bis vierunddreißig sagten 39,7 Prozent 1986: »in gewissem Maße«. 1991 waren es in dieser Altersgruppe 48,2 Prozent.

30. Marcia Kramer: »Forty Teens Here Have AIDS: Say No To Sex, City Urges in New Ads«, *Daily News*, 11. November 1987.
31. Gabrielle Glaser: »What About the New Chastity?«, *Mademoiselle*, März 1994.
32. Leslie Ansley: »›It Just Keeps Getting Worse‹«, *USA Weekend*, 13.–15. August 1993. Die Ergebnisse basieren auf den schriftlichen Antworten von 65 193 Schülern der sechsten bis zwölften Klasse, die einzeln oder als Klasse einen Fragebogen beantwortet haben.
33. Evelyn Mann: »16 to 19 Year Olds from World War II to the Safety Generation«.
34. Donald L. Bartlett/James B. Steele: *America: What Went Wrong?* Kansas City, 1992, S. XIV.

2. Kapitel: Die Achtundsechziger kommen in die Jahre

1. William Grimes: »The Melody of His Voice Lingers On«, *New York Times*, 26. September 1993, S. 38.
2. Mervyn Rothstein: »Ann Beattie's Life After Real Estate«, *New York Times*, 30. Dezember 1985, Seite C17.

3. Kapitel: Männer definieren den Erfolg neu

1. Bericht der OECD, Paris, September 1994; und Interview der Autorin mit dem amerikanischen Botschafter bei der OECD, David Aaron.
2. George T. Harris: »The Post-Capitalist Executive: An Interview with Peter F. Drucker«, *Harvard Business Review*, Mai 1993.
3. Interview mit David Birch von Cognetics, Juli 1994.
4. Bruce Feierstein: *Real Men Don't Eat Quiche.* New York, 1992.
5. *Present and Past in Middle Life* (hgg. Dorothy Eichorn/John Clausen/Norma Haan/Marjorie Honzik/Paul Mussen), Berkeley, University of Human Development, University of California, 1981. Siehe Kapitel 8.

4. Kapitel: Faszinierende Frauen

1. Ellen McGrath: *When Feeling Bad Is Good: An Innovative Self-Help Program for Women to Convert Healthy Depression Into New Sources of Growth and Power*, New York, 1992, S. 51–71.
2. Sheehy: *In der Mitte des Lebens*, Kap. 12.
3. Vgl. dazu Campbell Gibson: »The Myth of the Homogeneous Baby-Boom Generation«, a. a. O. Eine gekürzte Version dieses Aufsatzes erschien in: »The Four Baby Booms«, *American Demographics*, November 1993, S. 36–40.

5. Kapitel: Der Traum von ewiger Fruchtbarkeit

1. Susan Cheever: *A Woman's Life*. New York, 1994.
2. Interview mit Dr. Richard Marrs, Mai 1994.
3. Barbara Grizutti Harrison: »Fetal Distractions«, *Mirabella*, Mai 1994.
4. *Never Too Late*, Fernsehbeitrag in *60 Minutes*, 8. Mai 1994.
5. *Never Too Late*, Prime Time Live.
6. Robin Marantz Henig: »Can't Win For Losing« (Besprechung von *Women as Wombs: Reproductive Technologies and the Battle Over Women's Freedom* von Janice Raymond), *New York Times Book Review*, 6. Februar 1994, S. 25.
7. Gina Kolata: »Reproductive Revolution is Jolting Old Views«, *New York Times*, 11. Januar 1994.
8. Tamar Lewin: »Adopted Youths Are Normal In Self-Esteem, Study Finds«, *New York Times*, 23. Juni 1994.

6. Kapitel: Späte Jugend

1. Daniel Rudman/Axel G. Feller/Hoskote S. Nagraj u. a.: »Effects of Human Growth Hormone in Men Over 60 Years Old«, *The New England Journal of Medicine*, 5. Juli 1990, Band 323, Nr. 1, S. 1–6.
2. Richard Kirkland: »Why We will Live Longer... And What It Will Mean«, *Fortune*, 21. Februar 1994, S. 66–78.
3. Gloria Steinem: *Revolution From Within: A Book of Self-Esteem*. Boston, 1992.
4. Jane Gross: »Divorced, Middle-Aged and Happy: Women, Espe-

cially, Adjust to the '90s«, *New York Herald Times*, 7. Dezember 1993.
5. Vgl. dazu: Gail Sheehy: *Pathfinders*, Kap. 1 sowie David G. Myers: *Pursuit of Happiness: What Makes A Person Happy and Why*, New York, 1992. Zum Zusammenhang zwischen Ehe und Wohlbefinden ferner: John Gottman: *Why Marriages Succeed or Fail*. New York, 1994.

ZWEITES BUCH:
DAS ZWEITE ERWACHSENENALTER

Prolog: Ein nagelneuer Lebensabschnitt

1. Interview mit Dr. Edward Schneider, Direktor des Andrus Gerontology Center der Universität von Südkalifornien, November 1991.
2. Carl Gustav Jung: »Die Lebenswende« in: *Grundwerk*, Band 9. Olten und Freiburg, 1985, S. 72/73.
3. Charlotte Painter: *Gifts of Age*. San Francisco, 1985.
4. *Present and Past in Middle Life*.
5. »Haschen nach Wind«, Prediger 1, 17. Das hebräische Wort *havel* läßt sich als Sinnlosigkeit, Unsinnigkeit oder als Atem übersetzen, was Unstofflichkeit, Unwesentlichkeit impliziert.
6. Howell Raines: *Fly Fishing Through Midlife Crisis*. N. Y., 1993.
7. Daniel Hart: *Becoming Men: The Development of Aspirations, Values & Adaptional Styles*. New York, 1992, Kap. 6, S. 159–184.

DRITTER TEIL: ÜBERGANG ZUM ALTER DER ÜBERLEGENHEIT

7. Kapitel: Die Sterblichkeitskrise

1. Stanley Fisher/James Ellison: *Discovering the Power of Self-Hypnosis: A New Approach for Enabling Change and Promoting Healing*. New York, 1992.
2. Chuck and Peggy Downes: *Dialogue of Hope: Talking Our Way Through Cancer*. Carmel, California, 1992.
3. Sören Kierkegaard: *Die Tagebücher*. Düsseldorf/Köln, 1962.
4. Charlotte Bühler: »The Course of Human Life As A Psychologi-

cal Problem« in: *The Process of Child Development* (hgg. von Peter Neubauer), Northvale, New Jersey, 1983.

5. John Dunne: *A Search for God in Time and Memory.* New York, 1969, S. VIII.
6. Sophokles: *Ödipus auf Kolonos.* Zürich/Stuttgart, 1968.
7. Thomas Naylor/Magdalena Naylor/William Willimon: *The Search for Meaning.* Nashville, Tennessee, 1994.
8. Francesca Freemantle und Chögyam Trungpa (Hrsg.): *Das Totenbuch der Tibeter.* München, 1976.
9. In seinem Gedicht *Eternity* aus dem Jahr 1793.

VIERTER TEIL: DIE FLOTTEN FÜNFZIGER: FRAUEN

8. Kapitel: Frauen: Aus der Hölle in die Höhe

1. Edward Albee: *Three Tall Women,* veröffentlicht in: *American Theatre,* September 1994.
2. Thomas Moore: *Care of the Soul.* New York, 1992, S. 63.
3. Interview mit Dr. Frederick Goodwin, dem damaligen Direktor des National Institute of Mental Health, am 14. Juni 1993.
4. Leo Srole/Anita Kassen Fischer: »The Midtown Manhattan Longitudinal Study vs. »The Mental Doctrine«. Archives of General Psychiatry 1980.
5. Leo Srole/Thomas S. Langner/Marvin K. Opler/Thomas A. C. Rennie: »Mental Health In The Metropolis«, Band I der *Midtown Manhattan Study.* New York, 1962.
6. Jean Baker Miller: *Toward a New Psychology of Women.* Boston, 1976; Nancy Chodorow: *The Reproduction of Mothering.* Berkeley, 1978; Judith Bardwick: »The Seasons of a Woman's Life« in: D. McGuigan (Hrsg.): *Women's Lives: New Theory, Research, and Policy.* Ann Arbor, 1980; Carol Gilligan: *In A Different Voice: Psychological Theory and Women's Development.* Cambridge, Massachusetts, 1982; Ellen McGrath: *When Feeling Bad is Good.* New York, 1992; Kathleen Day Hulbert/Diane Tickton Schuster (Hrsg.): *Women's Lives Through Time: Educated American Women of the Twentieth Century.* San Francisco, 1993.
7. *Present and Past in Middle Life,* Kap. 8.
8. Ravenna Helson/Paul Wink: »Personality Change in Women from the Early 40s to the Early 50s«, *Psychology and Aging,* Band 7, Nr. 1.

9. Kapitel: Traumfrau und Menopause

1. Gail Sheehy: »The Silent Passage – Menopause«, *Vanity Fair*, Oktober 1991.
2. Lois Banner: *In Full Flower: Aging Women, Power and Sexuality*. New York, 1992, S. 273.
3. Auskunft des Experten für Gesundheitspolitik Lewis Kuller.
4. Cathy Perlmutter/Toby Hanlon/Maureen Sangiorgio: »Triumph Over Menopause«, *Prevention*, August 1994, S. 78–87, 137, 142.
5. Mary Ann Howkins: »Diet and Breast Cancer: Exploring the Link«, *Glamour*, Juni 1994, S. 46.
6. Wulf H. Utian/Isaac Schiff: »Gallup Survey on Women's Knowledge, Information Sources, and Attitudes to Menopause and Hormone Replacement Therapy«, *Menopause: The Journal of the North American Menopause Society*, Band 1, Nr. 1 (1994), S. 39–48.
7. *Menopause: The Journal of the North American Menopause Society*, Band 2, Nr. 4, S. 187–190.
8. John R. Lee: »Osteoporosis Reversal – The Role of Progesterone«, *International Clinical Nutrition Review*, Juli 1990, Band 10, Nr. 3.
9. John R. Lee: *Natural Progesterone – The Multiple Roles of a Remarkable Hormone*. Sebastopol, California, 1993, S. 53–70.
10. Interview mit Dr. Barbara Sherwin, 22. November 1994. Siehe auch: Barbara Sherwin/Diane L. Kampen: »Estrogen Use and Verbal Memory in Healthy Postmenopausal Women«, *Obstetrics & Gynecology*, Juni 1994, Band 83, Nr. 6, S. 979–83.
11. Annlia Paganini-Hill/Victor W. Henderson: »Estrogen Deficiency and Risk of Alzheimer's Disease«, *American Journal of Epidemiology*, Band 140, Nr. 3 (1994), S. 256–261. Siehe auch Henderson/Paganini-Hill et al: »Estrogen Replacement Therapy in Older Women«, *Archives of Neurology*, Band 51 (September 1994), S. 896–900.
12. Lynn Mikel Brown/Carol Gilligan: *Meeting at the Crossroads: Women's Psychology And Girls' Development*. Cambridge, Massachusetts, 1992, S. 39.

FÜNFTER TEIL: DIE FLOTTEN FÜNFZIGER: MÄNNER

10. Kapitel: Der Samson-Komplex

1. Michael Murphy: *Golf in the Kingdom*. N. Y., 1972, S. 51.
2. Howell Raines: *Fly Fishing Through Midlife Crisis*. New York, 1993, S. 79.
3. Ebd., S. 111 f.
4. Ebd., S. 296.
5. D. C. Kimmel: *Adulthood and Aging*, New York, 1990, S. 14, Zitiert nach Ellen McGraths: *When Feeling Bad Is Good*. New York, 1992, Kapitel 6.
6. Von 1195 Männern in diesem Alter im Jahr 1979 auf 1614 Männer im Jahr 1991, so die Centers for Disease Control in Atlanta. In den letzten Jahren ist allgemein die Sterberate bei den Männern um 40 Prozent höher gewesen als bei den Frauen.
7. Jane Brody: »Strength Workouts Can Help Keep Aging at Bay«, *New York Times*, 10. August 1994, S. B6. Eine Studie, über die das *New England Journal of Medicine* berichtete, zeigte, daß Krafttraining sogar den Gebrechlichen und Alten zu einer beträchtlichen Besserung ihres Gehvermögens verhelfen kann und ihnen erlaubt, aktiv und unabhängig zu bleiben.
8. Eine Verlautbarung der American Medical Association vom 17. Oktober 1991 berichtet von einer Gallup-Umfrage, in der einer von vier Männern »Peinlichkeit als hauptsächlichen Grund nannte, daß er nicht über sexuelle Funktionsstörungen oder Depressionen sprach. ›Bedrohung der Virilität‹ war der am zweithäufigsten zitierte Grund.«
9. Dean Ornish, Präsident und Leiter des Preventive Medicine Research Institute, ist Autor von vier Büchern, darunter: *Dr. Dean Ornish's Program for Reversing Heart Disease*. New York, 1990; *Eat More, Weigh Less*, New York, 1993.

11. Kapitel: Verlierer der ökonomischen Revolution

1. »By the Numbers: Year's Hottest Job for Women«, *The San Diego Union-Tribune*, 7. September 1993. Der neueste Bericht des US Bureau of Census stellt fest: Das frei verfügbare Einkommen beträgt 44 Prozent des gesamten Einkommens in Haushalten, deren Vorstand über fünfzig ist.

2. Ann Cooper: »A Lighter Touch for the Gray Market«, *ADWEEK*, 19. Juli 1993.
3. Interview der Autorin mit Marilyn Puder-York, ehemalige klinische Psychologin bei der Citibank, Dezember 1994.
4. Interview der Autorin mit dem Umstrukturierungsexperten Robert Sind.
5. Interview der Autorin, 15. Januar 1994.
6. Interview der Autorin, November 1993.
7. Timothy Egan: »Triumph Leaves No Targets For Conservative Talk Shows«, *The New York Times*, 1. Januar 1995.
8. *USA Today*, 17. Oktober 1994.
9. Nach einem Interview der Autorin am 30. September 1994 mit David L. Birch, dem Präsidenten von Cognetics, einem Wirtschaftsanalyseunternehmen, das über Daten von etwa zehn Millionen amerikanischen Firmen verfügt.
10. Interview der Autorin, 13. Juli 1994.
11. Pilotstudie der Autorin über 110 Freiberufler von 1993.

12. Kapitel: Der neue Optimismus

1. Meine Umfrage unter männlichen Freiberuflern hat ergeben: 63 Prozent fühlen sich in ihrem Optimismus und ihrer heiteren Gemütsruhe »sehr sicher«: 72 Prozent fühlen sich in ihrem Urteil »sehr sicher«.
2. Interview der Autorin, Januar 1995.
3. Dorothy Eichorn/John Clausen/Norma Haan/Marjorie Hoznik/ Paul Mussen (Hrsg.): *Present and Past in Middle Life*. Berkeley, 1981, S. 216–217.
4. Ebd., Kapitel 8.
5. Thomas Wolfe: »For, Brother, What Are We?« in: *Of Time and the River*.
6. Bernie Zilbergeld: *The New Male Sexuality*. New York, 1992, S. 28 und 9.
7. Siehe hierzu Rosalind Barnett/Nancy Marshall/Joseph Pleck: »Study of Full-Time Employed Dual-Earner Couples«, *Journal of Marriage and the Family*, 1992, Band 54, S. 358–367.
8. Donald Pollack/William Levant: *Towards a New Psychology of Men*. New York, 1995.
9. Aaron Latham: »Fathering The Nest: The New American Manhood«, *M*, Mai 1992, S. 67–75.

10. Ebd.
11. Ebd.

13. Kapitel:
Die unaussprechlichen Wechseljahre des Mannes

1. Zitiert bei Randi Hutter Epstein: »Do Men Go Through Menopause?«, *Frontiers*, Juli 1992.
2. Interview der Autorin, Mai 1993.
3. Cary Grant, zitiert nach der Sondernummer der Zeitschrift *People*, zu Ehren von Audrey Hepburn, Januar 1993.
4. Interview der Autorin, Oktober 1992.
5. Interview der Autorin, November 1991.
6. Malcolm Carruthers und John Moran sind die beiden führenden Ärzte in der Anwendung der Hormonersatztherapie bei Männern in Großbritannien. In ihrer Londoner Klinik, dem Hormonal Healthcare Centre, haben sie bereits über vierhundert Männern männliche Hormone verschrieben und die Männer in Ernährungs- und Lebensstilfragen beraten.
7. So Dr. Georges Debled, der Chefurologe am St.-Pierre-Hospital in Brüssel.
8. John Cheever: *The Journals of John Cheever*. New York, 1991, S. 147–149.
9. Ebd.
10. Am National Institute on Aging.
11. Lawrence Altman: »Study Suggests High Rate of Impotence«, *The New York Times*, 22. Dezember 1993.
12. Siehe hierzu Celia Hall: »Celibate Life for Many Older Men«, *The Independent*, 15. Juli 1994, S. 7.
13. Vgl. »Putting the ›Men‹ into Menopause«, *The Week in Germany*, 15. Juli 1994, S. 7.
14. Interview der Autorin, 4. Januar 1993.
15. Interview der Autorin, 3. November 1992.
16. Interview der Autorin, 21. April 1993.
17. Interview der Autorin, 15. September 1992.
18. Laut Dr. Georges Debled, dem Chefurologen am St.-Pierre-Hospital in Brüssel, zeigen zwei umfangreiche Studien, daß Impotenz mit zunehmendem Alter häufiger wird. Erstaunlich ist, wie sehr das Vorkommen der Impotenz sich in den letzten vierundzwanzig Jahren erhöht hat.
Vorkommen von Impotenz bei 4108 Patienten, zitiert in: Kinsey,

A. C./Pomeroy, W. B./Martin, C. E.: *Sexual Behavior in the Human Male*. Philadelphia, 1948.

Alter in Jahren	Prozent impotent
40	1,9
45	2,6
50	6,7
55	6,7
60	18,4
65	25
70	27
75	55
80	75

Vorkommen von Impotenz bei 2801 Männern, zitiert in: Pearlman, C. K./Kobashi, L. I.: »Frequence of Intercourse in Men«, *Journal of Urology*, Band 107, 1972, S. 298–301.

Alter in Jahren	Prozent impotent
40–49	5
50–59	11,3
60–69	35,6
70–79	59
80+	85

19. Die Ergebnisse finden sich in *The Journal of Urology*, Januar 1994. Auch Lawrence K. Altmans berichtet in »Study Suggests High Rate of Impotence« davon.

20. Samuel und Cynthia Janus: *Janus Report on Sexual Behavior*. New York, 1993.

21. *Random House Dictionary of the English Language*.

22. Interview der Autorin, 17. Dezember 1992.

23. H. Goldberg: *How Men Can Live As Long As Women*. New York, 1991.

24. Interview der Autorin mit den Urologen Dr. Irwin Goldstein (26. Januar 1993) und Dr. Tom Lue (7. Juni 1994).

25. B. DeAngelis: *How To Make Love All the Time*. New York, 1991.

26. Interview der Autorin, August 1994.

27. Interview der Autorin, 4. Januar 1993.

28. Interview der Autorin, 26. Juli 1994.

29. Interview der Autorin, 9. Januar 1992.

30. Karen Schmidt: »Old No More«, *U. S. News & World Report*, 8. März 1993, S. 67–73.

31. »Male Menopause: Could a Testosterone Patch Turn Back the

Clock«, *Men's Confidential*, Juli 1993, S. 6–7.
32. Lawrence Altman: »Study Suggests High Rate of Impotence«, a. a. O.
33. So Dr. Georges Debled. Er hat auf einer Konferenz der Barnes Foundation erklärt, Testosteron wirke direkt auf den Zellkern ein. Es ist nicht nur am Stoffwechsel aller Proteine, sondern auch an der Umwandlung von Blutzucker und Fett beteiligt. Dr. Debled sagte: »Alle drei Jahre sind Sie ein anderer Mann, weil Ihre Moleküle sich verändert haben. Die Proteinstrukturen verjüngen sich fortwährend.«
34. Ein »normaler« Testosteronspiegel läßt sich sehr schwer definieren. Dr. Tom Lue bezeichnet eine Bandbreite von 300 bis 1200 Nanogramm pro Deziliter als normal, der Brüsseler Arzt Dr. Debled 300 bis 1000 Nanogramm. Beim Highland Park Hospital in der Nähe von Chicago hält man einen Testosteronspiegel von 225–900 Nanogramm pro Deziliter für normal. Zwar kann der Testosteronspiegel eines Mannes irgendwo zwischen diesen Parametern liegen, aber es findet gewöhnlich, während er altert, ein Abfall seines *freien* Testosterons statt, also des Sexualhormons, das der Körper tatsächlich nutzen kann. »Junge Männer haben doppelt soviel verfügbares Testosteron wie ältere Männer«, sagte Dr. Stanley Korenman, ein Endokrinologe der Universität in Los Angeles. »Ich glaube, bei den Männern passiert folgendes: Ihr Gehirn altert. Ältere Männer werden für sexuelle Stimuli relativ unempfindlich, weil das verfügbare Testosteron mit zunehmendem Alter geringer wird, also wird das Gewebe weniger stimuliert, und die Testosteronrezeptoren im Gehirn reagieren nicht mehr so gut.«
35. Emiliano Corpas/S. Mitchell Harman/Marc R. Blackman: »Human Growth Hormone and Human Aging«, *Endocrine Reviews*, 1993, Band 14, Nr. 1, S. 20–39.
36. Stephen E. Borst/William J. Millard/David T. Lowenthal: »Growth Hormone, Exercise, and Aging: The Future of Therapy for the Frail Elderly«, *Journal of the American Geriatric Society*, Mai 1994, Band 42, S. 529–35.
37. Laut Aussage des Chefendokrinologen am Lenox Hill Hospital, Dr. David Jacobs.
38. Laut Presseverlautbarung des National Institute on Aging, 13. Oktober 1992.
39. Interview der Autorin, 26. Juli 1994.
40. Arlene J. Morales/John J. Nolan/Jerald C. Nelson/Samuel S. C.

Yen: »Effects of Replacement Dose of Dehydroepiandrosterone in Men and Women of Advancing Age«, *Journal of Clinical Endocrinology and Metabolism*, Band 78, Nr. 6, S. 25. Februar 1994. Das Team studierte die Wirkung einer Ersatzdosis von DHEA bei dreizehn Männern und siebzehn Frauen im Alter zwischen vierzig und siebzig Jahren. Es wurde während einer Zeit von sechs Monaten ein mit Plazebos kontrollierter Überkreuzversuch mit einer allabendlichen oral verabfolgten Gabe von 50 Milligramm DHEA unternommen.

14. Kapitel: Männer und Frauen: Die neue Geometrie des sexuellen Diamanten

1. Die Hirnforschung hat gezeigt, daß die »Schaltzentrale«, die quere Faserverbindung zwischen den beiden Gehirnhälften (Corpus callosum oder Balken des Gehirns), bei Frauen größer ist als bei Männern, vor allem in den für die Sprache verantwortlichen Bereichen. Die Wissenschaftler stellen darüber Spekulationen an, ob sich daraus die Tatsache erklärt, daß Frauen ständig mehr von ihrer Umgebung mitbekommen. Wieso eine Frau zum Beispiel mitten in einer abstrakten Problemlösungsübung plötzlich ein Signal auffangen kann, das das Bedürfnis eines anderen Menschen anzeigt, woher sie also diese Intuition hat. Diese Feststellungen des Neurologen Roger Gorski und seiner Kollegin Laura Allen von der Universität in Los Angeles korrelieren mit vorangegangenen Beobachtungen anderer Wissenschaftler, insbesondere der Neuropsychologin Sandra Witelson von der Universität in Hamilton, Kanada.

2. Der Anthropologe David Gutmann hat in den siebziger Jahren eine Reihe von kulturvergleichenden Studien unternommen. Weitere Informationen in seinem Buch: *Reclaimed Powers: Men and Women in Later Life*. Evanston, 1994.

3. Gail Sheehy: »California Dreamin'«, *Vanity Fair*, Juni 1994.

4. Gail Sheehy: *Pathfinders*, a. a. O. Kapitel 9.

5. Meg Lavigne: »The Secret Mind of the Brain«, *Columbia Magazine*, Dezember 1983, S. 12–17.

6. Natalie Angier: »How Estrogen May Work to Protect Against Alzheimer's«, *New York Times*, 8. März 1994, S. C3.

7. Interview der Autorin mit Roger Gorski. Siehe auch L. S. Allen und R. A. Gorski: »A Sex Difference in the Bed Nucleus of the

Stria Terminalis of the Human Brain«, *Journal of Comparative Neurology 1990*. Nr. 302; dies.: »Sexual Dimorphism of the Anterior Commissure and the Massa Intermedia of the Human Brain«, *Journal of Comparative Neurology 1991*, Nr. 312.

8. Lawrence Wright: »Women and Men: Can We Get Along? Should We Even Try?«, *Texas Monthly*, Februar 1992.

9. Interview der Autorin mit P. K. Siiteri. Der Endokrinologe wies dieses Prinzip erstmals gemeinsam mit P. C. MacDonald nach, siehe: »The Role of Extraglandular Estrogen in Human Endocrinology«, *Handbook of Physiology*, New York, 1973.

10. Gail Sheehy: *The Silent Passage*. New York, 1993. Ich zitiere dort den Professor für Geburtshilfe und Gynäkologie an der Universität von Kalifornien in Los Angeles, Howard Judd.

11. James O'Neil und Jean Egan: »Men's and Women's Gender Role Journeys: A Metaphor for Healing, Transition and Transformation« in: Barbara Rubin Wainrib: *Gender Issues Across the Lifecycle*. New York, 1992, S. 31.

12. Interview der Autorin, 18. August 1993. Ihr erstes Buch *Workforce America! Managing Employee Diversity as a Vital Resource* erschien in Homewood, Illinois, 1991.

13. Gail Sheehy: *Pathfinders*, a. a. O. Kapitel 10.

14. Ernest Becker: *The Denial of Death*. New York, 1973, S. 162.

15. Natalie Angier: *For Men, Better Wed Than Dead*, New York, 1990.

16. Ebd. Siehe auch Maradee Davis/John Neuhaus u. a.: »Living Arrangements and Survival Among Middle-Aged and Older Adults in the NHANES 1 Epidemiological Follow-up Study«, *American Journal of Public Health*, März 1992, Band 82, Nr. 3.

17. Siehe Christopher Hayes/Deborah Anderson/Melinda Blau: *Our Turn: The Good News About Women and Divorce*. New York, 1993. Die 352 Frauen, die antworteten, haben einen Fragebogen ausgefüllt, 46 Prozent waren in den Fünfzigern oder Anfang Sechzig und hatten in den Jahren 1950–59 geheiratet; 54 Prozent waren in den Vierzigern und hatten 1960–69 geheiratet.

18. Diese Befragung der *New-Women*-Leserinnen über das Altern habe ich selbst vorgenommen.

19. O'Neil/Egan: »Men's and Women's Gender Role Journeys«, a. a. O.

SECHSTER TEIL: DER ÜBERGANG ZUM ALTER DER GANZHEIT

15. Kapitel: Die selbstbewußten Sechziger

1. Joseph Heller: *Endzeit*. Frankfurt a. M., 1994.
2. Christopher Farrell: »The Economics of Aging«, *Business Week*, 12. September 1994, S. 60–68.
3. Matilda White Riley/John. W. Riley, Jr.: »The Lives of Older People and Changing Social Roles«, *Annals of the American Academy of Political and Social Science*, Mai 1989, S. 20–25.
4. Alan Cowell: »Affluent Europe's Plight: Graying«, *New York Times*, 7. September 1994.
5. Cynthia M. Taeuber: »Women In Our Aging Society: Golden Years or Increased Dependency?«, *USA Today Magazine*, September 1993. Taeuber ist Chefin der Abteilung Alter und Geschlecht im US Bureau of the Census.
6. Interview der Autorin mit Dr. Dale Purves, dem Chef der Abteilung für Neurobiologie am Medical Center der Duke University, im November 1991.
7. Gerald E. Edelman, Direktor des Neurosciences Institute beim Scripps Research Institute, in: *Bright Air, Brilliant Fire*. New York, 1992.
8. Douglas Powell, Psychologe an der Harvard University, in seinem demnächst erscheinenden Buch *Profiles in Cognitive Aging*.
9. Interview der Autorin, 2. Juni 1993.
10. Erik H. Erikson: *Kindheit und Gesellschaft*, S. 269.
11. George E. Vaillant und Caroline O. Vaillant: »Natural History of Male Psychological Health, A 45-Year Study of Predicators of Successfull Aging At Age 65«, *The American Journal of Psychiatry*, Band 147, Januar 1990, S. 31–37.
12. Thomas Moore, a. a. O., S. 14.
13. Aus einem Brief an Charles Soulier vom 6. August 1855.
14. Interview der Autorin, September 1994.
15. Interview der Autorin, August 1993.
16. Liz Carpenter: *Unplanned Parenthood*. New York, 1994.
17. Robert T. Michael/John H. Gagnon/Edward O. Laumann/Gina Kolata: *Sex in America: A Definitive Survey*. New York, 1994.
18. Bill Moyers: *Healing and the Mind*. New York, 1993, S. 195–211. Interview mit Margaret Kemeny, die im Rahmen ihrer Forschungen die Beziehungen zwischen Emotionen und Immunsystem untersucht.

19. Edward Dolnick: »Why Do Women Outlive Men?«, *Washington Post*, 3. August 1991.
20. Barbara Gelb: »A Conversation with Joseph Heller«, *The New York Times Book Review*, 28. August 1994, S. 3.

16. Kapitel: Männer: Bring mich hinüber

1. Stuart Fischoff: »Clint Eastwood and the American Psyche – A Rare Interview«, *Psychology Today*, Januar/Februar 1993, S. 38–41 und S. 75–79.
2. Bernard Weinraub: »Even Cowboys Get Their Due«, *GQ*, März 1993, S. 53–60.
3. Peter Biskind: »Any Which Way He Can«, *Premiere*, April 1993, S. 53–60.
4. Ebd.
5. Interview der Autorin mit Irwin Winkler, März 1994.
6. Umfrage von Roper Starch Worldwide in New York City 1993, zitiert in: Paula Mergenhagen: »Rethinking Retirement«, *American Demographics*, Juni 1994, S. 28–34.
7. So Mark Hayward, ein Soziologe an der Pennsylvania State University, dessen Team eine Gruppe pensionierter Männer über siebzehn Jahre beobachtet hat, zitiert bei Paula Mergenhagen, a. a. O., S. 30.
8. George Gallup, Jr./Frank Newport: »Baby-Boomers Seek More Family Time«, *The Gallup Poll Monthly*, April 1991, S. 31–34.
9. Barbara Bush: *A Memoir*. New York, 1994, S. 497.
10. Ebd., S. 532.
11. Wayne King: »Carter Redux«, *The New York Times Magazine*, 10. Dezember 1989, S. 38–40.
12. Ebd.
13. Maureen Dowd: »Despite Role As Negotiator, Carter Feels Unappreciated«, *New York Times*, 21. September 1994, S. A1.
14. Rosalynn Carter/Susan K. Golant: *Helping Yourself Help Others: A Book for Caregivers*. Times Books, November 1994.
15. Marilyn Wellemeyer: »The Class the Dollars Fell On«, *Fortune*, Mai 1974.
16. Unveröffentlichter Bericht von Evelyn Mann: »(White-Non-hispanic) Males 65 and over: Labor Force Participation Rates and Part-Time Employed«.
17. »Remarks of the First Lady at Liz Carpenter's Lectureship

Series«, University of Texas in Austin, 7. April 1993.
18. Bill Moyers: *Healing and The Mind*. New York, 1993, S. 195–211.
19. Lawrence LeShan: *Cancer As A Turning Point*. New York, 1990.
20. Über diese Sitzung wurde mir in einem Gespräch im Juni 1991 berichtet, von D. LeShan bestätigt.

17. Kapitel: Weise Frauen im Training

1. Sören Kierkegaard: *Die Tagebücher* a.a.O.
2. Helen Singer Kaplan: *New Sex Therapy*. New York, 1974, S. 112.
3. Interview der Autorin.
4. Ken Dychtwald und Joe Flower: *Age Wave: The Challenges and Opportunities of an Aging America*. Los Angeles, 1989, S. 241. Eine detaillierte Analyse und sozialpolitische Vorschläge finden sich in: Susan Foster/Jack Brizius: »Caring Too Much? American Women And The Nation's Caregiving Crisis, in: Jessie Allen/Allan Pifer (Hrsg.): a.a.O., S. 47–73.
5. Ellen McGrath: »New Treatment Strategies for Women In The Middle« in: Barbara Rubin Wainrib (Hrsg.): a.a.O. S. 128.
6. Jessie Allen/Alan Pifer, die Herausgeber ihres prophetischen Buchs: *Women on the Front Lines*. a.a.O.
7. Interview der Autorin, Mai 1993.
8. »Vital Women In Their Eighties and Nineties: A Longitudinal Study«, unveröffentlichte Dissertation von Cecelia Hurwich.
9. Marija Gimbutas: *The Civilization of the Goddess: The World of Old Europe*. New York, 1991.

18. Kapitel: Zwei Arten des Alterns

1. Bill Moyers: *Healing and the Mind*. New York, 1993, Kapitel mit dem Titel »Emotions and the Immune System«, in dem Moyers Margaret Kemeny interviewt.
2. Erik H. Erikson/Joan Erikson/Helen Q. Kivnick: *Vital Involvement In Old Age*. New York, 1986.
3. Dr. James Carey, University of California in Davis, zitiert in: Gina Kolata: »Study Challenges Longevity Theory«, *New York Times*, 16. Oktober 1992, S. A22.

4. So Dr. James Vaupel, Demograph an der Duke University, zitiert in: Gina Kolata: »Study Challenges Longevity Theory« a. a. O.
5. Interview der Autorin mit Dr. William Haseltine, September 1993.
6. Daniel Goleman: »Mental Decline in Aging Need Not Be Inevitable«. *New York Times*, 26. April 26, 1994.
7. Prozac (in Deutschland: Fluctin) ist ein Antidepressivum, das den Serotoninspiegel erhöht; es wird von sechs Millionen Amerikanern genommen. (Vgl. Peter Kramer: *Listening to Prozac*).
8. Harold C. Schonberg: »Horowitz's Parting Gift: Charming Novelties«, *The New York Times*, 22. April 1990.
9. Deepak Chopra: *Ageless Body, Timesless Mind*. New York, 1993, S. 201.
10. Associated Press (Boston): »Study Finds That Weight Training Can Benefit the Very Old«, *New York Times*, 23. Juni 1994. Die Studie betraf hundert Männer und Frauen, die im Hebrew Rehabilitation Center for the Aged in Boston lebten, ihr Durchschnittsalter war siebenundachtzig Jahre, und etwa ein Drittel von ihnen war in den Neunzigern.
11. Anthony Campolo: *Who Switched the Price Tags?* Waco, 1986, S. 28 f.
12. Chopra, a. a. O., S. 196 f.
13. Ebd., S. 166.
14. Ebd., S. 172.

DEUTSCHE AUSWAHLBIBLIOGRAPHIE

Becker, Ernest: *Die Überwindung der Todesfurcht*. München, 1987.

Bly, Robert: *Eisenhans*. München, 1991.

Bühler, Charlotte: *Psychologie im Leben unserer Zeit*. München, 1987.

Chopra, Deepak: *Körperseele*. Bergisch-Gladbach, 1992.

Ders.: *Gesundsein aus eigener Kraft. Mit Ayurveda zu neuem Denken über Krankheit und Gesundheit*. München, 1990.

Erikson, Erik H.: *Kindheit und Gesellschaft*. Stuttgart, 1973.

Ders.: *Der vollständige Lebenszyklus*. Frankfurt/M., 1988.

Ders.: *Identität und Lebenszyklus*. Frankfurt/M., 1973.

Ders.: *Dimensionen einer neuen Identität*. Frankfurt/M., 1975.

Friedan, Betty: *Der Weiblichkeitswahn oder die Mystifizierung der Frau*. Reinbek, 1966.

Goldberg, Herbert: *Der blockierte Mann. Hindernisse auf dem Weg zur Nähe*. München, 1992.

Ders.: *Der verunsicherte Mann. Wege zu einer neuen Identität aus psychotherapeutischer Sicht*. Reinbek, 1988.

Ders.: *Man(n) bleibt Mann. Möglichkeiten und Grenzen der Veränderung*. Reinbek, 1986.

Janus-Report 1993.

Kaplan, Helen Singer: *Sexualtherapie. Ein neuer Weg für die Praxis*. Stuttgart, 1983.

Kramer, Peter D.: *Glück auf Rezept. Der unheimliche Erfolg der Glückspille Fluctin*. München, 1995.

LeShan, Lawrence: *Psychotherapie gegen den Krebs*. Stuttgart, 1982.

Moyers, Bill: *Die Kunst des Heilens. Vom Einfluß der Psyche auf die Gesundheit*. München, 1994.

Ornish, Dean: *Die Revolution in der Herztherapie*. Stuttgart, 1993.

Sheehy, Gail: *Wechseljahre – na und?* München, 1993.

Zilbergeld, Bernie: *Die neue Sexualität der Männer*. Tübingen, 1994.

REGISTER

Gianna Schelotto

Die Angst, sich auf ein Sofa zu setzen

1997, 280 Seiten, gebunden

Die menschliche Psyche ist labil. Daß
Dunkelheit oder zu enge Räume
zu unkontrollierbaren Verwirrungen führen
können, ist bekannt. Aber es gibt noch viel
bizarrere Schrecken: der Italiener, bei dem ein
Teller Spaghetti panische Fluchtreaktionen
auslöst, oder der Abgeordnete, den der
harmlose Magnetstreifen seiner Kreditkarte
terrorisiert.

Gianna Schelotto erweist sich hier
als Verwandte von Oliver Sacks.
Mit viel Witz und einem nahezu
kriminalistischen Gespür geht sie den
wahren Horrorszenarien der menschlichen
Psyche auf den Grund.

LIST